BAEDEKER

N
NIEDERLANDE

»
Wähle nur einen Meister
– die Natur.
«

Rembrandt

baedeker.com

DAS SIND DIE NIEDERLANDE

TOUREN

LEGENDE

Baedeker Wissen
- Textspecial, Infografik & 3D

Baedeker-Sterneziele
★★ Top-Reiseziele
★ Herausragende Reiseziele

ZIELE VON A BIS Z

HINTERGRUND

ERLEBEN & GENIESSEN

PREISKATEGORIEN

Restaurants
Preiskategorien
für ein Hauptgericht

€€€€	über 30 €
€€€	20 – 30 €
€€	10 – 20 €
€	bis 10 €

Hotels
Preiskategorien
für ein Doppelzimmer

€€€€	über 200 €
€€€	150 – 200 €
€€	100 – 150 €
€	bis 100 €

PRAKTISCHE INFORMATIONEN

ANHANG

MAGISCHE MOMENTE

ÜBERRASCHENDES

D
DAS SIND ...

die Niederlande

Die großen Themen rund um
das Land der Tulpen, Grachten und des Käses.

Delfter Fliesen, Grachtenhäuser und ein frischer Apfelkuchen (»appeltaart«) – willkommen in den Niederlanden!

appel
taart.

MONA LISA DES NORDENS

Es gibt Bücher und Filme mit ihr in der Hauptrolle. Sie ziert Tücher und Tassen, T-Shirts und Taschen. In New York standen Tausende von Menschen Schlange, um sie zu sehen. Das Mädchen mit dem Perlenohrgehänge ist ein Weltstar.

Über 350 Jahre schon posiert und fasziniert das Mädchen mit dem Perlenohrgehänge. ►

1632-1675

EIN Mädchen mit einem blauen Turban, der Mund leicht geöffnet, sie schaut uns an. Ein Schritt nach links, ein Schritt nach rechts – noch immer sieht sie uns direkt in die Augen. Sie hat einen so offenen, warmen Blick, dass er direkt in unser Herz zu dringen scheint. Diesen Blick vergisst man nicht. Was verzaubert uns so an dem Mädchen mit dem Perlenohrgehänge? **»Ihr Geheimnis ist ihr Geheimnis«**, so umbeschreibt es der Vermeer-Kenner Louk van Riet, »Wir wissen, nicht, wer sie ist. War es Vemeers Dienstmädchen, so wie es uns der Hollywood-Film glauben lassen möchte? Oder war es Vermeers älteste Tochter Maria?«

Meister des Lichts

Nicht nur die Frage nach dem Wer, sondern auch diejenige nach dem Wie fasziniert Kunstkenner aus aller Welt. Wie hat Vermeer ein solch faszinierendes Werk schaffen können? Die **Kombination aus Licht und Schatten, Schärfe und Unschärfe** – Vermeer spielte so gekonnt damit, dass einige Forscher davon ausgehen, er hätte gar eine Camera obscura verwendet. Wieder andere behaupten, ein Genie wie Vermeer hätte das nicht nötig gehabt. »Er schaffte es, Licht und Raum perfekt auszubalancieren«, so Louk van Riet.

Wir wissen so gut wie nichts von Vermeer. Das Taufregister der Stadt Delft vermeldet 15 Kinder, verheiratet war er mit einer Katholikin, für die er vom Protestantismus zum Katholizismus wechselte. Vermeldet sind auch sein Todesjahr, 1775, sowie seine Hinterlassenschaft, die seine Frau verkaufen musste, um Schulden zu begleichen. Das war's dann schon. Nur 37 Bilder sind von Vermeer erhalten, sieben davon in den Niederlanden. Sie zeigen vor allem Frauen wie die Briefleserin, das Milchmädchen, junge Damen beim Musizieren. Zu sehen sind vier Werke Vermeers im Ams-

Das Vermeer-Centrum in Delft gibt spannende Einblicke in die Arbeit des berühmten niederländischen Künstlers.

terdamer Rijksmuseum und drei, darunter das Mädchen mit dem Perlenohrgehänge, im Den Haager Mauritshuis.

Bilder in Hülle und Fülle

Johannes Vermeer (1632–1675) war – neben Rembrandt, Frans Hals, Jan Steen – **einer der berühmtesten Vertreter des Goldenen Zeitalters**. Während der Blütezeit um 1650 lebten in den Niederlanden rund 700 Maler, die Zehntausende von Gemälden pro Jahr anfertigten. Ihre Abnehmer waren reiche Kaufleute, die mit Stillleben, Portraits, Historien- und Landschaftsbildern ihre Herrenhäuser zierten. Vermutlich hing auch »das Mädchen« in verschiedenen Wohnhäusern reicher Bürger, bevor es in Den Haag im Jahr 1881 versteigert wurde. Für zwei Gulden und dreißig Cent.

BAEDEKER DAS IST ...

DEM ZAUBER VERMEERS ERLIEGEN

Johannes Vermeers »Meisje met de parel« hängt im Mauritshuis, ▶ Den Haag. Eine interessante Übersicht aller 37 Vermeer-Werke (Reproduktionen, kein Original) ist im Vermeer Centrum in ▶ Delft zu sehen. Dort werden auch anhand einer deutschsprachigen Audiotour Vermeers Malweise, die Symbolik in seinen Werken sowie das Spiel mit Licht und Schatten verdeutlicht.
(▶ S.130, 147)

SCHNAPS UND QUIET-SCHE-ENTEN

»Mit jeder Welle spült etwas Neues an«. Mit dieser Hoffnung zieht es die Insulaner nach jedem Sturm an den Nordseestrand. Werden sie etwas Besonderes finden? Oder lauert ihnen der Strandvogt auf? Zu Besuch bei einem Strandräuber auf Texel.

Der Drahtesel eines Strandräubers hat es oft nicht leicht. ►

DER Westerstorm zieht an. Wellen schlagen an den Strand, der Wind pfeift und tost, weiße Schaumkronen fegen über den Sand. »Code rood« gilt für die Watteninseln. Wer nicht unbedingt hinaus muss, sollte im Haus bleiben. Doch einen hält es nicht zwischen den eigenen vier Wänden: Maarten Brugge. Er ist **Jutter**, Strandräuber. Wenn es stürmt, dann ist er am Strand von Texel.

Auf den Sturm folgt der Rausch

Was spült der Sturm diesmal an? Diese Frage beschäftigt jeden Jutter. Auf Texel gibt es nur noch eine Handvoll von ihnen. Das war früher anders. **Die Strandräuberei half den Insulanern zu überleben**. Ein Fass Schnaps, Holzplanken eines gesunkenen Schiffes, eine Tonne voller Cranberries – alles wurde gebraucht. Alte Schiffsmasten stützten die Häuser, der Schnaps diente als Basis für so manchen berühmten Inselikör.

Der Texeler Jutter Maarten Brugge nutzt heute noch das angespülte Holz als Baumaterial für sein Hotel in De Waal. Aus den vom Meer glattgeschliffenen Planken baut er Möbel: eine Theke für den Frühstücksraum, ein Schlüsselboard für die Rezeption. Mit einem gestrandeten Feuerwehrhelm aus Deutschland spielen seine Kinder, die ihn regelmäßig bei der Strandgutsuche begleiten. Woher ein angespültes Stück kommt, dem will ein jeder Jutter auf den Grund gehen.

Alle meine Entchen

So war es auch bei den gelben Badeenten, die vor gut zehn Jahren am Strand von Texel auftauchten. Wo kamen sie her? Maarten gab nicht auf, bis er es wusste: Sie stammen aus dem englischen **Cornwall**. Auf einem Campingplatz wurden die nummerierten Enten im Fluss ausgesetzt. Bei einem »duckrace« gewinnt diejenige Ente, die den weitesten Weg zurücklegt. Dass einige der Plastikenten über den Ärmelkanal bis nach **Texel** schwimmen würden, hätte keiner gedacht. Noch einen anderen Fund machte Maarten: Eine Boje von einem nordamerikanischen Hummerkutter überquerte in 4–5 Jahren den Atlantik, bis sie auf der Nordseeinsel strandete.

MITRÄUBERN!

Maarten Brugge bietet in seinem Hotel »De Waal« ein Jutter-Arrangement an und nimmt Gäste mit zum Räubern an den Strand. Im Herbst und Winter ist die Chance auf einen Sturm und auf fette Beute am nächsten Morgen am größten. Es herrscht Flaute? Dann besuchen Sie eines der beiden Juttermuseen der Insel: Kaap Skil und das Maritiem- en Juttersmuseum Flora. (▶ S. 381)

Katz-und-Maus-Spiel am Strand

Das Jutten sitzt den Insulanern seit Generationen im Blut. Früher war es lebensnotwendig, heute ist es »nur« noch ein Hobby. Oder ein Bedürfnis. Denn wenn der Wind stärker wird, klopft das Herz des Jutters schneller. Er muss zum Strand, er muss noch vor dem Eintreffen des Strandvogtes seine Beute in Sicherheit bringen. Sechs ehrenamtliche Strandvogte gibt es auf Texel, die den Juttern das Handwerk legen möchten. **Maarten versteckt seine Beute nachts in den Dünen** und holt sie im Morgengrauen mit dem Auto ab. Klammheimlich, denn mit dem Gesetzeshüter möchte er sich nur ungern anlegen.

OBEN: Was spült das Meer heute an? Maarten Brugge auf Beutefang.

UNTEN: Eine kunterbunte Sammlung an Fundstücken zeigt das Maritiem- en Juttersmuseum Flora.

WIE PHÖNIX AUS DER ASCHE

Der weiße Pfeiler der Erasmusbrücke streckt sich wie ein Schwanenhals in den Himmel. Dahinter thront ein ebenso breites wie hohes Gebäude namens »De Rotterdam«, auch die vertikale Stadt genannt. Ein Hochhaus neben dem anderen kratzt hier am Wilhelminapier an den Wolken. Wie kam es dazu, dass Rotterdam die modernste, spannendste, mutigste Stadt der Niederlande wurde?

Rotterdam: ein moderner Phoenix ►

waterbus

AM 14. Mai 1940 um 13.25 Uhr ergoss sich ein Bombenhagel über die Industrie- und Hafenstadt. In nur einer Viertelstunde machten die Deutschen die komplette Innenstadt dem Erdboden gleich. Unmittelbar nach der Bombardierung begann der Wiederaufbau. Doch anstatt Mauerreste für Neubauten zu nutzen, stampfte man sie ein. Statt Kanäle vom Schutt zu befreien, schüttete man sie zu. Warum diese Radikalstrategie? Scheinbar hatten die Stadtväter schon lange andere Pläne für ihre Heimat. Ihnen schwebte eine **moderne Metropole mit breiten Boulevards und großen Häusern** vor. Weg mit all den Grachten, Arbeiterhäusern und Tante-Emma-Läden! Die Pläne für das neue Antlitz der Stadt lagen einsatzbereit in der Schublade. Lediglich ein paar repräsentative Gebäude wie das historische Rathaus ließ man stehen. Heute sagen die Rotterdamer: »Unsere Stadt wurde zwei Mal zerstört. Das erste Mal von den Deutschen, ein zweites Mal von den Stadtvätern.«

Manhattan an der Maas

Aus der geplätteten Vergangenheit erhob sich die aufstrebende Zukunft. Dabei bewiesen die Rotterdamer, dass sie – nicht nur beherzt, sondern auch mutig-kreativ – anpacken können. Mit der Lijnbaan entstand 1953 die **erste Fußgängerzone Europas**, und Piet Blom stellte 1982 mit seinen Kubusbauten die Architektur auf den Kopf. Zukunftsträchtig sind auch die benachbarte **Markthal**, deren Marktstände bogenförmig von Wohnungen überdacht werden und das **Depot des Museums Boijmans Van Beuningen**, das erste öffentlich zugängliche Kunstdepot der Welt, das wie eine riesige verspiegelte Halbkugel aussieht.

Spannend ist es auch am Wilhelminapier, der Halbinsel in der Maas, auf die man über die Erasmusbrücke gelangt. Auffälligste Erscheinung ist das 150 Meter hohe Gebäude von Rem Koolhaas, »De Rotterdam« aus 2013. Die »vertikale Stadt« beherbergt ein Hotel, Büroräume, Appartements und Restaurants. Überragt wird er vom benachbarten **Maastoren**, mit 164 Metern das zweithöchste Gebäude der Niederlande. Álvaro Siza Vieira schuf daneben »New Orleans«, ein 158 Meter hohes Wohnhaus, auf dessen Balkonen im 45. Stock es bestimmt recht zugig sein dürfte. Das höchste Gebäude der Niederlande steht übrigens ebenfalls in Rotterdam, und zwar auf der anderen Maasseite: der 215 Meter hohe **Zalmhaventoren**.

Glücksucher und Kreuzfahrer

Zwischen diesen selbstbewussten, stattlichen Riesen kauert das fast winzig wirkende **Hotel New York** auf der Spitze der Halbinsel. **Ein Relikt aus vergangenen Zeiten**. Von hier aus stachen die Auswanderer in See, um in Amerika ihr Glück zu suchen. Noch heute legen hier Schiffe an, und zwar beeindruckende, hochhausgroße Luxus-Kreuzfahrtschiffe. Busse karren die Passagiere in die Stadt, und vielleicht wundern sie sich über das Glockengeläut, das an den Bombenhagel am 14. Mai 1940 um 13.25 Uhr erinnert, welcher einst Rotterdams Vergangenheit zerstörte – und den Grundstock für die Zukunft legte.

BAEDEKER DAS IST ...

HOCH DAS GLAS!

Einen Wein in der Sonne mit Blick auf die Maas oder ein Plateau Fruits de Mer im früheren Hauptgebäude der Holland-Amerika-Linie: Das Hotel New York auf dem Wilhelminapier versprüht Nostalgie und lockt mit Fischgerichten und Meeresfrüchten.
(▶ S. 334, 342)

LINKS: Innovativ ist die Markthal
UNTEN: Urig und entspannt – das Hotel New York

DER WILDE POLDER

Zwischen Trabantenstädten dehnt sich eine einzigartige Landschaft aus, in der die Natur das Sagen hat: die Oostvaardersplassen, das größte Feuchtbiotop der Niederlande.

◀ In den Oostvaardersplassen können Sie auch Wildpferde und andere Weidetiere erspähen.

EINFAMILIENHÄUSER im Einheitsstil. Der Zug fährt durch die Wohnsiedlungen der Stadt Almere. Hier wohnen diejenigen, die in Amsterdam arbeiten, 200 000 Menschen. Plötzlich enden die immer gleichen Betonreihen, und die Landschaft öffnet sich. Eine Weite, wie sie für Holland so typisch ist, ist aus dem Zugfenster zu sehen. Wenige Bäume, eine kurzgeschorene Grasebene, durchzogen von Wasserläufen, darüber der Horizont, an dem sich die Wolken türmen. Und zwischen den vom Wind gestutzten Bäumen sind sie zu sehen, die ersten Rothirsche.

Krise als Chance

Das muss sie sein, diese einzigartige Landschaft, die vom Menschen geschaffen und von der Natur wieder eingenommen wurde. Kaum zu glauben, dass wir sie einer Ölkrise verdanken. Und das kam so: Zwischen 1959 und 1968 wurde dieser Polder der ehemaligen Zuiderzee abgerungen. Neben der neu gegründeten Stadt Almere sollte ein Gebiet für die ölverarbeitende Industrie entstehen. Doch die Ölkrise 1973 machte den Wirtschaftsbossen einen Strich durch die Rechnung, und das Feuchtgebiet lag brach.

Tierische Zuwanderung

Dann nahm sich die Natur das zurück, was man ihr genommen hatte. Zugvögel legten einen Zwischenstopp ein und bauten ihre Nester. Der Silberreiher siedelte sich wieder an, nachdem er Europa jahrzehntelang den Rücken gekehrt hatte. Sogar ein Seeadler-Pärchen hat den Polder zur neuen Heimat erkoren. Eine unglaubliche Zuwanderung, die sogar Experten überraschte. Ende der 1970er-Jahre wurde der Tier-Polder zum Naturschutzgebiet erklärt. Man siedelte Heckrinder, Konikpferde und Rothirsche an, um die Pflanzen kurz und die Landschaft offen zu halten. Die weitläufigen Wasser- und Sumpfflächen bilden **das größte Feuchtbiotop der Niederlande** mit unzähligen Vögeln wie Löfflern, Silberreihern, Wat- und Stelzvögeln – insgesamt 250 verschiedene Vogelarten.

Der Mensch zu Gast

Die Niederländer gaben den Tieren das Land zurück. Auf einer rund 2 000 ha großen Fläche leben heute 1100 sog. »grote grazers«, bestehend aus Rindern, Hirschen und Wildpferden. Über 20 Aussichtsplattformen und Beobachtungshütten können Besucher nach den Weidetieren, aber auch nach den vielen Vögeln Ausschau halten.
Seit 2018 gehören die 6 000 ha umfassenden Oostvaardersplassen zum neu ernannten **Nationalpark Nieuw Land** (www.nationaalparknieuwland.nl). Dieser größte, von Menschenhand geschaffene Naturpark der Welt entstand durch Einpolderungen und umfasst neben den Oostvaardersplassen auch die Lepelaarplassen, das Markermeer und die Marker Wadden. Letztere sind besonders interessant, denn sie sind durch Aufschüttung geschaffene Inseln, die Vögeln einen optimalen Lebensraum bieten. Naturfreunde sind willkommen. Sie gelangen per Boot von Lelystad auf die größte der fünf Inseln und können dort über Wanderwege und Aussichtspunkte dabei zusehen, wie sich Vögel auf den Inseln einnisten und eine neue Heimat finden.

BAEDEKER DAS IST …

DAS TREFFEN DER SEEADLER!

Mit etwas Glück können Besucher ein ganz besonderes Schauspiel in der Ferne beobachten, wenn bis zu 15 junge Seeadler aus den ganzen Niederlanden in den Oostvaardersplassen eintreffen. Ob sie auf Brautschau sind? Es bleibt ein Geheimnis.

(▶ S. 202)

VON SCHWARZ ZU BLAU

Riesige Tulpenpyramiden, Teller mit Pfauenmuster und windmühlenverzierte Fliesen – was mit einem schwarzen Pinselstrich beginnt, endet in einem blau-weißen Kunstwerk. Zu Besuch bei Royal Delft.

Die Metamorphose in strahlend blaue Fayencen beginnt mit Schwarzmalerei. ▶

KONZENTRIERT sitzt sie vor der Tonvase, mischt die schwarze Farbe flink mit etwas Wasser und setzt geschickt den Pinsel auf das matte Material. Eine Blume entsteht, und noch eine. Rund drei Stunden braucht die Fayencenmalerin, bis die Vase mit dem gewünschten Muster verziert ist. Doch irgendwas stimmt hier nicht: Die Malerin nimmt schwarze Farbe? **»Erst beim Brennen verwandelt sich das schwarze Kobaltoxid in Blau«**, erklärt Helen, eine Mitarbeiterin von Royal Delft. Und wenn einer der gekonnten Pinselstriche daneben geht? »Vielleicht kann der Entwurf noch durch das Auftragen einer weiteren Blume oder eines zugefügten Musters gerettet werden. Ansonsten … leider wieder von vorne anfangen«. Und sie fügt hinzu: »Das ist auch der Grund, warum die Ausbildung zum Fayencenmaler zehn Jahre dauert.« Das ist also echte Handarbeit hier bei Royal Delft, vom Anfertigen der Formen über das Malen bis hin zum Brennen. Und jeder kann den Mitarbeitern dabei zusehen. Bis auf eine Ausnahme: Im Jahr 2017 war ein Teilbereich der Produktionsstätte nicht für alle zugänglich. Was passierte hinter den Vorhängen? Der König hatte ein neues Service für Staatsempfänge geordert. Wie es aussehen sollte, blieb lange geheim. Doch inzwischen können sich die Besucher von Royal Delft die prachtvollen königlichen Fayencen in einer Vitrine ansehen.

Royal Schlemmen

Der König hat Geschmack: Ein blauweißer Eisvogel, das Symbol des Königshauses, umrankt von Blüten, schmückt das Service. Die Tellermitte zieren die verschlungenen Initialen W (Willem-Alexander) und M (Máxima) unter einer goldenen Krone. Alle Achtung, das hat Klasse. Doch für das heimische Frühstück ist der Königsteller nicht zu haben. Leider. Das Königshaus besitzt diese Prachtstücke exklusiv – als neunteiliges Service und in einer Ausführung von 350 Stück. Man feiert nicht in kleiner Runde.

Die Verbindung zum Königshaus hat Tradition, und das ist auch der Grund, warum sich das seit 1653 bestehende Unternehmen **De Porceleyne Fles** mit dem Attribut »königlich« schmücken

BAEDEKER DAS IST …

SEIN BLAUES WUNDER ERLEBEN …

… kann man in der Produktionsstätte von Royal Delft. Besucher können dabei zusehen, wie Fayencen von Hand bemalt und später gebrannt werden. Wer sich die berühmte Delfter Keramik für zu Hause mitnehmen möchte, dem steht der Hausverkauf offen (Abb. rechte Seite).

Royal Delft, Rotterdamseweg 196, 2628 AR Delft | www.royaldelft.com | tägl. 9.30 – 17 Uhr | Eintritt: Royal Delft Experience 15€ (Shop und Café kostenloser Zugang)

darf und mit Royal Delft abgekürzt wird. Ursprünglich stammt die blau-weiße Keramik jedoch aus China. Die Schiffe der **niederländischen Ostindien-Kompanie** brachten im 17. Jahrhundert chinesisches Porzellan nach Holland, wo man schnell Gefallen an den Vasen fand. Als aufgrund von Bürgerkriegen der Import aus China ausblieb, griff man in Holland selbst zum Pinsel. Im Laufe der Zeit schmückten **Windmühlen statt Pagoden und Pfaue statt Drachen** die Vasen und Teller. Und so stehen seit Hunderten von Jahren blau-weiße Figuren, Teller, Fliesen, Tassen und Vasen in vielen holländischen Wohnzimmern. Nicht nur beim König.

T

TOUREN

Durchdacht, inspirierend, entspannt

Mit unseren Tourenvorschlägen
lernen Sie die besten Seiten der Niederlande kennen.

Eine Zeitreise in die niederländische Vergangenheit ist im Freilichtmuseum in Arnhem möglich. ▶

UNTERWEGS IN DEN NIEDERLANDEN

Grachtenromantik und Moderne

Das beliebteste Reiseziel unter den niederländischen Städten ist natürlich Amsterdam, die Landeshauptstadt mit ihren schönen Grachten und Giebelhäusern, weltberühmten Museen, pulsierenden Einkaufsstraßen und, nicht zu vergessen, dem Nebeneinander so vieler Kulturen. Daher beziehen auch drei der vier Touren Amsterdam als Etappe mit ein. Doch weil viele Tausende anderer Menschen Amsterdam ebenfalls auf ihrer Liste haben, kann es dort recht voll werden. Macht nichts, denn zahlreiche andere Städte wie Delft, Haarlem, Leiden und Middelburg sind nicht minder charmant. Auch dort locken Grachten und handtuchschmale Giebelhäuser, Zuckerbäcker-Architektur, idyllische Zugbrücken und Plätze voller Straßencafés, ja ein echtes **Puppenstadt-Ambiente**. Städte wie Alkmaar, Edam und Gouda laden in den Sommermonaten zu traditionellen Käsemärkten ein. Die am IJsselmeer gelegenen Seefahrerstädtchen Enkhuizen, Medemblik und Hoorn erzählen von Hollands goldenen Zeiten, während Sie in Rotterdam auf **Großstadtflair** treffen und auf eine Silhouette, die – wie in Den Haag auch – von futuristischen Wohn- und Bürotürmen bestimmt wird.
Im Frühjahr beeindrucken kilometerlange wogende **Tulpenfelder** (rund um den Keukenhof). Für Segler ist das **IJseelmeer** ein Eldorado, Wassersportfreunde kommen auch in den Provinzen Flevoland und Overijssel auf ihre Kosten, wo man auf einem Großteil der Flüsse und Seen segeln, rudern oder Kanu fahren kann. Für einen längeren Urlaub bietet sich die Küste mit ihren schier unendlichen feinsandigen Stränden und Dünen an; vor allem die fünf **Westfriesischen Inseln** im Norden mit ausgedehnten Naturschutzgebieten und die aus mehreren Inseln gebildete südliche Provinz **Zeeland** mit behaglichen Badeorten stehen, insbesondere bei deutschen Urlaubern, hoch im Kurs. Mit vielen Seen und kilometerlangen Kanälen ist **Friesland**, die verhältnismäßig dünn besiedelte nördlichste Provinz der Niederlande, wo neben dem Niederländischen noch eine zweite Sprache – Friesisch – gesprochen wird, landschaftlich besonders reizvoll. In der östlich angrenzenden Provinz **Groningen** sieht man auf dem Land zahlreiche reetgedeckte Bauernhäuser, in der südlich von Groningen gelegenen Provinz Drenthe, einer ehemaligen Moorlandschaft, die heute ein beliebtes **Wandergebiet** darstellt, sind unzählige Hünengräber zu entdecken.

Übernachten

An Unterkünften herrscht in den Niederlanden kein Mangel. Man hat eine große Auswahl an Hotels, für den kleineren Geldbeutel

20 km
©BAEDEKER
Waddeneilanden
Waddenzee
TOUR 1
TOUR 2
TOUR 3
TOUR 4
★★ Texel
★ Franeker
★ Groningen
★ Leeuwarden
★★ Afsluitdijk
★ Alkmaar
★ Kampen
★ Zwolle
★★ Haarlem
★★ Utrecht
★★ Amsterdam
★★ Keukenhof
Aalsmeer
★★ Leiden
★ Scheveningen
★ Apeldoorn
★ Amersfoort
★★ Utrecht
★★ Den Haag
★★ Hoge Veluwe
★ Delft
★ Gouda
Doorn
★ Arnhem
★ Rotterdam
★★ Kinderdijk
★ Nijmegen
★ Dordrecht
★ Zierikzee
★ Breda
★★ s' Hertogenbosch
★★ Oosterscheldedam
★ Efteling
★★ Middelburg
Roermond
★★ Maastricht
Nordsee
IJsselmeer
Markermeer
Friesland
Gasterlan-Sleat
Noordoostpolder
Flevoland
Veluwe
Meierei
Kempen
Zeeland
DEUTSCHLAND
BELGIEN
Delfzijl
Dokkum
Appingedam
Harlingen
Bolsward
Hoogezand-Sappemeer
Sneek
Heerenveen
Assen
Stadskanaal
Den Helder
Steenwijk
Emmen
Heerhugowaard
Enkhuizen
Meppel
Hoogeveen
Heiloo
Heemskerk
Krommenie
IJmuiden
Lelystad
Purmerend
Almere
Nunspeet
Nordhorn
Nijverdal
Almelo
Amstelveen
Harderwijk
Deventer
Hengelo
Hilversum
Enschede
Zutphen
Zeist
Ede
Ahaus
Zoetermeer
Nieuwegein
Doesburg
Voorne
Wageningen
Winterswijk
Goeree
Gorinchem
Bocholt
Hellevoetsluis
Wijchen
Middelharnis
Hoekse Waard
Kleve
Duiveland
Overflakkee
Rosmalen
Etten-Leur
Wesel
Dorsten
Gladbeck
Veghel
Venray
Dinslaken
Essen
Tilburg
Goes
Roosendaal
Helmond
Moers
Bochum
Bergen op Zoom
Eindhoven
Geldrop
Venlo
Krefeld
Duisburg
Terneuzen
Ratingen
Viersen
ANTWERPEN
Neuss
Düsseldorf
St. Niklaas
Solingen
Mönchengladbach
GENT
Echt
Mechelen
Grevenbroich
Leverkusen
Genk
Aalst
Köln
Hasselt
BRÜSSEL
Eschweiler
Düren
Aachen
Westerschelde
Oosterschelde
Waal
Maas
Rhein
Demer

gibt es Bed-and-Breakfast-Angebote. Zudem finden Sie – vor allem in Strandnähe – zahlreiche Campingplätze und Ferienparks.

Das richtige Verkehrsmittel

Komfortabel und schnell ist die **Bahn**. Autofahrer steht ein **hervorragendes Straßennetz** mit gut ausgebauten Autobahnen zur Verfügung. Auch mit dem **Fahrrad** lässt sich das Land leicht erkunden, denn überall gibt es Fahrradwege – mit nur geringfügigen Steigungen. Ein besonderes Erlebnis ist es, mit einem gemieteten **Motorboot** – bis zu 15 m Länge und mit 20 km/h Maximalgeschwindigkeit führerscheinfrei – durch schöne Landschaften zu fahren.

DURCH DIE LANDESMITTE

Länge der Tour: 180 km | **Dauer:** 2 – 3 Tage

Tour 1

Diese Tour läuft von Osten nach Westen, von den Orten am Fluss (Nijmegen an der Waal, Arnheim am Rhein) zu den Grachtenstädten (Utrecht und Amsterdam). Zwischendrin verzaubert die Hoge Veluwe, einer der schönsten Nationalparks des Landes, mit einer Mischung aus Kunst und Natur: Rodin zwischen Rhododendren, Dubuffet zwischen Dünen. Vor der Heimreise winkt ein großer Tulpenstrauß in Aalsmeer.

Durch Gelderland

Von der historischen Stadt ❶ ★**Nijmegen**, die malerisch über der Waal liegt, führt die A 325 in die gelderländische Provinzhauptstadt ❷ ★**Arnhem** am Niederrhein, deren Altstadt trotz schwerer Zerstörungen im Zweiten Weltkrieg stellenweise noch intakt ist. Wer vorhat, hier im Stadtpark Sonsbeek das beeindruckende Niederländische Wassermuseum zu besuchen, sollte ein paar Meter weiter nördlich auch in De Boerderij (Parkweg 2) vorbeisehen, einem ausgezeichneten Restaurant mit mediterraner Küche. Vor der Stadt können Sie das Nederlands Openluchtmuseum besuchen, ein Freilichtmuseum, das einen wertvollen Überblick über die Lebens- und Kulturformen des Landes bietet. Von Arnhem aus ist der Besuch des Nationalparks ❸ ★★**Hoge Veluwe** fast ein Muss. An den Eingängen des Nationalparks stehen weiße Gratis-Fahrräder, mit denen Sie die verschiedenen Landschaftsformen wie Wald, Dünen und Heide erradeln können. Kultureller Höhepunkt inmitten des Parks ist das Kröller-Müller Museum mit einer beeindruckenden Van-Gogh-Sammlung und einem faszinierenden, weitläufigen

Skulpturengarten. Weiter geht es auf der A 12 nach ❹ **Doorn**, wo der deutsche Kaiser Wilhelm II. im November 1918 Exil fand. Im Huis Doorn erhalten Sie eine Vorstellung davon, wie Wilhelm, der hier am liebsten Holz hackte und zu »Hollands fleißigstem Holzhacker« wurde, seine letzten Lebensjahre verbrachte.

Piet-Mondrian-Stadt

❺ ★**Amersfoort**, von Doorn aus über die N 227 erreichbar, überrascht mit seinen »muurhuizen«, Wallhäusern, die auf einem alten Befestigungswall erbaut wurden. Für Freunde moderner Malerei ist Amersfoort ein Muss, denn hier wurde Piet Mondrian geboren, ein Maler der klassischen Moderne, der vor allem für seine Gemälde mit schwarzem Raster und rechteckigen Farbflächen in den Grundfarben Rot, Blau und Gelb bekannt ist. In seinem Geburtshaus erfahren Sie viel über sein Leben und Werk. Am südwestlichen Stadtrand lädt das Amrâth Berghotel Amersfoort (Utrechtseweg 225) zum Übernachten ein, im dazugehörigen Restaurant können Sie zu Abend essen.

Grachten & Domturm

Von Amersfoort aus geht es über die A 28 direkt in die alte Universitätsstadt 6 ★★**Utrecht**, deren Domturm mit 112 Metern der höchste Kirchturm der Niederlande ist (erreichbar über 465 Stufen!). Die Stadt hat außerdem eine hübsche Altstadt mit idyllischen Grachten zu bieten. Bei einem Spaziergang sollten Sie unbedingt eine Pause in einem der Restaurants oder Cafés in den Grachtenkellern einlegen. Über die Autobahn A 2 und N 201 erreicht man 7 **Aalsmeer**, das Zentrum des niederländischen Blumenhandels, wo bei der Blumenversteigerung Zuschauer durchaus willkommen sind. Von Aalsmeer ist es dann nur noch ein Katzensprung nach 8 ★★**Amsterdam**.

IM SÜDEN

Länge der Tour: 450 km | **Dauer:** 7 Tage

Tour 2

Obstkuchen, Sauerfleisch, Wein – die Südniederländer sind wahre Genießer. Tun Sie es ihnen gleich und genießen Sie auf dem Maastrichter Vrijthof das dolce vita der Limburger, bevor Sie die Reise zu den Stränden Zeelands bringt. Gut erholt geht es weiter zum gigantischen Oosterschelde-Sturmflutwehr und zur aufregenden Metropole Rotterdam, dem »Manhattan an der Maas«. Im Kontrast zu den Hochhäusern stehen die idyllischen Windmühlen am Kinderdijk.

An der Maas entlang

Die Tour beginnt am untersten Zipfel von Limburg, der südlichsten und hügeligsten der niederländischen Provinzen. Ausgangspunkt der Tour ist die 30 km von Aachen entfernte, lebendige Provinzhauptstadt 1 ★★**Maastricht**, wo man sich vor der Fahrt in einem der vielen Lokale am Vrijhthof stärken sollte. Ab Maastricht verläuft die A 2 zum Teil an der Maas entlang, vorbei an den unweit gelegenen Grenzstädten Sittard und 2 **Roermond**. Roermond hat einen hübschen Altstadtkern mit stattlichen alten Giebelhäusern und vielen Restaurants, vor allem am Bahnhofsplatz werden Sie fündig. Modeinteressierte lockt in erster Linie das Outlet Center nördlich des Zentrums an der N 280.

Ins Herz von Brabant

Westlich der Stadt durchquert die A 2 die Provinz Noord-Brabant mit ihren Heidelandschaften und führt durch das sogenannte Herz von Brabant, jenes sich zwischen ’s-Hertogenbosch und Tilburg ausdehnende schöne Heide- und Waldgebiet, das von Seen und dünenartigen Landstrichen unterbrochen wird. Das zwischen der Industriestadt Eindhoven und Utrecht gelegene 3 ★★**’s-Hertogenbosch** besitzt mit der Kathedrale ein Meisterwerk Brabanter Gotik, in der

Ornamentik mit keiner anderen niederländischen Kirche zu vergleichen. Die quirlige Stadt verführt in schönen Fußgängerzonen rund um den dreieckigen Markt zum Einkaufen und mit zahlreichen Lokalen, wie dem »7evenden Hemel«, zum Einkehren. Von 's-Hertogenbosch empfiehlt sich ein Abstecher zum Freizeitpark 4 ★**Efteling** bei Kaatsheuvel, dem größten des Landes. Von hier aus gelangen Sie nach 5 ★**Breda** mit dem weithin sichtbaren Turm der Grote Kerk. Die Kirche steht mitten in der Altstadt, die ringförmig von Grachten umgeben ist. Hinter Breda führt die A 58 durch eine überwiegend landwirtschaftlich genutzte Gegend mit Wäldern.

Strände und Hafenidylle

Jenseits von Bergen op Zoom erreichen Sie die Provinz Zeeland, eines der beliebtesten Ferienziele der Niederlande, und fahren dann zwischen der Ooster- und Westerschelde durch das eingedeichte Marschland eines ehemaligen Scheldearms auf die Halbinsel Zuid-Beveland, die zur Baumblüte besonders schön ist. Anschließend führt die Strecke auf die ehemalige Insel Walcheren, die 1944 von den Alliierten durch Bombardierung von vier Deichen unter Wasser gesetzt wurde, um die deutsche Verteidigung der Scheldemündung zu sprengen und freie Einfahrt nach Antwerpen zu gewinnen. Walcheren ist längst rekultiviert und verdient wieder den Namen »Garten Hollands«. Die von Grachten und Kanälen umzogene Stadt 6 ★★ **Middelburg** bietet ihren Gästen belebte Plätze und imposante Sakral- und Profanbauten. Eine schöne Übernachtungsmöglichkeit ist »De Campveerse Toren« im nahen Städtchen Veere, wo schon viele königliche Gäste eingekehrt sind. Nordwestlich von Veere erreichen Sie den beeindruckenden 7 ★★**Oosterscheldedamm**. Auf der ehemaligen Arbeitsinsel Neeltje Jans kann man eine Dauerausstellung über die 2000-jährige Wasserbaukunst der Niederländer besuchen. Der Damm verbindet Walcheren mit der Insel Schouwen-Duiveland, deren Hauptort die östlich gelegene, ehemals befestigte Stadt 8 ★**Zierikzee** ist. Ihr idyllisches und sehr sehenswertes Zentrum umfasst 600 unter Denkmalschutz stehende Gebäude.

Manhattan an der Maas

Auf der N 59 gelangt man auf die Insel Goeree-Overflakke und über die Haringvlietbrug auf die Autobahn A 29 nach 9 ★**Rotterdam**. Die Stadt hat eine Vielzahl sehenswerter Museen, auf alle Fälle sollten Sie aber von der Erasmusbrücke aus eine Bootsfahrt durch den größten Hafen Europas machen. Danach können Sie im Restaurant des Hotel New York dort Muscheln und Fisch essen, wo früher die Auswanderer auf ihre Überfahrt nach Amerika warteten. Östlich von Rotterdam erreicht man das UNESCO-Weltkulturerbe 10 ★★**Kinderdijk**, wo 19 denkmalgeschützte Windmühlen wie Zinnsoldaten in Reih und Glied stehen. Südöstlich davon liegt schließlich 11 ★★**Dordrecht**, ein schönes Städtchen mit der Grote Kerk und zahlreichen historischen Bauwerken.

TULPEN, STRÄNDE, GRACHTEN – DER WESTEN

Länge der Tour: 230 km | **Dauer:** 5 Tage

Tour 3

Bei dieser Tour durch den Westen entdecken Sie alles, was für Holland so typisch ist: Im Frühling fährt man durch endlose Blumenfelder, im Sommer lockt ein Bad in der Nordsee, und das ganze Jahr über laden die historischen Städte Den Haag, Leiden, Haarlem und Amsterdam zu Stadtbummel und Museumsbesuch ein.

Delfter Blau

Von ❶ ★**Rotterdam** führen die A 4 und A 13 ins nahe ❷ ★**Delft**. Das historische Zentrum der durch ihre Fayencen weit über die Landesgrenzen hinaus bekannten Stadt misst nur einen Quadratkilometer, hier schlendern Sie durch schöne, schmale Gassen und an idyllischen Grachten entlang. Von oben, vom Turm der Nieuwe Kerk am Markt, bietet sich ein eindrucksvoller Blick auf die Altstadt.

Stadt und Strand

Ein paar Kilometer weiter erreicht man den niederländischen Regierungssitz ❸ ★★**Den Haag** mit zahlreichen Gemäldegalerien, dem historischen Binnenhof und der größten architektonischen Vielfalt der Niederlande. Zum Mittagessen bietet sich »t' Goude Hooft« im Stadtzentrum an, ein Lokal im ältesten Hotel der Stadt. Zur Besichtigung von Den Haag gehört auch eine Stippvisite des beliebten Seebads ❹ ★**Scheveningen**, dessen Mittelpunkt das im Jugendstil errichtete Kurhaus ist. Weiter nördlich kommen Sie in die Universitätsstadt ❺ ★★**Leiden**, eine der lebendigsten Städte des Landes; mit ihren Grachten, Plätzen, alten Giebelhäusern und typisch Leidener »Hofjes« zählt sie auch zu den idyllischsten der Niederlande. Wo der Oude Rijn und der Nieuwe Rijn zusammenfließen, lädt »Annie's Verjaardag« mit einer Terrasse auf dem Wasser zu einem Gläschen oder Imbiss ein.
Der von Leiden ca. 20 km entfernte ❻ ★★**Keukenhof** ist im Frühjahr eine Attraktion ersten Ranges: Dann sorgen hier Millionen von Blumen für die weltweit größte Blumenschau unter freiem Himmel. Auch in der Umgebung von Lisse befinden sich zahlreiche Felder mit bunten Blumenteppichen.

Tipp: Die Strände von Noordwijk und Zandvoort sind nur einen Tulpenzwiebelwurf entfernt.
Wie in Delft konzentrieren sich auch in der reizvollen nordholländischen Provinzhauptstadt ❼ ★★**Haarlem** die malerischen Gassen, Brücken und Hofjes auf einem Quadratkilometer. Über 1200 denkmalgeschützte Häuser gibt es hier, die größten Sehenswürdigkeiten sind die St. Bavokerk mit der Müller-Orgel und das welt-

berühmte Frans Hals Museum. Und am Hauptbahnhof steht das »Golden Tulip Lion d'Or«, das seit 1815 existierende und damit älteste Hotel der Stadt.

Nach Amsterdam

Über die A 200 kommen Sie schnell nach 8 ★★**Amsterdam**. In der trubeligen Grachtenstadt mit ihren zahlreichen Baudenkmälern und ihren Museen von Weltrang sollte man mindestens zweimal übernachten. Eine schöne Adresse ist das zentral gelegene »Tivoli Doelen« in der Nieuwe Doelenstraat. Zum Einkehren verlocken die unzähligen Bruine Cafés, Grand Cafés und Restaurants mit heimischer und internationaler Küche. An warmen Sommertagen können Sie ins »De Belhamel« im Jordaan gehen, denn dann sitzen Sie draußen direkt an einer romantischen Gracht.
Von Amsterdam aus fährt man auf der A 2 nach 9 ★★**Utrecht** (▶ Tour 1) und über die A 12 und A 20 zurück nach Rotterdam. Zuvor sollten Sie aber noch in der alten Käsestadt 10 ★**Gouda** vorbeischauen. Allein wegen der historischen Bauwerke lohnt hier immer der Besuch, aber am schönsten ist es im Hochsommer am Donnerstagvormittag, wenn der traditionelle Käsemarkt abgehalten wird und Käseträger in alten Gildetrachten das Bild beleben.

DURCH DEN WASSERREICHEN NORDEN

Länge der Tour: 500 km | **Dauer:** 7 Tage

Tour 4

Eine endlose, grüne Weite, durchzogen von Wasserläufen und Seen, prägt den Norden. Dazwischen tauchen immer wieder stattliche Bauernhöfe und bezaubernde Städtchen wie Franeker auf, in dem ein Schlafzimmer-Planetarium die Besucher in Staunen versetzt. Nicht minder beeindruckend ist der Afsluitdijk, auf dem man 32 km lang »durchs Wasser« fährt. Kulturelle Hochgenüsse bieten Städte wie Amsterdam, Alkmaar, Groningen und Leeuwarden, das 2018 den Titel Kulturhauptstadt Europas erhielt.

Käsemarkt

Von 1 ★★**Amsterdam** geht es Richtung Nordseeküste, die hier von Dünenketten und einigen kleinen Seebädern geprägt ist. Das im Landesinnern gelegene, für seinen Käsemarkt berühmte 2 ★**Alk-**

1 ★★Amsterdam
2 ★Alkmaar
3 ★★Texel
4 ★★Afsluitdijk
5 ★Franeker
6 ★Leeuwarden
7 ★Groningen
8 ★Zwolle
9 ★Kampen
10 Apeldoorn
11 ★Nijmegen
Griend
Vlieland
Oost-Vlieland
Eijerlandse Gat
De Cocksdorp
De Koog
Den Burg
Noorderhaaks
't Horntje
Den Helder
De Kooy
Callantsoog
Schagen
Heerhugo-waard
Heiloo
Krommenie
Purmerend
Zwanenburg
Amstelveen
Aalsmeer
Uithoorn
Bodegraven
Gouda
Schoonhoven
Gorinchem
Woudrichem
Leerdam
Meerkerk
Vianen
Nieuwegein
Montfoort
Utrecht
De Bilt
Zeist
Maarssen
Soest
Baarn
Amersfoort
Woudenberg
Hilversum
Vreeland
Bussum
Almere
Marken
Hoorn
Scharwoude
Wognum
Enkhuizen
Medemblik
Middenmeer
Wieringerwerf
Westerland
Den Oever
Afsluitdijk
Makkum
Zurich
Harlingen
Workum
Stavoren
IJsselmeer
Markermeer
Lelystad
Lelystad-Haven
Flevoland
Dronten
Urk
Emmeloord
Noordoostpolder
Lemmer
Gaasterlân-Sleat
Balk
Bolsward
IJlst
Sneek
Sneekermeer
Heerenveen
Tjeukemeer
Wolvega
Grou
Wirdum
Drachten
Tijnje
Nijega
Friesland
Stiens
St. Jacobiparochie
Hardegarijp
Buitenpost
Van Starkenborghkanaal
Leek
Haulerwijk
Oosterwolde
Zuidwolde
Vries
Assen
Smilde
Hoogersmilde
Hooghalen
Oldeberkoop
Dieverbrug
Nat. Park Dwingelderveld
Eursinge
Hoogeveen
Nat. Park De Weerribben
Steenwijk
Giethoorn
Blokzijl
Meppel
Staphorst
Zuidwolde
Zwartsluis
Zwartemeer
Ketelmeer
Ens
Rheeze
Ommen
Mariënberg
Hattem
Heino
Oldebroek
Elburg
Nunspeet
Harderwijk
Ermelo
Putten
Garderen
Nijkerk
Veluwe
Epe
Heerde
Olst
Gortel
Emst
Vaassen
Twello
Deventer
Bathmen
Raalte
Hellendoorn
Nijverdal
Rijssen
Zutphen
Lochem
Brummen
Ruurlo
Harskamp
Hoenderloo
Otterlo
Nat. Park De Hoge Veluwe
Nat. Park Veluwezoom
Ede
Dieren
Schaarsbergen
Velp
Rheden
Doesburg
Doetinchem
Arnhem
Westervoort
Zevenaar
Wageningen
Rhenen
Doorn
Culemborg
Geldermalsen
Tiel
Wame
Waal
Maas
Wijchen
Linge
Emmerich
Isselburg
Alter Rhein
20 km
©BAEDEKER

BAEDEKER MAGISCHE MOMENTE

DAS WELTALL IM SCHLAFZIMMER

Im Mai 1774 brach an der Universität Franeker die Panik aus: Der Weltuntergang stand bevor! Die Planeten stünden in einer Bahn und würden kollidieren. Nur einer blieb cool: der Wollkämmer Eise Eisinga. Um seine Landsleute zu beruhigen, errichtete der Hobbyastronom in siebenjähriger Feinarbeit ein Planetarium an seiner Schlafzimmerdecke. Und siehe da: Die Welt ging nicht unter, der König kam zu Besuch, das Planetarium funktioniert noch heute minutengenau und ist inzwischen UNESCO-Weltkulturerbe. Seien Sie also beruhigt (▶ S. 204)

maar hat ein idyllisches Stadtbild – mehrere hundert Baudenkmäler, Grachten, Zugbrücken und schmale Gassen – und zählt zu den beliebtesten touristischen Attraktionen des Landes. Hinter Alkmaar folgt man dem Nordholland-Kanal bis Den Helder. Das »Gibraltar des Nordens« ist nicht besonders spektakulär, besitzt aber den größten Marinehafen der Niederlande. Von hier aus können Sie nach ❸ ★★**Texel** übersetzen – die Insel ist wegen ihres weiten Strandes, der Naturreservate mit den verschiedenartigsten Seevögeln und den idyllischen Dörfern beliebt.

Wieder zurück auf dem Festland erreichen Sie bei Den Oever das IJsselmeer, die heute vom Meer abgeschlossene, einst offene und unberechenbare Zuiderzee. Hinter Den Oever beginnt der ❹ ★★**Afsluitdijk** (Abschlussdeich) des IJsselmeers. Am Aussichtsturm sollten Sie einen Halt einlegen: Der Blick über das Wasser ist einfach grandios!

Spione und Astronome

Nach Überqueren des 32 km langen Abschlussdeichs kommt man zur Küste Frieslands, an der man bis zum Hafenort Harlingen entlangfährt. Dann geht es landeinwärts durch flaches Acker- und Weideland mit reetgedeckten Bauernhöfen. Lohnend ist eine Besichtigung der ehemaligen Universitätsstadt 5 ★**Franeker** mit dem faszinierenden Planetarium, das Eise Eisinga, in siebenjähriger Bauzeit an der Decke seines Schlafzimmers errichtete. Mit ihren Grachten und alten, hübschen Häusern gilt sie als die reizvollste der friesischen Städte. Schöne Grachten und unter Denkmalschutz stehende Gebäude sind auch in 6 ★**Leeuwarden** zu bewundern: Kulturhauptstadt Europas 2018, Hauptstadt der Provinz Friesland und Geburtsort der Spionin Mata Hari. Wer während des Besuchs hungrig wird, kann auf dem »'t Pannekoekschip«, einem Zweimastklipper an der Willemskade, unter 100 verschiedenen Pfannkuchen auswählen.

Marktbummel

Die größte und lebendigste Stadt im Norden der Niederlande ist 7 ★**Groningen**, die Hauptstadt der gleichnamigen Provinz. Zum Einkaufsbummel lädt die auf den Grote Markt führende Herestraat ein, die Hauptgeschäftsstraße der von Grachten umgebenen, fast gänzlich autofreien Innenstadt. Das Groninger Museum im Süden der Stadt lohnt allein deshalb einen Besuch, weil es zu den spektakulärsten Bauten im ganzen Land zählt. Erholen können Sie sich im beliebten Park Noorderplantsoen mit dem hübschen Café-Pavillon Zondag. Von Groningen aus Richtung Süden fährt man durch die wald-, heide- und moorreiche Provinz Drenthe mit ihren zahlreichen Hünengräbern, und dann weiter in die Provinz Overijssel.

Alte Hansestädte

8 ★**Zwolle**, die Hauptstadt Overijssels, ist mit ihren sternförmig angelegten Grachten und dem mittelalterlichen Ambiente ein beliebtes Ausflugsziel. Gourmets haben hier aber ein anderes Ziel: »De Librije«, ein mit drei Michelin-Sternen ausgezeichnetes Feinschmeckerlokal. Preiswerter und ebenfalls gut speist man im Restaurant des »Bilderberg Grand Hotel Wientjes« im Zentrum.
Die oberhalb der IJsselmündung gelegene, ehemalige Hansestadt 9 ★**Kampen** besitzt ebenfalls eine idyllische Altstadt mit mehreren hundert denkmalgeschützten Gebäuden, wozu die wuchtigen Kirchtürme, das prächtige Doppel-Rathaus und die drei Tore der einstigen Stadtmauer zählen. Dann fährt man weiter durch das flache IJsseltal nach 10 **Apeldoorn** mit schönen Parkanlagen und dem Königlichen Schloss Het Loo (17.Jh.), das einen Besuch lohnt. Über Arnhem (► Tour 1) erreichen Sie schließlich 11 ★**Nijmegen** (dt. Nimwegen) nahe der deutschen Grenze. In der vitalen Stadt finden Sie viele nette Kneipen, Cafés und Restaurants – im Zentrum und an der Waalkade.

Z
ZIELE

Magisch, aufregend, einfach schön

Alle Reiseziele sind alphabetisch geordnet. Sie haben die Freiheit der Reiseplanung

Im Einklang: Historische Gebäude wie das Rathaus in Kampen geben die stimmungsvolle Kulisse für das moderne Leben. ►

AALSMEER

Provinz: Noord-Holland | **Einwohnerzahl:** 32 000

Es ist ein Gewusel wie in einem Ameisenhaufen: Hunderte von Karren mit Tausenden von Blumen schieben sich durch die Halle. Beim weltweit größten Umschlagplatz für Schnittblumen sind auch Zuschauer willkommen, allerdings sollten sie keine Langschläfer sein.

Zentrum des Blumenhandels

Im Mittelalter verdankte der Ort seine Bedeutung der Fischerei, der Viehzucht, dem Torfhandel und seit 1450 dem Gartenbau, der mit dem Anwachsen der nahe gelegenen Stadt Amsterdam eine immer wichtigere Rolle spielte. Diese Entwicklung wurde durch die Trockenlegung des Haarlemmermeeres im 19. Jahrhundert wesentlich unterstützt. Anfangs widmete man sich der Fliederzucht; später verlegte man sich auch auf das Züchten von Topfpflanzen und Schnittblumen. Seit über 100 Jahren konzentriert man sich auf die Versteigerung von Blumen, ursprünglich nur aus den Niederlanden, inzwischen von Blumen und Zierpflanzen ausschließlich erster Qualitätsklasse. Rund 5000 Importeure aller Blumen züchtenden Nationen, allen voran Kolumbien, Israel, Äthiopien und Spanien, nutzen diese internationale Drehscheibe. Blumen, die hier morgens gehandelt werden, gehen unverzüglich via Kühlwagen oder Flugzeug auf die Reise und stehen am gleichen Tag noch oder am nächsten Morgen in den Geschäften.

Das Spektakel um die Blumen

Blumenauktion

In einem riesigen Auktionskomplex der Royal FloraHolland läuft das Auktionsspektakel (▶ Baedeker Wissen, S. 46). Die Bestseller sind Rosen, gefolgt von Chrysanthemen, Tulpen und Lilien. Unter dem Namen Royal FloraHolland werden Blumen auch in den Orten Naaldwijk, Rijnsburg, Bleiswijk und Eelde versteigert. Pro Tag verkauft das

AALSMEER ERLEBEN

TOURISTISCHE INFORMATIONEN BEIM BOEKHUIS AALSMEER
Zijdstraat 12
1431 EC Aalsmeer
www.boekhuisaalsmeer.nl/toerisme

ON THE ROCK €€€
Strandrestaurant mit Lounge-Atmosphäre an den Westeinder Plassen
Kudelstaartseweg 222
Tel. 02 97 / 36 49 85
https://ontherock.nl

Unternehmen 43 Millionen Blumen und 5 Millionen Pflanzen, der Jahresumsatz liegt bei 5,1 Milliarden Euro. Größter Versteigerungsplatz ist Aalsmeer.
Legmeerdijk 313 | Versteigerung Mo. – Mi., Fr. 7 – 11, Do. 7 – 9 Uhr | Eintritt: 10,50 € | www.royalfloraholland.com/de

★ ALKMAAR

Provinz: Noord-Holland | **Einwohnerzahl:** 109 900

F/G 12

Zugegeben: Der berühmte Käsemarkt von Alkmaar ist eine Touristenattraktion. Aber eine sehr schöne. Es macht einfach Spaß, den Käseträgern mit ihren Strohhüten dabei zuzusehen, wie sie im Dribbelschritt die schweren Käselaibe über den Markt schleppen und Frau Antje mit blonden Zöpfen und Holzschuhen herzhafte Käsewürfel verteilt. Aber auch außerhalb des freitäglichen Käsemarktes kann sich die hübsche, historische Stadt sehen lassen – und wird auch Einkaufslustige und Kulturinteressierte nicht enttäuschen.

Berühmter Käsemarkt

Die touristische Hauptattraktion von Alkmaar findet im Sommer jeden Freitag auf dem **Waagplein** statt, wenn goldene Käselaibe auf hölzernen Schlitten zur Waage geschleppt werden. Im nach Amsterdam vielleicht beliebtesten städtischen Reiseziel der Niederlande hat übrigens auch der Orgelbau Tradition.

Immer wieder freitags dreht sich auf dem Markt in Alkmaar alles um den Käse.

BLUMEN UNTER DEM HAMMER

Gebannt blicken alle auf die riesige Uhr. Sie besitzt nur einen Zeiger, und der läuft sehr schnell. Wamm! Einer der Anwesenden in dem hörsaalgroßen Raum hat den Knopf auf dem schmalen Pult vor seiner Tribünenbank gedrückt und die Uhr zum Stehen gebracht. Die Partie gehört ihm ...

Blumenversteigerung in Aalsmeer. Jeden Morgen, von Montag bis Freitag, ereignet sich in dem Ort an den Westeinder Seen südwestlich von Amsterdam das gleiche Schauspiel. Bereits in den Nachtstunden werden die Lastwagen der Blumenzüchter an der »veiling« entladen. Zuerst werden die Produkte einer scharfen Qualitätsprüfung unterzogen und auf Rollcontainer verladen. Früher fuhr man die Wagen durch die Auktionssäle. Heute müssen sich die Käufer **mit einem Videobild** begnügen. Die Kühlkette soll nicht unterbrochen werden. In den Versteigerungsräumen sitzen ab halb sieben ein paar hundert Blumenhändler auf Tribünen und luchsen gebannt auf die riesigen Versteigerungsuhren (viele Einkäufer geben ihr Angebot auch übers Internet ab). Jeder Käufer ist über Kopfhörer mit dem Versteigerer, der eine Partie Blumen, z. B. 500 Baccara-Rosen, anbietet, verbunden und kann sich so über die Qualität, Farbe, Länge und den Reifegrad der Ware informieren. Entschließt sich ein Händler für eine bestimmte Partie, dann heißt es aufgepasst! Vom Auktionator wird für die betreffende Partie eine hohe Anfangssumme festgelegt. Danach läuft die Versteigerungsuhr rückwärts, und zwar recht schnell. Im Bruchteil einer Sekunde muss der Interessent entscheiden, zu welchem Preis er die Ware kaufen möchte. Wer zuerst den Knopf auf seinem Tischpult drückt und die Uhr zum Stehen bringt, ist stolzer Besitzer der angebotenen Blumen, d. h. er hat gekauft. Drückt er zu früh, hat er höhere Ausgaben, drückt er aber zu spät, so hat ihm die Konkurrenz die Partie womöglich weggeschnappt. **Alle drei Sekunden findet so eine Transaktion statt**. Dabei geht es sehr lautlos zu. In dem Augenblick, in dem sich der Käufer für eine Ware entscheidet, registriert ein Computer die Identität des Händlers und des Erzeugers sowie die gekaufte Partie und den Preis. Danach werden die Blumen schnell auf den Weg zu den Abnehmern im In- und Ausland gebracht. Länder bis zu einer Entfernung von 1500 km werden über das Straßennetz beliefert, die übrige Welt versorgen die Blumenhändler von Schiphol aus mit den »Blumenbombern«. Die Teilnahme an der Versteigerung ist übrigens auch online möglich.

Unterm Hammer

Die Versteigerung landwirtschaftlicher Erzeugnisse ist **eine niederländische Erfindung**: Im Jahr 1887 gab Dirk Jongerling in Broek op Langedijk zum ersten Mal eine Partie Blumenkohl unter den Hammer. Damit wurde der Grundstein für ein Vermarktungssystem gelegt, mit dem heute niederländische Gartenbauprodukte wie **Obst und Gemüse, Schnittblumen und Topfpflanzen** vom Erzeuger über den Händler in alle Welt verkauft werden. In Aalsmeer wurden die ersten Blumen 1910 versteigert. Die Auktionshalle war ein Dorfgasthaus, der Auktionator

Heute bekommen die Käufer die Blumen nur noch am Bildschirm gezeigt, um die Kühlkette nicht zu unterbrechen.

stand auf dem Billardtisch, und im Angebot gab es nur Flieder von den Inseln der benachbarten Seen, der dann in niederländischen Vasen endete. Heute gibt es für die Vermarktung der Erzeugnisse des Zierpflanzenbaus ein halbes Dutzend Blumenversteigerungen in den Niederlanden. Auf der Blumenversteigerung in Aalsmeer werden täglich mehr als 43 Millionen Blumen gehandelt, vor allem Rosen, dann Chrysanthemen, Tulpen, Nelken, Lilien, Gerbera und Freesien, aber auch Nelken aus dem israelischen Negev, exotische Blüten aus Kenia, Silberbaumblüten aus Südafrika sowie prächtige Orchideen aus Bangkok.

Die Nr. 1

Die erste Modeblume in den Niederlanden war die **Tulpe**, deren Handel zu Beginn des 17. Jh.s zur »Tulpomanie« ausartete (▶ Baedeker Wissen S.114). Doch mit diesem Debakel kamen Tulpenzucht und Tulpenhandel keineswegs zum Erliegen. Nach und nach holte man sich auch Blumen aus anderen Breitengraden und züchtete sie in großem Ausmaß. Im 18. Jahrhundert wurden die Tulpen von Platz eins verdrängt: Hyazinthen waren nun der große Renner. Gegen Ende des 19. Jahrhunderts fand die Rose Eingang in den Erwerbsgartenbau. Auch langlebige Topfpflanzen wie Ficus und Begonie erfreuten sich immer größerer Beliebtheit. Im Blumengeschäft ist es den Niederlanden jedenfalls gelungen, die Nummer eins zu werden. **Wichtigstes Abnehmerland ist Deutschland**, wo ein Drittel des Exports abgesetzt wird. »Unser bester Kunde«, scherzte einmal ein niederländischer Blumenhändler, »ist die deutsche Mülltonne.«

ALKMAAR ERLEBEN

ALKMAAR STORE (VVV)
Die VVVs verschwinden langsam. Häufig bekommen sie einen neuen Namen, der aus dem Stadtnamen plus Store besteht.
Waagplein 2
NL-1811 JP Alkmaar
Tel. 072/5114284
https://alkmaarprachtstad.nl
Mo.-Sa. 9.30-17,
So. 11.30-16.30 Uhr

Kleine, individuelle Boutiquen sind im »Viereck« von Mient und Fnidsen, in der **Hekelstraat**, im **Verdronkenn-nord** und am **Vismarkt** zu finden. Der Vismarkt eignet sich gut für eine Pause während des Einkaufsbummels, denn wo früher die Marktstände unter einem Dach standen, können Sie heute im Freien etwas essen und trinken.

❶ DAIKICHI €€€€
Hier werden japanische Spezialitäten serviert, von Sushi bis Teppanyaki.
Stationsweg 58
Tel. 072/5114422
www.daikichi.nl
Mi.-So. 17-23 Uhr

❷ BISTRO DE 13 BALCKEN €€€
Uriges Restaurant mit dunklen Balken, Terrakottaböden und niederländischer Küche.
Zevenhuizen 11 1811 KB
Tel. 072/5200079
www.13balcken.nl
Do.-Mo. 15-22.30 Uhr

❸ SUMANGALI €€
Mitten im Stadtzentrum gelegenes Restaurant, in dem es indische und ceylonesische Spezialitäten gibt.
Gedempte Nieuwesloot 119
Tel. 072/5117546
www.sumangali.nl
Di.-So. ab 17 Uhr

❶ COLLEGE HOTEL ALKMAAR €
Zentral gelegenes Hotel mit modern eingerichteten Zimmern in einer ehemaligen Schule.
Achter de vest 3,
NL-1811 JZ Alkmaar
Tel. 072/5111150
www.collegehotelalkmaar.nl

❷ GRAND HOTEL ALKMAAR €€€
Komfortable, moderne Zimmer in einem historischen Gebäude in der Altstadt, nahe des Käsemarkts.
Gedempte Nieuwesloot 36
NL-1811 KT Alkmaar
Tel. 072/5760970
www.grandhotelalkmaar.nl

Wohin in Alkmaar?

Kirche, Krieg und viel Käse
Stadtzentrum

Die Bewohner von Alkmaar, im 10. Jh. gegründet, sind streitlustig: Der spanischen Belagerung machten sie im Jahr 1573 ein Ende, indem sie die Schleusen öffneten und die Umgebung kurzerhand unter

1 Daikichi
2 Bistro de 13 Balcken
3 Sumangali

1 College Hotel Alkmaar
2 Grand Hotel Alkmaar

Wasser setzten. Diese »Victorie« von Alkmaar wird im **Stadtmuseum** (Stedelijkmuseum) am Canadaplein, an dem sich ein Stadtrundgang gut beginnen lässt, anschaulich dargestellt. Zu sehen sind auch Gemälde des 16./17. Jh.s und der Bergener Schule.

Das südliche Ende des Canadaplein nimmt die 1470 bis 1516 errichtete, spätgotische **Grote Kerk** (St. Laurentiuskerk) ein. An gleicher Stelle befand sich eine ältere Kirche, die 1468 durch den Einsturz ihres noch nicht vollendeten Turmes zerstört wurde. Die Basilika im Stil der Brabanter Gotik mit dem Grabmal des Grafen Floris V. von Holland († 1296) und einer spätgotischen Orgel von 1511 ist im Sommer täglich sowie an vielen Wochenenden gratis zugänglich.

Vom Canadaplein führt die Langestraat in südöstliche Richtung, vorbei am **Stadhuis** (Rathaus). Der spätgotische östliche Trakt und der Turm des Rathauses stammen vom Beginn des 16. Jh.s, der Westtrakt von 1694. Ein Blick in den Ratssaal und in das renaissancezeitliche Magistratszimmer ist leider nur denen vorbehalten, die sich im Rathaus das Ja-Wort geben oder zu Festlichkeiten eingeladen sind.

Stedelijkmuseum: Canadaplein 1 | Di. – So. 11 – 17 Uhr | Eintritt: 13,50 € | www.stedelijkmuseumalkmaar.nl

Marktfrischer Käse ...

★ Kaasmarkt, Waag/Kaasmuseum

Die Touristenattraktion Nr. 1 von Alkmaar ist sein traditioneller Käsemarkt, der vor dem Gebäude der Stadtwaage (Waag) stattfindet. Der Platz ist dann fast vollständig mit großen Käselaiben bedeckt, meist mehr als 23 000 kg Edamer- und Gouda-Käse. Alle Käsesorten werden zunächst geprüft, probiert und beurteilt. Die **Käseträger** sind ganz in Weiß gekleidet und tragen Hüte mit den Farben der jeweiligen Gilde, während sie die Käselaibe auf eigentümlichen Tragegestellen in Form einer Wiege transportieren, in der Stadtwaage wiegen lassen und schließlich auf Wagen verladen (▶ Baedeker Wissen, S. 478).

Die Stadtwaage war ursprünglich eine Kapelle des 1341 gebauten Heiligengeisthauses und wurde erst 1576 zur Stadtwaage umgebaut. Im 1595 bis 1599 erbauten Turm gibt jeden Samstag zwischen 11 und 12 Uhr ein Carillon-Spieler ein kleines Konzert. In der Stadtwaage gibt das **Kaasmuseum** (Käsemuseum) Aufschluss über die Herstellung verschiedener Molkereiprodukte: Historische Gebrauchsgegenstände veranschaulichen die Arbeitsabläufe in verschiedenen Jahrhunderten; Filmpräsentationen vermitteln darüber hinaus einen Eindruck vom ländlichen Leben in der Vergangenheit rund um Alkmaar.

Kaasmarkt: jeden Freitag von Anfang April bis Ende September zwischen 10 und 13 Uhr sowie jeden Dienstagabend im Juli und August von 19 bis 21 Uhr | www.kaasmarkt.nl

Hollands Kaasmuseum: Waagplein 2 | sehr unregelmäßige Öffnungszeiten (s. Website) | Eintritt: 6 € | www.kaasmuseum.nl

... und dazu ein Bier

Biermuseum De Boom

Zu Käse trinkt man normalerweise Wein, doch auch Bier wird immer beliebter. Zu einem reifen, holländischen Käse passt beispielsweise ein dunkles Bier mit einer süßlichen Note. Probieren Sie es aus! Das Nationale Biermuseum De Boom, wenige Schritte von der Stadtwaage entfernt, widmet sich der Geschichte des niederländischen Brauwesens auf spielerische Weise. In einer ehemaligen Brauerei des 17. Jh.s ist eine Schenke des 19. Jh.s eingerichtet, in der Ausschankstube im Keller können Sie sich jede Menge niederländischer Biersorten zum Probieren zapfen lassen. Das **Proeflokaal** ist bis tief in die Nacht geöffnet.

Houttil 1 | Do. – Sa. 12 – 17 Uhr | Eintritt: 9,50 € | www.biermuseum.nl

Zu Hause in der Mühle

Molen van Piet

Die Molen van Piet, eine Getreidemühle von 1769 – auf dem alten Stadtwall am Ende der Ritsevoort im äußersten Südwesten der Altstadt –, ist noch heute in Betrieb. Seit Generationen wohnt und betreibt die Müllersfamilie van Piet die Kornmühle.

www.molenvanpiet.nl

Durch nichts aus dem Takt zu bringen

Accijnstoren

Biegt man von der Laat in die Bierkade, passiert man das Akzisentürmchen von 1622, das 1924 um vier Meter versetzt wurde – ohne einen Schaden zu nehmen: Das Uhrwerk am Turm lief ungehindert weiter.

Rund um Alkmaar

Zu Besuch bei windigen Gefährten

Schermer

Eines muss man Alkmaar lassen: Es ist nicht nur eine zauberhafte Stadt, sondern hat auch eine erstklassige Lage. Der Nordseestrand ist gerade mal zehn Kilometer entfernt, Sie können ihn damit auch prima mit dem Fahrrad erreichen. Im südöstlich der Stadt gelegenen Schermer-Polder laden Wiesen, Weiden und Windmühlen zu Spaziergängen mit schönen Ausblicken ein. In eine Windmühle können Sie einen ausgiebigen Blick werfen: In Schermerhorn steht eine **Museumsmühle** aus dem Jahr 1634, die von April bis Oktober täglich besichtigt werden kann.

Museumsmühle: Noordervaart 2 | April – Oktober tgl. Di. – So. 9 – 16.30 Uhr | Eintritt: 4,50 € | www.museummolen.nl

»Das schönste Dorf Hollands«

De Rijp

... So bezeichnete der Wasserbauingenieur Leeghwater stolz seinen Geburtsort. Er hatte nicht unrecht – das Dorf mit seinen rund 100 **restaurierten Monumenten** macht seinem Ruf alle Ehre. Vor dem stattlichen Rathaus (1630) mit imposantem Treppenaufgang erhebt sich eine weiße Zugbrücke. Grüne, nordholländische Giebelhäuser mit weißem Dachfirst säumen die Grachten. Tipp: Leihen Sie sich ein **Flüsterboot** (mit Batterieantrieb) aus und erkunden Sie damit die wasserreiche Umgebung.

Lust auf eine Zeitreise?

Broek op Langendijk

Nördlich von Alkmaar, in Broek op Langendijk, wird die Gemüseversteigerung in einem kleinen **Museum** noch wie früher abgehalten, als Schiffe das Gemüse in die kleine Markthalle über dem Wasser brachten und die Händler auf Holzbänken über die Preise verhandelten. Nach dem historischen Gemüseeinkauf geht's zu einer Bootsfahrt durch das »Reich der tausend Inseln«.

Sonne, Strand, Meer, dazu ein Eis – perfekt. Egmond aan Zee ist als Badeort besonders beliebt.

Museum: Museumweg 2 | Di. – So. 10 – 17 Uhr | Eintritt: 19,50 € | www.broekerveiling.nl

Und immer wieder lockt der Strand!

Egmond

Westlich von Alkmaar liegen einige Dörfer mit kleineren Sehenswürdigkeiten wie die 1573 von den Spaniern zerstörte und wieder aufgebaute **Schlosskapelle** in Egmond aan den Hoef. Doch die meisten Besucher werden von einem Namenszusatz magisch angezogen: »Aan zee« bedeutet »am Meer«. Die Orte **Egmond aan Zee** und **Castricum aan Zee** sind Badeorte am langen Nordseestrand und locken mit Strandpavillons, deren Namen wie »Seestern«, »Silbermöwe« und »Sand-Club« wie Musik in den Ohren sonnenhungriger Großstädter klingen. Also: das Badetuch aus dem Koffer kramen und den Tag bis zum Sonnenuntergang »aan zee« verbringen.

Kunst und Café

Bergen

Zwar hat auch Bergen einen äußerst attraktiven Vorort am Meer, Bergen aan Zee, doch den ursprünglichen Künstlerort weiter im Landesinneren sollten Sie sich keinesfalls entgehen lassen. Der Ortskern wird von einem faszinierenden Gebäude geprägt: Von der 1574 abgebrannten Kirche, einstmals eines der größten Gotteshäuser Hollands, steht nur noch eine **Ruine**. Lediglich ein Teilstück wurde wieder aufgebaut und als Kirche genutzt. Und wie so oft in den Niederlanden laden auch in Bergen Restaurants und Cafés zu einer Pause ein – hier im Schatten der (Ruinen-)Kirche. Anschließend können Sie sich den Kunstgalerien und dem **Museum Kranenburgh** mit Werken der Bergener Schule widmen.

Museum Kranenburgh: Hoflaan 26 | Di. – So. 10.30 – 17 Uhr | Eintritt: 14,50 € | www.kranenburgh.nl

Hünenhafte Dünen

Boswachterij Schoorl

Wie kommt dieser Sandriese nun mitten ins Zentrum von Schoorl? Der Sandberg ist eine über 50 m hohe **Düne**, die vor allem Kinderherzen höherschlagen lässt. Hochklettern und sich herunterkullern lassen – der Sandhaufen heißt nicht umsonst Kletterdüne. Mit Sand in Haar und Schuhen schmeckt die heiße Chocomel im Café zu Füßen des Sandriesen besonders gut. Wem eine Düne nicht genug ist, kann im **Naturgebiet Schoorlse Duinen** noch weitere Prachtexemplare erwandern. 60 km **Wanderwege** führen durch die Dünenlandschaft.

★ AMERSFOORT

Provinz: Utrecht | **Einwohnerzahl:** 160 800

Wie eine Festung erhebt sich der Koppelpoort, das ehemalige Stadttor sowohl für den Landweg als auch für den Wasserweg, über der Eem. Lassen Sie sich jedoch nicht abhalten von den Zinnen, Türmen und Gräben. Viel zu spannend ist das, was sich dahinter verbirgt: Die mittelalterlichen Mauerhäuser, errichtet in einem Ring aus den Steinen der alten Stadtmauer, die verwinkelten Gassen und idyllischen Grachten, bierselige Kneipen und so manches sehenswerte Museum. Nicht zu vergessen: das Geburtshaus des großen Sohnes der Stadt, Piet Mondrian.

Stadt der Mauerhäuser

Schon im Mittelalter spielte die Stadt, die mit Bier und Tuchhandel zu Wohlstand gelangte und schließlich **Hansemitglied** wurde, eine bedeutende wirtschaftliche Rolle. Als die Bevölkerung weiter anwuchs, riss man die Stadtmauer ab, um weiter außen eine neue zu errichten. Auf dem Fundament des alten Befestigungswalls erbaute man Wallhäuser, die streckenweise wie die einstige Stadtmauer eng aneinander standen. Einige dieser sehenswerten, teils schiefen **Mauerhäuser** (muurhuizen) stehen noch, weshalb Amersfoort auch die Stadt der Muurhuizen genannt wird.

AMERSFOORT ERLEBEN

VVV AMERSFOORT
Breestraat1
NL-3811 AA Amersfoort
Tel. 09 00 / 1 12 23 64
www.vvvamersfoort.nl
Mo. 11 - 17, Di. - Sa. 10 - 17,
So. 11 - 16 Uhr

1 KROAST €€
Restaurant in einer ehemaligen Seifenfabrik im neuen Hotspot von Amersfoort, dem Hafen. Im Sommer sitzen Sie draußen im großen Hofgarten, es gibt Kaffee mit Kuchen und warme Gerichte.
Kleine Koppel 36
Tel. 0 33 / 7520332
https://kroast.nl

2 DARA €
Ungezwungenes Mezze-Restaurant am Eemshafen mit Tischen drinnen und draußen am Wasser. Wer möchte, kann sich dort eine Schaluppe mieten und ein Picknick mit aufs Wasser nehmen.
Grote Koppel 5
Tel. 0 33 / 4 70 23 02
https://dara.nl
Tgl. 11.30 - 0 Uhr

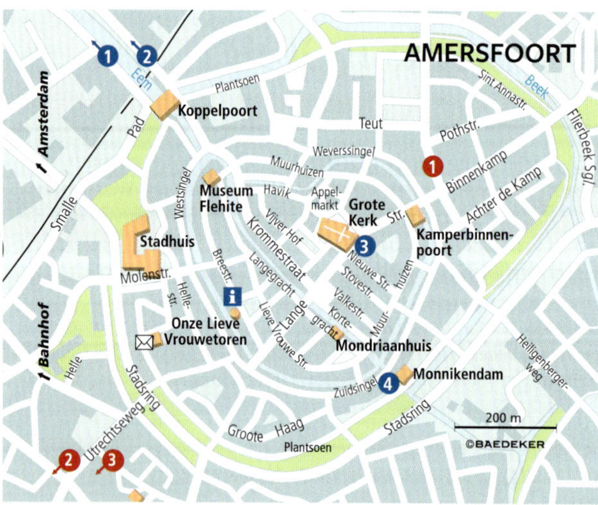

1 Kroast
2 Dara
3 In Den Grooten Slock
4 Restaurant De Monnikendam

1 Hotel de Tabaksplant
2 Leerhotel Het Klooster
3 Amrâth Berghotel Amersfoort

❸ IN DEN GROOTEN SLOCK €€€

Mittags und abends gibt es hier in der Innenstadt holländische Klassiker, nachmittags Kuchen.
Langestraat 95
Tel. 0 33 / 4 62 13 65
www.grootenslock.nl
Di., Mi., So. 11.30 – 18, Do. 11.30 – 22, Fr. u. Sa. 10.30 – 22 Uhr

❹ RESTAURANT DE MONNIKENDAM €€€

Restaurant in einem mittelalterlichen Stadttor mit gehobener Küche, die mit Saisonprodukten arbeitet.
Plantsoen Oost 2
Tel. 0 33 / 465 66 90
http://demonnikendam.nl
Do. – So. ab 12 Uhr Mittagessen, ab 18 Uhr Abendessen

❶ HOTEL DE TABAKSPLANT €

Charmantes Hotel mit 25 individuell eingerichteten Zimmern und 5 Apartments in einem historischen Gebäude, das einst einem Tabakplantagenbesitzer gehörte.
Coninckstraat 15
NL-3811 WD Amersfoort
Tel. 0 33 / 4 72 97 97
www.tabaksplant.nl

❷ LEERHOTEL HET KLOOSTER €

Hotel mit 16 Standard- und 5 Luxuszimmern am Stadtrand in einem früheren Kloster, das von Studenten der Hotelschule geführt wird. Moderne Einrichtung, schöner Klosterhof und eigenes Restaurant.
Daam Fockemalaan 10
Tel. 0 33 / 4 67 87 00
www.leerhotelhetklooster.nl

❸ AMRÂTH BERGHOTEL AMERSFOORT €

Am Stadtrand mitten im Grünen liegt dieses komfortable Hotel (170 B.) mit einem stilvollen Restaurant.
Utrechtseweg 225
NL-3818 EG Amersfoort
Tel. 0 33 / 4 22 42 22
www.berghotelamersfoort.nl

Wohin in Amersfoort?

Wo Geschichte lebendig wird

»Levende Historie«

In Amersfoort ist man stolz auf die Geschichte des kleinen Städtchens, das 1028 erstmalig erwähnt wurde und 1259 Stadtrechte erhielt. Damit man heute ein Gefühl dafür bekommt, wie die Welt früher einmal ausgesehen hat, haben sich Ehrenamtliche zur Gruppe »Levende Historie« zusammengeschlossen. Vor allem im Sommer sieht man die verkleideten **Rollenspieler** an mehreren Orten in der Stadt. Sie können wunderbar aus vergangenen Zeiten erzählen. Zum Beispiel wie es war, als Kind im 16. Jh. in einem Waisenhaus, dem Borgerweeshuys, aufzuwachsen, oder was es hieß, als alter Mann aus dem Jahr 1907 im Männersaal den Lebensabend zu verbringen. Denn Privatsphäre war dort Fehlanzeige. Die über 30 Alkoven (Bettnischen bzw. Wandbetten) waren teilweise sogar doppelt belegt! Und wo waren die Frauen? Die schliefen in einem

Frauensaal, der jedoch zu Beginn des 20. Jh.s einem Neubau weichen musste.

Mannenzaal im St. Pieters- und Bloklandsgasthuis: Westsingel 47 (gegenüber Museum Flehite) | mit Rollenspiel Mitte Juli – Aug. Mi. – Sa. 13 – 16.30 Uhr | Eintritt: 5 €

Regentenkamer Burgerweeshuis (Waisenhaus): Zuidsingel 25 | Juli u. Aug. Mi. – Sa. 13 – 16.30 Uhr | Eintritt frei | http://levendehistorie.nl

Mit schönem Lettner

Grote Kerk (St. Joriskerk)

Am Hof, dem Hauptplatz der Altstadt, steht die gotische Grote Kerk bzw. St. Joriskerk (Kirche St. Georg), eine **Hallenkirche** mit drei Schiffen. Der Bau wurde 1243 begonnen und 1534 vollendet. Im Inneren befindet sich ein schöner gotischer Lettner aus dem 15. Jahrhundert. Sehenswert ist auch das Grab des berühmten niederländischen Baumeisters Jacob van Campen, der lange Jahre in Amersfoort lebte.

Aussicht mit Glockenspiel

Onze Lieve Vrouwetoren

Südwestlich der Kirche erhebt sich der fast 100 m hohe **Liebfrauenturm**, ein imposantes spätgotisches Bauwerk mit aus 47 Glocken bestehendem Glockenspiel des berühmten **François Hemony**, das zu den schönsten seiner Art in den Niederlanden zählt. Der Turm gehörte zur im Jahr 1787 durch eine Pulverexplosion zerstörten Liebfrauenkirche – man hatte das Gotteshaus als Munitionsdepot zweckentfremdet. Der mühsame Aufstieg (327 Stufen) wird mit einem herrlichen Rundblick belohnt. Ein besonderes Erlebnis wird die **Turmbesteigung** am Samstagnachmittag um 15.30 Uhr, wenn der Carillonspieler oben im Turm sein Glockenspiel ertönen lässt.

Turmbesteigung: tgl. 14 Uhr | Eintritt 8,50 € | www.onzelievevrouwetoren.nl

Stadtgeschichte im Wallhaus

Museum Flehite

Folgt man vom Liebfrauenturm der Gracht nach Norden, fällt in der Westsingel genannten Straße, jenseits der Gracht, das Gebäude des **stadtgeschichtlichen Museums** Flehite auf. Allein das Gebäude, ein über eine Brücke zugängliches Wallhaus, lohnt den Besuch.

Westsingel 50 | Di. – So. 11 – 17 Uhr | Eintritt: 13 € | www.museumflehite.nl

Zu Land und zu Wasser

Koppelpoort

Wenige Meter vom Museum Flehite entfernt, stößt man auf das Koppelpoort (15. Jh.) über der Eem, ein **Wasser- und Landtor** des äußeren Befestigungsrings von Amersfoort, das einst mit Hilfe einer Mühle geschlossen wurde. Es ist im Rahmen einer Stadtführung zu besichtigen, die von der Gilde Amersfoort angeboten wird. Aktuelle Zeiten und Preise finden sich auf der Website des Museums.

www.gildeamersfoort.nl

Victory Boogie Woogie?

Mondriaanhuis

Genau, das berühmte abstrakte Bild mit den Rechtecken in den Primärfarben Rot, Blau und Gelb stammt von **Piet Mondrian** (1872 – 1944). Zwar hängt sein bekanntes Meisterwerk in Den Haag, doch sein Geburtshaus steht in Amersfoort, an der Kortegracht, wo auch ein **Dokumentationszentrum** eingerichtet wurde, das die verschiedenen Schaffensphasen des niederländischen Künstlers erläutert. Aufmerksamkeit erregt der Nachbau seines Pariser Ateliers im Zustand von 1926 in Originalgröße. Wechselausstellungen mit Werken konstruktivistischer und konkreter Künstler ergänzen die Dauerpräsentationen rund um den Künstler Mondrian.

Kortegracht 11 | Di. – So. 10 – 17 Uhr | Eintritt: 13 € | www.mondriaanhuis.nl

Aus alt mach neu

Muurhuizen

Die Niederländer sind für ihren Pragmatismus bekannt. Kommt was Altes weg, dann kann man die Reste für was Neues verwenden. So geschehen mit den **Mauerhäusern** (Muurhuizen), die deshalb so heißen, weil sie aus den Steinen der früheren, aufgrund der Stadterweiterung funktionslos gewordenen Stadtmauer errichtet wurden. Und weil nicht nur Steine übrig, sondern auch Flächen frei wurden, bauten die findigen Amersfoorter ihre neuen Häuser im Laufe der Jahre kreisförmig um den Stadtkern an der Stelle der alten Mauer wieder auf. Die Straße heißt nach den Häusern: Muurhuizen.

Vom südlichen Ende der Muurhuizen …

Monnikendam, Mariënhof

… ist es nicht mehr weit zum jenseits der Gracht liegenden **Wassertor** Monnikendam aus dem 15. Jahrhundert. Wenige Meter weiter folgt der Mariënhof von 1480, ein ehemaliges Kloster, das heute für Veranstaltungen genutzt wird.

Rund um Amersfoort

In Gedenken an die Opfer beider Weltkriege

Belgenmonument

Südwestlich von der Stadt steht auf dem 49 m hohen Amersfoortse Berg das Belgenmonument, ein Denkmal zur Erinnerung an den Aufenthalt belgischer Flüchtlinge während des Ersten Weltkriegs. Südlich der Laan 1914 befand sich das nationalsozialistische Konzentrationslager Amersfoort, in dem etwa 35 000 Niederländer inhaftiert waren. Ein Monument erinnert an die vielen Insassen, die hier zu Tode kamen.

Beliebtes Erholungsgebiet

Baarn

Der malerische Ort Baarn liegt wenige Kilometer nordwestlich von Amersfoort in waldreicher Gegend. Baarn wird von den Bewohnern

der umliegenden Städte Amersfoort, ▶ Hilversum und ▶ Utrecht gerne aufgesucht. Hier gibt es ausgedehnte **Wandermöglichkeiten**, die sich im Westen bis Hilversum und im Süden bis Bilthoven erstrecken. Von der alten Kirche (14. Jh.) blieben der im 16. Jh. erhöhte Backsteinturm und das Langschiff erhalten.
Im Norden von Baarn steht das sehenswerte **Kasteel Groeneveld**, wo Kunstausstellungen und Musikveranstaltungen stattfinden. Zu einer Kaffeepause lädt das Grand Café im ehemaligen Kutschhaus ein.
Groeneveld 2 | Di. – So. 11 – 17 Uhr | Eintritt: 6,50 € |
www.kasteelgroeneveld.nl

Royaler Wohnsitz

Soestdijk

Südöstlich von Baarn gelangen Sie nach Soestdijk mit dem gleichnamigen **Schloss** am Ortsende. Schloss Soestdijk war Wohnsitz von Königin Juliana und ihrem deutschstämmigen, etwas flatterhaften Gemahl Bernhard. Heutzutage können das Schloss und der Park besichtigt werden. Prinzessin Beatrix wohnt seit ihrer Abdankung wieder im nahe gelegenen Schloss Drakensteyn in Lage Vuursche. Auf dem benachbarten Friedhof ist ihr Sohn Prinz Friso begraben, der 2012 bei einem Skiunglück ums Leben kam. Das Anwesen wurde 2017 an die Immobilienfirma Meyer Bergman verkauft und ist nicht für die Öffentlichkeit zugänglich.

★★ AMSTERDAM

Provinz: Noord-Holland | **Einwohnerzahl:** 918 000

Das »Venedig des Nordens« mit seinen Grachten, Giebelhäusern und Straßencafés hat so manchen Leuten den Kopf verdreht und sie zum Bleiben verführt. Maler wie Rembrandt und Schriftsteller wie Harry Mulisch richteten hier ihre Künstlerstuben ein, Casanova flirtete sich durch die Herengracht, Königspaare gaben sich huldvoll das Ja-Wort, und in den 1960er-Jahren tanzten die Hippies durch den Vondelpark. Amsterdam ist noch immer wild und unkonventionell, kreativ und inspirierend. Und noch immer würde man in der Grachtenstadt am liebsten etwas länger bleiben.

»Venedig des Nordens«

Der historische Grachtengürtel, der seit 2010 zum UNESCO-Weltkulturerbe gehört, ein paar tausend Baudenkmäler, Museen von Weltrang und das multikulturelle, tolerante, manchmal schrille und geräuschvolle, aber auch heimelige Ambiente üben eine solch große Anziehungskraft aus, dass Amsterdam zu den wichtigsten Rei-

OBEN: Nicht ohne mein »fiets« – Amsterdam ist die selbsternannte »Fahrradhauptstadt«.

UNTEN: Dem Ruf als »Venedig des Nordens« wird die Stadt mit ihren 165 (!) Grachten gerecht – ein guter Grund, Amsterdam mal vom Wasser aus zu erkunden.

sezielen Europas zählt. Ganze 20 Millionen Touristen stürmen jährlich die Stadt, was der alten Dame zeitweise ziemlich zu schaffen macht. Die schmalen Gassen und Grachten, die man einst dem Autoverkehr zuliebe zuschütten wollte, sind dem Ansturm nicht gewachsen. Die Stadtverwaltung hat eingegriffen und ein neues Konzept ins Leben gerufen, das Amsterdam wieder in Balance bringen soll. So werden Touristenbussen und Kreuzfahrtschiffen der Zugang zur Stadt verwehrt, der Autoverkehr im Grachtengürtel wurde eingedämmt, auch Geschäfte und Restaurants, die sich nur an Touristen richten, wurden aus dem Stadtbild verbannt, neue Hotels dürfen im Stadtzentrum erst gar nicht mehr gebaut werden oder unterliegen strengen Auflagen. Dennoch kann es an Sommer-Wochenenden im historischen Grachtengürtel **»gezellig druk«**, gemütlich voll, werden. Kein Problem, denn wer sich ein paar Meter von den Hauptgrachten wegbewegt oder die Gratisfähre am Hauptbahnhof nach Amsterdam-Noord nimmt, der findet Luft zum Durchatmen. Weiterhin können Sie sich in die schönen Museumscafés zurückziehen, die sich im Grachtengürtel verstecken, z.B. der verwunschene Garten hinter dem Museum van Loon mit seiner Kutschhaus-Teestube.

Amsterdam ist die Hauptstadt des Königreiches und das **kulturelle Zentrum des Landes** mit den wichtigsten Stätten für Bildung, Wissenschaft und Forschung: Die Universiteit van Amsterdam (1877), die Freie Universität sowie die Königlich Niederländische Akademie der Wissenschaften haben hier ihren Sitz. Auf dem Gebiet der Musik genießt das Königliche Concertgebouw Orkest internationalen Ruf. Dank des nach Rotterdam zweitgrößten Hafens des Landes spielt Amsterdam von jeher eine bedeutende Rolle als **Hafenstadt**, zudem sind hier viele Handelshäuser, Großbanken, die Effektenbörse und Versicherungsanstalten konzentriert. Eine Vielzahl grafischer Betriebe unterstreicht Amsterdams Bedeutung als **Presse-, Verlags- und Buchhandelszentrum**.

Vom Fischerdorf zur Hauptstadt

Geschichte

Amsterdam ist eine vergleichsweise junge Stadt. Erst als um 1270 ein Damm – der heutige Damrak – an der Amstelmündung errichtet wurde, entwickelte sich aus den wenigen Fischerhäusern eine kleine Siedlung. Der Name der Stadt leitet sich also von ihrer Lage ab: 1275 wurde der Ort als **»Amstelledamme«** erstmals urkundlich erwähnt. Bereits im Mittelalter erlebte Amsterdam einen gewissen Aufschwung, u. a. als Zollstation für das aus Hamburg importierte Bier. Daraus entwickelte sich ein intensiver Handel, der ab 1368 durch Geschäftsbeziehungen zu den bedeutenden Hansestädten noch verstärkt wurde. Die eigentliche Blüte Amsterdams begann mit dem Befreiungskampf von der spanischen Herrschaft. Durch den wirtschaftlichen Niedergang Gents sowie den Verfall Antwer-

pens zogen viele Kaufleute, Fabrikanten und Künstler aus den spanischen Niederlanden nordwärts. Amsterdam entwickelte sich zu einer der wichtigsten Handelsmetropolen der Welt, zu einem Zentrum für Wissenschaft und Kultur und zu einer Stadt mit blühendem Gewerbe und kosmopolitisch zusammengesetzter Bevölkerung. In der »Satisfactie van Amsterdam« aus dem Jahr 1578 wurde verfügt, dass niemand wegen seines Glaubens Nachteile erleiden dürfe. Amsterdam wurde so zur Anlaufstelle für verfolgte Juden, Hugenotten und Protestanten aus ganz Europa, die Stadt wuchs nach London und Paris zur drittgrößten Metropole Europas an. Durch die Teilnahme der Niederlande am Englisch-Niederländischen Krieg (1780 – 1784) verlor die Stadt einen großen Teil ihrer Flotte und damit auch ihre Vorherrschaft auf See. Der Anschluss an Frankreich im Jahr 1795 und die napoleonische Kontinentalsperre in den Jahren von 1806 bis 1813 vernichteten den Handel schließlich vollends. In diesem Jahr – 1810 – wurde Amsterdam zur **Hauptstadt** der Niederlande bestimmt, Regierungssitz wurde jedoch Den Haag. Erst in der zweiten Hälfte des 19. Jahrhunderts begann der Handel wieder zu blühen.
Eine traumatische Zeit erlebte Amsterdam unter der deutschen Besatzung im **Zweiten Weltkrieg** (▶ Baedeker Wissen, S. 80). Wegen der Besatzungszeit kam es anlässlich der Vermählung von Prinzessin Beatrix mit dem Deutschen Claus von Amsberg am 10. März 1966 zu schweren Demonstrationen. Als 1975 die 700-Jahrfeier der Stadt begangen wurde, gab es in der Nieuwmarktbuurt erneut Zusammenstöße mit der Polizei, da Demonstranten den Abriss von Wohnhäusern für den U-Bahn-Bau zu verhindern suchten. Die Demonstrationen während der Inthronisierung von Königin Beatrix 1980 läuteten eine neue Stadtplanungspolitik ein, u.a. mit weniger Autoverkehr innerhalb des Grachtengürtels.

Kanäle, Brücken, Hausboote

Stadt am Wasser

Die Häuser der fächerförmig angeordneten **Altstadt** ruhen auf Pfählen, die durch die obere Schlamm- und Moorschicht in den unteren festen Sand bis zu 18 m Tiefe eingerammt sind. Hier drängen sich auf rund 800 ha über **8000 Baudenkmäler** aus dem 16. bis 18. Jahrhundert. In den seit August 2010 zum UNESCO-Weltkulturerbe gehörenden **160 Grachten** liegen Hunderte von Hausbooten. Malerisch wirken die über tausend Brücken, die etwa 90 Inseln miteinander verbinden. Eine Reminiszenz aus vergangenen Zeiten sind die Zugbrücken aus Holz, wie die Magere Brug. Um den Mittelpunkt der Altstadt wurden im 16. und 17. Jahrhundert Grachten in konzentrischen Kreisen angelegt. Architektonisch wurde die Stadt von Hendrik de Keyser (1565 – 1621, u.a. Westerkerk und Zuiderkerk), Pierre Cuypers (1827 – 1921, Rijksmuseum) und Petrus Berlage (1856 – 1934, Börse) geprägt.

AMSTERDAM ERLEBEN

I AMSTERDAM STORE
De Ruijterkade 28 B t/m D
(gegenüber Hauptbahnhof)
NL-1012 AA Amsterdam
tägl. 9–19 Uhr
www.iamsterdam.com

WEITERES BÜRO
Flughafen Schiphol
Ankunftshalle 2

I amsterdam City Card:
Freier Eintritt bei über 70 Museen, eine Gratis-Grachtenrundfahrt, Mietfahrrad für einen Tag, Nutzung des öffentlichen Verkehrs und viele Rabatte gewährt die City Card (60 € für 24 Std., 85 € für 48 Std.)

Grachtenrundfahrten:
Die meisten Rundfahrtboote starten am Hauptbahnhof, u.a. diejenigen der Reedereien Lovers und Kooij. Letztere hat auch ein paar schöne historische Boote in der Flotte. Ab 13 €

Amsterdam ist von einem dichten Netz öffentlicher Verkehrsmittel überzogen. 16 Straßenbahnlinien und mehr als 50 Buslinien tragen die Hauptlast des Personentransports. Die Metro (U-Bahn) umfasst fünf Linien, zudem existieren noch fünf Fähren. Busse, Straßenbahnen und Metro fahren bis 24 Uhr, danach sind Nachtbusse eingesetzt. Sie verkehren unter der Woche jede Stunde, am Wochenende alle 30 Minuten.
Für Bus, Straßenbahn und Metro kann man eine **OV-chipkaart** nutzen, die gegen ein Kartenlesegerät gehalten werden muss – beim Ein- und Aussteigen; ausgecheckt am Ende der Fahrt. Die OV-chipkaart gibt es am Bahnhof, sie kann mit einem Guthaben jederzeit aufgeladen werden. Alternativ kann man auch mit einer Bank- oder Kreditkarte im ÖPNV ein- und auschecken (OVpay).
www.gvb.nl

PARKEN
Es ist nicht ratsam, mit dem Auto in die Innenstadt zu fahren. Es gibt viele Einbahnstraßen, und die Parkplätze im Zentrum sind sehr teuer. Eine günstige Alternative sind die **P+R-Plätze am Stadtrand**. Von dort fahren öffentliche Verkehrsmittel (Busse, Straßenbahnen, U-Bahnen) in die City, 24 Stunden Parken kosten zwischen 6 und 13 €, allerdings nur unter der Voraussetzung, dass man mit öffentlichen Verkehrsmitteln in die Innenstadt rein- und wieder rausfährt und einen gültigen Fahrschein vorweisen kann (oder OV-chipkaart).
www.amsterdam.nl/en/parking/park-ride

Auf ins Getümmel! Die bekanntesten und belebtesten Geschäftsstraßen sind Kalverstraat, Leidsestraat, Nieuwedijk, Damrak und Rokin in der Innenstadt mit großen Warenhäusern und internationalen Modeketten. In der Kalverstraat z.B. haben viele Schuhgeschäfte ihren Sitz.
Edel-Shopping: Elegante Geschäfte, internationale Designer, ausgesuchte Schuhläden, exklusive Boutiquen findet man in der P. C. Hooftstraat, Van Baerlestraat und Beethovenstraat. Hier ist die Atmosphäre etwas ruhiger und entspannter als im Stadtzentrum. Auch das Kaufhaus Bijenkorf am Dam lockt mit Luxusmarken wie Kenzo und Valentino.
9 Straatjes: Kleine Fachgeschäfte,

z.B. für Mundhygiene oder Käse, Galerien, Modeboutiquen (u.a. Exota mit der Amsterdamer Marke King Louie) und dazwischen zahlreiche Cafés laden zum Bummel in den 9 Straatjes ein, der schon mal ein paar Stunden dauern kann. Diese neun Gassen, u.a. Harten- und Wolvenstraat, liegen im südwestlichen Grachtengürtel (https://de9straatjes.nl).

Kunst und Antiquitäten: In der Nähe des Rijksmuseums gibt es rund um die Spiegelgracht – neben zahlreichen Galerien – eine Konzentration von Kunst- und Antiquitätengeschäften in hübschen kleinen Grachtenhäusern.

Markt: 38 Märkte sind über die Stadt verstreut. Der größte und beliebteste ist der Albert Cuypmarkt im Szeneviertel De Pijp, wo neben Lebensmitteln aus aller Herren Länder viele nützliche Dinge angeboten werden (tgl. außer So.). Weiterhin gibt es von Montag bis Samstag einen Flohmarkt am Waterlooplein, einen schwimmenden Blumenmarkt am Singel und den samstäglichen Bio-Markt an der Noorderkerk im Jordaan.

Schöner shoppen:
Im früheren Hauptpostamt der Stadt am Nieuwezijds Voorburgwal, in der Magna Plaza, wird der Einkaufsbummel zwischen mehrstöckigen Bogengängen und edlen Geschäften zu einem ästhetischen Erlebnis. Das große, denkmalgeschützte Gebäude, errichtet Ende des 19. Jahrhunderts im neogotischen Stil, beherbergt Schuh-, Mode-, Geschenkartikel- und Lebensmittelgeschäfte.

Souvenirs:
Beliebte Amsterdam-Souvenirs sind Käse, Tulpenzwiebeln (Vorsicht: nicht alle gehen auch wirklich auf!), Holzschuhe und blau-weiße Keramik. Wer über das nötige Kleingeld verfügt, kann die Liebsten zu Hause auch mit Diamanten aus Amsterdam beglücken. Die Stadt gehört zu den bedeutendsten Diamantenzentren der Welt. Diamanten-Geschäfte gibt es u.a. am Rokin 1–5 (Gassan Diamonds) und in der Paulus Potterstraat 2 (Royal Coster Diamonds) nahe dem Diamantenmuseum.

Amsterdams Nachtleben verteilt sich auf drei Zentren. Das älteste liegt im **Hafenviertel** rund um den Zeedijk. Dort befindet sich das Rotlichtviertel von Amsterdam, es gibt aber auch einige nette Kneipen. Auch am **Rembrandtplein** und am benachbarten **Thorbeckeplein** sind Nachtclubs zu finden; am Thorbeckeplein ist nahezu in jedem Haus eine Bar, ein Nachtclub oder ein Cabaret. Das dritte und jüngste Ausgehviertel hat sich am **Leidseplein und Umgebung** etabliert. Hier gibt es auch einige Diskotheken. Über sämtliche kulturellen Veranstaltungen – ob Theater, Film, Musik, Tanz, Ausstellungen, Galerien oder Museen – informiert »Uitkrant«, eine monatlich erscheinende Zeitung.

❶ TOSCANINI €€€
Italienische Küche in einem alten Kutscherhaus, modern-klassich designt.
Lindengracht 75
Tel. 0 20 / 6 23 28 13
www.restauranttoscanini.nl

❷ MATA HARI €€€
Mitten im Rotlichtviertel liegt das Eetcafé, das mit Sofas und Stehlampen an ein großes Wohnzimmer erinnert. Auf der Karte stehen Ribeye-Steaks, Austern und Pasta. Im Sommer sitzt man schön an der Gracht.
Oudezijds Achterburgwal 22
Tel. 020 2 05 09 19
www.matahari-amsterdam.nl

❸ DE BELHAMEL €€€€
Ein romantisches Lokal im Belle-Époque-Stil im Jordaan. Die Küche kreiert leckere französische Gerichte. Im

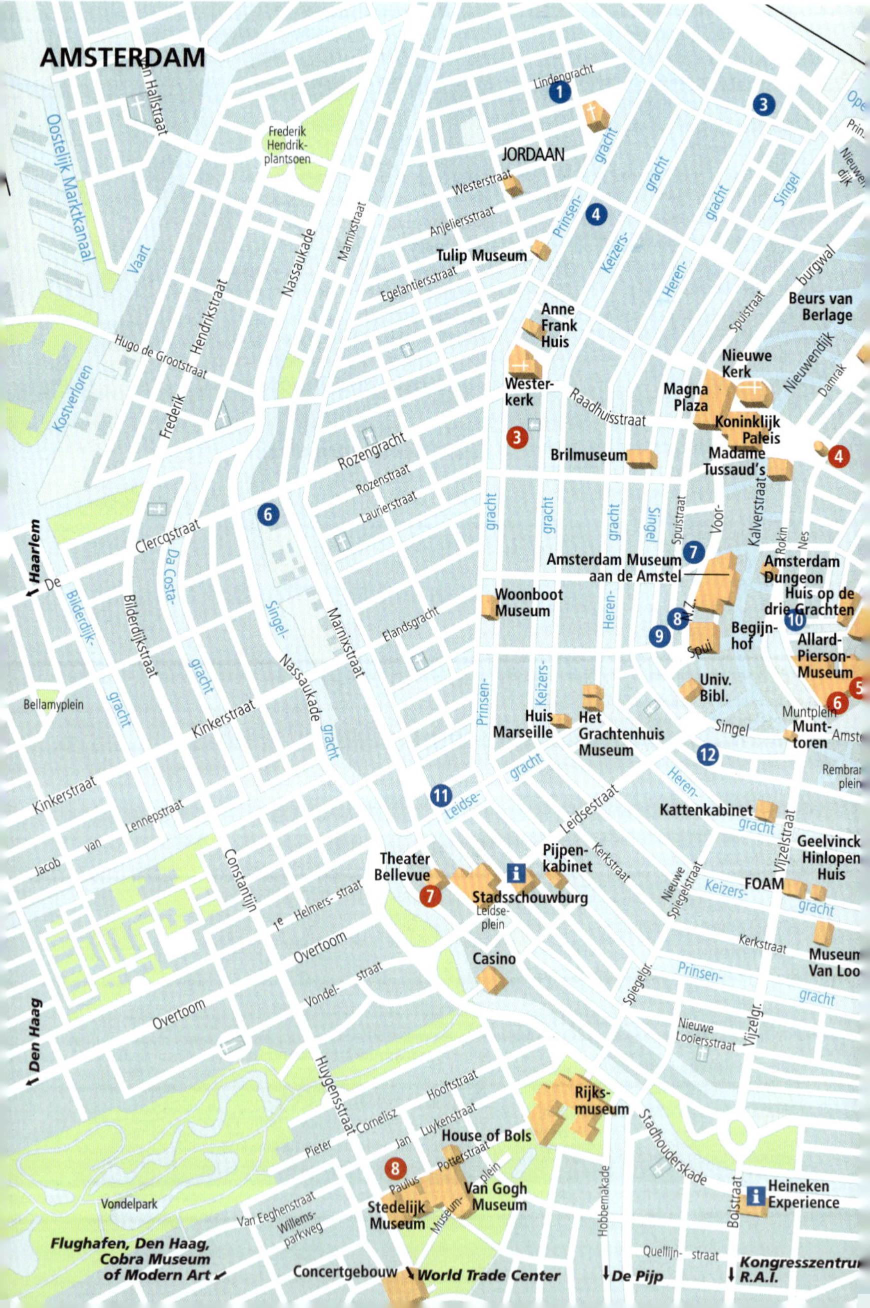
AMSTERDAM
JORDAAN
Frederik Hendrik-plantsoen
Tulip Museum
Anne Frank Huis
Wester-kerk
Brilmuseum
Magna Plaza
Nieuwe Kerk
Koninklijk Paleis
Madame Tussaud's
Beurs van Berlage
Amsterdam Museum aan de Amstel
Amsterdam Dungeon
Huis op de drie Grachten
Begijn-hof
Allard-Pierson-Museum
Univ. Bibl.
Woonboot Museum
Huis Marseille
Het Grachtenhuis Museum
Munt-toren
Muntplein
Kattenkabinet
Geelvinck Hinlopen Huis
FOAM
Museum Van Loon
Theater Bellevue
Pijpen-kabinet
Stadsschouwburg
Leidse-plein
Casino
Rijks-museum
House of Bols
Van Gogh Museum
Stedelijk Museum
Heineken Experience
Vondelpark
Bellamyplein
Haarlem
Den Haag
Flughafen, Den Haag, Cobra Museum of Modern Art
Concertgebouw
World Trade Center
De Pijp
Kongresszentrum R.A.I.
Oostelijk Marktkanaal
Kostverloren Vaart
Nassaukade
Marnixstraat
Singel
Prinsengracht
Keizersgracht
Herengracht
Raadhuisstraat
Damrak
Rokin
Kalverstraat
Spui
Leidsestraat
Vijzelstraat
Overtoom
Kinkerstraat
Stadhouderskade
Hobbemakade
Bolstraat

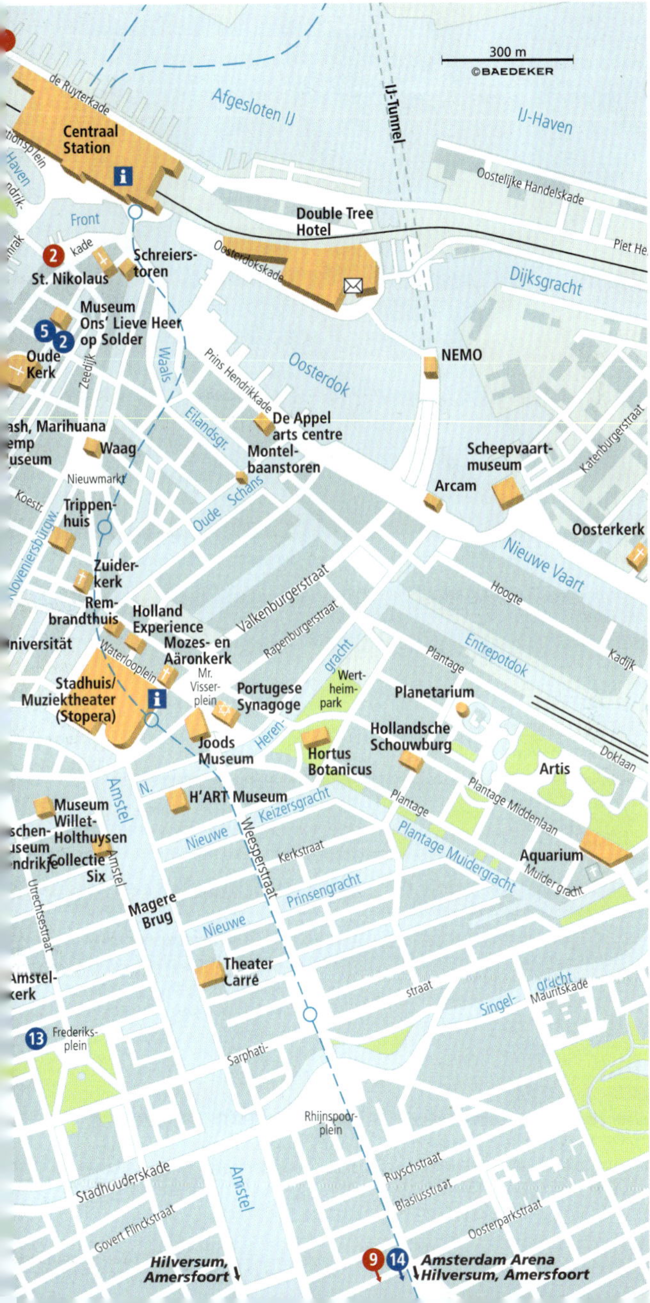

1. Toscanini
2. Mata Hari
3. De Belhamel
4. The Pancake Bakery
5. De Kooning van Siam
6. Moeders
7. Lucius
8. D'Vijff Vlieghen
9. Kantjil en de Tijger
10. Upstairs
11. Casa Perú
12. Sichuan Food
13. Pata Negra
14. De Kas

1. Amstel Botel
2. NH Barbizon Palace
3. Hotel Pulitzer
4. NH Grand Hotel Krasnapolsky
5. Tivoli Doelen
6. Hotel de L'Europe
7. Quentin
8. Conservatorium Hotel
9. Hostelle

Kreatives Fisch- und Meeresfrüchtegericht in einem der vielen Restaurants der Stadt.

Sommer können Sie draußen adirekt an der Gracht sitzen.
Brouwersgracht 60
Tel. 0 20 / 6 22 10 95
www.belhamel.nl

❹ THE PANCAKE BAKERY €€

Pfannenkuchen vom Feinsten! Über 70 Variationen!
Prinsengracht 191
Tel. 0 20 / 6 25 13 33
www.pancake.nl

❺ DE KOONING VAN SIAM €€€

Mit Sicherheit eines der besten Thai-Restaurants der Niederlande. Freundlicher Service, leckere Speisen. Spezialität: gegrillte Ente mit Curry.
Oudezijds Voorburgwal 42
Tel. 0 20 / 6 23 72 93
www.kooningvansiam.nl

❻ MOEDERS €€€

Wie der Name schon sagt: wie bei Muttern! Traditionelle holländische Küche und plüschiges Interieur.
Rozengracht 251
Tel. 0 20 / 6 26 79 57
www.moeders.com

❼ LUCIUS €€€€

Eines der besseren Fischrestaurants mit schönem Bistro-Ambiente mit dunklen Holzbalken und weiß gefliesten Wänden. Besser reservieren.
Spuistraat 247
Tel. 0 20 / 6 24 18 31
www.lucius.nl

❽ D'VIJFF VLIEGHEN €€€€

Dieses stilvolle Restaurant ist in fünf historischen Grachtenhäusern eingerichtet. Touristen wie Einheimische schätzen die neue holländische Küche, die das Küchenteam zaubert.
Spuistraat 294
Tel. 0 20 / 5 30 40 60
www.vijffvlieghen.nl

❾ KANTJIL EN DE TIJGER €€€

Freundliche Bedienung, leckeres Essen – eines der besten indonesischen

Restaurants im Land. Es gibt auch Gerichte zum Mitnehmen.
Spuistraat 291 – 293
Tel. 020 / 6 20 09 94
www.kantjil.nl

⑩ UPSTAIRS €€
Hollands kleinstes Pfannkuchenhaus, hat »nur« 51 Pfannkuchengerichte.
Grimburgwal 2, 1. Stock
Tel. 0 20 / 6 26 56 03
www.upstairspannenkoeken.nl

⑪ CASA PERÚ €€€
Besonders lecker und dank der Amsterdamer Märkte garantiert immer frisch ist die Spezialität Ceviche, ein in Zitronensaft gebeizter roher Fisch. Peruanische Küche.
Leidsegracht 68
Tel. 0 20 / 6 20 37 49
www.casaperu.nl

⑫ SICHUAN FOOD €€€€
Die hervorragende chinesische Küche wurde schon mit einem Michelin-Stern geehrt. Pekingente und Dimsum sind kaum zu übertreffen.
Reguliersdwarsstraat 35
Tel. 0 20 / 6 26 93 27
www.sichuanfood.nl

⑬ PATA NEGRA €
Im »Pata Negra« (Schwarzfuß) gibt's Schinken und allerlei köstliche Tapas nach – wie sollte es anders sein! – spanischen Rezepten.
Utrechtsestraat 124
Tel. 0 20 / 4 22 62 50
https://pata-negra.nl

⑭ DE KAS €€€€
In einem früheren Gewächshaus der Amsterdamer Stadtgärtnerei werden geschmackvolle Gerichte zubereitet, deren Zutaten größtenteils aus eigenem Anbau stammen. Im Sommer lockt draußen die große Terrasse im Frankendael-Park.
Kamerlingh Onneslaan 3
Tel. 0 20 / 4 62 45 62
www.restaurantdekas.nl

❶ AMSTEL BOTEL €
Wie wäre es mit einem Drei-Sterne-Hotelboot? Von den 175 gut ausgestatteten Kabinen (270 B.) ist ein schöner Blick aufs Wasser garantiert.
NDSM-pier 3 (schräg gegenüber Centraal Station)
NL-1011 AE Amsterdam
Tel. 0 20 / 6 26 42 47
www.amstelbotel.nl

❷ NH BARBIZON PALACE €€€
Das Hotel (274 Zi.) liegt zentral gegenüber dem Hauptbahnhof. Die geräumigen Zimmer in 19 Grachtenhäusern aus dem 17. Jh. sind individuell eingerichtet. Fitnessraum, Sauna mit Wellnessbereich und privater Bootsanlegesteg. Ein guter Tipp: das hoteleigene Feinschmeckerrestaurant Vermeer. Die ehemalige Kapelle aus dem 15. Jh. beherbergt heute den Konferenzsaal des Hotels.
Prins Hendrikkade 59 – 72
NL-1012 AD Amsterdam
Tel. 0 20 / 5 56 45 64
www.nh-hotels.de

❸ HOTEL PULITZER €€€€
Hotel mit besonderem Amsterdamer Flair (415 B.). 25 Grachtenhäuser bilden zusammen das Pulitzer. Hinter den historischen Fassaden verbergen sich schöne, individuell ausgestattete Zimmer. Man kann wählen: Zimmer mit Blick auf den Innengarten oder auf die Prinsen- bzw. Keizersgracht.
Prinsengracht 315 – 331
NL-1016 GZ Amsterdam
Tel. 0 20 / 5 23 52 35
www.pulitzeramsterdam.com

❹ NH GRAND HOTEL KRASNAPOLSKY €€€€
Zu dem aus dem Jahr 1866 stammenden, gegenüber dem Königlichen Palast gelegenen Hotel der Luxusklasse

(468 B.) gehören gleich mehrere Restaurants. Am schönsten speisen Sie im von einer riesigen Glaskuppel überspannten Wintergarten.
Dam 9
NL-1012 JS Amsterdam
Tel. 0 20 / 5 54 91 11
www.nh-hotels.de

5 TIVOLI DOELEN €€€€
Solides Hotel in einem stattlichen historischen Gebäude am Ufer der Amstel. Vom Frühstücksraum und von vielen Zimmern haben Sie einen schönen Blick aufs Wasser.
Nieuwe Doelenstraat 26
NL-1012 AD Amsterdam
Tel. 0 20 / 5 54 06 00
www.nh-hotels.de

6 HOTEL DE L'EUROPE €€€€
Für viele ist das Hotel de L'Europe (183 B.) die nobelste Adresse in Amsterdam. Die Zimmer in dem Haus von 1896 sind elegant im Empire-Stil eingerichtet. Ein Swimmingpool, Sauna, Solarium, Fitness- und Massageraum, hoteleigene Limousinen und ein Anlegesteg für Privatboote gehören zu den Annehmlichkeiten des zu den »Leadings Hotels of the World« gehörenden Hauses.
Nieuwe Doelenstraat 2 - 14
NL-1012 CP Amsterdam
Tel. 0 20 / 5 31 17 77
www.leurope.nl

7 QUENTIN €€€€
Hotel (65 B.) in einem Grachtenhaus aus dem 17. Jahrhundert. Gutes Preis-Leistungs-Verhältnis.
Leidsekade 89
NL-1017 PN Amsterdam
Tel. 0 20 / 6 26 21 87
https://quentinhotels.com

8 CONSERVATORIUM HOTEL €€€€
Stilvolles, elegant eingerichtetes Hotel in einem früheren Konservatorium nahe Museumplein mit Terrasse. Eine Brasserie befindet sich im überdachten Innenhof, Wellnesscenter und Luxusboutiquen sind ebenfalls im Gebäude untergebracht.
Van Baerlestraat 27
NL-1071 AN Amsterdam
Tel. 0 20 / 5 70 00 00
www.conservatoriumhotel.com

9 HOSTELLE €
Das nahe der Amsterdam Arena gelegene Hostel ist nur für Frauen zugänglich. Die Einrichtung wurde ausschließlich von Frauen gestaltet. Alle Zimmer sind individuell, in bunten Farben und mit jeweils mehreren Betten eingerichtet. Im Frühstücksraum sind die Regeln übrigens nicht ganz so streng: Hier dürfen sich auch männliche Gäste aufhalten.
Frankemaheerd 2
NL-1102 AN Amsterdam
Tel. 0 20 / 7 70 35 04
www.hostelle.com

Durch die Innenstadt

Das Herz der Stadt

★ Dam

Wo trifft man sich mit Freunden, wo beginnt der Einkaufsbummel, wo könnte man stundenlang stehenbleiben, um den Straßenkünstlern zuzusehen? Am Dam. Hier schlägt das Herz der Stadt, hier spürt man den Pulsschlag der politischen Stimmung im Land. Wird demonstriert, dann am Dam. Legt der König einen Kranz am nationalen Totengedenktag nieder, dann am Dam.

Der Dam gab der Stadt ihren Namen: Der um 1270 entstandene Dam trennte die Amstel vom IJ, einem Arm der Zuiderzee. Hier begann die Geschichte Amsterdams mit der Gründung der ersten Niederlassung, wo man Fisch- und Viehhandel trieb.

Das erste **»Madame Tussauds«** außerhalb Londons wurde 1970 in der Kalverstraat eröffnet und bezog 1991 die neuen Räumlichkeiten am Dam. Neben Zeitgenossen wie König Willem-Alexander und Königin Máxima begegnet man in dem Wachsfigurenkabinett auch historischen Persönlichkeiten wie Napoleon oder Zar Peter dem Großen.

Am 4. Mai 1956, dem nationalen Trauertag, wurde auf dem Dam das **Nationaal Monument** eingeweiht. Der 22 m hohe Obelisk ist ein Mahnmal für die Opfer des Zweiten Weltkriegs und Monument des Widerstands, der Befreiung und des Friedens. Eingemauert in den Obelisk sind elf Urnen mit Erde aus den elf Provinzen – Flevoland als 12. Provinz war dem Meer noch nicht abgerungen. Alljährlich legt am 4. Mai der König hier Kränze nieder; im ganzen Land wird um 20 Uhr zwei Minuten lang der Gefallenen des Weltkriegs gedacht.

Einen repräsentativen Mittelpunkt von Amsterdam bildet der **Koninklijk Paleis**, der Königliche Palast am Dam. Das frühere Rathaus dient heute dem König bei seiner Anwesenheit in der Stadt als Residenz. Mit dem Bau, der auf 13 659 Pfählen ruht, begann Jacob van Campen 1648. Das Äußere ist streng klassizistisch, die Innenausstattung äußerst prunkvoll gestaltet. Erst 1665 konnte das Rathaus mit dem 51 m hohen Turm fertiggestellt werden. Rund zwei Jahrhunderte lang bildete der imposante Bau, Hauptwerk des niederländischen Klassizismus, das politische Zentrum der Stadt. 1808 jedoch wünschte sich Louis Bonaparte, der neue König von Holland, das Rathaus als Residenz. Die Empire-Möbel, die er damals anschaffen ließ, gehören noch heute zu den eindrucksvollsten Sammlungen dieser Art weltweit. Von den mit prächtigen Marmorskulpturen geschmückten königlichen Gemächern verdient der Bürgersaal, einer der schönsten Festsäle Europas, besondere Erwähnung. Hier fand 1966 der Ball anlässlich der Hochzeit der damaligen Kronprinzessin Beatrix mit Claus von Amsberg statt. Im Thronsaal hängt ein bedeutendes Gemälde von Ferdinand Bol. Hervorzuheben ist ferner der prachtvolle einstige Gerichtssaal (De Vierschaar), der vier hervorragende Karyatiden von Quellinus d. Ä. birgt.

Neben dem Königlichen Palast steht die **Nieuwe Kerk** oder St. Catharinakerk, seit dem Jahr 1814 die Krönungskirche der niederländischen Könige. Hier wurde die Einhuldigung – so nennt man die Inthronisation in den Niederlanden – von König Willem-Alexander am 30. April 2013 vollzogen. Heute wird die Kirche nicht mehr als Gotteshaus genutzt. Es finden Antiquitätenmessen, Kunstausstellungen und regelmäßige Orgelkonzerte statt. Die imposante spätgotische Kreuzbasilika stammt aus dem frühen 15. Jahrhundert. Im Jahr 1645 brannte sie beinahe völlig ab, wurde jedoch bald wieder aufgebaut,

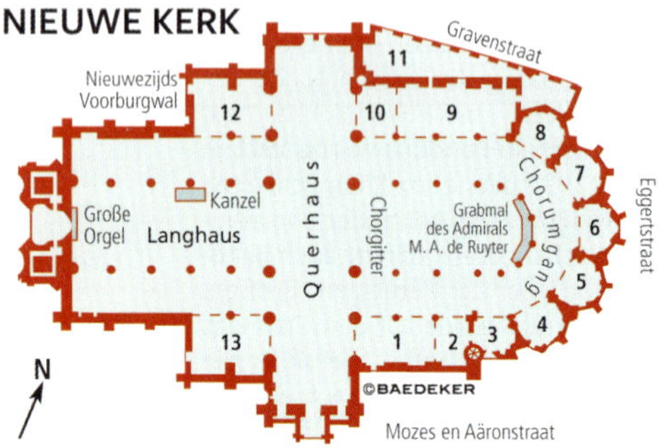

1 Schützenkapelle
2 Eggert-Kapelle
3 Kapelle U. L. Frau von den Sieben Betrübnissen (Sills-Kapelle)
4 Verbergen-Kapelle
5 Meeus-Kapelle
6 Maurerkapelle
7 Boelens-Kapelle
8 Tuchwirkerkapelle
9 Heiligkreuzkapelle
10 Liebfrauenkapelle
11 Diakoniehaus
12 Alter Heiligkreuzchor
13 Haus des Schulhauptlehrers

wobei ihr Turm aus Geldmangel unvollendet blieb. Das Innere ist prächtig ausgestattet. Jacob Lutma schuf das aus Messing gegossene Chorgitter mit Marmorfuß, Jacob van Campen entwarf die Orgelfront, Albert Vinckenbrinck schnitzte die barocke Kanzel, die als eines der schönsten Beispiele der Holzschnitzkunst des 17. Jh.s gilt. Von großer Bedeutung sind einige Grabmäler, darunter das barocke Grabmal des Admirals Michiel A. de Ruyter († 1676) an der Stelle des Hochaltars.

Madame Tussauds: Dam 20 | tgl. 10 – 20 Uhr | Eintritt: 26 €, online ab 23 €| www.madametussauds.nl

Koninklijk Paleis: Dam | Öffnungszeiten uneinheitlich, da bei Staatsempfängen oder anderen Anlässen der Palast von der königlichen Familie genutzt wird (s. Website), in der Regel tgl. 10 – 17 Uhr | Eintritt: 12,50 € | www.paleisamsterdam.nl

Nieuwe Kerk: Öffnungszeiten abhängig von den jeweiligen Ausstellungen | www.nieuwekerk.nl

Börse ohne Geschäfte

Beurs van Berlage

Vom Dam folgt man dem breiten Damrak, einer der Hauptverkehrsadern der Innenstadt, nordöstlich bis zum Hauptbahnhof. Rechts liegt auf dem Beursplein 1 die **Börse** (Beurs van Berlage, auch Koopmansbeurs), ein 1899 bis 1903 von Hendrik Petrus Berlage errichteter Backsteinbau, der zum Vorbild der neueren niederländischen Baukunst wurde. Die italienisch anmutende Börse mit dem markanten viereckigen, 39 m hohen Turm wird heute als Veranstaltungsort für Konzerte, Konferenzen und Ausstellungen, etwa über Architektur, Fotografie und Design, genutzt. Es gibt auch Führungen durch das Gebäude mit seinen drei prächtigen Hauptsälen. Börsengeschäfte werden heute nicht mehr hier, sondern in der benachbarten Effektenbörse (Beursplein 5) abgewickelt.

www.beursvanberlage.nl

Der Bahnhof, der wie ein Schloss aussieht

Centraal Station

Am Nordende des Damrak führt eine breite Brücke über die Open Havenfront zum Stationsplein mit der Centraal Station, dem Hauptbahnhof. Das Gebäude wurde nach Plänen von P. J. H. Cuypers auf drei künstlichen Inseln im IJ sowie auf 8678 Pfählen gebaut und 1899 eröffnet. Im Inneren des Hauptbahnhofs ist der einstige **Jugendstil-Wartesaal** Erster Klasse (heute ein Café / Restaurant; Zugang über eine Treppe rechts in der »Stationshal«, vom Stationsplein kommend) besonders sehenswert.

Die Welt verstehen

NEMO (Science Museum)

In dem vom Stararchitekten Renzo Piano errichteten schiffähnlichen Bau können Groß und Klein auf fünf Stockwerken mit Hilfe von Spielen, Experimenten und Filmen die Geheimnisse von **Wissenschaft und Technologie** entdecken. In den Ausstellungen, Theateraufführungen und Workshops werden alle Sinne angeregt; man riecht, hört, fühlt und sieht, wie die Welt funktioniert. Konzipiert ist das NEMO für alle Altersgruppen, doch werden vermutlich Kinder und Jugendliche den meisten Spaß haben. Tipp: Vom frei zugänglichen **Dach** des Gebäudes genießt man einen herrlichen Blick auf die Altstadt, den Museumshafen und das IJ. Hier werden im Sommer auch Liegestühle aufgestellt, es gibt Getränke und kleine Speisen.

Oosterdok 2 | Di. – So. 10 – 17.30 Uhr, in den niederländischen Schulferien auch Mo. | Eintritt: 17,50 € | www.nemosciencemuseum.nl

Tränen zum Abschied

Schreierstoren

An der Südseite der Open Havenfront und des Oosterdok geht man rechts über die Prins Hendrikkade, die ehemalige Buitenkant. Jenseits des Binnenhafens erhebt sich die **St. Nikolauskirche** von 1885/1886. An der Kreuzung von Prins Hendrikkade und Geldersekade, in der Nähe des Hauptbahnhofs, steht der Ende des 15. Jh.s erbaute **Schreierturm**, ein halbrunder Backsteinturm und Überrest der ersten Stadtmauer. Eine Erklärung für seinen seltsamen Namen meinte man in einem Giebelstein zu finden: Dieser zeigt neben der Jahresangabe 1569 eine weinende Frau. Daraus schloss man, dass hier die Frauen der Seeleute den Abschied ihrer ausfahrenden Männer beklagten.

Amsterdams Chinatown

Zeedijk

Vor dem Schreierstoren geht man rechts über den Oudezijds Kolk und kreuzt die Zeedijk, eine der ältesten Straßen der Stadt mit z. T. schräg stehenden Häusern. Das aus dem 15. Jh. stammende Haus Nr. 1 ist wohl das älteste erhaltene Gebäude der Stadt. Zu Beginn des 20. Jh.s ließen sich hier zahlreiche chinesische Seeleute, die auf holländischen Schiffen angeheuert hatten, nieder: Geschäfte und Restaurants zeugen am Zeedijk von der chinesischen Präsenz. Am Zee-

BAEDEKER ÜBERRASCHENDES

6X DURCHATMEN

Entspannen, wohlfühlen, runterkommen

1.

GÖTTLICHER GENUSS

Früher Kloster, heute Designhotel: Im gotischen Innenhof des Kruisherenhotel in **Maastricht** schmeckt der limburgische Kuchen namens Vlaai himmlisch gut. (▶ **S. 292**)

2.

FLANIEREN BEIM PRINZEN

Welch eine Oase der Ruhe mitten in der Stadt: Zwischen Apfelbäumen, Buchsbaumhecken, Rosenrabatten und einer Sonnenuhr lädt der Prinsenhof in **Groningen** zum Lustwandeln ein. (▶ **S. 218**)

3.

BESUCH IN DER STILLE

8 Uhr morgens in der Oude Kerk in **Amsterdam**, die Sonne scheint zaghaft durch die Kirchenfenster. Kontemplative Töne während der Silence-Konzerte versprechen einen sanften Start in den Tag (jeden ersten Freitag im Monat, ▶ **S. 73**).

4.

NICHTS ALS DÜNEN

Nach einer stundenlangen Wanderung durch die Dünen gelangen Sie zur Ostspitze der Insel **Ameland**. So menschenleer, dass man hofft, die Hexe vom Oerd ist tatsächlich nur eine Sage. (▶ **S. 384**)

5.

GLOCKENKLANG UND KRÄUTERDUFT

Im Pandhof neben dem Dom in **Utrecht** wachsen im Garten des Kreuzgangs aus dem 15. Jh. mittelalterliche Pflanzen und Kräuter. Läuten dann noch die Domglocken, ist die Idylle perfekt. (▶ **S. 359**)

6.

FRISCHLUFTKICK AM MEER

Das Wattenmeer ist Kinderstube vieler Tiere. Diese Weite, die reine Luft, das Spiel der Gezeiten sind ideale Komponenten fürs Abschalten. Wie wär's mit einer Wattwanderung auf den **Waddeneilanden**? (▶ **S. 376**)

dijk 108–116 steht eine auffällige Erscheinung: der **He Hua Tempel**, der im chinesischen Palaststil errichtet wurde. Sie können einen (Gratis-)Blick in den von Räucherstäbchenduft erfüllten Gebetsraum werfen, in dem Sie Informationen über den Buddhismus erhalten oder Souvenirs kaufen können.

Amsterdams Rotlichtviertel

Walletjes

Im ältesten Teil Amsterdams, zwischen dem Oudezijds Voor- und Achterburgwal (innerhalb des Dreiecks Hauptbahnhof, Dam und Nieuwmarkt) liegen »de walletjes«, das **Viertel der roten Laternen**. Schon seit dem 14. h. ist das »älteste Gewerbe« hier offiziell erlaubt. An den romantischen Grachten und in den kleinen Seitengassen sitzen die Prostituierten in ihren »Schaufenstern« und bieten sich an. Das Rotlichtviertel wirkt bizarr und nach außen hin friedlich mit einem bunten Gemisch aus Sexshops und Tante-Emma-Läden, Prostituierten, Touristen und Einheimischen (durchaus nicht alles Kunden).
In passendem Umfeld stellt das **Erotikmuseum** seine Exponate zur Schau: von erotischen Zeichnungen John Lennons bis hin zu alten pornografischen Fotos und diversen anderen Dingen.
Erotic Museum: Oudezijds Achterburgwal 54 | tägl. 11 – 1 Uhr | Eintritt: 8 € | www.erotisch-museum.nl

Gottesdienst auf dem Dachboden

Ons' Lieve Heer op Solder

In einem Grachtenhaus am Oudezijds Voorburgwal befindet sich ein Museum mit der katholischen »Versteckkirche« Ons'Lieve Heer op Solder (Unser lieber Herr auf dem Speicher) im Dachgeschoss aus dem 17. Jahrhundert. Das sehenswerte Gotteshaus ist drei Stockwerke hoch (!) und ist mit Altar, Orgel und Sitzbänken ausgestattet. Die Abhaltung katholischer Gottesdienste in versteckten Hauskirchen war in Amsterdam nach Einführung der Reformation 1578 die einzige Möglichkeit, den katholischen Glauben zu praktizieren: Katholiken durften sich nur mehr hinter verschlossenen Türen zu ihrem Glauben bekennen.
Oudezijds Voorburgwal 38 | Mo. – Sa. 10 – 18, So. 13 – 18 Uhr | Eintritt: 16,50 € | www.opsolder.nl

Sündigen und beten

Oude Kerk

Ein merkwürdiges Bild weiter südlich am Oudekerksplein: Im Schatten der mächtigen Oude Kerk, dem ältesten Gebäude der Stadt, stehen die leichtbekleideten Damen in den Fenstern, währenddessen die Kirchgänger das älteste Gotteshaus der Stadt betreten. Und wie in so vielen anderen Kirchen der Stadt wird auch die Oude Kerk an allen anderen Tagen für Ausstellungen, Filmvorführungen und Veranstaltungen genutzt. Erbaut 1306 als kleine Kreuzkirche, war sie die erste Hallenkirche Nordhollands und Vorbild für weitere Kir-

1488 erbaut, diente das alte Stadttor in den letzten 400 Jahren zu ganz anderen Zwecken: als Waage und sogar als Anatomieraum. Heute kehrt man hier ein.

chenbauten in dieser Region. Von den beiden großen Bränden, die das mittelalterliche Amsterdam verwüsteten, blieb die Kirche verschont. Die Kapellen waren teilweise Stiftungen von Zünften und Gilden. Um 1500 fügte man die großen Seitenkapellen an. Im 16 Jh. wurde der **Chor** umgebaut, finanziert (wie damals üblich) durch eine Lotterie. Ebenfalls im 16. Jh. fand der Umbau des Turmes statt: Der niedrige gotische Turm wurde durch den heutigen hohen **Westturm** ersetzt und erhielt 1658 ein Glockenspiel (von Hemony), das zu den schönsten des Landes zählt. Vom Turm haben Sie einen wunderschönen Blick über die Altstadt. Äußerst prächtig ist die große **barocke Orgel** (1724–1726) mit reichem Gold- und Holzdekor. In der Oude Kerk haben viele bekannte Amsterdamer ihre letzte Ruhe gefunden. Neben Admirälen (u.a. Jacob van Heemskerk) und anderen Berühmtheiten ist hier auch Rembrandts Frau Saskia (gest. 1642) beigesetzt.

Mo. – Sa. 10 – 18, So. 13 – 17.30 Uhr | Eintritt: 13,50 € | https://oudekerk.nl

Früher Anatomie, heute Gastronomie

De Waag

Über den Oudekennissteeg und den Molensteeg kommen Sie zum Nieuwmarkt. Die alte, siebentürmige **Waage** ist das frühere St. Antoniustor (Sint Antoniespoort), ein Überrest der Stadtmauer aus dem 15. Jahrhundert. Als die Stadt weiter wuchs, wurde das Stadttor im

Jahr 1617 zur »Waage« umgebaut. Im oberen Stockwerk befand sich das Zunfthaus. Jede Gilde – u. a. Maler, Schmiede, Chirurgen – besaß ihren eigenen Eingang. Im 17. Jh. hielten die Chirurgen hier ihre anatomischen Vorlesungen, bei denen auch der Künstler Rembrandt häufig Gast war. Heute kann man im Restaurantcafé mit großer Terrasse etwas essen und trinken.

Ein kleines Haus für den Diener

Trippenhuis

An der malerischen Gracht Kloveniersburgwal Nr. 29 bauten sich die Gebrüder Trip ein vornehmes **Patrizierhaus**. Das klassizistische Doppelhaus beherbergt seit 1808 die Königlich Niederländische Akademie der Wissenschaften. Die wie Mörser geformten Schornsteine deuten an, womit die Brüder ihr Geld verdienten – sie waren Kanonenfabrikanten. Dem Trippenhuis gegenüber (Nr. 26) steht das **Kleine Trippenhuis**. Der Überlieferung nach war die Äußerung eines Dieners für den Bau dieses kleineren Hauses im gleichen Stil und aus dem gleichen Baumaterial ausschlaggebend, der gesagt haben soll:

»

Ach, hätte ich ein Haus, so breit wie Ihre Eingangstür, so wäre ich glücklich.

«

Alte Männer, alte Bücher

Universiteit

Zwischen Grimburgwal und Kloveniersburgwal liegt der Arkadengang Oudemanhuispoort mit einer Anzahl von Antiquariaten. Die überdachte Galerie war früher – der Name Oudemanhuispoort (Altmännerpforte) weist darauf hin – der Zugang zu einem 1754 gegründeten, ehemaligen Altersheim. Heute befindet sich hier eines der **Hauptgebäude der Universität**. Sie wurde 1877 gestiftet und ist somit eine verhältnismäßig junge Universität. Im Oudemanhuispoort wird täglich, außer sonntags, ein **Büchermarkt** abgehalten.

Die erste protestantische Kirche der Stadt

Zuiderkerk

Unweit der Universität erhebt sich in der Zandstraat die zwischen 1603 und 1611 erbaute Zuiderkerk (Südliche Kirche). Sie ist die erste Kirche, die nach der Reformation als protestantisches Gotteshaus errichtet wurde. Die Baupläne stammen von **Hendrick de Keyser**, der auch in dieser Kirche beigesetzt wurde. Der 1614 errichtete, 80 m hohe Turm der Zuiderkerk zählt zu den schönsten Amsterdams. Seit dem Jahr 1929 wird die Zuiderkerk nicht mehr als Gotteshaus genutzt. Heute ist sie Mittelpunkt sozialer und kultureller Aktivitäten des umliegenden Stadtviertels.

Zuiderkerkhof 72 | www.zuiderkerkamsterdam.nl

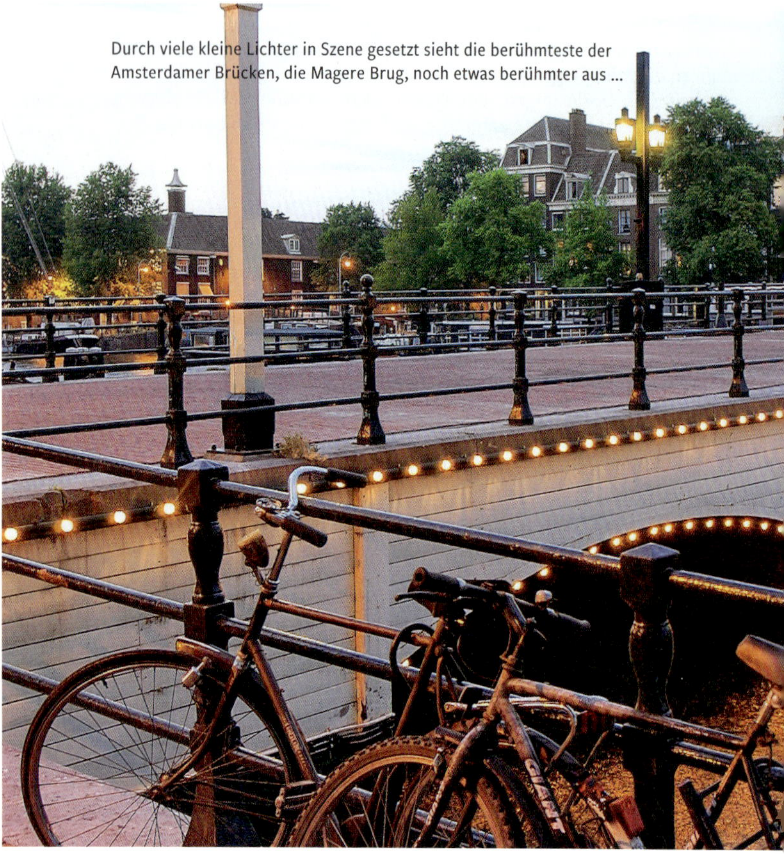

Durch viele kleine Lichter in Szene gesetzt sieht die berühmteste der Amsterdamer Brücken, die Magere Brug, noch etwas berühmter aus ...

Das frühere Judenviertel

Jodenbuurt

Zwischen Houtkopersburgwal (Norden) und Binnen-Amstel (Süden) erstreckt sich das ehemalige Judenviertel. Gegen Ende des 16. Jh.s zogen die ersten jüdischen Flüchtlinge aus Portugal, Deutschland und Polen nach Amsterdam und ließen sich um den Waterlooplein nieder. Während des Zweiten Weltkriegs wurden mehr als 70 % der jüdischen Bevölkerung Amsterdams deportiert, sodass von dem ehemals interessanten Judenviertel kaum etwas übrig blieb.

Viel Trubel zwischen altem Trödel

Vlooienmarkt

Seit 1886 wird **auf dem Waterlooplein** der Vlooienmarkt, der berühmte Amsterdamer **Flohmarkt**, abgehalten. Ein buntes Durchein-

ander von Brauchbarem und Ramsch wird an Ständen und auf dem Boden feilgeboten.

Marktzeiten: Mo. – Sa. 9.30 – 18 Uhr

Mix aus Stadthaus und Oper

Stopera

Am Waterlooplein beherbergt ein 1988 fertiggestelltes Doppelgebäude **Amsterdams Oper** »Nationale Opera & Ballet«, und das Rathaus und wird daher »Stopera« (Stadhuis/Opera) genannt. Die ursprünglichen Pläne für den Monumentalbau stammen von dem Österreicher Wilhelm Holzbauer. Das **L-förmige Rathaus** umfasst das Opernhaus, das sich wiederum im Halbkreis zum Fluss hin ausbuchtet. In dem Opernhaus mit seiner außergewöhnlich breiten Bühne (22 m) und einem großen arenaartigen Zuschauerraum werden neben Aufführungen des Niederländischen Nationalballetts und der Nationaloper auch Gastspiele veranstaltet.

Auch in Deutschland maßgebend

Normaal Amsterdams Peil

In der Passage zwischen Rathaus und Oper können Sie vor dem Hintergrund eines 25 m langen Querschnitts durch die Niederlande eine Replik des Normaal Amsterdams Peil (NAP) besichtigen. Er gibt den mittleren **Wasserstand der Nordsee** an (die »echte« Messmarke befindet sich unterhalb des Straßenpflasters vor dem königlichen Palast). Auch in Deutschland dient der Amsterdamer Normalpegel als Bezugsfläche für alle amtlichen Höhenangaben.

Zu Besuch beim großen Meister

★ Rembrandthuis

In der Hauptstraße des Judenviertels, der Jodenbreestraat, liegt das 1606 erbaute Rembrandthuis, das Rembrandt 1639 für 13 000 Gulden kaufte – in der damaligen Zeit eine immens hohe Summe – und wo er fast 20 Jahre seines Lebens verbrachte. Er nutzte das Untergeschoss für Wohnräume, im Obergeschoss befand sich sein Atelier. Die Räumlichkeiten auf dem Dachboden stellte er seinen Schülern als Arbeitszimmer zur Verfügung (hier malten u. a. zeitweilig Ferdinand Bol und Govert Flinck).

Im Jahr 1906 kaufte die Stadt Amsterdam das Haus, ließ es restaurieren und machte es 1911 der Öffentlichkeit zugänglich. Bei einer nochmaligen Restaurierung 1999 wurde das Haus anhand von alten Zeichnungen in seinen ursprünglichen Zustand zurückversetzt. Die Zimmer sind mit Möbeln und Bildern aus der Zeit Rembrandts eingerichtet. Zentrum des Hauses ist die »Kunstkammer«, in der Teile der privaten Kunst- und Kuriositätensammlung Rembrandts ausgestellt sind. In einem an das Rembrandthaus angrenzenden Neubau sind ca. **260 von Rembrandts Radierungen** und einige seiner Zeichnungen zu sehen.

Jodenbreestraat 4 | tägl. 10 – 18 Uhr | Eintritt: 17,50 € | www.rembrandthuis.nl

Jüdische Kultur

Portugese Synagoge und ★ Joods Museum

Über den Mr. Visserplein stößt man auf den J. D. Meijerplein mit dem Denkmal **»De Dokwerker«** (Der Dockarbeiter) zur Erinnerung an den **Februarstreik 1941**, als sich die Hafenarbeiter weigerten, an der Deportation der Juden mitzuwirken. Über einen Vorhof, umgeben von kleinen Häusern, erreichen Sie die Portugiesische Synagoge (1671 – 1675), das größte der drei Gotteshäuser am J. D. Meijerplein. Nach der Vorlage des Tempels von Salomon entworfen, weist der Bau nach Südosten in Richtung Jerusalem. In dem mit prächtigen Leuchtern ausgestattenen Inneren gibt es eine schöne Bundeslade.

An der Südseite des Meijerpleins liegt das Jüdische Museum, untergebracht in vier nicht mehr benutzten Synagogen. Das Museum gibt einen einzigartigen Einblick in die jüdische Geschichte und Religion und weist den Besucher in die »Aspekte jüdischer Identität« ein; als die fünf bestimmenden Elemente werden Religion, Zionismus, Verfolgung und Überleben in der Zeit des Nationalsozialismus sowie die Kultur und der Einfluss der niederländischen Umgebung gesehen. Zu sehen sind hier – neben einer großen multimedialen Kollektion – Ritualgegenstände, u. a. silberne Thorazeiger, Thoramäntel, Vorhänge und Baldachine. Im jüdischen Museum ist auch das **Kindermuseum** untergebracht, das Kindern auf spielerische Weise das jüdische Leben und die Traditionen näherbringen möchte. Weiterhin gehören zum Jüdischen Kulturviertel auch **De Hollandsche Schouwburg**, ein ehemaliges Theater und späterer Sammelplatz für die Deportation zehntausender Juden, sowie das **Nationaal Holocaust Museum**.

Diese Orte sind als **Joods Cultureel Kwartier** / Jüdisches Kulturviertel (JCK) zusammengefasst. Das Ticket für 17 € ist für alle Einrichtuungen (Joods Museum, Kindermuseum, Hollandsche Schouwburg und das Nationaal Holocaust Museum) gültig.
Portugese Synagoge: Mr. Visserplein 3 | So. – Fr. 10 – 17 Uhr | https://jck.nl/nl/locatie/portugese-synagoge
Joods Museum: Nieuwe Amstelstraat 1 | tgl. 10 – 17 Uhr | https://jck.nl/locatie/joods-museum

Aus aller Welt an die Amstel

H'ART Museum

Im Jahr 2009 eröffnete die Hermitage Amsterdam, eine **Dependance der weltberühmten Eremitage** in Sankt Petersburg, im komplett umgebauten Amstelhof ihre Türen. Seit 2023 trägt das Museum den Namen H'ART Museum, und die Zusammenarbeit erfolgt nun mit dem British Museum, dem Centre Pompidou und dem Smithsonian American Art Museum. Das Museum macht immer wieder mit spektakulären Ausstellungen auf sich aufmerksam, u.a. über Julius Caesar, Kandinsky im Jahr 2024 und Feminine Power 2026.

Amstel 51 | tgl. 10 – 17 Uhr | Eintritt: 22,50 € (abhängig von der aktuellen Ausstellung) | https://hartmuseum.nl

Hollands bekannteste Brücke

★ Magere Brug

Von den mehr als tausend Brücken Amsterdams ist die Magere Brug in der Nähe der Weesperstraat diejenige, die am meisten fotografiert wird. Diese einfache **hölzerne Zugbrücke** über die Amstel entstand 1691 als Fußgängerbrücke, wurde 1929 abgerissen und rekonstruiert. Die Brücke verdankt ihren Namen ihrem »mageren« Aussehen. Das Geld für eine breitere Steinbrücke reichte nicht. (▶ Abb. S. 76/77). In der Nacht beleuchten 1800 kleine Lampen die romantische Brücke.

DAS BESETZTE AMSTERDAM

Fast genau fünf Jahre lang war Amsterdam im Zweiten Weltkrieg von deutschen Truppen besetzt. Schon bald nach dem Einmarsch kam es auch hier zu Judenverfolgungen. Mit dem »Februarstreik« zeigten die Amsterdamer ihre Solidarität mit den jüdischen Mitbürgern.

Es herrschte schon seit einigen Monaten Krieg in Europa, doch die meisten Niederländer waren noch immer fest davon überzeugt, nicht in die militärischen Auseinandersetzungen verwickelt zu werden; wie im Ersten Weltkrieg würde das Land wohl seine Neutralität bewahren können. Auch Truppenaufmärsche der Wehrmacht an der deutsch-niederländischen Grenze am 9. Mai 1940 wurden nicht allzu ernst genommen. Ein naiver Glaube, wie sich herausstellte, denn tags darauf marschierten deutsche Soldaten in die Niederlande ein. Auch Amsterdam blieb nicht von Bomben verschont. Schaden erlitten vor allem der **Flughafen Schiphol und der Hafen**. Auf das Stadtzentrum fiel nur eine Bombe, und zwar auf den Blauwburgwal, aber sie kostete 51 Menschen das Leben. Viele Juden flüchteten über den Kanal nach England, nicht wenige begingen Selbstmord. Am 15. Mai kapitulierte die niederländische Armee, am selben Tag besetzten deutsche Kampfverbände Amsterdam.

»Februarstreik«

»Für die Deutschen gibt es in den Niederlanden keine Judenfrage!«, hieß es zunächst von deutscher Seite. Doch das änderte sich schnell. Bereits im Herbst 1940 begannen die **Schikanen gegen die jüdische Bevölkerung** der Stadt. Als dann im Februar 1941 über 400 Juden ins KZ Mauthausen verschleppt wurden, geschah etwas, das während des Zweiten Weltkrieges (1939 – 1945) einzigartig war: Am 24. Februar gingen auf Initiative der längst verbotenen »Kommunistischen Partei Hollands« Tausende von Amsterdamern auf die Straße, um gegen die Judenverfolgung zu protestieren. Bereits nach zwei Tagen wurde der »Februarstreik« – der einzige Generalstreik in einem von den Nazis besetzten Gebiet – von den deutschen Besatzern unterdrückt. Vier Streikende wurden erschossen, und die Stadt musste ein Sühnegeld von 15 Mio. Gulden an die Deutschen zahlen.

Die »Judenfrage«

»In Holland ging ja alles wie am Schnürchen«, konstatierte zufrieden Adolf Eichmann, einer der Organisatoren der »Endlösung«, gegen Ende des Krieges. »Ohne die niederländische Polizei«, stellte ein in Amsterdam stationierter deutscher Polizeichef fest, »wären nicht einmal 10 % der Juden verhaftet worden«. Tatsächlich waren die Besatzer bei der Deportation von Juden auf niederländische Kollaboration angewiesen. Viele Polizisten zeigten sich bei Verhaftungen sogar übereifrig, die Niederländische Eisenbahngesellschaft ließ sich für die Transporte gut bezahlen, Gemeindebeamte stempelten, ohne mit der Wimper zu zucken, ein »J« in die Personalausweise, schickten jüdische Arbeitslose in Arbeitslager …

Holocaust-Denkmal von Daniel Libeskind in Amsterdam: Jeder Stein erinnert an ein Opfer.

Widerstand gegen die Judenverfolgung war nur noch vereinzelt anzutreffen. Natürlich gab es auch Polizisten und andere Beamte, die bei der Judenverfolgung nicht mitmachten und Aufträge hintertrieben, etwa Ausweise fälschten oder Verhöre frisierten. Nicht wenige Amsterdamer Bürger versteckten unter Lebensgefahr Juden in ihren Wohnungen, wovon das »Tagebuch der Anne Frank« beredtes Zeugnis ablegt. Etliche taten das aus reiner Menschlichkeit, einige andere aber auch nur, um an das Geld der Verfolgten zu kommen. Von der **niederländischen Exilregierung in London** jedenfalls erhielten die niederländischen Juden keine Unterstützung. Bis Kriegsende verließen rund 100 000 Juden in insgesamt 98 Deportationszügen ohne einen einzigen Zwischenfall das Land, d. h. aus den Niederlanden wurden im Verhältnis mehr Juden deportiert als aus jedem anderen westeuropäischen Staat. Von den 80 000 Amsterdamer Juden waren nach dem Krieg nur noch 5000 am Leben.

Widerstand

Der Winter 1944 war für die Amsterdamer Bevölkerung furchtbar. Da infolge des alliierten Vormarsches die Zufuhr von Steinkohle ausblieb, konnten die Gas- und Elektrizitätswerke nicht mehr arbeiten. Alle Räder standen still. Straßenbahnen fuhren nicht mehr, Schulen wurden geschlossen, kaum ein Amsterdamer ging noch zur Arbeit. Die Besatzer transportierten indessen alles ab, was nicht niet- und nagelfest war: Busse, Züge, Maschinen, Fabrikbestände etc. Als es zu frieren begann, setzte unter der Bevölkerung eine **schwere Hungersnot** ein; der Schwarzhandel blühte, und viele überlebten nur, weil sie sich von Rattenfleisch ernährten. In diesem Winter wagte der niederländische Widerstand kühnere Aktionen, worauf die Besatzungsmacht mit mehren willkürlichen Exekutionen antwortete, bei denen Passanten zusehen mussten. Am 5. Mai 1945 kapitulierten die deutschen Truppen in den Niederlanden, womit die fast fünf Jahre währende Besatzungszeit endete.

KÖNIGLICHES KINO

Vergessen Sie den Alltag, kuscheln Sie sich in Art Déco mit rotem Plüsch und lassen Sie sich von Hollywoodschönheiten in andere Welten entführen – das Tuschinski-Theater aus dem Jahr 1921 nahe dem Rembrandtplein dürfte das stilvollste Kino des Landes sein. Und seine Gäste sind nicht minder spektakulär: Wenn im Tuschinski eine niederländische Filmproduktion Premiere hat, ist sogar der König anwesend (Reguliersbreestraat 26, www.tuschinskimultiplexcinema.com).

★★ Herengracht

Wo die High Society wohnte

Südlich und westlich vom Stadtzentrum erstreckt sich die Herengracht. Ihre Entstehung geht zurück auf das Jahr 1612, als ein Plan für einen Grachtengürtel entworfen wurde (Heren-, Keizers- und Prinsengracht). Zu Amsterdams Blütezeit in der zweiten Hälfte des 17. Jh.s war die Herengracht die **vornehmste Wohngegend**. Hier zu wohnen war so beliebt, dass der Magistrat die Breite der Patrizierhäuser auf 8 m beschränken musste – allerdings gab es Ausnahmen, wie das »Haus für einen Prinzen« (Nr. 54) beweist. Hinter den Häusern mit ihren prachtvollen Fassaden (nicht weniger als 400 Häuser stehen unter Denkmalschutz!) verstecken sich wunderschöne Gärten, von denen jeder exakt 51,5 m lang ist. Ihre Anlage bedeutete für eine Stadt, die auf Pfählen ruht, einen unvorstellbaren Luxus. Ein Gesetz deklarierte die Unbebaubarkeit der Gärten, ausgenommen waren davon Garten- und Kutscherhäuser.

Ein Leben zwischen Seidensesseln und Kronleuchtern

★ Museum Willet-Holthuysen

Ebenfalls in der Herengracht befindet sich das **Museum Willet-Holthuysen**. Das Haus, eine Stiftung von Frau Willet-Holthuysen, bietet mit seiner Inneneinrichtung, antiquarischen Möbeln sowie einer reichen Porzellan- und Gläsersammlung einen Einblick in das Leben wohlhabender Amsterdamer Bürger des 18. und 19. Jahrhunderts.

Herengracht 605 | tägl. 10 – 17 Uhr | Eintritt: 12,50 € | www.amsterdammuseum.nl

Nightlife bei Rembrandt

Rembrandtplein

Nahe der Amstel liegt der Rembrandtplein. Er erhielt seinen Namen, als der kleine Park, vormals Schauplatz des Buttermarkts, mit dem Standbild Rembrandts angelegt wurde. Seit Mitte des 20. Jahrhunderts ist er neben dem berühmten Leidseplein das wichtigste Vergnügungszentrum der Stadt mit seinen vielen **Cafés, Bars und Nachtlokalen**.

Souvenirs statt Münzen

Munttoren

Durch die Reguliersbreestraat kommen Sie vom Rembrandtplein zum Muntplein mit dem Munttoren (**Münzturm**). Der Name datiert aus dem Jahr 1672, als Amsterdam für zwei Jahre das Münzrecht erhielt. Damals hielten die Franzosen Utrecht besetzt, wo sonst das Geld geprägt wurde. Vom Muntplein haben Sie einen schönen Blick über die Amstel. Heute beherbergt der Turm ein Souvenirgeschäft. Unweit des Munttoren, an der Gracht Singel, liegt der **schwimmende Blumenmarkt**. In nördlicher Richtung zweigt die Kalverstraat ab, eine der wichtigsten Einkaufsstraßen der Stadt.

Die Sammlung eines Kunsthistorikers

Allard Pierson Museum

Das Allard Pierson Museum zeigt eine **archäologische Sammlung** mit Exponaten aus Ägypten, Zypern, Vorderasien, Mesopotamien, dem Iran, Griechenland und Rom. Allard Pierson war im 19. Jh. Professor für Kunstgeschichte an der Amsterdamer Universität.

Oude Turfmarkt 127 | tgl. außer Mo. 10 – 17 Uhr | Eintritt: 14,50 € | https://allardpierson.nl

Eine der größten Bibliotheken des Landes

Universitätsbibliothek

Vom Münzturm kommen Sie in westlicher Richtung zum Singel mit der Universitätsbibliothek (Nr. 423). Durch ihren Buchbestand (über **2 Mio. Bände**), der auf mehrere Institute verteilt ist, zählt sie zu den größten Bibliotheken des Landes.

★★ Begijnhof

Ruhige Oase inmitten der Stadt

Zwischen dem Spui, einem der beliebtesten Plätze in Amsterdam mit zahlreichen Cafés und Kneipen, und der Kalverstraat erstreckt sich der Beginenhof auf dem Gedempte Begijnensloot. An diesem kleinen idyllischen Ort im Stadtzentrum wohnen heute **alleinstehende Damen und junge Studentinnen** gegen eine geringe Miete in hübschen Häusern mit einem großen, grünen Innenhof. 1346 wurden die damals noch außerhalb der Stadtgrenze liegenden Gebäude für fromme katholische Frauen (begijnen) gestiftet, die zwar nicht in abgeschiedenen Klöstern, aber dennoch in einer religiösen Gemeinschaft leben und sich der Krankenpflege und Armenfürsorge widmen wollten. Hier mussten sie kein Klostergelübde ablegen und durften über persönliches Eigentum verfügen. Nach dem Übertritt Amsterdams zum Protestantismus im 16. Jh. wurde der Beginenhof in ein Spital umgewandelt und die Kirche beschlagnahmt. Der Hof und die katholische »schuilkerk« (versteckte Kirche) sind zugänglich und können besichtigt werden.

tgl. 9.30 – 18 Uhr | Einritt frei

Kalverstraat

Die berühmteste Einkaufsstraße Amsterdams

Auf der Kalverstraat trifft sich halb Amsterdam. Mit ihren internationalen Modeketten, Sportgeschäften und Warenhäusern ist sie die berühmteste Shoppingstraße der Stadt, doch als »erste Adresse« gilt die P. C. Hooftstraat. Erstmals 1393 erwähnt, verdankt die Kalverstraat ihren Namen dem Viehhandel. Die ersten Geschäftsleute, die sich hier niederließen, waren naturgemäß Metzger; später folgten Handwerker, u. a. Schuster und Korbflechter. Mitte des 18. Jh.s gab es hier bereits mehr als 200 Geschäfte aller Art sowie Kaffeehäuser und Pensionen. Heute ist die Kalverstraat **Fußgängerzone** und zieht täglich über 100 000 Kauflustige an.

Amsterdam Museum aan de Amstel

Was Sie schon immer über Amsterdam wissen wollten

Seit 1975, dem Jahr, in dem Amsterdam sein 700-jähriges Bestehen feierte, war das Amsterdam Museum aan de Amstel (früher Amsterdam Museum/Amsterdams Historisch Museum) im Gebäudekomplex des ehemaligen Bürgerwaisenhauses (1578 – 1860) am St. Luciensteeg untergebracht. Der Name Luciensteeg erinnert an das 1414 gegründete St. Lucienkloster. Zurzeit wird dieses Gebäude restauriert, und ein Teil der Kollektion ist vorübergehend im H'ART Museum, der früheren Hermitage, zu sehen. Dort wird mit modernen Mitteln die Vergangenheit der Stadt übersichtlich dargestellt; interaktive Medien lassen den Besucher hautnah miterleben, wie sich das Dorf am Fluss zu einer Weltstadt entwickelte. Wichtige Themen der Ausstellung sind Bürgertum, freies Denken, Kreativität und Unternehmergeist.

Amstel 51 | tgl. 10 – 17 Uhr | Eintritt: 18 € | www.amsterdammuseum.nl

Hier ruht Rembrandt

★ Westerkerk

An der Prinsengracht, an der es zahlreiche gemütliche Cafés gibt, die im Sommer ihre Tische und Stühle auch direkt an der Gracht aufstellen, erhebt sich die Westerkerk, in der 1966 die Hochzeit von Prinzessin Beatrix mit Claus von Amsberg stattfand. Der Turm heißt im Volksmund **Langer Jan**. Mit seinen 85 m ist er der höchste der Stadt und gilt als Wahrzeichen Amsterdams. Nachdem die Stadt zum Protestantismus übergetreten war, begann Hendrick de Keyzer 1620 mit dem Bau der **Renaissancekirche**, die aber innen wie außen ungewöhnlich viele gotische Elemente aufweist. Nach dem Tod Keyzers wurde das Bauwerk von Jacob van Campen 1630 vollendet und der Turm hinzugefügt. Dieser trägt als Spitze die Nachbildung einer Krone Maximilians I., Kaiser des Heiligen Römischen Reiches Deutscher Nation. Ein Glockenspiel mit 48 Glocken im Inneren des Turms erklingt täglich mehrere Male und wird an jedem Dienstag zwischen 12 und 13 Uhr vom Glockenspieler live bespielt. Sein Repertoire reicht von Bach bis Beatles. In der Westerkerk befindet sich das **Grab von Rembrandt**, der hier am 8. Oktober 1669 beigesetzt wurde. Wo genau die Grabstätte liegt, ist nicht bekannt.

Prinsengracht 281 | Mo. – Fr. 11 – 15, 1. April – 1. Nov. auch Sa. 11 – 15 Uhr | Der Turm ist wegen Renovierung bis ins Jahr 2024 geschlossen. Danach meldet man sich wieder am Eingang, um ihn besteigen zu können | Eintritt frei | www.westerkerk.nl

Amsterdams bekanntestes Haus

★★ Anne Frank Huis (Baedeker Wissen ▶ S. 86)

Abgedunkelte Fenster, kleine Zimmer, der geheime Zugang über die Bücherregaltür ... – Ein Besuch im Anne-Frank-Haus in der Prinsengracht gehört zu den Erlebnissen, die man sein Leben lang nicht vergisst. Langsamen Schrittes betritt man die wenigen Räume, in denen sich **Anne Frank** mit ihrer 1933 aus Frankfurt am Main nach Amsterdam ausgewanderten jüdischen Familie vor den Deutschen ab 1942 versteckt hielt. Hier schrieb sie ihr weltberühmtes, in rund 60 Sprachen übersetztes Tagebuch. Am 4. August 1944 wurden die Versteckten verhaftet und in Konzentrationslager verschleppt. Nur Anne Franks Vater, Otto Frank, überlebte; Anne Frank selbst (▶ Interessante Menschen) starb zwei Monate vor Kriegsende im KZ Bergen-Belsen.

Prinsengracht 267 | www.annefrank.org

Vom Zentrum nach Süden

Grachtenhaus mit zauberhaftem Garten

Museum Van Loon

Südlich vom Muntplein kommen Sie durch die Vijzelstraat zur **Keizersgracht**, die mittlere der drei Grachten, die im Zuge der Stadterweiterung seit 1612 entstand. Die Keizersgracht erreicht nicht ganz

ANNE-FRANK-HAUS

1957 wurde das Haus von seiner Eigentümerin der Anne-Frank-Stiftung geschenkt, die es 1960 der Öffentlichkeit zugänglich machte. Da das Museum dem Ansturm von nahezu 1 Mio. Besuchern jährlich kaum mehr gewachsen war, wurde es komplett renoviert. Man betritt seither das Museum über ein neu errichtetes Gebäude, in dem sich neben dem Eingangsbereich auch ein Raum für Wechselausstellungen, ein Medien-Vorführungssaal, das Museumscafé und Büros befinden.
Auch das Gebäude an der Prinsengracht 263 neben dem ehemaligen Büro von Otto Frank gehört nun zum Museum. U. a. ist hier das Original-Tagebuch von Anne Frank zu sehen.

Tägl. 9 – 22 Uhr | Eintritt: 16 €, Tickets werden nur online mit einem Zeitfenster verkauft. Jeden Dienstag um 10 Uhr sind Tickets für einen Besuch sechs Wochen später verfügbar | www.annefrank.org

1 Vorderhaus
Das Gebäude an der Prinsengracht 263 bestand – wie viele Amsterdamer Grachtenhäuser – aus einem Vorder- und einem Hinterhaus. Im Vorderhaus hatte Otto Frank seit 1940 sein Geschäft mit Büro- und Lagerräumen. Der Geschäftsbetrieb ging während des Zweiten Weltkriegs weiter. Anhand historischer Fotos konnten die Räume rekonstruiert werden. Zitate aus dem Tagebuch von Anne Frank geben einen Eindruck davon, wie es damals hier aussah und welche Atmosphäre herrschte.

2 Hinterhaus
Als die ersten Juden sich 1942 in Arbeitslagern melden mussten, stattete Otto Frank im Hinterhaus vier Räume so aus, dass er mit seiner Familie und Freunden untertauchen konnte. Seine ehemalige Sekretärin Miep Gies und weitere Helfer versorgten die Untergetauchten mit Lebensmitteln.

3 Geheimtür
Durch eine als Bücherschrank getarnte Geheimtür gelangt man in das Hinterhaus und in die kleine Wohnung, in der die Familie hausen musste.

4 Annes Zimmer
Anne Frank verschönerte ihr Zimmer, indem sie Fotos von Filmstars und Mitgliedern des niederländischen Königshauses an die Wand klebte.
In diesem Zimmer wohnte auch der aus Berlin stammende Zahnarzt Fritz Pfeffer. Er starb am 20. Dezember im KZ Neuengamme an der Ruhr.

5 Zimmer der Eltern
Annes Mutter Edith Frank-Holländer starb am 6. Januar 1945 in Auschwitz-Birkenau.
Otto Frank wurde am 27. Januar 1945 von sowjetischen Soldaten in Auschwitz befreit.

6 Zimmer von Hermann und Auguste van Pels
Das Ehepaar van Pels war 1937 in die Niederlande geflohen und tauchte am 13. Juli 1942 im Haus der Franks unter. Anne gab ihnen in ihrem Tagebuch das Synonym »Familie van Daan«. Hermann wurde im Oktober 1944 in Auschwitz ermordet; Auguste starb am 9. April 1945 auf dem Transport ins KZ Theresienstadt.

7 Dachboden
Auf dem Dachboden des Vorderhauses zeigen Fotos und andere Dokumente den Leidensweg der im Hinterhaus versteckten Menschen durch die verschiedenen Konzentrationslager. Videos stellen ihre Schicksale in einen historischen Zusammenhang.

OBEN: Obwohl er nur den zweiten Platz beim Architekturwettbewerb 1863 erzielen konnte (Platz 1 belegten zwei Münchner Architekten), durfte Pierre Cuypers letztendlich doch das Gebäude des heute weltbekannten Rijksmuseums entwerfen.

UNTEN: Das Highlight unter den Highlights des Rijksmuseums ist Rembrandts »Nachtwache«.

die repräsentative Ausstrahlung der Herengracht, dennoch ist es ein Erlebnis, auf der Gracht von Kaiser Maximilian (1459 – 1519) entlangzuspazieren. Das **Haus Nr. 672** beherbergt das Museum Van Loon. Das Haus wurde 1672 von einem flämischen Kaufmann gebaut und kam 1884 in den Besitz der Familie van Loon. Das Interieur zeigt eine typische großbürgerliche Inneneinrichtung aus der Mitte des 18. Jh.s mit Kunstgegenständen und einer Ahnengalerie. Zum Museum gehört ein schön angelegter **Rokokogarten** mit Kutschhaus, das ein kleines **Café** beherbergt.

Keizersgracht 672 | tgl. 10 – 17 Uhr | Eintritt: 13,50 € | www.museumvanloon.nl

Erlebnis Bier

Heineken Experience

Die **ehemalige Heineken-Brauerei** – ein riesiges, 1867 errichtetes Gebäude, in dem bis 1988 Bier gebraut wurde – beheimatet nun die Attraktion »Heineken Experience«, wo Besucher unterhaltsam über die Geschichte von Heineken informiert werden und erfahren können, wie früher der Gerstensaft gebraut wurde. Mit dem Kauf der Eintrittskarte haben Sie Anspruch auf zwei Gläser Heineken-Bier, das in den Probierstuben des Museums ausgeschenkt wird.

Stadthouderskade 78 | Juli u. Aug. tgl. 10.30 – 21, sonst Mo. – Do. 10.30 – 19.30, Fr. – So. 10.30 – 21 Uhr | Eintritt: 23 € | www.heinekenexperience.com

Eine »Kathedrale der Kunst«

★★ Rijksmuseum

Schon der klassizistische Backsteinbau von Pierre Cuypers (1877 bis 1885), dessen Renovierung zehn Jahre dauerte, ist einen Besuch wert. Auch im Inneren des weltberühmte Rijksmuseums (Reichsmuseum) kommt man aus dem Staunen nicht mehr heraus, vor allem in der sogenannten **Ehrengalerie**. Dort hängen in einem fast sakralen Ambiente die Meister der niederländischen Malerei, gekrönt von Rembrandts Nachtwache an der Stirnseite. Das komplett renovierte Museum besitzt **mehr als 1 Mio. Kunstwerke**, von denen 8000 Kunstwerke aus 800 Jahren niederländischer Geschichte in mehr als 80 Sälen gezeigt werden, eine umfangreiche Bibliothek und unzählige Auktionskataloge. Besonders reich ist das Museum an Werken des alten holländischen Kunstgewerbes, der mittelalterlichen holländischen Plastik und der modernen niederländischen Malerei. Die **Gemäldeabteilung** umfasst eine erlesene Sammlung vor allem niederländischer Meister des 15. bis 19. Jh.s (insbesondere aus dem 17. Jh., der Blütezeit der niederländischen Malerei). Aus der großen Menge von Werken seien hier nur die bedeutendsten herausgehoben. Dazu gehört vor allem die nach einem Messerattentat 1975 restaurierte **»Nachtwache«** von Rembrandt, eine der berühmtesten Kompositionen des Meisters von 1642. Frans Hals kommt in mehreren ausdrucksvollen Bildnissen, darunter der »Fröhliche Zecher«,

zur Geltung. Einen der kostbarsten Schätze des Museums bilden die Werke des Jan Vermeer van Delft, darunter das »Straatje«. Die Flamen des 17. Jh.s sind durch Rubens (Kreuzigungsskizze) und Anthonis van Dyck vertreten. Von italienischen Malern seien Crivelli, Bellini und Mantegna, Veronese, Tintoretto und Bassano genannt, von spanischen Velázquez (»Stillleben«) und Murillo (»Verkündigung«).
Stadhouderskade 42 / Jan Luykenstraat 1 | tgl. 9 – 17 Uhr | Eintritt: 22,50 € | www.rijksmuseum.nl

Eine der besten Musikhallen der Welt

Concertgebouw

Am Museumplein erhebt sich auch das stattliche Konzerthaus, das 1888 feierlich eröffnet wurde. Bei Renovierungsarbeiten 1988 wurde das Gebäude durch einen gläsernen Anbau (Foyer) bereichert. Der schlichte kastenförmige **Konzertsaal**, dessen Akustik als eine der weltweit besten gilt, blieb unverändert.
Concertgebouwplein 10 | Spielplan und Ticketbestellung unter www.concertgebouw.nl

Moderne Kunst in der »Badewanne«

★ Stedelijk Museum

Das Stedelijk Museum gehört auf dem Gebiet der modernen Kunst zu den bedeutendsten Museen in Europa. Sein neuer Anbau von 2012 gleicht einer überdimensionierten Badewanne – daher auch der gleichlautende Spitzname –, im Inneren ist eine **Sammlung vornehmlich holländischer und französischer Gemälde des 19. und 20. Jh.s** zu sehen. Folgende Stilrichtungen und Künstler sind hier u. a. vertreten: De Stijl (Mondrian), Cobra (Karel Appel, Corneille), Colourfield Painting (Kelly, Louis), Pop Art (Warhol), Nouveau Réalisme (Armand, Spoerri); Maler wie Chagall, Dubuffet, De Kooning, Malewitsch und Matisse. Zur Sammlung des Museums zählen auch zahlreiche Plastiken, u. a. von Rodin, Moore, Renoir, Laurens, Visser.
Museumplein 10 | tgl. 10 – 18 Uhr | Eintritt: 20 € | www.stedelijk.nl

Und ewig lockt die Sonnenblume

★★ Van Gogh Museum

An keinem anderen Ort der Welt sind so viele Werke von Van Gogh zu sehen und so viele Einblicke in sein Leben zu bekommen wie hier am Amsterdamer Museumplein. Kein Wunder, dass Kunstfreunde aus aller Welt in dieses Museum pilgern.

Das Museum führt weniger chronologisch als thematisch durch das Leben und Werk Van Goghs, von seinen realistischen Bildern in dunklen Tönen (»Die Kartoffelesser« – eine frühere Version hängt im Kröller-Müller Museum in ▶ Hoge Veluwe) zu den in glühenden, kontrastreichen Farben mit breiten Pinselstrichen gemalten Bildern wie »Sonnenblumen«, »Mandelblüten« und »Der Sämann« seiner impressionistischen Phase in Arles. Dabei verdient Van Gogh (▶ Interessante Menschen) als Künstler ebenso Beachtung wie seine facettenreiche Persönlichkeit. In 200 Gemälden, 500 Zeichnungen und 700 Briefen

Über 30 Selbstporträts schuf Vincent van Gogh von sich. Dieses von 1881 empfängt Sie direkt im Foyer seines Museums.

werden **alle Schaffensperioden des Künstlers** beleuchtet, auch die Künstler und Freunde, die ihn inspirierten, wie Munch, Van Dongen, Gauguin und Bernard, fehlen nicht.
Die Van-Gogh-Sammlung, deren Basis der Nachlass von Johanna van Gogh-Bonger, der Witwe von Van Goghs Bruder Theo, darstellt, ist in dem 1973 von Gerrit Rietveld konzipierten Gebäude zu sehen. Ihm

folgte 1999 ein Erweiterungsbau nach Plänen des Japaners Kisho Kurokawa, dessen eigenwillig geformter Baukörper einen deutlichen Kontrapunkt zum kubischen Rietveld-Bau setzt. Im Jahr 2015 folgte ein weiterer Ausbau des niederländischen Architekten Hans van Heeswijk, der ein lichtdurchflutetes Eingangsfoyer schuf.

Museumplein 6 | Di. – Fr. 10 – 17, Sa. u. So. bis 18 Uhr | Eintritt: 22 €, Tickets am besten lange im Voraus online bestellen | www.vangoghmuseum.nl

Multimediales Cocktailerlebnis

House of Bols

Gegenüber vom Van Gogh Museum befindet sich das »House of Bols«, eine Art Museum des in Amsterdam ansässigen und weltweit führenden **Likör- und Spirituosenherstellers Bols**, das in die Welt der Genever und Liköre einlädt und über die Geschichte der ältesten Brennerei der Welt informiert. Im Eintrittspreis ist ein Gratiscocktail enthalten, den Sie selbst aussuchen dürfen und der in der »Spiegelbar« gemixt wird.

Paulus Potterstraat 14 | So. – Do. 13 – 18.30, Fr. u. Sa. 13 – 21 Uhr | Eintritt: 17,50 € | https://bols.com/experience

Großes Vergnügungszentrum

Leidseplein

Vom Vondelpark kommt man über die Stadhouderskade zum geschäftigen Leidseplein, neben dem Rembrandtplein (▶ oben) das zweite große Vergnügungszentrum Amsterdams. Hotels, Restaurants, Nachtlokale, ein Theater, ein Spielkasino und die zahlreichen einheimischen und auswärtigen Besucher geben dem Leidseplein sein kosmopolitisches Gepräge.

Auffallendste Gebäude sind die Stadschouwburg (**Stadttheater**), die 1894 im Stil der Neorenaissance gebaut wurde, und das berühmte **Hotel American**, das 1902 nach Plänen von Willem Kromhout im Jugendstil errichtet wurde und als Vorläufer der Amsterdamer Schule gilt. Das prachtvolle Café des Hotels ist seit je Treffpunkt von Künstlern und Schauspielern.

Östlicher Teil der Stadt

Einer der ältesten botanischen Gärten der Welt

Hortus Botanicus

Östlich vom Mr. Visserplein liegt jenseits des Kanals Nieuwe Herengracht im Stadtviertel Plantage der Hortus Botanicus. Der 1554 entstandene **Botanische Garten** der Universität ist einer der ältesten weltweit und beherbergt – u.a. in historischen Gewächshäusern – rund 4.000 exotische Pflanzen aus aller Welt, vom tropischen Urwald über japanische Gärten bis zur Wüste.

Eingang: Plantage Middenlaan 2 | tgl. 10 – 17 Uhr | Eintritt: 13,50 € | www.dehortus.nl

Giraffen an der Gracht

★ Artis

Weiter östlich vom Hortus Botanicus folgt der **Zoologische Garten** »Natura Artis Magistra« (»Die Natur ist die Lehrmeisterin der Kunst«), kurz Artis genannt. Von den rund 120 Tierarten leben die meisten in Freigehegen. Das **Aquarium**, das mit rund 700 Fischarten über den zweitgrößten Bestand der Welt (nach Berlin) verfügt, sowie das Haus der Nachttiere sind besondere Schwerpunkte des Zoos. Als weitere Attraktion sind das **Groote Museum**, das sich dem menschlichen Körper und dem Leben auf der Erde widmet, sowie die Mikrobenausstellung **Micropia** zu nennen. Was den Zoo darüber hinaus so reizvoll macht, ist die Lage inmitten der Stadt. Hinzu kommen versteckte Ecken im Grünen mit Bänken für eine Pause und schöne historische Gebäude wie das Groote Museum aus der Mitte des 19. Jh.s.

Kerklaan 38–40 | tgl. 9 – 17, im Sommer bis 18 Uhr | Eintritt: 25 €, inkl. Micropia 31 € | www.artis.nl

Beten, trauern und feiern

Wereldmuseum

An der Singelgracht liegt in einem monumentalen, historistischen Gebäude das Wereldmuseum (das frühere Tropenmuseum) mit seiner Ausstellung von Kunst- und Gebrauchsgegenständen aus tropischen und subtropischen Gebieten. Heute stehen universelle Themen wie Feiern, Trauern, Schmücken, Beten, Lieben und Kämpfen in verschiedenen Kulturen im Vordergrund. Sie sollen zeigen, dass wir Menschen – abgesehen von allen individuellen Unterschieden – im Großen und Ganzen gleich sind.

Linnaeusstraat 2 | Di. – So. 10 – 17 Uhr | Eintritt: 16 € | www.tropenmuseum.nl

Vom Segeln und Sinken

Scheepvaartmuseum

Es sieht fast aus wie ein Palast, das weiße Gebäude am Wasser, das 1656 errichtet wurde. Doch es war nichts anderes als ein schickes Lagerhaus für die Kanonen, Segel und Flaggen der Admiräle (sehr schön ist auch der mit Glas überdachte Innenhof!). Heute liefert das **Niederländische Schifffahrtsmuseum** am Kattenburgerplein eine umfassende Übersicht über die Geschichte der niederländischen Seefahrt von den Anfängen bis in die Gegenwart. Allein 500 maßstabgetreue Schiffsmodelle und eine Vielzahl an Seekarten, Navigationsinstrumenten, Gemälden, Waffen und Fotos faszinieren den Besucher. Untergebracht ist das Schifffahrtsmuseum in einem Gebäude, das im Jahr 1655 nach Plänen des Stadtarchitekten Daniel Stalpaert als Zeughaus für die Admiralität errichtet worden ist.

Im Preis für den Besuch des Schifffahrtsmuseums ist die Besichtigung des Seglers **»Amsterdam«**, der am Museumssteg vor Anker liegt, eingeschlossen. Es handelt sich um den Nachbau eines Schiffes der Vereinigten Ostindischen Kompanie. Das Originalschiff kenterte

bei seiner Jungfernfahrt 1749 vor der Südküste Englands – und liegt bis heute dort auf Grund.
Kattenburgerplein 1 | tgl. 10 – 17 Uhr | Eintritt: 17,50 € | www.scheepvaartmuseum.nl

Ein Spaziergang über die rote Python

Java-, KNSM-Eiland, Sporenburg und Borneo

Sie ähnelt tatsächlich einer Schlange: die knallrote Stahlrohrbrücke, die die neuen Stadtteile Sporenburg und Borneo, nordöstlich vom Schifffahrtsmuseum, miteinander verbindet und wegen ihrer asymmetrisch schwingenden Bögen schnell den Spitznamen **Pythonbrug** (Python-Brücke) erhielt. Man muss einmal über die Fußgängerbrücke gelaufen sein, die in ihrer Mitte mehrere Meter über dem Wasser aufragt. Von hier oben haben Sie einen schönen Blick auf den Spoorwegbassin. Aber Vorsicht: So manch einer fühlte sich hier schon wie auf einer Achterbahn in einem Freizeitpark. Dann lieber weiter unten zur anderen knallroten Brücke, die etwas niedriger ist.
Einst fuhren von Java-, KNSM-Eiland, Sporenburg und Borneo im IJ-Gewässer die Schiffe in die niederländischen Kolonien, nach Indonesien, Java und Borneo. Bis in die 1960er-Jahre hinein dienten die Eilande mit ihren Kaianlagen als Umschlagplätze für Waren vor allem aus Ostasien. Doch als der Hafen u.a. wegen der immer größer werdenden Schiffe an den Westrand von Amsterdam verlegt wurde, verwaisten die Kais östlich des Hauptbahnhofes. Heute sind die ältesten, künstlich angelegten Hafeninseln und -halbinseln der Stadt (Java-Eiland bildet mit KNSM-Eiland eine Insel; Sporenburg und Borneo, weiter südlich, sind Halbinseln) trendiges Wohngebiet und ein Mekka für moderne Architektur.
Komplette Viertel mit verschiedenen Wohnstilen und über 8000 Wohnungen sind hier in den letzten Jahren entstanden, so im Osten von **Borneo**, in der Scheepstimmermanstraat, wo sich 60 moderne Grachtenhäuser aneinanderreihen, allesamt individuell gestaltet.
Markantestes Bauwerk auf **Sporenburg** ist der Walvis des niederländischen Architekten Frits van Dongen – ein Riesenwohnblock mit schrägen Linien, der auf Stelzen steht und wie ein Wal in der Luft zu schwimmen scheint.
Auch auf dem **KNSM-Eiland**, wo einst die Koninklijke Nederlandsche Stoomboot Maatschappij (Königlich Niederländische Dampfschifffahrtsgesellschaft) ihren Sitz hatte, finden Sie ähnliche bauliche Ungetüme: wie das Barcelonahuis, einen mächtigen Rundbau mit rot-weißer Fassade, oder den Piraeus-Wohnblock der Berliner Architekten Hans Kollhoff und Christian Rapp, einen riesigen dunklen Megablock mit abgeschrägtem Dach.
Wieder gemächlicher geht es auf **Java-Eiland** zu, wo Kanäle, Brücken und verspielte Grachtenhäuser den Ton angeben. Hier durften sich 19 Architekten austoben. Auch hier sind, wie auf Borneo, die Häuser kunterbunt – aus Backstein oder Beton, Holz oder ganz viel

Glas, und häufig mit viel Wellblechverkleidungen geschmückt. Vier neue Grachten wurden extra angelegt, über die sich neun Fahrrad- und Fußgängerbrücken spannen.
Von Centraal Station mit Tram 26, Haltestelle Rietlandpark

Wohnen am und auf dem Wasser
Im Osten von Amsterdam entsteht nach einem innovativen Stadtplanungskonzept der neue Stadtteil IJburg auf künstlich aufgespülten Sandinseln. Auf **Steigereiland**, **Haveneiland** und **Rieteilanden** leben bereits 24 000 Menschen in Häusern verschiedenster Stilrichtungen direkt am und auf dem Wasser.

IJburg

Südlicher Teil der Stadt

Reich und schön
Im südöstlichen, etwas mondänen Viertel Amsterdam-Zuid mit den Straßen Apollo- und Churchilllaan, Beethovenstraat (schöne Einkaufsstraße!) und Stationsweg können Sie hervorragende Beispiele des **Architekturstils »Amsterdamer Schule«** sehen. Südlich der Churchilllaan am Europaplein steht das 1965 erbaute Kongress- und Ausstellungszentrum R. A. I.

Amsterdam Zuid

Ab ins Grüne!
Westlich der Freien Universität liegt der Amsterdamse Bos, im Jahre 1934 angelegt. Für die Amsterdamer ist der **Stadtwald** ein beliebtes Ausflugsziel, das viele Sportmöglichkeiten bietet, unter anderem Reiten, Spazierengehen, Fahrradfahren, Joggen, Angeln, Schwimmen, Rudern und Segeln. Es gibt hier zahlreiche Restaurants und Cafés. Das Besucherzentrum »De Boswinkel« informiert anschaulich über die Entstehung und Vegetation des Parks. In und rund um De Boswinkel stellen verschiedenste Künstler regelmäßig ihre Werke aus.
Besucherzentrum: Bosbaanweg 5 | Mi. – So. 10 – 17 Uhr | www.amsterdamsebos.nl

Amsterdamse Bos

Nördlicher Teil der Stadt

Ein Glas Wein am Stadtstrand?
So ganz anders als der geschichtsträchtige Grachtengürtel ist der Nordteil der Stadt, der sich am anderen Ufer des IJs erstreckt und der vom Bahnhof aus mit kostenlosen Fußgängerfähren erreicht werden kann. Hier stehen **spektakuläre Neubauten**, und in ehemaligen Schiffswerften haben sich zahlreiche Künstler und andere Kreative niedergelassen.

Am anderen Ufer des IJs

Im »weißen Wal« erwarten Sie spannende Filme und Filmgeschichte, außerhalb des EYE Filminstituts wiederum schöne Ausblicke und die Lage direkt am Wasser.

Der weiße Wal

EYE Film-instituut Nederland

Blickt man von der Rückseite des Amsterdamer Hauptbahnhofes über den Fluss IJ nach Norden, sieht man direkt am Wasser und am Fuß des Overhoeks-Hochhauses einen schnittigen Neubau, der einem weißen Wal ähnelt und als neues architektonisches Wahrzeichen der Stadt gilt. In dem futuristischen, vom österreichischen Architekturbüro Delugan Meissl entworfenen Gebäude ist das 2012 eröffnete **Filminstitut** EYE, Nachfolger des ehemals im Vondelpark gelegenen Filmmuseums, beheimatet. Die aus rund 37 000 Titeln bestehende Filmkollektion umspannt die gesamte Geschichte des Films von den Anfängen bis heute. Zum Haus gehören vier Kinosäle und auch eine große Terrasse direkt am Wasser. Das durch die Stufen an einen Kinosaal erinnernde **Café** sollten Sie unbedingt für eine Kaffeepause nutzen.

IJpromenade 1 | tgl. 10 – 1 Uhr | www.eyefilm.nl

Schwindelfrei?

Neben dem Filminstitut ist **A'dam Toren** Glanzstück des Stadtteils Overhoeks mit einer Aussichtsplattform, Cafés, Restaurants, Hotel sowie der höchsten Schaukel Europas. Geplant sind auf dem früheren Shell-Gelände im Süden von Amsterdam-Noord 2500 neue Wohnungen, jede Menge Arbeits- und Freizeitmöglichkeiten, Schulen sowie ein großräumiger Stadtpark am Fluss, der Schegpark. Overhoeks

Kreative Brutstätte

An den Nordufern des IJ liegt die ehemalige NDSM-Schiffswerft (Nederlandsche Dok en Scheepsbouw Maatschappij), in deren leerstehende Gebäude ab 1998 zahlreiche Künstler (Theater, Film, Medien, bildende Kunst etc.) eingezogen sind und das alte Werftgelände zu einer bedeutenden kulturellen Brutstätte des Landes machten. Heute finden hier Ausstellungen, Festivals und andere Veranstaltungen statt, es gibt auch einen Flohmarkt und gastronomische Betriebe wie das Noorderlicht. Von der Rückseite des Hauptbahnhofs verkehrt eine Fähre mindestens alle 30 Min. zur NSDM-Werft. NDSM-Werft

Neveritaweg 15 | www.ndsm.nl

Rund um Amsterdam

Märchenhaftes Wasserschloss

Südöstlich von Amsterdam liegt die kleine Ortschaft Muiden mit dem **Schloss Muiderslot**, in dem der Schriftsteller Pieter Cornelisz Hooft 1609 bis 1674 wohnte und einen Künstler- und Gelehrtenkreis schuf, der als Muiderkring bekannt wurde. Seine bekanntesten Gäste waren Joost van den Vondel und Constantijn Huygens. Seit 1875 ist Schloss Muiderslot **Reichsmuseum**. Es enthält die ursprüngliche Inneneinrichtung des 16. und 17. Jahrhunderts. Zu sehen sind Gemälde, Waffen, Rüstungen, Möbel und die schönen Gärten. Muiden

Herengracht 1 | April – Okt. tgl. 10 – 17 Uhr, Nov. – März Mo. geschl. | Eintritt: 17,50 € | www.muiderslot.nl

Einstige Festungsstadt

Einige Kilometer weiter erreicht man die hübsche Stadt Naarden am Gooimeer, die nach dem System des französischen Festungsbaumeisters Vauban (1633 – 1707) sternförmig angelegt wurde und deren Stadtwälle zu den besterhaltenen Festungsanlagen Europas zählen. Das Stadtbild wird beherrscht von der **Grote Kerk** (St. Vituskerk an der Marktstraat) aus dem 14./15. Jh. und dem schönen **Renaissance-Rathaus** von 1602 mit einer prächtigen Inneneinrichtung. Das **Vestingmuseum** (Festungsmuseum) in der Zitadelle Turfpoort zeigt interessante Waffensammlungen und Uniformen. Westlich von Naarden liegt das bekannte Natur- und Vogelschutzgebiet **Naarder-** Naarden

meer, ein geschütztes mit Schilf bedecktes, sumpfiges Seengebiet, in dem Ornithologen ein Paradies vorfinden.

Vestingmuseum: Westwalstraat 6 | Di. – Fr. 10.30 – 17 Uhr | Eintritt: 12,50 € | www.vestingmuseum.nl

APELDOORN

Provinz: Gelderland | **Einwohnerzahl:** 167 200

Wilhelm III. von Oranien-Nassau bewies Geschmack. Er suchte sich eine zauberhafte Gegend mit Wäldern und Heidelandschaften aus und errichtete dort für sich und seine Gattin Maria II., eine englische Königstochter, ein standesgemäßes Schloss. Dem prominenten Paar folgten weitere Adelige und reiche Beamte, sodass sich die idyllische Stadt Apeldoorn in eine exklusive Villengegend verwandelte.

Am Rande der Veluwe

Die im Jahr 793 erstmals urkundlich erwähnte Stadt Apeldoorn liegt am Ostrand des großen Landschaftsschutzgebietes Veluwe (▶ Hoge Veluwe), einem bis 110 m hohen, sandigen Wald- und Heidegebiet, das zu den schönsten Nationalparks der Niederlande zählt.

Wohin in Apeldoorn?

Mit den Affen auf Tuchfühlung

Berg en Bos, Apenheul

Im Naturpark Berg en Bos befindet sich das Freigehege Apenheul, wo **Affen** sich in einer ihrem natürlichen Lebensbereich nachempfundenen Umgebung unter die Besucher mischen. Hier turnen Totenkopfäffchen, Berberaffen, Gibbons und südamerikanische Brüllaffen frei herum. Die knapp 20 Tiere umfassende Gorilla-Gruppe sowie die Orang-Utans und Bonobos leben auf weitläufigen, vom Besucherstrom abgetrennten Inseln und lassen sich aus sicherer Entfernung beobachten.

J. C. Wlislaan 21–31 | April – Okt. tgl. 10 – 17, Juli u. Aug. bis 18 Uhr | Eintritt: 26,50 € | www.apenheul.nl

Wie wohnt eine Königsfamilie?

★ Paleis Het Loo

Das königliche **Schloss** Het Loo (1685 – 1692) befindet sich 2 km nördlich der Stadt. Es wurde von J. Roman und D. Marot für den König-Statthalter Wilhelm III. gebaut. Unter König Louis Bonaparte wurde das Schloss Anfang des 19. Jh.s erweitert und der Garten in einen

Alles andere als bescheiden lebten die royalen Bewohner des Paleis Het Loo, zuletzt Königin Wilhelmina.

französischen Landschaftspark umgestaltet. Es war der Lieblingsaufenthalt von Wilhelm I. und Wilhelm III. Königin Wilhelmina verzichtete 1948 auf den Thron und wohnte hier bis zu ihrem Tod im Jahr 1962. Später ging das Gebäude in staatlichen Besitz über. Vor allem die Gemäldesammlung, Möbel und Münzen aus dem Besitz des Hauses Oranien-Nassau ziehen Besucher aus aller Welt an. In den **Königlichen Reitställen** stehen alte Autos, Schlitten und Kutschen der Königsfamilie. Die Sport-, Jagd- und Dienstkutschen stammen aus dem 19. Jh., teilweise auch noch aus dem frühen 20. Jahrhundert. Dazu gehört auch Wilhelminas Malwagen, mit dem sie zum Malen durch die Gegend fuhr. Einzigartig ist auch der **Barockgarten** mit seinem Springbrunnen, der mehr als dreizehn Meter hoch sprudelt. Damals der höchste Brunnen Europas!

Koninklijk Park 16 | Di. – So. 10 – 17, Mo. 13 – 17 Uhr | Eintritt: 19,50 € | www.paleishetloo.de

APELDOORN ERLEBEN

TOURIST INFORMATION IM CODA MUSEUM
Vosselmanstraat 299
NL-7311 LS Apeldoorn
www.uitinapeldoorn.nl
Mo. - Sa. 10 - 17,
So. 13 - 17 Uhr

FONG SHENG €€€
Ein empfehlenswertes chinesisches Restaurant neben dem Kulturzentrum Orpheus. Die Küche des Fong Sheng ist ausgezeichnet und der Service sehr freundlich.
Loolaan 23, Tel. 055 /52 17 184
http://fongsheng-apeldoorn.nl/

HEERLIJCKHEYT HET LOO €€€
Französische Küche in schickem Ambiente. Bei schönem Wetter sitzt man draußen – mit Blick auf das Schloss.
Koningstraat 1
Tel. 055/521 39 97
http://heerlijckheyt.nl

BILDERBERG HOTEL DE KEIZERSKROON €€€
Bezahlbares Hotel (170 B.) in herrlicher Lage am Rand des königlichen Jagdreviers neben dem Königspalast Het Loo mit guter Küche.
Koningstraat 7
NL-7315 HR Apeldoorn
Tel. 0 55 / 5 21 77 44
www.bilderberg.nl

Bunte Wundertüte der Kunst

CODA

Zu den bemerkenswertesten modernen Bauten der Stadt zählen Werke des niederländischen Architekten Herman Hertzberger (geb. 1932), darunter auch das mitten im Zentrum gelegene CODA (Cultuur Onder Dak Apeldoorn), ein **Museum u. a. für moderne Kunst**, in dem auch oft Werke von Künstlern aus Deutschland gezeigt werden.

Vosselmanstraat 299 | Di. - Fr. 10 - 17.30, Sa. 10 - 17, So. 11 - 17 Uhr | Eintritt: 10,50 € | www.coda-apeldoorn.nl

★ ARNHEM

Provinz: Gelderland | **Einwohnerzahl:** 165 770

Die Brücke von Arnheim – wer kennt sie nicht? Doch Arnhem ist so viel mehr als nur der Schauplatz erbitterter Kämpfe im Zweiten Weltkrieg. Arnhem schmückt sich mit grünen Holzhäusern im Freilichtmuseum, mit einladenden Straßencafés auf dem Marktplatz und mit eleganten Giraffen in der eigenen Savanne. Selbst ein farbenprächtiges Korallenriff finden Sie hier.

Arnhem, die auf Deutsch **Arnheim** genannte Hauptstadt der Provinz Gelderland, wurde wegen ihrer Parks und der großen Naturgebiete wie der Veluwe im Jahr 2009 zur grünsten Stadt Europas gekürt. Ebenfalls grün im Sinne von umweltfreundlich: Als einzige Stadt der Niederlande besitzt Arnhem ein Trolleybusnetz (Oberleitungsbusse), weshalb die Stadt den Spitznamen »Trolleystad« trägt.

Grüne »Trolleystad«

Arnhem wurde 893 erstmals urkundlich erwähnt. Stadtrecht erhielt es jedoch erst 1233 von Otto III., Graf von Geldern. Bedingt durch die günstige Lage am Rhein blühte der Handel im Mittelalter kräftig auf; im 15. Jh. wurde Arnhem Mitglied der Hanse, der es bis zum Beginn des 17. Jh.s angehörte. Kaiser Karl V. erhob die Stadt zum Mittelpunkt Gelderns. Im Lauf der Jahrhunderte geriet Arnhem zweimal in die Hand der Franzosen, die es 1672 bis 1674 und 1795 bis 1813 beherrschten. Im November 1813 wurde die Stadt von preußischen Truppen erobert. Arnhem erlitt im **Zweiten Weltkrieg** schwerste Schäden, besonders bei den Kämpfen zwischen Deutschen und den britisch-amerikanischen Luftlandetruppen im September 1944 (»Operation Market Garden«) und bei der Einnahme der Stadt durch die Alliierten im April 1945.

Wohin in Arnhem?

Verkehrsmittelpunkt von Arnhem ...

Stadtzentrum

... ist der unweit vom Hauptbahnhof gelegene **Willemsplein**. An diesen schließt sich südlich der Nieuwe Plein an, von dessen Südende der Rijn-, Vijzel-, Ketel- und Roggestraat benannte, enge Hauptgeschäftsstraßenzug der Altstadt östlich zum Velperplein führt. Durch eine der südlich abzweigenden Querstraßen gelangen Sie zum ältesten Teil der Stadt. Hier erstreckt sich, nahe am Rhein, der weite Markt, das lebendige Herz der Stadt.

Vom Gotteshaus zum Teufelshaus

Marktplatz

Der Marktplatz wird von der **Grote Kerk** (St. Eusebiuskerk) aus dem 15. Jh. überragt, die im Zweiten Weltkrieg schwer beschädigt, jedoch später wieder aufgebaut wurde. Im Chor befindet sich das bedeutende Marmorgrabmal des letzten gelderschen Herzogs Karl van Egmond († 1538), eines Gegners Karls V. Das Gotteshaus besitzt das größte Glockenspiel Europas; und vom Turm (es gibt einen Lift) haben Sie eine schöne Aussicht. Östlich gegenüber der Kirche liegt das Alte Rathaus, nach den drei Teufeln am Eingangstor auch **Duivelshuis** genannt, das um 1540 für Maarten van Rossem, Kriegsoberst des Herzogs Karl von Geldern, erbaut worden ist. An der Südseite des Platzes steht das **Provinciehuis** von 1954, der Sitz der Provinzialregierung mit schönem Hof. Westlich daneben erhebt sich der **Sabelspoort** (14. Jh.), einziger Rest der Stadtmauer.

ARNHEM UND UMGEBUNG ERLEBEN

VISIT ARNHEM
Kerkplein 1
NL-6811 EB Arnhem
Tel. 09 00 / 1 12 23 44
www.visitarnhem.com
Di. - So. 10 - 17 Uhr

1 DE BOERDERIJ €€€€
Gepflegtes Restaurant im Park Sonsbeek mit ausgezeichneter, französisch angehauchter Küche sowie freundlichem Service in einem gemütlichem Ambiente.
Parkweg 2
Tel. 0 26 / 4 42 43 96
www.brasseriedeboerderij.nl

2 TASTE €€€€
Das Restaurant im NH-Rijnhotel serviert holländische und internationale Spezialitäten. Mit Terrasse und schönem Rheinblick.
Onderlangs 10
Tel. 0 26 / 4 43 46 42

DE WAAG €€€
Das in Doesburg östlich von Arnhem in einem hübschen mittelalterlichen Haus eingerichtete Lokal nennt sich »das älteste Gasthaus der Niederlande« (seit 1478). Serviert werden regionale Spezialitäten, aber auch gute internationale Gerichte.
Doesburg, Koepoortstraat 2-4
Tel. 03 13 / 47 96 17
www.waagdoesburg.nl

3 DE STEENEN TAFEL €€€€
Herrlich im Stadtpark Klarenbeek gelegen, werden hier Gerichte aus Zutaten der Region in Kombination mit französischen und asiatischen Einflüssen serviert.
Weg achter het Bos 1
NL-6822 LV Arnhem
Tel. 026 / 443 53 13
https://desteenentafel.nl

1 LANDGOED GROOT WARNSBORN €€€
In dem Landhaus aus dem 18. Jh. in Waldlage wurde ein fantastisches Vier-Sterne-Hotel (40 Zi.) eingerichtet. Die Speisen des Spezialitätenrestaurants kann man auf der Terrasse genießen.
Bakenbergseweg 277
NL-6816 VP Arnhem
Tel. 0 26 / 4 45 57 51
www.grootwarnsborn.nl

BUITENPLAATS PETERSBURG €€
Auf dem Gelände eines früheren Landguts stehen – nahe dem Nationalpark Hoge Veluwe – sog. Lodges, kleine Holzhäuser mit großen Fenstern und Waldblick.
Deelenseweg 3
NL-6816 TW Arnhem
Tel. 06 / 19 99 47 24
https://buitenplaats-petersburg.nl

HOTEL DE BILDERBERG €€
Zu diesem Hotel 4 km westlich von Arnhem (202 B.) gehören auch zwei Restaurants.
Utrechtseweg 261
NL-6862 AK Oosterbeek
Tel. 0 26 / 74 58 88
www.bilderberg.nl

STADSHOTEL DOESBURG €€
Das Hotel östlich von Arnhem liegt direkt an der IJssel und verfügt über komfortable, auch luxuriös eingerichtete Zimmer und Suiten (24 Zi.). In manchen können Sie sogar ein Bad mitten im Zimmer nehmen, und zwar

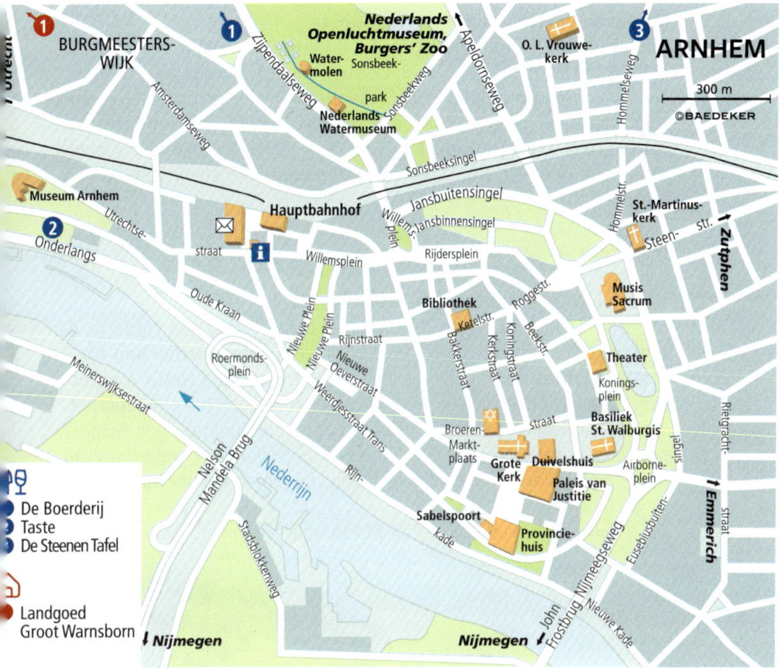

in einer nostalgischen Badewanne. Zum Hotel gehört zudem ein Restaurant, das traditionelle Gerichte serviert. Von der Außenterrasse haben Sie einen schönen Blick auf den Fluss.

Contre Escarpe 32
NL-6981 BW Doesburg
Tel. 03 13 / 74 00 00
www.stadshoteldoesburg.nl

Die berühmte Brücke über den Rhein

Weiter südlich liegt die im Zweiten Weltkrieg schwer umkämpfte **Rheinbrücke**. Sie trägt heute den Namen des britischen Oberstleutnants John Frost, dessen Fallschirmjäger sie im September 1944 vier Tage lang besetzt hielten, bevor die Deutschen sie wieder zurückeroberten; an der Flusspromenade links unterhalb informiert »Airborne at the Bridge« über die Kämpfe. Von der Brücke führt ein breiter Anlagengürtel anstelle der ehemaligen Befestigungen an der Ostseite der Altstadt entlang. Links folgen die **St. Walburgiskerk** (1422), die älteste Kirche der Stadt mit einer schönen Kanzel, sowie das **Musis & Stadstheater** und das **Konzerthaus Musis** am Velperbinnensingel.

John Frostbrug, Basiliek St. Walburgis

Moderne und zeitgenössische Kunst

Museum Arnhem

Westlich vom Hauptbahnhof liegt am Utrechtseweg, in den Anlagen des Reebergs mit hübschem Blick über die Rheinlandschaft, das Museum Arnhem im ursprünglichen Landsitz einer Herrensozietät. Gezeigt werden (inter)nationale **moderne sowie zeitgenössische Kunst und Designobjekte** – mit dem Schwerpunkt realistische Kunst aus dem 20. Jh., moderne Schmuckstücke sowie Werke von Künstlerinnen.

Utrechtseweg 87 | Di. – So. 11 – 17 Uhr | Eintritt: 15 € | www.museumarnhem.nl

Wieviel Wasser verbrauchen wir am Tag?

Nederlands Watermuseum

Mit dem lebenswichtigen Trinkwasser befasst sich das Nederlands Watermuseum im Stadtpark Sonsbeek. In den **unterirdischen Ausstellungsräumen** werden die Themen »Wasser und Natur«, »Wasser in den Niederlanden« und »Wasser und die Welt« beleuchtet. Über 50 interaktive Präsentationen zeigen die Funktion von Schleusen und Pumpwerken, erklären das komplizierte Abwassersystem und sensibilisieren für den sorgsamen Umgang mit Trinkwasser. Das

Das Nederlands Openluchtmuseum macht Geschichte tatsächlich erfahrbar.

Experimentieren im Wasserlabor fasziniert besonders die Kinder, und an 20 Computern können umfassende Infos zum Thema Wasser abgerufen werden.

Zijpendaalseweg 26–28 | tägl. 10 – 17 Uhr | Eintritt: 11,50 € | www.watermuseum.nl

Wenn ein ganzes Dorf umzieht …

★ Nederlands Openlucht-museum

Rund 4 km nördlich der Stadt liegt in schöner Waldlandschaft das **Niederländische Freilichtmuseum**. Es wurde 1912 von einer Bürgerinitiative gegründet und 1918 feierlich eröffnet. Man wollte dadurch verhindern, dass Volksleben und Volkskunst einzelner niederländischer Regionen durch die zunehmende Industrialisierung verloren gehen. Seit 1941 ist das Museum in staatlicher Trägerschaft und wurde ständig ausgebaut. Lag sein Schwerpunkt anfangs bei den ländlichen Wohn- und Arbeitsbedingungen der Bauern, Handwerker, Schäfer und Fischer bis 1800, schließt es nunmehr auch das städtische, industrielle Umfeld ein. So können Sie neben zahlreichen charakteristischen Bauern- und Fischerhäusern, Windmühlen aller Arten und verschiedenen handwerklichen Betrieben auch ein Dampfsägewerk aus Groenlo oder eine Dampfmolkerei aus Veenwouden bewundern, ferner ein ganzes Häuserviertel aus der Zaan-Gegend. Alle Bauten wurden von ihren ursprünglichen Standorten hierher gebracht und sind nach Provinzen geordnet. Mit der restaurierten **Arnhemer Straßenbahn** lässt sich das gesamte Museumsgelände bequem erkunden.

Schelmseweg 89 | April – Okt. tgl. 10 – 17, Dez. – Mitte Jan. 11 – 19 Uhr | Eintritt: 18 €, an Wochenenden, Feiertagen und in der Ferienzeit 21 € | www.openluchtmuseum.nl

Eine Reise durch die Ökosysteme

★ Burgers' Zoo

Wüste, Ozean, Savanne, Regenwald, Mangrove – auf einer 45 ha großen Fläche leben die Tiere im Burgers' Zoo, 500 m westlich vom Freilichtmuseum, in einer möglichst naturnahen Umgebung. Diese **Ökodisplays** genannten Lebensräume können Besucher begehen oder von Aussichtspunkten betrachten, z.B. den Safaripark mit seinen Giraffen, Nashörnern, Zebras, Antilopen und Geparden.

In einer riesigen Halle wurde ein **tropischer Regenwald** mit exotischen Vögeln und tropischen Tieren wie Seekühen, Kaimanen und Erdferkeln angelegt. Durch einen 143 m langen Tunnel, in dem Fossilien, eine Tropfsteinhöhle und Felsmalereien zu sehen sind, gelangen Sie zur Halle **Burgers' Desert**. Diese naturgetreue Nachbildung der nordamerikanischen Wüste (Mojave- und Sonorawüste) besteht aus Sanddünen, Granit- und Sandsteinformationen, Canyons, ausgetrockneten Flussbetten und Oasen. Buschratten, Schlangen, Eulen, Vogelspinnen und Wüstendickhornschafe sind in der v. a. von Kakteen und Agaven bestimmten Wüstenvegetation zu sehen. Zu den Attraktionen im Burgers'-Komplex zählt auch **Burgers' Ocean**. Durch

einen Glastunnel können Sie in ein tropisches Meer in Form eines riesigen Beckens hineinlaufen und farbenprächtige Fische und Korallenriffe bewundern.
Antoon van Hooffplein 1 | April - Okt. tgl. 9 - 18, Nov. - März bis 17 Uhr | Eintritt: 26,50 € | www.burgerszoo.nl

Rund um Arnhem

Schlacht um Arnheim

Oosterbeek

Das Airborne Monument und das **Airborne Museum** im ehemaligen britischen Hauptquartier Villa Hartenstein erinnern an die Kämpfe zwischen deutschen und britischen Truppen bei Arnhem im September 1944. Wie es war, will die **Airborne Experience** wachrufen: Im Kellergeschoss führt ein dunkler Weg durch nachgestellte Kriegsszenarien – Schüsse und Bombeneinschläge in den Straßen von Arnheim, ein Flug über die besetzten Niederlande und junge Männer, die um ihr Leben kämpfen.
Utrechtseweg 232 | tgl. 10 - 17 Uhr | Eintritt: 15 € | www.airbornemuseum.com

Eine Burg, vier Museen

Doorwerth

Über eine Zugbrücke kommt man in die mittelalterliche **Wasserburg** Doorwerth, wenige Kilometer westlich von Arnhem gelegen. Im 13. Jh. errichtet, wurde sie im 15. und 16. Jh. weiter ausgebaut. Nachdem die Burg durch die schweren Kämpfe von 1944 fast völlig zerstört war, wurde sie zwischen 1945 und 1982 sorgsam restauriert. Vier Museen können besichtigt werden: Das **Schlossmuseum**, die **Nationale Forstsammlung**, ein **Jagdmuseum** und im Südwestflügel des Schlosses das **Museum Veluwezoom** u.a. mit Gemälden des 19. Jahrhunderts.
Fonteinallee 2 | Öffnungszeiten aller Museen: Di. - So. 10 - 17 Uhr | Eintritt: 13,50 € | www.museumveluwezoom.nl | www.nederlandsjachtmuseum.nl

Ein Festungsstädtchen wie aus dem Bilderbuch

Doesburg

Das einstige Hansestädtchen Doesburg liegt östlich von Arnhem am Zusammenfluss der Gelderse und der Oude IJssel. Monumentale Backsteinbauten säumen die Straßen, deren Verlauf noch auf das Mittelalter zurückgeht. Über allem thront der 94 m hohe Turm der **Martinikerk**, von dessen Spitze aus Sie einen schönen Blick über die Stadt und den Fluss IJssel haben. Die strategisch günstige Lage am Zusammenfluss der Gelderse und der Oude IJssel war auch der Grund, warum die Stadt im 17. Jh. befestigt wurde. Beliebtes Souvenir ist der Senf, der Doesburgsche Mosterd. Deshalb sollten Sie der **Doesburgsche Mosterd- en Azijnfabriek**, der Senf- und Essigfabrik, einen Besuch abstatten, wo nicht nur alte Senfmühlen, Senftöpfe und Werkzeuge zu bewundern sind, sondern Sie auch zusehen können, wie Doesburgs Spezialtät auf traditionelle Weise zubereitet wird.

Doesburgsche Mosterd- en Azijnfabriek: Meipoortstraat 43 | Di. – Sa. 11 – 16 Uhr | Eintritt: 3 € | www.doesburgschemosterd.nl

Kleine Stadt, große Kirche, ein stimmungsvolles Schloss

Doetinchem

Das 10 km südöstlich von Doesburg gelegene Doetinchem war im Mittelalter das einzige Hansestädtchen an der Oude IJssel. Nach der Zerstörung im Zweiten Weltkrieg ist es als **Industriezentrum des Achterhoek** wieder erstanden. Sehenswert sind die **Grote Kerk** oder St. Catharinakerk, eine gotische Hallenkirche aus dem 14. bis 16. Jh., die **Wallmühle** am IJsselkai und das 3 km entfernte **Wasserschloss Slangenburg**. In dem von Benediktinern geführten Schloss können Sie einen Kaffee trinken oder auch ein paar Nächte in einem wunderschönen historischen Ambiente verbringen.

Eines der größten Wasserschlösser des Landes

’s-Heerenberg

Das Städtchen ’s-Heerenberg liegt knapp 12,5 km südlich von Doetinchem an der deutschen Grenze. Um **Huis Bergh**, die Burg der Herren van den Bergh, entwickelte sich im Mittelalter eine Handelsniederlassung, die im Jahre 1379 Stadtrechte erhielt. Aus einem runden Donjon aus dem 12. Jh. entstand im 15. Jh. ein Wohnturm mit Übernachtungsmöglichkeit, der im 17. Jh. zum Stammsitz der Grafen van den Bergh erweitert wurde. Bei einem Besuch können Turm, Ausstellung und Garten besichtigt werden. Das Ortszentrum von ’s-Heerenberg wird geprägt vom spätgotischen **Stadhuis** mit seinem achteckigen Turm von 1580 und der **Oude Grafelijke Munt**, einer Münzwerkstatt aus dem 15. Jahrhundert.

Huis Bergh: Hof van Bergh 8 | Bis Frühling 2025 wird das Schloss renoviert und ist daher nicht zugänglich | www.huisbergh.nl

Mit dem Vieh unter einem Dach

Lievelde

Rund 35 km nordöstlich von ’s-Heerenberg erwartet in Lievelde den Besucher das **Achterhoeks Freilichtmuseum**, das anhand mehrerer Gebäude zeigt, wie die hiesige Landbevökerung früher lebte und arbeitete. Zum Anwesen gehören auch ein Pfannkuchenrestaurant, eine Holzsägerei, eine Ölmühle und eine Holzschuh-Werkstatt.

Museum: Eimersweg 4 | Di. – So. 10 – 17 Uhr | Eintritt: 7,50 € | www.achterhoeksopenluchtmuseum.nl

Viele Bücher, viel Kunst

Bredevoort

Ca. 9 km südlich von Lievelde und 5 km von der deutschen Grenze entfernt liegt das alte beschauliche **Festungsstädtchen** Bredevoort.

Backsteinbauten mit Treppengiebeln und roten Fensterläden wie an »De Waag« (rechts) ergeben das typische Stadtbild von Doesburg.

Bredevoort ist auch bekannt als »Bücherstadt«, denn in der »boekenstad« warten mehrere Antiquariate auf Bücherliebhaber und regelmäßig laden gemütliche **Büchermärkte** zum Stöbern ein. Auch Kunstfreunde kommen in mehreren **Kunstgalerien und Ateliers** auf ihre Kosten.

www.bredevoort.nu

ASSEN

Provinz: Drenthe | **Einwohnerzahl:** 69 414

Motorengeheul und quietschende Reifen – das ist, was die meisten Niederländer mit Assen verbinden. Doch die Stadt bietet mehr als das berühmte TT-Motorradrennen, das alljährlich stattfindende Rennen um den Großen Preis der Niederlande. Wie wär's beispielsweise mit einem Besuch der schaurigen Moorleichen?

In waldreicher, schöner Umgebung liegt Assen, die Hauptstadt der niederländischen Provinz Drenthe. Nachdem ihr König Louis Bonaparte 1809 das Stadtrecht verlieh, wuchs der Ort rasch zum Zentrum Drenthes heran. Auf dem **Circuit von Assen** liefern sich in der Zeit zwischen April und Oktober nicht nur Motorräder, sondern auch Tourenwagen und Trucks heiße Rennen.
www.ttcircuit.com

Stadt der Motorradrennen

Wohin in Assen?

Moorleichen und das älteste Boot der Welt

Drents Museum

Auf keinen Fall sollten Sie einen Besuch im Drents Museum versäumen, das seine Exponate in einem historischen Gebäudekomplex mit modernem Anbau ausstellt: Es umfasst das ehemalige **Provinciehuis** und das **Ontvangerhuis** (Haus des Steuereinnehmers, mit den historischen Zimmern der Verwaltungsbeamten aus dem 17./18. Jh.). Das Museum besitzt eine einzigartige Sammlung von Waffen, Keramik- und anderen Ausgrabungsfunden aus der Stein- und Bronzezeit. Im Anbau finden Wechselausstellungen statt. Schauriger Höhepunkt der Ausstellung sind einige gut erhaltene **Moorleichen**, darunter das berühmte Mädchen von Yde und das in vermeintlich zärtlicher Haltung aufgefundene »Ehepaar von Weerdinge«: Die beiden Männer (!) aus der späten Eisenzeit oder frühen Römerzeit sind wahrscheinlich gewaltsam zu Tode gekommen. Prunkstück: das älteste bekannte Boot der Welt, der **»Einbaum von Pesse«** von ca. 6500 v. Chr.
Brink 1–5 | Di. – So. 10 – 17 Uhr | Eintritt: 15 € | www.drentsmuseum.nl

Spaziergang um die Welt

Arboretum

Seit 1997 gibt es das Arboretum Assen. Auf einer 20 a großen Fläche befinden sich **drei Zonen** mit Bäumen aus Europa, Asien und Amerika, die wiederum in 17 Regionen unterteilt sind. Ein 6 km langer **Spazierweg** führt durch alle diese Gebiete, durch eine Landschaft mit Teichen, Hügeln und Pagoden und an etwa 800 Baumarten entlang.
Ten Oeverstraat | www.arboretum-assen.nl

Rund um Assen

Zurück in die Steinzeit

Hünengräber

Insgesamt 52 Hünengräber liegen in Drenthe, einige davon in der Umgebung von Assen, wie das Hunebed D16 beim Ort Balloo. Im 20 km von Assen entfernten Ort **Borger** erlaubt das Hunebedcentrum einen Blick in die Lebensweise der Niederländer vor 5000 Jahren.
Hunebedcentrum: Bronnegerstraat 12 | Di. – Fr. 10 – 17, Sa. u. So. 11 – 17 Uhr | Eintritt: 13,50 € | www.hunebedcentrum.eu

Ab in den Knast!

Veenhuizen

Im **Gefängnismuseum** in Veenhuizen, ca. 20 km nordwestlich von Assen, erfährt man am eigenen Leib, wie es sich anfühlt, hinter Gittern eingesperrt zu sein. Bis 2008 diente das Gebäude als zentrales Gefängnis der Region. Alles, was man hier zu sehen bekommt, ist authentisch, auch die Gegenstände, die von Gefangenen verbotenerweise gebastelt und konfisziert wurden. Man lernt Gefängniszellen hautnah kennen und man kann den Speisesaal, einen Gefängnistransporter und den kleinen Innenhof besichtigen, wo die Insassen täglich eine halbe Stunde Freigang hatten. Übrigens gibt es in Veenhuizen noch immer Gefängnisse, die in Gebrauch sind.

Nationaal Gevangenismuseum: Oude Gracht 1 | Di. – So. 10 – 17 Uhr | Eintritt: 12 € | www.gevangenismuseum.nl

Letzte Station vor Auschwitz

Kamp Westerbork

Südlich von Assen liegt bei Hooghalen Kamp Westerbork, ein ehemaliges Lager für deutsche und österreichische Juden. Seit 1942 diente es der deutschen Besatzungsmacht als Durchgangslager für Deportationen von Juden Richtung Osten. Heute ist das Gelände eine **Gedenkstätte**. Gezeigt werden auch Ausstellungen zur Geschichte des Durchgangslagers.

Oosthalen 8 | Mo. – Fr. 10 – 17, Sa. u. So. 11 – 17 Uhr | Eintritt: 13 € | www.kampwesterbork.nl

ASSEN ERLEBEN

VVV ASSEN
Marktstraat 8–10
NL-9401 JH Assen
Tel. 05 92 / 24 37 88
www.ditisassen.nl
Mo. 12 – 18, Di. – Fr. 9.30 – 18, Sa. 9.30 – 17 Uhr

APRICOT €€€
Keine Speisekarte, dafür mehrere Gänge, auch vegetarisch und vegan.
Torenlaan 4a
NL-9401 HP Assen
Tel. 05 92/26 98 91
www.restaurant-apricot.nl

VAN DER VALK HOTEL ASSEN €€
Das Van der Valk Hotel liegt verkehrsgünstig an der A28 und bietet geschmackvoll und modern eingerichtete Zimmer (285 B.) mit deckenhohen Fenstern und einen Tennisplatz.
Im Restaurant gibt es eine große Auswahl an niederländischen und saisonalen Gerichten. Bei gutem Wetter können Sie sich auf einer der Sonnenterrassen entspannen.
Balkenweg 1
NL-9405 CC Assen
Tel. 05 92 / 85 15 15
www.hotelassen.nl

BERGEN OP ZOOM

Provinz: Noord-Brabant | **Einwohnerzahl:** 68 970

Die im Westen der Provinz Noord-Brabant gelegene ehemalige Festungsstadt Bergen op Zoom ist nach dem Bau des Schelde-Rhein-Kanals durch einen Schleusenkomplex mit der seeländischen Meeresbucht Oosterschelde verbunden. So sind das belgische Antwerpen und Rotterdam auf dem Wasserweg schnell zu erreichen.

Obwohl die Stadt im Lauf der Jahrhunderte des Öfteren belagert wurde, entwickelte sich Bergen op Zoom seit dem Mittelalter zu einem bedeutenden Handelsplatz, der Kaufleute aus ganz Europa anzog. Heute werden in Bergen op Zoom nicht nur Austern- und Hummerzucht sowie Sardellenfang betrieben, sondern auch Spargel- und Erdbeeranbau. Beliebt ist die Stadt am östlichen Ausläufer der Oosterschelde bei Wassersportlern, insbesondere bei Surfern und Seglern, die im näheren Umfeld ideale Bedingungen vorfinden. Ausgedehnte Waldgebiete bei Bergen op Zoom laden zum Wandern ein.

Wassersportparadies an der Oosterschelde

Wohin in Bergen op Zoom und Umgebung?

Rathaus in zwei Häusern

Stadhuis

Am Grote Markt ist das **Rathaus** aus dem 15. Jh. mit einer Fassade von 1611 sehenswert. Es besteht aus zwei Häusern, dem Huis Leeuwenborch und dem Huis Olifant. Die Eingangshalle ist mit den Wappen wohlhabender ehemaliger Bürgerfamilien geschmückt.

Das älteste Stadtpalais der Niederlande

Markiezenhof

In der Steenbergsestraat befindet sich der 1475 als markgräflicher Palast erbaute Markiezenhof mit einer auffälligen Fassade und einem malerischen Innenhof. Zu Recht gilt er als das schönste Baudenkmal der Stadt. In den Räumlichkeiten sind zwei Museen untergebracht: das **Stadt- und Regionalmuseum** und das **Kirmesmuseum**.

Museen: Steenbergsestraat 8 | Di. – So. 11 – 17 Uhr | Eintritt: 12,50 € | www.markiezenhof.nl

Der Blick vom Pfefferstreuer

Grote Kerk

Die gotische Grote Kerk (Sint Gertrudiskerk) aus dem 13. Jh. enthält zahlreiche Grabmale aus dem 16. bis 18. Jahrhundert. Vom **Turm**, der aufgrund seiner Form den Spitznamen Peperbus (Pfefferstreuer) hat, haben Sie bei klarem Wetter eine schöne Aussicht bis Antwerpen.

Turmbesteigung: Mai – Okt. tgl. 13 – 16 Uhr | Eintritt: 2 €

BERGEN OP ZOOM ERLEBEN

VVV BRABANTSE WAL

Steenbergsestraat 6
(im Markiezenhof)
NL-4611 TL Bergen op Zoom
Tel. 01 64 / 27 74 82
www.vvvbrabantsewal.nl
Mo. 13 – 17, Di. – Sa. 10 – 17,
So. 11 – 17 Uhr

GRAND HOTEL DE DRAAK €

Das mit über 600 Jahren angeblich älteste Hotel der Niederlande (130 B.) verfügt über großzügige Zimmer und ein ausgezeichnetes Restaurant.
Grote Markt 36
NL-4611 NT Bergen op Zoom
Tel. 01 64 / 25 20 50
www.hoteldedraak.nl

BAEDEKER MAGISCHE MOMENTE

FARBENFROHE BLUMENTEPPICHE

Lange Reihen roter, gelber, rosa- und orangefarbener Tulpen reihen sich aneinander, als wollten sie einen farbenfrohen Flickenteppich bilden. Ein paar Äcker weiter versprühen die letzten Hyazinthen einen unwiderstehlichen Duft. Blumen im Überfluss findet man auch außerhalb des Keukenhofes am Rande der Orte Lisse, Hillegom und Noordwijkerhout. Tauchen Sie ein ins Blütenmeer an der Bollenstreek. (▶ Karte S. 115)

Mittelalterliches Stadttor

Gevangenpoort

Am Westende der Lieve Vrouwenstraat erhebt sich der Gevangenpoort aus dem 15. Jh., ein Überrest der ehemaligen Stadtbefestigung. Die **früheren Gefängniszellen**, noch bis 1925 in Gebrauch, können besichtigt werden.

Juni – Okt. Di – So. 13 – 16.30 Uhr | Eintritt 3 € | https://gevangenpoortboz.nl/

Halbinsel mit Stern

Tholen

Nordwestlich von Bergen op Zoom erstreckt sich die **Halbinsel** Tholen mit der gleichnamigen Stadt, die sternförmig von einem Wassergraben umgeben ist. Tholen verdankt seinen Namen einem einstigen Tolhuis (Zollhaus). Nach einem großen Brand 1452, bei dem Reste des Turmes stehen blieben, wurde der Bau der Grote Kerk bzw. Onze Lieve Vrouwekerk im Ort in Angriff genommen. Das **Stadhuis** mit seiner Fassade aus Naturstein und dem sechseckigen Türmchen ist ebenfalls nach dem großen Stadtbrand entstanden. Für eine Pause und einen Kaffee in der Sonne eignen sich die Restaurants am schönen **Marktplatz** oder am Kaaij neben dem Jachthafen. Tipp: Vom Marktplatz führt die idyllische Venkelstraat zur hervorragend renovierten **Mühle De Verwachting** mit einem kleinen Souvenirladen.

★★ BOLLENSTREEK

Provinz: Noord- und Zuid-Holland | **https://bollenstreek.nl**

Bollenstreek – welch ein holperiger Name für diesen Sehnsuchtsort aller Blumenfreunde! Wenn im April die Tulpen ihre roten und gelben Köpfe aus dem grünen Blatt schälen und das Land mit bunten Teppichen bedecken, dann muss man hier sein: in dem Gebiet, in dem die »bollen« (Blumenzwiebeln) angebaut werden. Dann wird der 13 km langen Landstrich zwischen Haarlem und Sassenheim von Menschen aus aller Welt aufgesucht.

In der zweiten Hälfte des 16. Jh.s nahm der österreichische Botschafter in der Türkei, Ogier Ghislain de Busbecq, Tulpenzwiebeln mit nach Hause und schenkte einige davon dem Botaniker Charles de l'Ecluse. De l'Ecluse, bekannt unter dem Namen **Carolus Clusius**, brachte die Zwiebeln 1593 mit nach Leiden und züchtete Tulpen auf dem Geestboden hinter den Dünen. Seine Zucht war dermaßen erfolgreich, dass zu Beginn des 17. Jh.s ein **Tulpenfieber** ausbrach. Heute werden immer

Blumen, nichts als Blumen

WERTVOLLER ALS EIN GRACHTENHAUS: TULPEN

Im beginnenden 17. Jh. kam es in den Niederlanden zu einer regelrechten Tulpomanie – bis schließlich eine Tulpenzwiebel mehr als ein Haus an den Grachten von Amsterdam kostete.

Neben Windmühle und Holzschuh ist die Tulpe Symbol des Landes, mit ihr begannen einst auch die holländischen Blumengeschäfte. Dabei ist die Tulpe – über die der junge Goethe verächtlich schrieb »Man muss schon Holländer sein, um mit einer Tulpe sympathisieren zu können«, während der ältere Goethe bei einem Spaziergang mit Eckermann die »Pracht und Kostbarkeit der holländischen Gewächse solcher Art« sehr zu schätzen wusste – gar keine niederländische Erfindung. Die Zwiebelblume mit dem aufrecht stehenden Kelch stammt aus den **zentralasiatischen Hochebenen**, wo sie einst als Wildpflanze gedieh. Zuerst wurde sie von den Persern kultiviert, dann von den Türken, über die sie nach Europa gelangte. Im Jahr 1593 setzte Carolus Clusius, der Kurator des botanischen Gartens der medizinischen Universität von Leiden, die ersten Tulpenzwiebeln in holländische Erde. Zu diesem Zeitpunkt dachte man noch nicht an ihre kommerzielle Nutzung; man wollte sie lediglich zu wissenschaftlichen Zwecken züchten, sie in den Dienst der Medizin stellen. Doch schon bald galt sie als Modeblume, als ein **Symbol für Macht, Status und Luxus**.

Die Tulpenzwiebel als Kunstwerk im Park von Keukenhof

Tulpomanie

Zu Beginn des 17. Jh.s entwickelte sich sogar eine »Tulpomanie« – der Handel mit den Tulpenzwiebeln entartete zum Spekulationsgeschäft, an dem sich Adlige, Kaufleute, Handwerker, Bauern, Schiffer sowie Knechte und Mägde, kurz, alle Bevölkerungskreise des Landes beteiligten. Viele Niederländer verkauften ihren gesamten Besitz, um die ins Unermessliche gestiegenen Preise für die »bollen«, wie sie auf Niederländisch heißen, bezahlen zu können. Bis zu 13 000 Gulden sollen für eine einzige Tulpenzwiebel gezahlt worden sein – ein Haus an den Grachten von Amsterdam kostete damals um die 10 000 Gulden! Der Boom währte jedoch nicht ewig: An einem **schwarzen Freitag anno 1637** brach die Zwiebelbörse zusammen. Von einem Tag auf den anderen purzelten die Preise für die »bollen« in den Keller, und so manch einer, der sich an den Spekulationen bereichert hatte, fand sich plötzlich im Armenhaus wieder.

noch über 14 000 ha Land für die Blumenzwiebelzucht genutzt. Einen schönen Ausblick über die bunten Felder haben Sie nicht nur vom Auto aus, sondern auch aus der Bahn, die zwischen Leiden und Haarlem durch die Blumenfelder fährt.

★★ Keukenhof

Der vermeintlich meistfotografierte Ort der Welt

Der Keukenhof, im Kerngebiet der holländischen Blumenzucht zwischen Haarlem und Leiden, 35 km südwestlich von ▸ Amsterdam gele- Blumenparadies gen, stellt seit 1949 ein Ausflugsziel besonderer Art dar: Auf einem Gelände von 32 ha blühen zwischen Ende März und Mitte Mai über 7 Mio. **Tulpen, Narzissen, Hyazinthen** und andere Zwiebelpflanzen. Den stimmungsvollen Hintergrund für die farbige Blumenschau bilden jahrhundertealte Bäume und viele blühende Sträucher. Auf einem insgesamt 15 km langen Wegenetz können Sie den Park erkunden und sich dabei an den **Tulpenfeldern**, an den sieben **Themengärten** und am **Natur- und Wintergarten** erfreuen. Den besten Überblick auf das Gelände haben Sie vom Umgang einer **alten Windmühle** aus dem Jahr 1892. In mehreren Pavillons werden wechselnde Blumenausstellungen gezeigt. Lohnend ist zudem ein Besuch im **Orchideenhaus**. Der Name Keukenhof (Küchenhof) geht auf das 15. Jh. zurück, in dem das Gelände zum Landgut der Gräfin van Holland, Jacoba van Beieren, gehörte. Sie veranlasste die Anlage eines Gartens, in der Kräuter für die Küche gezüchtet wurden.

Stationsweg 166a | Ende März – Mitte Mai tgl. 8 – 19.30 Uhr | Eintritt: 21,50 € | www.keukenhof.nl

BOLSWARD

Provinz: Fryslân | **Einwohnerzahl:** 10 120

Im historischen, von einer Gracht umzogenen Kern von Bolsward gibt es idyllische Gassen, schmale Brücken und ein äußerst charmantes Renaissance-Rathaus. Obwohl Touristen gerne hierher kommen, ist es in der alten Hansestadt ausgesprochen ruhig.

Eine von elf

Das im nordwestlichen Teil Frieslands gelegene Bolsward mit seinem denkmalgeschützten Stadtkern – einst eine wohlhabende Hafen- und Hansestadt an der inzwischen trockengelegten Middelzee – ist eine der insgesamt elf friesischen Städte. 2011 haben sich Bolsward, ▶ Sneek, Nijefurd, Wonseradeel und Wymbritseradeel zur Gemeinde **Súdwest-Fryslân** zusammengeschlossen, in der nun 82 600 Menschen leben. Sie liegt genau auf der Hälfte der berühmten **Elfstedentocht**, die zum letzten Mal vor 20 Jahren stattfand (▶ S. 118, 269).

Wohin in Bolsward?

Eines der schönsten Rathäuser Frieslands

Stadhuis

Das zwischen 1614 und 1617 in rotem Backstein von einheimischen Handwerkern gebaute **Rathaus** ist der hervorstechendste Renaissancebau in Friesland. Im 18. Jh. wurde die ältere Fassade mit schönem

BOLSWARD UND UMGEBUNG ERLEBEN

VVV BOLSWARD
Jongemastraat 2
NL-8701 HZ Bolsward
Tel. 05 15 / 53 43 33
www.bolsward.nl
Di. - Fr. 11 - 17, Uhr,
Sa. 10 - 13 Uhr

DE WIJNBERG €€€
Einfaches, aber gutes Hotel-Restaurant, niederländisch-friesische Küche
Bolsward Marktplein 5
Tel. 05 15 / 57 22 20
https://wijnbergbolsward.nl

HET WEESHUIS €
Kleines Hotel mit 14 Zimmern und einem Restaurant ist in einem historischen Gebäude untergebracht, das früher als Waisenhaus diente.
Kerkstraat 53
NL-8701 HR Bolsward
Tel. 05 15 / 85 56 66
http://hotelhetweeshuis.nl

Barockgiebel und einer Rokokofreitreppe versehen, während der Turm ein Glockenspiel erhielt.

Klangvolle Kirche

Beachtenswert ist auch die gotische Grote Kerk oder Martinikerk aus dem 15. Jh., eine der größten Kirchen Frieslands, mit einem hohen Satteldachturm. Als Bolsward noch Zugang zum Meer hatte, diente dieser als Leuchtturm. Zu erwähnen sind vor allem die prächtigen Grabsteine aus der kleinen **Broerekerk** (1281) und die Orgel des Groninger Orgelbauers A. A. Hinsz aus dem späten 18. Jahrhundert. Wegen der hervorragenden Akustik der Kirche finden hier häufig **Orgelkonzerte** statt.

Grote Kerk (Martinikerk)

Rund um Bolsward

Freikirche mit friesischen Wurzeln

Rund 10 km nordwestlich von Bolsward liegt Witmarsum, Geburtsort von Menno Simonsz (1496 - 1561), der die nach ihm benannte Religionsgemeinschaft der **Mennoniten** begründete. Die kleine Dorfkirche entstand 1633 zum Gedenken an ihn.

Witmarsum

Am Sandstrand des IJsselmeers

Wenige Kilometer westlich von Bolsward liegt das Städtchen Makkum am IJsselmeer, das durch seine **Fayencen** – Makkumer Aardewerk (Makkumer Tonwaren) – bekannt wurde. Die älteste Steingutfabrik der Niederlande, »Koninklijke Tichelaar Makkum«, steht hier. Sehens-

Makkum

wert ist auch die **Waage** aus dem späten 17. Jh., heute ein Dokumentationszentrum, mit der Wohnung des Waagmeisters, die vollständig mit Fliesen ausgestattet ist. Beliebt ist Makkum auch bei Wassersportlern, die auf dem IJsselmeer gute Bedingungen zum Surfen vorfinden. Weiterer Pluspunkt: Makkum gehört zu den wenigen Orten am IJsselmeer, die über einen Sandstrand verfügen.

Schmuckstück der elf friesischen Städte

Workum

Südlich von Bolsward trifft man auf das kleine Städtchen Workum, das im 15. Jh. eine wichtige Handels- und Hafenstadt war. Im frühen Mittelalter lag der Ort an der Zuiderzee, wurde im 14. Jh. jedoch landeinwärts verlegt. Bedeutung erlangten auch die Workumer braunen und grünen Töpferwaren sowie die bemalten Fayencen. Hübsche Staffelgiebelhäuser flankieren die Wasserläufe des Städtchens. Sehenswert sind die neogotische **St. Werenfriduskerk** (1877), das stilgerecht umgestaltete **gotische Rathaus** (18. Jh.) und die **Waage** (17. Jh.). Die Grote oder **St. Gertrudiskerk** (Baubeginn 1550) mit frei stehendem Turm ist die größte mittelalterliche Kreuzbasilika Frieslands. Eine besondere Attraktion sind die reich bemalten Totenbahren der Gilden in den Seitenschiffen.

Segeln und Schlittschuhfahren

Hindeloopen

Das schöne Städtchen Hindeloopen am IJsselmeer, wenige Kilometer südwestlich von Workum und heute ein **beliebtes Wassersportzentrum**, entwickelte sich im 14. Jahrhundert aus einer kleinen Siedlung zu einem wichtigen Handels- und Fischereizentrum und erlebte im 17. und 18. Jahrhundert eine große Blüte. Die internationalen Handelsbeziehungen reichten bis zu den niederländischen Kolonien und Spitzbergen. Kennzeichnend für das Stadtbild sind die **Commandeurshuizen** (Häuser der Schiffskapitäne) und die **Holzbrücken**. In den **Likhuzen** wohnten die Seemannsfrauen im Sommer, wenn die Männer auf See waren.

Das **Museum Hindeloopen** im Dijkweg zeigt traditionelle Möbel, Trachten und Gebrauchsgegenstände von Hindeloopen. Lohnenswert ist auch ein Besuch des **Friese Schaatsmuseum** mit der weltgrößten Sammlung von Schlittschuhen und Exponaten zur **Elfstedentocht**, dem weltbekannten Eislauf-Marathon zwischen elf friesischen Städten. Bei diesem Eisschnelllaufwettbewerb müssen an einem Tag 200 km bewältigt werden – zwischen den Städten ▶ Sneek, IJlst, Sloten, Staveren, Hindeloopen, Workum, Bolsward, ▶ Harlingen, ▶ Franeker, Dokkum und ▶ Leeuwarden (Start und Ziel). Die erste offizielle Elfstedentocht fand 1909 statt. Die letzte ist über 20 Jahre her.

Museum Hindeloopen: Dijkweg 1 | April – Okt. Mo. – Sa. 11 – 17, So. 13.30 – 17 Uhr | Eintritt: 6 € | www.museumhindeloopen.nl
Friese Schaatsmuseum: Kleine Weide 1–3 | Mo. – Sa. 10 – 18, So. 13 – 17 Uhr | Eintritt: 6 € | www.schaatsmuseum.nl

★ BREDA

Provinz: Noord-Brabant | **Einwohnerzahl:** 186 400

Breda klinkt wie Musik in den Ohren aller Jazzfreunde, denn das hiesige Jazzfestival ist das älteste und größte des Landes. Und gratis ist es auch größtenteils noch. Ebenso wie das Konzert des Glockenspielers, das sich an Markttagen vom Kirchturm hinunter in fröhlichen Klängen über das bunte Treiben legt. Bei so viel Lebensfreude könnte man glatt vergessen, dass Breda als Nassaustadt auf eine altehrwürdige, königliche Geschichte zurückblicken kann, von der Prinzengrab, Stadtschloss und höfische Häuser noch immer stumme Zeugen sind.

Breda hat eine belebte Innenstadt mit hübscher Fußgängerzone, vielen Restaurants und Cafés sowie interessanten Sehenswürdigkeiten, weshalb die Stadt 2019 den Titel »Beste Innenstadt der Niederlande« erhielt.

Ausgezeichnet

Die Stadt entwickelte sich im 12. Jh. im Schutz einer Burg, erhielt Mitte des 13. Jh.s Stadtrecht und spielte seit dem ausgehenden Mit-

Verführungen sollte man nachgeben – vor allem bei solch verlockendem Angebot einer Confiserie wie dieser in Breda.

BREDA ERLEBEN

❶ DE JONGENS VAN ZAND & KLEI €€

Wer erleben möchte, was man Kreatives mit Kartoffeln anstellen kann und in »sexy« Gerichte verwandelt werden, ist hier im Zentrum von Breda richtig. Also fühlen sich natürlich auch Vegetarier wohl.
Veemarktstraat 76
Tel. 0 76 / 886 23 72
www.zandenklei.nl
So. u. Mo. geschl.

❷ BOSWACHTER LIESBOSCH €€€

Zwischen Breda und Etten-Leur liegt dieses stilvolle Restaurant mit französischer Küche in einem hübschen 300 Jahre alten Jagdhaus aus der Zeit des Prinzen Frederik Hendrik von Oranje.
Nieuwe Dreef 4
Tel. 0 76 / 5 21 27 36
www.boswachter-liesbosch.nl
Mo. geschl.

❶ Zand & Klei
❷ Boswachter Liesbosch

❶ Stadshotel de Klok
❷ Hotel Nassau Breda

1 STADSHOTEL DE KLOK €€
Mitten im Zentrum liegt das Hotel mit modernen Zimmern, von denen die meisten einen Blick auf den Grote Markt bieten. Ideal für Familien sind die Vierpersonenzimmer.
Grote Markt 26–28
4811 XR Breda
0 76 / 5 14 34 63
www.hotel-de-klok.nl

2 HOTEL NASSAU BREDA €€€
Wo früher Nonnen klösterlich einfach lebten, schlafen Sie heute himmlisch in wunderbar komfortablen Betten. Zum Hotel gehören auch ein gutes Restaurant mit Terrasse im Sommer sowie eine gemütliche Bar zum Sündigen.
Nieuwstraat 23
4811 WV Breda
www.marriott.com

telalter eine wichtige Rolle in der niederländischen Geschichte. Breda wurde 1534 vom Grafen Hendrik van Nassau befestigt und erlebte zahlreiche Belagerungen. Der Kompromiss von Breda im Jahr 1566 bedeutete den Beginn der Erhebung der Niederlande gegen die Spanier – der niederländische Adel unter Führung von Wilhelm von Oranien und der Grafen von Egmond und von Hoorn hatten von der spanischen Statthalterin Margarete von Parma gefordert, die Inquisition zu beenden und die spanischen Truppen abzuziehen, Egmond und Hoorn wurden in der Folge hingerichtet.
Berühmt ist die Überrumpelung der Spanier durch den Prinzen Moritz von Nassau, der im März 1590 heimlich 70 Männer in dem Torfschiff des Adriaan van Bergen in die Stadt bringen ließ. Der **Friede zu Breda** beendete 1667 den zweiten Seekrieg mit England und sicherte den Niederlanden den Besitz Ostindiens. Die Festungswerke spielten noch in den französischen Kriegen von 1793 bis 1795 und 1813 eine Rolle. Als die schiffbare Mark im 18. Jh. allmählich versandete, verlor Breda für kurze Zeit seine Bedeutung, die es als Handelsplatz erlangt hatte. Nach dem Anschluss an das niederländische Bahnnetz begann der Aufstieg der Stadt zu einem wichtigen Industriestandort.

Wohin in Breda?

Das Herz der Stadt

Grote Markt

In der Mitte der ringförmig von Kanälen (Singeln) umgebenen Stadt liegt der Grote Markt, der nach dem großen Stadtbrand von 1534 seine heutige Form erhielt. An der Nordseite des Platzes steht die Grote Kerk, an der Westseite das Stadhuis (Rathaus) aus dem 18. Jahrhundert. Der Marktplatz wird von mehreren Cafés und Restaurants mit sonnigen Terrassen umringt. Im Winter lockt eine Eislauffläche.

Garten mit schöner Ansicht

Stadhuis

Der älteste Teil des **Rathauses** ist die große Halle mit dem anschließenden Cleijne Raedthuis (Kleines Rathaus). 1767 vereinigte der Baumeister der Prinzenfamilie, P. W. Schonck, drei nebeneinander gelegene Häuser durch eine einheitliche Fassade. Bei Bauarbeiten 1925 entstand der Ratssaal mit Glasgemälden von Joep Nicolas. In der Rathaushalle befindet sich eine Kopie des berühmten Gemäldes von Velázquez **»Die Übergabe von Breda«** (das Original hängt im Madrider Prado-Museum). Zum **Garten** mit dem heute als Versammlungssaal verwendeten Kutschensaal führt ein kleines Tor. Von hier haben Sie einen schönen Blick auf die Rückfront der Verwaltungsgebäude.

Das Gotteshaus der Oranier

★ Grote Kerk

Die im 15. und 16. Jh. erbaute Grote Kerk (Onze Lieve Vrouwe Kerk) ist das bedeutendste Baudenkmal der Stadt, errichtet im Auftrag des Adelsgeschlechtes Oranien-Nassau. Weithin sichtbar ist der 97 m hohe Turm, der 1509 nach 40-jähriger Bauzeit vollendet war und seine Bekrönung nach einem Brand im Jahr 1694 erhielt. Die überwiegend im spätgotischen Stil gehaltene Kirche zeigt im Chor bereits Einflüsse der Renaissance. In der durch ein reich geschnitztes Gitter abgeschlossenen **Prinzenkapelle** mit einem wunderschönen, goldblauen Gewölbedach links vom Chor befindet sich das stattliche Renaissancegrabmal des Grafen Engelbrecht II. von Nassau, dem 1504 verstorbenen Generalstatthalter der Niederlande unter Kaiser Maximilian I., und seiner Gemahlin Cimburga von Baden († 1501). Beachtenswert sind auch das spätgotische Chorgestühl, die Kanzel (um 1600) und ein Wandgemälde mit einer Darstellung der Verkündigung (um 1450).

Mo. - Sa. 10 - 17, So. 13 - 17 Uhr | Eintritt: 4 € | https://grotekerkbreda.nl

Der älteste Platz in Breda

Havermarkt

Auf der Suche nach einer Bierstube, einem Straßencafé oder einer anderen Einkehrmöglichkeit werden Sie auf dem Havermarkt garantiert fündig – die **Bierbrauereien** im alten Hafenviertel liegen nahebei. Zu den ältesten Häusern am Platz gehört das schöne Eckgebäude mit dem Treppengiebel schräg gegenüber der Grote Kerk.

Hafenfeeling

Ehemaliger Hafen

Durch die Vismarktstraat kommen Sie zur **alten Fischhalle** von 1725 und in den ehemaligen Hafen. Vieles erinnert an die Zeit, als an dieser Stelle noch Schiffe mit ihrer Ladung anlegten. Im Hafenviertel haben sich einige schöne Patrizierhäuser aus dem 18. Jh. erhalten. Am Hafen befinden sich heute viele **Restaurants** mit Terrassen am Wasser.

Wie die Spanier überrumpelt wurden

Spanjaards-gat

An der Cingelstraat, die wieder stadteinwärts führt, sieht man das wuchtige Wassertor Spanjaardsgat, das von zwei älteren Türmen – links der **Granaattoren**, rechts der **Duiventoren** – gefasst wird. Hier soll sich der Legende nach Adriaen van Bergen mit 70 Soldaten im Auftrag des Prinzen Moritz von Nassau im Jahr 1590 mittels eines Torfschiffs in die Stadt geschlichen und diese eingenommen haben.

Auf den Erzieher Karl V. zurückzuführen

Kasteel

In der Cingelstraat liegt der früher einzige Zugang zum Kasteel – eine Brücke, die auf das Stadhouderspoort zuführt. Das Kasteel geht auf die Initiative des Grafen Heinrich III. von Oranien-Nassau, den Erzieher und Berater Karls V., zurück. Er ließ eine alte Burg aus dem 13. Jh. nach Plänen des Architekten Tommaso Vincidor aus Bologna 1530 in ein **Renaissanceschloss** umbauen. Einen guten Blick auf die gesamte Anlage haben Sie vom Valkenbergpark (▶ unten) aus. Seit 1826 wird das Schloss von der **Königlichen Militärakademie** zur Ausbildung von Offizieren genutzt. Graf Heinrich veranlasste auch den Bau der Türme des Spanjaardsgat und des Blockhuis rechts vom Stadhouderspoort, der Amtswohnung des Gouverneurs der Königlichen Militärakademie, in der Prinz Wilhelm I. vorübergehend wohnte.
Der **Kasteelplein** genannte Platz vor dem Schloss entstand zu Beginn des 16. Jahrhunderts. Das Reiterstandbild Wilhelms III. von Oranien wurde 1922 hier aufgestellt.

Idyllische Wohngemeinschaft für Frauen

★ Begijnhof

In der Catharinastraat liegt der Beginenhof, heute eine kleine Oase der Ruhe in der Stadt. Die beiden Kirchen und die 29 blumengeschmückten Häuser haben alle Kriegswirren unbeschadet überstanden. Blickfang der Anlage ist vor allem der in der Mitte des Gebäudekomplexes angelegte und liebevoll gepflegte **Garten mit rund 300 verschiedenen Kräutern**. Seit 1267 gab es in Breda Beginen, eine im 12. Jahrhundert entstandene kirchliche Laienbewegung von Frauen, die sich zu klosterähnlichen Gemeinschaften zusammenschlossen. Vom 16. bis zum 20. Jahrhundert lebten sie hier in diesem Hof in der Nähe des Schlosses. Inzwischen gibt es keine Beginen mehr, und es wohnen alleinstehende Frauen in den hübschen Häusern. Der Begijnhof kann besichtigt werden, doch man bittet um Ruhe und Respekt vor den Bewohnerinnen. Zum Begijnhof gehören auch eine katholische **Kirche** sowie das **Begijnhofmuseum**, das u.a. eine Küche und ein Wohnzimmer der damaligen Beginen zeigt.

Besichtigung tgl. 9 – 18 Uhr
Museum: Do., Sa. und So. 12 – 16 Uhr | Eintritt: 2 € | www.begijnhofbreda.nl

Eine interessante Kombination

Stedelijk Museum Breda

Das Museum verbindet **Stadtgeschichte mit grafischem Design und bildender Kunst**, letzterer Bereich stammt aus dem früheren Museum MOTI. Untergebracht ist das Museum in einem der ältesten Gebäude der Stadt, im mittelalterlichen Oude Mannenhuis.

Di. – Fr. 11 – 17, Sa. u. So. 10 – 17 Uhr | Eintritt: 13,50 € | www.stedelijkmuseumbreda.nl

500 Jahre Vereinigung

Valkenbergpark

Hinter dem Beginenhof erstreckt sich der Valkenbergpark, ursprünglich ein zum Schloss gehörendes Waldgebiet mit einem Falkenhaus – daher der Name. Beim Nordausgang des Parks steht seit 1905 das Nassau-Baronie-Denkmal, das an die 500-jährige Vereinigung der Herrschaft Breda mit dem Hause Nassau erinnert. Das von P. J. H. Cuypers, dem Architekten des Amsterdamer Rijksmuseums, geschaffene Denkmal zeigt den festlichen Empfang, den die Einwohner Bredas dem Grafen von Nassau und seiner Frau, der Tochter eines der vornehmsten Herren Bredas, bereiteten.

Zwei bemerkenswerte Beispiele ...

Chassé-Theater, Bibliothek Nieuwe Veste

... für die moderne niederländische Architektur können Sie in Breda bestaunen, beide von **Hermann Hertzberger** entworfen. Der Neubau des Chassé-Theaters am Kloosterplein setzt mit seiner gewellten Dachform, die an einen liegenden weiblichen Akt erinnert, einen deutlichen Akzent im Stadtbild. Dass man auch in eine eng bebaute, alte Straße, in diesem Fall die Molenstraat, ein großzügiges modernes Gebäude einpassen kann, zeigt Hertzberger mit der Bibliothek Nieuwe Veste.

Rund um Breda

Beliebtes Ausflugsziel

Ginneken

Ca. 3 km südlich von Breda liegt Ginneken, ein großes, heute zu Breda eingemeindetes Dorf mit dem schönen, wasserumgebenen **Schloss Bouvigne** aus dem 17. Jahrhundert. Es gehörte zu den Verteidigungswerken von Breda. 1614 kaufte der älteste Sohn Wilhelms I. das Gebäude. Prinz Friedrich Heinrich von Oranien diente es bei der Belagerung von Breda 1637 als Hauptquartier. Südwestlich erstreckt sich der hübsche **Waldpark Mastbos**. Ginneken lockt zudem mit vielen **Kneipen und gemütlichen Straßencafés**.

Die Grenze im Wohnzimmer

Baarle-Nassau, Baarle-Hertog

Über Chaam erreichen Sie das etwa 15 km südöstlich von Breda gelegene Baarle-Nassau und dann die **belgische Exklave** auf niederländischem Boden, Baarle-Hertog (Baerle-Duc), die seit dem 15. Jh.

Einen Abstecher südlich von Breda lohnt Ginneken mit seinem Schloss Bouvigne.

von Baarle-Nassau getrennt ist. In den Niederlanden gibt es 22 belgische Exklaven, während es in Belgien acht niederländische gibt. Die Grenzen verlaufen z. T. durch Wohnhäuser. Lediglich die Eingangstür entscheidet, zu welchem Staatsgebiet das Haus gehört.

Eine der ältesten Städte des Landes

Geertruidenberg

Geertruidenberg liegt nördlich von Breda am Rande des Naturschutzgebietes Biesbosch (▶ Dordrecht) und ist eine der ältesten Städte der Niederlande: Es erhielt schon 1213 Stadtrecht. Von der alten Festung sind noch Reste zu sehen. Die **St. Geertruidkerk** am Marktplatz wurde im 14. Jh. erbaut und im 15. Jh. um ein dreischiffiges Langhaus erweitert. Neben der Kirche erhebt sich das **Rathaus**. Es geht auf einen mittelalterlichen Bau zurück und wurde 1768 umgebaut. Sehenswert ist seine Fassade im Louis-XV-Stil.

Ein Hauch von Rom

Oudenbosch

Das kleine, sehenswerte Städtchen Oudenbosch liegt westlich von Breda. Hauptsehenswürdigkeit der Stadt ist die **Basilika der hl. Aga-**

tha und Barbara, die von 1865 bis 1880 von P. J. H. Cuypers nach dem Vorbild des Petersdoms von Rom gebaut wurde. Die Kuppel dieser verkleinerten und vereinfachten Kopie hat einen Durchmesser von 68 m.

Wo Pierre Cuypers wieder Hand anlegte

Oosterhout

Oosterhout liegt nordöstlich von Breda und war im Mittelalter Sitz der Tempelritter des St.-Jan-Ordens. Von ihren Landhäusern, **Slotjes** genannt, blieben einige erhalten, so das Huize Limburg aus dem 15. Jahrhundert. Von der gotischen, einst dreischiffigen **St. Janskerk** aus dem 15. Jh. stehen nur mehr Teile des Chores und des Querhauses. Der Turm wurde niemals fertiggestellt. Um 1883 baute der Architekt Pierre Cuypers die St. Janskerk zur fünfschiffigen Kirche aus. Im Inneren sind vor allem die Glasgemälde sehenswert.

BRIELLE

Provinz: Zuid-Holland | **Einwohnerzahl:** 17 700

Hochmut kommt vor dem Fall. Das gilt auch für Brielle. Die kleine Stadt hatte keinen geringeren Wunsch, als die größte Kirche der Niederlande zu errichten. Was daraus geworden ist, zeigt der aus Geldmangel nur zur Hälfte fertiggestellte Turm. Eine lokale Größe ist er dennoch geworden – und von Weitem sichtbar.

Inselstädtchen am Brielse Meer

Brielle ist der Hauptort der südlich von Rotterdam gelegenen Insel Voorne. Die historische Festung Brielle lag im 16. Jh. an der Maasmündung und war somit ein wichtiger Hafen. Auch im Unabhängigkeitskrieg gegen Spanien spielte der Ort eine wichtige Rolle, als am 1. April 1572 die **Watergeuzen** (Wassergeusen) die von Spaniern besetzte Stadt eroberten. Heute lebt der schöne Ort dank des Brielse Meers und der damit verbundenen Wassersportmöglichkeiten weitgehend vom Tourismus.

Wohin in Brielle?

Tonnenschweres Glockenspiel

St. Catharijnekerk

Die unvollendete Catharijnekerk entstand im 15. Jh. im Stil der Brabanter Spätgotik mit einem schweren Turm aus Naturstein. Das **Glockenspiel** von F. Hemony aus dem Jahr 1660 besteht aus 48 Glocken, darunter die drei Tonnen schwere »Catharijne«. Vom Turm haben Sie – nach 318 Stufen – einen herrlichen Ausblick auf die Umgebung.

BRIELLE ERLEBEN

VVV I PUNKT
im alten Rathaus am Markt
www.beleefbrielle.nl
Di. – Sa. 10 – 17, So. 13 – 17 Uhr

DE SMAECK VAN BRIELLE
Gemütliches Restaurant in einem kleinen, weißen Altbau mit Terrasse. Probieren: den fangfrischen Fisch.
Wellenrondom 7
Tel. 01 81 / 41 70 76
www.desmaeckvanbrielle.nl

HOTEL DE ZALM €
solide und zweckmäßig eingerichtetes Hotel (48 Zi.) mit Restaurant. Seinen Namen verdankt das Haus der Lachsfischerei (Zalm = Lachs).
Voorstraat 6–8
NL-3231 BJ Brielle
Tel. 03 47 / 75 04 36
www.hoteldezalm.nl

»Die erste der Freiheiten«

Stadhuis

Das Rathaus auf dem Markt (14. Jh.) erhielt 1793 eine Fassade im Louis-XIV-Stil. Im Giebel steht »Libertatis Primitiae« (»Erstlinge der Freiheit«), womit dokumentiert werden soll, dass die Stadt sich als Erste von den Spaniern befreite. Im Stadhuis befindet sich heute das **Historisch Museum Den Briel**, das Zeugnis ablegt von der Stadtgeschichte und dem Seehelden Maarten Harpertszoon Tromp (1598 – 1653), der in Brielle geboren wurde. Er wurde durch seinen Sieg über die Spanier 1639 bei Duins bekannt. Ein Anbau von 1623 war früher städtisches Gefängnis und Waage.

Historisch Museum Den Briel: Markt 1 | Di. – Sa. 10 – 17, So. 13 – 17 Uhr | Eintritt: 7,50 € | www.historischmuseumdenbriel.nl

Rund um Brielle

Leuchtturm, Jachten und ein kleiner Strand

Hellevoetsluis

Die Festungsstadt Hellevoetsluis liegt südlich von Brielle an der Mündung des Voornsekanaals in den Haringvliet und stellte bis zur Eröffnung des Nieuwe Waterweg die Verbindung zwischen Rotterdam und der Nordsee her. Hier warteten Segelschiffe einst auf günstigen Wind, um in See zu stechen. Heute ist der Hafen ein **Wassersportzentrum** mit Jachthäfen, über denen der weiße Leuchtturm mit roter Haube herausragt. Zu seinen Füßen liegt ein Strandabschnitt.
Das **Feuerwehrmuseum** besitzt eine Sammlung von Utensilien und Fahrzeugen der Feuerwehr seit 1600, u. a. die erste Feuerwehrpumpe von Jan van der Heyden aus dem Jahr 1675.

Nationaal Brandweermuseum: Industriehaven 8 | April – Okt. Mi. – So. 10 – 16 Uhr | Eintritt: 10 € | www.nationaalbrandweermuseum.nl

nuovo

★ DELFT

Provinz: Zuid-Holland | **Einwohnerzahl:** 106 000

Die Stadt sieht so aus, als ob der Maler Vermeer gerade erst sein kinderreiches Zuhause verlassen hätte, um über den Marktplatz am Rathaus vorbei zur Sint Lucasgilde zu schlendern. Rund 350 Jahre ist das her, doch viel hat sich in der kleinen Stadt nicht geändert. Bescheidene Häuser säumen die Gassen, Brücken wölben sich über die schmalen Grachten, und der Fischhändler an den Cameretten ... – steht der nicht auch schon seit Jahrhunderten an diesem Ort?

Delfter Blau

Hätte Vermeer die Möglichkeit, einen Blick auf seine Heimatstadt zu werfen, er würde wieder zum Pinsel greifen und erneut eine »Ansicht von Delft« malen, denn an Charme hat die Altstadt mit ihren verträumten Grachten, mittelalterlichen Häusern und belebten Plätzen nichts eingebüßt. Auch nicht, nachdem 1654 beim »Delfter Donnerschlag« 40 Tonnen Schwarzpulver unter dem ehemaligen Klarissenkloster am heutigen Paardenmarkt explodierten. Hunderte Menschen verloren dabei ihr Leben. Doch kurz nach dem tragischen Unglück krempelten die Delfter ihre Ärmel hoch und begannen mit dem Wiederaufbau des Stadtviertels. Weltberühmt wurde die Stadt, deren Geschichte bis ins 11. Jh. zurückreicht und die im ausgehenden Mittelalter durch Brauereien und Webereien zu Wohlstand gelangte, im 17. Jh. durch die Herstellung von hochwertigen Fayencen – **Delfter Fayencen** bzw. Delfter Blau.

Wohin in Delft?

Fürstliche Grabstätte mit schöner Aussicht

★ Nieuwe Kerk

In der Mitte der von zahlreichen malerischen Kanälen durchzogenen Stadt liegt der weiträumige **Markt**. Hier erhebt sich die Bronzestatue des Völkerrechtlers und gebürtigen Delfters Hugo Grotius (eigentl. Huigh de Groot; 1583 – 1645) von F. Stracké aus dem Jahr 1886.
An der Ostseite des Platzes steht die Nieuwe Kerk, ein gotischer Bau, entstanden 1396 bis 1496. Der 108 m hohe Turm im Stil der Brabanter Gotik mit einem Glockenspiel von 1663 kann bestiegen werden und bietet eine schöne Aussicht über die Altstadt und den lebhaften Marktpatz mit den vielen Straßencafés.
Im Chor befindet sich das prächtige, von 1614 bis 1621 ausgeführte **Grabdenkmal von Wilhelm I. von Oranien** (dem Schweiger), ei-

Im Turm des Delfter Rathauses, einst Gefängnis, saß u.a. der Mörder Wilhelms von Oranien ein.

nes der Hauptwerke der niederländischen Barockbildhauerei. Unter dem von schwarzen Marmorsäulen getragenen, weißen Baldachin ist die Statue Wilhelms des Schweigers von allegorischen Bronzefiguren umgeben, so etwa von der Gerechtigkeit (mit Waage), der Freiheit (mit Zepter und Hut), der Tapferkeit (mit einem Löwenfell bekleidet) oder dem Glauben (mit einem Buch und einem Kirchenmodell). In der darunter liegenden Gruft haben 45 Fürsten und Fürstinnen aus dem Hause Oranien-Nassau ihre letzte Ruhe gefunden, zuletzt Prinz Claus (2002), Königin Juliana und Prinz Bernhard (beide 2004).
Feb. – Okt. Mo. – Sa. 10 – 17, Nov. – Jan. Mo. – Fr. 11 – 16, Sa. 10 – 17 Uhr | Eintritt: 8 € (auch für die Oude Kerk gültig) | www.oudeennieuwekerkdelft.nl

★ Stadhuis

Delfts Prachtstück
Gegenüber der Nieuwe Kerk erhebt sich das frei stehende Renaissance-**Rathaus**, das den Platz des 1618 abgebrannten Vorgängerbaus einnahm. Von dem früheren Rathaus blieb nur der Turm namens **»Het Steen«** übrig. In ihm war das Stadtgefängnis untergebracht, zu dessen prominentesten Insassen Balthasar Gerards, der Mörder Wilhelms von Oranien gehörte.
Das Rathaus wird noch immer von den Delfter Stadtrat als Versammlungs- und Arbeitsplatz genutzt. Im Inneren sind zahlreiche beachtenswerte **Gemälde** aus dem 16. bis 18. Jahrhundert zu sehen. Die **Fassade** ist mit Pilastern und Bildhauerwerk reich gegliedert. Den kleinen Giebel ziert eine Skulptur der Justitia. Im Inneren befinden sich einige sehenswerte Säle wie etwa die **Oranien-Galerie** und der **Ratssaal**. Führungen werden in den Sommermonaten angeboten.

Stadswaag

Waage, Fahrradschuppen, Theater und heute ein Restaurant
Hinter dem Rathaus liegt die ehemalige Stadtwaage aus dem Jahr 1770. Nachdem das Gebäude seit den 1960er-Jahren nicht mehr zum Wiegen von Käse genutzt wurde, diente es erst als Fahrradschuppen und später als Theater. Seit 1999 hat sich ein **Restaurant** in den gemütlichen, historischen Räumen niedergelassen. Daneben ist die Fleischhalle (**Vleeshal**) an den beiden Ochsenköpfen leicht zu erkennen.

Vermeer Centrum

Über den »Meister des Lichts«
Das Vermeer Centrum, nordöstlich vom Stadhuis, informiert über Leben und Werk von Delfts größtem Sohn, dem Maler **Jan Vermeer** (1632 – 1675) und »Meister des Lichts«. Seine Werke sind als Reproduktionen in Originalgröße zu sehen. Besucher bekommen einen guten Einblick in Vermeers Spiel mit Licht und Schatten.
Voldersgracht 21 | tgl. 10 – 17 Uhr | Eintritt: 12 € | www.vermeerdelft.nl

DELFT ERLEBEN

TOURISTENINFORMATIONS-ZENTRUM DELFT

Stationsplein 7 (im Bahnhof)
NL-2611 BV Delft
Tel. 0 15 / 2 15 40 52
www.delft.com
Apr. - Sept. So. und Mo. 10 - 16, Di. - Sa. 10 - 17, Okt. - März So. und Mo. 11 - 15, Di. - Sa. 10 - 16 Uhr

Wie entsteht das Delfter Blau? »Koninklijke Porceleyne Fles Anno 1653 Royal Delft« bietet **Führungen** durch die Fabrik an und demonstriert, wie die Keramik bemalt wird.
Rotterdamseweg 196
tgl. 9.30 - 17 Uhr
Eintritt: 15 €
www.royaldelft.com

❶ NOVAELA €€€

Uriges Restaurant mit Holzdecke in einem jahrhundertealten, ehemaligen Lagerhaus, das zum Bagijnhof gehörte. Die Küche ist gehoben und serviert feine Speisen wie Lammsrücken mit Aubergine und Couscous sowie Schollenfilet mit Artischocke und Strandflieder.
Bagijnhof 118
Nur Mi.-Sa., Tel. 0 15 / 206 14 56
www.novaela.nl

❷ 'T BOTERHUIS €€

Grand Café in einem Lagerhaus von 1765 mit großer Terrasse und einem Terrassenboot an der Rückseite des Gebäudes. Die typisch holländischen Gerichte können Sie auch im romantischen Keller genießen.
Markt 15-17a

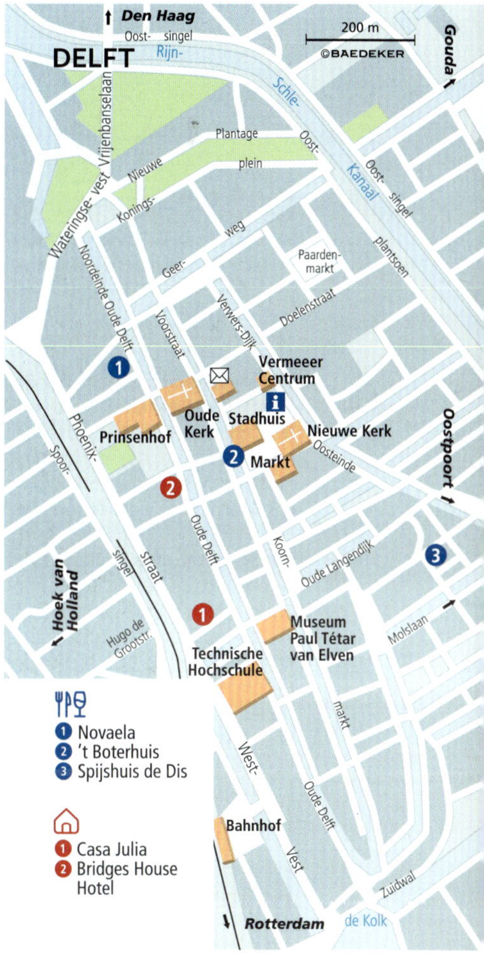

Tel. 0 15 / 2 13 49 96
www.boterhuis.nl

❸ SPIJSHUIS DE DIS €€€

Ein gemütliches Lokal im Stadtzent-

rum mit Terrasse. Die Speisekarte bietet lokale Küche mit vielen Fleisch- und Fischgerichten sowie Vegetarisches.
Beestenmarkt 36
Tel. 0 15 / 2 13 17 82
www.spijshuisdedis.com
So., Mo. geschl.

1 CASA JULIA €€
Nahe Universität und Royal Delft liegt das hübsche, kleine Backsteingebäude mit in Weiß gehaltenen Zimmern.
Maerten Trompstraat 33
NL-2628 RC Delft
Tel. 0 15 / 2 56 76 12
www.casajulia.nl

2 BRIDGES HOUSE HOTEL €€
Das kleine Hotel (21 B.) in der Altstadt ist in einem denkmalgeschützten Grachtenhaus aus dem 17. Jh. untergebacht, in dem einst der Maler Jan Steen wohnte. Das Frühstück wird in der Lounge des Hotels mit Blick auf die älteste Gracht der Stadt serviert.
Oude Delft 74
NL-2611 CD Delft
Tel. 0 15 / 2 12 40 36
www.bridgeshouse.nl

Die idyllischste Gracht der Stadt

Oude Delft

Westlich von der Oude Kerk verläuft die Oude Delft, eine die Stadt von Norden nach Süden durchziehende **Gracht**, an der ebenfalls malerische alte Häuser stehen. In unmittelbarer Nähe zur Oude Kerk können Sie in der Voorstraat und der Hyppolytusbuurt, dem Wijnhaven sowie am Koornmarkt viele **sehenswerte alte Häuser** bewundern.

Ein Attentat, das Holland erschütterte

★ Prinsenhof

Gegenüber der Oude Kerk befindet sich der Prinsenhof. Um 1400 als Frauenkloster St. Agatha gestiftet, wurde er nach der Reformation säkularisiert. 1572 wurde das Gebäude zur **Residenz des Hauses Oranien**. Für die Geschichte des Landes hat der Prinsenhof traurige Berühmtheit erhalten, denn 1584 wurde hier der Begründer der niederländischen Unabhängigkeit, Prinz Wilhelm von Oranien, ermordet. Die Kugeleinschläge sind heute noch an der Treppe, die zum ehemaligen Speisesaal führt, zu sehen.

Im Inneren der malerischen Gebäudegruppe ist ein interessantes **Museum** untergebracht, das sich den Themen Wilhelm von Oranien, Delfter Blau sowie den Delfter Künstlern und Wissenschaftlern, u.a. Vermeer und Hugo de Groot, widmet. Im ältesten Teil des **Klosters** (um 1430) befindet sich ein in den Niederlanden einzigartiger Kreuzgang mit doppelter Galerie.
Agathaplein 1 | Di. – So. 11 – 7 Uhr | Eintritt: 13,50 € | www.prinsenhof-delft.nl

Kleinode der Stadt

Hofjes

Im 16. Jahrhundert stifteten begüterte Kaufleute in Delft zahlreiche sogenannte »hofjes«, Wohnanlagen für alleinstehende Seniorinnen und Witwen. Diese bestanden zumeist aus recht hübschen kleineren

Häusern, die sich um einen gemeinschaftlich genutzten Garten gruppierten.
Noch heute befinden sich in der Delfter Altstadt einige »hofjes«, die mitten in der Stadt ansehnliche grüne Oasen bilden und in der Regel an Werktagen tagsüber auch zugänglich sind, sodass man einen kurzen Blick hineinwerfen kann: das 1575 gegründete **Hofje van Gratie** (Van der Mastenstraat 26-38), das 1605 gegründete **Klaeuwshofje** (Oranje Plantage 58-77), das 1707 erbaute **Hofje van Pauw** (Paardenmarkt 54 bis 62) und das 1607 als Beginenhof gegründete **Hofje van Almonde** (Bagijnhof 10-22).

Der schiefe Turm von Delft

Oude Kerk

Vom Rathaus gelangen Sie nordwestlich durch die Hippolytusbuurt zur Oude Kerk, einem um 1250 errichteten Bau mit schiefem Turm und einem schönen Holzgewölbe von 1574. Der aus dem 14. Jh. stammende Turm wurde 1450 im Stil der sogenannten »Küstengotik« mit vier Ecktürmchen um den pyramidenförmigen Hauptteil erneuert. Das Innere der Kirche zieren mehrere sehenswerte Kunstschätze: Die geschnitzte **Kanzel** wurde im Jahr 1548 geschaffen. Darüber hinaus befinden sich hier einige **Grabmäler bedeutender Persönlichkeiten**, u. a. das Marmorgrabmal des Admirals Piet Hein († 1629), der 1628 die spanische Silberflotte kaperte.
Heilige Geestkerkhof | Öffnungszeiten s. Nieuwe Kerk | Eintritt: 8 € (Ticket ist gültig für Oude und Nieuwe Kerk) | https://oudeennieuwekerkdelft.nl

Wo der Deichgraf das Zepter schwingt

Gemeenlandshuis

An der Oude Delft 167 steht das spätgotische Gemeenlandshuis (**Deichamt**) des Wasserverbands Delfland. Der Natursteingiebel ist mit schönen Wappen verziert. Haus Nr. 215 ist der Beginenhof aus dem Jahr 1743 mit spätgotischem Tor und barocker **Versteckkirche** der verfolgten Katholiken.

Zu Besuch beim Künstler

Museum Paul Tétar van Elven

Südlich vom Rathaus, am Koornmarkt befindet sich das Museum Paul Tétar van Elven, dessen Sammlung vom gleichnamigen Maler (1823 – 1896) zusammengetragen wurde. Sein Maleratelier, Delfter Fayencen und alte Möbel vermitteln die Atmosphäre jener Zeit.
Koornmarkt 67 | Di. – So. 13 – 17 Uhr | Eintritt: 9,50 € | www.museumpaultetarvanelven.nl

Postkartenidylle

Oostpoort

Vom Chor der Nieuwe Kerk geht man südöstlich an der Oosteinde-Gracht entlang zum malerischen Oostpoort, der im Südosten der Altstadt am Schnittpunkt mehrerer Grachten und Kanäle liegt. Die beiden **Türme** des 1400 errichteten Stadttores wurden im 16. Jh. um achteckige Geschosse und Turmspitzen erhöht. Von hier haben Sie einen schönen Blick auf die Stadt.

Unter Kokospalmen wandeln

Botanischer Garten

Im Norden der Altstadt befindet sich der botanische Garten der Technischen Universität (**Cultuurtuin voor technische Gewassen**) mit zahlreichen tropischen und subtropischen Pflanzen (u.a. Kokospalmen, Bambuspflanzen, Zitrusfrüchte). Er dient seit 1917 rein wissenschaftlichen Zwecken. Zwei schöne **Rundwege** gewähren einen Einblick in die üppige Pflanzenwelt.

Poortlandplein 6 | Di. – So. 10 – 17 Uhr | Eintritt: 6 € | www.botanischetuin.tudelft.nl

★★ DEN HAAG

Provinz: Zuid-Holland | **Einwohnerzahl:** 562 400

Die Regierungsstadt steht im Schatten der großen Schwester Amsterdam – zu Unrecht, hat Den Haag doch einiges zu bieten, was es einzigartig macht: einen kilometerlangen, von Dünen gesäumten Strand, eine schicke Altstadt mit dem schlossähnlichen Binnenhof, der das niederländische Parlament beherbergt, sowie den Sitz der Königsfamilie, die sowohl ihren Arbeits- als auch ihren Wohnpalast in Den Haag hat.

Vornehme Kunststadt und Regierungssitz

Es kann durchaus vorkommen, dass Sie dem Ministerpräsidenten im Supermarkt und der Königin im Konzert begegnen. Auch der Den Haager Platz namens Plein, gesäumt von Regierungs- und Parlamentsgebäuden, weist eine hohe Promi- und Politikerdichte auf. Wer hier an einem Freitagnachmittag an einem der vielen Tische in der Sonne Platz nimmt, kann mit etwas Glück einem Minister am Nachbartisch zuprosten. Zwar ist Amsterdam die Hauptstadt der Niederlande, doch Den Haag ist der Sitz der Regierung und des Königshauses. Auch Ministerien und Botschaften, mehrere internationale Organisationen sowie der Internationale Gerichtshof und der Internationale Strafgerichtshof haben ihren Sitz in der Stadt. Hinzu kommen zahlreiche Forschungsinstitute, Akademien sowie höhere Bildungsstätten. Außerdem ist Den Haag bevorzugter Verwaltungssitz von Banken, Handels- und Industriegesellschaften. Neben Amsterdam gilt Den Haag als das bedeutendste Zentrum der Niederlande, doch ist die Regierungsstadt mit ihren zahlreichen Palästen, den breiten Straßen und weiten Plätzen, den Promenaden, eleganten Ge-

Der Fischweiher (Hofvijer) brachte Graf Wilhelm II. auf die Idee, an dieser Stelle ein Jagdschloss zu errichten.

schäften und Villenvierteln (darunter der Villenvorort Wassenaar) weitaus vornehmer, aber auch ruhiger und weniger aufregend als die Metropole an der Amstel. Dafür hat Den Haag **architektonisch die Nase vorn**.

»
In Rotterdam wird das Geld verdient, in Amsterdam ausgegeben, und in Den Haag redet man darüber.
«
Niederländisches Bonmot

Im letzten Jahrzehnt wurde die Innenstadt umgekrempelt. Es entstanden futuristische Bauwerke, hoch aufragende Bürobauten, die die historische Bausubstanz ergänzten, unterirdische Parkhäuser, Straßen- und Bahntunnel, um das Stadtzentrum vom Verkehr zu entlasten. Der amerikanische Architekt Richard Meier entwarf das zweiflügelige Stadthaus mit elf Stockwerken und einem Riesen-Wintergarten von 140 Metern Höhe; unter dem Grote Markt legte Rem Koolhaas die vermutlich schönste Tramhaltestelle des Landes an. Sichtbar sind die Änderungen vor allem um den Hauptbahnhof, wo nun viele neue Bürobauten emporragen.

DEN HAAG ERLEBEN

THE HAGUE INFO STORE
Koningin Julianaplein 10–50
(im Bahnhof)
NL-2595 AA Den Haag
Tel. 0 70 / 3 61 88 60
https://denhaag.com
Mo. - Fr. 10 - 18, Sa. 10 - 17,
So. 10 - 15 Uhr

Über 30 Bus- und Straßenbahnlinien fahren im Stadtgebiet, in Scheveningen, Kijkduin und vielen Nachbargemeinden einschließlich Delft. Den Haag hat zwei Bahnhöfe: den modernen **Den Haag Centraal** (Hauptbahnhof) und den alten Bahnhof **Hollands Spoor**. Von beiden verkehren Züge nach Amsterdam, Rotterdam und zum Flughafen Schiphol bei Amsterdam (Fahrtdauer ca. 30 Min.).

Der **»Haagse Markt«** an der Herman Costerstraat ist mit ca. 500 Ständen Europas größter Straßenmarkt (Mo., Mi., Fr., Sa. 9 - 17 Uhr). In der **Haagse Passage**, einem Glaskuppelbau zwischen Spuistraat und Buitenhof, gibt es Boutiquen und Geschäfte. Elegante Einkaufsstraßen (Mode, Antiquitäten) sind **Noordeinde** und **Denneweg**.

1 GAROEDA €€
Eine echt Den Haager Institution ist das indonesische Restaurant mit der großen Fensterfront. Der bekannte niederländische Küchenchef Ron Blaauw hat dem Restaurant einen modernen Twist verliehen.
Kneuterdijk 18a
Tel. 0 70 / 3 46 53 19
www.garuda-denhaag.nl

2 CAPRIOLE €€€€
In einer historischen Farbenfabrik aus den 1920er-Jahren mit einer riesigen Fensterfront und Blick auf ein kleines Hafenbecken befinden sich heute ein Restaurant, eine Kaffeerösterei und eine Kaffeebar mit großer Terrasse am Wasser. Etwas außerhalb des Stadtzentrums gelegen.
Fokkerkade 18
Tel. 0 70 / 7 01 10 10
www.capriolecafe.nl
Mo. u. Di. geschlossen

3 'T GOUDE HOOFT €€€
Gemütliches Restaurant im Zentrum, es gehört zur ältesten Herberge in Den Haag. Serviert wird gute Hausmannskost. Tische auch im Freien.
Dagelijkse Groenmarkt 13
Tel. 0 70 / 7 44 88 30
www.tgoudehooft.nl

4 LITTLE V €€€
Little V steht für Little Vietnam. Vietnamesische Küche mit Einflüssen auch aus anderen Ländern des Fernen Ostens.
Rabbijn Maarsenplein 21
Tel. 0 70 / 3 92 12 30
www.littlev.nl
Mo. geschl.

1 CARLTON AMBASSADOR HOTEL €€€
In vornehmer Nachbarschaft von Botschaften, Palästen und Museen steht dieses monumentale Haus mit Zimmern, die im altholländischen oder altenglischen Stil eingerichtet sind (153 B.).
Sophialaan 2
NL-2514 JP Den Haag
Tel. 0 70 / 3 63 03 63
www.carlton.nl/ambassador

❷ HOTEL DES INDES €€€€

Das Luxushotel im Stadtzentrum mit 120 Betten besteht seit über 125 Jahren. Berühmtheiten wie Mata Hari, Tony Blair und Prince haben hier gewohnt. Auch wegen der ausgezeichnete Küche.

Lange Voorhout 54 – 56
NL-2514 EG Den Haag
Tel. 0 70 / 3 61 23 45
www.hoteldesindes.nl

❸ INDIGO €€€

In einem stattlichen ehemaligen Bankgebäude in der Nähe des königlichen Palastes und in zentraler Lage, laden stilvolle Zimmer zum Übernachten sowie eine Bar im ehemaligen Safe zum Feiern ein.

Noordeinde 33
NL-2514 GC Den Haag
Tel. 0 70 / 2 09 90 09
www.ihg.com

❶ Garoeda
❷ Capriole
❸ 't Goude Hooft
❹ Little V

❶ Carlton Ambassador Hotel
❷ Hotel des Indes
❸ Indigo

Den Haag genießt den Ruf einer **Kunststadt**. Das rührt daher, dass in Den Haag viele niederländische Maler ansässig sind und der internationale Kunsthandel blüht. Auch das Kunstgewerbe, insbesondere die Herstellung von Möbeln und Fayencen sowie Gold- und Silberwaren, ist weit verbreitet. Die Industrie hingegen spielt in Den Haag eher eine untergeordnete Rolle, denn sie beschäftigt nur etwa 30 % der Erwerbstätigen.

Das »Dorf«, in dem der König lebt

Geschichte

Den Haag war ursprünglich ein Jagdsitz der Grafen von Holland und mit der Errichtung einer Burganlage 1248 deren ständiger Wohnsitz. Darauf ist auch der erste Stadtname, ’s-Gravenhage (des Grafen Gehege), zurückzuführen. In der Nähe des Binnenhofs ließen sich nicht nur Bauern nieder, sondern auch Handwerker und Händler, sodass sehr früh ein Dorf namens Den Haag entstand, das im ausgehenden 14. Jh. erstmals urkundlich erwähnt wird. 1593 legten die Generalstaaten ihren Sitz hierher und begründeten damit die Tradition als Regierungs- und Verwaltungsort, im Jahr 1815 bestimmte der Wiener Kongress ’s-Gravenhage zum Regierungssitz und Amsterdam zur Hauptstadt der Vereinigten Niederlande.
Doch bis heute hat Den Haag seinen Ruf als **»größtes Dorf Europas«** nicht ablegen können, denn es verfügte nie über Stadtrechte: Lediglich Louis Bonaparte, ein Bruder von Napoleon, verlieh bei seinem kurzen Besuch im Jahr 1811 Den Haag für einen Tag Stadtrechte, weil er nicht in einem Dorf übernachten wollte; nach seiner Abreise wurden diese Rechte jedoch wieder entzogen.

★★ Binnenhof

Vom Schloss zum Parlamentsgebäude

Ausgangspunkt des Stadtrundgangs

Den Haags Sehenswürdigkeiten werden in der folgenden Stadtbeschreibung im Rahmen eines Rundgangs erkundet. Ausgangspunkt ist der im Zentrum der Altstadt gelegene, prachtvolle und elegante Binnenhof, eine unregelmäßige Gruppe teils älterer, teils neuerer Gebäude, die einen Platz umschließen. Der rechteckige Komplex kann durch zwei Tore an seinen Schmalseiten betreten werden. Der malerische alte Schlossweiher (Hofvijver), in dem sich die lang gestreckte Gebäudereihe des Binnenhofs spiegelt, bildet den nördlichen Abschluss der Anlage.

Ritter, Könige und Kinder

Rittersaal

An der Ostseite des westlichen Platzes liegt der aus der Zeit Floris’ V. stammende Rittersaal (Ridderzaal), Schauplatz von Empfängen, Kongressen sowie an jedem dritten Dienstag im September, dem Prinsjesdag, **Ort der Parlamentseröffnung** durch die Thronrede des Königs. Im 13. Jh. wurde das Gebäude von Gerard van Leyden als Festsaal gebaut. Später diente es vorübergehend als Markt-, Wandel- und Exerzierhalle, Kinderspielplatz, Archiv und Krankensaal. Sogar die Staatslotterie hatte hier ihren Sitz. Mit der Restaurierung des Gebäudes von 1898 bis 1904 wurde es seiner Funktion als Ort zeremonieller Festlichkeiten übergeben.

Wo Recht gesprochen wurde

Gerichtshof, Rolzaal und Lairessezaal

Östlich an den Rittersaal schließt die älteste Baugruppe, die seit Philipp dem Guten (1396 – 1467) als Gerichtshof dient, an. Der nördliche Flügel des Binnenhofs enthält u. a. die ehemaligen Sitzungsräume der Generalstaaten, den Amtssitz des Premiers und den staatlichen Informationsdienst, ferner bekannte Räume wie den Rolzaal oder den Lairessezaal mit sieben Leinwandgemälden aus dem Jahr 1688.

Dem Ministerpräsidenten ins Fenster schauen

Erste Kammer

Der ehemalige Sitzungsraum der Staaten von Holland im nordwestlichen Teil, 1652 von Pieter Post erbaut, ist jetzt Sitzungssaal der Ersten Kammer, die ähnliche Funktionen wie der deutsche Bundesrat wahrnimmt. Daneben steht **Het Torentje**, ein achteckiger Turm aus dem 14. Jh., der heute das Büro des Minsterpräsidenten beherbergt.

Pi de Bruijn entwarf den neuen, funktionalen Sitzungssaal der Zweiten Kammer.

DAS PARLAMENT DER NIEDERLÄNDER

BAEDEKER WISSEN

Um 1250 begann Graf Wilhelm II. von Holland mit dem Bau seiner Burg, den sein Sohn Floris V. vollendete. 1291 verlegte er seine Residenz hierher. Seit Prinz Moritz von Oraniens Zeiten (1585) war der Binnenhof Wohnsitz der Statthalter. Heute befinden sich hier die Sitzungssäle der Ersten und Zweiten Kammer des niederländischen Parlaments.

Unterschiedliche Führungen durch das Besucherzentrum ProDemos, Hofweg 1 | Mo. – Sa. 9.30 – 17 Uhr (Bitte beachten: Bis zum Jahr 2028 wird der Binnenhof renoviert) | www.prodemos.nl

1 Rittersaal
Besonders beachtenswert im 20 m x 40 m großen, gotischen Saal sind die Glasmalereien – holländische Stadtwappen und vor allem die Rose mit den Wappen der wichtigsten Adelsgeschlechter des Landes. Die schwere Holzdecke mit den 18 m langen Tragbalken erinnert an ein gekentertes Schiff. Holzköpfe symbolisieren heimliche Lauscher höherer Mächte und sollen die Versammelten vor Lügen abschrecken.

2 Erste Kammer
In den kleinen Mauernischen erinnern gemalte Medaillons an bekannte Staatsmänner. Ein Porträt von König Wilhelm II. mit dem niederländischen Staatswappen hängt hinter dem Sessel des Vorsitzenden. Seit 1849 tritt die Erste Kammer hier zusammen.

3 Zweite Kammer
Alle Gebäude rechts des Rittersaals gehören zur Zweiten Kammer. Bis 1992 diente der ehemalige Ballsaal von 1790 an der Südseite des Binnenhofs als Sitzungssaal der Zweiten Kammer. Inzwischen tagen die Abgeordneten in dem Neubau des Architekten Pi de Bruijn. Im Gegensatz zur altertümlichen Innenausstattung des alten Sitzungssaals ist der Plenarsaal heutigen Anforderungen angepasst und äußerst funktional eingerichtet. Kein Tageslicht dringt in den grün und blau gehaltenen Raum, um eine neutrale Atmosphäre zu schaffen. Ein modernes Kommunikationssystem ersetzt den Boten des alten Sitzungssaals, die mit handgeschriebenen Zetteln unterwegs waren.

4 Einstiges Kolonialministerium
Hier hatte einst das Kolonialministerium seinen Sitz. Daran erinnert noch die Regentenkamer mit den Porträts aller Generalgouverneure Niederländisch-Indiens.

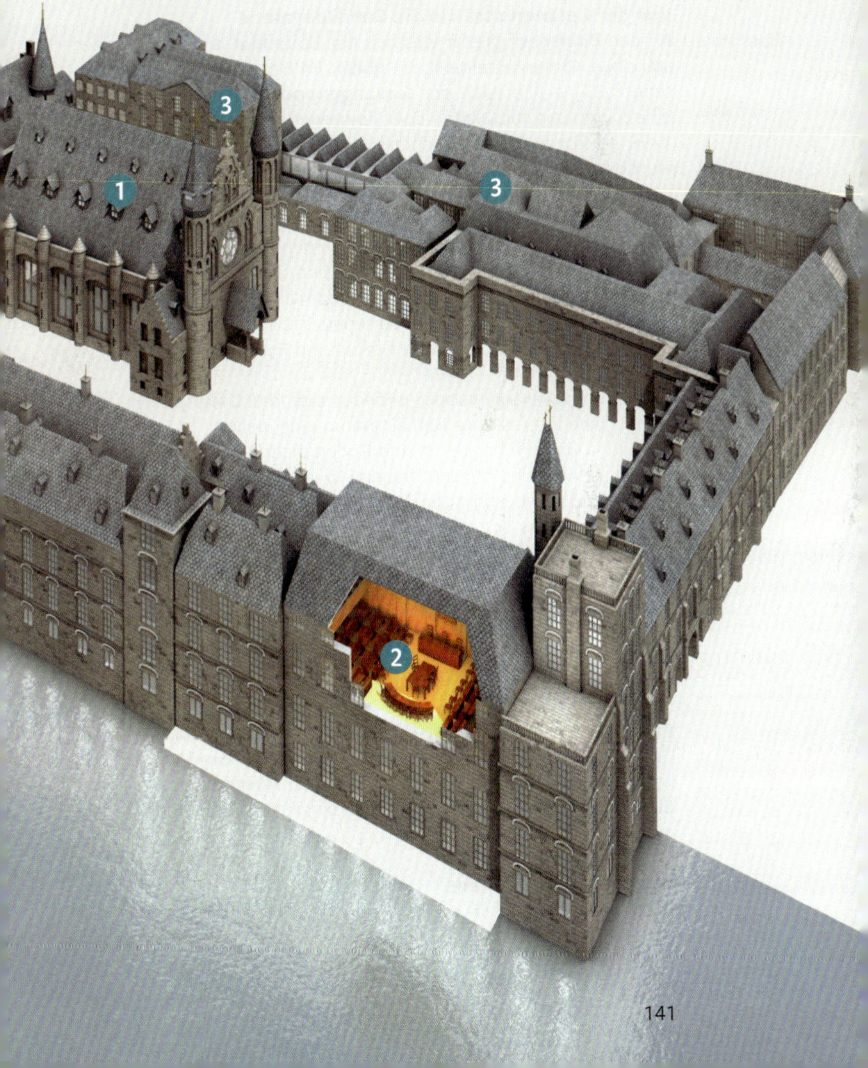

Vom niederländischen Volk gewählt

Zweite Kammer

Die Zweite Kammer hat **Gesetzgebungsgewalt** und kontrolliert die Tätigkeit der Regierung. Sie entspricht dem deutschen Bundestag. Die Zweite Kammer hat 150 Mitglieder, die Ersten Kammer 75. Heute tagen die Abgeordneten in einem gegenüber liegenden Neubau.

Wohin noch im Zentrum?

Von der Gefängniszelle in die Gemäldegalerie

Buitenhof

An den Binnenhof grenzt westlich der Buitenhof mit einem Reiterstandbild König Wilhelms II. († 1849). Im Norden des Platzes (Buitenhof 33) erhebt sich der **Gevangenpoort** (Kerkertor), in dem eine Sammlung mittelalterlicher Folterwerkzeuge gezeigt wird. Das 1296 als Tor zum Grafenschloss (Binnenhof) errichtete Gebäude wurde im 15. Jh. Gefängnis. Hier wurden 1672 die Brüder Cornelis und Johan de Witt wegen eines angeblichen Anschlags auf das Leben des Prinzen Wilhelm III. ermordet. Auf dem nördlich gelegenen Platz steht ein Denkmal für Johan de Witt. In den ehemals als Kerker und Folterkammern verwendeten Räumen sind Gemälde, Stiche und Gegenstände über die Rechtspflege der damaligen Zeit und die Gefangenschaft des Cornelis de Witt zu sehen. Weiterhin können Sie einen Blick in eine düstere, alte Zelle werfen und Folterwerkzeuge aus der Nähe betrachten.

Neben dem Gevangenpoort befindet sich die **Galerij Prins Willem V.**, eine interessante Gemäldesammlung, bei der im Stil der Zeit die Bilder von der Decke bis zum Boden dicht gedrängt hängen. Als Empfangssalon des Prinzen Wilhelm V. im Jahr 1773 errichtet, war das Gebäude an bestimmten Tagen für die Öffentlichkeit zugänglich und ist somit das erste Museum der Niederlande. Es zeigt holländische Gemälde des 17. und 18. Jh.s aus dem Besitz des Statthalters.

Gevangenpoort: Buitenhof 33 | Di. – Fr. 10 – 17, Sa. u. So. 11 – 17 Uhr | Besichtigung nur mit Führung, letzte Führung um 16 Uhr | Eintritt: 15 € | www.gevangenpoort.nl

Galerij Prins Willem V.: Buitenhof 33 | Di. – So. 12 – 17 Uhr | Eintritt: 5 € | www.mauritshuis.nl

Pariser Luxus für die feine Gesellschaft

Gravenstraat

Über den weitläufigen Buitenhof kommen Sie zur Gravenstraat. Linkerhand beginnt die 1885 nach dem Vorbild Mailands erbaute, **glasüberdachte Passage**, in der sich ein elegantes Geschäft an das andere reiht.

Auf ein Bier ins Rathaus

Oude Stadhuis

Westlich der Gravenstraat auf dem Dagelijkse Groenmarkt erhebt sich das **Alte Rathaus**, einer der ersten größeren Renaissancebauten in den nördlichen Niederlanden, 1564 nach dem Vorbild des Rathauses von Antwerpen errichtet. Der neuere Teil von 1734 ist im Louis-XIV-Stil gehalten. 1883 wurde das Gebäude nochmals vergrößert; dann entschloss man sich zu einem neuen Rathaus. Heute werden hier Hochzeiten gefeiert und im Kellergewölbe **Spezialbiere** ausgeschenkt.

Fast 100 Meter über Den Haag

Grote Kerk (St. Jacobskerk)

Westlich vom Alten Rathaus steht die Grote Kerk oder St. Jakobskerk (Kerkplein), eine gotische Hallenkirche aus dem 14. Jahrhundert. Der von 1420 stammende, 100 m hohe Kirchturm besticht durch seine – in den Niederlanden einzigartige – sechseckige Form. Von hier oben bietet sich eine herrliche **Aussicht**, in deren Genuss man jedoch nur im Rahmen einer Führung kommt.

In dem schön gewölbten **Inneren** der Grote Kerk mit hohem, lichtem Chor befinden sich mehrere Grabmäler und Grabplatten, u. a. an der hinteren Chorwand diejenigen des Dichters und Staatsmannes Constantijn Huyghens († 1687) und seines Sohnes, des Physikers und Astronomen Christiaan Huyghens († 1695). In dieser Kirche wurden die meisten **Hochzeits- und Tauffeiern der königlichen Familie** gefeiert. Heute finden hier vor allem Ausstellungen, Messen und Festveranstaltungen statt.

Beliebter Treffpunkt zum Ausgehen

Grote Markt

Südlich der Grote Kerk kommt man durch die Schoolstraat auf den Grote Markt. An der Ecke Prinsegracht steht die ehemalige **Butterwaage** von 1681, die seither als Treffpunkt für den erfolgreichen holländischen Butter- und Käsehandel diente und heute einem Restaurant in den alten Gewölben Unterkunft bietet. Der Grote Markt ist gesäumt von Kneipen und Restaurants, die das ganze Jahr über Tische und Bänke im Freien stehen haben.

Das Zuhause eines großen Philosophen

Spinozahuis

Weiter südlich an der Paviljoensgracht Nr. 72 – 74 erhebt sich das Spinozahaus, in dem der **Philosoph Baruch Spinoza** (1632 – 1677; ▶ Interessante Menschen) von 1671 bis zu seinem Tod wohnte und seine »Ethik« vollendete (keine Besichtigung möglich). Vor dem Haus erinnert ein Standbild von 1880 an Spinoza.

Gottesdienst im Versteck

Oud-Katholieke Kerk

Nördlich der Grote Kerk kommen Sie in die Molenstraat (Nr. 48) mit einer **Versteckkirche**. Zur Reformationszeit waren katholische Gottesdienste in den Niederlanden verboten, sodass diese in Räumen stattfanden, die nach außen hin unauffällig, innen jedoch umso üppiger gestaltet waren.

Führungen: Mo. – Sa. 10 – 16 Uhr

Im Garten des Königs

Paleistuin, Koninklijke Stallen

Über die Prinsestraat gelangen Sie zum Prinsessewal mit dem Paleistuin, dem für die Öffentlichkeit zugänglichen **Schlossgarten** des Königlichen Palasts Noordeinde (▶ unten). Entlang des Prinsessewal kommen Sie zum Hogewal mit den Koninklijke Stallen (**Königliche Stallungen**). Früher standen hier die Pferde und Kutschen des Fürsten; heute sind sie zum größten Teil Garage und Autowerkstatt. Wenn man den Rundgang abkürzen will, empfiehlt es sich, rechts an der Noordeinde Richtung Königlicher Palast zu gehen.

Ein Museum als Lebenswerk

Museum Mesdag

Durch die Anna Paulownastraat gelangen Sie zur Laan van Meerdervoort, wo sich im Gartenhaus Nr. 7 f das beachtenswerte **Reichsmuseum** Hendrik Willem Mesdag befindet, eine Stiftung des Marinemalers H. W. Mesdag (1831 – 1915). Ausgestellt ist eine der bedeutendsten Sammlungen von Gemälden der französischen Schule von Barbizon mit Werken u. a. von Corot und Delacroix. Außerdem ist die Haager Schule mit Gemälden von Maris, Breitner, Israëls und natürlich Mesdag vertreten. Äußerst sehenswert ist auch sein Panorama von der Stadt Den Haag und dem Scheveninger Strand (▶ unten).

Laan van Meerdervoort 7f | Mi. – So. 10 – 17, Nov. u. Dez. Fr. – So 10 – 17 Uhr | Eintritt: 13 € | www.demesdagcollectie.nl

Weltgericht real

★ Vredespaleis

Unweit nordwestlich kommen Sie zum Carnegieplein mit dem **Friedenspalast**, einem stattlichen roten Backsteinbau von 1907 bis 1913, halb gotisch und halb klassizistisch. Neben der Fassade mit steilem Dach steht ein 80 m hoher Belfried.

Das Gebäude ist **Sitz des Internationalen Gerichtshofs**, des Internationalen Schiedsgerichts, der Akademie für internationales Recht und einer bedeutenden Völkerrechtsbibliothek. Zur reichen Innenausstattung haben Länder aus der ganzen Welt mit Schenkungen beigetragen. Der Marmor für die Flure und die Aufgangstreppe kommt aus Italien, das Holz für die Wandtäfelungen aus Brasilien und den USA, das verzierte Eisengitter um den Garten aus Deutschland. Im **Besucherzentrum** informiert über die Arbeit des Gerichtshofs.

Carnegieplein 2 | Führungen: 16,50 € (werden nur online angeboten und sind online zu buchen) | www.vredespaleis.nl

Museum für News und Journalismus

Beeld en Geluid

Östlich von der Laan van Meerdervoort folgt die Zeestraat. Im Haus Nr. 82 bietet das komplett renovierte und erneuerte **Medienmuseum** (»Bild und Ton«) einen Überblick über die Entwicklung des Journalismus. Wie werden Nachrichten gemacht und verbreitet? Und wer entscheidet, was man zu sehen und hören bekommt? Diesen und vielen weiteren Fragestellungen widmet sich das Museum.

Entdecken Sie im Panorama Mesdag die Malerin Sientje Mesdag mit ihrer Staffelei am Strand?

Zeestraat 82 | Di. – So. 10 – 17 Uhr | Eintritt: 12,50 € |
https://beeldengeluid.nl/denhaag

Scheveningen des 19. Jh.s

★ Panorama Mesdag

In der Zeestraat können Sie eines der größten Panoramabilder der Welt, das Panorama Mesdag, bewundern. Das 120 m x 14 m große, kreisförmig aufgehängte **Riesenrundgemälde** malte 1881 Hendrik Willem Mesdag zusammen mit seiner Frau Sientje Mesdag-Van Houten und den Malern Breitner, Blommers und de Bock. Es stellt Scheveningen um 1880 dar, mit einem bezaubernden Blick auf das Meer, den Strand, die Dünen und Den Haag in der Ferne. Zwischen dem Betrachter und dem Bild befindet sich eine künstliche Dünenlandschaft mit authentischen Attrappen wie Netze, Anker und Seile. Wer genau hinschaut, entdeckt in dem Riesen-Kunstwerk Mesdags Frau Sientje mit einer Staffelei am Strand, neben einem Boot.
Zeestraat 65 | Di. – So. 10 – 17 Uhr | Eintritt: 15 € |
www.panorama-mesdag.nl

Ein außergewöhnlicher Arbeitsplatz

Koninklijk Paleis Noordeinde

Wenn man den Hogewal überquert, kommt man in die Noordeinde mit dem Königlichen Stadtpalast Noordeinde ('t Oude Hof). Er stammt aus dem Jahr 1533 und wurde 1640 von Pieter Post und Ja-

Wilhelm V. vermachte seine königliche Gemäldegalerie dem Staat. Die Kunstwerke, die zuvor seine Gemächer schmückten, sind heute im Mauritshuis zu sehen.

cob van Campen umgebaut. 1814 ließ ihn König Wilhelm I. abermals ändern; 1948 verwüstete ein Brand einen großen Teil des Gebäudes, das anschließend für längere Zeit eine Internationale Schule beherbergte. Nachdem der Bau in den 1970er-Jahren umfassend restauriert wurde, ist er heute **offizieller Amtssitz des Königs** mit Räumlichkeiten für Staatsempfänge. Vor dem Palast erhebt sich ein Reiterstandbild Wilhelms des Schweigers von 1845 und – etwas abseits – eine Statue der Königin Wilhelmina.

Kleines Haus mit großen Meistern

Museum Bredius

Entlang des Kneuterdijk kommt man zum Platz Lange Vijverberg. Im Haus Nr. 14, einem renovierten Patrizierhaus mit stilecht möblierten Räumen, hat die kostbare **Kunstsammlung** von Abraham Bredius (1855 – 1946) ein angemessenes Zuhause gefunden. Unter den zahlreichen Gemälden vor allem aus dem 17. Jh. sind auch Werke von Rembrandt und Jan Steen.

Lange Vijverberg 14 | Di. – So. 11 – 17 Uhr | Eintritt: 8 € | www.museumbredius.nl

Die Stadtgeschichte unter einem Dach

Haags Historisch Museum

Am Ostende des Hofvijers an der Korte Vijverberg steht das Historische Museum von Den Haag in dem Haus der ehemaligen Schützengilde St. Sebastiaansdoelen. Anhand von gemalten Stadtansichten, archäologischen Funden, Schützenporträts, Münzen und Videofilmen wird die **Stadtgeschichte** von der Frühzeit bis heute beleuchtet. Bezaubernd ist das **Puppenhaus** aus dem letzten Jahrhundert, für das seine Besitzerin Lita de Ranitz mit ihrer Freundin durch ganz Europa reiste, um Miniaturmöbel zu sammeln.

Korte Vijverberg 7 | Di. – Fr. 10 – 17, Sa. u. So. 11 – 17 Uhr | Eintritt: 15 € | www.haagshistorischmuseum.nl

Gefeierte Meister und ein berühmtes Mädchen

★★ Mauritshuis

Die Korte Vijverberg führt zu dem östlich vom Binnenhof zwischen Hofvijver und Plein gelegenen klassizistischen Mauritshuis, der einstigen Residenz von Johann Maurits van Nassau (1604 – 1679), dem früheren Gouverneur von Brasilien. Das Haus beherbergt eine der bemerkenswertesten **Gemäldesammlungen** berühmter niederländischer Meister, darunter das Gruppenbild der Amsterdamer Chirurgengilde »Die Anatomische Vorlesung« von Rembrandt, die berühmten Stadtbilder »Ansicht von Haarlem« von Jacob Ruysdael und »Ansicht von Delft« von Jan Vermeer sowie »Das Mädchen mit dem Perlenohrgehänge« ebenfalls von Vermeer (▶ S. 8), die »Beweinung Christi« von Rogier van der Weyden, ein Meisterwerk mittelalterlicher Malerei, sowie »Der Distelfink« (1654) des Delfter Malers Carel Fabritius.

Korte Vijverberg 8 | Mo. 13 – 18, Di. – So. 10 – 18 Uhr | Eintritt: 19 € | www.mauritshuis.nl

Über den Voorhout zum Spui

Ein königliches Viertel

Lange Voorhout

Von der Nordostecke des Plein, in dessen Mitte sich ein Bronzestandbild Wilhelms von Oranien erhebt und der einer der beliebtesten Plätze zum Ausgehen ist, gelangen Sie durch die Lange Houtstraat zum Tournooiveld sowie weiter östlich durch den Korte Voorhout zur **Koninklijke Schouwburg** (Theater). Weiter nördlich bildet der Platz Lange Voorhout mit dem Kneuterdijk, dem Vijverberg und dem Willemspark den vornehmsten Teil der Stadt. An der Ostseite des Platzes steht **Het Paleis**, der ehemalige Palast der Königin-Mutter Emma, von der Ex-Königin Juliana als Amtssitz genutzt. Heute ist das Gebäude Sitz des Museums **»Escher in Het Paleis«** mit Werken des Künstlers M.C. Escher, der für seine optischen Täuschungen bekannt ist, wie der Wasserfall, der sich selbst zu speisen scheint und die nicht enden wollenden Treppen.

Weiter westlich (Nr. 34) steht das 1736 von Daniël Marot gebaute Gebäude des **Hoge Raad**. Zwischen 1813 und 1814 wohnte hier bis zur Fertigstellung des Palasts Noordeinde König Wilhelm I., dann bis

DAS KÖNIGSHAUS

Ein königlicher Geburtstag sorgt alljährlich für Volksfeststimmung – Stadtfeste, Flohmärkte, Musik und Straßentheater im ganzen Land: Am 27. April feiern die Niederländer den Königstag, den Geburtstag von Willem-Alexander, der 2013 den Thron bestieg.

Unter der Regentschaft seiner Mutter Beatrix fand der Nationalfeiertag am 30. April statt, dem Geburtstag von Prinzessin Juliana, die bis 1980 Königin der Niederlande war. Ganz besonders gefeiert wird an dem Ort, den die Königsfamilie an diesem Tag besucht. Nicht nur die Stadt, die besucht wird, schmückt sich in Orange, sondern das ganze Land.

Lange Tradition

Die niederländische Monarchie hat eine lange Tradition. Seit seiner Einhuldigung im Jahr 2013 – so wird die Krönung genannt – ist König Willem-Alexander Staatsoberhaupt, doch nehmen die Angehörigen des Königshauses weniger an Regierungsgeschäften teil; vielmehr widmen sie sich repräsentativen Aufgaben bei offiziellen Anlässen. Begründet wurde die konstitutionelle Monarchie im Jahr 1815 mit **Wilhelm I.**, König der Niederlande, dem Sohn des letzten Statthalters, Wilhelm V., der erstmals den Titel eines **Prinzen von Oranien und Nassau** führte. Das Band zwischen den Niederlanden und dem Fürstenhaus Oranien-Nassau kann jedoch bis zum Jahr 1403 zurückverfolgt werden. Damals heiratete Graf Engelbert von Nassau Johanna von Polanen, Breda en de Lek, wodurch er große Besitztümer in den »niederen Landen« erwarb. Dieser Besitz war Teil des damaligen Fürstentums Burgund, einer Nebenlinie des französischen Königshauses.

Das Grafengeschlecht Nassau, zuvor Laurenburg, benannte sich Mitte des 12. Jh.s nach der bei der Stadt Nassau an der unteren Lahn erbauten Burg. Der erste Graf von Nassau war Walram von Laurenburg (1146 – 1198). Sein Sohn, Heinrich II., der Reiche, erbte alle Nassauer Besitztümer und erbaute das Schloss Dillenburg. Seine beiden Söhne teilten im Jahr 1255 sein Besitztum und begründeten die Walramer Linie, den Ursprung des Fürstenhauses Luxemburg, und die Ottoner Linie, von der das Fürstenhaus Oranien-Nassau abstammt. Um 1500 erbte **der Habsburger Karl V.**, der schon König von Spanien und Kaiser des Heiligen Römischen Reiches Deutscher Nation war, Burgund. Damit nahmen die durch Heirat zunehmend reicher gewordenen Erben von Graf Engelbert eine einflussreiche Stellung am habsburgischen Hof ein. Der letzte direkte Nachkomme Engelberts war René de Chalon, der neben den Besitztümern in den Niederlanden auch das Fürstentum Oranien in Frankreich besaß. Nach dem Tod von René de Chalon 1544 erbte sein 1533 auf Dillenburg geborener Neffe **Wilhelm I. von Oranien**, Wilhelm der Schweiger genannt, den Besitz. Er wurde am Brüsseler Hof von Kaiser Karls V. Schwester Maria erzogen, der Generalstatthalterin der Niederlande, und 1559 unter Karls Nachfolger, Philipp II., zum Statthalter von Holland, Zeeland und Utrecht und somit zum

Strahlendes Königspaar: König Willem-Alexander und Königin Máxima zu Besuch in Hoorn, Westfriesland

Stellvertreter des Fürsten ernannt. Obwohl die Souveränitätsrechte des Landesherrn bei dessen Abwesenheit von den Ständen, also von den Vertretern der Städte und des Adels, wahrgenommen wurden, übte tatsächlich der Statthalter diese Rechte aus und besaß als erster Diener der Stände die wirkliche Macht. In dieser Funktion war er auch Befehlshaber der provinzeigenen Truppen. Als Philipp II. die unter Karl V. erworbenen Freiheiten durch eine Steuerreform einschränkte – die Niederländer sollten ihre eigenen Besatzungstruppen bezahlen –, kam es zum Widerstand. Wilhelm von Oranien wurde als Vertreter der Stände einer der wichtigsten **Wortführer des Adels und der Bürger**. Mit der Einsetzung spanischer Truppen zur Niederschlagung des Aufstands übernahm Wilhelm I. von Oranien die Führung des Freiheitskampfs, die er bis zu seinem Tod 1584 innehatte.

Unabhängigkeit

Zwei seiner Söhne vollendeten sein Werk und brachten den Niederländern die erwünschte Unabhängigkeit. **Die Prinzen von Oranien** führten den von Wilhelm geschaffenen Titel eines Statthalters weiter. Die Stadt- und Provinzverwaltungen hielten diese Funktion in Friedenszeiten für überflüssig und fürchteten, ihre Autonomie zu verlieren. Mit dem Tod von Prinz Wilhelm II. 1650 und der Unabhängigkeit der Niederlande wurde der Status des Statthalters abgeschafft. Nur in Friesland blieb ein Nassauer Statthalter. Erst als Frankreich die Niederlande im Jahr 1672 angriff, wurde wieder ein Prinz von Oranien, Wilhelm III., zum Statthalter ernannt. Als dieser 1702 kinderlos starb, trat sein Großneffe Johann Wilhelm Friso, Graf von Nassau und Statthalter von Groningen und Friesland, die Erbschaft an, konnte jedoch nicht Statthalter der übrigen fünf Provinzen werden.

... enz., enz., enz.

Der derzeit amtierende König Willem-Alexander ist der sechste Monarch des Hauses Oranien. Sein urkundlicher Titel lautet: Wij Willem-Alexander, bij de gratie Gods, Koning der Nederlanden, Prins van Oranje-Nassau, enz. enz. enz. (Willem Alexander, von Gottes Gnaden, König der Niederlande, Prinz von Oranien-Nassau usw. usw. usw.). Dieses dreimalige usw. bezieht sich auf den Titel Junker von Amsberg und auf **über 40 weitere Titel** früherer Fürsten aus dem Haus Oranien, die Wilhelm I. in einer Proklamation im November 1813 zum ersten Mal verwendet hatte, darunter Herzog von Limburg, Marquis von Veere, Erbprinz von Vlissingen, Graf von Katzenelnbogen, Vianden, Diez, Spiegelberg, Buren, Leerdam und Culemborg.

Der König

König Willem-Alexander ist das erstgeborene Kind Ihrer Königlichen Hoheit Prinzessin Beatrix und deren 2002 verstorbenen Prinzgemahl Claus von Amsberg. Am 30. März 2001 heiratete Willem-Alexander die bürgerliche Argentinierin Máxima Zorreguieta. Aufgrund der Ämter ihres Vaters im Videla-Regime, der Militärdiktatur, die Argentinien von 1976 bis 1983 regierte, war ihre Verbindung anfänglich heftig umstritten. Inzwischen haben sich die Wogen geglättet, und Königin Máxima ist beinahe so populär wie ihre Schwiegermutter Beatrix. Der Ehe entstammen drei Töchter: Amalia (geboren 2003), Alexia (geboren 2005) und Ariane (geboren 2007).

Thronfolge

Als Kronprinz Willem-Alexander die Regentschaft antrat, ging ein **100-jähriges Matriarchat** zu Ende. Mit Königin Wilhelmina, Juliana und Beatrix regierten seit 1898 ununterbrochen Frauen. Gemäß der Verfassung ist die Krone in männlicher als auch in weiblicher Linie erblich. Sie geht auf den ältesten Sohn oder, wenn keine Söhne vorhanden sind, auf die älteste Tochter des Fürsten und auf seine Nachkommen über. Hat der Fürst keine Kinder, dann sind seine Geschwister zur Thronfolge berechtigt und danach deren Kinder. Diese Erbfolge in der Seitenlinie geht bis zum dritten Verwandtschaftsgrad. Gibt es nach dem Tod des Königs keine Nachkommen, ernennt das Parlament einen Nachfolger. Die Erbfolge wurde zum Wohle des niederländischen Staates eingeführt und verpflichtet das regierende Fürstenhaus. Die Möglichkeit, durch freiwilligen Verzicht eine Änderung in der Thronfolge herbeizuführen, würde diesem Grundsatz widersprechen.

1819 sein Sohn. An der Ecke zur Parkstraat (Lange Voorhout 2) steht die **Kloosterkerk**, in der die damalige Königin Beatrix regelmäßig zum Gottesdienst vorbeischaute. Um 1400 gebaut, ist sie die **älteste Kirche der Stadt** und gehörte ursprünglich zum Dominikanerkloster, das jedoch 1583 abgerissen wurde.

Escher in Het Paleis: Lange Voorhout 74 | Di. - So. 11 - 17 Uhr | Eintritt: 11,50 € | www.escherinhetpaleis.nl

Das älteste Büchermuseum der Welt

Huis van het boek

In der Prinsessegracht folgt das Huis van het boek (ehemals Museum Meermanno), ein Vermächtnis des Barons W. H. J. van Westreenen van Tiellandt (1783 - 1848). Die Sammlung besteht im Wesentlichen aus einer umfangreichen **Bibliothek** von insgesamt fast 350 mit Miniaturmalerei reich geschmückten Handschriften und aus Frühdrucken, enthält aber auch einige antike Vasen und Bildwerke sowie chinesische und japanische Raritäten.

Prinsessegracht 30 | Di. - So. 11 - 17 Uhr | Eintritt: 11,50 € | www.huisvanhetboek.nl

Ausgehen und shoppen

Plein

An der Kunstakademie vorbei gelangen Sie entlang der Herengracht und Korte Poten zum Plein mit seinen vielen **Kneipen, Restaurants und Straßencafés**. An der Südwestecke des Plein beginnt die Straße Lange Poten, die mit ihrer Fortsetzung, der belebten Spuistraat, sowie der Grote Marktstraat den Mittelpunkt des Geschäftslebens bildet.

Grabstätte der Verschwörer

Nieuwe Kerk

Südlich von hier führt der Spui zur Nieuwe Kerk, die hauptsächlich für Veranstaltungen und Konzerte genutzt wird, aus dem 17. Jh. mit den **Grabstätten Spinozas** (▶ Interessante Menschen) im Kirchhof und der **Brüder Cornelis und Johan de Witt**, die 1672 als vermeintliche Verschwörer gegen den Prinzen von Oranien in Den Haag hingerichtet wurden.

Nördliche Stadtteile

Die weltgrößte Mondrian-Sammlung

Kunstmuseum

Nördlich vom Friedenspalast liegt das Botschafterviertel der Stadt. Die Flaggen an den Häusern lassen erkennen, welches Prachtgebäude zu welchem Land gehört. Am Rande des Parks Sorghvliet befindet sich das Kunstmuseum, das 1935 nach dem Entwurf des Architekten Hendrik Petrus Berlage (1856 - 1934) gebaut wurde. Das - auch architektonisch interessante - Museum enthält stadtgeschichtliche Exponate, bildende Kunst des 19. und 20. Jh.s, zahlreiche kunsthandwerkliche Gegenstände wie Keramik, Silber und Mobiliar sowie eine Modegalerie mit einer Kostümsammlung von über 40 000 histori-

schen Kleidungsstücken, Accessoires und Schmuckgegenständen. Hervorzuheben ist die **Abteilung Moderne Kunst** mit Werken Piet Mondrians, Paul Klees, Picassos und anderen bedeutenden Künstlern. Der überdachte Innenhof lädt zu einer Kaffeepause ein.
In einem kleinen modernen Anbau befinden sich das **KM 21** für aktuelle Kunst, das Wechselausstellungen junger Künstler zeigt, sowie das **Fotomuseum** Den Haag.

Kunstmuseum: Stadhouderslaan 41 | Di. - So. 10 - 17 Uhr | Eintritt: 17,50 € | www.kunstmuseum.nl
KM21: Stadhouderslaan 43 | Di. - So. 11 - 17 Uhr | Eintritt: 12 € | www.km21.nl
Fotomuseum: Di. - So. 11 - 17 Uhr | Eintritt: 12 € | www.fotomuseumdenhaag.nl

Lust zu experimentieren?

Museon

In dem Nachbargebäude zeigt das Museon **in populärwissenschaftlicher Weise** die Entstehung unseres Planeten, die Entwicklung der Lebens- und Kulturformen auf der Erde sowie Errungenschaften von Wissenschaft und Technik anhand von wirklichkeitsnahen Nachbildungen und Modellen sowie audiovisuellen Medien. Es besteht auch die Möglichkeit, selbst an Computern und anderen technischen Geräten zu experimentieren.

Stadhouderslaan 37 | Di. - So. 11 - 17 Uhr | Museon und das benachbarte **Omniversum** (s.u.) bilden eine Einheit. Die Eintrittskarte für 16,50 € berechtigt zum Besuch des Museums und eines Films im Dome | www.museon-omniversum.nl

Gigantisches Kino

Omniversum

Hinter dem Museon befindet sich das Omniversum, ein **Kino** mit einer riesigen, kuppelförmigen Projektionsfläche von 840 m². Dadurch wird ein täuschend wirklichkeitsnahes, dreidimensional wirkendes Lichtspiel erzeugt. Präsentiert werden hauptsächlich (populär-)wissenschaftliche Filme bzw. Programme, auch in englischer Sprache.

President Kennedylaan 5 | Mo. - Sa. ab 10 Uhr | Eintritt: 16,50 € (inklusive Besuch des benachbarten Museon) | www.museon-omniversum.nl

Machtzentrale

Catshuis, World Forum

Auf der anderen Seite, in der Johan de Wittlaan, steht in einem Park das Catshuis, der **Amtssitz des Premierministers**. Nördlich folgt das World Forum (**Kongresszentrum**), zwischen 1964 und 1968 von dem niederländischen Architekten J. J. P. Oud errichtet.

Holland en miniature

Madurodam

Am George Maduroplein liegt das Miniaturstädtchen Madurodam. Die 1952 eröffnete Anlage geht auf eine Stiftung des Ehepaars Madu-

Eine fast perfekte Illusion: Die Installation »Swimming Pool« von Leandro Ehrlich im Museum Voorlinden ist begehbar.

ro aus Curaçao zum Gedächtnis an dessen 1945 in Dachau verstorbenen Sohn zurück. Auf dem etwa sportplatzgroßen Gelände ist im Maßstab von 1:25 eine **holländische Miniaturlandschaft** naturgetreu nachgebildet: mit Grachtenhäusern, Kirchen, historischen Bauten, Palästen und Schlössern, einem Neubauviertel und dem Flughafen Schiphol; ferner Industrieanlagen, Verkehrswege und Polder mit Mühlen.

George Maduroplein 1 | Da die Öffnungszeiten stark variieren, empfiehlt sich ein Blick auf die Website (auch in Deutsch) | Eintritt: 18/23,50 € | www.madurodam.nl

Moderne Kunst par excellence

Museum Voorlinden

Unbedingt empfehlenswert, insbesondere für Liebhaber moderner Kunst, ist ein Abstecher zum Museum Voorlinden. Es liegt etwas außerhalb des Stadtkerns, im **Vorort Wassenaar**, mitten im Grünen. Schon allein das **fantastische, lichtdurchflutete Museumsgebäude** von Kraaijvanger Architects, das die umliegende Landschaft durch große Fenster mit einbezieht, ist einen Besuch wert. Drinnen gibt es nicht minder spektakuläre moderne Kunst mit Highlights wie dem »Swimming Pool« von Leandro Erlich, der riesigen Skulptur »Open Ended» von Richard Serra sowie dem überdimensionalen »Couple under an Umbrella« von Ron Mueck. Weiterhin macht das Museum immer wieder durch Wechselausstellungen auf sich aufmerksam. Im Jahr 2023 beispielsweise waren Werke von Anselm Kiefer zu sehen.

Buurtweg 90 | NL-2244 AG Wassenaar | tgl. 11 – 17 Uhr | Eintritt: 19,50 € | www.voorlinden.nl

Haagse Bos

Hirsche in der Stadt

Haagse Bos (Het Bos)

Direkt vor dem Hauptbahnhof (Centraal Station) stößt man auf eine eigenartige Erscheinung: ein Wildgehege inmitten der Stadt! Der sogenannte Koekamp (statt Kühen grasen hier Hirsche und Rehe) ist der Beginn des Haagse Bos, ein rund 100 ha großer Park, der sich bis zum königlichen Palast Huis ten Bosch erstreckt.

Wo die Königsfamilie wohnt ...

Huis ten Bosch

Am Ostende liegt das einstige Königliche Lustschloss Huis ten Bosch. Pieter Post baute es 1644 – 1646 für Amalia van Solms, die Frau des Statthalters Frederik Hendrik. Nach einer Renovierung sind hier König Willem-Alexander, seine Frau Königin Máxima sowie die drei Töchter Amalia, Alexia und Ariane eingezogen. Das Schloss ist nicht zugänglich.

Schnelle Flitzer und alte Kutschen

Louwman Museum

An der Nordostecke des Haagse Bos befindet sich das Louwman Museum. Mit rund 230 Fahrzeugen dokumentiert es die **Entwicklung des Automobils** von seinen Anfängen bis zur Gegenwart. Neben Dampfautos, elektrischen Autos und Sportwagen gibt es hier exklusive Limousinen zu sehen.

Leidsestraatweg 57 | Di. – So. 10 – 17 Uhr | Eintritt: 19 € | www.louwmanmuseum.nl

★ Wohin in Scheveningen?

Trubelig

Seebad

Der nördlich gelegene beliebte Badeort Scheveningen, ursprünglich nur ein einfaches Fischerdorf, heute **Stadtteil von Den Haag** und in rund 20 Minuten mit öffentlichen Verkehrsmitteln vom Zentrum gut zu erreichen, ist das mit Abstand meistbesuchte Seebad der Niederlande, obwohl das Stadtbild alles andere als einladend wirkt. An sonnigen Tagen tummeln sich Tausende von Besuchern und genießen bis in die Nacht Beachlife bei Cocktails und Nachos. Gut zu wissen: Wegen der Stürme und Überflutungen wandern die Beachclubs in den kalten Monaten ins Winterlager. Wegen der Überschwemmungsgefahr wurden in den letzten Jahren die Deiche erhöht und der Strand verbreitert. Eine **moderne Uferpromenade** mit eigenen Wegen für Fußgänger, Autos und Fahrräder entstand. Wanderungen durch die Dünen, Beachvolleyball oder Angeln im Scheveninger Fischereihafen sind nur einige der **vielfältigen Freizeitaktivitäten**, denen man in dem beliebten Nordseebad nachgehen kann.

Der 381 m lange **Pier** erfuhr in den letzten Jahren eine wahre Metamorphose: Schwindelfreie können sich im Riesenrad über dem Meer in

Am Scheveninger Pier hat sich in den vergangenen Jahren einiges getan. Umgeben vom Meer können Sie hier einen Perspektivwechsel wagen.

luftige Höhen tragen lassen (auf Wunsch mit Kaffee und Kuchen in der Kabine), Mutige fordern ihre eigenen Grenzen beim Bungeespringen oder Ziplinen heraus und diejenigen, die es ruhiger angehen lassen möchten, widmen sich mit Leib und Magen dem Angebot des Foodboulevards, wo es Burger, Bier und Pommes gibt. Regelmäßig finden auf dem Pier auch Veranstaltungen wie Märkte statt.
Vom Fischereihafen im Südwesten bis zum Strandhotel im Nordosten führt am Dünenrand über dem Strand der etwa 3 km lange **Boulevard** (Strandweg) entlang, an dem zahlreiche Hotels und Restaurants mit Seeterrassen liegen. Mittelpunkt des Badelebens ist das stattliche, unter Denkmalschutz stehende, 1885 eingeweihte **Kurhaus** im Jugendstil. Das Kurhaus beherbergt heute ein Luxushotel; gegenüber befindet sich ein Spielkasino.

Auge um Auge mit dem Hai

Sea Life Centre

Attraktion des Aquarium Sea Life Centre ist ein **Acryl-Tunnel**, durch den man wandern und Rochen, Seeaale oder Katzenhaie aus nächster Nähe beobachten kann.

Strandweg 13 | tgl. 10 – 17 Uhr | Eintritt: 23 € | www.sealife.nl

Spielen und staunen

Legoland Scheveningen

Neben Spielzonen, in denen man selbst mit Legosteinen bauen kann, gibt es **Nachbauten von Sehenswürdigkeiten** in Den Haag und Scheveningen sowie ein 4D-Kino und einen Indoor-Zoo.

Strandweg 13 K | tgl. 9.30 – 18, im Winter 10 – 17 Uhr | Eintritt: 23 € | www.legolanddiscoverycentre.com/scheveningen

Skulpturen am Meer

Museum Beelden aan Zee

Rund 200 m vom Kurhaus entfernt, zeigt das Museum Beelden aan Zee am Boulevard unweit des alten Pavillons über 650 Skulpturen etwa von Alfred Hrdlicka, Niki de Saint Phalle, Jan Meefout oder Ger-

SCHEVENINGEN ERLEBEN

VVV Informatiepunt
Strandweg 156
NL-2586 JW Den Haag
https://denhaag.com
Di. - Fr. 12 - 17,
Sa. - So. 11 - 17 Uhr

❶ LEMONGRASS €€

Etwas verstecktes Restaurant im Hafen. Täglich wechselnde Drei- oder Vier-Gänge Menü von Chefkoch Ino de Rapper. Große Wein-Auswahl.
Dr. Lelykade 24
Tel. 070 / 3 52 02 95
www.lemongrass.nl

❷ CATCH BY SIMONIS €€€

Man fühlt sich ein bisschen wie an der Côte d'Azur, wenn man hier auf der Restaurantterrasse sitzt, und bei einem Glas Weißwein und fangfrischem Fisch der Blick über die Jachten im Scheveninger Hafen wandern lässt.
Wer es bodenständiger (und auch günstiger) mag, der holt sich den Fisch direkt beim bekannten Fischhändler und Namensgeber Simonis im (Laden-)Restaurant um die Ecke am Visafslagweg 20.
Dr. Lelykade 43
070 / 3 38 76 09
catch-bysimonis.nl

❶ AMRATH KURHAUS HOTEL €€€

Das Luxushotel mit 460 Betten am Strand ist seit über 100 Jahren ein Wahrzeichen des Landes. Die luxuriöse Lobby mit Kristallkronleuchtern und der märchenhafte Saal im ersten Stock entsprechen der beeindruckenden Jugendstilfassade.
Gevers Deynootplein 30
NL-2586 CK Den Haag
Tel. 070 / 4 16 26 30
www.amrathkurhaus.com

❷ DEN HAAG MARINA BEACH €€€

Direkt am Strand gelegenes, modernes Hotel mit Infinity-Pool im obersten Stockwerk und Eckzimmern mit Badewanne, von denen aus man das Meer überblicken kann.
Strandweg 1,
NL- 2586 JK Den Haag
Tel. 070 / 2 17 07 10
www.inntelhotelsdenhaagmarinabeach.nl/de/

---

hard Marcks. Der Architekt Wim Quist entwarf dieses schlichte Museumsgebäude, das einen herrlichen Blick auf das Meer erlaubt.
Harteveltstraat 1 | Di. – So. 10 – 17 Uhr | Eintritt: 17,50 € | www.beeldenaanzee.nl

Wie man früher baden ging

Muzee Scheveningen

Das Muzee Scheveningen ist ein Zusammenschluss des Scheveninger Museums mit dem Zeemuseum und verfügt daher über eine **kulturhistorische und eine meeresbiologische Sammlung**. Das Museum dokumentiert u. a. die Geschichte des Fischer- und Badeortes Scheveningen und besitzt sogar über 30 000 Muschelarten.
Neptunusstraat 92 | Mi. – So. 11 – 17 Uhr | Eintritt: 9,50 € | www.muzeescheveningen.nl

Austern schlürfen mit Blick auf die Segelboote

Hafen

Im südlichen Abschnitt der Scheveninger Strandpromenade steht der Vuurtoren (**Leuchtturm**; Anfragen zum Besuch im Muzee Scheveningen). Weiter südlich liegt der Fischerei- und Jachthafen, Ausgangspunkt beliebter Nordseeangeltouren. Besuchenswert sind auch die **Fischhalle** und Fischversteigerungen sowie die Spezialitätenrestaurants mit Terrassen am Jachthafen.

Ein Blick ins Himmelsgewölbe

Kijkduin

Südlich von Scheveningen bietet Kijkduin, das zweite **Seebad** Den Haags, gute Bademöglichkeiten. In den Dünen von Kijkduin versteckt sich das 1996 entstandene **Landschaftskunstwerk** »Hemels Gewelf« des Amerikaners James Turrell. An der Machiel Vrijenhoeklaan 175 führt eine Treppe über die Düne, dahinter liegt eine große Kuhle mit einer steinernen Bank in der Mitte. Legt man sich auf die Bank und schaut in den Himmel, erscheint er optisch als rundes Gewölbe.

DEN HELDER

Provinz: Noord-Holland | **Einwohnerzahl:** 56 580

Die meisten Besucher durchqueren Den Helder nur schnell auf dem Weg nach Texel, denn dort sticht die Fähre in See. Sehr schade, denn der große historische Gebäudekomplex Willemsoord, eine ehemalige Schiffswerft, bietet einige Gründe zum Bleiben: das Marinemuseum mit begehbarem U-Boot, den Museumshafen mit Feuerschiff und – last but not least – ein paar außergewöhnliche Cafés und Restaurants im Industrie-Design. Soll die Fähre doch warten ...

»Gibraltar des Nordens«

Den Helder entstand um 1500 und war noch gegen Ende des 18. Jh.s ein Fischerdorf, wurde jedoch seit 1811 von Napoleon I. als »Gibraltar des Nordens« und später von der niederländischen Regierung stark befestigt. Mit der Erbauung des Nordseekanals musste die Stadt ihre frühere Bedeutung als Vorhafen der niederländischen Hauptstadt größtenteils an IJmuiden abtreten. Heute ist Den Helder der größte Marinehafen der Niederlande.

Wohin in Den Helder?

Ein U-Boot namens Thunfisch

Willemsoord

Am Hafen befindet sich die **ehemalige Schiffswerft** Willemsoord. Heute beherbergen die schönen Gebäude aus dem 19. Jh. diverse Büros, Restaurants und Kulturinstitute. Dazu gehört ein Museumshafen mit mehr als 30 bemerkenswerten alten Schiffen, ein Kino, ein Casino und ein Kinderspielparadies.

Neben der Werft ist das **Marinemuseum** in einem von 1827 stammenden Sprengstoffarsenal untergebracht. Das 1966 eröffnete Museum dokumentiert die **Geschichte der Kriegsmarine**, beginnend mit dem Jahr 1813. Die Marine erhielt ihren königlichen Status, als die Niederlande 1815 ein Königreich wurden. Rund 3000 Exponate wie Gemälde, Schiffszubehör und nautische Geräte sind zu sehen, darunter maßstabsgetreue Schiffe, Waffen, Abbildungen und Uniformen mit Auszeichnungen. Man lernt das Leben an Bord des Panzerschiffs »Schorpioen« (1868) und des Minenlegers »Abraham Crijnssen« (1936) kennen, oder man kriecht durch die Luke des Unterseebootes »Tonijn« (»Thunfisch«, 1966). Es werden auch Fragen beantwortet, wie groß die Schlafkojen im U-Boot sind, wie Minen entschärft werden und was es bei der Marine zu essen gibt.

Hoofdgracht 3 | tägl. 10 – 17 Uhr, im Winter Mo. geschl. | Eintritt: 12 € | www.marinemuseum.nl

DEN HELDER ERLEBEN

VVV DEN HELDER
Willemsoord 52A
NL-1781 AS Den Helder
Tel. 02 23 / 67 46 00
www.vvvtopvanholland.nl
Mo. - Sa. 10 - 16 Uhr

LANDS END €€
Direkt am Hafen gelegen: Aus allen Zimmern sowie von der Terrasse des Restaurants haben Sie eine schöne Aussicht aufs Meer und die Schiffe.
Havenplein 1
NL-1781 AB Den Helder
Tel. 02 23 / 62 15 70
www.landsend.nl

Beeindruckende Dünenkunst

Von 1980 bis zu seinem Tod im Jahr 2006 arbeitete der **Künstler R.W. van de Wint** (1942 – 2006) an seinem Gesamtkunstwerk »De Nollen«: In den Dünen von Den Helder ist ein Park voller kurioser **Stahlskulpturen** entstanden. Ein Museum, das Gemälde, Zeichnungen und Objekte des Künstlers zeigen wird, befindet sich derzeit im Bau. De Nollen

Burgemeester Ritmeesterweg 10 | April - Okt. Do. - So. 10.30 - 17 Uhr | Innenbesichtigungen nur mit Führung (11, 13, 15 Uhr) | Eintritt: 15 € | https://projectdenollen.nl

Wie ist es bei Sturm auf See?

Das **Nationale Rettungsmuseum** Dorus Rijkers informiert den Besucher über das niederländische Rettungswesen und beleuchtet das Thema Sicherheit auf See. Auf die Besucher warten u.a. ein Windtunnel und ein Fahrsimulator und im Sommerm Hafenrundfahrten. Het Nationaal Reddingmuseum Dorus Rijkers

Willemsoord 60G | Di. - So. 10 - 17 Uhr | Eintritt: 11 € | www.reddingmuseum.nl

Rund um Den Helder

Großer, roter Lichtblick am Meer

Vom Hafen führt ein aus norwegischen Granitblöcken bestehender und über 60 m tief ins Meer gesenkter Deich zu dem Dorf Huisduinen mit einem 63,45 m hohen **De Lange Jaap**, dem höchsten gusseisernen Leuchtturm Europas. Der Deich, auch Zeepromenade genannt, da er einen herrlichen Ausblick über das Marsdiep zur Insel Texel bietet, schützt die stets von Sturmfluten bedrohte Küste über eine Länge von ca. 10 km. Das im Auftrag von Kaiser Napoleon erbaute **Fort Kijkduin** ist nach seiner kompletten Renovierung nunmehr als historisches Huisduinen

Monument zugänglich. Im Rahmen von Führungen sind die unterirdischen Gänge und Bunkeranlagen zu besichtigen. Eine besondere Attraktion des Forts ist das **Seeaquarium** in einem Teil der Bunkeranlage mit einem 15 m langen Glastunnel; selbst der Boden, über den man läuft, besteht aus Glas.
Admiraal Verhuellplein 1 | tgl. 10 – 17, im Winter Sa. – Do. 11 – 17 Uhr | Eintritt: 11 € | www.fortkijkduin.nl

Dierenpark Hoenderdaell

Ausflug in die exotische Tierwelt
Im **zweitgrößten Zoo der Niederlande** können Sie zwischen Lemuren und Totenkopfäffchen spazieren gehen, Loris füttern sowie Löwen und Bären bestaunen.
Van Ewijckskade 1 | NL-1761 JA Anna Paulowna | tgl. 9.30 – 17.30 Uhr | Eintritt: ab 14,50 € | https://hoenderdaell.nl

Natuurpark Donkere Duinen

Vor der Abfahrt noch ein Bad ...
Südlich von Huisduinen erstreckt an der Nordseeküste ein Badestrand. Landeinwärts ist der Naturpark Donkere Duinen sehenswert.

★ DEVENTER

Provinz: Overijssel | **Einwohnerzahl:** 102 800

Ältestes steinernes Haus, ältester Park, älteste wissenschaftliche Bibliothek des Landes – diese Stadt hat schon ein paar Jahre auf dem Buckel. Dabei hat sie sich ihren Charme bewahren können, und auf dem malerischen Marktplatz mit den vielen Straßencafés sprüht es nur so von Leben. Wie wär's mit einem »koffie verkeerd« und dazu einen Deventer Koek? Auch seine traditionsreichen Kuchenrezepte sind über 400 Jahre alt!

Auf einen Deventer Koek

Die Ursprünge der einstigen Hansestadt an der IJssel gehen auf die karolingische Zeit um 809 zurück. Schon im 9. Jahrhundert entwickelte sich Deventer zu einem bedeutenden Handelszentrum mit regem Kulturleben. In Deventer gebürtig war der Theologe Geert Groote (1340 bis 1384), der 1376 die Klostergemeinschaft »Brüder des gemeinsamen Lebens« stiftete. Zu ihren Mitgliedern zählten auch Erasmus von Rotterdam, der in den Jahren von 1475 bis 1476 in Deventer wohnte, Papst Adrianus VI. und René Descartes. Der Maler Hendrick Terbruggen wurde 1588 ebenfalls in Deventer geboren. Sein bekanntes Gemälde »Vier Evangelisten« ist im Museum De Waag zu sehen.

Wohin in Deventer?

Schöne Aussichten

★ Grote Kerk (Lebuinuskerk)

1040 stiftete der aus Utrecht vor den Normannen geflüchtete Bischof Bernoldus eine Kapitelkirche, auf deren Resten im 15. Jh. eine mächtige gotische Basilika gebaut wurde. Vom 1612 fertiggestellten Turm genießen Sie einen herrlichen Blick über die Stadt.

Eine Kirche als Kanonendepot

Mariakerk

An der Nordwestecke der Kirche befinden sich die Überreste der einstigen Pfarrkirche Mariakerk aus dem 15. Jahrhundert. Nach dem teilweisen Abbruch im 17. Jh. diente sie längere Zeit als Waffenlager. Heute wird sie für Veranstaltungen genutzt.

Stilmix für den Bürgermeister

Stadhuis

An der Südostseite des Grote Kerkhof liegt das **Rathaus**, bestehend aus den mittelalterlichen Gebäuden Landhuis (altes Rathaus; am

Das stimmungsvolle Bergkwartier – die perfekte Kulisse für das Charles-Dickens-Festival, das alljährlich die Figuren des berühmten Autors lebendig werden lässt.

DEVENTER ERLEBEN

VVV DEVENTER
Brink 89, NL-7411 BX Deventer
Tel. 05 70 / 71 01 20
www.deventer.info
Di. - Sa. 10 - 17,
So. u. Mo. 11 - 16 Uhr

Charles-Dickens-Festival im Bergkwartier an einem Wochenende im Dezember
dickensfestijn.nl

❶ 'T ARSENAAL €€€€
Lokal in zwei historischen Gebäuden, darunter einer Kapelle (15. Jh.). Französische/mediterrane Küche.
Nieuwe Markt 33-34
Tel. 05 70 / 61 64 95
www.restaurantarsenaal.nl
So. geschl.

❷ DE SJAMPETTER €€€
Französisch-holländische Küche in einer urgemütlichen »Braunen Kneipe«. Es gibt auch Pfannkuchen.
Brink 81
Tel. 05 70 / 61 71 55
www.sjampetter.nl

❶ HOTEL HANZESTADSLOGEMENT DE LEEUW €€
Gemütliches Familienhotel (26 B.) in einem historischen Haus (1645) in der Innenstadt. Zum Hotel gehört ein Tee- und Kaffeehaus, ein Hansemuseum und ein Laden mit über 200 verschiedenen Süßigkeiten.
Nieuwstraat 25
NL-7411 LG Deventer
Tel. 05 70 / 61 02 90
www.hoteldeleeuw.nl

❷ FINCH BOUTIQUE-HOTEL €€
Stilvolles, zentral gelegenes Gebäude mit gemütlichen Zimmern und einer Bar.
Keizerstraat 20,
NL-7411 HH Deventer
Tel. 05 70 / 23 60 00
https://hotelfinch.nl

Kerkhof) und Wanthuis (an der Polstraat). Im 17. Jh. erhielt das Landhuis eine Giebelfassade im Stil der Renaissance und das Wanthuis eine pilastergeschmückte Seitenfassade. Im Jahr 2016 zogen die Stadtbeamten in einen Neubau, dessen Fenster die Fingerabdrücke von 2264 Einwohnern von Deventer zieren.

Malerischer, historischer Platz

Brink

Am Brink, dem weiten Hauptplatz von Deventer, stehen zahlreiche Häuser mit schmucken Fassaden. Das schönste Gebäude ist die spätgotische **Waage**, erbaut von 1528 bis 1531, mit stattlicher Freitreppe von 1644. In der Waage sowie in dem hinter der Waage liegenden Haus »De Drei Haringen« von 1575 ist auch das **Museum De Waag** untergebracht. Gezeigt werden Gegenstände aus der Geschichte der Stadt und ihrer Umgebung sowie Gemälde von Gerard ter Borch (II) und Hendrick ter Brugghen aus dem 17. Jh. An der Fassade hängt ein

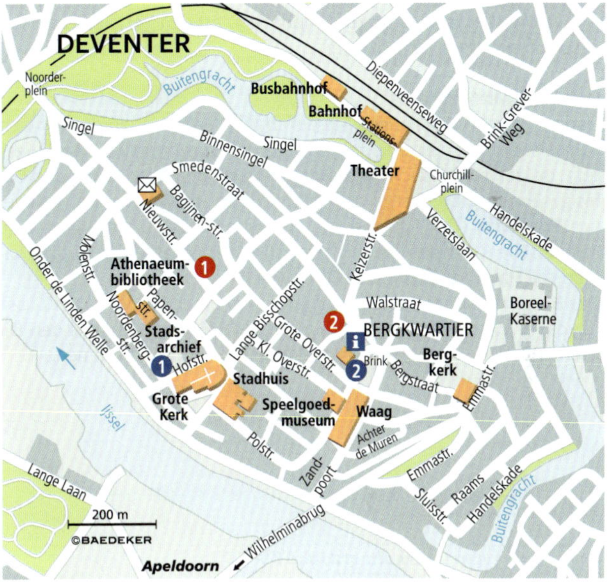

1 't Arsenaal
2 De Sjampetter

1 Hotel Hanzestadslogement De Leeuw
2 Finch Boutique Hotel

Kupferkessel, in dem man Falschmünzer in kochendem Wasser oder siedendem Öl hinrichtete.
An der Westseite des Platzes (Nr. 89) befindet sich das **Penninckshuis** von 1588, eine frühere Mennonitenkirche. Die Fassade im Renaissancestil schmücken Symbolfiguren der christlichen Tugenden. Vor dem Haus erhebt sich das Standbild von Albert Schweitzer.
Das **Speelgoedmuseum** (Spielzeugmuseum) ist in den ehemaligen Lagerhäusern Kronenburg und Vogelensang untergebracht. Es sind außergewöhnliche Puppen, Puppenhäuser von 1850 bis heute, optische Spielsachen und Modelleisenbahnen zu sehen.
Museum De Waag: Brink 56 | Di. – So. 11 – 17 Uhr | Eintritt: 9 € | http://museumdewaag.nl
Speelgoedmuseum Deventer: Brink 47 | Di. – So. 11 – 17 Uhr | Eintritt: 7,50 € | www.speelgoedmuseumdeventer.nl

Nach 400 Jahre altem Rezept

Ein zauberhafter alter **Tante-Emma-Laden**, in dem Deventer Honigkuchen verkauft werden, ist der Bussink's Koekwinkel (Brink 84). Die

Bussink's Koekwinkel

Auswahl an Leckereien ist klein, aber fein. An den Verkaufsraum angeschlossen ist ein kleines Café.

Reise ins Mittelalter

Bergkwartier

Östlich vom Brink gelangen Sie durch die Bergstraat zu dem unweit vom IJsselufer gelegenen, alten Stadtteil Bergkwartier (**Bergviertel**), dessen romantische **Walstraat** von kleinen Geschäften und Cafés gesäumt ist. Das Bergkwartier wird überragt von der hoch gelegenen **Bergkerk** (St. Nicolaaskerk) aus dem 12. Jh., ursprünglich eine romanische Kreuzbasilika mit zwei Türmen. Anfang des 15. Jh.s kamen das Hauptschiff und das Querhaus hinzu.

Das Bergkwartier bietet jedes Jahr im Dezember die perfekte Kulisse für das **Dickens-Fest**, bei dem mehr als 950 Personen aus den Dickens-Büchern zum Leben erwachen und die Straßen säumen.

www.nvbergkwartier.nl

DOKKUM

Provinz: Fryslân | **Einwohnerzahl:** 12 965

Das vergessen die niederländischen Friesen nicht: Als sie der aufdringliche, angelsächsische Benediktinermönch Bonifatius bekehren wollte, machten sie kurzen Prozess und erschlugen ihn und seine Begleiter. Dem Bonifatius brachte dies den Märtyrerstatus, den Friesen die Freiheit.

Nördlichste Stadt der Niederlande

Von 1596 bis 1645 war Dokkum, die nördlichste Stadt der Niederlande, Sitz der friesischen Admiralität. Heute ist die sternförmig von Wällen und Grachten umgebene alte Festungs- und Handelsstadt ein beschaulicher Ort.

Wohin in Dokkum?

Hoffnung und seltene Ruhe

De Hoop, Zeldenrust, Grote Kerk

Auf den restaurierten Festungswällen stehen **zwei Getreidemühlen**: »De Hoop« (Hoffnung) und »Zeldenrust« (Seltene Ruhe). Im Inneren der schönen zweischiffigen Grote Kerk (St. Martinuskerk) aus dem 15. Jahrhundert sind vor allem die Kanzel von 1751 und der Orgelschrank von 1688 zu beachten. Das Rathaus der Stadt aus dem Jahr 1608 besitzt einen recht sehenswerten Ratssaal im Rokokostil.

DOKKUM ERLEBEN

www.dokkum.nl

PIZZERIA ROMANA €€

Italienisches im Grachtenhaus oder auf der Terrasse am Wasser.
Koornmarkt 8
Tel. 05 19 / 29 77 56
www.pizzeria-romana.nl

HOTEL CAFÉ RESTAURANT DE POSTHOORN €€

Inmitten der Altstadt und am Fluss gelegenes kleines Hotel mit einfachen Zimmern, einem Appartement und einem Restaurant; schöne Terrasse mit Blick aufs Wasser.
Diepswal 21
Tel. 05 19 / 29 35 00
www.hotel-deposthoorn.nl

Regionale Schmuckstücke

Museum het Admiraliteitshuis

Das Admiraliteitshuis im Renaissancestil wurde 1618 als Sitz der Admiralität von Groningen und Friesland erbaut und 1963 als **Regionalmuseum** umgestaltet. Hier können Sie sich neben Funden aus den frühen Warftensiedlungen (aufgeschüttete Erdhügel als Wohnplatz und zum Schutz vor Sturmfluten) sowie Besitztümern eines ehemaligen Klosters, friesische Trachten, Antiquitäten und Schmuck anschauen.
Diepswal 27 | Mo. – Sa. 10 – 17 Uhr | Eintritt: 6,50 € | www.museumdokkum.nl

Rund um Dokkum

Mit einer hübschen Kirche

Im Dorf Kollum südöstlich von Dokkum sind einige schöne Häuser in der Oostenburgstraat und am Westerdiepswal, das Rathaus im Empirestil und die gotische **St. Maartenskerk** sehenswert. Der Backsteinbau besitzt einen Turm aus Tuffstein mit einer spitzen Bekrönung aus dem 17. Jh. und hübsche Gewölbemalereien im Inneren.

Zu Besuch bei einer Baronin

Veenklooster

Südwestlich von Kollum liegt der Ort Veenklooster mit dem Landhaus **Fogelsangh State** aus dem 17. Jahrhundert. Es wurde an der Stelle eines Prämonstratenserklosters errichtet und im 18. und 19. Jh. erweitert. Die Innenausstattung der Räume legt Zeugnis ab vom Leben des friesischen Adels im 18. und 19. Jahrhundert. Zu besichtigen ist ferner eine historische Kutsche. Das wunderschöne Landhaus ist noch immer in Besitz einer Baronin.
Kleasterwei 1 | Mai – Sept. Di. – So. 13 – 17 Uhr | Eintritt: 5 € | www.fogelsangh-state.nl

DOORN

Provinz: Utrecht | **Einwohnerzahl:** 10 500

K 16

Der kleine Ort Doorn, südöstlich von Utrecht, war das Exil des letzten deutschen Kaisers Wilhelm II., der bis zu seinem Tod 1941 hier lebte. Sein Schloss, Huis Doorn, können Sie besichtigen.

Kaiserliches Exil

Bis zu seinem Tod hoffte Wilhelm II. (1859 – 1941), als Kaiser wieder nach Deutschland zurückkehren zu können. Seine Zeit im Exil verbrachte er am liebsten mit Feuerholzhacken, was ihm den Ruf als »Hollands fleißigster Holzhacker« einbrachte.

Wohin in Doorn?

★ Huis Doorn

Das stille Örtchen im Kleiderschrank

Nach seiner Abdankung 1918 kaufte der letzte deutsche **Kaiser Wilhelm II.** Huis Doorn – ein im 18. Jahrhundert klassizistisch umgebautes Schlösschen in einem reizvollen Waldpark – und bewohnte es von 1920 bis zu seinem Tod, während er sich mit unter anderem Holzha-

DOORN ERLEBEN

VVV DOORN
(im Huis Doorn)
Langbroekerweg 10
NL-3941 EJ Doorn
Tel. 03 43 / 41 20 15
www.vvvheuvelrug.nl
Di. – So. 13 – 17 Uhr

BOSRESTAURANT OVERBERG €€€
Mitten im Grünen, ca. 10 km östlich von Doorn, liegt dieses empfehlenswerte Restaurant – ein seit 1980 bestehender Familienbetrieb in einem alten Bauernhof aus dem Jahr 1882. Hier werden vor allem vorzügliche niederländische und italienische Gerichte serviert.
Dwarsweg 63
Tel. 03 43 / 48 14 24

BOSHOTEL OVERBERG €€€
Das Vier-Sterne-Hotel liegt am Rand des Nationalparks Utrechtse Heuvelrug. Es hat 24 schicke Zimmer und 2 Suiten und verfügt über Wellnesseinrichtungen (Sauna, türkisches Dampfbad, Solarium). Darüber hinaus bietet es ein Restaurant, eine Bar und einen großen Garten.
Dwarsweg 63 b
NL-3959 AE Overberg
Tel. 03 43 / 47 55 47
www.boshoteloverberg.nl

Das prächtige Huis Doorn beherbergte Kaiser Wilhelm II. nach seiner Abdankung.

cken für die Wiedererrichtung der Monarchie fit hielt – nach dem Ende der »Saurepublik«. Der kaiserliche Wohnsitz im Hauptgebäude enthält die ursprüngliche Wohnungseinrichtung mit zahlreichen **Exponaten aus seinem persönlichen Besitz**, unter anderem eine Sammlung von Schnupftabakdosen seines Vorbilds Friedrich der Große, militärische Orden und Uniformen, Familienfotos und -gemälde. In Wilhelms Schlaf- und Sterbezimmer hängt noch sein Morgenmantel, am Boden liegen seine Pantoffeln. Im Badezimmer seiner ersten bzw. zweiten Frau, Auguste Victoria und Hermine, findet sich das stille Örtchen dezent verborgen – im Kleiderschrank! Im **Mausoleum** auf dem Parkgelände hat Wilhelm seine letzte Ruhe gefunden. Zum Schloss gehört auch ein zauberhafter Rosengarten, in dem Wilhelm II. Tausende von Rosen anpflanzen ließ.
Langbroekerweg 10 | Di. – So. 13 – 17 Uhr | Eintritt: 12 € | www.huisdoorn.nl

Rund um Doorn

Niederländische Loire

Langbroeker Wetering

Südlich von Doorn reihen sich auf der Langbroeker Wetering – einer nach der Gemeinde Langbroek benannten Strecke – zahlreiche, nicht zugängliche **Schlösser** entlang des Kromme Rijn. Sie stammen aus dem 13. und 14. Jh., wurden aber im 18. und 19. Jh. umgebaut und erinnern an die Zeit der Ritter und Schlossherren, die sie bewohnten, sowie an die Loire-Schlösser in Frankreich; nicht von ungefähr heißt diese Gegend im Volksmund auch Niederländische Loire. Dazu zählen die Schlösser Beverweerd, Sterkenburg, Moersbergen, Hardenbroek, Sandenburg, Zuylenburg und nicht zuletzt Schloss Broekhuizen, das 1810 im Empirestil gebaut wurde.

Wilhelm II., Tabak und ein Schloss

Amerongen

Südöstlich von Doorn liegt an der Südseite des Utrechtse Heuvelrug (Utrechter Höhenrücken) der Ort Amerongen. Sehenswert sind die auf einem Hügel stehende **Andreaskirche** aus der zweiten Hälfte des 15. Jh.s. und das **Tabaksteeltmuseum** Amerongen, das in einer ehemaligen Tabakscheune untergebracht ist und über die 300-jährige Tabakkultur im Südosten der Provinz Utrecht informiert.
Das mittelalterliche **Kasteel** Amerongen in einer großen Parkanlage wurde 1673 von den Franzosen zerstört; nur Teile des Turms blieben erhalten. Zwischen 1676 und 1681 entstand ein **neues Schloss**. Ende des 19. Jh.s wurde das Innere nach Entwürfen von P. J. H. Cuypers neu gestaltet, so auch die Deckengemälde der Oberen Galerie. Sehenswert sind der Speisesaal und das Gobelinzimmer. In Schloss Amerongen wohnte von 1918 bis 1920 der deutsche **Kaiser Wilhelm II.** nach seiner Abdankung. Nach zehnjähriger Renovierung erstrahlt das Wasserschloss heute in neuer Pracht.

Tabaksteeltmuseum: J. H. van den Boschstraat 46 | April – Oktober Mi. – So. 13 – 17 Uhr | Eintritt: 3,50 € | www.tabaksteeltmuseum.nl
Kasteel: Drostestraat 20 | Für die aktuellsten Öffnungszeiten empfiehlt sich ein Blick auf die Website | Eintritt: 15 € | www.kasteelamerongen.nl

Tierische Sensationen

Rhenen

Wenn man von Amerongen entlang des Niederrheins flussaufwärts fährt, gelangt man nach Rhenen. Das Städtchen wird überragt von dem **Cuneratoren**, erbaut von 1492 bis 1531, einem der schönsten spätgotischen Türme des Landes, der an den Domturm von ► Utrecht erinnert. Einst kamen die Pilger zu den Reliquien der hl. Cunera, die heute noch in der St. Cunerakerk aufbewahrt werden.
Östlich von Rhenen erhebt sich der **Grebbeberg** – ein Verteidigungspunkt der niederländischen Streitkräfte im Mai 1940. An die Opfer des Zweiten Weltkriegs erinnern ein Denkmal und ein Soldatenfried-

hof. Auf dem Grebbeberg befindet sich der Zoologische Garten **Ouwehands Dierenpark** – mit seinen weißen Löwen und weißen Tigern, Braun- und Eisbären, Orang-Utans und Seelöwen die größte Attraktion von Rhenen. Seit 2017 hat der Zoo eine neue Sensation: Im Palast Pandasia wohnen nun Wu Wen und Xing Ya, zwei Riesen-Pandabären.

Grebbeweg 111 | tgl. ab 10 Uhr | Eintritt: ab 28,50 €, Preis ist variabel je nach Jahreszeit und je nachdem ob werktags oder am Wochenende| www.ouwehand.nl

★★ DORDRECHT

Provinz: Zuid-Holland | **Einwohnerzahl:** 121 400

Diese Stadt war reich, das ist zu sehen. So strotzt es im Haus des Bankers Simon van Gijn nur so von Seidentapeten, Kronleuchtern und chinesischem Porzellan. Die Grundlage für den gut gefüllten Geldsack der Stadt waren die Häfen: ein Binnen- und ein Seehafen, obwohl das Meer 50 km entfernt ist. Das machte Dordrecht zur reichsten Handels- und Hafenstadt der Niederlande. Welterbe-Reichtum ist heutzutage bei denWindmühlen von Kinderdijk zu bestaunen.

Erstmals urkundlich erwähnt wurde Dordrecht um das Jahr 1138, und zwar unter dem Namen Thuredri(c)ht. Als der Ort im Jahre 1220 Stadtrechte erhielt – früher als jede andere holländische Siedlung –, war er bereits ein wichtiges Handelszentrum und besaß durch seinen Hafen Verbindungen unter anderen nach England, den Rheinlanden und Flandern. Die **Elisabethflut**, deren Überreste noch bis heute im Brabantse Biesbosch zu sehen sind, setzte jedoch im Jahre 1421 das Gebiet südlich der Stadt gänzlich unter Wasser und hemmte die wirtschaftliche Weiterentwicklung Dordrechts, denn es war dadurch weitgehend vom Landverkehr abgeschnitten. 1457 brannte die Stadt teilweise ab. Erst im 16. Jahrhundert gewann sie wieder an Bedeutung. Am Ende des gleichen Jahrhunderts wurde Dordrecht zu einem wichtigen Zentrum des Unabhängigkeitskampfes. Nach der Einnahme Brielle im Jahre 1572 trat die Stadt auf die Seite des Prinzen Wilhelm I. In Dordrecht kamen die Abgeordneten der zwölf sich unabhängig erklärten Städte zusammen und ernannten Wilhelm I. zum Statthalter Hollands. Mit dieser Versammlung ging schließlich die **Gründung der Vereinigten Provinzen** einher.

Älteste Stadt Hollands

DORDRECHT ERLEBEN

VVV DORDRECHT
Spuiboulevard 99
NL-3311 GN Dordrecht
Tel. 0 78 / 7 13 00 0
https://indordrecht.nl
Mo. - Fr. 9.30 - 17.30, Sa. 10 - 17, So. 11 - 15 Uhr

❶ DE STROPER €€€
Beim »Wilddieb« kommen ausgezeichnete Fischgerichte auf den Tisch. Im Sommer auch auf der Terrasse.
Wijnbrug 1
Tel. 0 78 / 6 13 00 94
https://destroper.nl
Mo. u. Di. geschl.

❷ KOP VAN'T LAND €€€€
Das Paradies für Vegetarier: Es gibt nur Menüs mit vier bis sieben Gängen. Was hier aus regionalen und saisonalen Zutaten gezaubert wird, überzeugt auch »Eingefleischte«, zudem gibt's vier Gästezimmer.
Zeedijk 32 (ca. 8 km östlich außerhalb, an der Waal)
Tel. 0 78/ 630 06 50
www.kopvanhetland.nl
Mi. geschl.

❶ VILLA AUGUSTUS €€–€€€
In einem ehemaligen Wasserturm befinden sich 20 Zimmer, weitere 17 im Hofgarten. Alle sind individuell eingerichtet. Einzigartig ist die Lantarenkamer im obersten Stockwerk mit Zugang zur Glaskuppel, die eine fantastische Aussicht bietet.
Oranjelaan 7
3311 DH Dordrecht
Tel. 0 78 / 6 39 31 11
www.villa-augustus.nl

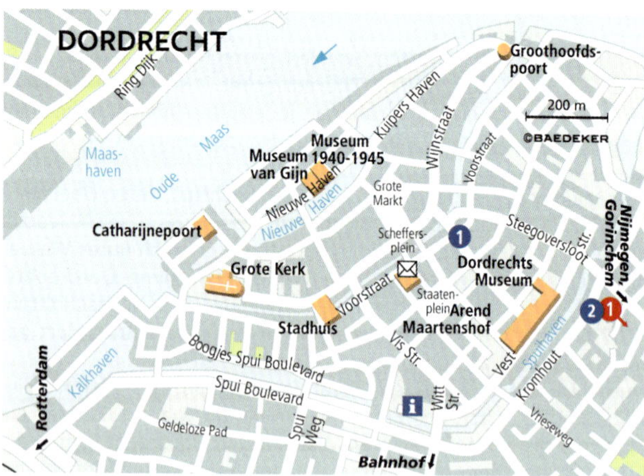

❶ De Stroper
❷ Kop van t'Land

❶ Villa Augustus

Wohin in Dordrecht?

Am hübschen Hauptkanal entlang ...

Den Hauptkanal der Stadt bildet der Voorstraats Haven. Entlang der Gracht schlängelt sich durch das gesamte Stadtzentrum die Hauptgeschäftsstraße, die Voorstraat, die von schönen Häuserfassaden gesäumt wird.

Voorstraat

... und den schiefen Turm hinauf

Am westlichen Ende der Voorstraat bei der Grote Kerkbuurt erhebt sich die Grote Kerk, auch Onze Lieve Vrouwekerk (**Liebfrauenkirche**), aus dem 14. Jahrhundert. Nach dem Stadtbrand von 1457 erhielt sie zwischen 1460 und 1502 ihre heutige Gestalt im Stil der Brabanter Gotik. Durch einen Baufehler begann sich der Turm zu senken, sodass man bei der erreichten Höhe von 70 m den Weiterbau einstellte. Als einzige Kirche der früheren Grafschaft Hollands besitzt die Grote Kerk ein steinernes Gewölbe. Mit einer Länge von 108 m und einer Höhe von 24 m ist sie auch eine der größten Kirchen des Landes. Vom Turm, den Sie trotz seiner Schieflage besteigen können, bietet sich ein **schönes Panorama** der Stadt und der Oude Maas.

Grote Kerk (Onze Lieve Vrouwekerk)

Hinter den barocken Messingchorschranken (1744) befindet sich das prächtige, eichene **Chorgestühl** im Hochchor mit kunstvollen Darstellungen aus der biblischen und weltlichen Historie. Es wurde zwischen 1538 und 1541 von dem Flamen Jan Terwen im Renaissancestil geschaffen und ist das bedeutendste seiner Art in den Niederlanden. Die Fenster des Südtransepts besitzen schöne Glasmalereien mit historischen Motiven, welche die wichtige Rolle Dordrechts in der niederländischen Geschichte widerspiegeln. Die große **Orgel** wurde 1671 vom Antwerpener Nicolaas Hagen gebaut.

Lange Gelderserkade 2 | April – Okt. Di. – Sa. 10.30 – 16.30, So. 12 – 16, Nov. – Dez. Sa. 12 – 16 Uhr (Turm schließt jeweils eine halbe Stunde früher)| Eintritt: 4 €, inkl. Turmbesteigung | www.grotekerk-dordrecht.nl

Späte Vollendung

Bereits 1544 erbaut, erhielt das Rathaus die klassizistische Giebelfront und das Portal mit den vier ionischen Säulen jedoch erst in den Jahren 1835 bis 1842. Über dem Giebel mit dem Stadtwappen erhebt sich der viereckige Glockenturm. Das neue Rathaus, Stadkantoor genannt, liegt am Spuihaven.

Stadhuis

Wo die Unabhängigkeit begann

Weiter nördlich kommen Sie zum Scheffersplein mit dem Standbild des 1795 in Dordrecht geborenen Malers und Bildhauers Ary Scheffer. Unweit davon sieht man in der Voorstraat das Eingangstor zum

Scheffersplein, Het Hof

Het Hof, dem ehemaligen Gerichtshof, wo im Jahr 1572 die **Versammlung der Provinzialstände von Holland** stattfand, die zur Unabhängigkeit der nördlichen Provinzen führte.

Werke aus fünf Jahrhunderten

Dordrechts Museum

Durch den Steegoversloot gelangen Sie rechts in die Museumstraat mit dem Dordrechts Museum, einem **Kunstmuseum** mit den Abteilungen Haager und Amsterdamer Schule, Holländische Romantiker, Ary Scheffer und Kunst des 20. Jahrhunderts. Im Treppenhaus zum oberen Stockwerk beeindruckt ein 7 m breites Panoramabild, das die Silhouette von Dordrecht darstellt.

Museumstraat 40 | Di. - So. 11 - 17 Uhr | Eintritt: 16 € | www.dordrechtsmuseum.nl

Wohnidylle unter Platanen

Arend Maartenshof

In der Museumstraat 38 erblickt man das verzierte Sandsteinportal des Arend Maartenshof. Der Gründer, Arend Maartenszoon, war als geizig verschrien, und um seinen Ruf zu verbessern, gründete er 1625 dieses Hofje, in dessen kleinen Häusern um einen Hofgarten herum 38 arme Frauen und Soldatenwitwen Obdach fanden. Heute wird das Hofje auch von jungen Paaren und alleinstehenden Männern bewohnt. Es kann tagsüber gratis besichtigt werden.

Die Jungfrau auf dem Stadttor

Groothoofdspoort

Folgt man der Wijnstraat nach Norden, gelangt man zum Groothoofdspoort, dem ehemaligen Haupttor der Stadt und einzigen **Überrest der alten Stadtmauer**. Im Jahr 1618 wurde es im gotischen Stil umgebaut. Weithin sichtbar ist der schöne **Kuppelturm**. Die Wasserfront ist geschmückt mit einem Steinrelief, das die Jungfrau von Dordrecht darstellt, umgeben von Wappen holländischer Städte. Von der Nordseite haben Sie einen bezaubernden Blick auf den Zusammenfluss dreier Gewässer: Oude Maas, Noord und Beneden Merwede. Auf der gegenüberliegenden Seite liegt die Stadt Papendrecht.

Ein Kamin für wilde Männer

Huis van Gijn

Das monumentale Haus von 1726, benannt nach einem einstigen Besitzer, dem **Bankier und Kunstsammler Simon van Gijn**, ist noch im ursprünglichen Stil eingerichtet und gibt guten Einblick in ein **typisches Herrenhaus des 18./19. Jahrhunderts**. Der Korridor im Parterre ist mit Stuckarbeiten reich geschmückt. Die Gobelins im Gobelinsaal stammen aus dem Jahr 1730 und zeigen Szenen aus dem italienischen Hirtenspiel »Der treue Hirte«. Seit 2001 ist im Huis Van Gijn auch ein einzigartiger **»Goldledersaal«** mit vergoldeten Ledertapeten, Kamin, klassizistischer Vertäfelung und Deckengemälden von Augustinus Terwesten (1649–1711) zu besichtigen.

Idyllischer als an den Mühlen von Kinderdijk geht es fast nicht.

Nieuwe Haven 29–30 | Di. – So. 11 – 17 Uhr | Eintritt: 13 € |
www.huisvangijn.nl

Unter Besatzung

Neben dem van Gijn Museum erinnert das Museum 1940 – 1945 an die deutsche Besatzungszeit nach 1940 bis zur Befreiung der Niederlande durch die alliierten Truppen.

Museum 1940 – 1945

Nieuwe Haven 28 | Mi., Fr., Sa. 11 – 16 Uhr | Eintritt: 7,50 € |
www.museum19401945.nl

Hafenromantik

Am Ende des Nieuwe Haven kommen Sie zum Catharijnepoort, einem **Stadttor** aus 1652, in dessen Nachbarschaft noch einige historische Lagerhäuser stehen. Von hier bietet sich ein **schöner Blick** über die breite, von Schiffen belebte Wasserfläche und die Deiche am anderen Ufer bei Zwijndrecht.

Catharijnepoort

Rund um Dordrecht

Ein Überbleibsel der Elisabethenflut

Die Zufahrt zum **Nationalpark** Biesbosch ist für Autos nur von Osten her möglich (am besten über Werkendam) oder aber von Dordrecht

Hollandse Biesbosch

mit der Fähre oder dem Schiff aus. Der Südwesten mit seinen drei riesigen Trinkwasserspeichern ist für den Straßenverkehr gesperrt. Erschlossen werden kann der Biesbosch auch mit einer Schiffsanreise von Drimmelen, Geertruidenberg und Lage Zwaluwe aus.

Biesbosch ist das Gebiet südöstlich von Dordrecht, das durch den Deichbruch der Maas entstand. Am 19. November des Jahres 1421 überschwemmte die sogenannte **St.-Elisabeth-Flut** große Teile im Südwesten der Niederlande und veränderte die Geografie des gesamten Gebiets, indem sie mehr als 40 000 ha Land unter Wasser setzte. Seit dem 18. Jh. sind über 80 % des überschwemmten Gebiets trockengelegt worden. Unberührt blieb eine 6000 ha große Fläche, die zum Nationalpark Biesbosch erklärt wurde. Bis Ende der 1960er-Jahre gab es eine direkte Verbindung vom Biesbosch zum Meer und daher große Gezeitenunterschiede. Nach der Abdämmung des Haringvliets verändert sich zwischen Ebbe und Flut der Wasserpegel nur noch zwischen 20–30 cm. Heute ist der Biesbosch das größte Süßwassergezeitengebiet Europas.

Der Biesbosch wird durchkreuzt von zahlreichen **Rad- und Wanderwegen** sowie von unzähligen Bächen und Flüssen, die hervorragende Möglichkeiten zum Wassersport bieten. Auch ein Golfplatz und eine Kunstskipiste befinden sich auf dem Nationalparkterrain. Es gibt zwei Besucherzentren: in Dordrecht und in Werkendam. Vom Besucherzentrum Dordrecht werden **Rundfahrten mit dem Boot sowie Kanu- und Wandertouren** organisiert.

Dordrecht: Baanhoekweg 53 | tgl. 9 – 17 Uhr | www.np-debiesbosch.nl
Biesbosch MuseumEiland: Hilweg 2, NL-4251 MT Werkendam | tgl. 10 – 17, am Wochenende ab 11 Uhr | Eintritt: 10,50 € | www.biesboschmuseumeiland.nl

★★ Kinderdijk

Typisch Niederlande: die Windmühlen von Kinderdijk

Eine Reise durch die Niederlande ohne einen Besuch des Kinderdijks ist wie eine Windmühle ohne Flügel. Komplett beflügelt und perfekt restauriert stehen hier gleich **19 Windmühlen** in Reih und Glied. Sie sind als besonders typische Wahrzeichen der Niederlande weltbekannt. Wer sich nun in einem Freiluftmuseum wähnt, der täuscht sich: Die Mühlen werden größtenteils von Familien privat bewohnt. Gar nicht schlecht, so ein windiges Eigenheim am Kanal!

Die Mühlen liegen zwischen Dordrecht und Rotterdam beim Dorf Kinderdijk. Der Ortsname ist auf eine Legende zurückzuführen: Während der großen St.-Elisabeth-Flut 1421 wurde eine Kinderwiege an den Damm (dijk) geschwemmt. Wie durch ein Wunder blieb das schlafende Kind unversehrt. Die heute unter Denkmalschutz stehenden Windkraftanlagen wurden im 17. und 18. Jh. konstruiert. 1997 nahm die UNESCO die Mühlen von Kinderdijk in die **Liste der Weltkulturdenkmäler** auf (► Baedeker Wissen, S. 176).

www.kinderdijk.nl

EDAM

Provinz: Noord-Holland | **Einwohnerzahl:** 7380

Per Boot wird er angeliefert und per Handschlag verkauft – auf dem Käsemarkt von Edam geht es noch zu wie vor Hunderten von Jahren. Zumindest für die Touristen. Doch das tut dem Charme dieses historischen Schauspiels keinen Abbruch. Und er schmeckt herrlich, der Edamer-Käse, der zwischen alten Handelshäusern, schmalen Gassen und von Zugbrücken überspannten Grachten gehandelt wird.

Käsestadt

Das Städtchen, das seinen Ruf dem Handel mit Käse verdankt, liegt im Poldergebiet am IJsselmeer, wenige Kilometer nördlich von ▶ Amsterdam. Edam entstand bei dem Damm in der E, die Purmer mit der Zuiderzee verband. Ihre Blüte erlangte die Stadt im 16. bis 18. Jh., als Schiffsbau, Heringsfischerei und Käsehandel der Stadt wirtschaftlichen Aufschwung brachten. Auf den Edamer Schiffswerften wurden die Kriegsschiffe gebaut, mit denen Admiral de Ruyter Ende des 17. Jh.s die Engländer schlug. Wilhelm von Oranien verlieh Edam 1573 für seine Tapferkeit und Verdienste um den Aufstand während der Belagerung Alkmaars das Recht zum Wiegen.

Wohin in Edam?

Hier können Sie schöne Glasmalereien bestaunen

Grote Kerk (St. Nicolaaskerk)

Die Grote Kerk, auch St. Nicolaaskerk, in der Grote Kerkstraat ist eine **spätgotische Hallenkirche** mit einem Turm aus dem 15. Jh. und wunderschönen Fenstern: Die Glasmalereien stammen, wie auch der überwiegende Teil der Innenausstattung, aus dem 17. Jahrhundert.

tgl. ab 13.30 Uhr | www.grotekerkedam.nl

Ja-Wort in prachtvoller Kulisse

Stadhuis

Das **Rathaus** am Damplein mit seinem hölzernen Kuppelturm wurde 1737 erbaut. Der prachtvolle Ratssaal mit den bemalten Wände wird heute als Standesamt genutzt. Im Stadhuis befindet sich das VVV-Büro sowie eine Dependance des Edam Museum.

Kirchturm ohne Kirche

Damsluis, Speeltoren

Gegenüber vom Rathaus ist das schöne spätgotische Eisengeländer der **Schleusenbrücke** (Damsluis) sehenswert. Vom **Turm** (Speeltoren) der abgerissenen ehemaligen Marienkirche spielt der Glockenspieler an Feiertagen seine Melodien.

DIE WINDMÜHLEN VOM KINDERDIJK

Die 19 Windmühlen des UNESCO-Weltkulturerbes Kinderdijk sind ausschließlich zum Schöpfen von Wasser konstruiert worden, hatten also die Aufgabe, die unter dem Meeresniveau liegenden Polder zu entwässern. Im Gegensatz zu Getreidemühlen, bei denen das Flügelkreuz mittels Windkraft ein Mahlwerk in Gang setzt, wird bei Wassermühlen ein Schöpfrad angetrieben, das das Wasser aufwärts dreht. Zwei der Mühlen können besichtigt werden: Die Nederwaard-Mühle von 1738 und die Blokweer-Mühle von 1630, die älteste am Kinderdijk.

Besucherwindmühlen: März - Okt., tgl. 9 - 17.30, Nov. u. Dez. tgl. 10.30 - 16 Uhr | Eintritt: ab 16 € (inkl. Bootstour) | www.kinderdijk.nl

❶ Abschöpfen in zwei Stufen
Das Abschöpfen des Wassers verlief in Kinderdijk ursprünglich in zwei Stufen. Die unteren Mühlen schöpften das Wasser in einen »unteren Kanal«, von den höher gelegenen Mühlen wurde das Wasser in einen noch höheren Kanal geschöpft, um von dort aus schließlich über einen Schleusengang in den Fluss Lek geleitet zu werden.

❷ Achteckige Mühlen
Auf dem Overwaard-Polder im Osten stehen acht achteckige und nach oben sich konisch verjüngende Mühlen aus Holz und mit Strohdach (erbaut 1740). Westlich des Nieuwe Waterschap, auf dem Nederwaard-Polder erheben sich acht runde Mühlen aus Ziegelstein, die alle 1738 erbaut wurden. Etwas weiter im Inneren des Polders findet man drei weitere Mühlen; zwei stammen von 1760, die dritte (1521) brannte 1997 ab und wurde wieder errichtet.

❸ Dachgeschoss, in den Wind gedreht
Der obere Teil der Mühle wurde in den Wind gedreht. Das hatte zur Folge, dass jede Windmühle zwei Eingangstüren erhielt, um nicht beim Betreten bzw. Verlassen der Mühle vom Windrad, das schnell seine Richtung ändern konnte, erschlagen zu werden.

BAEDEKER WISSEN
3
2
1

LAND DER MÜHLEN

Von den einst 12 000 Mühlen in den Niederlanden existieren heute noch 1035 Wind- und 106 Wassermühlen. Die Holländermühle ist unter den Klassikern die häufigste und modernste Form. Noch heute werden Mühlen zum Mahlen, Entwässern, Sägen, Ölpressen und Antreiben von Maschinen eingesetzt.

▶ **Mühlentypen**

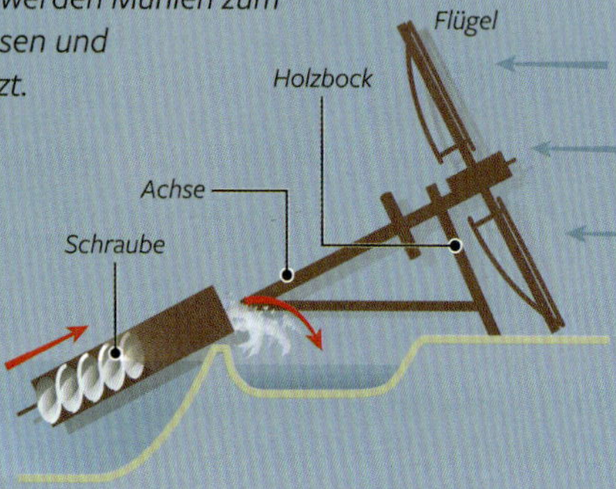

Fluttermühle (oder Tjasker)
dienen der Entwässerung

Achtkantig, gemauertes Fundament, Drehung mittels Sterz oder Windrose

Paltrock (»Pfalzrock«), Mühlenkörper ragt bis zum Boden, gemauertes Fundament, auf gusseiserner Rollbahn

Typ	**Holländermühle**	**Paltrockmühle**
Beispiel	De Jonge Hendrik	De Gekroonde Poelenburg
Ort	Den Andel, Groningen	Zaandam, Noord-Holland
Baujahr	1875	1904
Funktion	Mahlen und Schälen	Sägen
Besichtigung	nach Absprache	nach Absprache
Flügellänge	21 m	20,3 m

▶ Mühlentelegraf
Im norddeutschen Raum und den Niederlanden dienten die Flügel lange Zeit der Nachrichtenübermittlung. Ob festlicher Anlass oder Reparaturarbeiten, aus der Ferne konnte man die Signale der Müller deuten.

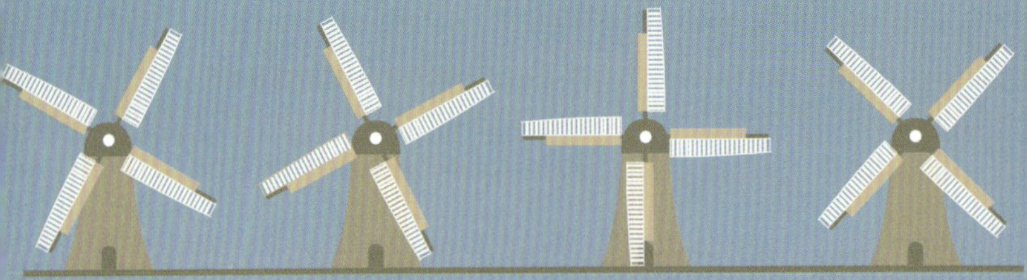

1 Freude (Geburt oder Hochzeit)
2 Trauerfall
3 kurze Pause, Feierabend, Reparatur
4 lange Pause, Mühle außer Betrieb

Kokermühle
Wingerdse Molen
Bleskensgraaf, Zuid-Holland
1625/1872
Entwässern
nach Absprache
28,1 m und 28,2 m

Bockwindmühle
–
Arnhem, Gelderland
1916/1976
Getreidemahlen
k. A.
22,2 m

EDAM UND UMGEBUNG ERLEBEN

VVV EDAM
Damplein 1 (Stadhuis)
NL-1135 BK Edam
Tel. 02 99 / 31 51 25
www.vvv-edam.nl
tgl. 11 – 16 Uhr

DE FORTUNA €€€€
Französisch-niederländische Küche wird in diesem historischen Grachtenhaus serviert. Im Gastraum mit der schönen Freitreppe und altholländischer Atmosphäre hängen Werke von einheimischen Künstlern. Das Restaurant gehört zu einem Hotel mit fünf restaurierten Häusern aus dem 17 Jahrhundert, die um einen am Wasser gelegenen Garten gruppiert sind.
Spuistraat 3 – 7
NL-1135 AV Edam
Tel. 02 99 / 37 16 71
www.fortuna-edam.nl

VAN DEN HOGEN €€€
In diesem schönem Hotel-Restaurant am Hafen bekommen Sie gute französisch-niederländische Küche.
Haven 106
NL-1131 EV Volendam
Tel. 02 99 / 36 37 75
www.hogen.nl

HOTEL SPAANDER €€
Das 150 Jahre alte Haus in Volendam am Markermeer ist selbst eine Sehenswürdigkeit. Die Zimmer sind behaglich und passend zum Haus eingerichtet.
Haven 15–19
NL-1131 EV Volendam
Tel. 02 99 / 36 35 95
www.spaander.com

Informieren und probieren

Kaaswaag, Kaasmarkt

In der **Käsewaage** am Kaasmarkt sind noch die authentischen Gewichte zu sehen. Eine Dauerausstellung informiert über die Herstellung von Käse; das Endprodukt können Sie vor Ort probieren. Der Käsemarkt ist eine reine Touristenveranstaltung.

Käsemarkt: Juli u. Aug. Mi. 10.30 – 12.30 Uhr | www.kaasmarktedam.nl

Mit Seegang auch an Land

Edams Museum

Das **Städtische Museum** ist in einem schiefen Backsteinhaus aus dem Jahr 1540 untergebracht; seine hübsche Fassade stammt von 1737. Der Clou ist hier der »schwimmende« Keller, angeblich für einen Kapitän konstruiert, der auch an Land schwankende Planken spüren wollte. Die **Kuriositäten des Museums** sind die drei Gemälde von drei bemerkenswerten Edamern: »Der dicke Mann« (er soll 445 Pfund gewogen haben), »Der Mann mit dem Bart« und »Das große Mädchen« – in angeblich tatsächlicher Körpergröße von 2,5 m abgebildet. Trijntje Keever war eine Sensation in den Niederlanden und wurde von ihren Eltern auf Jahrmärkten zur Schau gestellt.

Das Museum erstreckt sich über zwei Altbauten: **Coopmanshuys** und **Stadhuis,** Damplein 8 und 1 | April – Okt. Di. – So. 10 – 16.30 Uhr| Eintritt: 6 € | www.edamsmuseum.nl

Wohin in Volendam?

Herausgeputzt für die Touristen

Im Dorf

Das einstige Fischerdorf Volendam, südöstlich von Edam am Markermeer gelegen, und von wo aus **Bootsausflüge** nach Monnickendam und Marken (▶ unten) möglich sind, hat ein hübsches Ortsbild und ist berühmt wegen seiner Trachten. Diese Kombination zieht jährlich Millionen Besucher aus aller Welt an. So ist es nicht verwunderlich, dass der Tourismus die wichtigste Einnahmequelle geworden ist. Die Trachten sind jedoch aus dem Alltag längst verschwunden. Nur noch zu besonderen Anlässen tragen die Männer eine wollene Pumphose, die Frauen ein geblümtes Kleid, eine gestreifte Schürze, eine Korallenkette und ein blau-weiß gestreiftes Schultertuch sowie ein Nesselhäubchen oder das berühmte Spitzenhäubchen.

Die Freiheitsstatue aus Zigarrenbanderolen

Volendam Museum

Im Volendam Museum sind sowohl die zahlreich ausgestellten Volendamer Trachten interessant als auch das **Sigarenbandjeshuisje**, De Gouden Kamer genannt, das mit 11 Mio. Zigarrenbanderolen tapeziert ist, die zu Bildern gefügt sind – berühmten Bauwerken, etwa der Freiheitsstatue in New York, Kunstwerken, Provinzwappen, Windmühlen oder anderen typischen holländischen Symbolen.

Zeestraat 41 | tgl. 10 – 17 Uhr | Eintritt: 6 € | www.volendamsmuseum.nl

Wohin in Monnickendam?

Räuchereien und Katastrophen

Im Städtchen

Das alte Städtchen Monnickendam liegt am Ufer der Gouwzee. Diese Lage erklärt, warum es vor allem wegen seiner **Fischräuchereien** – eine der Aalräuchereien (Paling-rokerijen) bei den Hafenanlagen kann besichtigt werden – und als Wassersportzentrum bekannt ist. Monnickendam wurde im 12. Jh. von Mönchen gegründet und erhielt im Jahr 1335 Stadtrechte. Durch die Lage an der Zuiderzee mit ihrer regen Schifffahrt erlangte es bald Ansehen und Wohlstand. Als aber im 17. Jh. mit der zunehmenden Bedeutung des Amsterdamer Hafens nur die Fischerei als wichtigste Einkommensquelle übrig blieb, nahm das Leben hier bescheidenere Züge an. Hinzu kamen verschiedene Katastrophen: Im Jahr 1297 wurde die Stadt von den Friesen geplündert, in den Jahren 1494 und 1514 wüteten Feuersbrünste.

Das älteste noch bespielbare Glockenspiel der Welt

Waterlandsmuseum de Speeltoren

Der **Spielturm** aus dem 16. Jh. besitzt ein aus 18 Glocken bestehendes Glockenspiel mit einer offenen hölzernen Spitze; stündlich erscheint an der Südseite eine Reitertruppe. Der Spielturm beherbergt ein Museum mit Exponaten zur Stadtgeschichte, u.a. mit archäologischen Funden aus der Umgebung, Schiffsmodellen und Keramiken.

Noordeinde 2 | April – Okt. Di. – So. 11 – 17, Nov. – März Sa. u. So. 11 – 17 Uhr | Eintritt: 7,50 € | www.despeeltoren.nl

Wohin in Marken?

Bedrohtes Idyll

Auf der Insel

In diese Halbinsel, westlich von Monnickendam und mit dem Festland über einen Damm verbunden, muss man sich einfach verlieben! Der wunderschöne weiße **Leuchtturm** namens Paard van Marken wacht über die kleinen, grünen **Holzhäuser** mit den weißen Fensterrahmen, die sich aneinanderschmiegen als wollten sie sich schützen. Das war auch notwendig, denn jahrhundertelang wurde der idyllische Ort von der Zuiderzee bedroht. Marken ist eine ehemalige Insel, die 1164 durch eine Flut vom Festland getrennt wurde und seit 1957 durch einen 2 km langen Deich mit der Landzunge Nes verbunden ist. Seitdem der Fischereiwirtschaft aufgrund der Eindeichung der Zuiderzee ihre Grundlage entzogen wurde, ist der Tourismus wichtigste Einkommensquelle der Halbinsel.

Markens Leuchtturm markiert den östlichsten Punkt der Halbinsel.

In den sechs Räucherhäuschen ...

Marker Museum

... ist das **Heimatmuseum** von Marken untergebracht, die anstelle von Schornsteinen lediglich eine Öffnung für den Rauchabzug haben. Hier bekommen Sie einen sehr anschaulichen Eindruck von dem einstigen Alltagsleben der Inselbewohner bis zum Abschluss der Zuiderzee.

Kerkbuurt 44–47 | Ende März–Okt. tgl. 10 – 17, Okt. So. 12 – 16 Uhr | Eintritt: 3 € | www.markermuseum.nl

EINDHOVEN

Provinz: Noord-Brabant | **Einwohnerzahl:** 243 700

Eindhoven – geht Ihnen da ein Licht auf? Genau, in der Stadt sind die Philips-Werke beheimatet. Und dank der Glühlampenindustrie, die 1891 mit zehn Mitarbeitern begann, ist die Industriestadt noch heute ein Beispiel für innovative Entwicklungen. Doch manchmal muss es auch traditionell, dunkel und schummrig zugehen, nämlich in der längsten Kneipenstraße des Landes.

»Lichtstad« an der Dommel

Die an der Dommel gelegene, moderne Industriestadt Eindhoven war bis Ende des 19. Jh.s eine unbekannte und bedeutungslose Kleinstadt. Das starke Bevölkerungswachstum setzte erst nach der Gründung der Philips-Werke ein. In den letzten Jahrzehnten stieg Eindhoven zur größten Stadt der Südniederlande und zur fünftgrößten des Landes auf. Die Produktion von Glühbirnen brachte ihr den Name »Lichtstad« ein. Neben dem **Philips-Konzern** sind die DAF-Automobilwerke (LKW) besonders bekannt. Der Pendlereinzugsbereich von Eindhoven reicht bis nach Belgien. Wegen ihrer industriellen Bedeutung wurde die Stadt im Zweiten Weltkrieg mehrmals bombardiert, entsprechend wenige historische Gebäude sind erhalten. Fußballfans können mit dem Namen **PSV Eindhoven** etwas anfangen: Der Verein gehört zusammen mit Ajax Amsterdam und Feyenoord Rotterdam zu den Spitzenklubs im Land.

Wohin in Eindhoven?

Moderne Kunst dank Zigarren

Van Abbe Museum

Das Van Abbe Museum an der Bilderdijklaan ist eines der wichtigsten Museen für **moderne Kunst** in den Niederlanden. Der Zigarrenfabri-

EINDHOVEN ERLEBEN

TOURIST INFORMATION EINDHOVEN
Stationsplein 17
NL-5611 AC Eindhoven
Tel. 09 00 / 1 12 23 63
www.thisiseindhoven.com
Mo. - Sa. 10 - 17,
So. 11 - 15 Uhr

STRATUMSEIND
In dieser Straße reiht sich eine nette Kneipe an die andere. Am Abend ist hier meistens eine Menge los!

1 RESTAURANT DE BENGEL €€
Die sehr guten, niederländischen Grillgerichte können Sie im Sommer auch auf der Terrasse genießen.
Stationsplein 28
Tel. 0 40 / 2 44 07 52
www.debengel.com

2 MEI WAH €€€
Erstklassige chinesisches Restaurant. Man sitzt schön und der Service ist gut – rechtzeitig reservieren!
Leenderweg 86
Tel. 0 40 / 2 11 75 57
www.meiwaheindhoven.nl

1 CROWN INN EINDHOVEN €€
Das Crown Inn (95 B.) bietet Komfort und eine gute Lage am Marktplatz. Vom Restaurant im 1. Stock haben sie einen Blick auf den Platz.
Markt 35
NL-5611 EC Eindhoven
Tel. 0 40 / 2 45 45 45
www.crowninn.nl

kant Henri van Abbe stiftete 1936 seine Gemäldesammlung der Stadt Eindhoven, die sie erst nach dem Zweiten Weltkrieg der Öffentlichkeit zeigen konnte. Das Museum besitzt heute vorwiegend Werke moderner Maler, vor allem von Marc Chagall und den Künstlergruppen De Stijl und COBRA.
Bilderdijklaan 10 | Di. - So. 11 - 17 Uhr | Eintritt: 13 € | https://vanabbemuseum.nl

Einem UFO nicht ganz unähnlich

Evoluon

Bis 1989 diente das Evoluon als technisch-wissenschaftliches Museum, das 1966 vom Philips-Konzern anlässlich der 75-Jahr-Feier der Firma gestiftet wurde. Heute wird das interessante Gebäude, das die Form eines Sphäroids hat, als **Kongresszentrum** genutzt.
Noord-Brabantlaan 1a | www.evoluon.com

Von der Glühbirne bis zum Rasierer

Philipsmuseum

Das Philipsmuseum zeigt **historische Philips-Produkte**, elektrische Geräte, die die Entwicklung des Unternehmens von seiner Gründung

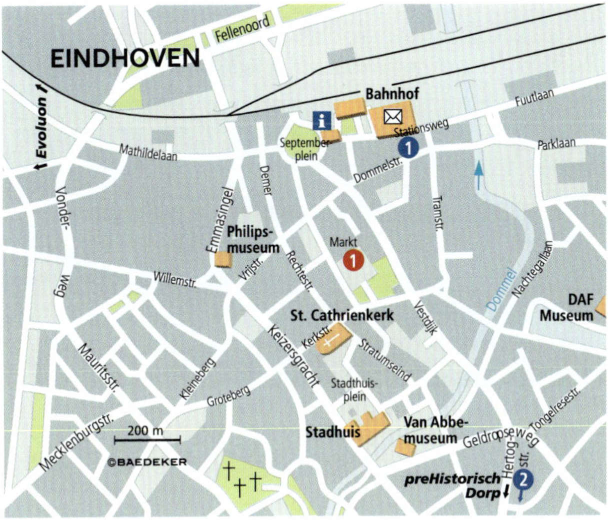

1 Restaurant De Bengel
2 Mei Wah

1 Crown Inn Eindhoven

1891 bis etwa 1970 beleuchten, u.a. Glühbirnen, Radios, Fernseher, Rasierapparate, Lampen.
Emmasingel 31 | Di. – So. 11 – 17 Uhr | Eintritt: 11 € | www.philips-museum.com

Von den Anfängen bis heute

DAF Museum

In der Werkstatt, in der 1928 die Gebrüder Hub und Wim van Doorne mit der Produktion von Autos begannen und damit die Firma DAF begründeten, ist heute eine **Sammlung historischer Fahrzeuge** der Firma zu sehen. Die Ausstellung verdeutlicht die Entwicklung der Van Doorne's Aanhangwagenfabriek, kurz: DAF.
Tongelresestraat 27 | Di. – So. 10 – 17 Uhr | Eintritt: 12,50 € | www.dafmuseum.nl

Weit zurück

preHistorisch Dorp

Im preHistorisch Dorp, das zum Eindhoven Museum gehört, wurde im südlichen Teil der Stadt eine für die Sandbodenlandschaft im südlichen Brabant typische **Ansiedlung der Eisenzeit** (ca. 750 bis 50 v. Chr.) rekonstruiert. Der Aufbau der Siedlung beruht auf den archäologischen Funden, die in Oss-Ussen (Provinz Noord-Brabant) freigelegt wurden. Darüber hinaus gibt es eine mittelalterliche Sied-

WENN EINEM DIE STERNE ZU FÜSSEN LIEGEN ...

Noch nie war Radfahren so romantisch! Radeln Sie nachts über den Van-Gogh-Radweg zwischen Eindhoven und Nuenen, denn dann funkeln Tausende von Sternen am Boden. Inspiriert von Van Goghs Bild »Sternennacht«, schuf der Künstler Daan Roosegaarde einen leuchtenden Weg durch die Dunkelheit.

lung. Belebt wird die Szenerie durch **Schauspieler in historischen Kostümen**, die auch für Fragen zur Verfügung stehen.

Boutenslaan 161 b | April – Okt. Di. – So. 10 – 17 Uhr | Eintritt: 11,50 € | www.prehistorischdorp.nl

Rund um Eindhoven

Auf Vincents Spuren wandeln und radeln

Nuenen

Knapp 10 km nordöstlich von Eindhoven liegt Nuenen. Hier wohnte **Vincent von Gogh** (1853 – 1890; ▶ Interessante Menschen) zwischen 1883 und 1885 im Pfarrhaus (Berg 24), das im alten Stil renoviert wurde. An ihn erinnern ein Bronzedenkmal sowie das **Van Gogh Village Museum (Vincentre)**, in dem Sie viel zum Leben und Werk des Malers, vor allem während seiner Zeit in Nuenen, erfahren. Zwischen dem Wolvendijk in Nuenen und der Loostraat in Eindhoven schlängelt sich der magische **Van Gogh-Roosegaarde-**

Fahrradweg, dessen Bodenbelag im Dunklen an sein Gemälde »Sternennacht« erinnert (▶ Baedeker Magische Momente S.186).
Berg 29 | Di. – So. 10 – 17 Uhr | Eintritt: 13,50 € | www.vangoghbrabant.com

Mit Piet Bloms Würfeln

Helmond

Die schon im 12. Jh. urkundlich erwähnte Industriestadt Helmond liegt östlich von Eindhoven und ist Hauptort der Moorlandschaft Peel. **Schloss Helmond**, einst eine Wasserburg, wurde im 15. Jh. erbaut und beherbergt das Rathaus und das Gemeindemuseum zur Geschichte der Stadt und des Gebiets De Peel. Ein außergewöhnliches Architekturensemble besteht aus **18 Würfeln** und wurde in den 1970er-Jahren von Piet Blom entworfen, dem Architekten, der durch die Kubushäuser von ▶ Rotterdam bekannt wurde.
Kasteel Helmond: Di. – So. 10 – 17 Uhr | Eintritt: 12 € | www.museumhelmond.nl

Butterkirche und Käseladen

Oirschot

Nordwestlich von Eindhoven liegt Oirschot, das um 1200 Herrengut des Herzogs von Brabant war. Der hübsche Markt wird gesäumt von einigen sehenswerten Gebäuden. Die **St. Pieterskerk**, eine spätgotische Kreuzbasilika, geht auf einen Vorgängerbau von 1200 zurück. 1944 brannte sie völlig aus, wurde jedoch danach originalgetreu renoviert. Da die einstige Marienkapelle im 17. Jahrhundert als Butterwaage eingerichtet wurde, heißt sie auch Butterkirche. Das Holzdach (13. Jahrhundert) ist noch erhalten, und es gibt den wunderschönen **Käseladen »De Ster Kaas & Culinair«** in der Molenstraat. Das 1463 erbaute **Stadhuis** wurde nach dem Brand von 1513 erneuert und im 18. Jahrhunert stark verändert. In der Nähe des Markts steht der **Hof van Solms**, einstiges Wohnhaus der Amalia van Solms. Sie war die Gattin des Prinzen Frederik Hendrik. Südlich von Oirschot erstreckt sich die **Oirschotse Heide** mit Waldgebieten und Moorseen.

EMMEN

Provinz: Drenthe | **Einwohnerzahl:** 108 850

»Stadt der Schmetterlinge« – klingt das nicht verlockend? Wer die schönen Falter treffen möchte, der muss sich erst einmal durch den Dschungel kämpfen und über eine Seilbrücke das Alligatorenbecken überqueren. Die Wildlands zählen zu den Höhepunkten der ansonsten wenig wilden Industriestadt Emmen.

Stadt der Schmetterlinge

Eine weitere Sehenswürdigkeit der Stadt sind neben dem Tierpark Wildlands, der zu den beliebtesten Zoos Europas zählt, die frühzeitlichen Hünengräber rund um die Stadt.

Wohin in Emmen?

Umgeben von schönen Faltern

Wildlands

Der **Zoo** mit seinem außerordentlichen Artenbestand ist nach Lebensräumen angeordnet, so gibt es Jungola, Serenga und Nortica. Neben Nashörnern, Klammeraffen oder Piranhas sind hier auch Schmetterlinge zu sehen. Im Schmetterlingstempel kann man ihnen begegnen.

Raadhuisplein 99 | tgl. 10 – 17 Uhr | Eintritt: ab 26,50 € | www.wildlands.nl

Rund um Emmen

Leben im Moor

Barger-Compascuum

Etwa 10 km östlich von Emmen liegt bei Barger-Compascuum der Veenpark, eine originalgetreue **Nachbildung des ursprünglichen Moordorfs**. Das Freilichtmuseum gibt interessante Eindrücke vom Leben vergangener Generationen im niederländischen Moor. Mit einer Torfbahn oder einer Schute können Sie das Gebiet durchfahren.

Berkenrode 4 | Ostern – Okt. tgl. 10 – 17 Uhr | Eintritt: 17 € (online) | www.veenpark.nl

Eine Burg, die es bis nach Kanada schaffte

Coevorden

Rund 20 km südlich von Emmen erreicht man Coevorden an einem ehemals militärisch-strategisch günstigen Ort. Reste der Umwallung sowie die Burg aus dem 16. Jh. sind erhalten geblieben. Bei der **Burg**, von der ein Replikat im kanadischen Vancouver steht, handelt es sich um die einzige Burg der Provinz Drenthe – heute ist hier ein Hotel mit einem urgemütlichen Restaurant untergebracht. Das einstige Arsenal beherbergt das **Städtische Museum** und enthält Exponate zur Geschichte der Gegend.

Haven 4 | Di. – Sa. 9.30 – 17, So. 12 – 17 Uhr | Eintritt: 7,50 € | www.museumcoevorden.nl

Kirche ohne Pfarrer

★ Hünengräber

Lohnend ist ein Ausflug in die westlich und nordwestlich der Stadt, zwischen Emmen und ► Assen gelegene Landschaft namens **Hondsrug**. Man hat hier mehr als 50 Hünengräber aus der Stein- und Bronzezeit gefunden, Zeugen der sogenannten Trichterbecherkultur. Empfehlenswert ist ein Besuch des Hünengrabs De Papeloze Kerk (Pfarrerlose Kirche) zwischen den Dörfern Sleen und Schoonoord.

EMMEN ERLEBEN

TOURIST INFO EMMEN
Hoofdstraat 26
NL-7811 EP Emmen
Tel. 05 91 / 64 97 12
www.emmenmaakhetmee.nl
Mo. 13 – 17, Di. – Sa. 10 – 17 Uhr

ORIENTAL DELIGHT €€
Chinesisch-indische Küche, freundlicher Service und faire Preise.
Boslaan 138
Tel. 05 91 / 64 23 40
www.orientaldelight.nl

STADS-HOTEL BOERLAND €
Zentral gelegenes Hotel, das in einem historischen Gebäude eingerichtet ist. Zum Boerland gehört ein gutes Restaurant.
Hoofdstraat 57
NL-7811 ED Emmen
Tel. 05 91 / 61 37 46
www.stads-hotelboerland.nl

Man hat es größtenteils wieder in seinen ursprünglichen Zustand versetzt und zugänglich gemacht.
Der Ort **Borger**, rund 15 km nördlich von Emmen, ist bekannt für seine Hünengräber. An der Straße nach Bronneger befindet sich das 1685 entdeckte Hünengrab »De onbesuisde Steenhoop« (Der unbesonnene Steinhaufen). Mit einer Länge von 22 m und insgesamt 47 erhaltenen Steinen ist es das größte Hünengrab der Niederlande (Dolmen D27). Nicht weit davon entfernt befindet sich das **Hunebedcentrum**, ein Informationszentrum über Hünengräber mit Außenbereich.
Hunebedcentrum Borger: Hunebedstraat 27 | Mo. – Fr. 10 – 17, Sa. u. So. 11 – 17 Uhr | Eintritt: 13,50 € | www.hunebedcentrum.eu

Riesen im Moor

Das **Freilichtmuseum** »Ellert en Brammert« in Schoonoord bietet Einblick in das harte Leben der Moorarbeiter in Südostdrenthe im 19. Jahrhundert, mit Werkstätten, einer alten Schule und der Geschichte der Riesen Ellert und Brammert, die hier einst ihr Unwesen trieben. Schoonoord
Tramstraat 73 | April Okt. tgl. 9 18 Uhr | Eintritt: 9 € | www.ellertenbrammert.nl

Leben in der Vergangenheit

Weiter westlich folgt das Dorf Orvelte, das nach dem historischen Vorbild von 1830 rekonstruiert wurde und nun in großen Teilen ein **bewohntes Freilichtmuseum** ist. Bauernhöfe im altsächsischen Stil, teilweise für den Besucher zugänglich, vermitteln ein Bild vom ländlichen Leben des 19. Jahrhunderts. Orvelte

★ ENKHUIZEN

Provinz: Noord-Holland | **Einwohnerzahl:** 18 880

Wie kommt ein Schiff in die Flasche und ein Drommedaris ans IJsselmeer? Die zauberhafte Grachtenstadt, die zu den schönsten niederländischen Städten zählt, hat durchaus etwas Rätselhaftes. Antworten finden Sie in den vielen Museen der Stadt, von denen ohne Frage das Zuiderzeemuseum der absolute Höhepunkt ist.

Juwel am IJsselmeer

Enkhuizen entwickelte sich zunächst durch seinen Handel mit den Ostseeländern, später auch durch den Heringsfang zu einer blühenden, wohlhabenden Hafenstadt mit rund 40 000 Einwohnern, von deren Wohlstand noch zahlreiche Bauwerke zeugen. Der Niedergang setzte mit der Abwanderung der meisten Kaufleute nach Amsterdam ein und erreichte seinen Höhepunkt, als die 400 Boote umfassende Heringsflotte 1625 vernichtet wurde und der Hafen versandete. Nach der Pestepidemie von 1636 ging die Zahl der Stadtbewohner weiter beträchtlich zurück. Mit der Errichtung des Afsluitdijk (▶ Harlingen) ab 1927 verlor Enkhuizen endgültig seine Bedeutung als Hafenstadt.

Wohin in Enkhuizen?

Mit dem Schiff zum Museum

Hafen

Vom Bahnhof haben Sie einen schönen Blick über den Hafen mit seinen unzähligen Schiffen und Jachten. Am Buyshaven befindet sich auch die **Anlegestelle für Schiffe** nach ▶ Medemblik, Stavoren und Urk (▶ Noordoostpolder) sowie die Fähre zum Zuiderzeemuseum.

Prinzessin im Turm

Dromme-daris

Der Hafen wird am Stadteingang von dem Drommedaristurm, einem **Überrest der Stadtbefestigung** von 1540, überragt. Der 1649 erhöhte Turm enthält ein Glockenspiel von den Gebrüdern Hemony, das jeden Donnerstagmittag um 12 Uhr vom Stadsbeiaardier gespielt wird. Er bietet auch einen herrlichen Ausblick auf das Hafenviertel. Der Drommedaris besteht aus einem Rondell und einem Torgebäude. Er diente u. a. als Gefängnis und enthält noch einige Gefängniszellen. Als die damalige Kronprinzessin Beatrix als Studentin die Stadt besuchte, schlief sie mit ihren Kommilitonen im Turm.

»Zufriedenheit ist wichtiger als Reichtum«

Zuiderspui

Wer kennt sie nicht, die Schiffchen in der Flasche, diese Wunderwerke seemännischer Filigranarbeit, die aufgrund der Größe der Schiffchen und der Enge der Flaschenhälse die berechtigte Frage aufwerfen:

OBEN: Wie das Leben an und mit der damaligen Zuiderzee aussah, veranschaulicht das Zuiderzeemuseum auf seinem Außengelände sehr lebendig.

UNTEN: Das Binnenmuseum des Zuiderzeemuseums wiederum zeigt eine grandiose Sammlung dieser Zeit zum Thema Wasser, Fischerei, Handwerk und Kultur.

ENKHUIZEN ERLEBEN

VVV ENKHUIZEN
Tussen Twee Havens 1
NL-1601 EM Enkhuizen
Tel. 02 28 / 31 31 64
www.visitenkhuizen.nl
tgl. 9.30 – 16 Uhr

Beim VVV können auch **Bootstouren und Segeltörns** auf dem IJsselmeer gebucht werden.

1 SCHIPPERSCAFÉ T'ANKERTJE €€
»Hafenkneipe« mit selbstgebrauten Bieren, Tapas, Burgern, Steaks und Fisch. Auch schöne Außenterasse direkt am Wasser gelegen.
Dijk 6
Tel. 02 28 / 31 57 67
www.cafe-ankertje.nl
Im Winter geschl.

2 DIE DRIE HARINGHE €€€
Kleines Restaurant mit anspruchsvoller, französisch orientierter Küche.
Breedstraat 158
Tel. 02 28 / 31 46 04
www.drieharinghebistro.nl
Di. u. Mi. geschl.

1 HOTEL DE KOEPOORT €
Schönes Backsteinhaus am historischen Stadttor mit gepflegten Zimmern und eigenem Parkplatz.
Westerstraat 294
NL-1601 AS Enkhuizen
Tel. 02 28 / 31 49 66
www.hoteldekoepoort.com

Wie kommt das Schiff in die Flasche? Im **Flessenscheepjesmuseum** am Oude Haven erfährt man alles über die Herstellungstechnik und kann mit über 500 Exemplaren eine der weltgrößten Buddelschiffsammlungen sehen. Die Fassade des Hauses zieren die Wappen von Medemblik, Enkhuizen, Westfriesland, Oranien und Hoorn. An dem 1625 errichteten Haus Dijk Nr. 32 kann man die Worte »Contentement passe rychesse« (»Zufriedenheit ist wichtiger als Reichtum«) lesen.
Flessenscheepjesmuseum: Zuiderspui 1 | Sa. – Mo. 12 – 17 Uhr | Eintritt: 6 € | www.flessenscheepjesmuseum.nl

Enkhuizens Hauptstraße

Westerstraat

Entlang des Dijk, der nördlichen Seite des Oude Haven, kommen Sie zur Venedie und zum Melkmarkt. Von hier geht man links in die Westerstraat mit den sehenswerten Häusern Nr. 76 mit spätgotischer Fassade des 16. Jh.s und Nr. 158 mit einer Fassade im Renaissancestil. Weiter folgt am Ende der Straße der **Koepoort**, ein Stadttor von 1649.

1 Schipperscafé t'Ankertje
2 Die Drie Haringhe

1 Hotel De Koepoort

Mit wertvollem Inventar

Westerkerk (Gomaruskerk)

Die Westerkerk oder Gomaruskerk, im 15. und 16. Jh. errichtet, ist eine dreischiffige **gotische Hallenkirche** mit einem Holzgewölbe. Zwischen der Kirche und dem Glockenhaus befindet sich die Küsterwohnung mit einem eindrucksvollen Treppengiebel von 1600. Im Inneren beeindrucken eine der prächtigsten hölzernen **Chorschranken** der nördlichen Niederlande (1542) und die **Kanzel** von 1567, eine Kopie der Kanzel aus der Grote Kerk von ▶ Den Haag. Nur im Juli und August kann die 1628 gegründete **Bibliothek** mit theologischen Büchern vom späten 15. bis zum 17. Jh. besichtigt werden. Vor der Kirche erhebt sich die Giebelfassade des ehemaligen Münzamtst.

Kirche und Bibliothek sind nur im Sommer für Besucher geöffnet | **Bibliothek:** www.librije-enkhuizen.nl

Wer die Stille sucht

Zuiderkerk

Im östlichen Teil der Westerstraat gelangen Sie zur Zuiderkerk oder St. Pancraskirche (Baubeginn im 15 Jh.). Der Turm entstand 1450 und wurde Anfang des 16. Jh.s mit einem achteckigen Oberbau und einer Zwiebelspitze auf insgesamt 75 m erhöht. Dem **Glockenspiel** der Gebrüder Hemony mit 35 Glocken fügte man in der Nachfolgezeit weitere 10 Glocken hinzu. Die Bemalung des Holzgewölbes wurde zur Zeit der Reformation übertüncht und Anfang des 20. Jh.s wieder freigelegt.

Glanzstück des Goldenen Zeitalters

Stadhuis

Östlich vom Kaasmarkt liegt die Breedstraat mit dem Ende des 17. Jh.s gebauten und seitdem kaum veränderten **Rathaus** (Nr. 53), ein gutes Beispiel niederländischer Architektur des Goldenen Zeitalters. Gut erhalten sind die schöne Sandsteinfassade und das reich ausgestattete Innere – v. a. der Bürgersaal und das Bürgermeisterzimmer – mit Gemälden, Decken- und Wandmalereien sowie kostbaren Gobelins.
In der **Breedstraat** fällt eine Reihe historischer Häuser auf (Nr. 14, 41, 59, 60 und 61), die sich durch spätgotische oder Renaissancefassaden auszeichnen. Hinter dem Rathaus steht das einstige Gefängnisgebäude (Stadgevangenis) von 1612.

Ausflug in die Vergangenheit

★ Zuiderzee-museum

Unweit vom Rathaus beginnt der überdachte Teil des Zuiderzeemuseums, das sogenannte **Binnenmuseum** mit dem Peperhuis, einem Lagerhaus der Ostindischen Handelskompanie aus dem 17. Jahrhundert. Das Binnenmuseum dokumentiert die Schifffahrt und Fischerei auf der ehemaligen Zuiderzee anhand von Handwerkszeug, Wohnungseinrichtung, Gebrauchsgegenständen, regionalen Trachten, Schiffsmodellen sowie alten Fischerbooten. Rund 500 m nördlich erstreckt sich das **Buitenmuseum**, ein Freilichtmuseumskomplex, bestehend aus etwa 130 Gebäuden mit Gärten, Grachten und Straßenzügen von 1880 bis 1932 aus dem Umkreis der ehemaligen Zuiderzee. In traditionelle Kleidung gehüllte Schauspieler, die z. B. als Handwerker wie einst ihrer Tätigkeit nachgehen, vermitteln einen Einblick in das Alltagsleben der damaligen Zeit.
Wierdijk 18 | Binnenmuseum: tgl. 10 – 17 Uhr | Buitenmuseum: April bis Okt. tgl. 10 – 17 Uhr | Eintritt: 18 € (für beide Museen) | www.zuiderzeemuseum.nl

ENSCHEDE

Provinz: Overijssel | **Einwohnerzahl:** 161 230

Enschede blieb von Schicksalsschlägen nicht verschont: Bei einem Brand wurde 1862 die gesamte Stadt – bis auf ein Gebäude – eingeäschert. 1944 richteten Bombenangriffe ebenfalls große Schäden an. Im Jahr 2000 explodierte eine Feuerwerksfabrik im nördlichen Stadtteil Roombeek. Heute ist Enschede die größte Einkaufsstadt im Osten des Landes, es wimmelt nur so von Studenten – und Kneipen! Und dort, wo die Sprengkörper wüteten, entstand ein leuchtendes Beispiel moderner Städtearchitektur.

Trotz der verheerenden Katastrophen hat sich Enschede zum Zentrum der niederländischen Baumwollindustrie und zugleich zu einem bedeutenden kulturellen Mittelpunkt der östlichen Landesteile entwickelt. Heute ist das nahe der Grenze zu Deutschland am Twente-Kanal gelegene Enschede die größte Stadt der Provinz Overijssel und deren wichtigstes **Wirtschaftszentrum**. Historische Gebäude sind in Enschede zwar nicht erhalten, doch hat die Stadt mit dem autofreien Zentrum zwei interessante Museen zu bieten. Besucht wird der Ort auch gern wegen seiner schönen Geschäfte, der vielen Theater- und Konzertsäle und der zahlreichen Kneipen.

Industrie, Shopping, Kultur

Wohin in Enschede?

Ein Hauch von Stockholm

Langestraat, Oude Markt

Die belebteste Straße Enschedes, die Langestraat, mündet an ihrem nördlichen Ende in den Oude Markt, den Hauptplatz der Stadt mit der **Grote Kerk** als dominierendem Gebäude. Die ursprünglich romanische Kirche von 1200 wurde 1480 vergrößert und 1842 in eine Saalkirche umgebaut. Nach dem Brand von 1862 wurde sie im alten Stil wieder errichtet. Die **St. Jacobskerk** von 1933 am südwestlichen Ende des Platzes weist romanische und gotische Stilelemente auf. Das 1933 fertiggestellte **Stadhuis** (Langestraat 24), wenige Gehminuten südlich des Oude Markt, entwarf der Architekt G. Friedhoff nach dem Vorbild des Rathauses von Stockholm.

Aus der Asche auferstanden

Roombeek

Am 13. Mai 2000 wurde der Stadtteil Roombeek nördlich vom Zentrum durch die Explosion einer Feuerwerksfabrik fast zerstört. 23 Menschen starben, 1250 Menschen wurden obdachlos. An der Stelle, an der sich die Katastrophe ereignete, erinnert heute ein **Denkmal** an die Opfer. Beim Wiederaufbau der rund 400 Privathäuser wurde auf die Wünsche der Eigentümer Rücksicht genommen, sodass das Viertel heute eine Vielzahl an unterschiedlichen Haustypen, einen **Mix von traditioneller und moderner Architektur** aufweist. Gleichzeitig sollte an die Vergangenheit der Textilindustrie erinnert werden, weshalb an mehreren Stellen noch die Wassertürme der ehemaligen Textilfabriken in die Höhe ragen. Auch Industrieanlagen blieben teils erhalten. Die Textilfabrik Het Rozendaal ist nun Sitz von Museen (▶ unten), einer der vielen kulturellen Einrichtungen, die in Roombeek seit 2000 entstanden sind.

Die schönste Kunstsammlung im Osten des Landes

Rijksmuseum Twenthe

Das bekannteste Museum Enschedes ist das Rijksmuseum Twenthe im Norden der Stadt. Es besitzt eine wertvolle Altertümer- und Gemäldesammlung sowie alte Handschriften, Holzskulpturen, Delfter Fayencen und kostbare Gobelins. Die Gemälde und das Museumsge-

bäude von 1930 sind eine Stiftung des Baumwollproduzenten Van Heek. Die Sammlung umfasst alle wichtigen **Kunstepochen aus Flandern und den Niederlanden vom 15. Jh. bis heute**. Zu den Highlights gehören das Mädchen im weißen Kimono von Breitner und die Winterlandschaft von Pieter Brueghel dem Jüngeren.
Lasondersingel 129–131 | Di. - So. 10 - 17 Uhr | Eintritt: 15 € | www.rijksmuseumtwenthe.nl

Auf der Kulturmeile

Museumfabriek

Die ehemalige Textilfabrik Jannink im nördlichen Stadtteil Roombeek ist Bestandteil der Kulturmeile (cultuurmijl), die das Musikviertel und das Kulturzentrum Rozendaal von Ost nach West mit der Innenstadt verbindet. Hier fusionierten das Natuurmuseum, das Museum Jannink und das Van Deinse Institut zu einer einzigartige **Kombination mit Exponaten aus Natur, Kultur, Textil und Kunst**. Eine permanente Ausstellung in den »Wunderkammers« zeigt die Landschaft Twente von der Eiszeit bis zur Zukunft und informiert über die Katas-trophen, welche die Stadt heimsuchten. Hinzu kommen wechselnde Ausstellungen aus Wissenschaft und Industrie, und eine Sternwarte gibt es auch.
Het Rozendaal 11 | Di. - So. 11 - 17 Uhr | Eintritt: 12,50 € | www.demuseumfabriek.nl

Eine der schönsten ihrer Art in Europa

Synagoge

Im Südwesten der Stadt (Prinsestraat 18) erhebt sich die Synagoge von 1928 mit einer kupfernen Kuppel, entworfen im orientalischen Stil vom Amsterdamer Architekten **Karel de Bazel** (1869 - 1923). Sie zählt zu den schönsten Synagogen Europas.
Prinsestraat 14 | Di. - Do. u. So. 11 - 17 Uhr | jeden 2. So. im Monat um 13 Uhr deutschsprachige Führung | Eintritt: 7,50 € | www.synagogeenschede.nl

Ein Auf und Ab

Wissink's Möl

1802 wurde Wissink's Möl, eine **dreigeschossige Bockwindmühle** (der Korpus ruht auf einem Holzgestell, dem »Bock«), am heutigen Standort zwischen Helmerstraat und Haaksbergerstraat im Südwesten der Stadt, errichtet. Zu Beginn des 20. Jh. baute man sie ab und an anderer Stelle wieder auf, um sie später erneut in Einzelteile zu zerlegen und sie am ursprünglichen Ort wieder zusammenzubauen.
Mi. u. Sa. 12 - 16 Uhr | https://wissinksmolen.nl

Rund um Enschede

Ein Hauch Florenz

Hengelo

Die Industriestadt Hengelo liegt im Mittelpunkt der Landschaft Twente rund 10 km nordwestlich von Enschede. Bekannt wurde sie durch

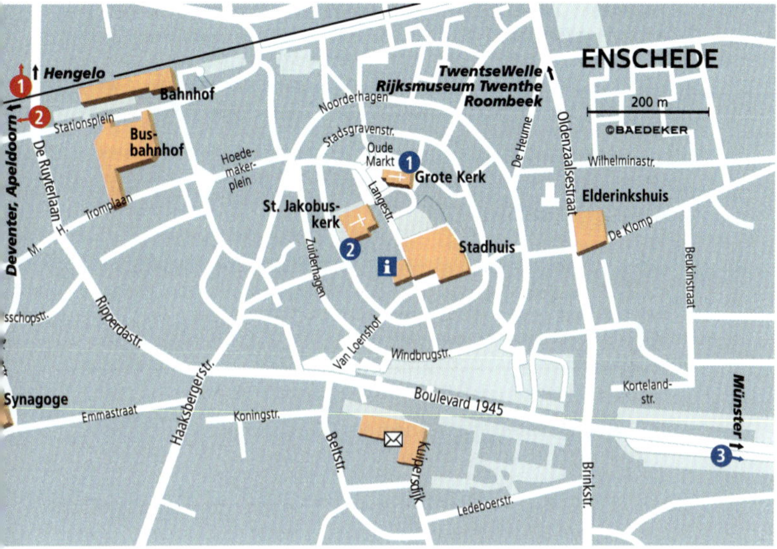

1 Sam Sam
2 De Ouwe Compagnie
3 Ik en mijn Moeder

1 Fletcher Hotel De Broeierd
2 Hotel Rodenbach

ENSCHEDE ERLEBEN

TOURISTEN INFO
Langestraat 41 (Janninkshuis)
7511 HB Enschede
NL-7511 JD Enschede
Tel. 0 53 / 4 80 19 70
www.visit-enschede.com
Mo. – Fr. 9 – 17 Uhr

1 SAM SAM €€€
Alles was das Herz begehrt, auch biologisch und vegetarisch. Im Sommer kann man im Freien speisen.
Oude Markt 15–17
Tel. 0 53 / 4 30 39 29
www.samsam-enschede.nl

2 DE OUWE COMPAGNI €€
Gemütliches Lokal mit internationaler Küche. An warmen Sommertagen sitzt man auf der Terrasse.
Walstraat 39
Tel. 0 53 / 4 30 81 60
www.deouwecompagnie.nl

3 IK EN MIJN MOEDER €€
Romantisch eingerichtetes Lokal in einem alten Gutshaus mit hübschem Garten und hausgemachtem Gebäck.
Gronausestraat 12
Tel. 0 53 / 2 30 41 23

www.ikenmijnmoeder.nl
Mo., Di., Do. geschl.

❶ FLETCHER HOTEL DE BROEIERD €/€€
Das am Stadtrand von Enschede schön gelegene Hotel (61 Zi.) besitzt eine Brasserie, ein Bistro und eine Terrasse mit Außenküche.
Hengelosestraat 725
NL-7521 PA Enschede
Tel: 053 / 8 50 65 00
www.fletcherhotelenschede.nl

❷ HOTEL RODENBACH €€
Untergebracht in einem imposanten Gebäude, das früher als Warteraum für Zugreisende diente, bietet das Rodenbach 24 hübsch eingerichtete Zimmer sowie ein Apartment, ein Restaurant und eine geschlossene Gartenanlage. Der wunderschöne Volkspark liegt direkt vor der Tür des Hotels.
Parkweg 37
NL-7513 AR Enschede
Tel: 0 53 / 4 80 02 00
www.rodenbach.nl

die **Leinenweberei**, die von dem aus Danzig stammenden Wolter ten Cate eingeführt wurde. Im Zweiten Weltkrieg erlitt das Stadtzentrum starke Schäden. Die Architektur des neuen Rathauses erinnert an den Palazzo Vecchio von Florenz. Der 75 m hohe Turm besitzt eines der größten Glockenspiele der Niederlande mit 46 Glocken.
Die alte Wassermühle **Olde Meule** südlich von Hengelo in Oele stammt von 1334, wurde jedoch nach einem Brand 1690 erneuert.

Europas größtes Glockenspiel

Oldenzaal

Die älteste Stadt der bezaubernden Landschaft Twente, Oldenzaal bei Hengelo, ist stolz auf die äußerst gut erhaltene **St. Plechelmus Basiliek** (Gasthuisstraat 10), 945 gegründet und dem hl. Plechelmus geweiht, der hier im 8. Jh. missionierte. Der älteste Baubestand stammt von 1150, der Turm mit 40 Glocken kam in der zweiten Hälfte des 13. Jh.s hinzu. Die Schatzkammer besitzt einen vergoldeten Reliquienbehälter des St. Plechelmus (1438). Die **Marktstraat** säumen Häuser des 17. Jh.s: Das **Museum Het Palthe Huis** (Nr. 13) beherbergt eine alte Apotheke aus dem 18. Jh., eine Hausbibliothek und einige Zimmer mit ihrer ursprünglichen Einrichtung.
Marktstraat 13 | Di. – So. 12 – 17 Uhr | Eintritt: 7,50 € | palthehuis.nl

Idyllische Kunststadt

★ Ootmarsum

Nördlich von Enschede, an der Grenze zu Deutschland, liegt Ootmarsum, ein **idyllisches Städtchen** mit schmalen, kopfsteingepflasterten Gassen und malerischen kleinen Plätzen, gesäumt u. a. von alten Stadtbauernhöfen und vornehmen Patrizierhäusern. Die Stadt ist aufgrund ihrer vielen **Galerien** auch als Kunststadt bekannt; Ende August wird jährlich ein großer **Kunstmarkt** im Freien abgehalten – mit über 200 ausstellenden Künstlern.
www.kunstinootmarsum.nl

Wohin man sich gerne verirrt

Westlich von Enschede liegt das Städtchen Goor mit dem **Schloss Weldam**, unweit des Twentekanals. Ursprünglich entstand es 1389, wurde jedoch erst 1568 zu einem Herrenhaus umgestaltet. Das Schloss ist umgeben von einem schönen, 1886 angelegten, französischen Garten und einer Gracht. Der **Barockgarten** mit Buchsbaumhecken, Orangebäumen, Irrgarten und Laubengängen kann besichtigt werden. Goor

Barockgarten: Mo. – Fr. 9 – 16 Uhr | Eintritt: 3 € | http://weldam.nl

Ein Prachtbau neben dem anderen

Südlich von Goor, im Salland, liegt Diepenheim mit einigen **Schlössern**: Huis te Diepenheim von 1330 (1648 wieder aufgebaut), Schloss ’t Nijenhuis (1457; 1650 umgebaut), Huize Westerflier (1046; im 18. Jh. umgebaut) und Huize Warmelo (17. Jh.). Sehenswert ist auch die **Wassermühle Den Haller**. Diepenheim

Gemütlich durch schöne Straßen und Gassen schlendern können Sie ganz wunderbar in Ootmarsums Altstadt.

FLEVOLAND

Provinzhauptstadt: Lelystad

Wo früher einmal Meer war, liegt heute Land. Wo einst Fische schwammen, grasen nun die Kühe. Das alles ist einem unverbesserlichen Visionär zu verdanken, dem Politiker und Ingenieur Cornelis Lely. Er krempelte die Ärmel hoch und tüftelte einen Plan aus, der das Unmögliche möglich machte. Aus einem Teil des IJsselmeeres wurde die Provinz Flevoland. Ihm zu Ehren heißt ihre Hauptstadt Lelystad.

Land statt Meer

Es dauerte noch ein paar Jahrzehnte, bis den Plänen des Wasserbauingenieurs Cornelis Lely (1854 – 1929) Taten folgten: Zwischen 1942 und 1968 wurden Poldergebiete trockengelegt, die 1986 zur Provinz Flevoland zusammengefasst wurden. Es handelt sich um die Polder Oostelijk und Zuidelijk Flevoland (Ost- und Südflevoland) sowie den ► Noordoostpolder, bis dahin zur Provinz Overijssel gehörend. Ost- und Südflevoland sind durch einen breiten Wasserarm, das sogenannte Veluwemeer, vom Festland getrennt. Diese Lösung war mit Rücksicht auf den Grundwasserspiegel des höher liegenden Küstengebietes notwendig, der sonst in untragbarer Weise abgesenkt worden wäre. Die 4 bis 5 m unter dem Meeresspiegel liegende Polderlandschaft mit Tonböden wurde für landwirtschaftliche Zwecke angelegt und ist äußerst dünn besiedelt.

Ostflevoland

Äcker, Wälder, Strände

Landschaft

Der ältere Polder, Ostflevoland, wurde in den Jahren 1950 bis 1957 trockengelegt und Mitte der 1960er-Jahre kultiviert. Rund 2000 landwirtschaftliche Betriebe wurden gegründet, die zunächst hauptsächlich Raps, Hafer und Gerste anbauten, inzwischen auch Weizen, Zuckerrüben, Obst und Gemüse produzieren. Die Küste der östlichen Randseen wurde aufgeforstet und bietet ausgezeichnete Erholungsmöglichkeiten mit **Parkanlagen, schönen Stränden und Jachthäfen.**

Architektur, Nervenkitzel und Erholung

Dronten, Veluwemeer

Zentraler Versorgungsort für das landwirtschaftliche Poldergebiet ist der Ort Dronten. Erwähnenswert ist hier das architektonisch interessante Kommunikationszentrum **De Meerpaal**. Das Mehrzweckgebäude bietet Platz für die verschiedensten Veranstaltungen und beherbergt eine Bibliothek.

Südlich von Dronten liegt unweit des Dorfs Biddinghuizen **Walibi World**, ein Freizeitpark mit Achterbahnen, Stuntshows und anderem Nervenkitzel sowie Ferienbungalows und Campingplätzen. Am **Veluwemeer**, östlich von Biddinghuizen, erstreckt sich ein Freilufterholungsgelände mit Jachthäfen, Badestränden, Wassersportanlagen und Campingplätzen.

Walibi World: Spijkweg 30 | tgl. 10 – 18, am Wochenende bis 23 Uhr | Eintritt: 32,50 € | www.walibi.com

Eine neue Stadt für Shoppingfans

Lelystad

Lelystad wurde nach **Cornelis Lely** benannt, der die Landgewinnung durch Polderbildung technisch entwickelt hat. Die erst 1967 gegründete Stadt ist Hauptstadt der Provinz Flevoland und hat 84 000 Einwohner. Mit einigen futuristisch anmutenden Bauprojekten war sie stadtplanerisch durchaus umstritten.

Das **Museum Flevoland** (in Batavialand) bietet einige Attraktionen rund die Themen Wasser und Schifffahrt. Mittelpunkt ist das rekonstruierte historische Schiff **»Batavia«** von 1628, das einst bis Australien fuhr und vor der westaustralischen Küste sank, in dem man eine Ahnung vom Seefahrerleben jener Zeit bekommt. Ebenfalls nachgebaut wurde das »Skelett« der **»De Zeven Provinciën«**, aus 1665, das Flaggschiff von Admiral Michiel de Ruyter im Zweiten Englisch-Niederländischen Krieg (1665–1667). Wie ein weiterer Nachbau entsteht, kann man in der Werft mit Seilerei, Schmiede, Modellbauer und Brauerei verfolgen. Dazu kommen historische und Mitmach-Ausstellungen wie die IJsselkogge oder das Wassertheater.

Nur wenig nördlich endet bei Houtribsluizen (Schleusen) der 1975 geschlossene, 31 km lange **Deich Lelystad-Enkhuizen**, ein wesentliches Teilstück des Markerwaard-Polders im Südwesten des IJsselmeers.

Im Süden der Stadt erstreckt sich der 400 ha große **Natuurpark Lelystad**, in dem große Huftiere wie Wisente, Rentiere oder Rehe und Wasservögel leben.

FLEVOLAND ERLEBEN

www.visitflevoland.nl

STEAK VAN DE KEIZER €€
In dem gemütlichen Lokal mitten im Zentrum gibt es leckere Fleisch- und Fischgerichte vom Grill.

Lelystad, Agoraweg 11b
Tel. 03 20 / 23 41 68
www.steakvandekeizer.nl

Die zugegeben anziehendste Attraktion und der größte Publikumsmagnet in Flevoland ist aber **Batavia Stad**, ein riesiges Fabriksverkaufcenter (Outlet-Center), das im Stil eines Festungsstädtchens aus dem 17. Jahrhundert erbaut wurde. Zu erstehen gibt es hier günstige Damen-, Herren- und Kindermode, aber auch Kosmetik und Haushaltsgeräte von rund 250 internationalen, teils recht renommierten Marken.

Museum Flevoland/Batavialand: Oostvaardersdijk | Di. – Sa. 10 – 17, So. 11 – 17 Uhr | Eintritt: 16 € | www.batavialand.nl

Natuurpark Lelystad: Besucherzentrum Vlotgrasweg 11 | März – Okt. tgl. 12 – 17, Nov. – Feb. bis 16 Uhr | Eintritt frei | www.flevo-landschap.nl

Batavia Stad: Bataviaplein 60 | tgl. 10 – 20 Uhr | www.bataviastad.nl

Südflevoland

Flevolands wilde Seite

Oostvaardersplassen

Der jüngere, 1968 endgültig dem Meer abgerungene Polder Südflevoland schließt sich südlich an Ostflevoland an. Die Kultivierung begann erst im Jahr 1978. Rund ein Viertel der Gesamtfläche wurde in ihrem natürlichen Zustand belassen, so auch das große **Naturschutzgebiet Oostvaardersplassen**, ein Seengebiet, in dem viele Zugvögel, aber auch Löffelreiher und Kormorane sowie Wildpferde, Heckrinder und Edelhirsche, leben. Von einem Aussichtspunkt am Knardeich können Sie die Tiere gut beobachten

Besucherzentrum Oostvaardersplassen: Kitsweg 1, Lelystad | April – Okt. Di. – So. Okt 10 – 17 (Juli/Aug. auch Mo.) Nov. – März bis 16 Uhr

Besucherzentrum Het Trekvogel: Oostvaardersdiep 16, Almere | März – Okt. Sa. u. So. 12 – 17, Nov. – Feb. bis 16 Uhr | www.nationaalparknieuwland.nl

Willkommen in der Zukunft

Almere

Am südwestlichen Zipfel des Polders liegt eine der jüngsten Gemeinden der Niederlande, die erst **1975 gegründete Stadt** Almere, die sich durch futuristische Bauprojekte hervorgetan hat. Die am schnellsten wachsende Stadt der Niederlande zählte bereits im Jahr 1989 rund 57 000 Einwohner, sechs Jahre später mehr als 100 000 und 2023 über 225 000 Bewohner.

Die Fantasie der Architekten und ihrer Bauherrn war und ist grenzenlos. Es begann in den 1980er-Jahren mit kleinen Experimentierfeldern wie die heute noch erhaltenen Baukomplexe **»Fantasie«** und **»Realität«**. Inzwischen entstanden ganze Stadtteile, wie die kunterbunte **Regenbogenbuurt** oder die Eilandenbuurt, mit vielen Häusern direkt am Wasser.

★ FRANEKER

Provinz: Fryslân | **Einwohnerzahl:** 13 000

Ein beschauliches Grachtenstädtchen und dennoch pilgern Tausende von Menschen aus aller Welt dorthin. Der Grund: ein Wollkämmer, der sich im Wohn-/Schlafzimmer der Familie einen Traum erfüllte. Nach siebenjähriger Arbeit entstand an seiner Zimmerdecke ein Planetarium, das noch heute – nach über 200 Jahren – wie am Schnürchen funktioniert und inzwischen zum UNESCO-Weltkulturerbe zählt.

Bereits im 12. Jh. wurde Franeker (fries. Frjentsjer), dessen früheste Besiedlung bis 1085 zurückreicht, mit Befestigungswällen und einem kreisförmigen Stadtgraben umgeben. Nach der Gründung der nach Leiden zweiten Universität des Landes 1585 wurde Franeker kulturelles Zentrum Frieslands. Der renommierteste Student der Friesischen Akademie war der französische Philosoph **René Descartes**. 1811 löste Napoleon die Universität auf.

Die schönste Friesin

Das faszinierende Ein-Zimmer-Planetarium von Eise Eisinga.

Wohin in Franeker?

Den Ortskern bildet …

Martinikerk

… die dreischiffige Martinikirche aus dem Jahr 1421, deren Seitenschiffe sich als Chorumgang fortsetzen. Das hölzerne Tonnengewölbe ruht auf 30 Säulen. Sehenswert sind auch mehrere Grabsteine von Professoren der Universität und das gotische Chorgestühl.

Schlagball auf Friesisch

Keatsmuseum

Neben der Kirche in der Voorstraat (Nr. 2) informiert das Keatsmuseum über ein friesisches Ballspiel, das Kaatsen (eine Art Schlagballspiel), das vor allem in Franeker viele Anhänger hat und auch heute noch in friesischen Dörfern gespielt wird. Am anderen Ende der Voorstraat befindet sich ein solcher **Ballspielplatz**.

Voorstraat 2 | April – Okt. Di. – Sa. 13 – 17, Nov. – März Fr. u. Sa. 13 – 17 Uhr | Eintritt 4,50 € | www.keatsmuseum.frl

Universität und Kunst

Museum Martena

Das Museum Martena im alten Stadtschloss zeigt Exponate, die an die Zeit erinnern, als Franeker noch Universitätsstadt war, sowie die original eingerichteten Prunkzimmer der früheren Bewohner. Darüber hinaus gibt es Sammlungen von Gemälden und Porzellan.

Voorstraat 35 | Di. – So. 11 – 17 Uhr | Eintritt: 6 € | www.museummartena.nl

Von Gold umgeben

Stadhuis

Das **Rathaus** am Raadhuisplein wurde 1591 im Renaissancestil gebaut und besitzt eine reich geschmückte Fassade mit Wappenschildern und eine schöne Freitreppe. Das Dach zieren drei Treppengiebel und ein hübsches Türmchen. Hervorzuheben ist vor allem der Ratssaal mit goldfarbenen Ledertapeten.

März – Nov. Di. – Fr. 13 – 17 Uhr | Eintritt frei

Ein Wunder an der Schlafzimmerdecke

★ Eise Eisinga Planetarium

Schräg gegenüber vom Rathaus steht in der Eise Eisingastraat ein unscheinbares Haus; es beherbergt jedoch eine Kuriosität, die weit über die Grenzen Frieslands hinaus bekannt wurde: das von 1774 bis 1781 von Eise Eisinga an der Zimmerdecke naturgetreu nachgebildete **Sonnensystem**. Der Wollkämmer und Amateurastronom wollte seinen abergläubischen Mitbürgern den Lauf der Planeten zeigen und hoffte, ihnen so die Angst vor dem Weltuntergang zu nehmen. Der wurde nämlich von der Lokalzeitung als Folge einer seltsamen Planetenkonstellation prophezeit.

Eisingas kompliziertes System, das auch Uhrzeit und Datum zeigt, funktioniert heute noch einwandfrei: ein eindrucksvolles Räderwerk im Dachgeschoss, das aus hölzernen Reifen und Scheiben mit 10 000

FRANEKER ERLEBEN

www.franeker.frl

DE GRILLERIJE €€€
Lokal in einem Grachtenhaus mit gegrillten Fleisch- und Fischgerichten sowie klassischem Angebot, aber auch Vegetarier kommen auf ihre Kosten.
Groenmarkt 14, Tel. 05 17 / 39 70 44
www.degrillerije.nl
Mi. geschl.

DE STADSHERBERG €
Mitten im Zentrum gelegenes Hotel mit hübsch eingerichtete Zimmern. 5 der 10 Zimmer haben eine Dachterrasse mit Blick auf die alte Stadtmauer.
Oud Kaatsveld 8
Tel. 05 17 / 39 26 86
8801 AB Franeker
www.stadsherbergfraneker.nl

handgeschmiedeten Nägeln als Zähne in Bewegung gesetzt wird und besichtigt werden kann. Eine Pendeluhr und neun Gewichte steuern dieses Räderwerk. Jedem Besucher wird die Funktionsweise des Planetariums im **Planetariumraum** ausführlich erläutert. Daneben gibt es eine Sammlung historischer astronomischer Instrumente zu sehen, auch der modernen Sternkunde und Raumforschung wird im Planetarium reichlich Aufmerksamkeit geschenkt. Im September 2023 wurde das Planetarium in die UNESCO-Weltkulturliste aufgenommen.
Eise Eisingastraat 3 | Di. – Sa. 10 – 17, So. 11 – 17, Mitte April – Mitte Okt. auch Mo. 11 – 17 Uhr | Eintritt: 6 € | www.planetarium-friesland.nl

GORINCHEM

Provinz: Zuid-Holland | **Einwohnerzahl:** 38 500

Eigentlich müsste man Gorinchem (sprich Chorkem) mit dem Hubschrauber anfliegen, denn nur aus der Luft erkennt man den Festungscharakter der schönen Stadt: Die Altstadt wird sternförmig von Grachten umgeben. Einlass in die Festung gewährten vier Stadttore, von denen nur noch der Dalempoort übrig ist.

Schöne Festungsstadt

Am Lingehaven, dem reizvollsten Teil der Stadt, mündet die Linge, die zwischen Rhein und Waal durch die Betuwe fließt, in die Merwede. Von hier haben Sie einen schönen Blick nach Woudrichem und zur Burg Loevestein (▶ unten).

Wohin in Gorinchem und Umgebung?

Wälle, Bastionen und ein geknickter Turm

Innenstadt

Viele der Wälle und Bastionen, die früher die Innenstadt umgaben, sind heute noch erhalten. Das einzige übriggebliebene Stadttor ist der **Dalempoort** aus dem 16. Jahrhundert. Von der alten Pfarrkirche aus dem 15. Jahrhundert blieb allerdings lediglich der 60 m hohe, und weithin sichtbare **St.-Jans-Turm** von 1517 erhalten, der jedoch schon beim Bau versackte und einen Knick hat. Das heutige Gotteshaus stammt aus dem Jahr 1845. Am Grote Markt ist zudem das kleine ortsgeschichtliche Museum (**Gorcums Museum**) untergebracht.

Museum: Grote Markt 17 | Mo. 12 – 17, Di. – Sa. 10 – 17, So. 11 – 17 Uhr | Eintritt: 5,50 € | www.gorcumsmuseum.nl

Flucht in der Bücherkiste

Slot Loevestein

Südöstlich von Gorinchem erhebt sich an der Maasmündung die Burg Loevestein in der Gemeinde Brakel. Diese einstige Raubritterburg von 1357 war im 17. Jahrhundert zeitweise **Staatsgefängnis**. Ihr berühmtester Häftling war der Jurist und Theologe Hugo de Groot (Hugo Grotius), der 1621 nach zwei Jahren Gefangenschaft trickreich, mit der Hilfe seiner Frau, in einer Bücherkiste entkam.

Loevestein 1 | tgl. 10 – 17 Uhr | Eintritt: 14,90 € | www.slotloevestein.nl

Stolzer Turm mit Sturmschaden

Woudrichem

Weiter südlich folgt das hübsche Städtchen Woudrichem, das an dem strategisch günstigen Zusammenfluss von Maas und Waal liegt.

GORINCHEM ERLEBEN

VVV GORINCHEM

Grote Markt 17
NL-4201 EB Gorinchem
Tel. 01 83 / 63 15 25
www.mooigorinchem.nl
Mo. 12 – 17, Di. – Sa. 10 – 17 Uhr

DE HOOFDWACHT €€

Früher war »De Hoofdwacht« Finanzamt und Militärgebäude. Serviert werden internationale Gerichte, die Sie an warmen Tagen auch auf der Restaurantterrasse zu sich nehmen können.

Grote Markt 6
Tel. 01 83 / 63 88 80
www.hoofdwacht.nl

LA FONTANA €€

Leckere italienische Küche mit – natürlich – Pizza und Pasta.

Achter de Kerk 15
Tel. 01 83 / 63 30 19
www.lafontanagorinchem.nl

Von der Stadtbefestigung blieb neben einigen Ruinen nur der **Waterpoort** aus dem 16. Jahrhundert erhalten. Die **Hervormde Kerk**, eine Kreuzkirche aus dem 15. Jahrhundert, wurde nach einem verheerenden Brand im Jahr 1573 wieder komplett aufgebaut. Das Orgelgehäuse aus dem 17. Jahrhundert stammt jedoch aus der Kloosterkerk von Den Haag und ist eine Stiftung von Prinz Wilhelm III. Der Turm aus Ziegel- und Naturstein wurde 1717 bei einem Sturm beschädigt und danach nur mit einer abschließenden Balustrade versehen.

★ GOUDA

Provinz: Zuid-Holland | **Einwohnerzahl:** 75 300

Immer der Nase nach! Gouda verführt Feinschmecker mit verlockenden Düften. Am Markt riecht es herrlich-süß nach frisch gebackenen Goudse Stroopwafels, und am Donnerstagmorgen kommt eine würzige Komponente hinzu: Es ist Käsemarkt! Schwere Laibe Bauernkäse werden von Käseträgern in alten Gildetrachten auf hölzernen Tragegestellen über den Platz transportiert, begutachtet und gewogen. Auch die Liebe zu einer Stadt geht durch den Magen.

Käse und Kirche

Gouda besitzt ein **typisch holländisches Stadtbild** mit malerischen Grachten und historischem Baubestand im alten Stadtkern. Sie liegt in einem fruchtbaren Poldergebiet zwischen ▸ Utrecht, ▸ Rotterdam und ▸ Den Haag, an der Mündung der Gouwe in die Hollandse IJssel. Berühmt ist die Stadt nicht nur für ihren hervorragenden Käse, sondern auch für die schönsten Kirchenfenster der Niederlande.
Gouda entwickelte sich ab dem 13. Jahrhundert, als es von Graf Floris V. von Holland 1272 Stadtrechte erhielt, rasch zu einem bedeutenden Handelszentrum. Die Stadt wurde im Jahr 1572 von den Wassergeusen eingenommen und spielte anschließend in der holländischen Ständeversammlung eine herausragende Rolle. Im 17. Jh. begann der Niedergang Goudas. Nachdem man jedoch die traditionelle Tuchfabrikation durch die Pfeifenherstellung und Käseproduktion ersetzt hatte, ging es wieder bergauf. Gouda ist die Geburtsstadt des niederländischen Forschers **Cornelis de Houtman** (1565 – 1599), der als einer der ersten nach Indonesien (Niederländisch-Indien) segelte. Bei seiner zweiten Reise wurde Houtman auf Sumatra ermordet.

In der Heimat des Gouda muss es natürlich einen Käsemarkt geben.

Wohin in Gouda?

»Wer Käse sagt, sagt auch Gouda«

Am Markt

Auf dem weiträumigen dreieckigen Marktplatz erhebt sich das stattliche **Rathaus**, ein spätgotischer Bau (1449 – 1459), der einst von einem Wassergraben umgeben war. Im Jahr 1603 errichtete man eine schöne Renaissancefreitreppe vor der Fassade. Das sehenswerte Innere des Gebäudes kann besichtigt werden. Im Trouwzaal, dem Hochzeitssaal, hängt ein im 17. Jh. in Gouda angefertigter Wandteppich von David Ruffelaer. Das **Figurenspielwerk** an der Ostfassade des Gebäudes inszeniert halbstündlich die Verleihung der Stadtrechte durch den Grafen Floris V. um das Jahr 1272.

Im **Kaas- en Ambachtenmuseums** (Käse- und Handwerksmuseums) in der Stadtwaage an der Nordostseite des Markts erfährt man viel über die Geschichte und Herstellung des Gouda-Käses. Die Waage (1668) ist ein typisches Beispiel niederländischer Renaissancebaukunst von Pieter Post. Über dem Eingang befindet sich ein Steinrelief, das das Wiegen von Käselaiben zeigt, wie es noch auf dem **Käsemarkt** zelebriert wird.

Museum: Markt 35 | April – Okt. tgl. 10 – 17, Nov. – März tgl. 10 – 16 Uhr | Eintritt: 7,50 € | www.goudsewaag.nl
Käsemarkt: April – Aug. Do. 10 – 12.30 Uhr

GOUDA ERLEBEN

VVV GOUDA
Am Markt 35 (in der Stadtwaage)
NL-2801 JK Gouda
Tel. 01 80 / 58 91 10
www.welkomingouda.nl
Apr. - Okt. tgl. 10 - 17,
Nov. - März tgl. 10 - 16 Uhr

❶ LF Gouda (De Lichtfabriek)
❷ Restaurant Bij Ons

❶ Relais & Château Weeshuis Gouda

❶ LF GOUDA (DE LICHTFABRIEK) €€
In einem historischen Industriegebäude werden internationale Gerichte in einem stimmungsvollen Ambiente serviert.
Hoge Gouwe 189
Tel. 01 82 / 23 12 51
www.lfgouda.nl

❷ RESTAURANT BIJ ONS €€
»Bei uns« ist es gemütlich! Dunkle Holztische, Backsteinwände und Lederstühle sind die richtige Kulisse für Ente, Risotto und Surf'n'Turf in der Altstadt von Gouda.
Koster Gijzensteeg 5
Tel. 01 82 / 52 80 07
http://restaurantbijons.nl
Mo. geschl.

❶ RELAIS & CHÂTEAUX WEESHUIS GOUDA €€€
Außergewöhnlich designte Hotelzimmer im früheren Waisenhaus aus dem Jahr 1599. Zum Hotel gehört ein gutes Restaurant.
Spieringstraat 1
NL-2801 ZH Gouda
Tel. 01 82 / 23 12 53
https://wshs.nl

Die prachtvollsten Kirchenfenster im Land

★ St. Janskerk

Unweit südlich des Marktes erhebt sich die aus dem 15./16. Jh. stammende St. Janskerk oder Grote Kerk, die mit 123 m Länge bei 45 m Breite **die längste Kirche der Niederlande** ist. Die erste Kir-

KÄSE AUS HOLLAND

BAEDEKER WISSEN

Die Niederlande sind in der ganzen Welt als Käseland berühmt. Kein Wunder, verkaufen sie doch den weitaus größten Teil ihrer Käseprodukte an viele Länder. Hauptabnehmerland Deutschland aber produziert jährlich mehr Käse (ca. 2235 Mio. kg), exportiert mehr (über 1300 Mio. kg) – auch in die Niederlande – und verbraucht mehr.

▶ **Käseverbrauch pro Kopf im Jahr**

24,6 kg
in
Deutschland

22,1 kg
in den
Niederlanden

▶ **2021 wurden in den Niederlanden 947 Mio. kg Käse hergestellt und 382 Mio. kg importiert.**

ca. **634 Mio. kg**
der Gesamtmenge werden in 130 Länder exportiert.

ca. **309 Mio. kg**
der Gesamtmenge werden nach Deutschland exportiert.

ca. **386 Mio. kg**
der Gesamtmenge verbra
die Niederländer selbst.

1,57 Mio. Kühe
geben jährlich ca.

14 Mrd. Liter
Milch

davon werden ca.
7,5 Mrd. Liter
Milch zu

▶ **Reifegrade von Gouda**

Baby-Gouda
drei Wochen alt

Junger Gouda
vier bis acht Wochen

Mittelalter Gouda
zwei bis sechs Monate

Alter Gouda
sechs bis acht Monate

Überjähriger oder uralter Gouda
länger als ein Jahr

Traditionelle Käsemärkte

Alkmaar:
freitags 10–13 Uhr
von Ende März bis Ende September
Juli u. August auch dienstags 19-21 Uhr

Gouda:
donnerstags 10–12.30 Uhr
von Anfang April
bis Ende August

Edam:
mittwochs 10.30–12.30 Uhr
von Anfang Juli bis
Ende August

Frau Antje
erblickte 1961 als Werbefigur des niederländischen Molkereiverbands das Licht der Welt.

947 Mio. kg
Käse verarbeitet.

- **Gouda** (Goudse kaas)
  Fettgehalt: 48%
  aus Kuhmilch

- **Edamer** (Edam)
  Fettgehalt: 40%
  aus Kuhmilch, verpackt in rotem Wachs

- **Limburger** (Hervekaas)
  Fettgehalt: 35-45%
  aus Kuhmilch, kräftiger Geschmack

- **Leerdamer** (Leerdammer)
  Fettgehalt: 45%
  aus Kuhmilch, Halbhartkäse, leicht süßer und nussiger Geschmack

- **Maasdamer** (Maasdammer)
  Fettgehalt: 45%
  aus Kuhmilch, Halbhartkäse, leicht süßer und nussiger Geschmack

- **Leydener** (Leidse kaas)
  Fettgehalt: max. 40%
  entrahmte Milch, Buttermilch, machmal mit Kümmel

- **Friesischer** (Friese nagelkaas)
  Fettgehalt: 30%
  aus Magermilch, Kreuzkümmel und Gewürznelken

- **Subenhara**
  Fettgehalt: 48%
  aus Kuhmilch oder Ziegenmilch, mild, Variantionen mit verschiedenen Kräutern

che wurde Anfang des 13. Jh.s gebaut, bei dem Stadtbrand im Jahr 1361 jedoch schwer beschädigt und danach als Hallenkirche wieder errichtet. Nach weiteren zwei Bränden 1438 und 1552 blieb nur der Chor unversehrt. In der Folgezeit entstand die Kreuzbasilika mit Glockenturm.
Im Inneren befindet sich eine großartige Reihe farbenprächtiger **Kirchenfenster** (Goudse Glazen). Sie zeigen den Übergang von der kirchlichen zur bürgerlichen, heraldisch-allegorischen Glasmalerei mit biblischen und landesgeschichtlichen Motiven. Der Bildersturm von 1566 ließ 40 Fenster unversehrt. Weitere 30 Vitralien kamen danach hinzu. Sie wurden von Fürsten, Prälaten, später von holländischen Partnerstädten gestiftet. 1947 schuf Charles Eyck das jüngste Fenster, »Krieg und Befreiung«: die Befreiung der Niederlande von der deutschen Besatzung im letzten Kriegsjahr1945. Sehenswert sind ferner die **Holzgewölbe** der Kirchenschiffe, die durch kurze, runde Säulen voneinander getrennt werden, die klangschöne **Orgel** von 1736 (eine Chororgel kam 1974 hinzu) und die **Grabkapellen**.

Achter de Kerk 16 | März - Okt. Mo. - Sa. 9 - 17, Nov. - Feb. 10 - 16 Uhr | Entritt: 10 € | www.sintjan.com

Stadtgeschichte und winzige Pfeifenköpfe

Museum Gouda

Hinter der Kirche befindet sich im ehemaligen Catharina Gasthuis, in dem vom 14. Jh. bis 1910 das Städtische Krankenhaus untergebracht war, das Museum Gouda. Das Gebäude wurde mehrmals umgebaut und erweitert. Seit 1947 beherbergt das Museum **Exponate aus der Stadtgeschichte**, u.a. Gemälde, die den Bildersturm unbeschadet überlebt haben, Gruppenbildnisse von Schützengruppen aus dem 17. Jh. und Werke der Haager Schule aus dem 19. Jahrhundert. Zu sehen sind auch ein Stadtmodell von Gouda um das Jahr 1562 sowie das Chirurgengildezimmer aus 1699, das an die frühere Funktion des Gebäudes als Krankenhaus erinnert. Auch eine Sammlung von Tonpfeifen ist ausgestellt, denn die Stadt Gouda war im frühen 17. Jh. **Zentrum der Pfeifenherstellung**. Die kleinen Pfeifenköpfe an den Enden sehr langer Stiele weisen auf Sparsamkeit hin – Tabak war früher ein Luxusartikel.

Achter de Kerk 14 | Di. - So. 11 - 17 Uhr | Eintritt: 14,50 € | www.museumgouda.nl

Die heilige Stadt in Gouda

Weitere Sehenswürdigkeiten

Östlich von der Grote Kerk erhebt sich in der Jeruzalemstraat die **Jeruzalemkapel** (15. Jh,), der Grabeskirche in Jerusalem nachempfunden. Sehenswerte Häuser in der Spieringstraat sind das ehemalige **Weeshuis** (Waisenhaus) von 1642 mit einem hübschen Wappenrelief über dem Eingangsportal und am südlichen Ende der Straße die Getreidemühle **'t Slot** von 1832 auf dem Gelände des 1577 abgerissenen Schlosses.

EINE STADT IM KERZENSCHEIN

Es wiederholt sich alljährlich Mitte Dezember: Am Kaarsjesavond (Kerzenabend) wird auf dem Marktplatz von Gouda die elektrische Beleuchtung durch Tausende brennender Kerzen ersetzt. Allein das Rathaus ist mit bis zu 2500 Lichtern geschmückt. Gibt es eine schönere Einstimmung auf das Weihnachtsfest?

Rund um Gouda

Am schönsten zur Zeit der Apfelblüte

Boskoop

Nordwestlich von Gouda, an der Landstraße nach Leiden, liegt an der Gouwe der Ort Boskoop inmitten eines bedeutenden **Landwirtschafts- und Obstanbaugebietes**, aus dem die bekannte Apfelsorte stammt und wo in großen Gärtnereien u. a. Rosen, Rhododendren, Azaleen, Clematis und Taxussträucher gezogen werden. Zur Blütezeit ist ein Besuch besonders lohnend.

Die Waage, die über Leben und Tod entschied

Oudewater

Östlich von Gouda führt die N 228 in das an der IJssel gelegene Städtchen Oudewater mit hübschen Giebelhäusern aus der Blütezeit der niederländischen Baukunst (1600 – 1620). Die schönsten stehen am Markt, am Hafen sowie in der Leeuwerik- und Wijtstraat.

Bekannt wurde Oudewater vor allem wegen seiner **Heksenwaag** von 1595. Auf diesem Relikt mittelalterlich-frühneuzeitlicher Wahnvorstellungen – das Original ist heute im **Museum de Heksenwaag** ausgestellt – wurden bis 1754 vermeintliche Hexen gewogen: Wenn das Gewicht mit den »Proportionen des Körpers« nicht übereinstimmte, sprich: Wer für seine Körpergröße zu leicht war und demgemäß einen Besen reiten konnte, war der Hexerei überführt und wurde dem Feuer übergeben.

Museum de Heksenwaag: Leeuweringerstraat 2 | April – Okt. Di. – So. 11 – 17 Uhr, Nov. – März nur Sa. u. So. | Eintritt: 7,50 € | www.heksenwaag.nl

★ GRONINGEN

Provinz: Groningen | **Einwohnerzahl:** 238 000

Groningen ist eine alte Stadt mit den jüngsten Einwohnern der Niederlande. Was das mit sich bringt? Stattliche Universitätsgebäude mitten in der Stadt, bevölkert von Studenten aus aller Welt. Die besten Ausgehviertel weit und weit, hippe Geschäfte, coole Clubs und natürlich eine Menge Kneipen. Und zu Füßen des immens großen Martinitoren erstrecken sich idyllische Einkaufsstraßen, die zu den besten des Landes zählen.

Quirlige Universitätsstadt

Groningen, die Universitätsstadt im Norden des Landes und Hauptstadt der gleichnamigen Provinz, liegt am Fluss Aa. Überragt wird die Stadt vom fast 100 m hohen Martinitoren, zu dessen Füßen Einkaufsviertel und mehrere **Märkte** liegen. Fast jeden Tag wird in Groningen ein Markt abgehalten, dessen Stände vor Obst und Gemüse, Blumen, Broten und Stoffen nahezu barsten. Mit vollen Taschen können Sie sich bei einer Tasse Kaffee auf einer der vielen Terrassen niederlassen, um dem Treiben zuzusehen. Übrigens ist die Innenstadt von Groningen fast autofrei. Hauptfortbewegungsmittel ist das Fahrrad, weshalb Groningen den Titel »Welthauptstadt der Radfahrer« erhielt.
Im Jahr 1284 trat die bereits damals zum blühenden Handelsplatz aufgestiegene Stadt, 1040 erstmals urkundlich erwähnt, der **Hanse** bei und wurde eines der wichtigsten Handelszentren im nördlichen Europa. Auf dem Höhepunkt ihrer Macht, Ende des 15. Jh.s, herrschte Groningen über die Provinz Groningen und einen Großteil Frieslands. 1672 wurde Groningen vom Fürstbischof von Münster belagert und einen Monat lang bombardiert, was dem Bischof den Beinamen Bommen Berend (»Bomben-Bernd«) einbrachte. Groningen blieb uneinnehmbar und feiert noch heute Ende August Gronings Ontzet, Groningens Befreiung. Von 1795 bis 1813 regierten die Franzosen über Groningen. Im Zweiten Weltkrieg erlitt besonders die Innenstadt mit ihren Giebelhäusern aus dem 16./18. Jh. erhebliche Schäden.

GRONINGEN ERLEBEN

GRONINGEN STORE

Nieuwe Markt 1
(Forum Groningen)
NL-9712 KN Groningen
Tel. 050 / 3 13 97 41
http://toerisme.groningen.nl
Mo. - Fr. 9.30 - 18,
Sa. 10 - 17, So. 12 - 17 Uhr

Auf der Suche nach Kneipen und Straßencafés werden Sie vor allem an der Südseite des Grote Markt sowie an der Poelestraat und Zwanestraat fündig.

❶ CAFÉ ZONDAG NOORDERPLANTSOEN €€

Ein Pavillon von 1927 mit großer Fensterfront und Terrasse lädt im Stadtpark Noorderplantsoen zu einem broodje am Mittag, zu Kaffee und Kuchen oder zu einem mehrgängigen Abendessen mit Blick ins Grüne ein. Entspannte Atmosphäre!
Kruissingel 1
Tel. 0 50 / 3 12 35 37
www.zondagnoorderplantsoen.nl

❷ PILOERSEMABORG DEN HAM €€€€

Auf dem Land rund 13 km nordwestlich von Groningen finden Sie in einem Herrenhaus von 1633 ein edles Feinschmeckerlokal, das zu den landesweit besten Restaurants zählt. Die Küche kreiert Gerichte mit mediterranen Einflüssen. Es werden auch Zimmer vermietet.
Den Ham
Sietse Veldstraweg 25
Tel. 0 50 / 4 03 13 62
www.piloersema.nl

❸ MR. MOFONGO €€

Verteilt über mehrere Stockwerke in einem historischen Gebäude ist das Mr. Mofongo ein Restaurant und eine Weinbar. Es gibt hier internationale Küche, gute Cocktails und eine sehenswerte elektrische Weinzapfanlage.
Oude Boteringestraat 26
Tel. 0 50 / 3 14 42 66
www.mofongo.nl

❹ WEEVA €€€

Seit 1871 am Platz, setzt das Weeva (auch) auf Klassiker der niederländischen Küche wie Stamppot und Hackbällchen.
Gedempte Zuiderdiep 8-10
Tel. 0 50 / 588 65 55
www.weeva.nl

❶ PRINSENHOF €€€€

Das Prinsenhof ist das Haus am Platz, in dem auch die Königsfamilie nächtigt. Es ist zentral und doch ruhig gelegen und besitzt einen fantastischen Garten, 34 Luxus-Zimmer sowie ein hervorragendes Restaurant mit Terrasse.
Martinikerkhof 23
NL-9712 JH Groningen
Tel. 0 50 / 3 17 65 55
www.prinsenhof-groningen.nl

❷ HOTEL DE DOELEN €€

Gemütliche Unterkunft in einem historischen Gebäude, das seit mehr als 200 Jahren als Hotel seine Gäste empfängt. Die Lage ist ideal für Nachtschwärmer.
Grote Markt 36
NL-9711 LV Groningen
Tel. 0 50 / 3 12 70 41
www.boutiquehotel-dedoelen.nl

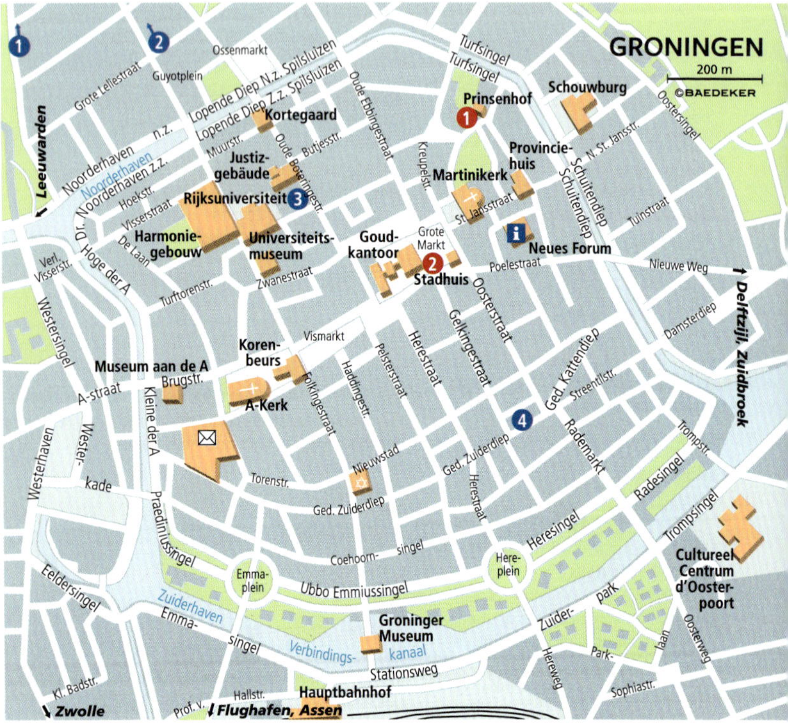

1 Café Zondag Noorderplantsoen
2 Piloersemaborg Den Ham
3 Mr. Mofongo
4 Weeva

1 Prinsenhof
2 Hotel de Doelen

Wohin in Groningen?

Grote Markt

Der alte Graue und die drei Schwestern

Die Hauptgeschäftsstraße von Groningen ist die **Herestraat**, die nördlich auf den in der Mitte der Stadt gelegenen Grote Markt mündet. Hier haben sich die größeren Ladenketten niedergelassen, kleinere Geschäfte und hübsche Boutiquen befinden sich in der **Folkingestraat** und in **De Zwanestraat-Kromme Elleboog**. Beide Straßen erhielten bereits den Titel als schönste Einkaufsstraße der Niederlande. An der Westseite des Marktplatzes steht das neoklassizistische **Rathaus** (1777 – 1810), westlich dahinter der 1962 vollendete, moderne Erweiterungsbau, der sich harmonisch an das historische Gebäude anfügt.

Das 1635 im Renaissancestil gebaute, zierliche **Goudkantoor** (Goldkontor) war ursprünglich Steueramt der Provinz und danach Goldprüfungsamt. Heute befindet sich in den alten Gemäuern ein gemütliches Restaurant.
An der Nordostecke des Grote Markt erhebt sich die **Martinikerk**, eine romanisch-gotische Basilika aus dem 13. Jahrhundert. Im 15. Jh. wurde der Backsteinbau im spätgotischen Stil umgebaut. Bei Restaurationsarbeiten im Jahr 1924 legte man im Chor Wandmalereien aus dem 16. Jh. frei. Die alte Orgel schuf der aus der Gegend von Groningen stammende Humanist und Musiker Rudolf Agricola (1442 bis 1485) im Jahr 1480.
Der zwischen 1464 und 1482 errichtete **Martiniturm** – das Wahrzeichen der Stadt und liebevoll als »der alte Graue« bezeichnet – ist mit einer Höhe von 96 m der zweithöchste Turm der Niederlande, bei schönem Wetter bietet sich nach 251 Stufen von oben eine herrliche Aussicht über die Stadt.
Rund um den Grote Markt liegen eine Vielzahl von Restaurants mit sonnigen Terrassen, darunter auch **De Drie Gezusters**, die größte Kneipe Europas, die sich über mehrere Häuser erstreckt. Ein Tipp nicht nur für Nachtschwärmer, sondern auch gut geeignet für Kaffee und Kuchen oder ein warmes Essen.
Hinter dem Market Hotel, bereits am **Nieuwe Markt**, steht das **Neue Forum**, ein Kulturzentrum mit Bibliothek, Kino, Cafés, Comic-Museum und der Groninger Touristeninformation. Das sich über mehrere Stockwerke erstreckende Atrium wird von 14 frei schwebenden Rolltreppen durchzogen – ein spektakulärer Anblick!

Martinikirche: April – Sept Mo. – Do. 13 – 16 Uhr | Eintritt: 2 € | www.martinikerk.nl
Martiniturm: Mo. – Fr. 11 – 18, Sa. 11 – 17, So. 12 – 17 Uhr | Eintritt: 4 €

Mit einer grünen Oase inmitten der Stadt

Provinciehuis

Hinter der Kirche am Martinikerkhof, durch die St. Jansstraat zu erreichen, steht das im Stil der Neurenaissance gebaute Provinciehuis mit Sitz der Provinzialregierung. Hervorzuheben sind der **Staatssaal** (Staatenzaal) mit Porträts der Oranier des 17. Jahrhunderts, außerdem die Holztäfelung und das Tonnengewölbe von 1697. Auf dem Platz davor befindet sich ein kleiner **Park**, der bis 1828 ein Friedhof war.

Das Haus mit den drei Königen

Huis Cardinaal

Neben dem Provinciehuis befindet sich das Huis Cardinaal von 1559 mit einer Renaissance-Fassade und einem Turm zwischen seinen beiden Flügeln. Die **Medaillons** Alexanders des Großen, König Davids und Karls des Großen im Giebel weisen auf den zweiten Namen dieses Gebäudes hin: Das Haus mit den drei Königen.

Idylle zwischen Rosen und Kräutern

Prinsenhof

Ursprünglich war der im 15. Jh. erbaute Prinsenhof ein Kloster. In der Folgezeit diente er als Residenz der friesischen Statthalter, beherbergte ein Internat und ein Militärhospital.
Hinter dem Prinsenhof (Zugang an der Kattenhage oder dem Turfsingel) liegt der Prinsenhoftuin, ein **Rosen- und Kräutergarten** aus dem 17. Jahrhundert. Das **Zonnewijzerpoort** an dem Turfsingel hat eine Sonnenuhr von 1731. Sie trägt einen lateinischen Spruch sowie die Buchstaben W und A, die an den Statthalter Willem Frederik und seine Gattin Albertina Agnes erinnern sollen.

Die ältesten Gebäude der Stadt

Oude Boteringestraat

In der Oude Boteringestraat, nordwestlich des Grote Markt, sind mehrere alte Häuser zu sehen, z. B. **Nr. 17** im Stil der englischen Neorenaissance. Haus Nr. 19 ist eine 1913 erbaute Kopie eines mittelalterlichen Weinhauses, das bis 1775 auf dem Grote Markt stand und ehemals Steueramt war. Über der Eingangstür ragt ein Fisch mit einer Münze im Maul hervor; er symbolisiert die Verschwendungssucht der Stadtverwaltung. Eines der ältesten Steinhäuser der Stadt aus dem Mittelalter ist Haus Nr. 24. Weiter folgen ein Mitte des 18. Jh.s gebautes Haus mit 13 Tempeln auf dem Giebel (Nr. 23), das Gerichtsgebäude von 1755 (Nr. 36 – 38) und der ehemalige Amtssitz des Kommissars der Königin (Nr. 44). Der Arzt J. van den Stege ließ das Haus 1791 im Stil Ludwigs XVI. bauen. Heute beherbergen die historischen Häuser Restaurants, Cafés und kleine Geschäfte.

Oben warm, unten kalt

Kortegaard

Am Ende der Oude Boteringestraat steht die ehemalige Wache. Der Name Corps de Garde wurde im Lauf der Zeit in Kortegaard umgewandelt. Im zweiten, beheizten Stockwerk des 1634 gebauten Gebäudes durften sich die Offiziere aufhalten, während die Wache mit der zugigen, arkadenreichen Galerie vorlieb nehmen musste. Heute ist in den schönen, historischen Räumen ein stilvolles **Hotel** untergebracht – in dessen Zimmern niemand frieren muss.

Grachtenhäuser und Hausboote

Spilsluizen

Zur rechten Hand fließt die **Gracht** Spilsluizen, in der auch einige Hausboote liegen. Hier endete die offene Verbindung zwischen der Stadt und dem Meer. Der Kai verfügt über einen Ebbe- und einen Flutteil.

Zweitälteste Hochschule der Niederlande

Rijks Universiteit

Von der Oude Boteringestraat führt die Broerstraat zum Academieplein mit dem Verwaltungsgebäude (Academiegebouw) der Groninger **Reichsuniversität**. Schon im Jahr 1614 gegründet, ist sie damit die zweitälteste Hochschule des Landes. Nachdem das alte Universitätsgebäude 1906 niedergebrannt war, wurde in den Jahren 1907 bis 1909 ein neues im Stil der Neorenaissance gebaut. Seine Fassade zeigt einige allegorische Figuren. Wer einen Blick ins das prachtvolle Gebäude wirft, entdeckt ein monumentales Treppenhaus mit Buntglasfenstern.

Einer Pionierin gewidmet

Universiteitsmuseum

Das Universiteitsmuseum informiert über die Entwicklung des studentischen Lebens und der akademischen Ausbildung. Ein Raum ist **Aletta Jacobs** gewidmet, der ersten Frau, die in den Niederlanden ein Studium abschloss und den Doktorgrad erwarb. Für Gänsehautmomente sorgt ein Blick in das »anatomische Theater« mit Körperteilen, die vor vielen Jahrzehnten in einer durchsichtigen Flüssigkeit konserviert wurden.

Oude Kijk in 't Jatstraat 7a | Di. – So. 10 – 17 Uhr | Eintritt 7,50 € | www.rug.nl/museum

Shoppen in göttlicher Begleitung

Vismarkt, Korenbeurs

Westlich vom Grote Markt liegt der ehemalige Fischmarkt, heute **Blumen- und Lebensmittelmarkt**. An der Westseite steht die einstige Getreidebörse (Korenbeurs) von 1865, in der bis 1947 Getreide verkauft wurde. Seit einer gründlichen Renovierung ist hier eine Filiale der niederländischen Supermarktkette »Albert Heijn« untergebracht, welche aufgrund der monumentalen, lichtdurchfluteten Halle zu den schönsten Supermärkten des Landes zählt. Die Fassade zeigt die Bilder der Götter Ceres (Erdgöttin), Merkur (Gott der Händler und der Diebe) und Neptun (Gott des Meeres und der Schifffahrt).

Eines der beliebtesten Fotomotive der Stadt

A-Kerk

Hinter der Getreidebörse steht die A-Kirche (auch Aa-Kerk geschrieben), früher Dra-Kerk genannt, mit ihrer in warmen Gelbtönen gehaltenen Fassade. Ursprünglich ein romanisches Gebäude von 1247, zu Ehren von Maria und allen Heiligen errichtet, wurde die gotische Kirche im 15. Jh. erneuert und erhielt ein schönes Inneres. Die Kirche ist nur im Rahmen von Veranstaltungen zugänglich, besonders lohnenswert sind die **Konzerte** auf der Schnitger-Orgel.

Schifffahrt seit den Römern

Museum aan de A

In der Brugstraat, westlich vom A-Kerkhof, steht das Museum aan de A mit den beiden historischen Häusern **Gotisch Huis** und **Canterhuis** aus dem Mittelalter. Letzteres wurde jedoch im 19. Jh. weiter ausgebaut. Die Sammlung informiert über Binnenschifffahrt, Küstenfahrt und Fischerei seit der römischen Zeit anhand von Schiffsmodellen, Gemälden, Schiffsteilen und Instrumenten. Zu sehen sind auch original eingerichtete Stilzimmer und Kajüten sowie eine unfangreiche Kollektion zur Stadtgeschichte.

OBEN: Das Groninger Museum ist farbenfroh – nicht nur von außen.

UNTEN: Auf dem Weg zur Menkemaborg geht's am grimmigen Löwen vorbei.

Brugstraat 24 – 26 | Das Museum wird in den nächsten Jahren renoviert und ist nur begrenzt zugänglich. | https://museumaandea.nl

Bunt, märchenhaft, bedeutungsvoll

★ Groninger Museum

Das Groninger Museum ist in einem architektonisch interessanten Neubau im Groninger Hafenbecken zu finden. Entworfen wurde dieses bunt zusammengewürfelte Gebäude mit auffälligen Farben, Formen und Materialien vom italienischen Architekten und Designer **Alessandro Mendini**. Hierzu wurde im Verbindingskanaal eine **Museumsinsel** angelegt, die eine direkte Verbindung zwischen dem Jugendstilbahnhof von 1896 und der Innenstadt bildet. Blickfang ist der 30 m hohe goldfarbene Turm in der Mitte der Anlage, der das Magazin beherbergt. Um den Turm gruppiert sich ein **museales Dorf** mit mehreren Pavillons, einem Café, einer Bibliothek, Plätzen und Brücken. Neben wechselnden Ausstellungen sind archäologische Exponate, Kunstwerke vom 16. Jahrhundert bis heute und eine bedeutende Sammlung chinesischen Porzellans zu sehen, die in einem märchenhaft anmutenden Pavillon des Stararchitekten Philippe Starck untergebacht ist.

Museumseiland 1 | Di. – So. 10 – 17 Uhr | Eintritt: 13 € | www.groningermuseum.nl

Futuristisches Groningen

Sehenswerte Architektur

Neben dem Groninger Museum gibt es noch weitere beeindruckende moderne Gebäude. Hinter dem Rathaus liegt der aus drei miteinander verbundenen Bauten bestehende **Waagstraat-Komplex** des italienischen Architekten Adolfo Natalini. Die öffentliche **Bibliothek** in der Oude Boteringestraat stammt von Giorgio Grassi, ebenfalls aus Italien. Das wohl ungewöhnlichste Wohnhaus in Groningen, das **»Wall House«** (A J Lutulistraat 17), entwarf der US-amerikanische Architekt John Hejduk. In der Straße Kleine der A steht das **»Urinoir«**, eine öffentliche Toilette, nach einem Entwurf des Architekten Rem Koolhaas und des Fotografen Erwin Olaf. Und im Süden der Stadt erhebt sich der **»Affenfelsen«**, die Zentrale des niederländischen Gasversorgers Gasunie.

Rund um Groningen

Mit einer traumhaften Muschelgrotte aus dem Jahr 1700

Leek

Etwa 2 km weiter südlich bei dem Dorf Leek folgt das **Schloss Nienoord**, in dem das **Nationaal Rijtuigmuseum** untergebracht ist, das Kutschen und Fahrzeuge aus dem 19. Jahrhundert zeigt. Im Schlosspark befindet sich eine schöne Muschelgrotte.

Museum: April – Okt. Di. – So. 11 – 17, Nov. – März Fr. – So. 12 – 16.30 Uhr | Eintritt: 7,50 € | www.museumnienoord.nl

Wie soeben verlassen

Menkemaborg

Von Groningen führt die Landstraße in nördlicher Richtung nach Uithuizen. Markantester Punkt dieses unweit des Wattenmeeres gelegenen Ortes ist die Menkemaborg, die am besten erhaltene und wohl **schönste Burg der Provinz Groningen** und einst Sitz friesischen Bauernadels. Sie besteht aus drei aneinanderliegenden Gebäuden aus dem 15. bis 17. Jh., die von einem Wassergraben umgeben sind. Die Inneneinrichtung mit Möbeln, Silbergegenständen und Fayencen sowie der Garten mit seinen beeindruckenden Rosengängen wurden im 18. Jh. gestaltet. Im einstigen Schathoes, der Dienstboten- oder Pächterwohnung im Vorhof, ist heute ein Restaurant untergebracht.

Menkemaweg 2 | März – Sept. Di. – So. 10 – 17, Okt. – Dez. Di. – So. 10 – 16 Uhr | Eintritt: 9 € | www.menkemaborg.nl

Eingedeicht

Usquert

Unweit westlich von Uithuizen liegt das hübsche Dorf Usquert auf eingedeichtem Wattengebiet. Im frühen Mittelalter hatte hier der Johanniterorden eine Niederlassung. Auf diesem Gelände stehen heute zwei Bauernhöfe. An die Johanniter erinnert der Kamin des Hofes Kloosterwytwerd, den ein Ordenswappen schmückt. Besondere Attraktion ist jedoch das **Rathaus**, das 1930 von Hendrik Petrus Berlage – er baute u. a. die Börse von Amsterdam (Beurs van Berlage) – als eines seiner letzten Werke geschaffen wurde.

Hier werden Seehunde aufgepeppelt

Pieterburen

Die **Zeehondencrèche Pieterburen**, die Seehundaufzuchtstation in Pieterburen, rund 13 km westlich von Usquert, kümmert sich um kranke und verwaiste Seehunde. Im Besucherzentrum können Sie aus nächster Nähe zusehen, wie die Tiere gepflegt werden. Neu ist eine interaktive Ausstellung.

Hoofdstraat 94a | Apr. – Okt. tgl. 10 – 17, Nov. – März 11 – 16 Uhr | Eintritt: 11,50 € | www.zeehondencentrum.nl

Anhalten und Tee trinken

Houwerzijl

Die in einer ehemaligen Kirche untergebrachte **Theefabriek** in Houwerzijl, ca. 16 km südwestlich von Pieterburen, ist das einzige Teemuseum der Niederlande. Es informiert über den Anbau und die Verabeitung von Tee; in der Teestube werden über 300 Teesorten zu vernünftigen Preisen angeboten.

Hoofdstraat 15–25 | Apr. – Okt. Di. – So. 10 – 17, Nov. – März Sa. u. So. 10 – 17 Uhr | Eintritt: 4,95 € | www.theefabriek.nl

Geburtsort einer Romanfigur

Delfzijl

Die im 13. Jh. gegründete Industrie- und Hafenstadt Delfzijl liegt im Groninger Marschgebiet, das sich an der niederländischen Wattenmeerküste zwischen Friesland und der Eemsmündung erstreckt. Groningen ist durch den Eemskanal mit dem Hafen Delfzijl an der Eemsmündung verbunden, der dadurch als Vorhafen von Groningen an Bedeutung erheblich gewonnen hat. Sehenswert sind einige alte Häuser, die Mühle Adam von 1795 sowie das **Maigret-Denkmal**. Letzteres erinnert an den belgischen Krimiautor Georges Simenon (1903 – 1989), der sich seine Romanfigur des Inspektors Maigret auf einem Segelschiff vor Delfzijl erdachte.

Stadt der hängenden Küchen

Appingedam

Südwestlich von Delfzijl gelangen Sie zur **mittelalterlichen Stadt** Appingedam. Die **Nicolaikerk** war ursprünglich eine einschiffige Kirche aus der ersten Hälfte des 13. Jh.s. In der zweiten Hälfte jenes Jahrhunderts wurden Querschiff und Chor gebaut und im 14. Jh. die Apsis. Durch weitere Anbauten entstand die dreischiffige Hallenkirche. Bei der Restaurierung von 1950 erhielt die Kirche ihre Wand- und Deckenmalereien. Schön sind auch die reizvoll verzierte Kanzel (1665) und die Orgel (1744), die der norddeutsche Instrumentenbauer Albert Anthonie Hinsz schuf. Das **Rathaus** von 1630 war ursprünglich als Gerichtsamt bestimmt und weist eine reizvolle Renaissancefassade auf. Dieses Bauwerk zählt zu den kleinsten Renaissance-Rathäusern der Niederlande. Beachtenswert sind auch einige alte Häuser am Damsterdiep mit Küchenausbauten, die über dem Wasser hängen.

Für Rosenfreunde

Winschoten

Rund 20 km südlich von Delfzijl liegt das Städtchen Winschoten, wo einst große Salzlager entdeckt wurden. Das Gebiet um Winschoten zählt zu den weltweit bedeutendsten Zuchtzentren für Rosensaatpflanzen, es befindet sich dort mit 20 000 Rosen einer der größten Rosengärten der Niederlande. Sehenswert in der Stadt ist die niederländisch-reformierte Kirche, deren Wände und Chorfassade noch die ursprünglichen romanischen Bauelemente aus dem 13. Jh. aufweisen. In der Oostereinde 4 erhebt sich eine **Dampfpumpe** mit einer doppelten Pumpeinrichtung und Schraubenwinde – eine der letzten ihrer Art. Im Nordwesten der Stadt stehen die drei **Getreidemühlen** De Volharding (1783), De Berg (1854) und Dijkstra (1862), die zweimal monatlich in Betrieb genommen werden, meist samstags.

Lebendige Festung

★ Bourtange

Weitere 20 km südöstlich von Winschoten erreichen Sie im äußersten Südosten der Provinz Groningen an der deutschen Grenze das Dorf Bourtange. Es entstand inmitten der Fehnmoore auf einem Sandrücken (Tange), der im Mittelalter von Bauern landwirtschaftlich genutzt wurde; daher der Name Bourtange (Bauerntange).
Im Jahr 1580 ließ Prinz Wilhelm von Oranien den Sandrücken befestigen. 1605 wurde die **Festung** im Auftrag von Prinz Maurits gegen

den Willen des Bischofs von Münster auf insgesamt fünf Bastionen verstärkt und erwies sich bis Ende des 17. Jh.s als uneinnehmbar. Im 18. Jh. wurde die Befestigungsanlage abermals erweitert. Seit den 1980er-Jahren ist die Festungsanlage in ursprünglicher Form wiederhergestellt. Das **bewohnte Dorf** in der Mitte der Festung ist eine der touristischen Hauptattraktionen der Gegend – mit historischen Marktständen, Geschäften, »Einwohnern« in originalgetreuen Kostümen, mehreren Museen und sonntäglichem Kanonenfeuer.
Museen: Eintritt 9,50 € | www.bourtange.nl

★★ HAARLEM

Provinz: Noord-Holland | **Einwohnerzahl:** 165 650

Grachten und Kunst – diese Kombination ist derart verlockend, dass das kleine Haarlem seiner großen Schwester Amsterdam an Beliebtheit fast den Rang abläuft. Denn warum sollte man sich in das Touristengetümmel stürzen, wenn man das Gleiche in Klein hier auch haben kann, aber dann viel beschaulicher und idyllischer. Zwischen Grachten und weißen Zugbrücken, einer mächtigen Basilika und kleinen Boutiquen locken Museen von Weltklasse.

Schöner als Amsterdam?

Im 17. Jh. war Haarlem kulturelles Zentrum der Niederlande, ja **bedeutendstes Zentrum der Malerei**. In dieser Zeit gelangte die Stadt durch den Zuzug von Flüchtlingen aus Flandern, die den Ort zu einer Hochburg der Tuch- und Garnbleicherzunft werden ließen, auch zu großem Wohlstand. Berühmt geworden ist die Stadt ferner durch die Zucht und den Verkauf von Blumenzwiebeln. Heute gilt Haarlem als schönste Einkaufsstadt des Landes.
Wie aus der ersten urkundlichen Erwähnung im 10. Jahrhundert hervorgeht, hieß Haarlem ursprünglich Harulahem, d. h. Wohnsitz auf einer schmalen Sandrinne. Durch seine Lage zwischen Mooren und Wasserströmen an Hollands schmalster Stelle erhielt Haarlem eine strategische Bedeutung. Vom 11. bis 13. Jahrhundert war Haarlem Sitz der Grafen von Holland, die dem Ort 1245 Stadtrechte verliehen; somit ist es nach Dordrecht die **älteste Stadt des niederländischen Kernlandes**. Nach der Erhebung der Niederlande gegen die spanische Herrschaft wurde die Stadt trotz größter Verteidigungsanstrengungen im Juli 1573 von den Spaniern zurückerobert, worauf der siegreiche Kommandant sämtliche Soldaten der Gegenseite, die protestantischen Geistlichen und 2000 Bürger hinrichten ließ.

Für die Niederländer galt Laurens Janszoon Coster lange als Erfinder des Buchdrucks. Haarlem ehrt ihn auf dem Grote Markt jedenfalls mit einem Standbild.

Im 17. Jh. war Haarlem Schauplatz reger künstlerischer Tätigkeit und Wohnsitz vieler Maler: **Frans Hals**, Jacob van Ruisdael, Philips-Wouverman oder Adriaen van Ostade lebten und wirkten hier. Der Stadtbaumeister Lieven de Key (um 1560 – 1627) begründete eine Bauschule, von deren Leistung die öffentlichen Gebäude und Giebelhäuser der Altstadt Zeugnis ablegen.

Wohin in der Stadtmitte?

Idealer Ausgangspunkt eines Stadtrundgangs

Grote Markt

Mittelpunkt der Altstadt ist der Grote Markt, auf den zehn Straßen münden. Die lebhaften Geschäftsstraßen sind für den Autoverkehr gesperrt. Inmitten des Marktes erhebt sich das Standbild des L. J. Coster, eines Zeitgenossen von Gutenberg. Ihm wird die eigentliche Erfindung der **Buchdruckerkunst** zugeschrieben. Den Grote Markt säumen auch die wichtigsten historischen Bauten Haarlems.

Mit imposanter Orgel, auf der schon Händel und Mozart spielten

★ Grote Kerk (St. Bavokerk)

Auffallendstes Gebäude am Grote Markt ist die 140 m lange Grote Kerk (St. Bavokerk), eine **spätgotische Kreuzbasilika** mit einem 80 m hohen, schlanken Vierungsturm, deren lange Baugeschichte im 14. Jh. begann. Der Vierungsturm mit dem schönen, allabendlich erklingenden Hemony-Glockenspiel wurde um 1520 fertiggestellt. Im Inneren gibt es ein kunstvoll geschnitztes Chorgestühl (1512), Buntglasfenster und 400 eingelassene Grabplatten zu bewundern. Vor der einstigen Kapelle der Schifffahrerzunft hängen drei alte Modelle holländischer Kriegsschiffe: aus dem 17. Jh. eine alte Fregatte und eine Pinasse sowie aus dem 16. Jh. ein bewaffnetes Frachtschiff.

Sehr sehenswert ist die 1735 bis 1738 von Christian Müller gebaute **Müller-Orgel** mit dem monumentalen Orgelprospekt des Holzschnitzers und Bildhauers Jan van Logteren. Die Orgel hat drei Manuale, 68 Register und 5000 Pfeifen. Die größte Pfeife ist 10 m lang und hat einen Durchmesser von 40 cm. Nicht nur ihre Akustik, sondern auch ihre reiche Ausgestaltung machten diese Orgel zu einer der bedeutendsten der Welt. Händel und Mozart spielten darauf. Die Stadt Haarlem wahrt ihren Ruf als Orgelstadt, indem sie alle zwei Jahre im Juli einen internationalen Orgelwettbewerb ausschreibt; im Sommerhalbjahr finden Orgelkonzerte statt.

Grote Markt | Mo. – Sa. 10 – 17 Uhr | Eintritt: 4 € | www.bavo.nl

Neuer Turm, alte Glocke

Stadhuis

Auf der anderen Seite des Markts steht das Haarlemer **Rathaus**. Seine ältesten Bauteile gehen auf ein Jagdschloss des Grafen Wilhelm II., später König von Deutschland, aus dem Jahr 1250 zurück. Ende des 13. Jh.s bauten Dominikaner hinter dem Schloss mit Genehmigung des Grafen Floris V. ein Kloster mit einem Kapitelsaal, Kreuzgängen und einer Kirche. 1460 wurde der Turm als **Wahrzeichen der Stadt** errichtet. Wegen Einsturzgefahr musste er jedoch im 18. Jh. abgerissen werden. Im Jahr 1913 baute man ihn – mit der alten Glocke – nach alten Zeichnungen wieder auf. Die Glocke läutet heute noch jede Ratsversammlung ein. Im sehenswerten Inneren des Rathauses finden Sie u. a. Gemälde, Wandgemälde, historische Gegenstände und Holzschnitzereien, doch können die Räumlichkeiten nur am Tag des offenen Denkmals Anfang September besichtigt werden, da sie als Büroräume dienen.

Ein Versteck hinter der Wand

Corrie ten Boomhuis

Im Haus Nr. 19 in der Barteljorisstraat nordwestlich vom Grote Markt versteckte die **Familie ten Boom**, engagierte Mitglieder der Niederländisch-reformierten Kirche, während der deutschen Besatzung viele niederländische Juden und Widerstandskämpfer hinter einer künstlichen Wand. 1944 wurde sie verraten; nur Corrie ten Boom (1892 – 1983) überlebte das KZ Ravensbrück, während

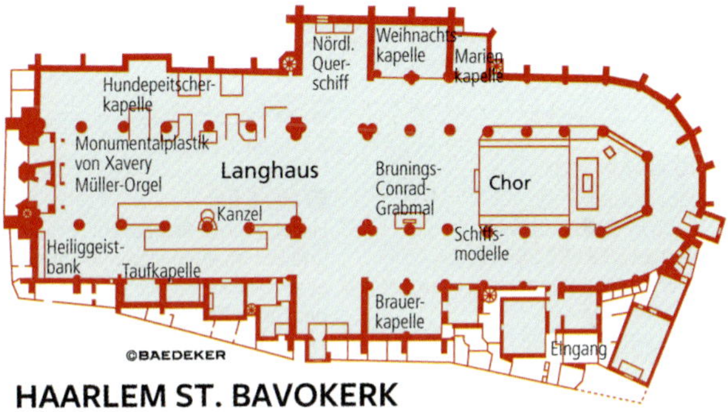

HAARLEM ST. BAVOKERK

fünf ihrer Familienmitglieder ihr Leben ließen. Heute ist das Corrie ten Boomhuis – auch The Hiding Place genannt – ein **Museum zu Ehren der Familie ten Boom**.

Barteljorisstraat 19 | nur mit Führung Di. – Sa. 10 – 15 Uhr nach Anmeldung unter www.corrietenboom.com | Eintritt frei, Spenden erbeten

Niederländisches Reichsdenkmal

Hoofdwacht

Die Hoofdwacht (**Hauptwache**), die sich neben einer schicken Einkaufspassage befindet, ist eines der ältesten Gebäude der Stadt – die ältesten Gebäudeteile sollen auf das 13. Jh. zurückgehen, der Vordergiebel stammt von 1650. Hier hatte erst die Stadtwache, später das erste Rathaus von Haarlem seinen Sitz.

Nach dem Fleisch kam die Kunst

De Hallen

An der Südseite des Marktes befinden sich De Hallen, bestehend aus der **Vleeshal** und der **Verweyhal**. Die 1603 von Lieven de Key gebaute Fleischhalle gilt als das hervorragendste Werk des holländischen Renaissancebaustils und war ehemals Schlachthof und Zunfthaus der Metzger in einem. Heute sind in De Hallen, in einer Außenstelle des Frans-Hals-Museums (▶ unten), **moderne und zeitgenössische Kunst und Fotografie** zu sehen. Die Kunstsammlung umfasst Gemälde, Skulpturen, Textilkunst, Keramik, Grafiken und Objekte von Künstlern aus Haarlem und Umgebung wie Isaac Israël, Jan Sluyters, Karel Appel, Reinier Lucassen und Herman Kruyder.
Im Keller der Fleischhalle ist das **Archeologisch Museum** mit Funden aus Haarlem untergebracht.

Grote Markt 16 | Di. – So. 11 – 17 Uhr | Eintritt: 16 € (Kombiticket mit Frans Hals Museum) | www.franshalsmuseum.nl
Archeologisch Museum: Grote Markt 18 | Mi. u. So. 13 – 17 Uhr | Eintritt frei | www.archeologischmuseumhaarlem.nl

HAARLEM ERLEBEN

VVV HAARLEM
Grote Markt 2
NL-2011 RD Haarlem
Tel. 0 23 / 5 31 73 25
www.visithaarlem.com
Mo. - Sa. 10 - 17,
So. 11 - 15 Uhr

Gute Einkaufsmöglichkeiten haben Sie rund um den Grote Markt, an der Gedempten Oude Gracht sowie in der Kruisstraat und der Zijlstraat.

Treffpunkt ist der **Grote Markt** mit seinen Restaurants und Cafés.

1 LE MORTIER €€€
Französische Küche und Loire-Weine im Herzen von Haarlem. Die niederländische Presse lobt die kreative Küche von Chefkoch Philippe Favié und die Weinkenntnisse von Bas Averdijk. Auf der Karte stehen für jeden Gang drei Gerichte zur Auswahl – Fisch, Fleisch oder vegetarisch.
Nassaulaan 1
2011PB Haarlem
Tel. 0 23 / 5 83 69 59
www.lemortier.nl
So. u. Mo. geschl.

2 ML €€€
Hotel, Sterne-Restaurant, Brasserie und Bar im ehemaligen Wohnhaus einer Druckerfamilie direkt hinter der Grote Kerk. Sehr empfehlenswerte französische Fisch- und Fleischgerichte.
Klokhuisplein 9
Tel. 0 23 / 5 12 39 10
www.mlinhaarlem.nl

1 LION D'OR €€€
Das älteste Hotel Haarlems (70 B.), 1815 eröffnet, ist keinesfalls altbacken, sondern frisch und modern.
Kruisweg 34 - 36
Tel. 0 23 / 5 32 17 50
www.hotelliondor.nl

2 AMBASSADOR CITY CENTRE HOTEL €€
Drei-Sterne-Hotel mit 29 stilvoll eingerichteten Zimmern mitten in der Altstadt. Aus einigen Zimmern hat man einen schönen Blick auf die Grote Kerk.
Oude Groenmarkt 20-22
Tel. 0 23 / 5 12 53 00
www.ambassadorcitycentrehotel.nl

Nach dem Fisch kam die Kunst

Vishal

In der Nähe der Grote Kerk (Grote Markt 20) steht die ebenfalls von Lieven de Key errichtete **Fischhalle**, wo ehemals der Handel mit Meeresfischen blühte und heute die Haarlemer Künstlervereinigung untergebracht ist. Das Gebäude hat eine rot-weiße Fassade und wird überragt von einem Treppengiebel und schönen Ziergiebeln auf dem Dach.

Grote Markt 20 | Di. - Sa. 11 - 17, So. 14 - 17 Uhr | Eintritt frei | www.devishal.nl

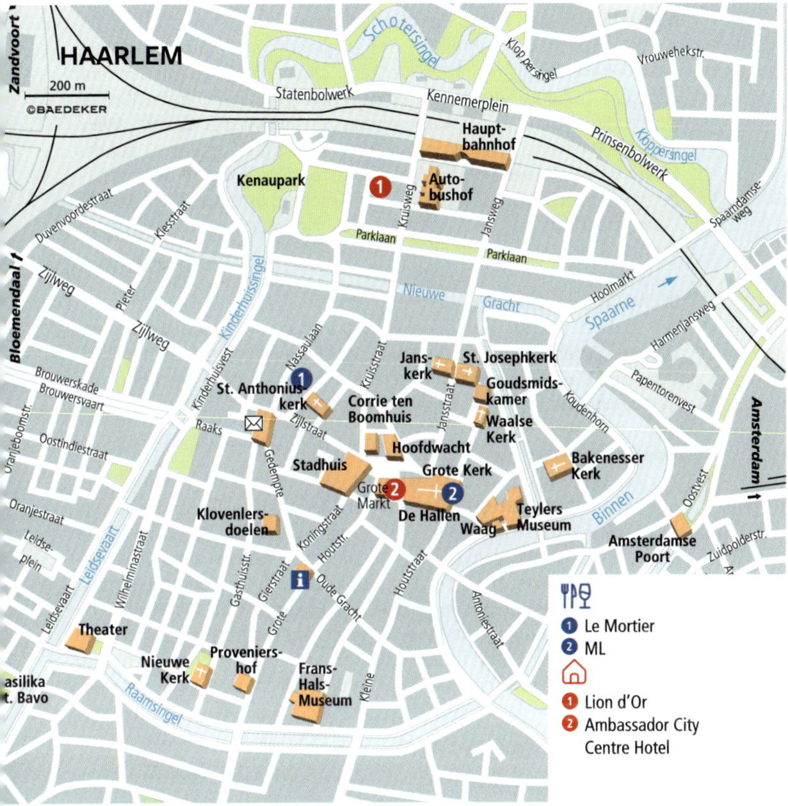

Kirchen, Kapellen, Klöster

Wenn Sie von der Grote Kerk der Jansstraat folgen, sehen Sie zur linken Hand die Janskerk aus dem 14. Jh., ursprünglich eine Klosterkirche, jetzt Stadtarchiv. Sehenswert sind der 1595 gebaute, hölzerne **Turm** und der schöne **Innenhof** hinter der Pforte. Etwas weiter neben der Mariakapelle erhebt sich die St. Josephkerk, eine ehemalige **Bischofskirche** in neoklassizistischer Bauweise.

Janskerk, St. Josephkerk

Vergangenheit mit Gold und Silber

Über den Begijnhof erreichen Sie den Goudsmidspleintje mit der Goudsmidskamer (**Goldschmiedekammer**). Ein Giebelstein in der Fassade deutet darauf hin, dass hier im 17. und 18. Jh. die Haarlemer Silber- und Goldschmiede ihren Sitz hatte.

Goudsmidskamer

Mit dem ältesten Hofje der Niederlande

Waalse Kerk, Bakenesserkerk

Weiter südlich steht inmitten des Begijnhofs seit dem 14. Jh. die Waalse Kerk, ursprünglich die Klosterkirche der Beginen mit Sakristei aus dem 16. Jh. und seit der Reformation eine wallonische Kirche. Durch die Groene Buurt kommen Sie zur Bakenesser Gracht: Während Sie Richtung Grote Markt in der Wijde Appelaarsteeg 11 auf das **Hofje van Bakenes** von 1395, das älteste Wohnhofje der Niederlande, treffen, erblicken Sie jenseits der Gracht in östlicher Richtung die Bakenesserkerk aus dem späten 15. Jahrhundert. Auffallend ist die schöne Sandsteinbekrönung des Turms.

Richtung Amsterdam

Amsterdamse Poort

Am südlichen Ende der Bakenessergracht kommen Sie zur Binnen Spaarne, über die eine malerische Zugbrücke führt. In östlicher Richtung sind die Konturen des mittelalterlichen Amsterdamse Poort aus dem Jahr 1400 zu erkennen, das einzige erhaltene Stadttor Haarlems.

Das älteste Museum des Landes

★ Teylers Museum

Zur rechten Hand liegt das Teylers Museum. Es wurde 1784 eröffnet und ist damit das älteste Museum der Niederlande. Pieter Teyler van der Hulst (1702 – 1778), ein reicher Tuch- und Seidenhändler, stiftete sein ganzes Vermögen für den Bau dieses **Kunst- und Wissenschaftsmuseums**. Nach den Museen in Oxford, London und Paris ist es das Vierte seiner Art in Europa, das in kurzer Zeit nicht nur eine umfangreiche Kunstsammlung – zahlreiche Handzeichnungen und Gemälde älterer holländischer Meister sowie von Michelangelo und Raffael – besaß, sondern auch eine naturkundliche Abteilung mit einer hervorragenden Sammlung von Mineralien, Fossilien und physikalischen Instrumenten.

Spaarne 16 | Di. – So. 10 – 17 Uhr, Jan. – Aug. auch Mo. | Eintritt: 15 € | www.teylersmuseum.nl

Eine Dame mit Handschuhen, ...

★★ Frans Hals Museum

... Offiziere mit weißen Halskrausen und die Regentinnen des Altersheims – sie alle haben eine Leichtigkeit in ihren Gesichtszügen, die in einem spannenden Kontrast zum kraftvollen Pinselstrich des Malers **Frans Hals** stehen. Dem Meister des Lachens, der Gruppenportraits und der Natürlichkeit ist in Haarlem ein eigenes Museum gewidmet. Dort sind in einem ehemaligen Altersheim für Männer (1608) die Werke des großen Malers, der von rund 1582 bis 1666 lebte und ein typischer Vertreter des goldenen Zeitalters war, ausgestellt. Diese Epoche war geprägt von einer aufstrebenden Wirtschaft, sogar Bürgerfamilien konnten sich ein eigens für sie angefertigtes Bild leisten. Die stetig wachsende Schar an Malern spezialisierte sich – auf Landschaften, Stadtansichten, Stillleben und Portraits. Neben den Portraits von Frans Hals, darunter acht Gruppenportraits, sind im Muse-

Ein Stillleben mal nicht in Öl auf Leinwand. Das Frans Hals Museum lässt dabei aber keinesfalls großartige Gemälde vermissen.

um auch Werke von Gerard ter Borch, Jacob van Ruysdael, Gerrit Adriaensz Berckheyde, Hendrick Goltzius und Cornelis Cornelisz van Haarlem zu sehen. Die beiden letzteren waren Mitbegründer der **Haarlemer Akademie**, die den Höhepunkt des holländischen Manierismus markiert. Die herausragende Sammlung des Frans Hals Museums umfasst auch Haarlemer Silber, ein historisches Puppenhaus und eine rekonstruierte Apotheke mit Delfter Fayencen.
Groot Heiligland 62 | Di. – So. 11 – 17 Uhr | Eintritt: 16 € (Kombiticket mit De Hallen) | www.franshalsmuseum.nl

Am reich verzierten Giebel und dem großen Tor ...

Proveniershof

... erkennen Sie den 1591 errichteten Proveniershof (Nr. 144) in der Grote Houtstraat, der wichtigsten Geschäftsstraße der Stadt. Um 1700 wurden rund um den dahinterliegenden Innenhof Wohnhäuschen für ältere, wohlhabende Menschen gebaut. Da die St.-Joris-Schützengilde ursprünglich hier ihren Sitz hatte, nennt man das Hofje auch St. Jorisdoelen. Ende des 20. Jh.s wurden die Häuser umgebaut, die inzwischen vergrößerten Wohnungen werden vermietet.

BAEDEKER MAGISCHE MOMENTE

GOLDENE ZEITEN

Männer mit weißen Halskrausen und Spitzbärten, lachende Jungs in Kniebundhosen und fröhliche Lautenspieler zieren die Bilder von Frans Hals. Doch wo wohnten, tranken, beteten die Menschen im »Goldenen Zeitalter«? Treten Sie aus dem Frans Hals Museum heraus und sehen Sie sich um und träumen Sie ein wenig: In Haarlem hat sich seit dem 17. Jahrhundert nicht viel verändert. Selbst das Rathaus hatte damals schon 300 Jahre auf dem Giebel sitzen!

Prachtvolle letzte Ruhe

Nieuwe Kerk

Von der Raamvest gelangen Sie rechts in die Korte Annastraat, wo sich ein viereckiger Backsteinbau, die Nieuwe Kerk, erhebt. Nach der Einäscherung des ursprünglichen Baus entwarf der Baumeister Jacob van Campen eine neue Kirche (1645 – 1649) im gleichen Stil, wobei der von Lieven de Key gebaute, zierliche Renaissanceturm von 1613 erhalten blieb. Sehenswert sind einige prachtvolle Grabmäler. Auf dem angrenzenden Friedhof fand der Maler **Jacob van Ruysdael** seine letzte Ruhestätte.

Idylle für Single-Damen

Hofjes

In Haarlem finden Sie viele Beispiele für die in den Niederlanden typischen Hofjes: kleine Häuser, errichtet um einen Innenhof. In ihnen wohnten alleinstehende ältere Frauen. In der Lange Annastraat 41

liegt das **Hofje van Guurtje de Waal** von 1616, in der Tuchthuisstraat das **Brouwershofje** von 1586. In der nächsten Straße, Barrevoetstraat, befinden sich das **Wijnbergshofje** (1662) und das malerische **Hofje van Loo** (Nr. 7) aus dem Jahr 1489.
www.haarlemsehofjes.nl

Bücher statt Gewehre
Von der Tuchthuisstraat kommen Sie geradeaus in die Gasthuisstraat. Das Haus Nr. 32 aus dem 16. Jh., Kloveniersdoelen genannt, war ehemals Sitz der städtischen Schützengilde (Bürgerwehr), heute ist hier die Stadtbücherei untergebracht.

Kloveniersdoelen

Versteckte Oase hinter prachtvoller Pforte
In der Witte Herenstraat sind weitere Wohnhöfe zu finden: das Frans Loenenhofje (Nr. 24) von 1607 mit schöner Pforte sowie bei der Lutherse Kerk das Luthers Hofje, mit einer Kanzel im Freien, die von der Kirche aus bestiegen werden kann. Durch die Zijlstraat kehrt man zum Grote Markt zurück. Viele der Hofjes können besichtigt werden, um Ruhe und Respekt vor den Bewohnern wird gebeten.
Beide Höfe: Mo. – Sa. 10 – 17 Uhr | https://fransloenenhofje.nl

Loenen Hofje, Luthers Hofje

Südliche und westliche Stadtteile

Erholsames Grün und royale Residenzen
Über den Houtplein kommen Sie südlich zur Dreef und zum Haarlemmer Hout. Am Dreef erstreckt sich der **reizvolle Frederikspark**. Weiter südlich liegt der neoklassizistische **Paviljoen Welgelegen**, 1785–1789 als Landsitz erbaut, zwischen 1806 und 1810 Wohnsitz des Königs Ludwig Bonaparte sowie von 1814 bis 1820 Landgut der Witwe des Prinzen Wilhelm V. von Oranien, geborene Prinzessin von Preußen. Heute ist dieses Gebäude Sitz der Provinzialverwaltung von Nordholland. Südwestlich an den Frederikspark anschließend, folgt der **Florapark** mit einem Standbild des Malers Frans Hals.

Provinciehuis

Ältester Staatsforst der Niederlande
Südlich vom Pavillon erstreckt sich der **Haarlemer Wald** (Haarlemmer Hout) mit altem Baumbestand, ein Rest des einst ausgedehnten Waldgebiets, das große Teile des Kennemerlands bedeckte.

Haarlemmer Hout

Nicht zu verwechseln mit der Grote Kerk (St. Bavokerk)
Am Leidsevaart erhebt sich die **katholische Bischofskirche**, die Kathedrale St. Bavo (Basiliek St. Bavo). Diese dreischiffige Kreuzbasilika – 100 m lang, 42 m breit und 60 m hoch – wurde von 1895 bis 1906 von Pierre Cuypers gebaut und ist ein gutes Beispiel für den Übergang zur modernen Baukunst, gepaart mit neugotischen und sogar

★ St. Bavokathedraal

arabischen Elementen. Glasgemälde, Skulpturen und Bilder stammen von bekannten niederländischen Künstlern, u. a. Jan Toorop.

Rund um Haarlem

Es rauscht, zischt und dampft

Stoomgemaal Halfweg

8 km östlich von Haarlem gelangen Sie zum Baudenkmal Stoomgemaal Halfweg mit einem **Dampf-Pumpwerk**, das noch in Betrieb ist. Es steht auf dem Damm zwischen dem Haarlemmermeer und dem Fluss Het IJ und diente seinerzeit der Trockenlegung der See. Diese Funktion blieb bis heute erhalten.

Haarlemmermeerstraat 4 | Aktuelle Öffnungszeiten auf der Website | Eintritt: 10 € | www.stoomgemaalhalfweg.nl

Museum in der Mühle

Heemstede

Südlich von Haarlem liegt der Villenort Heemstede mit einigen Landhäusern aus dem 18. Jh. Südöstlich von Heemstede steht am Cruquiusdijk (Richtung Hoofddorp) das **Haarlemmermeermuseum De Cruquius** – in einer der drei Dampfpumpmühlen aus dem 19. Jh., die das Haarlemmermeer trockenlegten. Als die anderen beiden Pumpwerke vergrößert wurden, legte man diese Mühle still. Im **Haarlem Historisch Museum** in Hoofdorp geht es um die Geschichte der Region.

Haarlemmermeermuseum De Cruquius: April – Okt. Mo. – Fr. 10 – 17, Sa. u. So. 11 – 17, Nov. – März Mo. – Fr. 13 – 17, Sa. u. So. 11 – 17 Uhr | Eintritt: 11 € | www.haarlemmermeermuseum.nl

Historisch Museum: April – Okt. Mo. – Fr. 10 – 17, Sa. u. So. 13 – 17, Nov. – März Mi., Sa. u. So. 13 – 17 Uhr | Eintritt: 5,50 € | www.museumdecruquius.nl

Beliebter Badeort

Bloemendaal aan Zee

10 km westlich von Haarlem liegt Bloemendaal aan Zee, ein beliebtes Wochenendziel der Haarlemer. Nördlich des Badeorts können Sie durch die Dünenlandschaft (**Nationaal Park Zuid-Kennemerland**) wandern oder Rad fahren.

Dünenlandschaft mit prachtvollen Sommersitzen

Nationaal Park Zuid-Kennemerland

Nordwestlich von Haarlem erstreckt sich entlang der Nordseeküste der Nationaal Park Zuid-Kennemerland. Bemerkenswert in diesem Park sind die unterschiedlichen Dünenformen, die von Shetlandponys und Hochlandrindern begrast werden. Am Rande des Nationalparks befinden sich stattliche Landgüter wie beispielsweise »Elswout und Duin & Kruidberg«. In Letzterem können Sie auch übernachten und essen.

www.np-zuidkennemerland.nl

HARDERWIJK

Provinz: Gelderland | **Einwohnerzahl:** 48 900

Hier kamen windige Gestalten zusammen. Das Ziel der Männer war Südostasien, wo sie für die niederländisch-indische Armee in Dienst treten sollten. Das Handgeld war meist schon vor Abreise in Bier und Frauen investiert, weshalb die Stadt im 19. Jh. den Beinamen »die Gosse Europas« erhielt. Heutzutage sieht es hier ganz anders aus: Über 100 geschützte Baudenkmäler zeugen vom früheren Wohlstand der Stadt. Und wenn noch jemand das Wasser aufsucht, dann sind es Segler und Delfine.

Von wegen schlechter Ruf

Das alte Fischerstädtchen liegt am Veluwemeer, einem Gewässer mit IJsselmeerverbindung. Es erhielt 1231 von Graf Otto von Geldern Stadtrechte. Als Hansestadt wurde es trotz vieler Überschwemmungen ein bedeutender Hafen an der Zuiderzee. An der 1645 gegründeten Universität – 1811 von Napoleon aufgehoben – studierten der Arzt Herman Boerhaave (1668 – 1738) und der schwedische Biologe Karl von Linné (Carolus Linnaeus; 1707 – 1778). An Letzteren erinnert der Linnaeusturm im einstigen Botanischen Garten der Akademie.

Wohin in Harderwijk?

An die Oberfläche gebracht

Grote Kerk

Älteste Bausubstanz der Grote Kerk ist der Chor aus dem 14. Jahrhundert. Der 70 m hohe Turm stürzte bereits 1797 ein, danach erhielt die Kirche einen Vierungsturm mit Glockenspiel. Bei der letzten Restaurierung wurden schöne **Deckengemälde** freigelegt.

HARDERWIJK ERLEBEN

VVV HARDERWIJK
Markt 1
NL-3841 CE Harderwijk
Tel. 0 55 / 5 26 02 00
www.heerlijkharderwijk.nl
Mo. 12 – 17,
Di. – Fr. 10 – 17,
Fr. 10 – 20.30 Uhr

CHEZ BROCHARD €€€
Pariser Flair versprüht das Bistro im alten Fischerhafen. Es bietet – wie soll es anders sein – klassische französische Küche; entsprechend ist die Weinauswahl.
Hafendijk 1
Tel. 03 41 / 70 14 68
https://chezbrochard.nl

Und eine Runde schwimmen

Beach Island

Durch den Vischpoort, ein Stadttor aus dem 14. Jh., gelangen Sie zum Strandboulevard und zum **Stadtstrand** mit Café auf dem Beach Island.

Kirche und Kultur

Catharinakerk

Die Sint-Catharinakerk (1502) gehörte zum Katharinenkloster. In der von Cuypers renovierten Kirche finden Kulturveranstaltungen statt.

Reiche Zeugnisse

Stadhuis, Stadsmuseum

Das **Rathaus** am Markt aus dem Jahr 1727 besitzt einen sehenswerten Ratssaal mit Ledertapeten. Das **Stadtmuseum**, 1931 gegründet, stellt mit 9000 Objekten und 20 000 Fotos Zeugnisse zur Geschichte der Stadt und der Veluwe zur Schau.

Stadsmuseum: Donkerstraat 4 | Di. – Sa. 10.30 – 17, So. 12 – 17 | Eintritt: 10 € | www.stadsmuseum-harderwijk.nl

Artgerecht und vorbildlich

Dolfinarium

Im Dolfinarium am Strandboulevard Oost können Sie Vorführungen von Delfinen, Seelöwen und Schwertwalen miterleben. Der Hardwijker **Meereszoo** gilt wegen seiner artgerechten Haltung als vorbildlich.

Mitte März – Okt. tgl. 10 – 17, im Juli / Aug. bis 18 Uhr | Eintritt: 29 € (online günstiger) | www.dolfinarium.nl

Wohin in Elburg?

Mekka für Fischliebhaber

Hansestadt

Am Veluwemeer 20 km nordöstlich von Harderwijk liegt das **Hansestädtchen** Elburg. Der alte Stadtkern mit Festungscharakter und einem schachbrettartigen Straßenmuster ist noch gut erhalten. Zahlreichen **Fischlokale** locken Fischliebhaber an.

Hoch auf den Turm

Grote Kerk (Nicolaaskerk)

In der gotischen Nicolaaskerk (1392– 1465) sind die Wandgemälde, die große Orgel von 1825 und eine Chororgel sehenswert. Der **Turm** kann bestiegen werden.

Turm: Sommer Di. – Sa. 13.30 – 16.30 Uhr

Museum im Kloster

Museum Elburg

Das einstige Agnietenkloster entstand im Jahr 1418. Die Doppelkapelle (1463 – 1480) des Klosters beherbergte vorübergehend das Rathaus. Heute ist im Klostergebäude das **Städtische Museum** mit Exponaten zur städtischen Geschichte, u.a. zur Rechtsprechung und zur Fischerei des Ortes und Umgebung, untergebracht.

Jufferenstraat 6–8 | Di. – Sa. 11 – 17 Uhr | Eintritt: 7 € | www.museumelburg.nl

Als Teil der Stadtbefestigung ...

Vischpoort

... wurde das Vischpoort 1397 errichtet (1592 umgebaut). Vom Vischpoort aus erreichen Sie die Stadtwälle mit den Kasematten.

★★ HARLINGEN

Provinz: Fryslân | **Einwohnerzahl:** 16 200

Genau so stellt man sich ein Hafenstädtchen vor: Im geschützten Binnenhafen liegen die historischen Segelboote vor Anker, während die Freizeitkapitäne an Deck zum Feierabendbier greifen. In den Kneipen am Noorderhaven wird Seemannsgarn gesponnen, und es riecht verführerisch nach »kibbeling«, nach frittierten Fischstückchen. So romantisch, dass man bleiben möchte. Wie wär's mit einer Nacht im Leuchtturm?

Hübsches Hafenstädtchen

Harlingen (friesisch Harns) ist die einzige friesische Stadt, die direkt am Wattenmeer liegt. Ihre Altstadt mit ihren historischen, beschaulichen Hafenbecken ist von Grachten umgeben, der neue Hafen zählt zu den modernsten des Landes. Die an der Küste der Waddenzee gegenüber Vlieland und Terschelling gelegene Stadt entstand im Jahr 1243 unweit der Stelle, an der 1134 die Stadt Greyn von den Meeresfluten verschlungen wurde. Überreste der alten Stadtbefestigung können Sie im Englischen Park im Nordosten der Stadt sehen. Im Hafen von Harlingen werden friesische Produkte exportiert sowie Kohle, Holz und andere Industrierohstoffe importiert. Schiffswerften, Fisch verarbeitende Fabriken und Betriebe der Holz- und Baustoffindustrie haben sich am Hafen angesiedelt. Durch den Van Harinxmakanaal ist der Ort mit ▶ Leeuwarden verbunden. Vom Harlinger Fährhafen aus stechen die Schiffe nach Vlieland und Terschelling in See.

Wohin in Harlingen?

Mal anders übernachten

Leuchtturm

In einem Hafenstädtchen geht man zuerst zum Hafen. Hier blitzt der 1922 in Dienst gestellte Leuchtturm zwar seit 1998 nicht mehr, aber man kann in ihm übernachten (▶ S. 240).

Mit prächtiger Orgel und Kanzel

Grote Kerk

Die Grote oder Nieuwe Kerk von 1775 erhebt sich am Scheitelpunkt der Warft, auf der Harlingen entstand. Sie geht zurück auf eine Kir-

LEUCHTZEICHEN AM HORIZONT

An den Küsten der Niederlande, sowohl an der Nordsee als auch am IJsselmeer stehen 60 Leuchttürme, von denen 40 noch in Betrieb sind. Solche Navigationshilfen gab es bereits in der Antike; und trotz Radar und Satellitennavigation sind sie auch heute nicht überflüssig als zusätzliche Sicherungssysteme, markante Denkmale der Schifffahrtsgeschichte sowie beliebte Ausflugsziele.

▶ **Feuertürme**

Der älteste Leuchtturm (ndl. »vuurtoren = Feuerturm«) der Niederlande war ein römisches Leuchtfeuer bei Katwijk von 47 n. Chr. Ab Mitte des 15. Jh.s gab es von Terschelling im Norden bis Walcheren im Süden eine geschlossene Leuchtfeuerkette, zu der auch Wehr- und Kirchtürme zählten. Ab der zweiten Hälfte des 19. Jh.s baute man Leuchttürme aus vorgefertigten Gusseisenplatten oder Gittermasttürme. Die nach dem Zweiten Weltkrieg entstandenen Türme sind wieder aus Mauerwerk bzw. Beton.

Angegeben sind Betriebszeit und Höhe des Turms:

1 Maasvlakte (seit 1974) 62 m

2 Brielle (1759 – 1850) 57 m

3 Ameland (seit 1881) 55,3 m

4 Westhoofd (seit 1950) 52 m

5 West Schouwen (seit 1840) 50 m

▶ **Leuchtsignale**
Die Leuchtfeuer senden farbige Signale in Rot, Weiß oder Grün in unterschiedlichen Intervallen aus. Jeder Seemann muss ihre Bedeutung kennen.

6 **IJmuiden** (seit 1879) 42 m

7 **Goedereede** (1552 – 1924) 39,5 m

8 **Texel** (seit 1864) 34,7 m

9 **Maasmond Noorderdam** (seit 1974) 31 m

10 **Urk** (seit 1844) 18,5 m

HARLINGEN ERLEBEN

TOURIST INFO HARLINGEN
Grote Bredeplaats 12
NL-8861 BB Harlingen
Tel. 05 17 / 43 02 07
www.visit-harlingen.nl
Mo. - Sa. 10 - 17 Uhr

CAFÉ 'T NOORDERKE EN RESTAURANT NOORDERPOORT €€€
Gemütlich eingerichtetes, gediegenes Restaurant am Noorderhaven mit frischem Fisch. Bei schönem Wetter können Sie draußen sitzen.
Noorderhaven 17-19
05 17 / 41 50 43
www.hetnoorderke.nl

VUURTOREN VAN HARLINGEN €€€€
Der einzige Leuchtturm in den Niederlanden, in dem ein Zimmer zum Übernachten angeboten wird – ideal vor allem, aber nicht nur, für romantische Nächte
www.vuurtoren-harlingen.nl

HOTEL ZEEZICHT €€
Das hübsche kleine Hotel (55 B.) steht direkt am alten Hafen. Aus einigen Zimmern und vom Hotelrestaurant haben Sie Blick aufs Wasser.
Zuiderhaven 1
NL-8661 CJ Harlingen
Tel. 05 17 / 41 25 36
www.hotelzeezicht.nl

che aus dem 12. Jh., von der lediglich der im 15. Jh. erhöhte Turm übrig blieb. Sehenswert sind eine prächtige Orgel aus dem Jahr 1776 und die Kanzel.

Unter dem Schutz des Erzengels

Stadhuis

Das am Noorderhaven 86 gelegene **Rathaus** entstand im Jahr 1730 nach Plänen des Architekten Hendrik Norel. Besonders beachtenswert ist der schöne **Ratssaal**. Der Turm mit dem Erzengel Michael, dem Schutzpatron der Stadt Harlingen, erinnert an die historische Bedeutung Harlingens als Hafenstadt. Um das Rathaus reihen sich sehenswerte Patrizierhäuser aus den Epochen der Spätgotik, der Renaissance sowie des 17. bis 19. Jahrhunderts als Zeugen des einstigen Wohlstands.

Silber und Schiffe

Museum Hannemahuis

Das **Städtische Museum** Hannemahuis ist in einem der ältesten Häuser der Stadt untergebracht (16. Jh.). Es zeigt wertvolles Tafelsilber und Porzellan sowie Gemälde, Fliesen, alte Stadtpläne und interessante Schiffsmodelle.

Voorstraat 56 | Di. - Sa. 10 - 17, So. 12 - 17 Uhr | Eintritt: 5 € | www.hannemahuis.nl

Ein dichter Mastenwald überzieht den alten Hafen von Harlingen.

Der steinerne Mann

Südlich des Stadtzentrums steht am Westerzeedijk der Stenen Man, eine 1774 von Deichgraf Carel George van Wassenaer Obdam aufgestellte Replik des 1576 errichteten Denkmals für den spanischen Statthalter **Caspar de Robles** (1527–1585). Er ließ die Deiche nach der gewaltigen Sturmflut vom 1. November 1570 erneuern – über 3 000 Arbeiter bauten die Deiche wieder auf.

Stenen Man

★★ Afsluitdijk (Abschlussdeich)

Ein technisches Meisterwerk, vom Weltall aus zu sehen

Der 32 km lange und 90 m breite Abschlussdeich verbindet die Provinzen Nordholland und Friesland. Er wurde in den Jahren 1927 bis 1932 erbaut und verwandelte die ehemalige Zuiderzee in ein Binnengewässer, das heutige **IJsselmeer**. Damit hat man das Rad der Zeit um einige Jahrhunderte zurückgedreht: Denn erst die allmähliche Erhöhung des Meeresspiegels der Nordsee im Mittelalter machte aus der Zuiderzee eine Meeresbucht. Seitdem überlegten Regierung und Bewohner des Landes, wie man die überfluteten Flächen zurückgewinnen könnte. Doch erst im 19. Jh. waren die technischen Voraussetzungen für ein solches Projekt gegeben. Die Nahrungsmittelknappheit in den Niederlanden während des Ersten Weltkriegs sowie eine großen Schaden anrichtende Sturmflut im Jahr 1916 überzeugten die damalige Regierung letztendlich auch von der Notwendigkeit des Deichbaus:

Der Deichbau

Sie genehmigte die Ausführung des vom **Wasserbauingenieur Lely** erarbeiteten Plans. Ziel des Unternehmens war neben der Gewinnung landwirtschaftlich nutzbaren Landes der **Schutz vor Überflutungen**. Durch den Bau des Abschlussdeichs wurde die Deichlinie im Bereich des IJsselmeers um knapp 300 km verkürzt. Am Anfang des Deiches in Nordholland wurden Schleusenanlagen, die Stevinsluizen, errichtet, um das Seegebiet zu entwässern. Auf der dem Meer zugewandten Seite befinden sich von Steindämmen eingefasste Hafenbecken.

Eine Autofahrt durch das Wasser

Am Deich entlang

Während der Fahrt auf der unterhalb der Deichkrone liegenden Autobahn A 7 von Friesland Richtung Den Oever in Nordholland haben Sie linksseitig **freien Blick auf das IJsselmeer**; rechts ist die Sicht auf das Wattenmeer durch den grasbewachsenen Deich verdeckt. Nach 4 km passieren Sie die großen Anlagen der **Lorenzsluizen**. Hier informiert eine Ausstellung im Afsluitdijk Wadden Center über das Watt und den Abschlussdeich. Legt man weitere 8 km zurück, erreicht man **Breezanddijk**, eine einst als Ausgangspunkt für die Deicharbeiten künstlich angelegte Insel mit kleinem Hafen. Nach knapp über 20 km erblickt man links, an der Stelle der endgültigen Deichschließung im Jahr 1932, einen **Aussichtsturm** mit kleinem Restaurant und Fußgängerbrücke über die Fahrbahnen; von der Plattform des Turms ist ein weiter Blick über das Meer möglich. Von hier sind es nur mehr etwa 6 km bis zum Ende des Deichs bei Den Oever. **Radler** sollten wegen des Windes die Route besser in umgekehrter Richtung fahren.

Mo. – So. 9 – 17.30 Uhr | Eintritt: 5 € |
https://afsluitdijkwaddencenter.nl

★★ 'S-HERTOGEN-BOSCH

Provinz: Noord-Brabant | **Einwohnerzahl:** 158 750

Die Qual der Wahl: Sollte man sich zum Auftakt einen schokoladenüberzogenen Bossche Bol gönnen und danach zum Kalorienverbrennen auf den 43 m hohen Sint-Janstoren klettern? Oder kleidet man sich in den hübschen Geschäften erst einmal neu ein, um dann den Monstern und Fabelwesen des Hieronymus Bosch im Noordbrabants Museum einen Besuch abzustatten?

Die gotische Janskathedraal in 's-Hertogenbosch gehört zu den bedeutendsten Kirchen der Niederlande.

Geburtsort von Hierony-mus Bosch

's-Hertogenbosch (»Wald des Herzogs«; sprich: Serrtoochenbosz), die Hauptstadt der Provinz Noord-Brabant, von den Einheimischen kurz **Den Bosch** genannt, liegt am Zusammenfluss von Dommel und Aa sowie am Zuid Willemsvaart, inmitten eines flachen, ehemals sumpfigen Umlandes. Die Stadt ist heute ein regionales Handelszentrum sowie Standort einer vielseitigen Industrie. Kunstfreunde besuchen die Stadt vor allem wegen der St. Janskathedrale, die zu den schönsten gotischen Kirchen der Niederlande gehört. Von dem berühmten Maler Hieronymus Bosch (1450 – 1516), der in 's-Hertogenbosch das Licht der Welt erblickte, besitzt die Stadt leider keine originalen Werke.

Wohin in 's-Hertogenbosch

Stoffe, Tulpen und Tomaten

Markt

Mittelpunkt der zwischen Dommel und Zuid Willemsvaart in Dreiecksform angelegten Innenstadt ist der ebenfalls dreieckige Markt, von dem die drei Hauptstraßen, die Hinthamer- und Vughterstraat sowie der Hoge Steenweg, zu den Spitzen des Stadtdreiecks wegführen. Um diese **älteste Kernstadt** war ehemals die erste Ummauerung gezogen. Von Dienstag bis Samstag findet hier täglich ein anderer Markt statt, so werden am Freitag Bio-Lebesmittel verkauft und am Mittwoch Stoffe, Kleidung, Blumen, Obst und Gemüse.

Eines der ältesten Backsteinhäuser des Landes

De Moriaan

Das im 13. Jh. errichtete, älteste Backsteinhaus der Stadt (Markt 77) wird wohl Teil der Stadtmauer gewesen sein, die den Markt umschloss. Heute ist hier das Fremdenverkehrsbüro (VVV) zu finden.

Ritterturnier, Glockenspiel und viel Kunst

Stadhuis

An der Südseite des Platzes (Nr. 1) steht das **Rathaus.** Der ursprünglich spätgotische Bau wurde 1671 in klassizistischem Barock erneuert. Aus dieser Zeit stammt der schöne Giebel mit Turmuhr und Spielwerk, das halbstündlich ein Ritterturnier vorführt. Vom 1650 errichteten Turm gibt jeden Mittwoch zwischen 10 und 11 Uhr der Glockenspieler (beiaard) der Stadt ein kleines Konzert. Im **Inneren** sind insbesondere die Eingangshalle mit Wandgemälden des Jugendstil-Künstlers Antoon Derkinderen aus dem späten 19. Jh., die Gobelins von Max van den Gucht aus dem 17. Jh. im Ratssaal und die gotischen Gewölbe im Keller sehenswert. An das Rathaus schließt sich ein expressionistischer Bau mit Klinkerfassade an, der ein Kaufhaus beherbergt. Das **Bronzestandbild** vor dem Rathaus stellt Hieronymus Bosch dar.

Alte Schätze und ein Garten

Noord-Brabants Museum

Das **Museum der Provinz Noord-Brabant** zeigt seine Exponate im ehemaligen Gouvernementshuis. Dieses Haus wurde im 18. Jh. im

’S-HERTOGENBOSCH ERLEBEN

VVV ’S-HERTOGENBOSCH
Markt 77
NL-5211 JX ’s-Hertogenbosch
Tel. 0 73 / 6 15 50 55
www.bezoekdenbosch.nl
Di. – Sa. 10 – 16, So. 11 – 15 Uhr

Lohnenswert ist eine **Bootsrundfahrt** auf der durch die Stadt fließenden mittelalterlichen Binnendieze. Dabei fahren die kleinen Boote vielfach unter Gebäuden hindurch.
Apr. – Okt., Anmeldung über VVV ’s-Hertogenbosch

1 HEINDE & VER DEN BOSCH €€€

Zu einem festen Preis können Sie hier so viele Getränke und kleine Gerichte bestellen wie Sie möchte – und einen entspannten Abend genießen.
Orthenseweg 60
Tel. 0 73 / 6 13 35 33
www.heindever.nl

2 PICASSO €€€

Holländische, aber vor allem mediterrane Küche. Es gibt auch Tapas und Nudelgerichte, die Sie bei warmem Wetter auf der Gartenterrasse genießen können.
Kerkstraat 49
Tel. 0 73 / 6 14 16 47
www.picasso-restaurant.nl

3 IN DEN ZEVENDEN HEMEL €€€€

Die Korte Putstraat ist so etwas wie die Restaurantmeile von 's-Hertogenbosch. Im »Zevenden Himmel« gibt es internationale Küche und eine Speisekarte auch auf Deutsch.
Korte Putstraat 13–17
Tel. 0 73 / 6 90 14 51
www.indenzevendenhemel.nl

1 GOLDEN TULIP HOTEL CENTRAL €€€

Modernes Hotel (202 B.), dessen Restaurant eine hervorragende Küche bietet.
Burgemeester Loeffplein 98
NL-5211 RX 's-Hertogenbosch
Tel. 0 73 / 6 92 69 26
www.hotel-central.nl

2 MÖVENPICK HOTEL €€

92 Zimmer, Hotelbar und ein Restaurant mit Terrasse am Wasser.
Pettelaarpark 90
NL-5216 PH 's-Hertogenbosch
Tel. 0 73 / 6 87 46 74
https://movenpick.accor.com

ST. JANSKATHEDRAAL

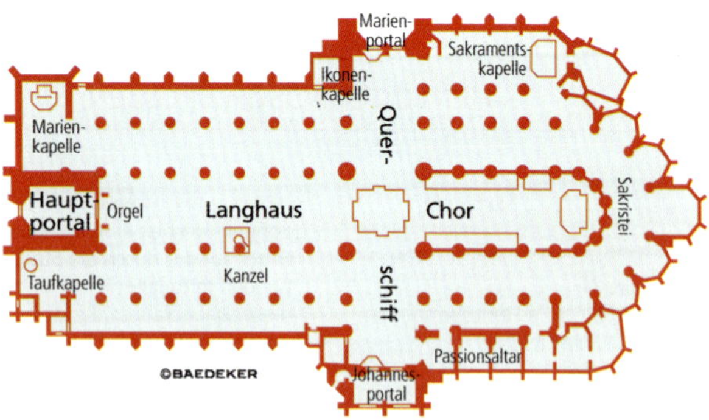

Louis-XVI-Stil erbaut und war von 1820 bis 1983 Amtswohnung des Gouverneurs und später Palast des Königlichen Kommissars der Provinz. Dieser Palast wurde später um zwei Flügel erweitert. Das Provinzialmuseum zeigt römische, germanische, fränkische und spätere Altertümer, Handschriften, Bilder, Zeichnungen, Karten und Münzen der Stadt und der Provinz Noord-Brabant sowie einige Statuen im rückwärtigen Garten.
Verwersstraat 41 | Di. – Fr. 11 – 17, Sa. u. So. 10 – 18 Uhr | Eintritt: 16 € | www.hetnoordbrabantsmuseum.nl

Ein Zufluchtsort für Klosterbrüder

Refugiehuis

Nicht weit vom Noordbrabants Museum entfernt, am Ufer der Singelgracht, steht das Refugiehuis (Ecke Spinhuiswal / St. Jorisstraat). Es wurde von der Abtei van St. Geertrui in Löwen Anfang des 16. Jh.s erbaut und sollte ihren Klosterbrüdern bei Belagerungen Zuflucht innerhalb der Stadtwälle bieten.

Die Geste zählt

Bastion Oranje

Am Spinhuiswall können Sie noch einen Überrest der südlichen Stadtbefestigung besichtigen, die Bastion Oranje mit der beinahe 6,5 m langen **Kanone De Boze Griet** von 1511. Die Kanone wurde in Köln angefertigt und trägt die Aufschrift »Herzogenbusch schütze ich«. Zum Schutz der Stadt war die Kanone »Made in Germany« wenig geeignet: Sie war schon bei der Auslieferung untauglich.

Größter Kirchenbau der Niederlande

★★ St. Janskathedraal

Vom Süden der Altstadt geht es gen Osten zur St. Janskathedraal, dem kunsthistorischen Juwel der Stadt. Sie ist nicht nur eine der bedeutendsten mittelalterlichen Kirchen der Niederlande, sondern auch mit 115 m Länge und 62 m Breite das größte Gotteshaus des Landes. Der erste romanische Bau stammt aus der Zeit zwischen 1280 und 1312. Ihre heutige Gestalt erhielt die Kirche zwischen 1380 und 1530. Aus Geldmangel konnte die Kirche nicht fertiggestellt werden; nahe dem Westportal sind einzelne Strebebögen nicht vollständig ausgeführt. Doch keine andere niederländische Kirche ist mit solch üppiger Ornamentik ausgestattet. **Reliefs** über den Fenstern rund um die Kirche erzählen Szenen aus der Jugend Jesu. Der **Chor**, der von Seitenkapellen flankiert wird, ist außen durch Strebepfeiler gegliedert, auf denen volkstümliche Figuren aus dem Mittelalter sitzen. Sie sollen Hieronymus Bosch zu seinen Dämonen und Narren inspiriert haben.
Die enormen Ausmaße der Kirche werden erst im **Inneren** deutlich, das durch die hohen Fenster im Langhaus und in der Vierungskuppel erhellt wird. Dem südlichen **Johannesportal** mit reliefartigen Szenen aus dem Leben Johannes' des Täufers entsprechen die Skulpturen männlicher Heiliger an der Südseite des Mittelschiffs

und der Seitenschiffe. Das nördliche **Marienportal** mit der Marienfigur und der Darstellung der Klugen und Törichten Jungfrauen hat seine Entsprechung in den weiblichen Heiligengestalten an der Nordseite. Die bedeutendsten Ausstattungsstücke sind die **Renaissancekanzel**, die große **Orgel** (17. Jh.) und die **Taufkapelle** mit dem bemerkenswerten Taufbecken aus Kupfer von Aert van Tricht (1492). Sehenswert sind auch das geschnitzte **Chorgestühl** von 1480, das als das schönste seiner Art in den Niederlanden gilt, sowie ein **Chorgitter** mit Holzreliefs der Hochrenaissance. Das **Glockenspiel** im Turm ist mittwochs zwischen 11.30 und 12.30 Uhr zu hören. Im Sommer können Sie den Turm besteigen. Im Museum der Bauhütte sind Skulpturen und Architekturstücke ausgestellt.

Mo. – Sa. 8 – 17, So. 9 – 17 Uhr | Turmbesteigung: April – Okt. Di. – So. 13 u. 15 Uhr | Eintritt: 7,50 € | www.sint-jan.nl

Vornehme Gesellschaft mit Schwänen auf dem Speiseplan

Zwanenbroedershuis

Im weißen Zwanenbroedershuis (Hinthamerstraat 94, gegenüber der Kathedrale) hat die um 1318 gestiftete illustre Lieve Vrouwe Broederschap (Liebfrauen- oder Schwanenbruderschaft) ihren Sitz. Obwohl ursprünglich eine katholische Vereinigung, durften ihr nach der Reformation auch Protestanten, so auch Wilhelm I., beitreten. Der Name **Zwanenbroeder** geht auf den mittelalterlichen Brauch zurück, zu den jährlichen Festmahlen am vierten Donnerstag im Oktober Schwäne zu servieren. Seit 1629 besteht die Bruderschaft aus 36 Mitgliedern: 18 Katholiken und 18 Protestanten. Heute gehören diesem vornehmen Club auch fünf Mitglieder der Königsfamilie an.

Eine der ältesten Straßen der Stadt

Hinthamerstraat

In der Hinthamerstraat sehen Sie einige typische alte Wohnhäuser mit schönen Giebeln. Haus Nr. 203 – 205 ist die älteste Psychiatrische Klinik der Niederlande, die 1442 gestiftet wurde.

Machtdemonstration

Citadel

Im Norden der Altstadt wurde 1639 die an drei Seiten von Wasser umgebene Citadel (**Zitadelle**) erbaut. Hier sind die Kanonen als Zeichen der Macht auf die Stadt gerichtet, um die Bürgerschaft beherrschen zu können. Die Anlage beherbergt heute das **Rijksarchief voor Noord-Brabant**. Von der ehemaligen Stadtbefestigung stehen außer der Zitadelle noch vier der ursprünglich fünf Bastionen, u. a. die Bastion Oranje im Süden der Altstadt (▶ oben).

Vom Munitionslager zur Künstlergalerie

Het Kruithuis

Het Kruithuis (Hekellaan 2) wurde von 1618 bis 1621 zur Lagerung von Munition außerhalb der Stadtmauer gebaut. Heute stellen regionale Künstler dort ihre Werke aus.

HILVERSUM

Provinz: Noord-Holland | **Einwohnerzahl:** 93 300

Hilversum ist das Hollywood der Niederlande. Hier haben die großen Rundfunk- und Fernsehsender ihren Sitz. Und in der schönen, umliegenden Landschaft Gooiland wohnt die High Society. So wie John de Mol, der sich u.a. mit Big Brother eine goldene Nase verdient hat.

Villenstadt im Gooiland

Hilversum ist eine der vornehmen Villen- und Satellitenstädte im Einzugsbereich Amsterdams. Viele Landsitze wohlhabender Amsterdamer und ausgedehnte Parkanlagen prägen das Stadtbild ebenso wie die von bekannten Architekten errichteten modernen Bauwerke. Das Leben der reichen Einwohner des Gooilandes war auch in der TV-Serie »Gooische Vrouwen« (Feine Freundinnen) zentrales Thema. Hilversum entwickelte sich aus einem ärmlichen Gooidorf, und zwar erst nach dem Bau der Eisenbahnlinie Amsterdam – Amersfoort 1874. Insgesamt ist die Stadt durch die Architektur des 20. Jh.s geprägt.

Wohin in Hilversum?

Sehen, hören, erleben

Das turmgekrönte Gemeentehuis (Dudopark 1) wurde zwischen 1928 und 1930 von dem berühmten **Architekten Willem M. Dudok** Gemeentehuis

HILVERSUM ERLEBEN

VVV HILVERSUM
Oosterspoorplein 1
NL-1211 JW Hilversum
Tel. 0 62 / 7 10 09 66
www.livehilversum.com
Di. – Sa. 10 – 17 Uhr

BOEDDHA **€€€€**
Orientalische Küche von À-la-carte bis All-you-can-eat.
Soestdijkerstraatweg 42a
Tel. 0 35 / 6 83 32 33
www.boeddha-oriental.nl

AMRÂTH HOTEL MEDIA PARK HILVERSUM **€€**
Gemütliches und freundliches Hotel (110 B.) im Stadtzentrum mit gutem Frühstücksbüffet.
Koninginneweg 30
NL-1217 LA Hilversum
Tel. 0 35 / 6 23 24 44
www.amrathhotelmediapark hilversum.nl

errichtet und ist einer der beachtenswertesten modernen Bauten des Landes. Das Glockenspiel wurde im Jahr 1958 in den Turm eingesetzt. Von Dudok stammen übrigens noch weitere Gebäude in der Stadt.

Radio und Fernsehen, Film und Musik ...

Beeld & Geluid

Sammlungen zu diesen Themen enthält das Museum Beeld & Geluid, darunter Sendegeräte vom Beginn des Rundfunks in den 1920er-Jahren, den ersten Fernsehgeräten der 1950er-Jahre und über 700 000 Stunden Bild- und Tonaufnahmen. Schon alleine das **sensationelle Gebäude** aus dem Jahr 2006, das komplett mit bunten Glasplatten verkleidet ist, in denen historische Filmaufnahmen verarbeitet wurden, ist einen Besuch wert.

Sumatralaan 45 | Di. – So. 10 – 17 Uhr | Eintritt: 19,50 € | www.beeldengeluid.nl

Rund um Hilversum

Nicht versäumen ...

Laren

... sollten Sie in der Kleinstadt Laren einen Besuch der **Künstlerkolonie** und des **Singer Museums**. Das Museum zeigt Werke aus der Kunstsammlung des amerikanischen Künstlers William Singer (1868 – 1943) und seiner Frau, darunter moderne Gemälde, Skulpturen und ostasiatische Kunst.

Oude Drift 1 | Di. – So. 10 – 17 Uhr | Eintritt: 18 € | www.singerlaren.nl

Jachten oder Schlauchboote – Hauptsache aufs Wasser!

Loosdrecht

Am Rand des Goois erstrecken sich die Loosdrechtse Plassen (Loosdrechter Seen), ein **großes Wassersportgebiet**, weiter westlich die Vinkeveense Plassen.

In Nieuw Loosdrecht (6 km südwestlich von Hilversum) liegt das im Stil des 16. Jahrhunderts wieder aufgebaute **Kasteel Sypesteyn** mit einem hübschen Garten und einer beachtenswerten Kunstsammlung.

Kasteel: Führungen April – Okt. Di. – So. 11 – 17 Uhr | Eintritt: Schloss und Park 15 € | www.sypesteyn.nl

Dörfliches Idyll

Loenersloot, Vreeland, Loenen

Entlang der Vecht und des Amsterdam-Rheinkanals liegen westlich von Hilversum einige **sehenswerte Dörfer**: Loenersloot mit einem einstigen mittelalterlichen Kastell, das im 19. Jahrhundert umgebaut wurde, Vreeland mit seiner historischen Klappbrücke über die Vecht und das hübsche Dorf Loenen. Zahlreiche Häuser dieser Gegend wurden im 17. Jahrhundert von reichen Amsterdamer Kaufleuten gebaut.

★★ HOGE VELUWE

Provinz: Gelderland

Culture meets nature – es ist schwer zu sagen, was sich hier in größerer Pracht und Fülle zeigt. Ist es die Kultur mit der zweitgrößten Van-Gogh-Sammlung der Welt und einem Skulpturengarten, in dem Jean Arp, Aristide Maillol und Henry Moore zwischen Rhododendren entdeckt werden können? Oder ist es der riesige Nationalpark, in dem Wald, Heide und Dünen ineinander übergehen und sich die Hirsche und Füchse tummeln? Setzen Sie sich auf eines der Gratis-Fahrräder und finden Sie es heraus!

PICKNICK ZWISCHEN HIRSCHEN

Packen Sie den Picknickkorb, lassen Sie das Auto am Eingang des Nationalparks Hoge Veluwe stehen und schnappen Sie sich dort eines der 1800 weißen Fahrräder. Durchkreuzen Sie dann den Nadelwald, radeln Sie über die Dünen und halten Sie in der violett blühenden Heidelandschaft an, um ein Picknick zu machen – herrlich! Waren das dort nicht Hirsche in der Ferne? Kann gut sein. (▶ S. 252)

Größter Naturpark der Niederlande

Der Nationalpark De Hoge Veluwe zählt mit einer Gesamtfläche von 5500 ha zu den größten zusammenhängenden Naturschutzgebieten der Niederlande. Besondere Attraktionen sind das Kröller-Müller Museum und der Skulpturenpark in seiner Mitte. Der Park liegt zwischen ► Arnhem und ► Apeldoorn und ist über die Autobahn A 12 erreichbar. Parkeingänge befinden sich im Süden bei Schaarsbergen, im Nordwesten bei Otterlo und im Nordosten bei Hoenderloo.

Das kunst- und naturliebende **Ehepaar Kröller-Müller** vermachte 1935 das Landgut und den Jagdgrund der Stiftung Nationalpark De Hoge Veluwe. Sie hatten das Gebiet zuvor gekauft, um diese noch fast unberührte Landschaft vor expandierenden Industrieunternehmen zu retten, die hier wegen der spottbilligen Bodenpreise Niederlassungsmöglichkeiten witterten. Anton Kröller widmete sich seinen erfolgreichen Geschäften, u. a. Beteiligung am US-amerikanischen Getreidehandel und Erschließung von Erzgruben in Spanien und Nordafrika, während seine deutsche, kunstsinnige Ehefrau Helene, geborene Müller (1869 – 1939), begann, den Grundstock einer der größten niederländischen Privatsammlungen zu legen.

An jedem Parkeingang und an Stationen im Park stehen die berühmten weißen **Fahrräder** bereit, die gratis genutzt werden können. Die meisten Räder haben einen Kindersitz, und es stehen auch Kinderräder zur Verfügung. Vorschläge für Touren gibt es im **Besucherzentrum**. Dieses Angebot sollte man nutzen, denn für eine Wanderung sind die Distanzen zu weit. Wer schlecht zu Fuß ist, kann mit dem Auto in den Park und zum Museum fahren, dann wird allerdings ein höherer Eintritt verlangt.

Park: Mai – Aug. ab 8, übrige Monate ab 9 Uhr | Eintritt: 12,30 € | **Besucherzentrum:** tgl. 9.30 – 17.30 Uhr | www.hogeveluwe.nl

Im Wald und auf der Heide …

Flora und Fauna

Die Hoge Veluwe, ein ausgedehntes **Sandgebiet mit einigen Heideseen**, ist zur einen Hälfte bewaldet, zur anderen Hälfte von Heidefeldern bedeckt. Neben Nadelwäldern (überwiegend Kiefern), die im südlichen und nordöstlichen Teil aufgeforstet wurden, wachsen hier auch die aus Nordamerika stammenden Roteichen, Rhododendren und Laubbäume. Besonders beeindruckend sind jedoch die alten und bizarr geformten Kiefern und die Wacholderbüsche. Das Heidekraut blüht im August im trockenen Oud-Reemster-Veld (mit Moos und Silbergras) oder dem feuchten Deelense Veld (mit Glockenheide) am schönsten.

Der Park ist auch ein **Paradies für Klein- und Großwild**. Im mittel- und nordwestlichen Teil des Nationalparks können Sie von den Wildbeobachtungsstellen Hirsche, Wildschweine, Rehe und Mufflons sehen. Im Winter hört und sieht man zudem Wintergoldhähnchen, Meisen, Buch- und Bergfinken, Spechte, Eichelhäher, Elstern und Drosseln.

DE HOGE VELUWE
Jachthuis St. Hubertus
Camping
Eingang Hoenderloo
Kinder-wald
OTTERLOSE
Monument De Wet
LANDGOED HOENDERLOO
ZAND
Eingang Otterlo
Restaurant
Museonder
Kröller-Müller-Museum
President Steynbank
Skulpturen-park
Franse Berg
DEELENSE WAS
PLIJMEN
DEELENSE VELD
OUD-REEMSTER
Kompagnie-berg
ZAND
OUD-REEMSTER
©BAEDEKER
Oud-Reemst
VELD
Kemper-berg
Eingang Rijzenburg

Schonender Umgang mit der Natur

Hinweise

Am besten beginnt man beim **Besucherzentrum**. Hier erhalten Sie Infos über den Nationalpark. Es gibt die Möglichkeit, Reitpferde zu leihen oder im Winter Ski-Langlauf zu betreiben. Von Mitte September bis Mitte Oktober, der Brunstzeit der Rothirsche und Mufflons, ist der Zutritt beschränkt. Tiere dürfen grundsätzlich nicht gefüttert werden.

Weg zur Erkenntnis

Jachthuis St. Hubertus

Nach Entwürfen von H. P. Berlage wurde von 1914 bis 1920 an der nördlichen Grenze des einstigen Jagdgrundes das **Jagdschloss** Sankt Hubertus errichtet. Benannt nach dem Schutzpatron der Jagd, symbolisiert seine Architektur die Heiligenlegende: Der Grundriss hat die Form eines Hirschgeweihs, der Aussichtsturm die eines Kreuzes. Beginnend mit dem dunklen Vestibül sind die zunehmend heller werdenden Räume bis zum sonnigen Wohnzimmer eine Metapher für Hubertus' Erkenntnisweg.

Museum der Superlative

★★ Kröller-Müller Museum

Zur Sammlung der von Helene Kröller-Müller zwischen 1908 und 1935 zusammengetragenen Werke zählten bereits 1933 rund 4000 Zeichnungen, 275 Skulpturen und einige hundert Gemälde. Beispiele mittelalterlicher Kunst – u. a. Lucas Cranach d.Ä. und d.J., Hans Baldung Grien, Gerard David – sind ebenso vorhanden wie asiatische, griechische und holländische Keramik. Der Schwerpunkt liegt jedoch auf Werken des späten 19. und frühen 20. Jahrhunderts.

Weltberühmtheit hat die Kröller-Müller-Sammlung aber durch die 280 Gemälde und Zeichnungen von Vincent van Gogh erlangt, der **weltweit größten Privatsammlung von van Gogh-Gemälden**, darunter »Die Brücke von Arles«, »Caféterrasse bei Nacht« und »Die Kartoffelesser«. Sie stammen vorwiegend aus seinen Lebensabschnitten in Den Haag, Brabant, Paris und in der Provence. Weiter sind u. a. der Impressionismus und Expressionismus (Eduard Manet, Claude Monet, Paul Cézanne, Paul Gauguin, P. Auguste Renoir), Kubismus (Pablo Picasso, George Braque) und De Stijl (Piet Mondrian) vertreten. Im Erweiterungsbau sind Skulpturen, Zeichnungen und Reliefs nach 1950 u. a. von Joseph Beuys und Phillip King zu sehen. Der hellbraune **Backsteinbau** des Kröller-Müller Museums wurde von dem belgischen Architekten Henry van de Velde 1937/1938 errichtet; 1975 bis 1977 entstand der Erweiterungsbau von W. G. Quist.

Der **Skulpturenpark** ist der größte Europas. Er enthält Bildhauerwerke u. a. von Auguste Rodin, Claes Oldenburg, Henry Moore, Mark di Suvero, Lucio Fontana und Aristide Maillol.

Di. – So. 10 – 17 Uhr | Eintritt: 13 € (nur für Museum; Parkeintritt muss zusätzl. bezahlt werden) | https://krollermuller.nl

OBEN: Im Kröller-Müller-Museum ist vor allem Kunst des späten 19. und des frühen 20. Jh.s zu sehen, ...

UNTEN: ... darunter die weltweit größte Privatsammlung an Van-Gogh-Werken, auch sein berühmtes Bild »Caféterrasse bei Nacht« (1888) .

Das erste unterirdische Museum Europas

Museonder

In der Nähe des Kröller-Müller-Museums wurde im Jahr 1993 das unterirdische Museum Museonder eröffnet. Lassen Sie sich von Dantes Worten am Eingang des Museums nicht abschrecken:

» Lasst, die ihr eingeht, alle Hoffnung fahren. «

Der Besuch ist weniger höllisch als diese Zeilen glauben machen. Man folgt vielmehr einem **Naturkunde- und Erdgeschichtslehrpfad unter Tage**, vorbei an ausgestopften Dachsen und Füchsen, an Skeletten von Mammuts, Riesenhirschen und Nashörnern.
tgl. 9.30 – 17.30 Uhr

★ HOORN

Provinz: Noord-Holland | **Einwohnerzahl:** 75 200

Diese kleine Stadt am IJsselmeer ist dem Rest der Welt ein Begriff: Kap Hoorn wurde nach ihr benannt. Der Seefahrer Willem Schouten entdeckte 1616 die Südspitze Amerikas und gab ihr den Namen seiner Heimatstadt. Er war mit Recht stolz auf seinen Geburtsort, denn Hoorn mit seinen Herrschaftshäusern rund um den alten Hafen zählt zu den schönsten Altstädten der Niederlande.

Große Entdecker

Die im 14. Jh. gegründete Kaufmannssiedlung und frühere Hauptstadt Westfrieslands am IJsselmeer darf sich rühmen, Geburtsort berühmter Männer zu sein. Hier wurde der Seefahrer Willem Schouten (1580 – 1625) geboren, der im Jahr 1616 die Südspitze von Amerika umsegelte und sie nach seiner Vaterstadt Kap Hoorn benannte; außerdem erblickten hier **Jan Pieterszoon Coen** (1587 – 1629), der Begründer der niederländischen Kolonialmacht in Niederländisch-Ostindien, und **Abel Janszoon Tasman** (1603 – 1659), der Entdecker von Neuseeland und Tasmanien, das Licht der Welt.

Wohin in Hoorn?

Die Seeschlacht auf Leinwand

Oude Stadhuis

In der Nieuwstraat steht das **Alte Rathaus** (1402), das einst das St. Ceciliakloster beherbergte. In der früheren Klosterkapelle befindet sich der **Ratssaal** (1787) mit einem 1633 von Blanderhoff gemalten Bild der Seeschlacht 1573 vor Hoorn, bei der die Niederländer die Spanier besiegten und den spanischen Admiral gefangen nahmen.

Shoppen in der Kirche

Am Ende der Nieuwstraat, auf dem Kerkplein, erheben sich die 1883 errichtete Grote Kerk (heute Wohnhaus und eine Foodhall) und das ehemalige St. Jansgasthuis (1563) mit einer Fassade im Stil der Frührenaissance.

Grote Kerk, St. Jansgasthuis

Von blau zu grau

Von hier führt die Kerkstraat zu dem Platz Rode Steen mit einem **Standbild des Kapitäns J. P. Coen** und der alten **Waage** von 1609. Das von Hendrick de Keyser entworfene Gebäude bestand ursprünglich aus blauen Quadersteinen, die jedoch bei der Restaurierung von 1912 durch graue Quadersteine ersetzt wurden.

Rode Steen, Waag

Vom Hafen von Hoorn stachen berühmte Männer in See.

Museum des Goldenen Zeitalters

Westfries Museum

Gegenüber der Waage finden Sie das Proostenhuis von 1632, einst Sitzungsgebäude des Rates von Westfriesland, jetzt **Westfriesisches Museum**. Die Kommitierten (Abgeordneten) vertraten die westfriesischen Städte Alkmaar, Edam, Enkhuizen, Hoorn, Medemblik, Monnickendam und Purmerend im »Gecommitteerde Raden van het Noorderkwartier«. Beachtenswert ist die reich verzierte Fassade aus Naturstein mit den Wappen der sieben oben genannten Städte, den Wappen Westfrieslands und Oraniens. Das Museum umfasst neben Schützenbildern Exponate zur Geschichte der Stadt, der Schwerpunkt liegt hierbei im Zeitraum von 1500 bis 1800.

Rode Steen 1 | Derzeit wegen Renovierung geschlossen. | www.wfm.nl

Getrennte Gottesdienste

Noorderkerk

Nordwestlich vom Roode Steen steht die spätgotische Noorderkerk, deren Bau 1426 begonnen und 1519 fertiggestellt wurde. Im Inneren sind die Wendeltreppe aus Eichenholz (1497), die Chorschranke

HOORN ERLEBEN

❶ De Hoornse Kogge

❶ De Keizerskroon

VVV HOORN
www.ikhouvanhoorn.nl

❶ DE HOORNSE KOGGE €€€
Modernes, aber gemütliches Restaurant in der Altstadt. Auf der Karte stehen kleine Gerichte zum Kombinieren.
West 27, Tel. 02 29 / 21 05 74
www.dehoornsekogge.nl

❶ DE KEIZERSKROON €€
Zentral gelegenes Familienhotel mit gepflegten Zimmern (55 B.). Es gibt ein gutes Frühstück und im Hotelrestaurant westfriesische Küche.
Breed 33
Tel. 02 29 / 21 27 17
www.keizerskroonhoorn.nl

(1642) und das Chorgestühl im Stil der Renaissance sehenswert. Hinter der Chorschranke befindet sich auch eine **»Armenkirche«** mit einfachen Holzbänken und Kanzel, in der bis ins 20. Jh. Gottesdienste für die ärmere Bevölkerungsschicht abgehalten wurden.

Kirche der Fischer und Schiffer

Oosterkerk

Am Grote Oost erhebt sich die spätgotische ehemalige Oosterkerk (Baubeginn 1450). Chor und Querschiff kamen 1519 hinzu, 1615 wurde das zweischiffige Langhaus durch ein einfaches Langhaus mit schöner Renaissancefassade ersetzt. Aus der gleichen Zeit stammen der hölzerne Vierungsturm und die Glasgemälde. Unter dem Wappen von Westfriesland ist die **Seeschlacht von Gibraltar** (1607) abgebildet. Erwähnenswert ist auch die 1764 gebaute Bätz-Orgel. Heute finden in der Kirche kulturelle Veranstaltungen statt.

In der ersten Reihe

Oosterpoort

Am Ende der östlich anschließenden Kleinen Oost folgt links abseits das Oosterpoort aus dem 16. Jh., ein **Rest der Stadtmauer**. In der Nähe des Oosterpoort befinden sich die **Bossuhuizen**. Von hier aus hatten die Einwohner wohl eine hervorragende Aussicht auf die Seeschlacht von 1573 – ihre Häuser sind mit historischen Szenen dieses Ereignisses bemalt.

Wahrzeichen der Stadt

Haven

Im Süden der Stadt liegt der malerische **Hafen** mit dem Hafenturm (Hoofdtoren, 16./17. Jh.), an dessen Fuß historische Traditionssegler vor Anker liegen, die Sie für Ausflüge ins IJsselmeer mieten können.

Kindheitserinnerungen

Museum van de Twintigste Eeuw

Die gehäkelte Tischdecke auf Omas Wohnzimmertisch, Papas ganzer Stolz, der Plattenspieler, und das Fondueset für den Silvesterabend – im ehemaligen Gefängnis am Hafen befindet sich das Museum van de Twintigste Eeuw, das **Museum des 20. Jahrhunderts**. Gezeigt werden hier Exponate aus den Jahren 1900 bis 1980, u.a. Spielzeug, Wohnzimmer, Küchengeräte, Büromaterial, Klassenzimmer, Video- und Audiomaterial. Jedes Jahr gibt es durchschnittlich vier Ausstellungen zu verschiedenen Themen.

Krententuin 24 (Oostereiland) | Mo. – Fr. 10 – 17, Sa. u. So. 12 – 17 Uhr | Eintritt: 10 € | www.museumhoorn.nl

Rund um Hoorn

Zeitreise in der Dampflok

Fahrt Richtung Medemblik

Die Strecke Hoorn – ▶ Medemblik können Sie im Sommer in einer **historischen Dampfstraßenbahn** zurücklegen, die von einer

Dampflokomotive gezogen wird. Die rund einstündige Fahrt beginnt in der Van Dedemstraat 8 in Hoorn. Es gibt auch Arrangements mit dem Schiff von Enkhuizen zurück nach Hoorn.
www.stoomtram.nl

HULST

Provinz: Zeeland | **Einwohnerzahl:** 27 600

Zuerst fällt der graue Turm auf: Ist das ein neumodischer Antennenmast neben der Kirche? Nicht ganz. Weil der Turm der Willibrordusbasilika erst vom Blitz getroffen wurde und später im Zweiten Weltkrieg erneut Schaden litt, erhielt er 1957 eine moderne Betonspitze. Sonst ist in der hübschen Festungsstadt nahe der belgisch-niederländischen Grenze alles recht alt und charmant geblieben: das Rathaus, der Festungswall und die Mühle.

Flandern ist nah

Bis 2003, als der Westerschelde-Tunnel gebaut wurde und es damit eine Verbindung zwischen Zeeuws-Vlaanderen (Festland von Zeeland) und Zuid-Beveland (Halbinsel in Zeeland) gab, lag Hulst noch in einer Art Dornröschenschlaf. Natürlich gab es Fährverbindungen, doch die Mehrzahl der Besucher kam aus Belgien. Überhaupt prägt das Nachbarland die Stadt: Man genießt »bourgondisch«, und der Baustil erinnert an das Flämische. Die ursprünglich mittelalterlichen Befestigungswälle der Stadt wurden im 17. Jh. verstärkt und haben eine Gesamtlänge von 3,5 km. Die drei Stadttore Gentse Poort (1780), Dubbele Poort (1771) und Bollewerckpoort (1506) gewähren heute noch Eingang zum Zentrum.

Wohin in Hulst?

Katholische Kirche mit dem Ehrentitel Basilica minor

St. Willibrorduskerk

Die Anfänge der St. Willibrorduskerk, einer spätgotischen Kreuzbasilika, gehen auf das Jahr 1400 zurück. Der Chor stammt von 1460; das Langhaus wurde nach einem Brand 1469 erst im Jahr 1562 wieder vollständig hergestellt. Im Jahr 1645 wurde die Kirchengemeinde reformiert. Zwischen 1806 und 1929 trennte eine Mauer das Langhaus von der Vierung, um so den protestantischen (im Langhaus) vom katholischen Gottesdienst (in der Vierung) zu trennen. Nachdem 1929 die Trennwand abgerissen wurde, haben hier nur noch katholische Gottesdienste stattgefunden.

HULST ERLEBEN

TOURISTENINFORMATION
Steenstraat 37
NL-4561 AR Hulst
Tel. 01 14 / 31 52 21
www.vvvzeeland.nl
Mo. – Sa. 10 – 17,
So. 12 – 17 Uhr

KORENBEURS €€€
Drinnen herrscht eine gemütliche Atmosphäre, draußen können Sie auf der Terrasse am Marktplatz sitzen. Niederländische Küche.
Grote Markt 10
Tel. 01 14 / 31 22 13
www.dekorenbeurs-hulst.nl

Hulst und Reineke Fuchs

Stadhuis, Denkmal

Das spätgotische **Rathaus** mit einer Fassade aus weißen Quadersteinen errichtete der Baumeister Keldermans in den Jahren von 1528 bis 1534. Um das Rathaus herum liegt der Grote Markt – mit einladenden Cafés und Restaurants. Ein Denkmal am Gentse Poort zeigt Szenen aus dem mittelalterlichen Volksbuch »Reineke Fuchs«, das in seiner niederländischen Version »Reinaert de Vos« die Stadt Hulst erwähnt.

Lieblingslandeplatz der Zugvögel

Verdronken Land van Saeftinge

Nordöstlich von Hulst liegt das Verdronken Land van Saeftinge, ein interessantes Gebiet von 3500 ha Fläche, das vor mehr als 400 Jahren von einer Sturmflut überschwemmt wurde und heute unter Naturschutz steht. Es ist **Brutgebiet** von vielen Wasser- und Raubvögeln. Wege führen durch das feuchte Gebiet, Gummistiefel sind ratsam. Es gibt ein Besucherzentrum.
https://saeftinghe.eu/nl

Rund um Hulst

Strände, Schleusen und salzige Spezialitäten

Zeeuws-Vlaanderen

Im Jahr 2003 beendete ein **Tunnel** von Zuid-Beveland (Ellewoutsdijk – Terneuzen) aus die Isolierung der Region Zeeuws-Vlaanderen. Beliebt sind vor allem die Badeorte an der Westküste – **Breskens** und insbesondere **Cadzand** mit seinem herrlichen weißen Sandstrand – sowie das hübsche Grenzstädtchen **Sluis**, das eine geschichtsträchtige Festungsstadt ist. Auch **Terneuzen**, immerhin der drittgrößte Hafen der Niederlande, lohnt wegen der großen Meeresschleusen im Kanal nach Gent (Belgien) einen Besuch. Das Mekka der Muschel-Genießer ist das Örtchen **Philippine** an der Grenze zu Belgien.

★ KAMPEN

Provinz: Overijssel | **Einwohnerzahl:** 55 650

So viel Geld befand sich im Stadtsäckel, dass die Einwohner von Kampen keine Gemeindesteuern zahlen mussten. Der Hansestadt sieht man den Wohlstand noch immer an: Über 500 schöne denkmalgeschützte Häuser prägen das Gesicht der Altstadt, die sich am Ufer der IJssel erstreckt.

Steuerfrei

Die Stadt war ab dem 12. Jh. wichtigster Handelsplatz der östlichen Niederlande und unterhielt Handelsbeziehungen mit dem Ostseegebiet, Frankreich und England. Als ihr 1363 das fruchtbare Deltagebiet an der IJsselmündung zugesprochen wurde, führte ihr Reichtum dazu, dass die Stadtbewohner keine Gemeindesteuern zahlen mussten. Der Beitritt zur Hanse 1441 und die Ernennung zur kaiserlichen Freien Reichsstadt 1495 trugen ebenfalls zum wirtschaftlichen Aufschwung bei, der erst im 16. Jahrhundert durch die spanische Oberhoheit gebremst wurde.

Wohin in Kampen?

Ausstellungen im Tor

Stadttore

Von der einstigen Stadtbefestigung des 15. Jh.s, blieben drei Tore erhalten: der rechteckige **Koornmarktpoort** an der IJssel, der **Broederpoort** (1465 gebaut und 1615 im Renaissancestil geändert) mit vier Ecktürmen im Westen des Stadtkerns sowie der **Cellebroederpoort** im Süden, ein rechteckiges Gebäude mit zwei Rundtürmen von 1465, die 1617 umgebaut wurden. Im Koornmarktspoort werden Wechselausstellungen gezeigt sowie die originalen Fassadenstatuen des alten Rathauses.

Di. – Sa. 11 – 17, So. 13 – 17 Uhr | Eintritt 10 € (auch gültig für Stedelijk Museum und Synagoge, s.u.)

Nicht versäumen: Kampens schönstes Gebäude

Stadhuis

In der Oudestraat steht das 1543 nach einem Brand erneuerte **Rathaus** aus dem 14. Jh. mit schönem Figurenschmuck an der Fassade. Im Jahr 1830 wurde dem Rathaus ein weiterer Flügel angeschlossen. Die verwitterten spätgotischen Statuen an der Fassade wurden in den 1930er-Jahren durch Kopien ersetzt. Sehenswert im Inneren dieses wohl schönsten Bauwerkes der Stadt ist der **Schepenzaal** (Schöffensaal) mit seiner wuchtigen Eichentäfelung, dem steinernen Renaissancekamin von 1545 und dem ebenfalls aus Eichenholz geschnitzten Schöffengestühl. Zu beachten sind ferner einige Gemäl-

Im Hafen von Kampen ankerten einst Schiffe aus aller Welt. Heute geht es etwas bescheidener zu.

de, wie etwa eine vollständige Sammlung von Porträts der Fürsten von Oranien, beginnend mit Wilhelm I. von Oranien. Die eiserne Gittertür zum Turm ist eine Beute der Stadtbewohner nach der Eroberung des Schlosses Voorst bei Zwolle im Jahr 1362.
Das sich im ehemaligen Rathaus befindliche **Stedelijk Museum** widmet sich vier Themen: dem Wasser (Kampen ist durch das Wasser reich geworden), der Rechtsprechung (Kampen erhielt im Mittelalter die Stadtrechte), der Reformationszeit und dem Haus von Oranje. Vom Museum gestaltet ist auch die Gedenkausstellung in der 1847 gebauten **Synagoge** in der Voorstraat.
Stedelijk Museum: Oudestraat 133 | Di. – So. 13 – 17 Uhr | Eintritt: 10 € (auch gültig für Koornmarktspoort und Synagoge) | www.stedelijkmuseumkampen.nl

Schlager im Turm

Westlich gegenüber vom Rathaus erhebt sich der Nieuwe oder Heiligengeesttoren (Neuer oder Heiliggeistturm; 1664) mit einem schönen **Glockenspiel** der Brüder Hemony. Gespielt werden auch mal moderne Schlager. Im Sommer können Sie den Turm besteigen. Nieuwe Toren

KAMPEN ERLEBEN

TOURIST INFO

De Stadskazerne, Oudestraat 216
NL-8261 CA Kampen
Tel. 0 38 / 2 02 23 66
www.ontdekdeijsseldelta.nl
Mo. – Sa. 10 – 16 Uhr

❶ DE BOTTERMARCK €€€€

Holländisch-französische Küche, gute Fischgerichte.
Broederstraat 23
Tel. 0 38 / 3 31 95 42
www.debottermarck.nl

❶ BOETIEKHOTEL KAMPEN €€

Boutique-Hotel mit elf modern eingerichteten Zimmern in einem Jugendstil-Gebäude.
IJsselkade 20–21
8261 AB Kampen
038 / 8 88 87 37
www.hotelkampen.nl

Kirche des ehemaligen Minoritenklosters

Broederkerk

Vom Nieuwe Toren kommen Sie westlich durch die Broederstraat zur Broederkerk (1473 – 1490), der Kirche des ehemaligen Minoritenklosters (Minderbroedersklooster). Zwischen den beiden Chorbauten erhebt sich ein Treppenturm. Die beiden Schiffe dieser gotischen Hallenkirche werden von Säulen mit schönen Blattkapitellen getrennt.

Mächtig und prächtig

Bovenkerk

Im südlichen Teil der Stadt steht am Muntplein die im Wesentlichen aus dem 14. bis 16. Jh. stammende mächtige Bovenkerk (St. Nikolaaskerk) mit weiträumigem Inneren. Diese gotische Kreuzbasilika mit fünfschiffigem Langhaus, Chor mit Umgang und einem Kranz von Kapellen wurde um 1325 begonnen. Die Bauarbeiten dauerten mehr als 200 Jahre. So wurden die Nord- und Südportale erst 1500 fertiggestellt, die Turmspitze kam erst 1808 hinzu. Beachtenswert ist jedoch auch das Innere mit dem prächtigen gotischen Chor, der Chorschranke der Frührenaissance, der spätgotischen steinernen Kanzel und den Wandgemälden. Die **barocke Orgel** wurde 1676 eingebaut

Besichtigungen im Sommer Fr. 13 – 15, Sa. 13 – 14.30 Uhr

Sakristei im Achteck

Buitenkerk

Im Norden der Stadt befindet sich die katholische Buitenkerk oder Onze Lieve Vrouwekerk (Liebfrauenkirche). Die ursprüngliche Kreuzkirche wurde um 1450 in eine Hallenkirche umgebaut. Das Langhaus umfasst drei Schiffe gleicher Größe. Besonders beeindruckend sind die Rundsäulen mit Brabanter Blattkapitellen und die in den Niederlanden einzigartige achteckige Sakristei.

Tischler, Schmiede, Schneider

De Koggewerf

... sie alle haben in der mittelalterlichen **Werft** am Havenweg 7 ihren Arbeitsplatz, der besucht werden kann. Es gibt ein Fischerhäuschen, eine Taverne, eine Fischräucherei und auch einen Laden. Doch vor allem ist die Werft der Heimathafen der Kamper Kogge, eines Handelsschiffes aus dem 14. Jh., das orginalgetreu nachgebaut wurde.

KATWIJK

Provinz: Zuid-Holland | **Einwohnerzahl:** 66 600

Die helle Freude am blauen Meer: Der elfenbeinfarbene Sandstrand ist sage und schreibe fünf Kilometer lang! Und über dem Ort Katwijk aan Zee ragen zwei hübsche Bleichgesichter in den blauen Himmel, der weiße Kirchturm und der weiße Leuchtturm. So viel blau-weiße Schönheit macht Katwijk zu einem beliebten Badeort an der Nordseeküste.

Fünf Kilometer Strand

Aus dem einstigen Fischerdorf Katwijk aan Zee ist längst ein aufstrebender Badeort geworden, der mit dem landeinwärts gelegenen Ort Katwijk aan den Rijn zusammengewachsen ist. Nördlich von Katwijk verhindern die bei Flut geschlossenen Schleusen das Eindringen von Salzwasser aus der Nordsee in den Alten Rhein.
Vor Katwijk erstreckt sich ein weites Dünengebiet, das sich hervorragend für Spaziergänge oder Radtouren bis nach Noordwijk (► unten) eignet.

KATWIJK UND UMGEBUNG ERLEBEN

VVV KATWIJK
Zwaaikom/Prins Hendrikkade
NL-2225 AZ Katwijk
Tel. 0 71 / 4 07 54 44,
www.vvvkatwijk.nl
Mo. - Sa. 10 - 17 Uhr

IETS ANDERS €€€€
Im Zentrum von Noordwijk gelegenes Restaurant mit französisch inspirierter Küche. Sonnenterrasse.
Pickeplein 4
Tel. 0 71 / 3 61 11 36
https://bistro-ietsanders.nl

BEACHCLUB 0. €€€
In einem schicken Haus am Strand werden »Menus du Chef's Table« mit Weinen und Meerblick serviert.
Koningin Wilhelmina Boulevard 106
NL-2202 GW Noordwijk aan Zee
Tel. 0 71 / 3 67 68 94
www.beachclubo.nl

GRAND HOTEL HUIS TER DUIN €€€
Seit über 100 Jahren gibt es dieses Grand Hotel (289 B.) direkt am Meer. Die Zimmer und Suiten sind edel ausgestattet, am schönsten (und teuersten) wohnt man in einem der Penthouses.
Koningin Astrid Bvd. 5
NL-2200 AB Noordwijk
Tel. 0 71 / 3 61 92 20
www.huisterduin.com

TWO BROTHERS HOTEL €€
Das 1899 eröffnete Hotel (157 B.) steht am Strandboulevard von Noordwijk. Das Haus bietet komfortable Zimmer – teilweise auch mit Blick aufs Meer –, Pool, Dampfbad, Tagungsräume sowie eine schöne Terrasse und eine stimmungsvolle Bar.
Kon. Wilhelmina Boulevard 8
NL-2202 GS Noordwijk
Tel. 0 71 / 3 61 92 05
https://twobrothershotels.nl

Wohin in Katwijk?

Schöne Aussichten
Katwijk aan Zee

Die Kirche in Katwijk aan Zee besitzt ein **Langhaus** (1461), das von den Spaniern zerstört, 1572 teils wieder errichtet und 1709 erweitert wurde. Der **Leuchtturm** des Badeorts bietet eine herrliche Aussicht.

Leuchtturm: Vuurbaakplein | Juni – Aug. Di. – Fr. 10.30 – 16.30, Sa. 11 – 16 Uhr | Eintritt: 2 €

Verhulst Glanzstück
Katwijk aan de Rijn

In Katwijk aan de Rijn, etwas weiter im Landesinneren gelegen, ist die niederländisch-reformierte **Kirche** mit einem prunkvollen Marmorgrab für Willem van Lyere († 1654) und Maria van Reygersberg († 1673) im nördlichen Seitenchor sehenswert, eines der schönsten **Bildhauerwerke** von Rombout Verhulst.

Schwimmen, sonnenbaden, spazieren oder auf einem Pferd durchs Watt – Katwijks Strand bietet allerlei Entspannendes.

Rund um Katwijk

Vom Strand zur größten Raumfahrtausstellung Europas

Noordwijk

Nördlich von Katwijk erstreckt sich entlang der unversehrten Dünenlandschaft der **beliebte Badeort** Noordwijk. Eine große Auswahl von Hotels und Restaurants für alle Ansprüche, die Nähe zu den ausgedehnten Blumenfeldern des ▶ Bollenstreek und die gute Verkehrsanbindung machen Noordwijk zu einem vorzüglichen Ausgangspunkt für einen Holland-Besuch.

Das Angebot an Freizeitmöglichkeiten rund um Nordwijk ist groß, und die Palette reicht vom Spaziergang am Strand und entlang der stattlichen Herrenhäuser von Noordwijk Binnen über eine Radtour durch die Dünen bis hin zum Besuch der **Space Expo**, Europas größter Raumfahrtausstellung, die für ein paar Stunden ins All entführt. In der Space Expo erlebt man u.a. den simulierten Start einer Ariane-Rakete und entdeckt die Welt der Satelliten mit den Testmodellen der europäischen Raumfahrtprojekte.

Space Expo: Keplerlaan 3 | Di. – So. 10 – 17 Uhr, in den Schulferien auch Mo. | Eintritt: 16 € | www.space-expo.nl

LEERDAM

Provinz: Utrecht | **Einwohnerzahl:** 19 600

Die kleine Stadt verlieh dem berühmten Käse ihren Namen. Doch nicht minder bekannt ist das Glas, das seit über 250 Jahren hier gefertigt wird. In der Glasbläserei des Nationalen Glasmuseums können Sie dabei zusehen, wie aus einem weichen Klumpen Glasmasse ein Kunstobjekt entsteht. Oder Sie lassen bei einem Workshop Ihren eigenen kreativen Ideen freien Lauf!

Käse und Glas

Neben der Holz verarbeitenden Industrie ist die Glasindustrie seit dem 18. Jh. wichtigster Industriezweig. Berühmt wurde die südholländische Stadt an der Linge jedoch durch den Leerdamer Käse. 2019 wurde Leerdam mit Vianen und Zederik zur Gemeinde Vjfheerenlanden zusammengeschossen und gehört seither zur Provinz Utrecht. Von der mittelalterlichen Stadtmauer sind Reste erhalten.

Wohin in Leerdam?

Großzügige Unterkünfte für verarmte Frauen

Hofje van Aerden

An der Stelle des ehemaligen Schlosses der Familie van Arkel ließ Frau van Aerden 1770 ein Stift bauen. Hier konnten verarmte Frauen in großen Wohnungen leben, die um einen schönen Innenhof angeordnet sind. In einem hohen Gebäude mit kuppelförmigem Dach gegenüber vom Haupteingang befindet sich das **Regentenzimmer** mit alten Möbeln sowie Gemälden von Frans Hals, Gerhard Terborch und Jacob van Ruysdael. Auch der **Ratssaal** und der **Trausaal** von Leerdam sind im Schlösschen untergekommen.
Kerkstraat 67 | April – Okt. Mi. – Sa. 13 – 17 Uhr | Eintritt: 7,50 € | www.hofjevanaerden.nl

LEERDAM ERLEBEN

TOURIST INFORMATION

Kerkstraat 55
4141 AV Leerdam
Tel. 03 45 / 22 85 33
www.leerdamglasstad.nl
Di. – Fr. 11 – 15, Sa. 10 – 17 Uhr

CHINA GARDEN €€

Chinesische, aber auch indische und indonesische Gerichte. Man isst hier sehr gut und auch der Service stimmt.
Hoogstraat 8–10
http://chinagardenleerdam.nl

Antikes Glas und lebendige Vorführungen

Nationaal Glasmuseum

Die Glassammlung im Nationaal Glasmuseum beginnt mit ältesten Exponaten aus der Römerzeit. Wesentlich umfangreicher ist die Sammlung niederländischer Glaskunst ab der zweiten Hälfte des 19. Jh.s bis heute, u.a. auch mit Entwürfen für Gebrauchsglas von Karel de Bazel und Hendrik Berlage sowie vielen Beispielen von Nederlands Studioglas. Auch ausländische Glaskunst vom 19. bis 20. Jh. ist ein Thema. Die **Glasblazerij** im Zentrum gibt täglich Vorführungen.

Museum: Lingedijk 28 | Di. – Sa. 10 – 17, So. 12 – 17 Uhr | Eintritt: 9 € |
Glasbläserei: Zuidwal | Anmeldung zum Workshop s. Website
www.nationaalglasmuseum.nl

★ LEEUWARDEN

Provinz: Fryslân | **Einwohnerzahl:** 127 100

Als die friesische Stadt im Jahr 2018 zur Kulturhauptstadt Europas ernannt wurde, erwachte sie aus ihrem Dornröschenschlaf. Die Stadt putzte sich heraus, neue Restaurants und Geschäfte eröffneten, es wurde renoviert und verschönert, ein neuer Brunnen schmückt seitdem den Bahnhofsvorplatz und das Fries Museum legte mit spektakulären Ausstellungen noch einen drauf. Mit über 600 Kulturdenkmälern, dem liebenswerten schiefen Turm und den idyllischen Grachten erhielt Leeuwarden den ruhmreichen Titel zu Recht.

Mata Haris Geburtsort

Am 7. August 1876 wurde die weltbekannte Tänzerin und angebliche Spionin Mata Hari (Margaretha Geertruida Zelle) in Leeuwarden geboren. Der Spionage für Deutschland verdächtigt, wurde sie 1917 in Frankreich hingerichtet (▶ Baedeker Wissen, S. 272). Leeuwarden ist auch bekannt als Start- und Zielort der Elfstedentocht, des 200 km langen winterlichen Schlittschuhrennens, das durch elf friesische Städte führt – vorausgesetzt, alle Flüsse und Kanäle der Provinz sind zugefroren. Sehr zum Bedauern der Niederländer fand die letzte Elfstedentocht vor über 20 Jahren statt.

Leeuwarden ging aus drei ehemaligen Warftensiedlungen hervor, die sich 1435 vereinten und Stadtrechte erhielten. Der Ort entwickelte sich daraufhin zu einem blühenden Handelsplatz und wurde Sitz des mächtigen friesischen Statthalters. Mit der Verlandung der Middelzee ab dem 18. Jh. verlor die Stadt jedoch ihren Seehafen und wurde Agrarmarkt. Heute ist Leeuwarden Hauptstadt der Provinz Friesland, bzw. friesisch Fryslân.

LEEUWARDEN ERLEBEN

LEEUWARDEN VISITOR CENTER
Heer Ivostraatje 1
(gegenüber dem Turm Oldehove)
NL-8911 DP Leeuwarden
Tel. 0 58 / 2 33 85 45
www.visitleeuwarden.com
tgl. 9 – 18 Uhr

❶ PROEFVERLOF €€
Restaurant im Blokhuispoort (ehemaliges Gefängnis) mit großer Terrasse am Wasser und Fokus auf Fleischgerichten. Auf Wunsch können Sie in einer Zelle oder sogar mit Handschellen tafeln ...
Blokhuisplein 40
Tel. 0 58 / 3 02 00 30
www.proefverlof.frl

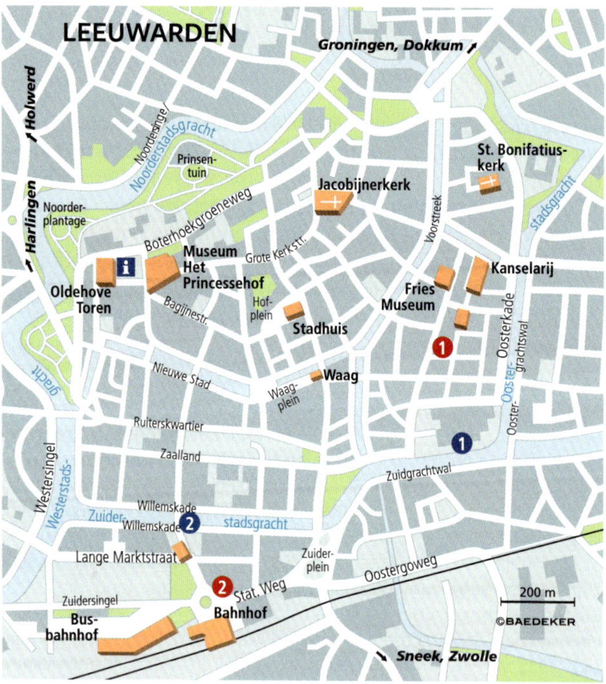

❶ Proefverlof
❷ 't Pannekoekschip

❶ Post Plaza
❷ Hotel Oranje

❷ 'T PANNEKOEKSCHIP €€
Auf dem 43 m langen Zweimastklipper können Sie unter 120 verschiedenen Pfannkuchen auswählen.
Willemskade 69
Tel. 0 58 / 2 12 09 03
www.pannekoekschipleeuwarden.nl

❶ POST PLAZA €€
In ehemaligen Post- und Bankgebäuden sind 80 Zimmer untergebracht, teilweise unter historischem Gewölbe. Zum Hotel gehört ein einladendes Restaurant in der früheren Schalterhalle.
Tweebaksmarkt 25–27
8911 KW Leeuwarden
Tel. 0 58 / 2 15 93 17
www.post-plaza.nl

❷ HOTEL ORANJE €
Beliebtes und komfortables Hotel (180 B.) gegenüber dem Hauptbahnhof. Hier können Sie ein gemütliches Ambiente erwarten mit gutem Restaurant und einer Hotelbar.
Stationsweg 4
Tel. 0 58 / 2 12 62 41
8911 AG Leeuwarden
www.oranjehotelleeuwarden.com

Wohin in Leeuwarden?

Shoppen wie zu Omas Zeiten

Innenstadt

Im Zentrum der sternförmig von Grachten umgebenen Innenstadt liegt eine weitere Gracht, an deren Ufern sich das Leben abspielt. Hübsche kleine Geschäfte laden zum Shopping ein und Cafés mit sonnigen Terrassen zu einer Kaffeepause. Ebenfalls an der Gracht steht die von 1595 bis 1598 erbaute **alte Waage** im Renaissancestil. Am besten lassen sich die Grachten während einer **Praamvaart**, einer Bootsfahrt mit einer Prahmfähre, erkunden, die an der Nieuwestad startet.
Von der Nieuwestad zweigt der Nieuwesteeg ab, in dem das kleine **Museum De Grutterswinkel** liegt. In dem historischen Tante-Emma-Laden sieht alles noch genauso aus, wie im letzten Jahrhundert: Es gibt Zuckerstangen zu kaufen, man kann im Obergeschoss den Alkoven bestaunen und in der guten Stube einen Kaffee mit dem typisch Leeuwardener Gebäck namens »Oranjekoek« essen.
Museum De Grutterswinkel: Nieuwesteeg 5 | Di. – Sa. 10 – 17 Uhr | Eintritt frei, Ausstellung im Obergeschoss: 2,50 € | https://grutterswinkel-leeuwarden.nl

Nachts im Stadtpalast

Het Hof

Vom Waagplein führt die St. Jacobsstraat in nördlicher Richtung zum Hofplein, dessen markantestes Gebäude, Het Stadhouderlijk Hof, im späten 16. Jh. Residenz der Statthalter und später Amtswohnung des königlichen Kommissars war. Da dieser jedoch die Wohnung nicht in Anspruch nahm, übernahm die Stadtverwaltung die Räumlichkeiten. Heute befindet sich ein Hotel in dem Stadtpalast.

URBILD DER SPIONIN

Sie steht als Symbol für Schönheit, Erotik, Geheimnis und Intrige und gilt als Urbild des bösen, verführerischen Weibes. Tatsächlich verstand sie es meisterhaft, ihr Leben zu steuern und eine Legende aufzubauen. Doch hat Mata Hari, die bekannteste Spionin der Geschichte, tatsächlich spioniert?

Geboren wurde die mutmaßliche Spionin Mata Hari 1876 unter dem Namen **Margaretha Geertruida Zelle** als Tochter eines wohlhabenden Hutmachers in Leeuwarden. Mit 18 Jahren verließ sie die beengten Verhältnisse ihrer kleinen Heimatstadt und heiratete den 20 Jahre älteren Offizier John MacLeod, einen Niederländer schottischer Abstammung, mit dem sie mehrere Jahre im niederländischen Überseegebiet Java verbrachte. Sie gebar einen Sohn, der bald starb (wohl vom Kindermädchen vergiftet), und eine Tochter. Doch die Ehe war nicht glücklich, und zu Beginn des 20. Jh.s kehrte sie nach Europa zurück. Die Tochter blieb beim Vater.

Exotische Tänzerin

Die Scheidung wurde für Margaretha MacLeod zum Beginn einer erstaunlichen Karriere als Tänzerin und großen Kurtisane, getreu ihrem Grundsatz

» Man muss die schönen und gloriosen Augenblicke ausleben. Besser ein kurzes und intensives Leben, als sich mit einem Alter ohne Schönheit plagen. «

Erfolgreich baute sie ihre indonesische Legende auf und schuf »Mata Hari« (Auge des Morgens = Sonne), die fortan als Markenzeichen für weibliche Verruchtheit dienen sollte. Unter diesem Namen trat sie in Amsterdam, Berlin, Paris und Wien auf und feierte mit ihren fernöstlichen Tänzen, die sie auf Java gelernt hatte, rauschende Erfolge, nicht zuletzt auch wegen ihrer Nacktdarbietungen.

H 21

Doch Mata Hari war nicht nur eine exotische und erotische Tänzerin, sie hatte auch **zahlreiche Liebschaften** mit Reichen und Mächtigen, mit Adligen, Staatsmännern und Militärs. Der **deutsche Geheimdienst** konnte sie schließlich als Agentin »H 21« für Spionage gewinnen, und dank ihres Charmes und ihrer Koketterie gelang es ihr wohl, vertrauliche Informationen in Erfahrung zu bringen und diese an die Deutschen weiterzuleiten. Als 1914 der Erste Weltkrieg ausbrach, versuchte der französische Geheimdienst, die einflussreiche Tänzerin für seine Zwecke zu gewinnen. Ob Mata Hari tatsächlich Doppelspionage betrieb bzw. ob sie überhaupt spionierte, ist nicht eindeutig geklärt. Tatsache ist, dass sie mit mächtigen Vertretern der beiden Krieg führenden Länder Deutschland und Frankreich gesehen wurde. Das Spiel begann, gefährlich zu werden.
1917 wurde Mata Hari unter dem Verdacht der Spionage für das Deutsche Reich und verantwortlich für den Tod Tausender französischer Soldaten in Paris verhaftet. Monatelang musste sie sich Verhören unterziehen, bei denen sie stets ihre Unschuld beteuerte.

Doch das französische Gericht war von ihrer Schuld überzeugt. Obwohl **kein Beweis für Spionage** vorlag, verurteilte es sie nach nur kurzer Beratungszeit zum Tode durch Erschießen. Als sie im Morgengrauen des 15. Oktober 1917 zum Hinrichtungsplatz geführt wurde, zeigte sie außergewöhnliche Courage. Sie ließ sich nicht an einen Pfahl anbinden, auch eine Augenbinde lehnte sie strikt ab. So starb sie Auge in Auge mit dem Exekutionskommando.

Mata Hari – die berühmteste und wohl auch hübscheste Spionin aller Zeiten.

Mysteriös

Mata Hari war mit Sicherheit die schönste Spionin, die die Welt je gesehen hat. Mit ihrem glamourösen Leben und ihrem gewaltsamen Tod ist sie in die Geschichte eingegangen. Mysteriös, ja unverständlich bleibt, dass die Tänzerin, die es verstand, ihr Leben aktiv zu steuern und ihre indische Legende geschickt aufzubauen, nicht begriff, in welch große Gefahr sie sich mit ihren Kontakten brachte. In ihrem letzten Brief an die Richter schrieb sie, sie fühle sich missverstanden. Schließlich komme sie von auswärts.

» Ich bin eine Holländerin aus dem Norden. Aus Friesland … «

Mata Hari Nr. 2 ?

Während des Koreakriegs stellten die Nordkoreaner im Jahr 1950 eine Javanerin niederländischer Herkunft wegen Spionage für die USA und die Vereinten Nationen vor Gericht und verurteilten sie zum Tode. Ihr Name: **Banda MacLeod**. Es kam nun die Vermutung auf, diese Banda, die wie Mata Hari durch Erschießen hingerichtet wurde, sei deren Tochter gewesen. Während die Existenz einer weiblichen Spionin namens Banda nicht geleugnet werden kann, bestehen jedoch Zweifel daran, dass diese Mata Haris Tochter war. Bei Banda soll es sich um eine junge Frau gehandelt haben – die Tochter von Mata Hari wäre zum Zeitpunkt ihrer Hinrichtung allerdings schon um die fünfzig Jahre alt gewesen.

Den Blick nach oben

Stadhuis

Gegenüber vom Stadhouderlijk Hof befindet sich das **Rathaus** am Hofplein. Dieses klassizistische Barockgebäude wurde im Jahr 1715 auf den Fundamenten eines Wohnhauses errichtet. Um 1760 erhielt das Rathaus einen neuen Flügel. Wer einen Blick in den Eingangsbereich erhaschen kann, der sieht dort an der Decke die **Abbildungen der berühmten Söhne und Töchter der Stadt**: u.a. Mata Hari, M.C. Escher und Titia Bergsma. Letztere war die erste Europäerin, die Japan bereiste (1817). Sie folgte ihrem Mann, der eine niederländische Handelsvertretung führte. Lange durfte sie nicht bleiben, denn westliche Frauen waren damals in Japan unerwünscht. Dennoch inspirierte sie durch ihre hohe Gestalt und die blonden Haare viele japanische Künstler, die Millionen von Vasen und Tellern mit ihrem Antlitz schmückten. Vor dem Rathaus steht ein **Denkmal** des Grafen Wilhelm Ludwig von Nassau-Dietz († 1620), des Statthalters von Friesland.

Wo die berühmte Spionin zur Welt kam

Geburtshaus der Mata Hari

Mata Haris Geburtshaus steht im Zentrum der Stadt an der Gracht De Kelders, Hausnummer 33. Davor erinnert eine **Skulptur** von Suze Boschma-Berkhout an die berühmteste Tochter der Stadt.

Kostbare Sammlungen

★ Museum Het Princessehof

In einem stattlichen Adelshaus aus dem 17./18. Jh. und in benachbarten Gebäuden zeigt das Museum Het Princessehof seine Ausstellungsstücke. Im Haus Nr. 15 wohnte einst Prinzessin Maria Louise, Landgräfin von Hessen-Kassel (1688 – 1765) und Witwe des Statthalters Johan Willem Friso. Die Museumsbestände gehen zurück auf die Sammlung des Notars Nanne Ottema (1874 – 1955), eines Kenners der chinesischen Keramik, und umfassen eine große Vielfalt von **Keramikkunstwerken** unterschiedlicher Stilrichtungen und Techniken, etwa aus Ostasien, Korea und Japan. Bedeutend sind auch die Fayence-Kacheln aus Japan, China und Südostasien, Jugendstil-Keramik (Rozenburger Eierschalen-Porzellan) sowie zeitgenössische Töpferkunst. Weiterhin ist im Museum das original erhaltene **Esszimmer der Prinzessin** zu sehen; der Tisch ist noch mit wertvollem Porzellan eingedeckt und die Wände sind mit Blattgold verziert.

Grote Kerkstraat 11 | Di. - So. 11 - 17 Uhr | Eintritt: 15 € | www.princessehof.nl

Krumm und schief

Oldehove Toren

Die Grote Kerkstraat mündet westlich auf den Oldehoofster Kerkhof, einen großen Platz, an dessen Westseite der unvollendete Kirchturm **Oldehove** steht. Von der Spitze dieses 1598 errichteten, 40 m hohen, etwas geneigten Backsteinturms genießt man eine weite Aussicht. Die Kirche, für die der Turm vorgesehen war, konnte wegen des schwachen Untergrunds nicht gebaut werden. Der lehmige Boden ist

Das Fries Museum zeigt auch zeitgenössische Kunst: Die »Pyramide von Makkum« (2008) ist eine Interpretation der friesischen Tulpenvasen aus dem 17./18. Jh.

der Grund dafür, dass der Oldehove ganze 1,5 m aus dem Lot hängt. Der Baumeister versuchte, dies auszugleichen, in dem er den Turm ab einer Höhe von 10 m gerade weiterbaute. So ist der Oldehove, der ursprünglich 100 m hoch werden sollte, nicht nur schief, sondern auch in sich krumm.

Turmbesteigung: April – Ende Okt. tgl. 13 – 17 Uhr | Eintritt: 3,50 €

In Gedenken an die Leeuwardener Juden

Jacobijnerkerk

Auf dem Jacobijnerkerkhof erhebt sich die Jacobijnerkerk (oder auch Grote Kerk), die ihr jetziges Aussehen im 15. Jh. erhielt. Sie entstand ursprünglich als Klosterkirche der Dominikaner im 13. Jh. Der Chor dient seit der Reformationszeit als **Grabstätte der friesischen Nassauer**. Seine Wände sind mit den Wappen und Namen der hier Beigesetzten geschmückt. Der Chor wurde 1795 von der französischen Besatzungsmacht beschädigt und erst 1948 restauriert. An der Südseite des Chors gewährte das 1663 gebaute Oranjepoortje den Mitgliedern des Königshauses Einlass: Der Orangenbaum ist nämlich Symbol des Fürstenhauses Nassau-Oranien (französisch: Orange). Neben der Kirche befinden sich Überreste eines alten **Kreuzganges** mit Kreuzgewölben (15. Jh.). Auf dem Platz vor der Kirche stehen eine **»Klagemauer«** mit Textfragmenten und ein **Monument** als Gedenken an das Schicksal der Leeuwardener Juden. Von den ursprünglich 665 Mitgliedern der jüdischen Gemeinde kehrten nach dem Zweiten Weltkrieg nur noch 55 aus den Konzentrationslagern zurück.

Einer der bedeutendsten Bauten von Pierre Cuypers

St. Bonifatiuskerk

Vom Turfmarkt kommen Sie über den Tuinen zur Voorstreek mit der St. Bonifatiuskerk, die von Pierre Cuypers im neugotischen Stil entworfen und von 1882 bis 1884 errichtet wurde. Nachdem 1976 ein schwerer Sturm die Turmspitze stark beschädigte, wurde sie 1980 wieder errichtet.

Friesisches Juwel

★ Fries Museum

Auf dem Wilhelmaplein im Süden der Stadt befindet sich das 1881 gegründete **Friesische Museum** (▶ Abb. S. 275). Dieses bedeutendste Provinzialmuseum der Niederlande ist der friesischen Kulturgeschichte von der Vorzeit bis zum 19. Jh. gewidmet, zeigt aber auch moderne Kunstwerke. Seine reiche Sammlung umfasst u. a. friesische Silberschmiedekunst aus dem 17./18. Jh., Fayencen aus Hindeloopen und Makkum, friesische Trachten, Zeichnungen und den Silberschatz aus dem Poptaschloss in Marssum (▶ unten).
Im selben Gebäude ist auch das **Verzetsmuseum** (Widerstandsmuseum) untergebracht, das über die Zeit während der deutschen Besatzung im Zweiten Weltkrieg informiert.

Wilhelmaplein 92 | Di. - So. 11 - 17 Uhr | Eintritt: 15 € | www.friesmuseum.nl

Rund um Leeuwarden

Silber, Möbel und ein Schloss

Marssum

Etwa 5 km westlich von Leeuwarden folgt das schön gelegene Dorf Marssum mit dem Landgut **Heringa State**. Es wurde in der ersten Hälfte des 16. Jh.s von der Familie Heringa erstanden und 1687 vom Advokaten Henricus Popta († 1712) gekauft, daher auch der Name **Poptaschloss**. Popta ließ das im Fries Museum von Leeuwarden ausgestellte Poptasilber anfertigen. Das gut erhaltene Schloss liegt in einem schönen Garten an einer Gracht und ist mit Türmen und Giebeln reich versehen. Das in ursprünglicher Einrichtung bewahrte Innere mit alten Möbeln und friesischem Silber können Sie besichtigen.

Slotlaene 1 | Juli u. Aug. Mo. - Sa. 11 - 17 Uhr | Eintritt: 7,50 € | www.poptaslot.nl

Hier gab Rembrandt sein Ja-Wort

St. Annaparochie

15 km nordwestlich von Leeuwarden liegt das Dorf St. Annaparochie im fruchtbaren Polderland Het Bildt, das im 16. Jh. von Niederländern – nicht von Friesen – urbar gemacht wurde und in dem man heute noch **kein Friesisch** spricht. In der Dorfkirche wurden am 2. Juli 1634 Rembrandt van Rijn (1606 – 1669) und Saskia van Uylenburgh getraut.

★★ LEIDEN

Provinz: Zuid-Holland | **Einwohnerzahl:** 127 100

Wenn Beatrix, die spätere Königin der Niederlande, und auch ihr Sohn Willem-Alexander hier studierten, dann bedeutet das: Diese Stadt besitzt eine der renommiertesten Universitäten des Landes. Und wenn der Kronprinz auch noch das Schloss verlässt, um eine Studentenwohnung an der Gracht Rapenburg zu beziehen, dann scheint dieser Ort auch noch besonders schön zu sein. Tatsächlich gehört Leiden zu den ältesten und qua Einwohnern jüngsten, zu den idyllischsten, aber auch lebhaftesten Städten des Landes.

Universitätsstadt und Kulturzentrum

Leiden, eine der ältesten Städte der Niederlande, liegt in der Provinz Südholland am Alten Rhein, dessen stille Wasser die Stadt kanalartig durchfließen. Die Stadt gehört zu den bedeutendsten Kulturzentren des Landes. Neben der Universität mit ihrer umfangreichen Bibliothek befinden sich noch weitere Forschungseinrichtungen in der Stadt, so z. B. das Rijksherbarium mit wissenschaftlichen Sammlungen von getrockneten Pflanzen, die Gesellschaft für Niederländische Literatur oder das Königliche Institut für Sprach-, Länder- und Völkerkunde (Koninklijk Instituut voor Taal-, Land- en Volkenkunde). Nicht zuletzt deshalb tragen viele Häuserfassaden der Stadt inzwischen über 100 »Muur-gedichte« in verschiedenen Sprachen https://muurgedichten.nl). Die größten Gelehrten ihrer Zeit wirkten hier: der klassische Philologe Joseph Justus Scaliger († 1609), der Völkerrechtler Hugo Grotius († 1645), der Mathematiker und Physiker Christian Huygens, der Philosoph Descartes und im 18. Jh. der Arzt Herman Boerhaave, der den Ruhm der medizinischen Fakultät begründete. Noch heute ist die Leidener Universität die berühmteste des Landes.
Aus Leiden stammen auch viele Maler des 16. und 17. Jh.s, darunter Lucas van Leyden, Rembrandt van Rijn, Jan Steen, Gerard Dou, Gabriel Metsu, Jan van Goyen, Frans van Mieris sowie Willem van de Velde. d. Ä. und d. J.

Mutiges Leiden

Geschichte

Leiden geht auf eine alte Siedlung zurück, die in römischer Zeit Lugdunum Batavorum hieß. Im 11. Jahrhundert bauten die Grafen von Holland beim Zusammenfluss des Alten und des Neuen Rheins eine Burg auf einer Warft. Die mittelalterliche Siedlung Leythen bekam im Jahr 1266 die Stadtrechte verliehen. Sie entwickelte sich im 14. und 15. Jahrhundert zum Mittelpunkt der niederländischen Weberei. Durch zahlreiche Überschwemmungen und Epidemien ging die Tuchproduktion in der Folgezeit jedoch drastisch zurück.

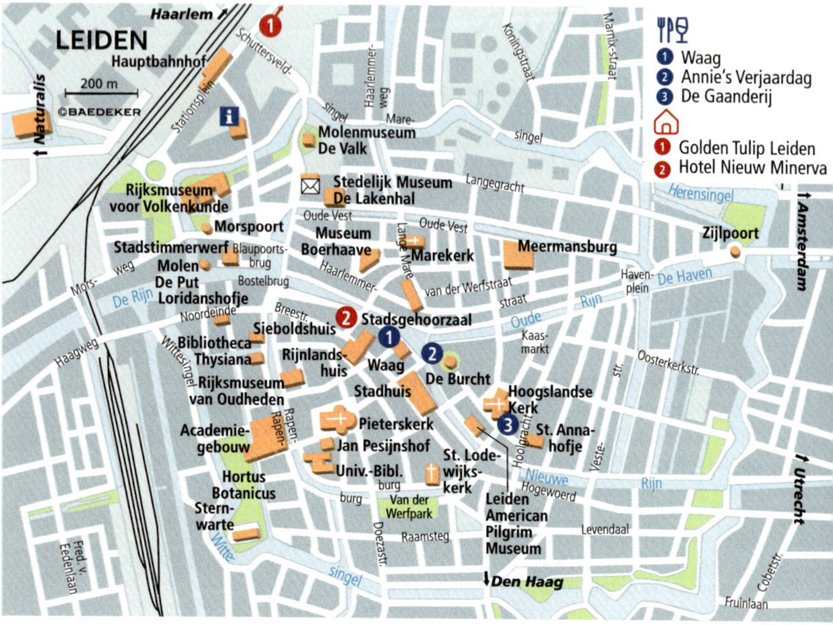

LEIDEN ERLEBEN

VVV LEIDEN
Stationsweg 26
NL-2312 AV Leiden
Tel. 0 71 / 5 16 60 00
www.visitleiden.nl
Mo. – Fr. 8 – 18, Sa. 10 – 16,
So. 11 – 15 Uhr

1 WAAG €€
Im historischen Gemäuer der alten Stadtwaage im Zentrum Leidens ist ein modernes Restaurant eingerichtet, das niederländische Küche serviert.
Aalmarkt 21
0 71 / 7 40 03 00
https://waagleiden.nl

2 ANNIE'S VERJAARDAG €€
»Annies Geburtstag«: eine holländische Ausrede für Zuspätkommende. Gemütliches Lokal am Zusammenfluss von Oude und Nieuwe Rijn.
Hoogstraat 1a
Tel. 0 71 / 5 12 57 37
www.annies.nu

3 DE GAANDERIJ €€€
Empfehlenswertes Restaurant in der Altstadt mit einer schönen klassischen Einrichtung. Serviert werden internationale Gerichte. Zum Restaurant gehört auch eine nette Bar.
Nieuwstraat 32

Tel. 0 71 / 5 13 37 28
www.branderij.nl
Mo. geschl.

❶ GOLDEN TULIP LEIDEN €€
Modernes Haus (103 Zi.) mit anheimelnder Atmosphäre und angenehmem Service. Zum Hotel gehört das Restaurant Rubens mit frischer, saisonaler Küche.
Schipholweg 3
NL-2316 XB Leiden
Tel. 0 71 / 4 08 35 00
www.goldentulipleidencentre.nl

❷ HOTEL NIEUW MINERVA €€
Das zentral an einem Rheinarm gelegene Hotel (90 B.) wurde in nicht weniger als sechs nebeneinanderstehenden Grachtenhäusern aus dem 16. Jahrhundert im alten niederländischen Stil eingerichtet.
Boommarkt 23
NL-3211 EA Leiden
Tel. 0 71 / 5 12 63 58
www.nieuwminerva.nl

Im 16. Jh. wurde Leiden bekannt, als eine Belagerung der Stadt durch die Spanier (1573 – 1574) erfolgreich abgewehrt wurde, weil Wilhelm der Schweiger die Deiche Südhollands durchstechen ließ. Der Überlieferung zufolge hatten die Bürger als Belohnung für die tapfere Verteidigung die Wahl zwischen einer Abgabenfreiheit oder der Errichtung einer Hochschule; jedenfalls fällt die Gründung der ersten Universität des Landes, die bald in ganz Europa einen klingenden Namen hatte, in das Jahr 1575.

Wohin in Leiden?

Charakteristisch ...

... für Leiden sind die Hofjes, 35 meist im 16. und 17. Jh. erbaute Alterswohnsitze zu je 10 bis 30 Häuschen, meist in privater Hand. Hofjes

Als Ausgangspunkt für einen Stadtrundgang ...

... bietet sich das **Mühlenmuseum** De Valk an, eines der 12 Museen der Stadt, unweit des Hauptbahnhofs gelegen. Die siebenstöckige, steinerne Getreidemühle von 1743 steht auf einer Anhöhe und war Teil der Stadtverteidigung. Seit dem 17. Jh. standen auf diesem Wall 19 Windmühlen – im Stadtgebiet gab es insgesamt 30 Mühlen. Zu sehen sind im Museum die Wohnung, Werkstatt und Schmiede des Müllers. Molenmuseum De Valk

2e Binnenvestgracht 1 | Di. – Sa. 10 – 17, So. 13 – 17 Uhr | Eintritt: 5,50 € | https://molenmuseumdevalk.nl

Die Mühle von Rembrandts Opa

Von dieser Mühle kommen Sie in südlicher Richtung über den Nieuwe Beestenmarkt und die Turfmarktsbrug zum Turfmarkt. Rechts liegt die Blauwspoortsbrug, die bis 1610 im nordwestlichen Teil der Befestigungsanlage als **Stadttor** diente. Am Ende der Morsstraat Blauwspoortsbrug, Morspoort, Molen De Put

Windstille in Leiden: Die Mühle »De Put« am Galgewater gönnt sich eine Pause.

steht der schöne Morspoort mit Zugbrücke, eines der zwei übrig gebliebenen **Festungstore** von 1669. Vor dem Tor gelangen Sie links zum Gelände der ehemaligen Morspoort-Kaserne mit der Mühle De Put. Sie wurde nach dem Vorbild einer alten Mühle von 1640 rekonstruiert, die Rembrandts Großvater gehörte.

Auf den Spuren des Meisters

Stadstimmerwerf

Wenn man den Rhein, hier Galgewater genannt, überquert, sieht man links die Stadstimmerwerf (**Stadtzimmerei**), eine historische Werkstatt der städtischen Zimmerleute von 1612. Rechts kommen Sie zum Weddesteeg, an dem 1606 das **Geburtshaus Rembrandts** stand. Eine Gedenktafel erinnert daran. Am Ende der Straße gelangen Sie über die Noordeinde zum Witte Singel mit einer Bronzebüste des Künstlers.

So schön kann eine Studentenwohnung sein ...

Loridanshofje

Vom Weddesteeg geht man links in die Noordeinde, dann rechts auf den Oude Varkensmarkt mit dem Pieter Loridanshofje (Nr. 1), das 1655 von dem reichen Wollfärber Pieter Loridan gestiftet und zwei Jahre später fertiggestellt wurde. Viele Jahre bewohnten alte, aus

Belgien und Frankreich geflüchtete Menschen diese Häuser, heute sind es Studenten.

Vom Freudenhaus zur Lehranstalt

Weiter geht es zur Groenhazengracht (Freudenmädchen, die hier wohnten, hießen früher Grüne Häschen) mit einem Tor auf der gegenüberliegenden Seite, das eine Skulptur des St. Joris mit dem Drachen zeigt. Seit 1645 bildet es den Zugang zur Doelenkaserne mit dem ehemaligen Arsenal, heute **Universitätsgebäude**. St.-Joris-Tor

Romantische Gracht mit berühmten Bewohnern

★★ Gracht Rapenburg

Am Ende der Groenhazengracht kommen Sie rechts zur Gracht Rapenburg, der ältesten und einer der größten der Niederlande; es heißt, dass sie die schönste Gracht Europas sei. Hier befindet sich die **Bibliotheca Thysiana** (Rapenburg 8) in einem Gebäude, das 1655 von Arent van 's Gravenzande errichtet wurde. Im Haus Nr. 31 wohnte im 18. Jh. der berühmte Arzt Boerhaave. Und auch König Willem-Alexander wohnte in seiner Studentenzeit hier wie auch seine Mutter Beatrix, als sie in Leiden studierte (▶ Abb. S. 289).

Das Schönste aus Japan

An der Rapenburg steht das Sieboldhuis mit dem **Japanmuseum**. Gezeigt werden hier Exponate, die Philipp Franz Balthasar von Siebold (1799 – 1866), ein deutscher Arzt, zwischen 1823 und 1830 während seines Aufenthaltes auf der künstlich angelegten Insel Deshima, dem niederländischen Handelsposten vor der japanischen Küste in der Nähe von Nagasaki, sammelte. Zu sehen sind in dem Museum auch zeitgenössische japanische Kunstwerke. Sieboldhuis

Rapenburg 19 | Di. – So. 10 – 17 Uhr | Eintritt: 10 € | www.sieboldhuis.org

Pharaonen, Götter und Krieger

★ Rijksmuseum van Oudheden

An der gegenüberliegenden Seite erhebt sich das 1818 gegründete **Reichsmuseum** für Archäologie mit einer reichhaltigen Sammlung griechischer, etruskischer und römischer Skulpturen, einer Sammlung antiker Vasen und Kleinkunst sowie einem großen Bestand an ägyptischen Altertümern und prähistorischen nebst römischen Funden vor allem aus den Niederlanden. Im Innenhof steht der ehemalige **nubische Tempel von Taffeh**, ein Geschenk des damaligen ägyptischen Präsidenten Mohammed Anwar as-Sadat als Dank für die Mithilfe bei der Rettung der historischen Bauten am Nil.

Rapenburg 28 | tägl. 10 – 17 Uhr | Eintritt: 14 € | www.rmo.nl

Schönstes Hofje der Stadt

Eva van Hoogeveenhofje

Im Doelensteeg (Nr. 7), einer Seitenstraße der Rapenburg, liegt das Eva van Hoogeveenhofje aus dem 17. Jahrhundert. Dieses wohl

Tausende Jahre alt, und dennoch hat dieser ägyptische Goldschmuck im Rijksmuseum nichts an Strahlkraft verloren.

schönste Hofje von Leiden besticht durch die Fassade, das Muster im Straßenpflaster und die Wasserpumpe. Von der Doelengracht gelangen Sie über einen Seiteneingang zum Regentenzimmer. Das Hofje ist tagsüber frei zugänglich.

Universität von Weltrang

Academiegebouw

Am linken Ufer der Rapenburggracht, unweit östlich der St. Pieterskerk (▶ unten), befindet sich das **Hauptgebäude der Universität**, deren medizinische und naturwissenschaftliche Fakultäten seit Jahrhunderten Weltruf genießen. Das Universitätsrektorat ist seit 1581 in der einstigen Kapelle des Klosters der Weißen Nonnen untergebracht. Das **Academisch Historisch Museum**, das Universitätsmuseum im Untergeschoss des Academiegebouw, gibt Aufschluss über die Geschichte der Universität.

Rapenburg 73 | www.historie.leidenuniv.nl

Academisch Historisch Museum: Besichtigung nur mit Führung nach Vereinbarung

Wo Carolus Clusius die ersten Tulpen Europas züchtete ...

★ Hortus Botanicus

Hinter der Universität erstreckt sich der bereits 1590 angelegte **Botanische Garten**, nicht nur bei Studenten ein beliebter Ort zur Erholung und Entspannung. Von hier kommen Sie über den Nonnensteeg zur Binnenvestgracht mit dem Clusiustuin, einer Rekonstruktion des ersten systematisch angelegten Botanischen Gartens, der ursprüng-

lich direkt hinter dem Universitätsgebäude lag. Auf der anderen Seite der Gracht sehen Sie die alte Sternwarte (Sterrenwacht).
Rapenburg 73 | April – Sept. tgl. 9 – 18, Okt. – März tgl. 10 –17 Uhr | Eintritt: 8,50 € | www.hortusleiden.nl

Auf Trümmern angelegt

Van der Werfpark

In dem kleinen Van der Werfpark steht ein Denkmal des Leidener Bürgermeisters Van der Werf aus der Zeit der spanischen Belagerung. Durch die Explosion eines Munitionsschiffes, das entgegen der Vorschrift im Stadtzentrum am Kai lag, wurde 1807 ein Teil des Zentrums völlig verwüstet; 160 Menschen kamen ums Leben, über 2 000 wurden verletzt. Auf den Trümmern legte man einen schönen **Stadtpark** an.

Wohnhaus des bekannten Puritaners

Jan Pesijnshof

Über den Pieterskerkhof gelangen Sie zum Kloksteeg. Haus Nr. 21 ist das von Jean Pesijn 1683 gestiftete Jean Pesijnshofje. Hier stand vorher das Haus De Groene Poort, in dem **John Robinson**, das geistliche Haupt der Pilgrim Fathers – diese brachen 1620 mit der »Mayflower« in die Neue Welt auf, er selbst nahm an der historischen Pilgerfahrt nicht teil – bis zu seinem Tod 1625 wohnte.

Leiden und die »Pilgrim Fathers«

St. Pieterskerk

Unweit westlich vom Rathaus befindet sich die altertümliche Pieterskerk, wo alljährlich am 3. Oktober eine Feierstunde zum Gedenken an die Befreiung Leidens von der spanischen Besatzung stattfindet. Die Grundmauern der spätgotischen Kreuzbasilika gehen auf das Jahr 1121 zurück; Anfang des 13. Jh.s begann Rutger van Kampen eine neue und größere Kirche zu bauen. Der Chor wurde 1339, das fünfschiffige Langhaus in der zweiten Hälfte des 14. Jh.s fertiggestellt. Im Inneren sind verschiedene Wandgräber verdienter Professoren sowie in einer Seitenkapelle das **Grab John Robinsons** besonders sehenswert. Letzterer gründete 1611 in Leiden die erste Gemeinde der Independenten, der aus England vertriebenen Puritaner. Da die Kirchengemeinde immer mehr schrumpfte, steht die Kirche nun **öffentlichen Veranstaltungen** zur Verfügung. Hier finden nicht nur Prüfungen der Universität und anderer Schulen statt, sondern auch Messen und Ausstellungen.
Eine Tasse Tee in dem schönen **Café** mit Bleiglasfenstern rundet den Kirchenbesuch ab.
Kloksteeg 16 | tgl. 11 – 18 Uhr | www.pieterskerk.com

Studenten statt Gefangene

Gravensteen

Schräg gegenüber der Kirche erblickt man die klassizistische Fassade des Gravensteen, zuerst gräfliches, ab 1463 städtisches **Gefängnis** und heute Sitz der juristischen Fakultät. Die ältesten Bauteile sind die beiden Türme aus dem 13. Jahrhundert. 1853 wurde auf dem Vorplatz des Gravensteen letztmals ein Mörder hingerichtet.

Wo Rembrandt die Schulbank drückte

Latijnse School

An der Ecke Lokhorststraat/Schoolstraat erhebt sich das Gebäude der Lateinschule aus dem Jahr von 1599 mit beeindruckendem Stufengiebel und rot-weißen Fensterläden. Ihr wohl berühmtester Schüler war **Rembrandt van Rijn**, der hier zwischen 1614 und 1620 Unterricht nahm.

Shoppingvergnügen zwischen Giebelhäusern

Breestraat

Über den Diefsteeg gelangen Sie in die Breestraat, die breite **Hauptgeschäftsstraße** von Leiden, die mit ihrer Fortsetzung, dem Noordeinde im Westen und dem Hogewoerd im Osten, in einem s-förmigen Bogen die Stadt durchzieht. Sie wird von schönen Giebelhäusern im niederländischen Renaissance- und Barockstil gesäumt.

Wiegen und essen

Waag

Über den Mandenmakerssteeg erreicht man den Aalmarkt mit dem 1658 von Pieter Post errichteten Gebäude der Stadtwaage. Sehenswert ist der Giebel mit einem Bildhauerwerk von Rombout Verhulst. Die Waage wird heute als Restaurant benutzt.

Der Mittelpunkt der Stadt

Blauwe Steen

Von der Visbrug führt der Maarsmansteeg südwestlich zur Breestraat. Im Pflaster der Breestraat, an der Kreuzung mit dem Pieterskerkkoorsteeg und dem Meermanssteeg, befindet sich ein großer, sechseckiger, **blauer Stein**. Im Jahr 1321 kennzeichnete er den Stadtmittelpunkt. Hier wurden im Mittelalter die vom Stadtrat verhängten Urteile vollstreckt, während die vom Grafen verhängten Strafen vor dem Gravensteen ausgeführt wurden; hier verbrannte man auch öffentlich die für untauglich befundenen Tuchwaren.

Gute Nachrichten vom Rufstuhl

Stadhuis

Im südlichen Teil der Breestraat steht schon seit dem Mittelalter das **Rathaus**. Im Jahr 1597 wurde der alte gotische Giebel durch eine von Lieven de Key entworfene Renaissancefassade ersetzt. Bei dem Brand vom 12. Februar 1929 blieb nur die Fassade – allerdings schwer beschädigt – erhalten. Links von der Treppe befindet sich der sogenannte **Roepstoel** (Rufstuhl). Von hier verkündete der Gemeindesekretär Jan von Hout am 3. Oktober 1574 die Flucht der Spanier und das Ende der Belagerung.

Wo am Mittwoch und Samstag der Markt stattfindet

Vismarkt

Hinter dem Rathaus mit dem Stadhuisplein liegt der Vismarkt. Hier sehen Sie einen Springbrunnen mit quadratischen Hartsteintafeln, auf denen Fische gesäubert wurden. Dann folgt die von 1440 stammende Korenbrug (Kornbrücke). Da jedoch hier früher mit Getreide gehandelt wurde, nennen die Leidener sie **Korenbeursbrug** (Kornbörsenbrücke). Die Überdachung wurde erst im Jahr 1825 angebracht.

Schöne Aussichten

De Burcht

Durch den Burgsteeg gelangen Sie zur **Burg** (De Burcht), die nur aus einer runden Schutzmauer besteht. Um 1150 wurde bei dem Zusammenfluss der beiden Rheinarme Oude und Nieuwe Rijn ein 12 m hoher Sandhügel aufgeworfen, der als Zuflucht bei Hochwasser dienen sollte. Eine Ringmauer mit einem Durchmesser von ca. 35 m, zwei Grachten, eine am Fuße des Hügels, die andere etwas weiter entfernt (die inzwischen zugeschüttete Hooglandse Kerkgracht), und später ein Wehrgang dienten zudem als Schutz. Im 17. Jh. errichtete man ein neues Tor mit den Wappen der Bürgermeister, die zwischen 1651 und 1764 Burggrafen waren. Von der Burg haben Sie einen schönen Rundblick.

Unvollendet schön

Hooglandse Kerk (St. Pancraskerk)

Weiter südlich erhebt sich die schöne Hooglandse Kerk, auch St. Pancraskerk, die 1315 als Holzkirche erbaut worden war. Im Jahr 1377 errichtete man dann eine Kirche aus Stein, die bis zum 16. Jh., als die Blütezeit des Katholizismus zu Ende ging, mehrmals umgebaut, jedoch nie vollendet wurde. Böse Zungen behaupteten, dass die Bauarbeiter an anderer Stelle mehr verdient hätten und sich somit nicht am Weiterbau beteiligen wollten. So ist das Mittelschiff viel niedriger als das Querschiff und der Chor. Der niedrige, in das Mittelschiff eingelassene Turm von 1400 blieb unverändert. Im weiträumigen Inneren der Hooglandse Kerk befinden sich unter der Vierung der Grabstein des Bürgermeisters Van der Werf († 1604), des Verteidigers der Stadt bei der Belagerung von 1574, im Chor das Doppelgrab des Admirals Justinus von Nassau († 1630) und seiner Frau.

Mai – Sept. Di. – Sa. 11 – 16 Uhr | https://hooglandsekerk.com

Von Leiden aus in die »Neue Welt«

Leiden American Pilgrim Museum

Neben der Hooglandse Kerk befindet sich das Leiden American Pilgrim Museum, ein **Dokumentationszentrum über die Pilgerväter**, die sich zwischen 1609 und 1620 in Leiden niederließen. Diese Protestanten, die aus England geflohen waren, da sie sich von der anglikanischen Kirche losgesagt hatten, brachen von den Niederlanden nach Nordamerika auf.

Beschuitsteeg 9 | Do. – Sa. 13 – 17 Uhr | Eintritt: 9,50 € | https://leidenamericanpilgrimmuseum.org

Das beste Versteck vor dem Bildersturm

Sint Annahofje

Durch die Nieuwstraat kommen Sie auf die Hooigracht, dann auf den Nieuwe Rijn und die Middelstegracht. Hier liegt das Sint Annahofje

BAEDEKER ÜBERRASCHENDES

6x EINFACH UNBEZAHLBAR

Erlebnisse, die für Geld nicht zu bekommen sind

1. WINDIGE GESELLEN

Die schönsten Windmühlen stehen am **Kinderdijk**. An ihnen führt ein öffentlicher Weg entlang, der (noch) kostenlos genutzt werden kann. Nur für den Blick in zwei Museumsmühlen muss man etwas berappen.
(▶ S. 176)

2. DER KLANG DER GLOCKEN

Die Glocken großer Kirchtürme werden regelmäßig bespielt von einem sog. Beiaardier. Mit etwas Glück ist man vor Ort, wenn die Glocken ertönen oder sommerliche Konzerte von den Kirchtürmen erklingen wie im Juli in **Dordrecht** und **Utrecht**.
(▶ S. 169, S. 359)

3. DAS ANDERE UFER

... erreichen Sie mit den Gratisfähren hinter dem Hauptbahnhof. Kreativer Schmelztiegel, hipper Stadtstrand, coole Museumsterrassen – das ist **Amsterdam** Noord!
(▶ S. 95)

4. GESCHENKTER BLUMENZAUBER

Ab aufs Fahrrad und an einem sonnigen Frühlingstag die Wege zwischen **Lisse, Noordwijkerhout und Hillengom** abfahren. Die bunten Blumenteppiche rauben einem den Atem! Bei soviel Blütenpracht kann man sich den benachbarten Keukenhof (fast) sparen.
(▶ S. 112)

5. RIESENPARTY IN ORANGE

Wenn ein ganzes Land feiert, dann muss man dabei sein! Am 27. April verwandelt sich ganz Holland in eine einzige Festmeile. Plastikkrone aufsetzen, raus auf die Straße und mitjubeln!
(▶ S. 486)

6. TOR ZUM GLÜCK

Ganz unscheinbar sind sie, die Türen, die zu den **Hofjes in Leiden** führen. Doch wer sie öffnet, dem bietet sich ein Einblick in eine andere Welt: In kleinen Häusern rund um einen Hofgarten lebt man nach wie vor in einem kleinen Paradies.
(▶ S. 287)

oder Aalmoeshuis (1492 – 1507). Einzigartig bei diesem schönen Hofje ist die **Kapelle**, in der sich der einzige Altar von Leiden befindet, der bei dem Bildersturm von 1566 verschont blieb.

Regen- oder Grundwasser?

Schachtenhofje

Auf der anderen Seite der Gracht (Nr. 27) steht das Schachtenhofje von 1671 mit einem restaurierten Torgebäude. Im Innenhof befindet sich eine **Wasserpumpe** (1730), aus dem einen Kran fließt Regenwasser, aus dem anderen Grundwasser.

Reich verziertes Stadttor

Zijlpoort

Über die Kerkbrug, eine gusseiserne Zugbrücke aus dem 19. Jh., kommen Sie über den Oude Rijn oder die Haarlemmerstraat vorbei am malerischen Hafen zum Zijlpoort, dem zweiten noch erhaltenen Stadttor, errichtet 1667.

Erstes Universitätskrankenhaus der Stadt

Oude Vest

Vom Havenplein geht man die Oude Vest mit den typisch holländischen Fassaden entlang. Die Oude Vest (**Alte Festung**) war zwischen 1355 und 1610 ein Teil des Stadtwalls. Als die Stadt sich weiter ausbreitete, wurde der Wall abgerissen und eine neue Stadtmauer entlang des weiter vom Zentrum gelegenen Singel gebaut.

In der Oude Vest (Nr. 159) liegt das mit 30 Häuschen größte Hofje Leidens: der **Meermansburghof** (1683). Es wurde von Maarten Ruyckhaver Meerman, einem Vorstandsmitglied der Ostindischen Kompanie, gestiftet. Im schönen Regentenzimmer, dem Amtsraum des Heimvorstehers, befinden sich eine wertvolle Sammlung mit alten Porträts und ein Tonpfeifenmuseum (Pijpenkabinet), die allerdings nur nach vorheriger Anmeldung besichtigt werden können.

Weiter westlich sehen Sie an der zugeschütteten Mare (einer ehemaligen Gracht) von Arent van 's-Gravenzande erbaute **Marekerk** (1638 bia 1648), die erste Kirche Leidens, die für reformierte Gottesdienste bestimmt war. Auf dem achteckigen Grundriss erhebt sich ein schmaler Bau mit einer Kuppel. Im Inneren sind die Kanzel (1649) und die Orgel (1733) sehenswert. Etwas weiter entlang der Oude Vest kommen Sie vorbei an der Schouwburg (Stadttheater) in die Vrouwenkerkstraat und zum Viertel De Camp, wo es im Mittelalter mehrere Klöster gab. Rechts liegen die **Boerhaave Zalen**, die im 16. Jh. als Kloster errichtet wurden und später als Krankenhaus für Pest- und Geisteskranke dienten. Da hier u. a. der Arzt Herman Boerhaave dozierte, wird es als das erste Universitätskrankenhaus der Stadt Leiden betrachtet.

Auf Alt folgt Jung

Sint Elisabethsgasthuis

Ecke Caeciliastraat/Lijsbethsteeg stehen die restaurierten Gebäude des Sint Elisabethsgasthuis. Dieses 1428 im Auftrag von Jan Dirk Coenen errichtete Hospital war ursprünglich Wohltätigkeitszwecken gewidmet. Von 1773 bis zur Restaurierung im Jahr 1970 diente es als Wohnhof, danach als Pflegeheim für alte Menschen, heute wird es als **Studentenwohnhaus** genutzt.

Mit Einsteins Füllfederhalter

Museum Boerhaave

Unweit davon steht das Museum Boerhaave, das nach dem bedeutenden niederländischen Arzt und Botaniker Herman Boerhaave (1668 – 1738) benannt ist und über die Geschichte der **Naturwissenschaften und der Heilkunde** informiert. Die Sammlung umfasst u. a. zahlreiche physikalische Geräte, die von der Universität für ihre Forschungen entwickelt wurden, wie eine Kunstniere aus 1943, eine Übungspuppe mit Fötus für Hebammen aus dem späten 18. Jh. sowie der Füllfederhalter von Einstein.

Lange Agnietenstraat 10 | tgl. 10 – 17 Uhr | Eintritt: 14 € | www.museumboerhaave.nl

Bemerkenswertes Kunstmuseum

Museum De Lakenhal

Man überquert die Oude Vest und gelangt zum Städtischen Museum De Lakenhal, eine 1638 bis 1640 erbaute Tuchhalle. Das Museum enthält eine **Gemäldesammlung** mit namhaften Werken des 16. und 17. Jh.s, u. a. von Gerard Dou, Jan van Goyen, Lucas van Leyden, Rembrandt van Rijn und Jan Steen, sowie eine kunstgewerbliche Sammlung. Hinzu kommen regelmäßig Wechselausstellungen mit moderner Kunst.

Oude Singel 28 | Di. – So. 10 – 17 Uhr | Eintritt: 16 € | www.lakenhal.nl

Exponate aus aller Herren Länder

Museum Volkenkunde

Bis 1937 war das 1837 gegründete Museum auf mehrere Gebäude in der Stadt verteilt, dann fand es im ehemaligen Universitätskrankenhaus seine endgültige Heimat. Die ethnografischen Sammlungen stammen aus allen Erdteilen, insbesondere aus Indonesien und Japan. Die ersten japanischen Gegenstände wurden von dem Arzt F. von Siebold gesammelt, der von 1823 bis 1830 in Japan arbeitete.

Steenstraat 1 | Di. – So. 10 – 17 Uhr | Eintritt: 15 € | www.volkenkunde.nl

Ehemaliges Hospital für Pestkranke

Naturalis

Von der Steenstraat kommt man westlich zum Bahnhof und dem 1658 erbauten Pesthuis (Pesthuislaan). Daneben steht der futuristische Bau des **Nationaal Natuurhistorisch Museum** (Naturalis). Zum Bestand des Museums gehören Tiere aus den ehemaligen niederländischen Kolonien das Dinosaurier-Skelett von T. rex Trix, eine Vogelsammlung des in Fachkreisen bekannten Ornithologen Coenraad Jacob Temminck (1778 – 1858) sowie ein reichhaltiges Kabinett für vergleichende Anatomie. Inzwischen ist die Sammlung auf 43 Mio. Objekte angewachsen, von denen ein Bruchteil in einer außerge-

Auch Leiden wird von Grachten durchzogen. Mit der Gracht Rapenburg hat die Stadt sogar die älteste des Landes.

wöhnlichen Präsentation und in einem architektonisch sehr interessanten Gebäude auf mehreren Stockwerken gezeigt werden.
Pesthuislaan 7 | tgl. 10 – 17 Uhr | Eintritt: 17 € | www.naturalis.nl

Rund um Leiden

Das Leben in prähistorischer und antiker Zeit

Alphen aan den Rijn

Wenige Kilometer östlich von Leiden liegt die Industriegemeinde Alphen aan den Rijn. Rund 2 km westlich der Stadtmitte befindet sich der **Vogelpark Avifauna** mit rund 400 Vogelspezies und einer reichen Auswahl seltener Vögel aus allen Erdteilen.
Der in den Niederlanden einzigartige **Freizeitpark Archeon** zeigt lebensgroße Modelle von prähistorischen Menschen, die ihre Felder beackern, römische Gladiatoren, die in der Arena kämpfen, oder römische Legionen. Man kann hier auch eine römische oder mittelalterliche Mahlzeit einnehmen.
Avifauna: Hoorn 65 | tgl. 9 – 18 Uhr | Eintritt: 19,50 €, im Winter 9,75 € | www.avifauna.nl
Archeon: Archeonlaan 1 | Do. u. Fr. 10 – 16, Mi., Sa., So. bis 17 Uhr, im Winter nur am Wochenende | Eintritt: 25,50 € | www.archeon.nl

»Warum muss ich schlafen?«

CORPUS

Eine spannende und informative Reise durch den menschlichen Körper können Sie in dem nordwestlich von Leiden gelegenen **Oegstgeest** an der A 44 machen. »Warum muss ich schlafen?« oder »Was passiert beim Niesen?« – sind nur zwei der Fragen, die im Museum CORPUS anschaulich behandelt werden. Es empfiehlt sich, Tickets vorab zu reservieren.
Willem Einthovenstraat 1 | Di. – So. 9.30 – 15, Wochenende bis 17 Uhr | Eintritt: 23,95 € | www.corpusexperience.nl

★★ MAASTRICHT

Provinz: Limburg | **Einwohnerzahl:** 122 700

Maastricht verzaubert. Weiß getünchte Backsteinhäuser mit üppig bepflanzten Blumenkästen und Gassen voller Bistrotische und -stühle, in denen die Sommernächte mit viel Wein begossen werden, strahlen eine fast mediterrane Atmosphäre aus. Hinzu kommen hippe Studentenkneipen, die besten Shoppingstraßen der Niederlande und ein großes Kulturangebot.

»Burgundischer Genuss«

Das Leben in der südlichsten Stadt der Niederlande scheint leichter, unbeschwerter und genussvoller zu sein als im Rest des Landes. Nicht umsonst spricht man hier vom »bourgondisch genieten«, dem burgundischen Genuss, der von den südlich benachbarten Belgier über die Grenze nach Limburg hinüber geschwappt ist. Die Stadt macht es uns leicht, die Stunden und Tage in bester Urlaubslaune zu verbringen. Man gibt sich dem **Shopping** in kleinen, individuellen Läden hin, darunter landesweit bekannte Modetempel, und unterbricht den Einkaufsbummel mit einem Glas Wein oder einer Tasse Kaffee in einem der vielen **Straßencafés** beispielsweise auf dem »Slevrouweplein«, wie die Maastrichter den Onze Lieve Vrouweplein liebevoll nennen. All das soll aber nicht darüber hinwegtäuschen, dass Maastricht zu den ältesten Städten der Niederlande gehört und mit einer bewegten Geschichte aufwarten kann, die bis in die Römerzeit zurückreicht.

Strategisch bedeutend

Geschichte

Maastricht wurde um 50 v. Chr. als römische Siedlung an einer Kreuzung wichtiger Heeresstraßen und, wie schon der Name »Traiectum ad Mosam« sagt, an einer Furt über die Maas gegründet. Nach der Befestigung der Siedlung im 3. Jh. verlegte man 382 den Bischofssitz von Tongeren nach Maastricht. Im 14. Jh. wurde die Stadt mit einer ersten Befestigungsanlage umgeben, die im Lauf der Jahrhunderte immer weiter ausgebaut wurde. Durch die Maasbrücke war Maastricht von strategischer Bedeutung und überstand mehr als 20 Belagerungen. Nach 1621 war die Stadt eine der bedeutendsten Festungen im Kampf der Niederlande gegen die Spanier. Durch die Gründung des Königreichs Belgien 1830 wurde Maastricht in seiner wirtschaftlichen Entwicklung stark beeinträchtigt, da es durch die spätere Grenzziehung einen Teil seines Hinterlandes verlor und innerhalb der Niederlande in eine periphere Lage geriet. Erst im ausgehenden 20. Jh. kehrte Maastricht in das Rampenlicht europäischer Geschichte zurück, als die Mitgliedstaaten der damaligen Europäischen Gemeinschaft im Jahr 1992 den **Vertrag von Maastricht** unterzeichneten und damit den Ausbau der EG zur EU begründeten.

MAASTRICHT ERLEBEN

MAASTRICHT VISITOR CENTER
Kleine Staat 1
NL-6211 ED Maastricht
Tel. 0 43 / 3 25 21 21
www.bezoekmaastricht.nl
Di. – Sa. 10 – 16, So. 11 – 15 Uhr

Maastricht gehört zu den besten Einkaufsstädten des Landes: Luxus-Geschäfte finden Sie in der Stockstraat, individuelle Boutiquen und Läden im Stadtviertel Wyck. Einer der schönsten Bücherläden der Welt: die Buchhandlung Dominicanen in einer früheren Dominikanerkirche mit Fresken und gotischem Gewölbe (Dominikanerstraat1).

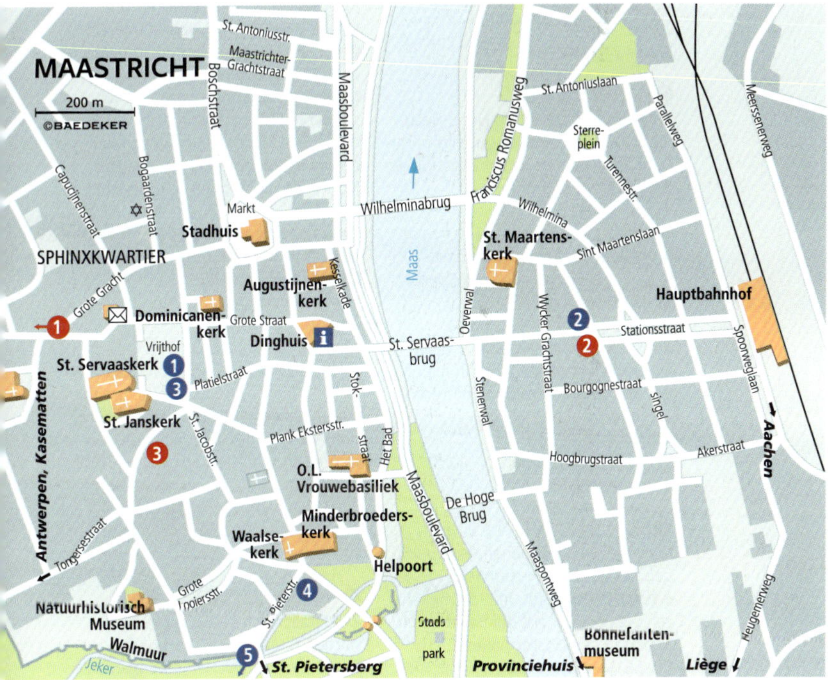

❶ Brasserie Restaurant Vrijthof 9
❷ Harry's
❸ In den Ouden Vogel Struys
❹ Café Sjiek
❺ Château Neercanne

❶ Kruisherenhotel
❷ Hotel Beaumont
❸ Hotel Botticelli

Am letzten Augustwochenende findet auf dem Vrijthof das **Feinschmeckerfestival** Preuvenemint statt (www.preuvenemint.nl)

❶ BRASSERIE RESTAURANT VRIJTHOF 9 €€

Die Brasserie mit einem gemütlichen Gewölbekeller bietet italienische und französische Küche. Es gibt auch gute Spezialbiere vom Fass.
Vrijthof 9
Tel. 0 43 / 3 56 11 10
www.vrijthof9.nl

❷ HARRY'S €€€€

Stilvolles Restaurant im Hotel Beaumont. Serviert werden gute limburgische Spezialitäten und internationale Gerichte.
Wijcker Brugstraat 2
Tel. 0 43 / 3 25 44 33
www.harrysmaastricht.com

❸ IN DEN OUDEN VOGELSTRUYS €

Eine historische Kneipe mit vielen Porträtzeichnungen, die ein malender Zecher als Bezahlung hinterlassen hat.
Vrijthof 15
Tel. 0 43 / 3 21 48 88
www.vogelstruys.nl

❹ CAFÉ SJIEK €€–€€€

Man sagt, in dem kleinen Restaurant gebe es das beste »zuurvlees« (Sauerfleisch) der Stadt. Im Sommer sitzen Sie draußen auf der Terrasse im Schatten der Klostermauern.
Sint Pieterstraat 13
Tel. 0 43 / 3 21 01 58
http://cafesjiek.nl

❺ CHÂTEAU NEERCANNE €€€€

Französisches Restaurant (1 Michelinstern) in dem überaus romantischen, 1698 erbauten Schloss Neercanne. Bei gutem Wetter sitzt man wunderbar auf der breiten, im Stil französischer Renaissancegärten angelegten Terrasse mit Blick auf das idyllische Jekertal.
Cannerweg 800
Tel. 0 43 / 3 25 13 59
www.oostwegelcollection.nl
Mo. und Di. geschl.

❶ KRUISHERENHOTEL €€€€

Designhotel (60 Zi.) im ehemaligen Kruisherenklooster (Kreuzherrenkloster) aus dem 15. Jahrhundert, mitten im Stadtzentrum. Die Innenausstattung ist eine Kreation des international renommierten Innenarchitekten Henk Vos und des deutschen Lichtkünstlers Ingo Maurer. Im Restaurant, der ehemaligen Klosterkirche, werden edle Gerichte serviert.
Kruisherengang 19–23
6211 NW Maastricht
Tel. 0 43 / 3 29 20 20
www.oostwegelcollection.nl

❷ HOTEL BEAUMONT €€

Traditionsreiches und gepflegtes Hotel (121 Zi.) im Stadtzentrum mit einem beliebten Gourmetrestaurant, dem Harry's, das internationale Gerichte serviert.
Lage Barakken 10
6221 CJ Maastricht
Tel. 0 43 / 3 25 44 33
www.beaumontmaastricht.com

❸ HOTEL BOTTICELLI €€€

Zwei italienische Palazzi (18 Zi.) mitten in Maastricht, verbunden durch einen hübschen Innengarten. Stilvolle Zimmer und ein reichhaltiges Frühstück.
Papenstraat 11
6211 LG Maastricht
Tel. 0 43 / 3 52 63 00
www.hotelbotticelli.nl

BAEDEKER ÜBERRASCHENDES

6x UNTERSCHÄTZT

Genau hinsehen, nicht daran vorbeigehen, einfach probieren!

1. BLAUE WUNDERWERKE

Delfter Blau ist nur was für Omas gute Stube? Von wegen. Die neuen Linien sind modern, trendy und zum Habenwollen. (▶ **S. 24, 131**)

2. PROST, HERR MINISTER!

Konzerne, Ministerien, Verwaltungen ... gähn! Dann kommen Sie doch mal im Sommer nach **Den Haag** und trinken Sie ein Glas Wein auf einer der sonnigen Kneipenterrassen am Plein, gelegen neben dem Parlament. Kennen Sie Ihren Tischnachbarn vielleicht aus den Nachrichten? (▶ **S. 151**)

3. PISTEN-GAUDI BEI DEN FLACHLÄNDERN

Zum **Skifahren** in die Niederlande? Das ist möglich. Indoor-Pisten gibt es über das ganze Land verteilt, eine davon finden Sie nahe dem Nationalpark Hollandse Biesbosch. (▶ **S. 173**)

4. DIESE SUPPE ESS' ICH NICHT?

Wer meint, die **Esskultur** der Niederländer bewege sich zwischen »nicht vorhanden« und »ungenießbar«, der sei eines Besseren belehrt: Das Land zählt 125 Michelin-Sterne-Restaurants. (▶ **S. 473**)

5. GOTTESHÄUSER AUF ABWEGEN

In der Dominikanerkirche in **Maastricht** verbirgt sich heute »die schönste Buchhandlung der Welt« und im ehemaligen Kreuzherrenkloster ein Luxushotel mit Kirchen-Restaurant. (▶ **S. 292, 294**)

6. BACCHUS MAG HOLLAND

Ja, **Wein** aus den Niederlanden, den gibt es – vom südlichen Limburg bis hinauf nach Texel wird er angebaut. Zugegeben, nicht in großen Mengen, aber mit großer Hingabe. (▶ **S. 492**)

Wohin in der Altstadt?

Über drei Brücken

Zugang

Wer mit der Bahn von Aachen nach Maastricht kommt, erreicht zunächst den Stadtteil **Wyck** am rechten Ufer der Maas mit dem Hauptbahnhof und der 1854 von P. J. H. Cuypers errichteten St. Maartenskerk (Rechtstraat 2) sowie mit schönen Geschäften und hübschen Cafés. Die Kaimauer am östlichen Maasufer ist ein Überrest der Wycker Stadtmauer. Von der rechten Maasseite führen drei Brücken hinüber zum linken Ufer des Flusses, wo sich das Zentrum und der größte Teil der Stadt befinden.
Wer vom Bahnhof kommend in die Altstadt möchte, der überquert die historische und malerische **Sint Servaasbrug** (Sankt-Servatius-brücke), deren Ursprünge auf das 13. Jh. zurückgehen. Eine Statue des heiligen Servatius erinnert an den Stadtpatron von Maastricht. Unweit dieser einzigen mittelalterlichen Bogenbrücke markiert ein 1984 errichteter, halbrunder Anbau die Stelle, an der die Römer zu Beginn unserer Zeitrechnung die strategisch wichtige erste Brücke über die Maas bauten.

In einer ehemaligen Tuchhalle

Stadhuis

Das **Alte Rathaus** auf dem Marktplatz wurde von 1658 bis 1660 von Pieter Post als Tuchhalle erbaut. Zum Portal führt eine eindrucksvolle Doppeltreppe, über die beide Herren von Maastricht, der Herzog von Brabant und der Fürstbischof von Lüttich, gleichzeitig eintreten konnten. Im Turm (1684) befindet sich ein **Hemony-Glockenspiel** mit 43 Glocken. Sehenswert ist auch das Innere des Gebäudes mit Wandteppichen, Stuckwerk, Deckengemälden und Mantelkaminen. Rund um das Rathaus wird der **Wochenmark**t abgehalten.

Bücher unter Kirchengewölbe

★ Dominicanenkerk

Vom Marktplatz gelangen Sie südwestlich zum Dominicanerplein. Die dortige gotische Dominikanerkirche wurde im 13. Jh. aus Mergelstein gebaut. Auf dem Gewölbe sind Wandmalereien von 1337 und 1619 teilweise erhalten. Heute beherbergt die Kirche die sehr sehenswerte **Buchhandlung Dominicanen**. Im rechten Teil des Schiffs steht ein riesiges begehbares Bücherregal, im Chor befindet sich das Café. Neben der bekannten Kirchen-Buchhandlung liegt die Shoppingpassage **»Entre Deux«**, die mit dem Titel »Bestes Einkaufszentrum Europas« ausgezeichnet wurde.

Dominicanen: Mo. 10 – 18, Di. – Sa. 9 – 18, Do. bis 21, So. 12 – 18 Uhr

Kirchen, Kneipen und Kunst

★★ Vrijthof

In der Verlängerung der St. Servaasbrug, eine der ältesten Brücken des Landes mit Steinbögen, erstreckt sich der lindenbestandene Vrijthof, früher ein Friedhof, später ein Exerzierplatz und heute ein

Die St.-Servatiusbrücke überspannt als wohl älteste Brücke der Niederlande die Maas in Maastricht.

weitläufiger Platz, der von Frühjahr bis Herbst durch die **vielen Straßencafés** belebt wird. Auch Veranstaltungen finden hier einen grandiosen Rahmen wie die Sommerabendkonzerte von André Rieu oder einer der schönsten Weihnachtsmärkte des Landes, **»Magisch Maastricht«**. Die doppeltürmige Chorfassade, die den Platz nach Osten abschließt, gehört zur bedeutendsten Kirche Maastrichts, die dem Stadtpatron St. Servatius geweiht ist. Das Gebäude rechts neben der St. Servaasbasiliek (▶ unten) ist die ehemalige Hauptwache von 1773, die Kirche links daneben ist die Janskerk. In dem mit Symbolen der Habsburger dekorierten Kapitelhaus (16. Jh.) am Südende des Platzes residierten die spanischen Gouverneure (Spaans Gouvernement). Heute zeigt hier das **Fotomuseum aan het Vrijthof** in Wechselausstellungen zeitgenössische Fotokunst.

Museum: Vrijthof 18 | Di. – So. 10 – 17 Uhr | Eintritt: 12,50 € | https://fotomuseumaanhetvrijthof.nl

Älteste Kirche des Landes

★ St. Servaasbasiliek

Die romanische St. Servaasbasiliek ist die älteste Kirche der Niederlande. Der Kern des über dem Grab des hl. Servatius, des ersten Bischofs von Maastricht, errichteten Baus stammt aus dem Jahr 1000. Nach dem Bau des dreischiffigen Langhauses wurden das Querhaus, der Chor und neue Krypten gebaut. Die westliche Vor-

ST. SERVAASBASILIEK

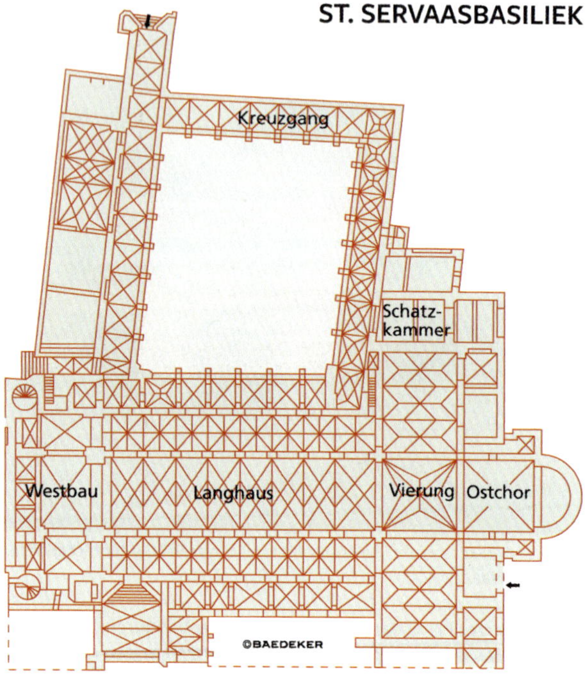

halle ist vermutlich karolingisch. Um 1087 wurde die St. Servaasbasiliek zur Reichskirche und zum Sitz der kaiserlichen Kanzlei erhoben. Ausdruck der weltlichen Macht war der Kaisersitz.

Im Obergeschoss des Westwerks befinden sich der berühmte, 1177 fertiggestellte **Kaisersaal** und die **Kaisergalerie**. Das sehenswerte Bergportal weist Relieffiguren aus dem 13. Jh. auf. Der Bau des Kreuzgangs mit eigenem Portal an der Nordseite der Kirche, der Kapellen entlang der Seitenschiffe und der Gewölbe in Mittel- und Querschiff fand im 14. und 15. Jh. statt. In den älteren Krypten befindet sich das Grab von Karl von Lothringen.

Im Inneren der Kirche, am Westende des Langschiffs, wurde 1843 ein Standbild von **Karl dem Großen** aufgestellt. Im Innenhof des Kreuzgangs steht die sogenannte **Grameer** (Großmutter), eine der ältesten und schwersten Glocken des Landes. Die baulichen Veränderungen durch Cuypers im 19. Jahrhundert, die im Sinne eines Purismus die Kirche von allen nicht-mittelalterlichen Elementen bereinigen wollten – u. a. hat man den barocken Westturm gotisch erneuert und die beiden Krypten eingewölbt –, wurden bei der

Restaurierung von 1982 bis 1990 wieder rückgängig gemacht. So erstand das mit der Zeit angeschwärzte Kircheninnere in strahlendem Weiß mit blau-rot-goldenen Ornamenten im Gewölbe und in den Blattkapitellen.
Besonders sehenswert ist die **Schatzkammer** (zugänglich über den Kreuzgang), in der die Überreste des reichen Kirchenschatzes bewahrt werden. Das Spitzenstück dieser sakralen Kunstsammlung ist der spätromanische Reliquienschrein mit den sterblichen Überresten des hl. Servatius († 384) sowie der heiligen Bischöfe Monulfus, Gondulfus und Martinus von Tongeren. Dieses um 1160 entstandene Meisterwerk maasländischer Goldschmiedekunst erhielt den Beinamen **Noodkist** (Notschrein), denn in Zeiten der Not wurde der Schrein dem Volk in einer Prozession gezeigt, um das Elend von der Stadt abzuwenden. An den Längsseiten des Reliquienschreins sind die zwölf Apostel dargestellt, an den Schmalseiten Christus und die Heiligen selbst. Daneben werden Gegenstände gezeigt, die sich auf den Schutzheiligen beziehen: Bischofsstab, Pilgerstab, Brustkreuz, eine Büste des Heiligen und der Schlüssel, den St. Servatius der Legende nach von Petrus zum Aufschließen der Himmelspforte erhalten haben soll.
Keizer Karelplein 6 | Schatzkammer: Mo. - Sa. 10 - 17, So. ab 12.30 Uhr | Eintritt: 5 € | www.sintservaas.nl

Klein und markant

Direkt neben der St. Servaasbasiliek, am Henric van Veldekeplein, steht die wesentlich kleinere, gotische Janskerk (14./15. Jh.). Ihr über 70 m hoher, roter Turm ist ein markanter Blickfang. Seit 1632 wird die Janskerk von der evangelischen Gemeinde genutzt. Im Innenraum ist eine schöne Kanzel im Louis-XVI-Stil beachtenswert.
Mo. - Sa. 11 - 16 Uhr | Turmbesteigung 3 € | www.stjanskerkmaastricht.nl

Zu Besuch bei den Mosasauriern

Natuurhistorisch Museum

Weiter südlich gelangen Sie über die Bouillonstraat zum Bosquetplein mit dem **Naturhistorischen Museum** Maastricht, das die geologische Entwicklung in Südlimburg anhand von Fossilien und Gesteinsarten sowie Exponate zur regionalen Flora und Fauna zeigt. Zu den Höhepunkten der Kollektion gehören die bei Maastricht gefundenen Mosasaurier, bis zu 17 m lange Fischfossilien.
De Bosquetplein 6–7 | Di. - Fr. 11 - 17, Sa. u. So. 13 - 17 Uhr | Eintritt: 9 € | www.nhmmaastricht.nl

Mönche und Marmeladen

St. Pieterstraat

Folgt man der Grote Looierstraat und der Lang Grachtje, so kommt man zur St. Pieterstraat mit dem ehemaligen Minoritenkloster aus dem 14. Jahrhundert. Nachdem die Mönche nach einem Verrat im

Lassen Sie sich von seinem Namen nicht abschrecken: Das »Höllentor« ist das älteste Stadttor des Landes und eine tolle Sehenswürdigkeit in Maastricht.

Jahr 1638 aus der Stadt vertrieben worden waren, diente die **Minderbroederskerk** als Arsenal und Lazarett. Seit 1880 ist hier das limburgische **Reichsarchiv** untergebracht. In der Straße befinden sich auch schöne **Cafés und Geschäfte**, von denen Adriaan de Smakmaker mit seinen hausgemachten Marmeladen, Senfsorten und Chutneys besonders hervorzuheben ist (Sint Pieterstraat 36).

Spaziergang über die Stadtmauer

Stadtbefestigung

Östlich davon finden Sie Reste der ersten Stadtbefestigung von 1229: den **Helpoort** (Höllentor), ältestes Stadttor der Niederlande (St. Bernardusstraat 24), den Jekerturm und den Liebfrauenwall (Onze Lieve Vrouwewal). Letzteren können Sie besteigen; von hier bietet sich ein **schöner Ausblick** auf den Stadtpark mit den fünf alten Kanonen, auf die Maas und den Stadtteil Wyck. Von der zweiten mittelalterlichen Stadtmauer (etwa 1350) ist vor allem der **Pater Vink Toren**, benannt nach dem 1579 von den Spaniern hingerichteten Pater Vink, erhalten. Einige Schritte südlich, zwischen zwei von der Jeker umströmten, ehemaligen Bastionen, haben Sie einen guten

Blick auf den Helpoort, die Hauptkirchen der Stadt und den Villenpark. Gegenüber dem Helpoort steht das **Pesthaus**, eine ehemalige Papiermühle, in deren Nähe Baracken für Pestkranke standen.

Maastrichts »Wohnzimmer« mit Kirche

Onze Lieve Vrouwebasiliek

Einer der schönsten Plätze Maastrichts ist der **O. L. Vrouweplein**, der von der mächtigen Fassade der Onze Lieve Vrouwebasiliek (Liebfrauenkirche) beherrscht wird. Der Platz mit seinen Cafés und Restaurants ist so beliebt, dass er auch als »Wohnzimmer von Maastricht« bezeichnet wird. Von der ursprünglichen Kirche, gebaut um 1000, ist nur der **untere Teil des Westbaus** erhalten. Um 1150 wurden der Westbau, die Krypten und das Querhaus in Angriff genommen; ca. 50 Jahre später entstand der Chor, dann die Galerie über dem Chorumgang und im 13. Jh. das nordwestliche Portal. Der festungsartige Charakter dieses romanischen Westbaus mit seinen beiden Treppentürmchen ist in seiner monumentalen Einfachheit einzigartig in den Niederlanden. Im **Inneren** ist der spätgotische Chor mit seiner großen Krypta besonders beachtenswert. Im 15. Jh. entstand die Seitenkapelle mit der Gnadenfigur »Onze Lieve Vrouwe Sterre der Zee« (Unserer Lieben Frau Stern des Meeres). Zu ihren Füßen breitet sich ein Lichtermeer an Kerzen aus – ein romantischer Anblick! Zur gleichen Zeit wie die Kapelle wurde das Nordwestportal umgebaut. Das Gewölbe des Mittelschiffs wurde erst im 18. Jh. im Stil des 15. Jh.s eingezogen. Sehenswert sind auch die aus dem älteren Bau stammende Westkrypta, der Kirchenschatz, der Kreuzgang und der Westturm.

Di. – Sa. 11 – 16 Uhr, Schatzkammer Do. u. Sa. 11 – 16 Uhr |
www.sterre-der-zee.nl

Die exklusivste Shoppingstraße der Niederlande

Stokstraat

Hinter der Liebfrauenkirche beginnt die Stokstraat, die ebenso wie die benachbarten Gässchen und die Meestrechter Smedenstraat durch ihre schön renovierten alten Giebelhäuser im typisch maasländischen Stil aus dem 17./18. Jh. besticht. Viele exklusive Geschäfte, die zu den teuersten der Niederlande zählen, laden zum Einkaufen ein. Im Stokstraatviertel liegt auch der kleine **Platz Op de Thermen**, in dessen Straßenpflaster die Umrisse der alten römischen Thermen, die an dieser Stelle ausgegraben wurden, eingefärbt sind.

Infos statt Folter

Dinghuis

Nördlich von der Stokstraat kommen Sie zur **Kleine Straat**. Haus Nr. 1 ist das ehemalige Dinghuis mit schönem Natursteingiebel und Fachwerken. Ursprünglich im Jahr 1470 als Rathaus gebaut, war es längere Zeit Sitz des Hohen Gerichts – daher der Name Dinghuis, was so viel wie Gerichtsgebäude bedeutet. Im Kellergeschoss war die Folterkammer, heute ist hier die **Touristeninformation**.

Außerhalb der Altstadt

Maastricht Underground

Festungswerke

Als einst strategisch bedeutende Stadt ist Maastricht mit Festungen umgeben worden, die heute spannende Ausflüge in die Unterwelt ermöglichen.

An der Südwestseite der Altstadt, am Tongerseplein, befinden sich die zwischen 1575 und 1825 entstandenen **Kasematten**, ein 14 km langes Labyrinth unterirdischer Gänge mit Kuppelgewölben, Pulverkammern und bombensicheren Räumen.

Durch den kontinuierlichen Abbau von Mergelstein entstand im Verlauf der Jahrhunderte unter dem **St. Pietersberg** südlich der Maastrichter Altstadt ein weit verzweigtes unterirdisches Gängesyste, **die Grotten Zonneberg.** Ursprünglich waren es rund 20 000 Gänge mit einer Gesamtlänge von 200 km. Im Zweiten Weltkrieg baute man einige Gänge aus, grub einen Brunnen zur Versorgung mit Wasser, schuf Vorratskammern, eine Bäckerei und sogar eine Kapelle, sodass hier der Großteil der Maastrichter Bevölkerung für längere Zeit Zuflucht finden konnte. Da dieses Mergelgebiet auf dem Boden eines Binnensees entstand, finden Sie heute noch zahlreiche Fossilien an den Wänden. Die 30 m tiefenn Grotten Zonneberg sind nur mit einem (auch deutschsprachigen) Führer zu besichtigen, der mit einer Gaslaterne den Weg weist. Ansonsten ist es in den Grotten komplett dunkel, **warme Kleidung ist zu empfehlen**.

Auf der nördlichen Seite des Berges steht hoch über der Maas das **Fort St. Pieter**. Die im Jahr 1702 fertiggestellte Anlage ist auf einem fünfeckigen Grundriss gebaut und mit bombensicheren Räumen sowie einer kreisförmigen Galerie mit alten Kanonen und Schießscharten versehen. Unter dem Fort geht es hinab in die **Grotten Noord**.

Kasematten: Waldeckbastion, Nähe Tongerseplein
Grotten Zonneberg: Slavante 1
Fort St. Pieter und Grotten Noord: Luikerweg 80
Führungen über die Website buchbar | Eintritt: 9,50 € | Buchung www.maastrichtunderground.nl

Atommeiler oder Raketenbasis?

★ Bonnefantenmuseum

Direkt am Maasufer neben der breiten Kennedy-Brücke, die südlich der Altstadt den Fluss überquert, liegt das im Jahr 1995 nach Plänen des italienischen Stararchitekten **Aldo Rossi** (1931 – 1996) erbaute Bonnefantenmuseum. Die frühe Industriearchitektur, wie sie die kleine Wiebenga-Werkhalle vor dem Eingang des Museums verkörpert, stand für das monumentale Gebäude offenkundig Pate. Blickfang des strengen, axial angelegten Ziegelbaus ist der **runde Baukörper** vor dem mittleren der drei Flügel, der mit seiner eigenwilligen Form Assoziationen an einen Atommeiler oder an eine Raketenbasis weckt. Großzügig und hell präsentiert sich der Museumsbau von innen. Der Bestand ist

chronologisch und thematisch weit gefasst: archäologische Funde von der Frühzeit bis ins Mittelalter aus der Region Limburg, mittelalterliche Skulptur, italienische Malerei zwischen 1325 und 1525, südniederländische Malerei des 16. und 17. Jh.s (u. a. Werke von Pieter Brueghel d. J. und Peter Paul Rubens) sowie zeitgenössische Kunst, u. a. mit Werken von Richard Serra, Luciano Fabro und Sol LeWitt.
Avenue Céramique 250 | Di. – So. 11 – 17 Uhr | Eintritt: 17,50 € | www.bonnefanten.nl

Moderne Festung für Beamte

Provinciehuis

Nur wenig vom Bonnefantenmuseum entfernt, ebenfalls am Maasufer, steht das 1986 eröffnete **Verwaltungsgebäude der Provinzialregierung**. Der verwinkelte rote Backsteinbau mit vielen Ecken und Türmchen liegt teilweise am Ufer, teilweise auf einer Insel in der Maas. Die schöne Lage macht einen Spaziergang zum Gebäude lohnend; das Innere kann nach Anmeldung beim Empfangsschalter besichtigt werden.

Begehrtes Neubauviertel am Ufer der Maas

Céramique

Geht man vom Provinciehuis nach Norden, durchquert man den neuen Stadtteil Céramique. Wo früher Keramikfabriken standen, befinden sich nun Wohn- und Bürobauten aus den 1990er-Jahren, errichtet von internationalen Stararchitekten. Einen Besuch wert ist das **Centre Céramique**, das eine Bibliothek, ein Museum und ein Kulturzentrum beherbergt. Von Céramique hinüber in die Altstadt führt die Fußgängerbrücke **Hoge Brug**, von der aus Sie einen schönen Blick auf die Altstadt haben.
Avenue Céramique 50 | Di. 9 – 20, Mi. – Fr. 9 – 19, Sa. u. So. 10 – 17 Uhr | www.centreceramique.nl

Von der Industriebrache zum Wohn- und Kulturraum

Sphinxkwartier

Das **derzeit spannendste Viertel** von Maastricht ist das Sphinxkwartier. Dort, wo früher eine große Keramikfabrik stand, entstehen neue Wohngebäude. In die alten Fabrikgebäude zogen Ateliers und Künstler ein, und im Eiffelgebäude befinden sich heute ein Bio-Supermarkt sowie ein trendiges Hotel mit einladender Rooftopbar.

Rund um Maastricht

Zwischen Deutschland, Belgien und den Niederlanden

Dreiländereck bei Vaals

Östlich von Maastricht bei Aachen befindet sich unweit von Vaals der **Vaalser Berg**, mit einer Höhe von 323 m die höchste Erhebung des Landes. An der Grenze zu Deutschland und Belgien haben Sie eine schöne Aussicht auf die Ausläufer der Ardennen, die Eifel und das limburgische Bergbaugebiet. Durch seine günstige Lage, umgeben

von freien Reichsgebieten, war **Vaals** einst Zufluchtsort für Hugenotten, Mennoniten und Calvinisten. Hervorzuheben ist im Zentralraum der **Lutherse Kerk** von 1737 das Rokokogestühl, in dem die aus Aachen stammende Familie von Clermont saß, die im 18. Jh. den Tuchhandel in Vaals belebte. Eines ihrer ehemaligen Wohnhäuser ist das heutige **Rathaus** am Clermontplein. **Schloss Vaalsbroek** wurde 1761 auf den Trümmern eines Baus von 1516 errichtet.
Am Dreiländerpunkt, wo Deutschland, Belgien und die Niederlande zusammentreffen, wurde 1992 das **Labyrint Drielandenpunt** angelegt. Mit 17 000 Hainbuchen hat der englische Landschaftsarchitekt Adrian Fisher einen Wirrwarr von Wegen, Ecken und Alleen geschaffen. Den Mittelpunkt des hübsch gestalteten Labyrinths bildet ein vom europäischen Sternenbanner geschmückter Pavillon mit einer Aussichtsplattform.

Labyrint Drielandenpunt: Viergrenzenweg 97 | Apr. – Okt. tgl. 10 bis 18 Uhr (Kassenschluss 17 Uhr) | Eintritt: 6,50 € | www.drielandenpunt.nl

MEDEMBLIK

Provinz: Noord-Holland | **Einwohnerzahl:** 8680

Hinaus aufs IJsselmeer zieht es die historischen Plattbodenschiffe der braunen Flotte und die windschnittigen Jachten mit ihren weiß in der Sonne funkelnden Segeln. Ein Regattacenter von internationalem Ruf lockt Wassersportler in die älteste Stadt Westfrieslands. Doch hier ist es nicht nur auf dem Wasser, sondern auch auf dem Land ganz schön – zwischen den alten Häusern, der Burg und der Windmühle.

Friesisches Städtchen

Medemblik, im 10. Jh. gegründet, ist der älteste Ort des einstigen Westfrieslands. Seit 1289 im Besitz des Stadtrechts, erlebte es im 16. und 17. Jh. eine Blütezeit: Vor dem Bau des Nordhollandkanals im 19. Jh. war es ein wichtiger Hafen zur Nordsee. Heute besteht noch ein Jachthafen für Fahrten auf dem IJsselmeer. Reizvoll ist eine **nostalgische Fahrt** mit einem alten Dampfzug von Medemblik nach ► Hoorn.

Wohin in Medemblik?

Friesische Burg

Kasteel Radboud

Die Burg Radboud – benannt nach dem ehemaligen friesischen König – wurde 1282 errichtet. Im 14. und 15. Jh. diente sie als Gefäng-

MEDEMBLIK ERLEBEN

TOURISTENINFORMATION
Pekelharinghaven 50
1671 HM Medemblik
Tel. 02 27 / 54 28 52
www.visitmedemblik.nl

COSTAS €€€
Alteingessenes, empfehlenswertes portugiesisches Restaurant mit freundlichem Service.
Oosterhaven 19
Tel. 02 27 / 54 80 17
www.portugees-restaurant.nl

HOTEL MEDEMBLIK €€€
Ein zentral zwischen den Häfen und dem alten Zentrum Medembliks gelegenes Hotel (57 B.) mit einem guten Restaurant.
Oosterhaven 1
NL-1671 AA Medemblik
Tel. 02 27 / 54 38 44
www.hetwapenvanmedemblik.nl

nis, bevor sie mit der Stadtumwallung 1572 an Bedeutung verlor. Die stark verfallene Burg wurde Ende des 19. Jh.s vom Architekten Pierre Cuypers völlig – jedoch nicht originalgetreu – restauriert.
Oudevaartsgat 8 | Di. – So. 11 – 17 Uhr | Eintritt: 9 € | www.kasteelradboud.nl

Nostalgisch shoppen

De Oude Bakkerij

In einer Bäckerei von 1900 wird das **Bäckerhandwerk vergangener Tage** durch die Ausstellung von u.a. Backformen und Arbeitsgerät sowie durch Vorführungen traditioneller Backtechniken wiederbelebt. Hübsch ist der historische Laden mit Süßigkeiten, Pralinen und Gebäck.
Nieuwstraat 8 | Di. – So. 11 – 17 Uhr | Eintritt: 8,50 € | https://deoudebakkerij.nl

★★ MIDDELBURG

Provinz: Zeeland | **Einwohnerzahl:** 50 000

Die Vergangenheit begleitet Sie hier auf Schritt und Tritt. Sie führt in den romantischen Innenhof der alten Abtei und hinauf auf den Lange Jan. Sie bringt Sie zum spätgotischen Rathaus und lädt zum Kaffee in die Schützenhalle aus dem 17. Jh. Bahnen Sie sich ihren Weg durch die beschauliche »mittlere Burg«, gelegen im Landesinneren der Halbinsel Walcheren.

Das Rathaus von Middelburg ist eines der schönsten Monumente des Landes – und wunderbar vielfältig: Zur prachtvollen Fassade aus dem 16. Jh. gesellt sich innen ein bedeutendes Zentrum zeitgenössischer Kunst.

Lebendige Denkmalstadt

Am 17. Mai 1940 wurde Middelburg mit seiner mittelalterlichen Stadtanlage durch Bombardierungen der deutschen Luftwaffe stark beschädigt. Fast alle bedeutenden Baudenkmäler und Straßenzüge baute man im ursprünglichen Stil wieder auf. Wegen dieser erfolgreichen Restaurierung erhielt Middelburg im Jahr 1975 sogar den Ehrentitel einer europäischen Denkmalstadt.
Die sternförmig von Kanälen und Grachten umgebene Hauptstadt der Provinz Zeeland ist eine der ältesten Städte der Niederlande. Ihre Ursprünge gehen auf die karolingische Zeit zurück, in der sie eine erste wirtschaftliche Blüte erfuhr. Um sich vor dem Einfall der Normannen zu schützen, wurden Verteidigungsanlagen errichtet: im Norden die Domburg, im Süden Souburg und mitten auf der Insel Walcheren die Middelburg. Später, im Jahr 1121, ließen sich hier Norbertiner Mönche nieder und gründeten die Abtei. Um diese siedelten sich Fischer und Kaufleute an. Middelburg entwickelte sich im Mittelalter zu einem **bedeutenden Handelszentrum**. Berühmt wurde die Stadt durch ihre Tuchindustrie und als Stapelplatz für französische Ware. Seit 1561 war Middelburg Bischofssitz. Aber bereits damals begann der wirtschaftliche Niedergang, denn die Versandung der Arne machte die Benutzung des Hafens immer schwieriger. 1574 wurde Middelburg von den Truppen Wilhelms des Schweigers erobert. Im 17. Jh. siedelten sich jedoch zahlreiche Kaufleute aus Antwerpen hier an. Middelburg wurde – neben Amsterdam – zu einem **Zentrum der VOC**, der Niederländischen Ostindien-Kompanie (Vereenigde Oostindische Compagnie), die den Handel von Gewürzen und Kaffee mit Ländern wie Indonesien, Persien und Indien kontrollierte. Diese zweite Blüte Middelburgs wurde während der französischen Besatzung beendet. Auch durch den Bau neuer Hafenbecken 1817 konnte der wirtschaftliche Niedergang nicht vermieden werden. Heute stellt die europäische Denkmalstadt das pulsierende Zentrum der Region dar – mit belebten Plätzen und Straßen, herrlichen Sakral- und Profangebäuden, aber auch stillen Gassen an den Grachten, auf denen Bootsfahrten angeboten werden.

Wohin in Middelburg?

Vom Kreis zum »U«

★ Stadtanlage

Der Stadtplan von Middelburg zeigt in der Mitte zwei kreisförmige Straßenringe. Diese folgen den ehemaligen Grachtengürteln, die im Lauf der Jahrhunderte zu Verteidigungszwecken angelegt wurden. In die Straßenringe münden mehrere Straßen rechtwinklig und enden an ihrer anderen Seite auf einem **U-förmigen Grachtengürtel**. Außerhalb davon liegt die Wallanlage, die im Südosten an den zum Meer hin offenen Kanal von Walcheren grenzt, hier stehen mehrere Windmühlen.

MIDDELBURG UND UMGEBUNG ERLEBEN

TOURIST SHOP
Markt 51/Buchhandlung Drvkerry
Tel. 01 18 / 67 43 00
www.uitinmiddelburg.nl
Mo. – Sa

❶ SCHERP €€€€
Hübsch eingerichtetes Restaurant, aufgeteilt in drei Räume, mit raffinierter Küche.
Wijngaardstraat 1–5
Tel. 01 18 / 63 46 33
www.restaurantscherp.nl
So. u. Mo. geschl.

❷ CAFÉ CLICHÉ €€–€€€
Freundliche Atmosphäre mit viel Holz, große Terrasse mit Blick auf den Markt. Zeitgemäße, internationale Küche.
Markt 75
Tel. 01 18 / 61 22 57
https://cafecliche.com

❸ HOUTTUINEN €€
Restaurant im historischen Schützenhaus mit einem romantischen Garten und sonniger Terrasse hinter dem

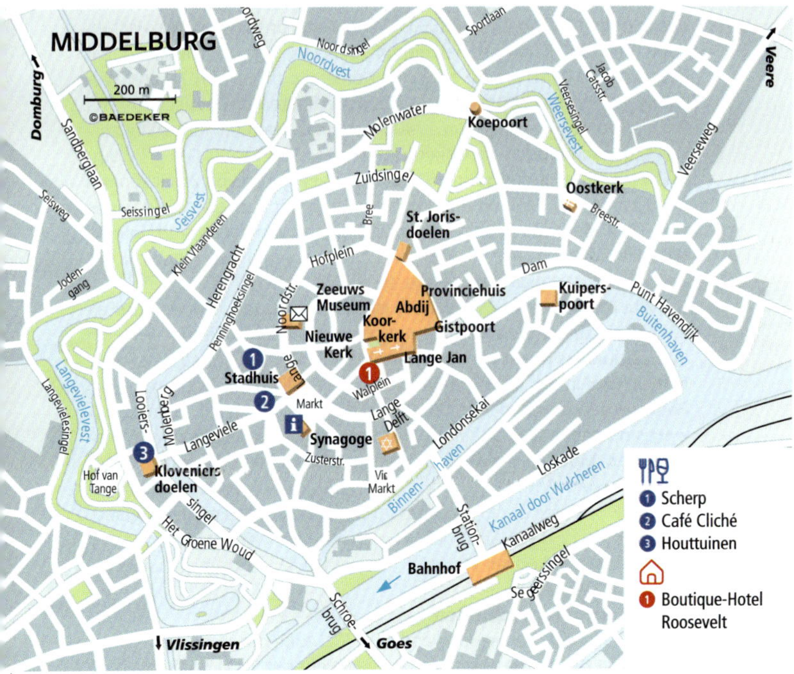

Haus. Internationale Fisch- und Fleischgerichte.
Achter de Houttuinen 30
Tel. 01 18 / 64 49 69
https://dehouttuinen.nl
Mo. geschlossen

1 BOUTIQUE-HOTEL ROOSEVELT €€–€€€

Vier-Sterne-Hotel im früheren Wasseramt gegenüber der Abtei. Individuell eingerichtete Zimmer mit Dachbalken, massiven Holztüren und hohe Decken. Mit hervorragendem Restaurant im Hause.
Nieuwe Burg 42
NL-4331 AH Middelburg
Tel. 01 18 / 43 63 60
www.hoteltheroosevelt.com

DE CAMPVEERSE TOREN €€€

Dieses historische Gebäude (30 B.) in Veere 7 km nordöstlich von Middelburg ist eines der ältesten Hotels der Niederlande. Hier haben schon zahlreiche königliche Gäste übernachtet.
Kaai 2
NL-4351 AA Veere
Tel. 01 18 / 50 12 91
www.campveersetoren.nl

Alt trifft Neu

★★ Stadhuis

Am Markt steht das 1452 bis 1458 von den Baumeistern Kelderman errichtete **Rathaus**, einer der schönsten gotischen Profanbauten des Landes (▶ Abb. S. 304/305). Bei Erweiterungsarbeiten zwischen 1506 und 1520 kamen neben einem Turm eine Fleischhalle hinzu, die heute als ein Zentrum für bildende Kunst gilt. Im Jahr 1670 und zwischen 1780 und 1784 folgten zusätzliche Bauten in klassischem Stil. Bei der Bombardierung von 1940 wurde das Stadhuis fast völlig zerstört, danach jedoch im Originalstil wieder aufgebaut. Die größtenteils erhaltene Fassade von 1513 zieren die Figuren von 25 Gräfinnen und Grafen von Zeeland und Holland. An der Spitze jedes Baldachins ragt ein steinernes Fabeltier hervor. Fenster und Türen sind, wie im Mittelalter üblich, mit rot-weißen Läden verschlossen, denn zu der Zeit war Fensterglas selten.
Die alte **Fleischhalle (Vleeshal)** ist heute ein bedeutender Ausstellungsraum für zeitgenössische Kunstwerke niederländischer als auch internationaler Künstler. Über der Fleischhalle liegt der sehenswerte **Bürgersaal** in der ehemaligen Tuchhalle. Er dient als Empfangs- und Repräsentationsraum der Stadt sowie als Konzertsaal. Beachtenswert sind neben Gemälden die Wandteppiche aus Brügge mit mythologischen Motiven sowie das Bronzemodell eines Flaggschiffs des seeländischen Admirals Michiel de Ruyter (1607–1676),„Befehlshaber der Flotte der Generalstaaten im zweiten Seekrieg gegen England.
Markt 51 | Führungen April – Oktober, wechselnde Zeiten | Eintritt: 10 €; Karten Tourist Shop am Markt 51, oder online über https://viatours.nl

Schlemmen statt schießen

Kloveniersdoelen

Vom Markt geht man in südwestlicher Richtung durch die Langeviele zur Gracht Achter de Houttuinen. Hier steht der 1611 in flämischem

Renaissancestil gebaute Kloveniersdoelen (**Schützenhof**; klovenier = langes Gewehr), der bis 1787 Vereinsgebäude der Schützengilde Van den Bus und danach längere Zeit Militärkrankenhaus war. Während eines Gewitters im Jahr 1735 wurde der Turm durch einen Blitzschlag zerstört und erst 1969 wieder rekonstruiert. Heute ist hier ein Restaurant untergebracht.

Schöne Ein- und Ausblicke

★ Onze Lieve Vrouwe Abdij

Am nordöstlichen Teil des inneren Ringes liegt die **Abtei Unsere Liebe Frau**. Im Jahr 1150 siedelten sich in der karolingischen Burg von Middelburg die Klosterbrüder der Norbertiner an, benannt nach dem Stifter der Ordensgemeinschaft von Prémontré (darum Prämonstratenser genannt), Norbert von Xanten. Nach der Farbe ihrer Mönchskutten waren sie auch als Weißherren bekannt. Das malerische, turmgeschmückte Gebäude umfasste im 16. Jh. einen Kreuzgang. Hier lagen vermutlich eine Domherrenwohnung, später ein Refektorium und der Kapitelsaal (heute Provinzbibliothek).
Als Wilhelm I. von Oranien 1574 Middelburg von den Spaniern zurückeroberte, wurde das Kloster säkularisiert und zum Sitz der Provinzialverwaltung, der Admiralität sowie dem Aufbewahrungsort der Münze bestimmt. Sogar eine Kanonengießerei zog hier ein. Nur die Abteikirchen erfüllten – nun reformiert – ihre ursprüngliche Bestimmung. Durch die Doppelnutzung der meisten Gebäudeteile erhielten diese unterschiedliche Namen: Der Weiße Turm nennt sich auch Münzturm, der Klosterhof Münzplatz, das Große Refektorium ist mit dem Parlamentssaal identisch. Durch die Bombardierung im Mai 1940 wurde die Anlage fast völlig zerstört, danach jedoch wieder im gleichen Stil aufgebaut. Heute hat hier die Provinzialverwaltung von Zeeland ihren Sitz.
Die zweischiffige **Nieuwe Kerk** (Pfarrkirche) des 16. Jh.s und die einschiffige **Koorkerk** (Abteikirche) mit den schönen Netzgewölben des 14. Jh.s waren ursprünglich miteinander verbunden. Da die Pfarrkirche keinen eigenen Chor hatte, bestimmte man den westlichen Teil der Mönchskirche zum sogenannten Mittelchor. Über diesem erhebt sich der Abteiturm Lange Jan. Hier befinden sich auch das Doppelgrab der Seehelden C. und J. Evertsen († 1666) und die Gedächtnistafeln für den deutschen König Wilhelm von Holland († 1256) und dessen Bruder Floris († 1258). Heute ist der **Lange Jan**, ein achteckiger Abteiturm – eine Seltenheit in den Niederlanden –, das Wahrzeichen von Middelburg. Er stammt ursprünglich aus dem 14. Jh., brannte jedoch mehrmals ab, zuletzt 1940. Auf über 200 Stufen erreicht man die Turmspitze, bekränzt mit einer Kaiserkrone als Erinnerung an Wilhelm von Holland. Wenn man den 91 m hohen Abteiturm besteigt, bietet sich dem Betrachter eine **schöne Aussicht** auf ganz Walcheren und größere Teile der Deltawerke. Im Sommer werden **Konzerte** mit den 49 Turmglocken veranstaltet.

ONZE LIEVE VROUWE ABDIJ

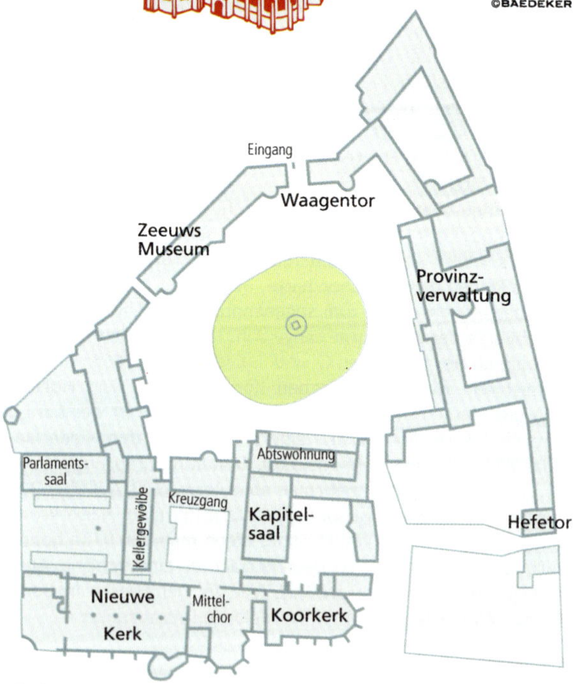

Nicht unmittelbar mit dem Abteikomplex verbunden, jedoch dazu gehörend, ist das im 16. Jh. erbaute **Gistpoort**, wegen der Torverkleidung mit blauen Quadersteinen auch Blaues Tor genannt.
Im älteren Teil der Abtei befindet sich das **Zeeuws Museum** mit Räumen für Wechsel- und Dauerausstellungen zur zeeländischen Geschichte, zu Kunst und Bräuchen. Gezeigt werden auch große Wandteppiche aus dem 16. Jh., welche Abbildungen von Seeschlachten zieren. Zum Museum gehört auch ein schönes Café mit Sitzplätzen im Innenhof der Abtei.
Nördlich der Abtei steht der **St. Jorisdoelen**, das Haus der Georgsschützen. Die Fassade von 1582 wurde 1970 im alten Stil wieder aufgebaut und ist mit den Wappen von Middelburg, Zeeland und der Schützengilde geschmückt. Die Skulptur auf dem Giebel stellt den Schutzheiligen St. Georg dar.
Lange Jan: Sa. 11 – 15 Uhr | tgl. Eintritt: 4 € (nur mit Karte) | https://langejanmiddelburg.nl
Zeeuws Museum: Di. – So. 11 – 17 Uhr | Eintritt: 12,50 € | www.zeeuwsmuseum.nl

Das Kuhtor und das erste barocke Bauwerk der Stadt

Im Norden der Stadt erhebt sich die Koepoort (Kuhtor) von 1735, der einzige Überrest der acht ehemaligen Stadttore. Unweit südöstlich folgt die barocke Oostkerk, im 17. Jh. von Pieter Post und Arent van's-Gravenzande gebaut. Sie war das erste barocke Bauwerk der Stadt und eine der ersten reformierten Kirchen der Niederlande. Koepoort, Oostkerk
Oostkerk: tgl. 11 – 17 Uhr (z.B. wenn Ausstellungen gezeigt werden)

Rund um Middelburg

Zum Fischessen in den alten Hafen

Östlich von Middelburg liegt die Gemeinde Goes, eine zauberhafte Kleinstadt mit einem idyllischen Hafen im Zentrum sowie beachtenswerten Kirchen. Die turmlose Kreuzbasilika **Maria Magdalenakerk** ist im Stil der Brabanter Spätgotik gebaut; der Orgelprospekt stammt aus dem 15. Jahrhundert. Das gotische **Rathaus**, ebenfalls aus dem 15. Jh., wurde 1775 im Rokoko-Stil umgebaut. Erwähnenswert ist der Rokoko-Ratssaal mit Stuckdecke und getäfelten Wänden. Die **Waage** und die Vleeshal schließen unmittelbar an das Rathaus an. Sehenswert sind auch einige alte Häuser am Marktplatz und an der Turfkade, wie etwa das Gotische Haus, eines der schönsten Häuser Zeelands. Goes
Die **Museums-Dampfeisenbahn** Goes-Borsele fährt zwischen April und Oktober mit plüschigen Erste-Klasse-Waggons, aber auch Holz-Klasse-Waggons ab Goes etwa 14 km bis Baarland (Westerschelde) und nimmt Fahrgäste und auch Fahrräder mit.
www.destoomtrein.nl

Sehnsuchtsort für Austernfans

Yerseke Das Fischerdörfchen Yerseke an der Oosterschelde (östlich von Goes) gilt als Austern- und Miesmuschelzentrum der Niederlande. Am Hafen bieten mehrere Fischrestaurants diese Delikatessen an.

Ein Hafenstädtchen wie aus dem Bilderbuch

★ Veere Etwa 7 km nordöstlich von Middelburg liegt Veere, ein von Künstlern viel besuchtes malerisches Städtchen an der Nordostküste von Walcheren. Die 1358 befestigte Stadt war ein wichtiger Handels- und Fischereihafen. Die französische Besatzung im Jahr 1799 beendete diese Handelsblüte. Der Fischereihafen verlor 1958 durch den Bau des Veerse-Gat-Damms ebenfalls an Bedeutung. Das so entstandene **Veerse Meer** ist nun ein Paradies für Segler und Surfer; auch einen **Jachthafen** gibt es hier, und der kleine Strand gilt als sehr sauber. An die Blütezeit erinnern noch schöne alte Bürgerhäuser. Am eindrucksvollsten sind jedoch die **Schotse Huizen**, die Schottischen Häuser (Kaai 25 bis 27), in denen eine sehenswerte Altertümersammlung untergebracht ist.

Das 1470 erbaute **Rathaus** (Markt 5) gilt nach jenem in Middelburg als bedeutendster Rathausbau der Brabanter Spätgotik. Beide wurden von A. Keldermans gestaltet. Die herrlichen Statuetten an der Fassade sind eine Nachbildung der Figuren, die von Michiel Ywijnszoon im 16. Jh. geschaffen wurden, und stellen die Mitglieder der Familie van Borssele dar. Die Originale können Sie im Museum Schotse Huizen (▶ oben) sehen. Die Turmbekrönung wurde auch im 16. Jh. errichtet. Die Inneneinrichtung des Rathauses datiert größtenteils von 1699. Das kleine, im Stadhuis untergebrachte Museum besitzt bemerkenswerte Altertümer, so den vergoldeten Maximiliansbecher, ein Geschenk von Maximilian von Burgund an die Stadt Veere.

Die **Onze Lieve Vrouwekerk**, die mächtige Liebfrauenkirche aus dem 15./16. Jahrhundert, eine spätgotische Kreuzbasilika, wirkt durch ihre Größe überproportional in dem kleinen Ort. Der Aufstieg auf den Turm bietet eine lohnende Aussicht. Neben der Kirche steht ein schöner Ziehbrunnen aus dem Jahr 1551. An den Dienstagen im Sommer zieht der **historische Markt** im Zentrum viele lokale und internationale Besucher an.

Hier hat selbst Kaiserin Elisabeth gebadet

Domburg Die Küste von ▶ Vlissingen bis zum Veersegatdam ist eine einzige Urlaubsregion. Bekanntester **Ferienort** ist Domburg, 13 km nordwestlich von Middelburg. Das besonders bei den Deutschen beliebte Seebad, das im 19. Jahrhunderts zu den ersten Badeorten des Landes zählte und auch von Österreichs berühmter Kaiserin Elisabeth (Sisi) aufgesucht wurde. Noch immer erinnern stilvolle Gebäude an die mondänen Zeiten. Domburg hat einen breiten Sandstrand und ein riesiges Dünengebiet zu bieten.

Darüber hinaus war Domburg zu Beginn des 20. Jh.s ein vielbesuchter Künstlerort, in dem u. a. Jan Toorop und Piet Mondrian das besondere Nordseelicht festhielten. Das **Marie Tak van Poortvliet Museum** widmet sich dieser Künstlertradition.

Ooststraat 10a, NL-4357 BE Domburg | tgl. 10–17 Uhr | Eintritt: 6,50 € | https://marietakmuseum.nl

»Zeelands Weltwunder«

★★ Oosterscheldedam

Die furchtbaren Erfahrungen der **Sturmflutkatastrophe von 1953** mit über 1 800 Todesopfern, 35 000 toten Tieren und 72 000 evakuierten Menschen waren der Anlass zur Entwicklung des Deltaplans (► Baedeker Wissen, S. 314) und zum Bau der **Deltawerke** mit dem Oosterscheldedam nördlich von Middelburg, um das Hinterland vor zukünftigen Überschwemmungen zu schützen. Im Jahr 1967 legte man drei Arbeitsinseln in der Mündung der Oosterschelde in die Nordsee an, zwei davon waren durch einen Damm verbunden. Eine Brücke stellte die Verbindung mit dem Festland her. Bald jedoch wurden die ersten Proteste laut. Umweltschützer, Fischer und Muschelzüchter befürchteten die Bedrohung des Lebensraums zahlreicher Pflanzen und Tiere durch die Umwandlung des salzigen Gezeitengebiets in eine Süßwasserfläche. Nur durch den offenen Zufluss zur Nordsee konnten die reichen Fanggründe der Muschel- und Austernkulturen sowie die zahlreichen Fisch- und Vogelarten erhalten bleiben. Unter dem Druck der Öffentlichkeit erklärte sich die Regierung 1974 zum Bau eines **halb offenen Damms** bereit: ein gewaltiges, für die Gezeiten durchlässiges Sturmflutwehr, das nur bei Gefahr geschlossen wird. Für die Niederländer bedeutete dieses Sturmflutwehr das neueste Weltwunder. Im Jahr 1986 fand die Eröffnung des Oosterscheldedams durch die damalige Königin Beatrix statt.

Auf der ehemaligen künstlichen Arbeitsinsel Neeltje Jans, die auf der Schnellstraße über das Sturmflutwehr Oosterschelde (Oosterscheldekering) zu erreichen ist, beleuchtet die Dauerausstellung **Delta Expierence** im **Deltapark Neeltje Jans** die 2000-jährige Geschichte der niederländischen Wasserbautechnik, deren Krönung bis jetzt die Deltawerke sind. Im Vorführsaal wird eindrücklich die Flutkatastrophe von 1953 rekonstruiert. Ausgehend von einfachen Hilfsmitteln – bei der Sturmflut 1953 wurden noch Sandsäcke zur Abdämmung verwendet – können Sie anhand von Dias, Modellen, Schautafeln und Filmen riesige Arbeitsschiffe, hydromechanische Messgeräte und schwimmende Unterwasser-Staubsauger neueren Datums bewundern. Die informative Ausstellung über die niederländische Wasserbautechnik wird ergänzt durch einen **Freizeitpark**, der sich auf eher spielerische Art mit dem Thema Wasser mit all seinen Aspekten – sowohl als bedrohendes Element als auch als Lebensraum – auseinandersetzt: In einem futuristischen Pavillon werden die Aspekte Grundwasser, Wolkenbildung, Gletscher, Wellen, Nebel und Wasserwirtschaft

STURMFLUTWEHR OOSTERSCHELDEDAM

Der Bau des Oosterscheldedams dauerte 13 Jahre und verschlang umgerechnet 2,5 Milliarden Euro. Zuerst wurden die Deiche rund um die Oosterschelde zugeschüttet, dann errichtete man einen halb offenen Pfeilerdamm, dessen stählerne Schieber zwischen jeweils zwei Betonpfeilern vier Mal pro Jahr testweise sowie bei schwerem Sturm geschlossen werden. Der Damm ist ein Teil des Hochwasserschutzsystems Deltawerke.

1 Fundament

Der begradigte Meeresboden wurde mit einem Fundament aus Kies, Sand und synthetischen Matten versehen, die das Wegspülen des Untergrunds verhindern.

2 Sockel

Noch ein Superlativ: Je anderthalb Jahre Bauzeit benötigte man für die Anfertigung der zwischen 30 und 38 m hohen Sockel. Pro Sockel wurden dabei 7000 m³ Beton verbaut.

3 Betonpfeiler

Insgesamt 65 Betonpfeiler tragen das Sturmflutwehr. Die je 18 000 t schweren und 40 m langen Pfähle wurden millimetergenau in das Fundament versenkt. In ihrem Inneren ist die gesamte Technik untergebracht.

4 Schieber

Die 62 Schieber schließen – computergesteuert – nur bei Hochwasser, das bei einem Wasserstand von mehr als 3 m erreicht ist. Der größte der Schieber ist 12 m breit und 480 t schwer.

5 Verkehrsstraße
Über den Oosterscheldedam führt die an Wochenenden und im Sommer stark befahrene N57.

plastisch dargestellt; eine Ausstellung im Pavillon informiert über die Welt der Wale. Aquarien, ein Seehund- und Rochenbecken, ein 3-D-Kino, eine Orkanmaschine sowie ein Wasserspielplatz mit Wasserrutschbahn finden vor allem bei jüngeren Besuchern Anklang. Besonders beeindruckend ist der Besuch des Oosterscheldedams, zu dem Sie vom Gelände aus gelangen. Der Weg führt ins **Innere des Damms** sowie hinaus auf eine **Plattform** auf einem Betonpfeiler, von der aus Sie die Wucht der Wassermassen beobachten können.

Deltapark: Faelweg 5 | tgl. 10 – 17 Uhr | Eintritt: 27 € (inklusive Parkplatz und Bootsfahrt) | www.neeltjejans.nl

★ NIJMEGEN

Provinz: Gelderland | **Einwohnerzahl:** 169 100

Zu Besuch bei den Römern – ja, auch in die niederen Landen sind sie gezogen und haben dort ihre Siedlungen wie Noviomagus errichtet. Überreste dieser Periode sind im Museum Valkhof zu sehen. Nijmegen ist die älteste Stadt der Niederlande, aber aufgrund der vielen Studenten auffallend jung. Und so ist die Stadt auch für ihre Kneipenszene und die abwechslungsreichen Ausgehmöglichkeiten bekannt. Gaudeamus igitur!

Junge alte Stadt

Nijmegen (dt. Nimwegen) erstreckt sich am linken Ufer der Waal, des südlichen Mündungsarms des Rheins. Sie wird von sieben Hügeln beherrscht, deren treppenförmig bebaute Hänge wie die Ränge eines Amphitheaters anmuten. Neben ▶ Arnhem ist Nijmegen mit seinen Verwaltungseinrichtungen, Hochschul- und Forschungsinstituten das bedeutendste Zentrum der Provinz Gelderland. Der Waalhaven von Nijmegen ist eine der wichtigsten Zwischenstationen auf dem Binnenwasserweg zwischen Rotterdam und dem Ruhrgebiet.
Nijmegen war als »Batavorum« und später als »Noviomagus« eine römische Siedlung. Zur Zeit der Karolinger war es mehrfach kaiserliche Residenz, später Reichs- und Hansestadt und schloss sich 1579 der Utrechter Union an. 1585 ergab sich die Stadt den Spaniern, wurde aber bereits 1591 durch Maurits von Oranien zurückerobert. 1678 wurde hier der Friedensvertrag zwischen Frankreich und den Niederlanden unterzeichnet. Die wirtschaftliche Blütezeit von Nijmegen begann erst im Zeitalter der Industrialisierung. Im Zweiten Weltkrieg wurde besonders das Stadtzentrum stark zerstört.

Der Oosterscheldesperrwerk wird bei Sturmflutgefahr geschlossen.

Wohin in Nijmegen?

Park mit kaiserlichen Ruinen

★ Valkhof

Im Norden der Stadt liegt der Valkhof, ein hübscher Park auf einer Anhöhe über der Waal. An dieser Stelle befand sich einst die **Kaiserpfalz**, die 768 von Karl dem Großen gegründet wurde und auch unter den sächsischen, fränkischen und staufischen Kaisern oft Sitz des Hoflagers war. Hier starb 991 die Kaiserin Theophano, die Gemahlin Ottos II., und hier wurde 1165 Heinrich VI., der Sohn Friedrich Barbarossas und Beatrix' von Burgund, geboren. Der Name Valkhof geht auf die Falken zurück, die Karls Sohn Ludwig der Fromme hier für die Jagd im unweit gelegenen Reichswald hielt.
Von der Pfalz sind nur die architektonisch bedeutende karolingische **Schlosskapelle St. Nicolaas** und südöstlich davon die Ruine einer vermutlich aus der Zeit Barbarossas (1155) stammenden, romanischen Chorapsis erhalten (St. Maartenskapel). Von der Kapelle haben Sie einen hübschen Blick über die Waalniederung.

Mit Fernblick

Hunnerpark, Belvedere

Unweit östlich vom Valkhof, am Nordende des Hunnerparks, erhebt sich das weithin sichtbare Belvedere, ein **ehemaliger Wachturm** aus dem 16. Jahrhundert mit schöner Fernsicht. Am Hunnerpark beginnt auch die mächtige, 700 m lange **Waalbrug**, die zur Vorstadt

In der ehemaligen Stadtwaage ist heute ein Restaurant untergebracht, das den Backsteinbau gerne als herrliche Kulisse nutzt.

Lent hinüberführt, wo übrigens auch die Autobahn nach Arnhem beginnt.

Von der Antike bis zur Modernen

Museum Het Valkhof

Im Bau des Architekten Ben van Berkels (geb. 1957) werden römische Kunst- und Gebrauchsgegenstände, aber auch prähistorische und mittelalterliche archäologische Funde aus Nijmegen und Umgebung sowie eine Sammlung moderner und alter Kunst präsentiert.
Kelfkensbos 59 | Di. – So. 11 – 17 Uhr, voraussichtlich bis zum Jahr 2025 wird das Museum renoviert. | Eintritt: 12,50 € | www.museumhetvalkhof.nl

Stark verändert

St. Stevenskerk

Nur wenig ist von dem ursprünglichen Bau St. Stevenskerk, Baubeginn um 1260, übrig geblieben. Um 1400 wurde das erste Schiff in ein neues Langhaus umgebaut. Dann kamen Chor, Chorumgang, Kapellenkranz, Querhaus mit drei Schiffen, die Heiliggrabkapelle und das Südportal hinzu; die Bauarbeiten wurden um 1560 abgeschlossen. Neben der Kirche steht ein viereckiger Turm (1593) mit achteckigem Glockenturm (1604) und einem Glockenspiel aus dem 18. Jh. Nach schweren Beschädigungen im Zweiten Weltkrieg erneuerte man den Turm und die Fassade. Erhalten geblieben sind nur wenige Ausschnitte der Wandmalereien in der Grabkapelle und im Chorumgang, ein Teil des Chorgestühls (1577), die Kanzel (1639) und die Orgel (1773). Am Stevenskerkhof stehen schöne, alte Häuser mit nur drei bis vier Metern Abstand von der Kirche, die einstigen **Domherrenhäuser**.
St. Stevenskerkhof 62 | Mo. – Sa. 10.30 – 17, So. 12 – 17 Uhr | www.stevenskerk.nl

Zwölf Apostel und die Zehn Gebote

Latijnse School

Bei der Kirche finden Sie ferner die 1545 von dem Stadtbaumeister Herman van Herengraves gebaute **Lateinschule**. Die sehenswerte Fassade zeigt gotische Korbbogennischen und Renaissance-Friese. Zwischen den Fenstern im ersten Stockwerk stehen die Skulpturen der zwölf Apostel, dazwischen der Text der Zehn Gebote.

Speisen zwischen Renaissancemauern

Waag

Neben dem Kerkboog, einem spätgotisches Doppeltor, erhebt sich die 1612 erbaute, ehemalige **Stadtwaage**. Das Gebäude in rotem Backstein mit den schwarz-roten Luken ist ein gutes Beispiel des renaissancezeitlichen Baustils. Heute befindet sich im Gebäude ein stilvolles **Restaurant** (www.dewaaghnijmegen.nl).

Das Altstadtzentrum …

Grote Markt

… bildet der dreieckige Marktplatz. Hier steht die Skulptur der **Mariken van Nieumeghen** aus dem gleichnamigen Mysterienspiel. Der

NIJMEGEN ERLEBEN

CITYSTORE NIJMEGEN

Grote Markt 17
NL-6511 KA Nijmegen
Tel. 09 00 / 1 12 23 44
https://de.visitnijmegen.com
Mi. – So. 10 – 17 Uhr

❶ CALI €€€

Hier bekommen Sie kleine und große Happen, auch zum Teilen und gerne scharf.
Priemstraat 13
Tel. 0 24 / 6 79 15 00
http://www.calinijmegen.nl
Mo. und Di. geschl.

❷ DE PORTIER €€€€

Schickes Restaurant in der Altstadt mit großer Auswahl an vegetarischen Gerichten.
Kelfkensbos 57
Tel. 0 24 / 6 79 27 19
www.portier-nijmegen.nl
So. und Mo. geschl.

❶ DE WOLFSBERG €€

Nostalgisches Hotel (39 B.) mit Restaurant in waldreicher Hügellandschaft mit schönem Ausblick in ein Tal, ca. 5 km südöstlich von Nijmegen.
Mooksebaan 12
NL-6562 KB Groesbeek
Tel. 0 24 / 3 97 13 27
www.wolfsberg.nl

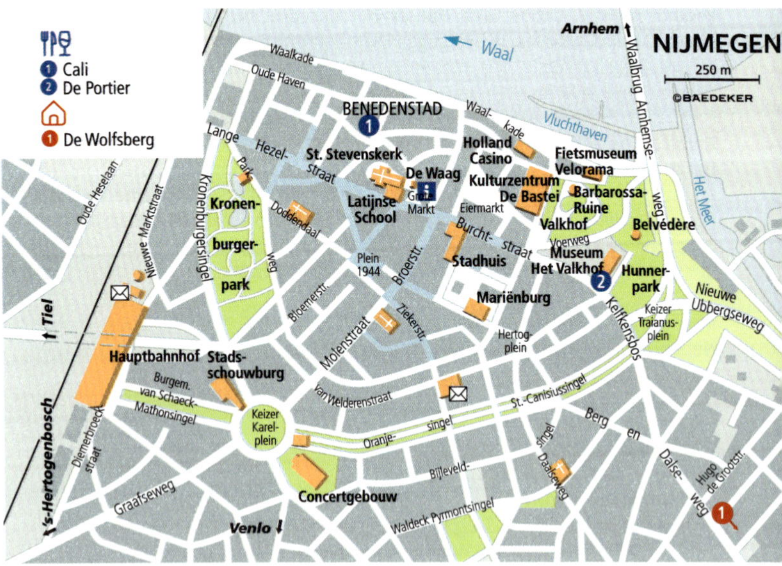

Legende nach legte man sie für ihren vermeintlichen Bund mit dem Teufel in Eisenringe. Als ihre Bußzeit zu Ende war, sprangen die Ringe von selbst auf; die Reste hält sie in der Hand.

Viele Kopien, wenige glückliche Originale

Stadhuis

Das **Rathaus** in der Burchtstraat wurde 1555 von dem Stadtbaumeister van Herengraves gebaut. Im zweiten Weltkrieg wurde es ganz zerstört, dann von 1951 bis 1953 wieder aufgebaut. Nur die Wandteppiche, die wegen Restaurationsarbeiten entfernt worden waren, blieben erhalten. Die hübschen Kaiserfiguren, Köpfe über den Fenstern und Medaillons des Bildhauers Cornelis Sass aus Utrecht wurden durch Kopien ersetzt.

Ausgehmeile am Waal

Waalkade

Im Jahr 1978 begann man die Landstraße entlang der Waal auszubauen. Nicht geschäftliche oder wohnungsbauliche Erwägungen waren bei diesem architektonischen Vorhaben ausschlaggebend, sondern der Freizeit- und Vergnügungsaspekt: So entstand eine **Promenade** mit zahlreichen Restaurants, Cafés und Bars, die beim Flanieren entlang des Flussufers zum Verweilen einladen. Bedeutendstes Bauprojekt war das lang gestreckte staatliche **Spielkasino** aus weißem und braunem Marmor. Während der Bauarbeiten am Holland Casino Ende der 1970er-Jahre entdeckte man Überreste der römischen Siedlung Ulpia Noviomagus. Eine Sehenswürdigkeit von technischem Interesse stellt das **antike Heizungssystem** dar; es kann im Erdgeschoss des Kasinos besichtigt werden.
Die neueste Attraktion an der Waalkade ist **De Bastei**, ein natur- und kulturhistorisches Museum rund um das Leben am Fluss mit über 100.000 Objekten, darunter sind auch archäologische Funde.
In der Waalkade lohnt auch ein Besuch des **Nationaal Fietsmuseum Velorama**, des Fahrradmuseums Velorama, mit rund 250 Fahrradmodellen vom Laufrad bis zum Rennrad.
De Bastei: Waalkade 83 | tgl. 10 – 17 Uhr | Eintritt: 12,50 € | www.debastei.nl
Nationaal Fietsmuseum: Waalkade 107 | Mo. – Sa. 10 – 17, So. 11 bis 17 Uhr | Eintritt: 6 € | www.velorama.nl

Rund um Nijmegen

Ein Ausflug in den Orient

Heilig Landstichting

Östlich von Nijmegen erstreckt sich ein reizvolles, waldreiches **Hügelland**, das von zahlreichen Wanderwegen durchzogen wird. Vom Keizer Karelplein geht es auf dem Groesbeekseweg südöstlich aus der Stadt hinaus und weiter am Waldrand entlang. Nach 4 km erreicht man eine Straßenkreuzung, an der man links abbiegt. Nach

300 m folgt eine Zufahrt zum **Museumpark Orientalis**, einer anschaulichen Nachbildung der heiligen Stätten des Neuen Testaments. Als das biblische Freiluftmuseum 1911 errichtet wurde, standen religiöse Aspekte im Vordergrund. Bei seiner Umgestaltung 1970 verschob sich der Schwerpunkt auf eine authentische Wiedergabe des Alltagslebens zu Jesu Zeiten. In dem 45 ha großen Gelände kommen Sie vorbei an Nomadenlagern, einem Dorf aus dem früheren Palästina, Wohnhäusern aus den unterschiedlichen Kulturkreisen der Juden, Perser, Römer, Griechen, Ägypter oder Assyrer, die sich zu der Zeit tangierten. Der Ausstellungsraum im Hauptgebäude ist der **2000-jährigen biblischen Kulturgeschichte** gewidmet. Da die drei Religionen Christentum, Judentum und Islam seit Jahrhunderten in einen Streit um Jerusalem verwickelt sind, werden in der Abteilung »Heilige Stätten Jerusalems« die historischen Gemeinsamkeiten der drei Religionen aufgezeigt.
Vom **Kalvarienberg** haben Sie eine schöne Aussicht. Das weitläufige Gelände ist auch mit einer kleinen Bahn befahrbar.

Museumpark Orientalis: Profetenlaan 2 | März – Okt. Di. – So. 10 – 17 Uhr, weitere Öffnungszeiten auf der Website | Eintritt: 14 € | www.museumparkorientalis.nl

Blick vom Teufelsberg

Berg en Dal

Nach etwa 4 km erreichen Sie Berg en Dal, ein hübsches, auf der Höhe einer Hügelkette gelegenes Ausflugsziel mit weiter Aussicht. Hier gibt es ein **Afrika-Museum** mit Masken und Plastiken, drei Siedlungen und einem kleinen Zoo. Östlich des Städtchens, nicht mehr weit von der deutschen Grenze entfernt, bietet der 76 m hohe Duivelsberg eine gute Aussicht über das Wijlermeer.

Afrika Museum: Postweg 6 | Di. – Fr. 10 – 17, Sa. u. So. 11. – 17 Uhr | Eintritt: 15 € | www.afrikamuseum.nl

Eine der drei bedeutendsten Burgen des Landes

Doornenburg

Knapp 20 km nordöstlich von Nijmegen an der Gabelung von Rhein und Waal erhebt sich **Burg** Doornenburg, die im Zweiten Weltkrieg zerstört wurde. Originalgetreu wieder aufgebaut, gilt sie heute neben dem Muiderslot (Muiden, ► Amsterdam, Umgebung) und Burg Loevenstein (► Gorinchem) als bedeutendste »mittelalterliche« Burg der Niederlande.

Kerkstraat 27 | Führungen: Sa. u. So. 13 – 15, Juni – Sept. tgl. 13 bis 15 Uhr | Eintritt: 12,50 € | www.kasteeldoornenburg.nl

Wohnen auf dem Wasser

Maasbommel

Äußerlich sehen die Häuser mit ihren zwei Stockwerken, halbrunden Metalldächern und gelben, grünen oder blauen Fassaden ziemlich normal aus. Doch die 37 Behausungen, 2003 am Ufer eines Seitenarms der Maas in Maasbommel westlich von Nijmegen erbaut, waren die ersten **Amphibienhäuser** der Niederlande. Ihre Keller, wasserdichte Wannen aus Beton, stehen nicht im Erdreich, sondern sind Schwimmkörper, verleihen den Häusern also bei steigendem Wasser Auftrieb. Damit sie nicht abdriften, sind sie an jeweils zwei tief im Boden verankerten Stahlpylonen befestigt, an denen sie bei steigenden bzw. sinkenden Pegelständen auf- oder abgleiten. Mit den Amphibienhäusern wappnen sich die Niederländer gegen den Klimawandel und gegen Regenfälle. Inzwischen gibt es auch in anderen Städten, darunter in ▶ Amsterdam und in ▶ Utrecht, solche schwimmenden Siedlungen.

NOORDOOSTPOLDER

Provinz: Flevoland | **Einwohnerzahl:** 49 900

Kaum ein anderes Gebiet der Niederlande verdeutlicht besser, wie das Meer den Bewohnern immer wieder zusetzte und wie man sich mit ihm arrangieren musste. Was einmal Land war, versank in den Fluten. Und ehemalige Inseln liegen heute auf dem Trockenen. Willkommen in der Gemeinde Noordoostpolder in einer Zwischenwelt von Land und Wasser.

Fruchtbares Neuland

Schon im 9. Jh. waren Warften auf dem heutigen Gebiet des Noordoostpolders besiedelt. Doch die Zuiderzee, ein Meeresarm der Nordsee, drang immer tiefer und breiter in das Land hinein. Die Be-

NOORDOOSTPOLDER ERLEBEN

www.visitnoordoostpolder.nl

DE ZEEBODEM €€€€
Vorzügliches und freundliches Fischrestaurant. Von der großen Terrasse bietet sich eine tolle Aussicht auf den Hafen von Urk und auf das IJsselmeer.
Wijk 1–67, Urk
Tel. 05 27 / 68 32 92
www.dezeebodem.nl

PENSION DE KROON €
Zwei der fünf Zimmer haben Balkone mit einer schönen Aussicht aufs IJsselmeer.
Wijk 7–54, Urk
Tel. 05 27 / 68 12 16
www.pensiondekroon.nl

wohner zogen sich auf zwei stets schmaler werdende Landstriche zurück, die zu Inseln wurden: Urk und Schokland. Im Jahr 1936 begann man mit der Trockenlegung eines Teils der Zuiderzee und bis ins Jahr 1942 wurde ein rund 47 600 ha großes Marschgebiet dem IJsselmeer abgerungen. Die Einpolderung fiel in die Zeit des Zweiten Weltkrieges und viele Niederländer entkamen durch das Zuiderzee-Projekt ihrem Arbeitseinsatz für die deutschen Besatzer. Andere Arbeiter hofften, auf dem neu entstandenen Land eine Existenz als Bauer aufbauen zu können. Tatsächlich ist das neugewonnene Land sehr fruchtbar und für die Landwirtschaft geeignet, allerdings liegt es 4,50 bis 5,70 m unter dem Meeresniveau; die **Entwässerung** des Gebiets erfolgt mit Hilfe eines komplizierten Systems von Kanälen, Schleusen und Pumpstationen. Drei Entwässerungskanäle verlaufen von Emmeloord in der Mitte des Polders nach Lemmer im Norden, zur ehemaligen IJsselmeerinsel Urk im Südwesten und nach Vollenhoven im Südosten. Hier befinden sich die Pumpstationen und Schleusen.
Das fruchtbare Neuland in 1600 Parzellen aufgeteilt, die von ebenso vielen 12 bis 48 ha großen Pachtbetrieben bewirtschaftet werden. Wichtigste Anbauprodukte sind Zuckerrüben, Getreide, Raps, Flachs und Hülsenfrüchte. Im Südosten kommen noch Blumen, Obst und Gemüse hinzu.

Von Kampen nach Lemmer

Kampf gegen das Meer

Über Ens nach Schokland

Die Straße in Richtung ▶ Sneek führt von ▶ Kampen über eine Brücke über die IJssel, entlang an deren rechtem Ufer mit hübschem Blick auf Kampen und weiter an einem breiten Kanal. Rund 8 km nördlich von Kampen fährt man auf einer langen Brücke über das **Ramsdiep**, einem Gewässer, das bei der Errichtung des Noordoostpolders entstanden ist. Wenn man weiter quer über den Noordoostpolder fährt, folgt nach 3 km das **Polderdorf** Ens; an hübschen Gehöften vorbei kommt man zur 3 km westlich gelegenen Siedlung Schokland.
Bis zur Trockenlegung des Noordoostpolders war Schokland eine Insel in der Zuiderzee. Noch heute überragt die Siedlung dank ihrer leicht erhöhten Lage auf einem Hügel das umliegende Polderland um wenige Meter. Jahrhundertelang war die Insel durch die See bedroht; mit dem Bau von Deichen und künstlich angehäuften Wohnhügeln, den Warften, versuchte die Bevölkerung, sich gegen die Fluten zu wehren, bis nur mehr ein schmaler Streifen Land übrig blieb. Als Symbol des menschlichen Kampfes gegen das Meer wurde **Schokland** 1995 in die Liste des kulturellen Welterbes der UNESCO aufgenommen. Eine Ausstellung in den historischen Häusern und der Kirche der Siedlung zeigt sehenswerte vorgeschichtliche Funde, die bei

Giethoorn erkundet man am schönsten mit dem Boot, dem »Punter«.

der Trockenlegung der Zuiderzee entdeckt wurden, alte Fotos und Trachten der Schokker, wie die einstigen Inselbewohner genannt werden, sowie von ihnen verwendete Alltagsgegenstände.

Museum Schokland: Middelbuurt 3 | Di. – So. 11 – 17 Uhr, Juli / Aug. auch Mo. | Eintritt: 8 € | www.museumschokland.nl

Traditionell und unverwechselbar

Etwa 13 km weiter westlich liegt am Ufer des IJsselmeeres der kleine und traditionelle Fischerhafen Urk, der noch einen altholländischen Charakter zeigt. Seit der Trockenlegung des Noordoostpolders ist die **ehemalige Insel** Urk mit dem neu gewonnenen Festland verbunden. Schon 966 urkundlich erwähnt, ist Urk der älteste Ort der Provinz Flevoland. Um vor Hochwasser geschützt zu sein, siedelten sich die ersten Bewohner auf einem Lehmhügel an. Urk

Das **Museum Het Oude Raadhuis** im alten Rathaus von Urk zeigt ortstypische Trachten, Ausstellungen zur Dorfgeschichte sowie eine original eingerichtete Fischerwohnung von 1930, eine Segelmacherei und einen alten Urker Tante-Emma-Laden.

Der Bau des **Afsluitdijks** (▶ Harlingen) zwischen der Waddenzee und dem IJsselmeer im Jahr 1932 brachte Einbußen für den bis dahin lebhaften **Hafen**. Der unverwechselbare Charakter von Urk wurde dadurch jedoch nicht gefährdet. Jeden Freitag laufen Schiffe, die auf dem IJsselmeer und der Nordsee verkehren, den Hafen an. Einige Urker tragen auch im Alltag noch ihre Tracht und sind ein beliebtes Fotomotiv.

Museum Het Oude Raadhuis: Wijk 2-2 | Apr. - Okt. Mo. - Fr. 11 - 17, Sa. 11 - 16 Uhr | Eintritt: 7 € | www.museumopurk.nl

Hauptort des Noordostpolders

Emmeloord

An der Hauptstraße nach ► Sneek folgt 9 km hinter Ens eine Klappbrücke über die Urkervaart. An der nach Urk führenden Straße liegt der neue Hauptort des Noordoostpolders, Emmeloord. Östlich von Emmeloord befindet sich der kleine Ort **Luttelgeest** mit dem Orchideeënhoeve (Orchideenhof). Hier finden Besucher neben einem Orchideengarten auch einen Amazonas-Regenwald, einen tropischen Zoo und eine Orchideen-Gärtnerei, in der die Pflanzen auch verkauft werden (Oosterringweg 34). Die Straße nach Sneek folgt dem Kanal Lemstervaart und führt weiter nach **Lemmer**, einem wichtigen Binnenhafen am IJsselmeer, wo das **Polderpumpwerk Woudagemaal** steht, eines der letzten Dampfpumpwerke der Welt und heute eingetragen als UNESCO-Weltkulturerbe.

Gemaalweg 1a | April - Okt. Di. - Sa. 10 - 17, So. 13 - 17, im Winter Do. - Sa. 10 - 17, So. 13 - 17 Uhr | Eintritt: 9,50 € | www.woudagemaal.nl

Mit dem Punter durchs Dorf

Giethoorn

Östlich vom Noordoostpolder – auf der Höhe von Emmeloord – liegt das malerische Dorf Giethoorn in einem riesigen Moorgebiet der Provinz Overijssel. Durch die zahlreichen Kanäle und Seitenkanäle war es in Giethoorn kaum erforderlich, Straßen zu bauen. Als Verkehrsmittel werden kleine Schiffe, sogenannte **Punters**, benutzt, die dem Dorf im Volksmund (auch) den Namen »Venedig des Nordens« einbrachten. Noch heute gehört eine Bootstour mit dem Punter für die vielen Besucher zu den Höhepunkten einer Reise durch die Niederlanden.

Sehenswert im Ort sind das **Museum De Oude Aarde**, wo dem Besucher Mineralien, Halbedelsteine, Fossilien und im Terrarium deren rezente Nachfahren gezeigt werden, sowie der **Museumsbauernhof 't Olde Maat Uus** mit Gebrauchsgegenständen, die die Siedlungsgeschichte des 18. Jh.s dokumentieren.

Museum De Oude Aarde: Binnenpad 43 | April - Sept. tgl. 10 - 18, Okt. - März Mi. - So. 10 - 17 Uhr | Eintritt: 4,90 € | www.deoudeaarde.com

Museumsbauernhof 't Olde Maat Uus: Binnenpad 52 | Apr. - Okt. tgl. 11 - 17, Nov. - März Sa. - Mo. 11 - 16 Uhr | Eintritt: 7,50 € | www.oldemaatuus.nl

ROERMOND

Provinz: Limburg | **Einwohnerzahl:** 60 000

Die limburgische Kleinstadt ist über die Landesgrenzen aufgrund des Designer Outlets bekannt, welches zu den größten Europas zählt. Bei all der Shoppingbegeisterung sollten Sie jedoch nicht verpassen, der schönen Altstadt mit ihren Giebelhäusern, Gassen und Straßencafés einen Besuch abzustatten. Und auch dort finden Sie jede Menge lohnenswerter Geschäfte.

Limburgs Wassersport-zentrum

Roermond, an der Mündung der Roer in die Maas gelegen, ist Wirtschaftszentrum im niederländisch-deutschen Grenzgebiet. Trotz seiner wirtschaftlichen Bedeutung besitzt Roermond nach wie vor ein idyllisches Ortsbild. Ein beliebter Treffpunkt an warmen Sommerabenden ist der Bahnhofsplatz mit seinen Straßencafés.
Dank der zahlreichen Seen in der Umgebung und dank des Jachthafens (250 Liegeplätze; www.steelhaven.nl) ist Roermond auch Mittelpunkt einer aufstrebenden Ferienregion. Die durch Kiesabbau entstandenen Maasplassen bieten hervorragende Wassersportmöglichkeiten, u. a. Segeln, Surfen, Motorbootfahren, Baden und Angeln. Es werden auch Schiffsrundfahrten angeboten (Abfahrt u.a. ab Roermond), darüber hinaus besteht eine »Busverbindung« zu Wasser nach festem Fahrplan zwischen den Orten Wessem, Stevensweert und Thorn (▶ unten).
Urkundlich erwähnt wurde Roermond erstmals Mitte des 12. Jh.s unter dem Namen **Ruregemunde**. Im Jahr 1230 erhielt der Ort Stadtrechte und trat 1441 der **Deutschen Hanse** bei. Von 1543 bis 1794 war Roermond habsburgisch. 1839 fiel es an die Niederlande.
Der berühmteste Sohn der Stadt ist der bedeutende Architekt Petrus (Pierre) Josephus Hubertus **Cuypers** (1827 – 1921), der vor allem durch den Bau des Hauptbahnhofs und des Rijksmuseums in Amsterdam, aber auch durch zahlreiche Restaurierungen mittelalterlicher Kirchen Berühmtheit erlangte. Sein überlebensgroßes, in Bronze gegossenes Standbild, ein Werk des Bildhauers August Falise (1875 bis 1935), schmückt heute den Munsterplein.

Wohin in Roermond?

Klosterkirche ohne Kloster

Onze Lieve Vrouwe Munsterkerk

Im Zentrum, am weitläufigen, durch die Straßencafés belebten Munsterplein, erhebt sich die mächtige Onze Lieve Vrouwe Munsterkerk (Liebfrauenkirche), als **Klosterkirche** eines Zisterzienserinnenstifts im Übergangsstil von der Romanik zur Gotik erbaut und

ROERMOND UND UMGEBUNG ERLEBEN

VVV ROERMOND
Markt 17
NL-6041 EL Roermond
Tel. 04 75 / 33 58 47
www.weareroermond.com
Mo. 12 – 17, Di. – Fr. 9.30 – 17,
Sa. 9.30 – 17, So. 11 – 15 Uhr

Großes Designer Outlet Center am Stadteingang (Stadsweide 2)

DE GELEGENHEID €€€
Unweit der Munsterkerk liegendes, durch die braune Holzvertäfelung sehr heimeliges Restaurant mit einem Mix aus internationalen und einheimischen Gerichten.
Brugstraat 6
Tel. 04 75 / 33 88 23
www.restaurantdegelegenheid.nl

CRASBORN €€
Gemütliches Restaurant im gleichnamigen Hotel mit Limburger Küche, u.a. das berühmte »zoer vleisj« (Sauerfleisch). Im schönen Ort Thorn mit den bekannten weißen Häusern.
Thorn, Hoogstraat 6
Tel. 04 75 / 56 12 81
www.hotelcrasborn.nl

HOTEL ROERMOND €
Das frisch renovierte Hotel am Bahnhofsplatz bietet neben 58 Zimmern auch eine Brasserie und eine Parkgarage, die Hotelgästen gratis zur Verfügung steht.
Stationsplein 9
Tel. 04 75 / 31 65 48
www.hotelroermond.nl

1224 geweiht. Das Grabmal des Stiftsgründers Gerard III. van Gelre († 1229) und seiner Gemahlin Margaretha van Brabant († 1231) liegt unter der Vierung. Die Munsterkerk zählt zu den schönsten Beispielen der rhein-maasländischen Kirchenbauten der Spätromanik. Die Abtei wurde 1797 von französischen Truppen zerstört, doch die Kirche blieb erhalten. 1891 wurde das Bauwerk von P. J. H. Cuypers restauriert.
April – Okt. tgl. 14 – 17 Uhr, im Winter nur samstags

Moderner Abschluss

Sint Christoffelkathedraal

Der vom Munsterplein nördlich wegführende Steenweg, später Varkensmarkt, mündet in den reizvollen **Marktplatz** von Roermond, der vom **Stadhuis** aus dem 17. Jh. und von der Kathedrale St. Christoffel beherrscht wird. Die im 15. Jh. errichtete **Bischofskirche** wurde im Zweiten Weltkrieg zerstört und anschließend wieder aufgebaut. Dabei erhielt der Turm mit seinen Ecktürmen eine moderne Bekrönung. Ihn ziert eine Figur des hl. Christophorus mit dem Jesuskind auf der Schulter, des Schutzpatrons der Stadt. Die Kathedrale besitzt einen Sakramentaltar im Renaissancestil, wertvolles Chorgestühl und eine

Kanzel im Louis-XIV.-Stil von Petrus Vinck aus dem frühen 18. Jh., die von der Statue eines franziskanischen Kreuzzugspredigers, des hl. Johannes von Capistrano, getragen wird.

Roermond der Antike und des Mittelalters

Historiehuis

Der Bestand des Museums umfasst **archäologische Fundstücke** aus römischer und mittelalterlicher Zeit sowie eine stadtgeschichtliche Sammlung.

Neerstraat 11 | Mo. 13 - 18, Di. 11 - 20, Mi. - Fr. 11 - 18, Sa. 10 - 17, So. 13 - 17 Uhr | Eintritt frei | www.historiehuis.nl

Hollands großer Architekt

Cuypershuis

Das Cuypershuis, das 1853 erbaute, neogotische Wohnhaus und Atelier des Architekten Cuypers südlich der Altstadt, huldigt dem bekanntesten Sohn der Roermonds. Zu seinen berühmtesten Bauten gehören das Rijksmuseum und der Hauptbahnhof von Amsterdam.

Andersonweg 4 Di. - So. 11 - 17 Uhr | Eintritt: 6 € | www.cuypershuisroermond.nl

Rund um Roermond

Erholung in den Kiesgruben

Maasplassen

Die sich nördlich und südlich von Roermond an der Maas entlangziehenden ehemaligen **Maasplassen** (Kiesgruben) bilden heute eine ausgedehnte Seenlandschaft mit Campingplätzen und Wassersportzentrum.

Kleine weiße Stadt unter weiblicher Führung

★ Thorn

Knapp 14 km südwestlich von Roermond besticht die Stadt Thorn durch die weiß getünchten Fassaden der **historischen Häuser** aus dem 17. und 18. Jahrhundert. Alle Wege und Straßen sind mit gemusterten Kopfsteinpflastern bedeckt. Das Zentrum des Ortes, der jahrhundertelang nur von Frauen regiert wurde, ist beschaulich und von nostalgischem Charme und besitzt einige schöne Lokale.
Die Geschichte des Städtchens ist eng mit dem einstigen Stift Thorn verbunden, das um 925 vom Utrechter Bischof Ansfried als Benediktiner-Doppelabtei gestiftet wurde. Im 13. Jh. wurde diese in ein weltliches Damenstift umgewandelt, dessen Äbtissin den Rang einer **Reichsfürstin** hatte. Im Jahr 1795 wurde das Stift aufgehoben. Erhalten blieb bis auf den heutigen Tag nur die **Abdijkerk**, eine gotische Kreuzbasilika aus dem 14. Jahrhundert. Nach mehreren Erweiterungsbauten restaurierte P. J. H. Cuypers die Kirche und erhöhte den Mittelbau in neugotischer Weise. Hervorzuheben ist der Hochaltar (1769) und ein Renaissancealtar unter den Seitenaltären mit einer Kopie von Rubens' Gemälde »Die Kreuzabnahme«.

★ ROTTERDAM

Provinz: Zuid-Holland | **Einwohnerzahl:** 663 900

Die Stadt an der Maas hat einen kometenhaften Aufstieg hingelegt: Von der etwas schmuddeligen Hafenstadt mit fast ausschließlich Nachkriegsgebäuden hat sich Rotterdam zum beliebten Reiseziel all derjenigen entwickelt, die sich für moderne Architektur und Kunst begeistern. Immer wieder macht die Stadt mit spektakulären Aktionen, Ausstellungen und Festivals auf sich aufmerksam. Nicht ganz unwichtig: Dank der Küche aus aller Herren Länder können Sie in der Hafenstadt auch sehr gut essen.

Den meisten ist Rotterdam als Hafenstadt bekannt. Zu Recht, denn nach der 1966 erfolgten Inbetriebnahme des Europoort besaß Rotterdam lange Zeit den größten Hafen der Welt. Noch immer steht hier der wichtigste Hafen- und Industriekomplex Europas, in dem u.a. Rohstoffe weiterverarbeitet und mit riesigen Containerschiffen weitertransportiert werden. Als Rotterdam-Besucher sollte man sich die Hafenanlagen unbedingt ansehen – Boote der Reederei Spido bringen einen von der Einstiegsstelle nahe der Erasmusbrücke hinaus in den Industriehafen und bis zur Zweiten Maasvlakte, ein neu errichtetes Hafengebiet außerhalb der Stadt, das zu den nachhaltigsten und innovativsten Häfen der Welt zählt.

»Manhattan an der Maas«

Die Innenstadt von Rotterdam wurde 1940 durch deutsche Luftangriffe fast völlig zerstört. Der Wiederaufbau nach neuen Plänen, mit

Das absolute Kontrastprogramm zu Windmühlen, Deichen, Giebelhäusern und Grachten bietet das hypermoderne Rotterdam.

ROTTERDAM ERLEBEN

ROTTERDAM TOURIST INFORMATION

Coolsingel 114
3011 AG Rotterdam
Tel. 0 10 / 7 90 01 85
www.rotterdam.info
tgl. 9.30 – 18 Uhr

TOURIST INFORMATION ROTTERDAM CENTRAAL

Stationsplein 21
tgl. 9 – 18 Uhr

Rotterdam Welcome Card: Mit dieser Karte erhält man bis zu 50 % Rabatt bei den meisten Attraktionen und Museen und kann öffentliche Verkehrsmittel gratis nutzen. Erhältlich ist sie u.a. bei der Rotterdam Tourist Information (1 Tag: 15,50 €, 2 Tage: 21 €, 3 Tage: 25,50 €)
https://shop.rotterdam.info

Die meisten Sehenswürdigkeiten von Rotterdam sind per U-Bahn gut zu erreichen. Darüber hinaus verfügt die Stadt über ein ausgedehntes Netz von Straßenbahnen und Bussen.

Während der einstündigen Fahrt mit dem **Amphibienbus** von Splashtours werden zuerst die größten Sehenswürdigkeiten der Stadt gezeigt, dann taucht der Bus in die Maas ab. 28,50 €, www.splashtours.nl.

Einkaufszentren sind die **Beurstraverse**, die unter dem Coolsingel hindurchführt, die Straßen um den **Beursplein**, die **Lijnbaan** westlich des Coolsingel, der **Noorderboulevard** und das **»Plaza«** gegenüber dem Hauptbahnhof.

In den Hafenkneipen rund um den **Veerhaven** (südwestlich der Erasmusbrug) und am **Oude Haven** (in der Nähe der Willemsbrug) pulsiert das Nachtleben. Diskotheken gibt es am Stadhuisplein (nahe Stadhuis). In den Lokalen der **Westkruiskade** (»Chinatown«) westlich vom Stadhuis geht es multikulturell zu.

❶ FG FOOD LABS €€€€

In einem früheren Eisenbahntunnel isst man heute auf Sterneniveau. Familie Geurds kocht am liebsten mit Zutaten aus den Niederlanden; es gibt sogar ein eigenes »Geschmackslabor«, in dem so lange experimentiert wird, bis der perfekte Geschmack auf den Tellern der Gäste landet. Das hat einen Michelin-Stern verdient!
Katshoek 41
Tel. 0 10 / 4 25 05 20
https://fgfoodlabs.nl

❷ DUDOK €€

Die Niederländer lieben Apfelkuchen, und den besten des ganzen Landes soll es bei Dudok geben. Willem Marinus Dudok war der Architekt des modernistischen Gebäudes uund des schönen Cafés, in dem man noch heute den nach ihm benannten Apfelkuchen genießen kann.
Meent 88
Tel. 0 10 / 4 33 31 02
www.dudok.nl

❸ AMARONE €€€€

Das Amarone – mit offenem Kamin – zählt zu den besten Restau-

- 1 FG Food Labs
- 2 Dudok
- 3 Amarone
- 4 De Matroos en Het Meisje

- 1 Nhow Rotterdam
- 2 Hotel New York
- 3 SS Rotterdam

rants der Niederlande. Serviert werden französisch-mediterran inspirierte Gerichte.
Meent 72a
Tel. 0 10 / 4 14 48 87
https://restaurantamarone.nl
So. geschl.

❹ DE MATROOS EN HET MEISJE €€€

Der Matrose und sein Mädchen laden zum Mehr-Gänge-Überraschungs-Menü. Die Atmosphäre ist ungezwungen, das Interieur fröhlich Blau-Rot-Weiß. Natürlich mag der Matrose am liebsten Fisch, doch es gibt auch eine vegetarische Menü-Alternative.
Delistraat 52
Tel. 0 10 / 2 15 27 64
www.dematroosenhetmeisje.nl

❶ NHOW ROTTERDAM €€–€€€

Das Hotel im Hochhaus De Rotterdam lockt mit einer fantastischen Lage am Wilhelminapier mit Blick auf die Erasmusbrücke.
Wilhelminakade 137
Tel. 0 10 / 2 06 76 00
www.nhow-rotterdam.com

❷ HOTEL NEW YORK €€€

Stilvoller und geschichtsträchtiger als im ehemaligen Hauptgebäude der Holland-Amerika-Linie, direkt am Wasser, können Sie in Rotterdam nicht übernachten. Das Restaurant ist ebenfalls beliebt.

Von der Terrasse des Nhow Hotel haben Sie einen phantastischen Blick auf das »Manhattan« der Niederlande.

Koninginnenhoofd 1
Tel. 0 10 / 4 39 05 00
hotelnewyork.nl

❸ SS ROTTERDAM €€
Übernachten auf einem weißen Kreuzfahrtschiff aus den 1950er-Jahren – das ist auf der SS Rotterdam möglich, die dauerhaft im Maashaven vor Anker liegt und zu einem mondänen 4-Sterne-Hotel umgebaut wurde, einschließlich Restaurant und Pool an Deck.
3e Katendrechtse Hoofd 25
Tel. 0 10 / 2 97 30 90
ssrotterdam.nl

neuzeitlichen Ladenstraßen und Wohnvierteln sowie zahlreichen Hochhäusern (»Manhattan an der Maas«) machte Rotterdam zu **einer der modernsten Städte Europas**. Mit dem Zalmhaventoren (215 m) nahe der Erasmusbrücke hat die Stadt das höchste Gebäude und mit dem Maastoren (165 m) das höchste Bürohaus des Landes. 2013 wurde nach Plänen von Rem Koolhaas am südlichen Maasufer »De Rotterdam« fertiggestellt, ein Komplex aus drei 150 m hohen Hochhaustürmen inklusive Hotel und das bisher größte Bauvolumen in den Niederlanden.
Um das Stadtzentrum reihen sich die Stadtteile Katendrecht als neuer Hotspot im Süden der Stadt, Kralingen im Osten, Delfshaven im Westen und Feijenoord im Süden.

Moderner Phoenix

Geschichte

Rotterdam entwickelte sich aus einer frühmittelalterlichen Siedlung. Ein erster Aufstieg des Ortes begann im 13. Jh., als das Flüsschen Rotte durch einen Damm von der Neuen Maas getrennt wurde. Aus dieser Zeit stammt auch der Name Rotterdams, das 1340 Stadtrecht erhielt. Durch die Schiffsverbindungen zur Schie war Rotterdam mit dem damals bedeutenden Handelszentrum Delft verbunden, von dessen Wohlstand die Stadt bald profitierte. In dieser ersten Blüte wurde der bekannteste Bürger der Stadt geboren, der berühmte Humanist **Erasmus von Rotterdam** (um 1467 – 1536; ▶ Interessante Menschen). Durch einen schweren Stadtbrand 1563 wurde Rotterdam zum größten Teil zerstört.
Eine zweite Entwicklungsphase setzte erst ein, nachdem sich im Jahr 1585 viele Tausend Flüchtlinge aus den spanischen Niederlanden in der Stadt niederließen. Besonders die Tuchmacherei und die Teppichherstellung führten die Stadt in einem wirtschaftlichen Aufschwung. Die enorme Wachstumsphase des Hafens setzte allerdings erst nach der Abtrennung Belgiens ein, als die Niederlande in den Jahren von 1830 bis 1839 die Schelde sperrten. Das Hindernis, das die versandende Maasmündung für große Seeschiffe darstellte, wurde wenig später, im Jahr 1872, durch den Bau und eine fortlaufende Vertiefung des Nieuwe Waterweg beseitigt. An seiner Mündung in die Nordsee entstand dabei der neue Vorort Rotterdams Hoek van Holland.

Der katastrophalste Tag in Rotterdams neuerer Geschichte war der **14. Mai 1940**, als deutsche Flieger die Stadt bombardierten und das Zentrum in Schutt und Asche legten.

Wohin in der Stadtmitte?

Als Ausgangspunkt für einen Stadtrundgang ...

Hauptbahnhof

... bietet sich der beeindruckende, 2013 eröffnete Hauptbahnhof an. Das riesige Dach des Bahnhofsgebäudes ist ganz mit Titan verkleidet. Südlich vom Stationsplein befindet sich der **Schouwburgplein**. Diesen Platz zieren drei große rote Laternen, deren Form an Hafenkräne erinnert. Am Schouwburgplein steht das 1988 eröffnete **Städtische Theater** (Schouwburg).

Erste Fußgängerzone Europas

Lijnbaan

Östlich davon erstreckt sich ein Geschäftsviertel mit der im Jahr 1953 angelegten Lijnbaan, der ersten Fußgängerzone Europas, die von überdachten Promenaden und moderner Kunst geprägt wird.

Die »Konstruktion« oder »Das Ding«

Coolsingel

Die **Hauptstraße** des am rechten Maasufer gelegenen Stadtzentrums ist der breite Coolsingel, der einer Metamorphose unterzogen wurde: weniger Autos, mehr Fahrräder und Bäume. Der frühere Boulevard-Charakter sollte wieder zurückkehren. Am Anfang des Coolsingels steht links das 1920 in niederländischem Renaissancestil errichtete **Stadhuis** mit einem stattlichen Turm und reich ausgestattetem Inneren. Vor dem Gebäude ragt ein Denkmal des Völkerrechtlers Hugo Grotius empor, der von 1576 bis 1586 Ratspensionär von Rotterdam war. Dem Rathaus gegenüber, auf dem Stadhuisplein, erhebt sich ein Denkmal für Kriegsgefallene von Mari Andriessen. Etwas weiter, jenseits des Coolsingels, liegt das Kaufhaus **De Bijenkorf**, 1958 von Marcel Breuer erbaut. Davor steht die 26 m hohe Plastik **»Konstruktion«** (1957) des Franzosen russischer Herkunft Naum Gabo. Die Plastik heißt im Rotterdamer Volksmund auch »Das Ding«. Dem Kaufhaus gegenüber liegt die **Börse** (Beurs), vor deren Südfassade sich der Beursplein erstreckt.

Grabstätte großer Seehelden

Grote Kerk (Laurenskerk)

Hier erhebt sich am Grote Kerkplein die aus dem 15. Jh. stammende Grote Kerk (Laurenskerk). Die Kirche steht auf sehr sumpfigem Boden. Schwere, tief im Boden kreuzweise verlegte Eichenbalken und 4 m dicke Mauern bilden das Fundament, das die leichte Schrägstellung der 1,5 m breiten Kirchenmauern trotzdem nicht verhindern konnte. Bei der Bombardierung von 1940 blieben nur die Seitenmauern und der Turm übrig, den Sie erklimmen können. Wenn man die

Kirche durch das Hauptportal unter dem Turm betritt, beeindruckt das überaus helle, wunderschöne Interieur. Beim Wiederaufbau verwendete man für die meisten Fenster hell getöntes Glas.
Die Kirche ist eine **Kreuzbasilika** im Stil holländischer Spätgotik mit breiten und hohen Seitenschiffen und hölzernen, bemalten Tonnengewölben. Sie verfügt über insgesamt fünf Orgeln, weshalb die Kirche auch gerne für Konzerte genutzt wird. In den Seitenschiffen gibt es die Grabdenkmale der Seehelden Kortenaer, de With und van Brakel. Vor der Kirche steht ein Denkmal des berühmtesten Sohnes der Stadt, **Erasmus von Rotterdam**.
Grotekerkplein 27 | März - Okt. Di. - Sa. 10 - 17, Nov. - Feb. Di. - Sa. 11 - 17 Uhr | Eintritt: 3 € | https://laurenskerkrotterdam.nl

»Sixtinische Kapelle von Rotterdam«

★ Markthal

Weiter östlich folgt ein lang gestreckter Platz, der Binnenrotteplein. An dieser Stelle mündete früher das Flüsschen Rotte in die Maas. Heute fließt es unterirdisch, und auf dem **Binnenrotteplein** ist dienstags und samstags Markt.
Auffälligstes Gebäude ist die 2014 eröffnete, vom Architekturbüro MVRDV gestaltete Markthal. In der Außenhaut des **riesigen Tonnengewölbes** sind auf elf Stockwerken 228 Wohnungen eingebaut, innen warten 96 Marktstände auf Kundschaft. Im Obergeschoss laden einige Restaurants zu genussvollen Pausen ein. Die gewölbte Decke überzieht ein nicht minder gigantisches Werk des Künstlers Arno Coenen, das buntes, überdimensioniertes Obst und Gemüse darstellt und dem Gebäude den Spitznamen »Sixtinische Kapelle von Rotterdam« eingetragen hat.
Ds. Jan Scharpstraat 298 | Mo. - Do., Sa. 10 - 20, Fr. 10 - 21, So. 12 - 18 Uhr | www.markthal.nl

Wohnen im Würfel

★ Kijk-Kubus

Südlich der Markthalle führt die breite Straße Blaak zur Overblaak mit einem äußerst originellen Bauwerk des Architekten Piet Blom von 1984, den **Kubushäusern**. Diese würfelförmigen Wohnungen, die schräg auf einer Spitze stehen, sind heute noch bewohnt. Doch wie lebt man in einem solch faszinierenden, aber »unpraktischen« Bauwerk? Aufschluss gibt der Besuch einer Kubuswohnung (Kijk-Kubus), die noch im Original eingerichtet ist. Etwas beengt, aber sehr sehenswert.
Overblaak 70 | tgl. 11 - 17 Uhr | Eintritt: 3 € | www.kubuswoning.nl

Ein Stück ursprüngliches Rotterdam

Am alten Hafen

Von den Kubusbauten sind es nur ein paar Meter zum Alten Hafen (Oudehaven), in dem historische Schiffe liegen und Bistros mit Terrassen zu einer Pause einladen. Ganz in der Nähe, am Wijnhaven, Ecke Gelderse Kade, erhebt sich das **Witte Huis**, ein 46 m hohes,

In diesen Würfeln kann man wohnen? Ja! Wie das geht, sehen Sie beim Besuch des Kijk-Kubus.

zehnstöckiges Kontorhaus. Als es 1900 erbaut wurde, war es das erste Hochhaus Europas.

Direkt neben dem Witte Huis informiert das **Mariniersmuseum** der Koninklijke Marine über die Geschichte des Marinekorps seit seiner Gründung im Jahr 1665 bis in unsere Zeit.

Von hier gelangen Sie südöstlich zu dem 1964 vollendeten, 3 km langen **Maasboulevard**, von dessen Ostende Sie einen schönen Blick auf Rotterdam haben. Links führt die neue Willembrug zu den Hafenanlagen im südlichen Stadtteil.

Wijnhaven 7–13 | Di. – So. 9.30 – 17 Uhr | Eintritt: 11 € | www.mariniersmuseum.nl

Historische Schiffe und die zerstörte Stadt

Leuvehaven

An der Ecke zur Blaak beginnt der Leuvehaven, wo sich einst das erste künstlich angelegte Seehafenbecken Rotterdams befand und noch heute historische Schiffe zu sehen sind. Davor ragt die riesige Monumentalplastik **»De Verwoeste Stad«** (Die zerstörte Stadt; 1953) des russischen Künstlers Ossip Zadkine weithin sichtbar in die Höhe.

Außen nüchtern, innen leidenschaftlich

★ Maritiem Museum

Unmittelbar am Leuvehaven erblickt man den nüchternen, fensterlosen Betonbau des Maritiem Museum Rotterdam. Das **Seefahrtsmuseum** enthält eine umfangreiche Sammlung zur Geschichte der Seefahrt seit dem 17. Jahrhundert. Neben Schiffsmodellen – u. a. die Rekonstruktion eines 2000 Jahre alten Schiffs –, Karten und Atlanten sind hier Gemälde mit Szenen auf dem Meer sowie Filmvorführungen zur Navigation zu sehen. Zum Museum gehört auch ein Außenbereich im Leuvehaven, in dem ca. 20 Schiffe aus den Jahren 1850 bis 1950 verankert sind, u. a. zwei Dampfschlepper, mehrere Segelschiffe und Hafenkräne.

Leuvehaven 1 | Di. – Sa. 10 – 17, So. 11 – 17 Uhr | Eintritt: 17,50 € | www.maritiemmuseum.nl

Alkohol im Sattel?

Museen am Veerhaven

An der Willemskade präsentiert das ethnografische **Wereldmuseum** völkerkundliche Sammlungen aus aller Welt. Im Mittelpunkt der Ausstellung stehen Kunst- und Kultur der Gegenwart sowie die wechselseitige Beeinflussung der unterschiedlichen Kulturen.

Westlich des Veerhavens beherbergt ein Haus in der Parklaan das **Belasting- en Douanemuseum** (Steuer- und Zollmuseum) mit Sammlungen über das niederländische Steuersystem und die Geschichte des Schmuggels. Unter anderem sieht man ein »smokkelfiets«, ein Schmuggel-Fahrrad, in dessen Schutzblechen und Sattel Alkohol nach Belgien geradelt wurde.

Wereldmuseum: Willemskade 25 | Di. – Fr. 10 – 17, Sa./So. 11 – 17 Uhr | Eintritt: 15 € | www.wereldmuseum.nl

Belasting- en Douanemuseum: Parklaan 14–16 | Di. – So. 11 – 17 Uhr | Eintritt: 7,50 € | www.bdmuseum.nl

Ein Abstecher in die Wolken

Euromast

Er ist von Weitem sichtbar, der Euromast, zu dessen Füßen sich ein hübscher, kleiner Park erstreckt, der einfach nur **»Het Park«** genannt wird. Im Sommer trifft man sich hier zum Picknicken oder zum Open-Air-Konzert. Auch zum Schauen gibt es eine Menge, denn vom Euromast düsen im Minutenabstand Mutige an einem Seil in die Tiefe. Das »Abseilen« scheint eine beliebte Freizeitbeschäftigung der Rotterdamer zu sein. Weniger Beherzte bleiben einfach oben im Turm, denn dort gibt es in 92 m Höhe ein **Aussichtsrestaurant** und in 100 m **Gästezimmer** (für die Nacht muss man allerdings über 400 Euro hinlegen). Noch höher hinaus? Ein gläserner Lift bringt Schwindelfreie in eine luftige Höhe von 185 m.

Parkhaven 20 | tgl. 10 – 22 Uhr | Eintritt: 12,50 € | www.euromast.nl

Architektur, Naturhistorie, Alte Meister und die Moderne

Am Museumpark

Der Rotterdamer Museumspark wurde 1927 angelegt. Das nach Entwürfen von Jo Coenen gebaute niederländische Architekturinstitut **Het Nieuwe Instituut** wurde 1993 eröffnet. Jeder Baukörper des markanten Gebäudes erhielt eine abweichende Gestalt, entsprechend seinen vielfältigen Funktionen. Denn diese internationale Auskunfts- und Beratungsstelle ist nicht nur zuständig für Sammlungen über die niederländische Architektur und den Städtebau seit etwa 1800, sondern gibt zudem Fachliteratur und Monatszeitschriften heraus. Neben einer Bibliothek sind auch Ausstellungsräume für die Öffentlichkeit zugänglich.

Herz des Museumsparks ist das weltberühmte **Museum Boijmans Van Beuningen** mit einer hervorragenden Gemäldegalerie, Plastiken, kunstgewerblichen Gegenständen, Handzeichnungen und einem Kupferstichkabinett. Die aus einer Sammlung von **F. J. O. Boijmans** († 1847) entstandene, mehrfach erweiterte Gemäldegalerie zählt zu den bedeutendsten Museen der Niederlande; sie bietet einen Überblick über die europäische Malerei vom Mittelalter bis heute. Besonders zahlreich sind die Maler des 14. bis 16. Jh.s: Hieronymus Bosch, Lucas van Leyden und Pieter Brueghel der Ältere; aus dem 17. Jh. stammen Bilder von Frans Hals, Rembrandt und Rubens. Vetreten sind auch Alte Meister aus Italien und Frankreich (Tizian, Tiepolo bzw. Monet, Gauguin) sowie moderne und zeitgenössische Maler wie Matisse, Chagall und Kandinsky. **Seit 2019 wird das Museum renoviert**; die Wiedereröffnung ist für das Jahr 2029 geplant. Bis dahin werden Teile der Sammlung **im Depot** gleich neben dem Museumsgebäude gezeigt.

Im **Chabot-Museum** sind Werke des expressionistischen Künstlers Henk Chabot (1894 – 1949) aus Rotterdam zu sehen. Das Museum befindet sich in einer sehenswerten Villa aus 1939, die im modernistischen Stil des »Nieuwe Bouwen« errichtet wurde .

Der gleiche Baustil findet sich auch ein paar Häuser weiter, im **Huis Sonneveld**, erbaut im Auftrag von Albertus Sonneveld, einem der Direktoren der Van-Nelle-Fabrik. Die Architekten entwarfen ein Gesamtkonzept, bei dem Architektur, Inneneinrichtung und Mobiliar sorgfältig aufeinander abgestimmt sind. Die Villa mit ihren original Gispen-Möbeln ist zu besichtigen.

In der **Kunsthal Rotterdam**, einem 1992 von Rem Koolhaas erbauten Gebäude, finden Wechselausstellungen zu Kunst, Fotografie, Architektur und Design statt. 2012 geriet die Kunsthalle in die Schlagzeilen, als sieben kostbare Gemälde, u.a von Pablo Picasso, Henri Matisse, Paul Gauguin und Claude Monet im Wert von 50 bis 100 Mio. Euro gestohlen wurden.

Das **Natuurhistorisch Museum** zeigt u.a. das 15 m lange Skelett eines Pottwals, der 1995 mit zwei anderen Artgenossen südlich von Den Haag strandete.

Het Nieuwe Instituut: Museumpark 25 | Di. – So. 11 – 17, Do. bis 21 Uhr | Eintritt: 14 € | www.hetnieuweinstituut.nl
Museum Boijmans Van Beuningen: Museumpark 18–20 | wegen Renovierung geschlossen, Teilausstellung zugänglich im Depot Boijmans Van Beuningen, Museumpark 24 | Di. – So. 11 – 17 Uhr | Tickets (nur online) 20 € | www.boijmans.nl
Chabot-Museum: Museumpark 11 | Di. – Fr. 11 – 16.30, Sa. 11 – 17, So. 12 – 17 Uhr | Eintritt: 9 € | www.chabotmuseum.nl
Huis Sonneveld: Jongkindstraat 12 | Di. – So. 10 – 17 Uhr | Eintritt: 16,50 € | www.huissonneveld.nl
Kunsthal: Westzeedijk 341 | Di. – So. 10 – 17 Uhr | Eintritt: 16,50 € | www.kunsthal.nl
Natuurhistorisch Museum: Westzeedijk 345 | Di. – So. 11 – 17 Uhr | Eintritt: 10 € | www.hetnatuurhistorisch.nl

★ Delfshaven

Schafe auf dem Dach und ein letzter Gottesdienst

Altstadt

In Delfshaven, das bis 1886 eine eigene Stadt war, spürt man noch die Atmosphäre, die früher auch in Rotterdam durch die Gassen und Hafenbecken wehte. Dieser, auch Rotterdam West genannte Stadtteil, blieb im Krieg fast unzerstört und so entdecken Sie hier noch **stattliche Lagerhäuser, historische Hafenbecken und ein buntes Markttreiben** donnerstags und samstags auf dem Visserijplein. Doch wir wären nicht in Rotterdam, wenn sich nicht auch hier innovative Projekte zwischen die Hafenromantik gedrängt hätten. So wie der **Dakpark**, ein öffentlicher Park auf dem Dach eines Einkaufszentrums. Im Dachpark trifft man sich zum Yoga, zum Gärtnern und Picknicken. Als lebende Rasenmäher grasen Schafe. Auch die Vergangenheit begegnet dem Besucher in Delfshaven, dem Geburtsort des Seehelden Piet Hein. In der **Oude Kerk** am Voorhaven erinnern ein Gedenkstein und eine Bronzetafel an den letzten Gottesdienst der englischen Pilgrim Fathers in Delfshaven. Sie waren aus dem englischen York vertrieben worden und schifften sich hier im Jahr 1620 nach Nordamerika ein.

Südliche Stadtteile

Die Schwanenbrücke

★ Erasmusbrug

Die am linken Ufer der Maas gelegenen, südlichen Stadtteile erreichen Sie entweder über die verkehrsreiche Willemsbrug, die Erasmusbrug oder durch den Maastunnel. Im Jahr 1996 wurde die **neue**

Erasmusbrücke feierlich in Betrieb genommen, die den Stadtteil Kop van Zuid mit der geschäftigen Innenstadt verbindet. Durch ihr strahlendes Weiß und die asymmetrische Form, die an einen Schwan erinnert, wirkt das **Wahrzeichen der Stadt**, ein Entwurf des Architekten Ben van Berkel, äußerst majestätisch. Wenn der Wind die Stahlkabel, die an dem 140 m hohen Pylon zusammenlaufen, zum Schwingen bringt, denken musikalische Gemüter auch an eine Harfe.

Rotterdams himmlische Seite

★ Wilhelminapier

Der Kop van Zuid, der Kopf von (Süd-)Rotterdam mit dem Wilhelminapier, ist für viele die schönste Ecke Rotterdams: Beeindruckende Hochhäuser stehen neben historischen Lagerhäusern, gefeierte Stararchitekten bauten dort, wo früher Holländer das Schiff bestiegen und ihr Glück in der neuen Welt suchten. Im geschichtsträchtigen **Hotel New York**, im ehemaligen Hauptgebäude der Holland-Amerika-Linie, können Sie sich an Meeresfrüchten sattessen und in der Nacht auf weichen Kissen schlafen. Das benachbarte Cruise Terminal ist heute Veranstaltungsort sowie Anlegestelle für Kreuzfahrtschiffe. Blickfänger des Viertels ist das gigantische Hochhaus **De Rotterdam**, die »vertikale Stadt«. Fertiggestellt in 2013 nach einem Entwurf des Architekten Rem Koolhaas, beherbergt das fast 150 m hohe Gebäude 240 Wohnungen, ein Hotel, Büros, Restaurants und eine Tiefgarage. Mit einer Fläche von 162.000 qm² ist es das größte Gebäude der Niederlande.
Das **Nederlands Fotomuseum** im ehemaligen Speicher Las Palmas beleuchtet die Geschichte der Fotografie.

Wilhelminakade 332 | Di. – So. 11 – 17 Uhr | Eintritt: 14 € | www.nederlandsfotomuseum.nl

Häfen in Hülle und Fülle

Hafengebiet

An den ältesten Hafen am linken Maasufer, den 1 km langen **Koningshaven** von 1873, schließt sich das Hafengebiet von Feijenoord an mit dem **Binnenhaven**, dem **Spoorweghaven** und dem **Maashaven**, der an der Stelle des einstigen Dorfs Katendrecht angelegt wurde; es folgen die kleinen Häfen von Charlois. Westlich von Charlois erstreckt sich der 310 ha große **Waalhaven**. Jenseits des Vororts Pernis, beim Zusammenfluss von Oude und Nieuwe Maas, wo der Nieuwe Waterweg beginnt, sieht man die riesigen Hafenanlagen des Europoort, der über die Brielse Maas bis zur Nordsee bei Hoek van Holland reicht.

Nördliche und östliche Stadtteile

Ausbruch mit Folgen

Diergaarde Blijdorp

Nordwestlich des Bahnhofs im Abraham van Stolkweg liegt der **Tiergarten** Blijdorp, der im Jahr 1857 von zwei Bahnmitarbeitern gegründet wurde. Sehenswert ist das Oceanium, eine überdachte Wasser-Wunderwelt. In die Weltpresse gelangte der Zoo, als 2007 das 180 kg schwere Gorilla-Männchen Bokito aus dem Freigelände ausbrach und eine Besucherin mit sich schleppte, die Bokito regelmäßig besuchte. Diese erlitt über 100 Bisswunden und mehrere Knochenbrüche.

Blijdorplaan 8 | tgl. 9 – 18, im Winter bis 17 Uhr | Eintritt: 27 € | www.diergaardeblijdorp.nl

Ausflugsgebiet der Rotterdamer

Kralingse Bos

Im Nordosten von Rotterdam dehnt sich jenseits des Stadtteils Kralingen der Kralinger See aus, umgeben von dem rund 220 ha großen **Wald** Kralingse Bos. Hier gibt es mehrere Restaurants und Möglichkeiten zum Wassersport. Am Südostufer des Kralinger Sees steht die **Windmühle De Ster,** eine restaurierte Schnupftabak- und Gewürzmühle von 1740. Zwei weitere Windmühlen, Prinsenmolen von 1648 und De Vier Winden, 1776 gebaut, befinden sich weiter nördlich am Bergse Voorplas bzw. am Ufer der Rotte.

Grünes Paradies am Rande der Stadt

Arboretum Trompenburg

Weiter südlich in der Nähe des Maasboulevards erstreckt sich das Arboretum Trompenburg, einer von 19 **botanischen Gärten** der Niederlande. Es wurde im Garten des ehemaligen Landsitzes Trompenburg aus dem Jahr 1820 angelegt. Nicht nur an Buchen, Eichen und Rhododendren können Sie hier vorbeiwandeln, sondern auch an weiteren 3000 Bäumen und Sträuchern aus der ganzen Welt.

Honingerdijk 86 | März – Okt. Mo. 12 – 17, Di. – So. 10 – 17, Nov. – Feb. Mo. 12 – 16, Di. – So. 10 – 16 Uhr | Eintritt: 11 € | www.trompenburg.nl

★ Europoort

Der größte Hafen Europas

Entwicklung des Hafens

Mit einem Umschlag von jährlich über 467 Mio. t ist der Rotterdamer Hafen der größte Europas. Auf dem 40 km langen Hafengelände finden insgesamt über 183 000 Menschen aus Rotterdam und Umgebung Arbeit. Außerdem ist Rotterdam der **größte Erdölhafen der Welt** mit einer Einfuhr von jährlich über 100 Mio. Tonnen an Rohöl- und Mineralölerzeugnissen. Rotterdam war zudem einer der ersten Häfen der Welt, die sich auf den Containertransport verlegten und ist heute der größte Containerhafen Europas. Lebensmittel werden z. T. in Kühlhäusern gelagert. Etwa 85 % aller Zitrusfrüchte Westeuropas werden in Rotterdam eingeführt.

Vor 150 Jahren war der Hafen von Rotterdam noch relativ klein. Erst mit dem Bau des Nieuwe Waterweg begann er an Bedeutung zu gewinnen. Der eigentliche Durchbruch kam nach dem Zweiten Welt-

EUROPAS ÖLQUELLE

Der Hafen von Rotterdam ist der wichtigste Handelspunkt für Erdöl in Europa. Die Hälfte des gelöschten Rohöls wird in den fünf Raffinerien im Rotterdamer Hafen weiterverarbeitet, die andere Hälfte geht über Rohöl-Pipelines zu Raffinerien ins niederländische Vlissingen, nach Belgien (Antwerpen) und Deutschland (Ruhrgebiet und Ludwigshafen).

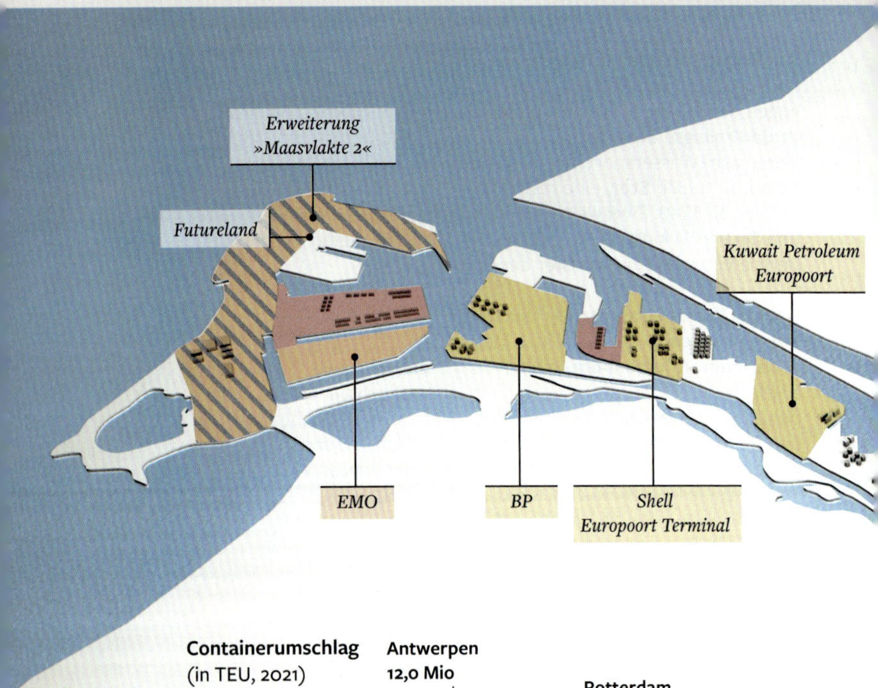

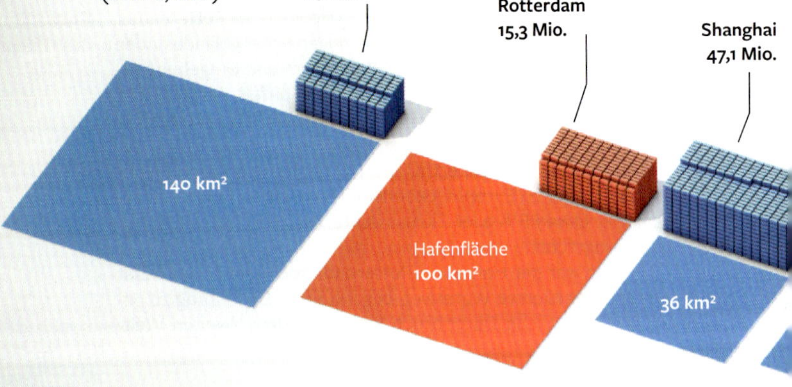

▶ Der Hafen in Zahlen (2022)

Hochseeschiffe	29 000
Binnenschiffe	97 450
Frachtaufkommen	467,4 Mio. t
Tanklager	33,1 Mio m³
Pipelines im Hafen	1500 km
Beschäftigte (direkt/indirekt)	183 000

▶ Rohöl-Umschlag im Vergleich
in Mio. Tonnen, 2021

Container-Terminal
Stückgut-Terminal
Flüssiggut-Terminal

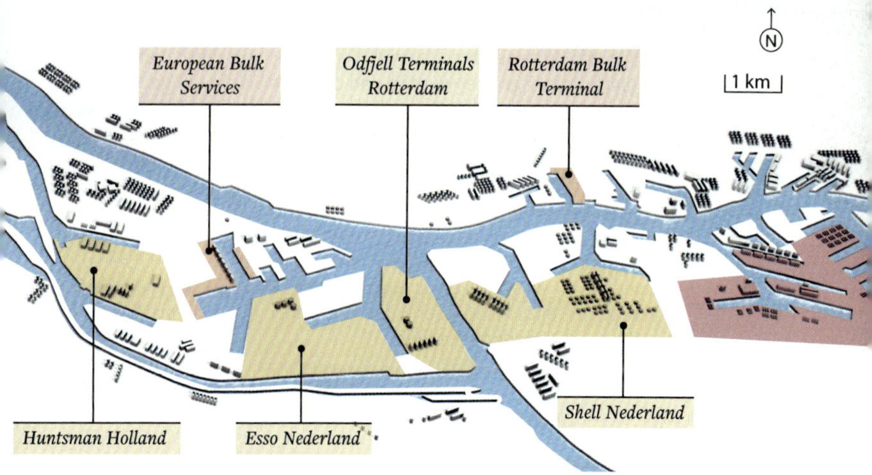

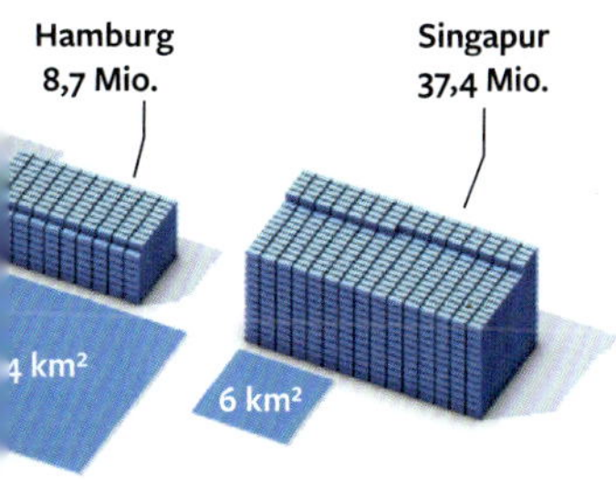

▶ Durchlauf an Flüssiggut
in Mio. Tonnen

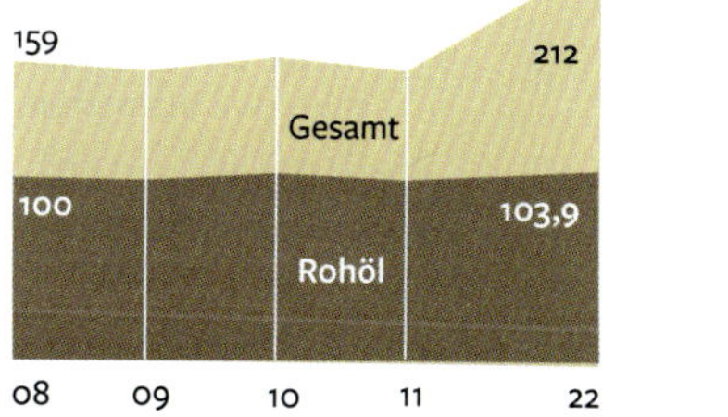

Steife Brise an der Mündung des Nieuwe Waterweg in die Nordsee

krieg, als die Stadt mit ihrer offenen Verbindung zum Meer allmählich für den Weitertransport von Gütern wichtiger wurde. Schon bald reichten die bestehenden Anlagen nicht mehr aus. Hinzu kam, dass die Schiffe immer größer wurden und der Hafen nicht tief genug war. So beschloss man, das Hafengebiet zu erweitern. 1947 wurde das Botlek-Gebiet südlich von Maassluis ausgebaut, 1957 das Gebiet südwestlich vom Nieuwe Waterweg. Das erste Tankschiff lief im November 1960 ein. Man baute auch das Hafengebiet einige Kilometer in die Nordsee aus; so entstand Maasvlakte zwischen der Küste und einer Sandbank. Auf der »Maasvlakte 2« entstanden weitere 1000 ha Hafengelände. Ein Erlebnis ist es, das neu geschaffene Land mit seinen Hafenanlagen während einer **Boots- oder Bustour** zu erkunden. Start ist das Informationszentrum mit einner interaktiven Ausstellung über die Hafenerweiterung.

Informatiecentum FutureLand: Europaweg 902 | Di. - Fr. 10 - 17, Sa. u. So. 11 - 17 Uhr | Eintritt frei | Bustour ab 9,50 €, Bootstour ab 12 € | www.futureland.nl

Sturmfluten im Zaum gehalten

Het Keringhuis

Der Nieuwe Waterweg, über den die großen Schiffe ein- und auslaufen, bedrohte Rotterdam bei Sturmflut, bis auch diese Gefahr 1997 in sechsjähriger Arbeit durch ein gewaltiges **Sturmflutwehr** gebannt wurde. Die Maeslantkering besteht aus zwei in Kreissegmenten ausgeführten Stahltoren, die bei Gefahr zusammenschwimmen und die Wassermassen aussperren.

Dokumentationscenter Het Keringhuis: Nieuw Oranjekanaal 139 | Mo. - Fr. 10 - 16, Sa. u. So. 11 - 17 Uhr | Eintritt 2,50 € | www.keringhuis.nl

Schiedam

Geneverstadt

Hafenstadt

Wer sich gerne mal einen Gin Tonic gönnt, der ist in Schiedam an der richtigen Adresse. Die alte Hafenstadt an der Mündung der Schie, heute mit Rotterdam zusammengewachsen, hat sich seit 1700 auf das Brennen von Genever spezialisiert. Dieser typisch holländische Getreidebranntwein mit Wacholdergeschmack wird – ebenso wie Gin – in Schiedam gebrannt. Ebenfalls charakteristisch für die frühere Stadt der Fischer und Seeleute sind die **sechs Windmühlen**, die mit einer Größe von über 30 m zu den höchsten der Welt zählen. Im 19. Jh. gab es 20 solcher Steinungetüme.

Monumente zwischen Grachten

Ortsbild

Im altertümlichen Stadtkern gibt es **einige sehenswerte Gebäude**: Die Grote Kerk (St. Janskerk) von 1400 ist eine dreischiffige Hallenkirche mit einem 54 m hohen Turm. An der Nordseite des Turms steht die Waage von 1748. Beachtenswert sind ferner das alte Rathaus aus dem 16. Jh., die ehemalige Getreidebörse von 1792, das Proveniershuis (1759) und das Zakkendragershuisje (Sackträgerhäuschen, 1725).

Kunst im Krankenhaus

Museen in Schiedam

Das ehemalige, im 18. Jh. gebaute Sint Jacobs Gasthuis, das frühere Krankenhaus und Altersheim der Stadt – wo man bereits mit 40 Jahren als alt galt – beherbergt das **Städtische Museum** (Stedelijk Museum) mit Kunstwerken der Cobra-Gruppe. Vertreten sind u. a. die Künstler Corneille, Appel und Jorn. Das **Jenevermuseum Schiedam** führt in die Geheimnisse der Genever-Brennereien ein.

Stedelijk Museum: Hoogstraat 112 | Di. – So. 11 – 17 Uhr | Eintritt: 12,50 € | www.stedelijkmuseumschiedam.nl
Jenevermuseum: Lange Haven 74 – 76 | Di. – So. 11 – 17 Uhr | Eintritt: 12,50 € (inkl. Brennerei) | www.jenevermuseum.nl

SCHOONHOVEN

Provinz: Zuid-Holland | **Einwohnerzahl:** 13 570

Mehr aus der Not als aus einer Tugend heraus widmete sich die Bevölkerung Anfang des 17. Jh.s der Silberschmiedekunst. Heute genießt die Fachschule für das Gold- und Silberschmiedehandwerk einen hervorragenden Ruf. Auch die romantische Kleinstadt mit ihren Grachten und Stadttoren ist durchaus ein Schmuckstück.

Die Silberstadt

Schoonhoven entstand im 13. Jh. am Zusammenfluss von Lek und Vlist zwischen Rotterdam und Utrecht. Die charmante Kleinstadt war im Mittelalter wiederholt Schauplatz kriegerischer Auseinandersetzungen, sodass im 15. und 16. Jh. eine Befestigung mit fünf Stadttoren zum Schutz vor Überfällen errichtet wurde. Von der Befestigung blieben der im Renaissancestil gebaute Veerpoort und Teile der Umwallung, die im 17. Jh. mit Bäumen bepflanzt wurden, erhalten. Beginnend mit dem 14. Jh., war Schoonhoven lange Zeit wichtiges **Zentrum des niederländischen Silber- und Goldschmiedehandwerks**. Gleich zwei Museen widmen sich dieser Zeit.

Wohin in Schoonhoven?

Der schiefe Turm und ein Pionier

Grote of Bartholomeüskerk

Den Grundstein für die Grote of Bartholomeüskerk legte man im 13. Jahrhundert. Um 1400 wurde die Kirche um einen Chor erweitert; um 1450 kamen Langhaus und Turm hinzu. Da sich der Turm unaufhaltsam seitlich neigt, wird er im Kircheninneren abgestützt. Das Kirchengestühl zeigt Szenen aus dem Leben Jesu, die Kanzel aus dem 17. Jh. Darstellungen der zwölf Apostel. In der Kirche befindet sich das Grab von **Olivier van Noort** (1558 – 1627), der um 1600 als erster Holländer die Erde umsegelte.

50 Glocken im Zusammenspiel

Stadhuis

Das **Rathaus** entstand 1452 in spätgotischem Stil. Bei der Restaurierung in den 1920er-Jahren fügte man Eingang, Treppe und Fenster hinzu. Im sechseckigen Kuppelturm ertönt jeden Mittwoch um 12 Uhr und jeden Samstag um 10 Uhr ein **Glockenspiel** mit 50 Glocken.

400 Jahre Silberschmiedekunst

Nederlands Zilvermuseum

Das Niederländische **Silbermuseum** am Kazerneplein bietet Einblick in vier Jahrhunderte niederländischer Silberschmiedekunst. Zu sehen sind u. a. viele Uhren, silberne Gebrauchsgegenstände von 1600 bis heute sowie Schmuck und Kirchensilber. Verlockend ist ein Besuch im **Museumsshop**.

Kazerneplein 4 | Di. – So. 11 – 17 Uhr | Eintritt: 12 € | www.zilvermuseum.nl

Silberobjekte und Schmuckstücke

Synagoge

In der alten **jüdischen Synagoge** (1838) am Haven hat heute ein Juwelier Unterkunft gefunden. Das Innere der Synagoge dient als Verkaufsraum.

Haven 13

SCHOONHOVEN ERLEBEN

VVV SCHOONHOVEN
Kazerneplein 4
NL-2871 CZ Schoonhoven
Tel. 01 82 / 38 56 12
www.inschoonhoven.nl
Di. - So. 11 - 17 Uhr

BRASSERIE SPRINGER €€€€
Die Köche Sander Agterberg und Jelmer Mourik behaupten, so zu kochen, wie die Impressionisten gemalt haben. Na dann ...
Opweg 2 a
Tel. 01 82 / 32 06 90
www.brasseriespringer.nl
Mo. geschl.

★ SNEEK

Provinz: Fryslân | **Einwohnerzahl:** 34 350

Einmal im Jahr ist Sneek das Zentrum der Wassersportwelt. Während der Sneeker Woche Anfang August tummeln sich rund 1 000 Segelboote auf dem Wasser. Ganz nach dem Motto »Tagsüber geht's um die Ehre, am Abend um die Atmosphäre« wird auch im Städtchen viel geboten. Die besondere Atmosphäre von Sneek ist auch außerhalb der Seglerwoche einen Besuch wert.

Sneek, die zweitgrößte Stadt Frieslands, liegt inmitten des friesischen Seengebiets. 2011 haben sich Sneek, ▸ Bolsward, Nijefurd, Wonseradeel und Wymbritseradeel zur Gemeinde **Súdwest-Fryslân** zusammengeschlossen, in der nun 90 800 Menschen leben.

Friesisches Wassersportparadies

Wohin in Sneek?

In Rokoko schwelgen

Stadhuis

An der Marktstraat steht das ehemalige **Rathaus** aus dem 15. Jh., das eine herrliche Rokokofassade von 1760 – in Friesland eine Seltenheit – besitzt. Im Inneren gibt es einen Ratssaal im Rokokostil, der mit Ledertapeten ausgestattet ist, und das Schützenzimmer mit Exponaten der ehemaligen Schützengilde.

Kirche mit prachtvoller Schnitger-Orgel

Grote Kerk

Wenige Schritte weiter südlich, an der Kerkstraat, erhebt sich die gotische Grote Kerk (Martinikerk) aus dem 15. Jh. mit einer schönen, zweigeschossigen Sakristei im Südteil aus dem 16. Jahrhundert.

EIN SELBSTBEWUSSTES VOLK

Die Friesen haben es keinem leicht gemacht! Die Römer hatten ihre liebe Mühe mit dem möglicherweise aus Jütland stammenden Volk im Gebiet der heutigen Provinz Fryslân. Auch die frommen Streiter Gottes mussten sich gehörig anstrengen beim Versuch, die Heiden zum rechten Glauben zu bekehren.

Bonifatius' Bemühungen jedenfalls schlugen allesamt fehl – der Apostel der Deutschen (ca. 675 – 754) wurde sogar hier erschlagen, vermutlich von einer Räuberbande bei Dokkum. Gegen die eroberungshungrigen Franken hatten die Friesen jedoch keine Chance, und bald schon war **Frisia Magna** ein Teil des Frankenreichs. Nun nutzte auch der letzte Widerstand gegen die Missionare nicht mehr viel. Im 9. Jh. versuchten die Normannen, Westfriesland zu unterwerfen. Doch die bissen sich die Zähne aus gegen die sieben miteinander verbündeten unabhängigen Gebiete zwischen Alkmaar und Weser. Unter der Herrschaft der **Grafen von Holland** machten die Friesen, was sie wollten. Sie bildeten kleine Bauernrepubliken, pflegten ihre eigene Rechtsprechung und wehrten sich tapfer, letztlich aber vergeblich, gegen den Herrschaftsanspruch benachbarter Fürstentümer. Probleme bereiteten sie dem Landesherrn auch im Zeitalter der Reformation: Der katholische Habsburger Karl V. musste mit ansehen, wie sich Friesland nicht nur zur **Hochburg des Calvinismus** entwickelte, sondern auch zum Bollwerk der aufständischen Niederländer wurde.

Im 19. Jh. machten die Friesen wieder von sich reden, als sie im Zuge des aufblühenden Nationalismus in Europa die Friesische Bewegung in Gang setzten, die auch die friesischen Gebiete in Deutschland erfasste.

Friesland heute

Und heute? Heute ist Friesland die einzige Provinz der Niederlande mit einer **offiziellen Zweitsprache**. Von den fast 650 000 Friesen sprechen noch rund 400 000 Fries, eine westgermanische Sprache, die mehr mit dem Englischen gemein hat als mit dem Niederländischen oder dem Deutschen. Friesisch wird auch an den Schulen gelehrt, es gibt friesische Zeitungen, und auch in Rundfunk und Fernsehen wird das Friesische berücksichtigt. Selbstverständlich haben die Friesen zwischen Dokkum, Sneek und Harlingen auch ein eigenes Brauchtum, eine eigene Literatur, eine eigene Flagge, eigene Sportarten – und ein eigenes Nationalgetränk: den **Beerenburg**, einen herben Kräuterbitter. Viele sind zutiefst gekränkt, wenn sie mit den Holländern in einen Topf geworfen werden oder wenn man ihre Sprache als niederländischen Dialekt bezeichnet. Aber immerhin: Von einem Sprachenstreit oder von Konflikten aufgrund nationaler Gegensätze, wie in anderen Ländern Europas, ist im Friesenland nichts zu spüren.
So viel Eigenständigkeit und Bewusstsein um die eigene Identität wurde im Jahr 2018 belohnt: Leeuwarden, friesische Hauptstadt, wurde zur Kulturhauptstadt Europas ernannt.

SNEEK ERLEBEN

VVV-INFORMATIONSSTELLE
Kleinzand 16
(im Fries Scheepvaartsmuseum)
8601 BH Sneek
Tel. 05 15 / 75 06 78
Mo. – Sa. 10 – 17 Uhr
www.waterlandvanfriesland.nl

DE KASTANJE €€€€
In der »Kastanie« wird Qualität großgeschrieben. Schönes Ambiente, sehr gute biologische und saisonale Küche.
Grote Kerkstraat 12
Tel. 05 15 / 42 23 87
www.dekastanjesneek.nl
Mo. – Mi. geschl.

VAN DER VALK HOTEL SNEEK €
Das verkehrsgünstig an der A7 gelegene Hotel bietet Gratis-Parkplätze, große gemütliche Zimmer und dazu ein gutes Restaurant.
Burgemeester Rasterhofflaan 1
NL-8606 KZ Sneek
Tel. 05 15 / 48 18 18
www.hotelsneek.nl

Nicht verpassen: das romantische Wassertor mit Spitztürmen

Waterpoort

Der Oude Koemarkt führt südwärts zum Fluss Geeuw. Rechts gelangt man zum Waterpoort aus dem Jahr 1613, dem einzigen Überrest der im 18. Jh. geschleiften Stadtumwallung. Dieses malerische **Brückentor** ist das Wahrzeichen der Stadt und besteht aus zwei achteckigen Verteidigungstürmen mit einem loggiaähnlichen Zwischenbau.

Im Zeichen der Schifffahrt

Fries Scheepvaart Museum

Das **Friesische Schifffahrtsmuseum** besitzt eine Sammlung von 22 000 Objekten, darunter Schiffsmodelle, Navigationsinstrumente und Gemälde über die Schifffahrt.
Kleinzand 16 | Mo. – Sa. 10 – 17, So. 12 – 17 Uhr | Eintritt: 11 € | www.friesscheepvaartmuseum.nl

Rund um Sneek

Niederländisches Idyll

Sloten

Südlich von Sneek liegt Sloten, unweit des Sloter Sees im Gaasterland. Die kleinste der friesischen Städte verfügt über ein malerisches Ortsbild mit Grachten und Wällen sowie schönen alten Häusern, z. B. dem Stadhuis von 1759, aus. Die Festung wurde im 17. Jh. vom berühmten Festungsbauer Menno van Coehoorn gebaut. Zwischen den beiden Wassertoren, Sneeker- oder Woudsenderpoort im Norden und Lemsterpoort im Süden, fließt die Gracht Het Diep.

TILBURG

Provinz: Noord-Brabant | **Einwohnerzahl:** 227 700

Wo Van Gogh das Zeichnen lernte, ist es vielleicht nicht ganz so malerisch wie in anderen niederländischen Städten. Doch die Kultur kommt hier mit drei Museen nicht zu kurz, ebenso wenig das Vergnügen: Der Tilburger Jahrmarkt ist der größte der Niederlande. Und als Weinstadt schlechthin bedienen Tilburgs Weinhändler die gesamte Niederlande.

Stadt des Weinhandels

Die expandierende Industriestadt Tilburg ist nach Eindhoven das zweitgrößte wirtschaftliche und kulturelle Zentrum der südlichen Niederlande. Als die traditionelle Woll- und Tuchindustrie in Tilburg durch die Erfindung mechanischer Webstühle in Großbritannien an Bedeutung verlor, besannen sich die Kaufleute auf ihre Vertriebswege und wechselten von Wolle und Tuch zu Wein. Architektonisch hat die Stadt wenig zu bieten, doch laden drei interessante Museen zu einem Besuch ein. Ende Juli findet in Tilburg die Kirmes statt, die als die größte der Niederlande gilt.

Wohin in Tilburg?

Flora und Fauna

Natuurmuseum Brabant

Das **Naturhistorische Museum** zeigt geologische, botanische und zoologische Sammlungen. Im Mittelpunkt stehen die Flora und Fauna – nicht nur diejenige Brabants.

Spoorlaan 434 | Di. – So. 10 – 17 Uhr | Eintritt: 14 € | www.natuurmuseumbrabant.nl

Textiles …

Textielmuseum

Das in einer alten Textilfabrik untergebrachte **Textilmuseum** zeigt Textilien aus aller Welt, alte Webstühle und Spinnräder und informiert über die geänderten Arbeitsprozesse während der Industriellen Revolution.

Goirkestraat 96 | Di. – Fr. 10 – 17, Sa. u. So. 12 – 17 Uhr | Eintritt: 14,50 € | www.textielmuseum.nl

… und moderne Kunst

Museum De Pont

In einer stillgelegten Textilfabrik wurde 1992 ein **Zentrum für moderne Kunst** eröffnet. Der in Tilburg geborene, niederländische Generalvertreter von Mercedes, Jan de Pont (1915 – 1987), legte den Grundstein für eine Stiftung, die der Kunsthalle zugute kommt. Die Sammlung zeitgenössischer Kunst umfasst Installationen von James

Schwindelfrei? Der Freizeitpark Efteling hat spektakuläre Fahrerlebnisse zu bieten.

Turrell und Gerhard Merz, Werke von Richard Serra (»Splash Piece«), Rosemarie Trockel und Gerhard Richter.
Wilhelminapark 1 | Di.–So. 11–17 Uhr | Eintritt: 16 € | www.depont.nl

Rund um Tilburg

Ältester und größter Vergnügungspark des Landes

Freizeitpark De Efteling

Der Name des nördlich von Tilburg bei Kaatsheuvel gelegenen und seit 1952 bestehenden Freizeitparks »De Efteling« ist im Land be-

TILBURG ERLEBEN

VVV TILBURG
Stadhuisplein 326a
NL-5038 TH Tilburg
Tel. 0 13 / 5 32 37 20
www.vvvtilburg.nl
Mo. 13 – 17, Di. – Fr. 10 – 17,
Sa. 10 – 16 Uhr

AUBERGE DU BONHEUR €€€€
Ausgezeichnete saisonale Küche und tolle Weine können Sie in diesem Hotelrestaurant in schöner Lage am Waldrand genießen.
Bredaseweg 441
Tel. 0 13 / 4 68 69 42
www.bonheurhorecagroep.nl/auberge-du-bonheur

HOFSTEDE DE BLAAK €€€
In diesem Restaurant, eingerichtet in einem Bauernhof, gibt es gute niederländische Gerichte. Es ist nicht immer einfach, hier einen Platz zu ergattern!
Dussenpad 1
Tel. 0 13 /4 63 88 99
www.hofstededeblaak.nl

kannter als Coca Cola und Lego. Selbstredend gib es hier auch allerhand Attraktionen für jeden Geschmack. Vom Märchenwald über herausragende Fahrgeschäfte wie die **größte Schiffsschaukel Europas** bis zum Musicaltheater. Wer sich einen Überblick über den Park verschaffen möchte, sollte die »fliegende« Pagode, den thailändischen Tempel, besuchen, der, wenn er sich in die Lüfte erhebt, eine fantastische Aussicht über das gesamte Vergnügungsareal bietet. Sehr angenehm ist die Atmosphäre im Park. Es wirkt alles sehr familiär, in dem weitläufigen Gelände tritt man sich nicht ständig gegenseitig auf die Füße, und Sauberkeit ist für das Personal oberstes Gebot.
Europalaan 1 | Öffnungszeiten variieren, siehe Website, Nov. – März sind einige Attraktionen geschlossen | Eintritt: ab 38 €, Reservierung und Online-Ticket erforderlich | www.efteling.com

»Perle von Brabant«

Oisterwijk

Östlich von Tilburg Richtung ’s-Hertogenbosch liegt in einer dünenartigen Landschaft der Ort Oisterwijk. Bemerkenswert sind in der sogenannten »Perle von Brabant« die neugotische **St. Petruskerk** von P. J. H. Cuypers mit einem hübschen Wandgemälde von Charles Eyck sowie der denkmalgeschützte **Bahnhof** aus dem Jahr 1865.
Der 600 ha große **Naturschutzpark Oisterwijkse Vennen** südlich der Stadt ist eine Heide- und Waldlandschaft mit einigen Moorseen und zählt zu den beliebtesten Erholungsgebieten von Nordbrabant.

★★ UTRECHT

Provinz: Utrecht | **Einwohnerzahl:** 368.000

An den ältesten Grachten der Welt – sie sind über 1000 Jahre alt! – geht es gezellig zu, wie die Holländer es nennen. In den historischen Gewölbekellern mit Terrasse am Wasser können Sie bei einem Glas Wein die Sonne genießen. Oder Sie schnappen sich ein Kanu, um die Stadt auf eigene Faust vom Wasser aus zu erkunden. Einen noch besseren Überblick über die zauberhafte Stadt haben Sie vom Domturm aus. »Nur« 465 Stufen – und Sie sind oben!

Katholisch

Utrecht, Hauptstadt der gleichnamigen Provinz und viertgrößte Stadt der Niederlande, liegt am Kromme Rijn und am Amsterdam-Rhein-Kanal. Die Lage der Stadt hat sich im Lauf der Jahrtausende vorteilhaft auf ihre Entwicklung ausgewirkt, denn die Oberfläche der etwas höher gelegenen Geest kann von den Fluten der Nordsee nicht erreicht werden und bot sich daher vor der Erfindung des Deichbaus geradezu als idealer Siedlungsstandort an.

Utrecht war seit jeher eines der wichtigsten politischen, kulturellen und wirtschaftlichen Zentren des Landes. Die Provinzialverwaltung und die berühmte, **1636 gegründete Universität** werden in ihrer Bedeutung noch durch die religiösen Funktionen der Stadt übertroffen, denn Utrecht ist als **Sitz eines katholischen und eines altkatholischen Erzbischofs** sowie des Ökumenischen Rates Mittelpunkt des Katholizismus im Lande. Im Gefolge der Universität haben sich zahlreiche außeruniversitäre Bildungs- und Forschungseinrichtungen angesiedelt.

Utrecht ist aber nicht nur Bildungs-, Forschungs-, Handels- und Kirchenzentrum, sondern es besitzt auch wichtige Dienstleistungs- und Verkehrsfunktionen sowie bedeutende Industrien, deren Schwerpunkte im Westen der Stadt zu suchen sind, wo sich Bahnlinien, Straßen und Kanäle bündeln.

Römische Gründung

Geschichte

Utrecht, das »Traiectum ad Rhenum« der Römer, später von den Friesen und Franken »Wiltaburg« genannt, ist eine der ältesten Städte der Niederlande. Die Römer bauten unterhalb (altniederl.: uut) einer überquerbaren Stelle (altniederl.: trecht = Furt) des Kromme Rijn ein Kastell. Reste dieses Kastells sind vor dem Dom gefunden worden. Die Lage des anbei entstandenen Handelszentrums gab Utrecht seinen Namen. Der Frankenkönig Dagobert I. (623 – 638) stiftete hier die erste Kirche im Gebiet der Friesen, deren erster Bischof 696 der hl. Willibrord wurde. Die Bischöfe (seit 1559 Erzbischöfe)

UTRECHT ERLEBEN

VVV UTRECHT
Domplein 9
NL-3512 JC Utrecht
Tel. 09 00 / 1 28 87 32
www.besuch-utrecht.de
tgl. 10 – 18, im Winter bis 17 Uhr

Das an den Hauptbahnhof angeschlossene Einkaufszentrum Hoog Catharijne ist eines der größten in Europa. Kleinere Läden finden Sie u.a. an der Oudegracht, in der Lijnmarkt und der Voorstraat.

❶ PK – BAR & KITCHEN €€
Trendy Restaurant im Industrie-Design, zentral gelegen an der Oudegracht (die Abkürzung PK steht für Post-Kantoor – Postamt). Serviert werden Hamburger, Satéspieße und Quiche, am Abend ist die Karte umfangreicher.
Oudegracht 101–103
Tel. 0 30 / 2 31 11 26
www.pkutrecht.nl

❷ WINKEL VAN SINKEL €€
Eines der beliebtesten Restaurants der Stadt mit Sitz in einem neoklassizistischen Altbau, der bis Ende des 19. Jahrhunderts als Warenhaus diente. Es gibt mehrere Säle, Räume und Terrassen. Von Ravioli über Curry bis zu Tapas.
Oudegracht 158
Tel. 0 30 / 2 30 30 30
www.dewinkelvansinkel.nl

❸ LE JARDIN €€
Gemüse und Kräuter stehen bei diesem Restaurant im Mittelpunkt. Das ist nicht nur auf dem Teller zu sehen – überall im Restaurant grünt und blüht es. In einer so lebendigen Atmosphäre schmecken Rotkohl, Chicorée und Erbsen besonders gut.

Mariaplaats 42
Tel. 0 30 / 4 00 42 42
www.lejardinutrecht.nl
So. u. Mo. geschlossen

❶ HOTEL MITLAND €
Das moderne Hotel (277 B.) am Stadtrand liegt am Wasser und bietet Urlaubern mit komfortablen Zimmern, Schwimmbad, türkischem Bad, Sauna und Tennisplätzen einen angenehmen Aufenthalt.
Ariënslaan 1
NL-3573 PT Utrecht
Tel. 0 30 / 2 71 58 24
www.mitland.nl

❷ MOTHER GOOSE HOTEL €€€
Die Lage am Gänsemarkt gab dem stilvollen Hotel mit 23 Zimmern, verteilt über vier Etagen, seinen Namen.
Ganzenmarkt 26,
3512 GE Utrecht
Tel. 0 30 / 3 03 63 00
www.mothergoosehotel.com

waren im Mittelalter mächtige Prälaten von großem Einfluss, und die Stadt war früh wegen ihrer prachtvollen Kirchen berühmt. Sie gehörte erst zu Lothringen, dann zum Deutschen Reich und war oft **Kaisersitz**. Im Jahr 1528 trat der Bischof Heinrich von Bayern die weltliche Herrschaft an Karl V. ab, der sich in Utrecht das Kastell Vredenburg erbauen

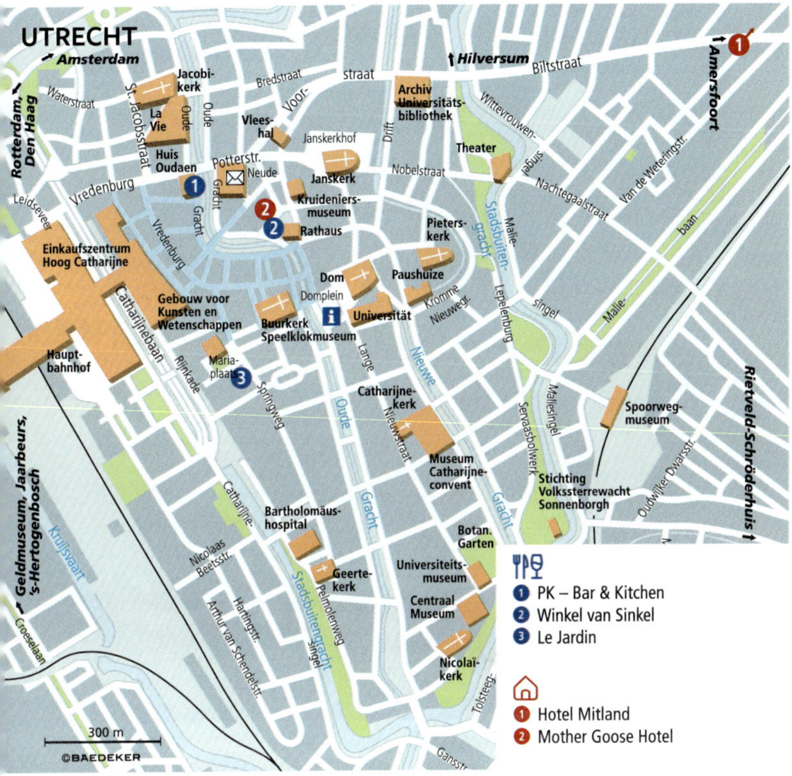

ließ. Im Jahr 1459 wurde Adriaan Florisz d'Edel, einer der gelehrtesten Männer seiner Zeit, in Utrecht geboren. Er war Lehrer Karls V. und wurde später Papst (Hadrian VI.). Im Jahr 1579 wurde hier unter dem Vorsitz des Grafen Jan van Nassau d. Ä., des Bruders Wilhelms des Schweigers, die **Utrechter Union** (Unie van Utrecht) abgeschlossen. Dieser Sonderbund bereitete die Trennung der sieben protestantischen nördlichen Provinzen von den südlichen Niederlanden vor. 1672 suchte Ludwig XIV. die Stadt mit schwerer Brandschatzung heim. Der Utrechter Friede beendete im Jahr 1713 den Spanischen Erbfolgekrieg.

Einmalig in der niederländischen Geschichte ist, dass sich Utrecht seit dem Bau der Stadtmauer im Jahr 1130 jahrhundertelang nicht weiter ausdehnte. Erst im 19. Jahrhundert, als die Stadt eine neue Blüte erlebte, wurden außerhalb der heutigen Innenstadt neue Wohnviertel gebaut.

Entspannt an Utrechts Oudegracht.

Wohin in Utrecht?

Ins Café oder lieber eine Fahrt mit dem Boot?

★ Grachten

Die Altstadt von Utrecht wird von dem Singel genannten alten Wallgraben umgeben, an dem **hübsche Promenadenwege** entlangführen. Der westliche Teil wurde für eine schnelle Verkehrsverbindung zugeschüttet. Das Innere der Altstadt durchschneiden die **Oude und die Nieuwe Gracht**, deren Wasserspiegel so tief liegt, dass die Gewölbe in den Kaimauern als Lagerräume benutzt werden; teilweise umgebaut, werden sie im Sommer als Cafés und/oder Restaurants benutzt, mit netten Sitzplätzen im Freien, direkt am Wasser. Die Oude Gracht ist ein Teil des Kromme Rijn, der sich im Stadtzentrum in den Oude oder Leidse Rijn (westlich) und die Vecht (nördlich) teilt. Im Sommer werden **Rundfahrten mit Motorbooten** durch die Grachten der Utrechter Altstadt veranstaltet.

Eine Kirche für jede Himmelsrichtung

Kirchenkreuz

Im Stadtzentrum sind fünf Kirchen in der Form eines Kreuzes mit dem Dom als Mittelpunkt angeordnet. In westlicher Richtung erhebt sich die **Buurkerk**, in östlicher die **Pieterskerk**, im Norden steht die **Janskerk** und im Süden die **Nicolaaskerk**.

Höchster Kirchturm des Landes

★ Dom und ★★ Domturm

Etwa im Mittelpunkt der Altstadt liegt der Domplein mit dem Dom, der zu den **interessantesten Kirchenanlagen** der Niederlande zählt. Der an Stelle einer romanischen Kirche des 10. Jh.s 1254 begonnene und 1517 beendete Bau besteht nur noch aus dem Chor aus dem Jahr 1317, dem Querschiff (1455 – 1479) und zwei Seitenkapellen des äußeren südlichen Seitenschiffs, da das ursprünglich fünfschiffige Langhaus am 1. August 1674 bei einem Gewittersturm zerstört wurde. In dem eher nüchternen Innenraum gibt es mehrere Grabdenkmäler, die z. T. im 16. Jahrhundert durch die Bilderstürmer (▶ S. 435) stark beschädigt wurden. Außerdem sind hier die Eingeweide des in Utrecht gestorbenen **deutschen Kaisers Konrad II.** († 1039) beigesetzt. Seine Gebeine ruhen im Dom zu Speyer.

Die Spuren des Bildersturms im 16. Jh. sind noch deutlich sichtbar. So fehlen die Statuen der zwölf Apostel an den zwölf Säulen. Ferner blieb ein beschädigtes Relief unverändert, um an jene Zeit zu erinnern. Danach, ab 1580, diente die Kirche bis 1700 als Sitz der Utrechter Universität.

Der südlich an den Domchor anschließende **Kreuzgang** aus dem 14. und 15. Jh. mit dem **Pandhof** verbindet den Dom mit der Universität. Oberhalb der Fenster ist das Leben des St. Martin, des Schutzpatrons der Kirche, der Stadt und der Provinz Utrecht, dargestellt. In der Mitte der Gartenanlage befindet sich ein Brunnen, worauf die Statue des schreibenden Kanonikers Wstinc angebracht ist.

Da der mittlere Teil der Domkirche bei dem Unwetter im Jahr 1674 zerstört und nie wieder aufgebaut wurde, steht der 112 m hohe, von 1320 bis 1382 errichtete **Domturm** völlig losgetrennt von der Kirche. Der Turm, der einst als Sinnbild der bischöflichen Macht galt, ist der höchste Kirchturm der Niederlande und in seiner Bauweise in den Niederlanden oft nachgeahmt worden, so in Amerongen, Amersfoort, Groningen und Maastricht. Von der 100 m hohen **Plattform** haben Sie eine prächtige Aussicht. Im Turm befinden sich zwei Kapellen: die St. Michaëlskapelle, die Hauskapelle des Bischofs, und die Egmondkapelle mit einer **Ausstellung** über den Turm.

Dom: Mai – Sept. Mo. – Fr. 10 – 17, Sa. 10 – 15.15, So. 12.30 – 17, Apr. u. Okt. wochentags ab 11, Nov. – März Mo. – Fr. 11 – 16, Sa. 11 – 15.15, So. 12.30 – 16 Uhr | Kirchenkonzert: Sa. 15.30 Uhr | www.domkerk.nl

Domturm | Aufstieg nur mit Führung | Eintritt: 13,50 € | Tickets online oder beim VVV, Domplein 9 | www.domtoren.nl

Zeitreise »DOMunder«

Domplein

Auf dem Domplein zeichnen schwarze Steine die Form des ehemaligen Kirchenschiffs nach. Eine Bronzeplatte zeigt den Grundriss des römischen Kastellums und der Kirchen. Unter dem Domplatz hat man bei Grabungen **archäologische Funde** gemacht, die von der Römerzeit über das Mittelalter bis zum Sturm im Jahr 1674 reichen. Ein Besuch dieser unterirdischen Gewölbe, möglich durch die Initiative »DOMunder«, ist eine Reise durch die Utrechter Vergangenheit. Zu sehen sind u.a. mittelalterliche Münzen, römische Fibeln, ein Skelett und die Fundamente der Dompfeiler.

DOMunder: Domplein 4 | Di. – So. 10 – 16.30 Uhr | Eintritt: 14 € | www.domunder.nl

Historischer Ort

Universität

Das Verwaltungsgebäude der 1636 gegründeten Universität ist in den Gebäuden des alten Domkapitels untergebracht. Der ehemalige **Kapitelsaal** war Schauplatz der Unterzeichnung der Utrechter Union und dient jetzt als Aula. Ein Teil der Fakultätsgebäude befindet sich in den Erweiterungsbauten nördlich des Janskerkhofs. Östlich der Stadt liegt das neue Universitätsviertel **De Uithof**.

Älteste Pfarrkirche Utrechts

Buurkerk

Vom Domturm überqueren Sie in westlicher Richtung die Oude Gracht und kommen in die Zadelstraat. Schräg rechts erblickt man die Buurkerk. Sie stammt aus dem 12. Jh. und ist damit die älteste Pfarrkirche der Stadt. Nach einem Brand wurde sie im 13. Jh. als Kreuzbasilika mit dem mächtigen Backsteinturm errichtet. In der Buurkerk ist das **Museum Speelklok** untergebracht mit einer Sammlung von automatischen Musikinstrumenten ab dem 18. Jahrhundert. Hier werden Saloninstrumente (Spieluhren), Straßen-, Kirmes- und Tanzorgeln, Orchestrions und Pianolas zur Schau gestellt.

Steenweg 6 | Di. – So. 10 – 17 Uhr | Eintritt: 14 € | www.museumspeelklok.nl

Kurze Pause im idyllischen Kreuzgang

Mariaplaats

Weiter durch die Zadelstraat kommen Sie zum Mariaplaats. An diesem Platz steht das Gebouw voor Kunsten en Wetenschappen (**Haus der Künste und Wissenschaften**) mit einer Musikschule und Räumlichkeiten für Theatervorstellungen und Vorträge. An der Südwestecke dieses Gebäudes befindet sich der romanische Kreuzgang St. Maria. Er ist einziger Überrest der im 11. Jahrhundert von König Heinrich IV. gegründeten sowie der im 19. Jahrhundert geschleiften Marienkirche.

Völlig losgelöst von seinem Rest – der Domkerk – steht der Domturm selbstbewusst und nachts atmosphärisch angestrahlt im Zentrum Utrechts.

Im Kaufrausch

Hoog Catharijne

Nordwestlich erstreckt sich bis zum Platz Vredenburg eines der größten **überdachten Einkaufszentren** Europas, Hoog Catharijne. Neben einer unermessliche Warenvielfalt bietet der Kaufhauskomplex Restaurants, Bars und Cafés.

Di. – Sa. 10 – 20, Mo. 12 – 20, So. 12 – 18 Uhr

Schlösser, Bier und ein Friedensschluss

Huis Oudaen

Westlich der malerischen Oudegracht, in der Weerdzijde 99, kommt man zum Stadtschloss Oudaen, ein burgartiges Patrizierhaus des 14. Jh.s mit hübschem Portal von 1680. Das Schloss diente erst der Familie Oudaen als vornehmer Wohnsitz, ab dem 18. Jh. wurde es als Altersheim und später als Studentenwohnheim genutzt. Heute ist hier die Bierbrouwerij Oudaen eingerichtet, die Bier auf traditionelle Weise braut, das Sie auf der Terrasse an der angrenzenden Gracht probieren können. Auf der anderen Seite steht das einstige **Stadtschloss Haus Drakenburg**.

In den Gemächern von Schloss Oudaen wurde europäische Geschichte geschrieben, als hier im Jahr 1713 der Frieden von Utrecht unterzeichnet wurde, der das Ende des seit 1701 in halb Europa tobenden Spanischen Erbfolgekriegs bedeutete und den Bourbonen Philipp V. von Anjou endgültig auf den spanischen Königsthron brachte.

Shopping und Konzerte

Vredenburg

Weiter westlich geht es zum großflächigen Vredenburg (Vreeburg), einem der **belebtesten Plätze** der Stadt mit großem Shopping-Angebot, an der Stelle, wo die 1577 zerstörte Zwingburg stand. Im Jahr 2014 eröffnete hier das **TivoliVredenburg**, ein Konzertgebäude mit fünf Sälen, in denen Konzerte aller möglichen Genres von Klassik über Jazz bis Pop gegeben werden. Der ursprüngliche Konzertsaal Vredenburg blieb aufgrund seiner guten Akustik erhalten.

www.tivolivredenburg.nl

Kirche im Wandel

Janskerk

Über die Potterstraat gelangt man zum Janskerkhof. In der Mitte des Platzes erhebt sich die Janskerk, eine romanische **Säulenbasilika** (um 1050) mit einem Chor vaus dem Jahr 1539 und einer Fassade von 1682. Im 13. Jahrhundert wurden die Säulen in Pfeiler umgewandelt, im 17. Jahrhundert gänzlich entfernt und bei der Restaurierung 1986 wieder aufgebaut. Das bemalte hölzerne Tonnengewölbe stammt noch aus dem 13. Jahrhundert. Nach der Reformation war die Kirche zwischen 1584 und 1817 Stadt- und von 1636 bis 1817 Universitätsbibliothek. Heute wird die Kirche für **Symposien**, **Hochzeiten** und **Konzerte** wie die Matthäuspassion genutzt.

Eine der ältesten Kirchen der Stadt

Pieterskerk

Nördlich vom Dom am Pieterskerkhof folgt die wallonische Pieterskerk. Als erste Kirche des Kirchenkreuzes wurde sie schon 1048 geweiht. In der romanischen Säulenkrypta steht der Sarkophag des Kirchenstifters und Bischofs Bernold. Sehenswert sind die **Wandgemälde** im nördlichen Seitenschiff und die **maasländischen Reliefs** aus dem 12. Jahrhundert. Der Orkan von 1674 verwüstete die Westfassade mit den beiden romanischen Türmen.

Ein Haus für den Papst

Paushuize

An den Straßen Achter St. Pieter und Kromme Nieuwe Gracht befindet sich das **Papsthaus**, 1517 für den damaligen Propst von St. Salvator und späteren Papst Hadrian VI. erbaut. Heute wird das Papsthaus als Repräsentationsgebäude vom Kommissar des Königs sowie von der Provinzialverwaltung genutzt.

Religiöse Kunst

★ Museum Catharijneconvent

Das Museum Katharinenkonvent ist in einem ehemaligen Johanniter-Kloster untergebracht. Bei seiner Eröffnung 1978 wurden dem Publikum drei bis dahin getrennte Sammlungen vorgestellt: aus dem Bischöflichen Museum Haarlem, dem Erzbischöflichen Museum Utrecht und dem Altkatholischen Museum. Es ist der christlichen Kulturgeschichte des Landes gewidmet und umfasst die größte Sammlung mittelalterlicher Kunstschätze in den Niederlanden, u. a. Kircheninneres, Vorstellungswelt, Heiligenverehrung und Kloster im Mittelalter – sowie Exponate aus dem 17. und 18. Jahrhundert. Neben liturgischen Gewändern und wertvollen Stundenbüchern ist auch ein Modell des Doms in seiner früheren Gestalt mit Angaben zur Baugeschichte zu sehen. Die Bauarbeiten an der **Catharijnekerk** begannen 1468 unter den Karmelitern und wurden 1550 von den Johannitern beendet. Die Kirche wurde 1853 zur Kathedrale ernannt und ist somit **Hauptkirche der niederländischen Katholiken**.

Lange Nieuwstraat 38 | Di. – Fr. 10 – 17, Sa. / So. 11 – 17 Uhr | Eintritt: 15 € | www.catharijneconvent.nl

Wie funktioniert ein Teilchenbeschleuniger?

Universiteitsmuseum

Am Südende der Nieuwe Gracht liegt rechts der zur Universität gehörende, kleine **Botanische Garten** und links gegenüber der **Park Zonnenburg** mit der Sternwarte. Im Universitätsmuseum sind **wissenschaftliche Ausstellungen** zu sehen. So erfahren Sie auf interessante Weise mehr u.a. über die Entstehung von Schimmel, über die Beschaffenheit von Knochen sowie über die Funktionsweise eines Teilchenbeschleunigers.

Lange Nieuwstraat 106 | Di. – So. 10 – 17 Uhr | Eintritt: 14 € | www.universiteitsmuseum.nl

AUF DEN SPUREN DES LICHTS

Bei Einbruch der Dunkelheit erhellen Lichtkunstwerke die Stadt Utrecht: grüner Lichternebel rund um den Dom, blau scheinende Brückenbögen an der Oudegracht, ein magisch beleuchteter Domturm oder ein bunter Farbtunnel am Ganzenmarkt (s.Abb., trajectumlumen.nl).

Alles über Utrecht

Centraal Museum

Am Südende der Lange Nieuwstraat führt rechts die Agnietenstraat zum ehemaligen Agnietenkloster der Augustiner-Chorfrauen, von dem die Kapelle (1512 – 1516), das Refektorium und der Stall der Artillerie erhalten sind. Heute ist hier das **Städtische Museum** (Centraal Museum) untergebracht. Es ist, gegründet 1838, das älteste Stadtmuseum der Niederlande und umfasst eine umfangreiche Sammlung aus den Bereichen Kunst, Design, Mode und Stadtgeschichte. Das Museum enthält ferner eine **Kostümsammlung** vom 18. Jh. bis heute, Stilräume, Skulpturen, Silber und eine historische Sammlung zur Stadtgeschichte Utrechts. Von den archäologischen Exponaten ist v.a. ein 17 m langes und 1000 Jahre altes **Utrechter Handelsschiff** hervorzuheben. Ein Teil des Museums ist Utrechts Bilderbuchillustrator **Dick Bruna** gewidmet, der mit seinen Nijntje-Büchern (Miffy) weltberühmt wurde.

Nicolaaskerkhof 10 | Di. – So. 11 – 17 Uhr | Eintritt: 13,50 € | www.centraalmuseum.nl

Himmlisches und Teuflisches

Nicolaïkerk

Am Ende der Straße, über das Museum zu erreichen, steht am Nicolaaskerkhof die Nicolaïkerk, eine Kreuzkirche mit zwei romanischen

Türmen aus dem 12. Jahrhundert. Im südlichen Teil der Oudegracht an der Ecke Tolsteegzijde – Eligenstraat sieht man einen friesisch-heidnischen Opferstein an einer Kette, der an eine alte Teufelssage erinnert.

In historischen Gemäuern alt werden

Geertekerk

Westlich von der Oudegracht steht die alte Geertekerk aus dem 13. Jahrhundert. Nach der Restaurierung von 1956 wurde sie von der Religionsgemeinschaft der **Remonstranten** genutzt, die nach ihrem geistigen Vater Arminius auch Arminianer genannt werden.

In der Lange Smeestraat 40 steht das **Bartholomeus Gasthuis**, das 1367 als Altersheim gegründet wurde und noch heute als solches besteht. Zum 650. Geburtstag kam sogar königlicher Besuch. Im **Regentenzaal** des Gasthauses hängen prächtige Gobelins des Delfter Teppichwebers Maximilian van der Gucht, die während einer Führung jeden Sonntag um 11 Uhr besichtigt werden können.

Regentenzaal: Führung: 4,95€ | nur nach Anmeldung unter teamwelzijn@bartholomeusgasthuis.nl

Wo die Studenten früher Sport machten

Maliebaan

Jenseits der Stadsbuitengracht, die die Altstadt säumt, erstreckt sich im Osten die seit jeher berühmte Maliebaan, eine 700 m lange **Lindenallee**. Sie blieb in den 1670er-Jahren auf Befehl Ludwigs XIV. von den französischen Heeren verschont. Am Nordostende der Maliebaan liegt rechts der kleine Hoogelandse Park. Südlich von hier, entlang der Koningslaan, folgt der Wilhelminapark.

Maßstabsgetreue Modelle, Lokomotive, Wagen, Schilder ...

Nederlands Spoorweg-museum

In dem ehemaligen Bahnhof Maliebaan bietet das **Niederländische Eisenbahnmuseum** einen Überblick über die Geschichte der öffentlichen Transportmittel – v. a. Eisen- und Straßenbahnverkehr – anhand von Modellen und alten Fahrzeugen.

Johan van Oldenbarneveldtlaan 6 | Di. – So. 10 – 17 Uhr | Eintritt: 17,50 € | www.spoorwegmuseum.nl

Eines der bedeutendsten De-Stijl-Bauwerke

★ Rietveld-Schröder-haus

Das Rietveld-Schröderhaus in der Prins-Hendrik-Laan ist seit 2000 **Weltkulturerbe der UNESCO**. **Gerrit Rietveld** (1888 – 1964) entwarf es 1924 im Stil der Stijl-Bewegung im Auftrag von Truus Schröder-Schräder, die bis zu ihrem Tod 1985 in diesem Gebäude lebte. Das Haus ist größtenteils noch original eingerichtet, unter anderem mit verschiedenen Rietveld-Möbeln, wie dem »Rot-Blauen Stuhl« von 1917 und dem „Zickzack-Stuhl“ aus dem Jahr 1934.

Prins Hendriklaan 50 | Di. – So. 11 – 16 Uhr, nur mit vorheriger Online-Anmeldung und Zeitfenster zugänglich | Eintritt: 19 € | www.rietveldschroderhuis.nl

Architektur und Bücher

Universitäts-bibliothek

Auf dem Universitätscampus **Utrecht Science Park** in der Nähe des Rietveld-Schröderhauses sind Gebäude von so namhaften Architekten wie **Rem Koolhaas** und **Wiel Arets** zu sehen. Einen Besuch wert ist die 2005 eröffnete Universitätsbibliothek von Wiel Arets: eine in schwarz gehüllte Raumlandschaft voller Bücher.

Heidelberglaan 11 | Mo. – Fr. 8 – 22.30, Sa. u. So. 10 – 22.30 Uhr | www.utrechtsciencepark.nl

Rund um Utrecht

Die anmutige Umgebung der Stadt ...

Landschaft

... ist eine fruchtbare, von den Armen des Rheins und von Kanälen durchzogene, fast überall gartenähnlich gestaltete Landschaft mit zahlreichen Landsitzen und hübschen Parks. Lohnend ist ein Besuch des Schlosses De Haar in Haarzuilens (▶ unten), von Schloss ▶ Doorn sowie der Orte De Bilt, Bilthoven, Driebergen oder von ▶ Hilversum 20 km nördlich von Utrecht.

Brigitte Bardot und Roger Moore ...

Kasteel de Haar

Haarzuilens, westlich von Utrecht, war einst Herrschaftssitz der Familie Van Zuylen van Nijevelt. Im 19. Jh. errichtete P. J. H. Cuypers an der Stelle des alten Schlosses aus dem 15. Jh. das Kasteel de Haar, in dem die Familie van de Haar lediglich den Monat September in Gesellschaft glanzvoller Gäste wie Brigitte Bardot, Roger Moore, Maria Callas und Coco Chanel verbrachte. Im **Inneren** befinden sich prächtige Gobelins, Möbel im Stil Ludwigs XIV. und XVI., Perserteppiche, Chinavasen und eine Gemäldesammlung.
Schön sind auch der **Schlosspark und Schlossgarten** mit Bäumen, die aus einem 20 km entfernten Wald mit Pferdewagen herangefahren wurden.

Kasteellaan 1 | tgl. 10 – 17 Uhr | Eintritt: 19 € (Schloss), 7 € (Park) | www.kasteeldehaar.nl

Breukelen – Brooklyn

Breukelen

Breukelen nordwestlich von Utrecht ist für seine **Schlösser** bekannt: Schloss Nijenrode von 1270 – heute Universitätsgebäude –, Schloss Guntherstein aus dem 17. Jh. mit seinen auffallend hohen Schornsteinen und das Landhaus Oudaen aus dem 16. Jahrhundert. Viele Häuser nördlich entlang der Vecht wurden im 16./17. Jh. von reichen Amsterdamer Kaufleuten als Sommersitz gebaut. Der Ortsname ist auch aus einem anderen Grund erwähnenswert: Von Breukelen wurde nämlich die Benennung des New Yorker Stadtteils Brooklyn abgeleitet. Die Niederländische Westindien-Kompanie hatte 1646 diese Siedlung gegründet.

»Kleines Versailles«

Zeist

Östlich von Utrecht liegt Zeist, Zentrum der holländischen Herrnhuter Brüdergemeinde. Der von Wäldern umgebene Ort ist beliebtes Ausflugsziel, einen Besuch lohnt auch das städtische Schloss. Schloss Zeist mit schönem Schlossgarten wurde im 17. Jh. für Willem Adriaan van Nassau-Odijk auf den Fundamenten einer mittelalterlichen Burg erbaut. **Willem Adriaan** war der Sohn von Lodewijk van Nassau-Beverweerd, einem unehelichen Kind des Prinzen Maurits. Seine Jugend verbrachte Willem Adriaan in Paris. Als er das Anwesen 1677 erwarb, wollte er in Zeist ein »Kleines Versailles« schaffen. Um 1745 ging das Schloss in den Besitz des Amsterdamer Eisenhändlers Cornelis Schellinger über. Dieser, Mitglied der Herrnhuter Brüdergemeinde, ließ am Broederplein und Zusterplein stattliche Häuser für seine Glaubensbrüder und -schwestern bauen, die noch heute z. T. von Herrnhutern bewohnt sind. Die Gemeinde kaufte das verfallene Schloss 1924; heute finden hier u. a. Austellungen und ab Ende November ein stimmungsvoller Weihnachtsmarkt statt.

Führungen: 2,50 €, Anm. 06/42 17 61 37 o. www.slotzeist.nl

Die Pyramide der Niederlande

Pyramide van Austerlitz

Ca. 7 km östlich von Zeist steht die 62 m hohe Pyramide von Austerlitz. Sie wurde 1805 von französischen Soldaten errichtet zur Erinnerung an **Napoleons Sieg** über die Österreicher und Russen bei der südmährischen Stadt Austerlitz. Von der Pyramide haben Sie einen **guten Blick** über die bewaldete Gegend. Angeschlossen sind ein Besucherzentrum, das über die Franzosenzeit informiert, und ein Restaurant.

N224/Zeisterweg 98 | aktuelle Öffnungszeiten auf der Website | Eintritt: 3,50 € | www.monumentdepyramidevanausterlitz.nl

Für Militärfans ...

Soesterberg

... dürfte das **Nationaal Militair Museum** bei Soesterberg, ca. 17 km östlich von Utrecht, von Interesse sein. Hier wurden das Luchtvaartmuseum und das einst in Delft ansässige Koninklijk Nederlands Leger- en Wapenmuseum zusammengelegt. Das Museum befindet sich dort, wo 1913 die neu gegründete Luftfahrtabteilung des niederländischen Militärs angesiedelt wurde. Präsentiert werden 500 Jahre niederländischer Militärgeschichte, von batavischen Rittern bis hin zu jüngsten Kampffliegern. In einem beeindruckenden, 110 x 250 m großen Glasbau sind Panzer und Flugzeuge ausgestellt.

Umgeben ist das Museum von dem 380 ha großen Park **Vliegbasis Soesterberg**, in dem man auf Überreste der Militärgeschichte trifft. Das älteste Luftfahrtgebäude der Niederlande, ein Holzpavillion aus dem Jahr 1913, dient als Aussichtsturm.

Verlengde Paltzerweg 1, Soest | Di. – So. 10 – 17 Uhr, in den Ferien auch Mo. | Eintritt: 17,50 € | www.nmm.nl

★ VALKENBURG AAN DE GEUL

Provinz: Limburg | **Einwohnerzahl:** 16 450

Wohin fährt man für einen Sonntagsausflug? Nach Valkenburg! Denn dort können Sie auf der Burgruine prima Kaffee und Kuchen in der Sonne genießen, Fernblick inklusive. Wird es Ihnen zu warm, dann statten Sie den kühlen Mergelgrotten einen Besuch ab und lassen sich in die düstere Welt der »Blöckebrecher« entführen.

Hügeliges Holland

Valkenburg am Fuß der einzigen niederländischen Bergfestung liegt in dem malerischen Geultal im limburgischen Hügelland, nicht weit von der deutschen Stadt Aachen entfernt. Valkenburg genießt von alters her große Popularität als Ferienort; vor allem an den Sommerwochenenden platzt das Städtchen mit seinen Restaurants, Straßencafés und Geschäften aus allen Nähten.
Bekanntester touristischer Anziehungspunkt waren vor rund 100 Jahren vor allem die Mergelhöhlen. Heute zählen wohl auch das staatlich anerkannte Spielkasino im Dekor der 1920er-Jahre oder die nach dem Brunnenbad in Nieuweschans (Groningen) zweite Kureinrichtung der Niederlande, die futuristisch wirkenden Mineralbäder **Thermae 2000**, dazu. Valkenburg besitzt übrigens den ältesten noch funktionstüchtigen Bahnhof des Landes (1853).

Wohin in Valkenburg aan de Geul?

Bei einem Spaziergang durch den Ort …

Interessante Häuser

… gibt es einige prächtige alte Wohnhäuser zu entdecken, wie das **Kasteel Den Halder** in der Wilhelminalaan, das im 14. Jh. urkundlich erwähnt wurde. Aus dem 16. Jh. stammt das von einem gepflegten Park umgebene **Kasteel Oost**. Ebenfalls an einer Gracht liegt das **Kasteel Genhoes** (Oud-Valkenburgerweg), das im 17. Jh. erneuert wurde. Im Gebäude **Spaans Leenhof** von 1661 ist heute der Fremdenverkehrsverein untergebracht.

Der »Apostel der Franken«

St. Nicolaaskerk

Die St. Nicolaaskerk ist eine spätgotische **Pseudobasilika** aus dem 14. Jahrhundert. Sie besteht aus einem 1891 erweiterten Langhaus sowie dem Querhaus und Chor, die beide 1904 verlängert wurden. Erwähnenswert ist das schöne Triptychon mit Szenen aus dem Leben des heiligen Remigius, der seinerzeit die Franken christianisierte.

Ein Besuch in Valkenburgs Schlossruine wird durch den Geheimgang zur Fluweelengrotte erst recht spannend.

Auf dem Zwingerfelsen

Kasteelruine Valkenburg

Die Stadt wird südlich überragt vom **Dwingelrots** (Zwingerfels), der die Reste der Burg der Herren von Valkenburg trägt. Der Baubeginn wird in das 12. Jh. datiert. Hinzu kamen später ein Turm und befestigte Wege, Dwingel, die zum Teil durch das weiche Mergelgestein des Berges führen. Nach mehreren Belagerungen und Wiederaufbauten blieb die Burg ab 1672 als Ruine stehen, nachdem sie mit Absicht gesprengt wurde, damit die Franzosen, die immer wieder die Maastrichter Gegend belagerten, sie nicht nutzen konnten. Ein Geheimgang führte zur Fluweelengrotte (▶ unten) unter der Burgruine.

Grotten

Mergel wurde bereits von den Römern als Baumaterial verwendet. An die Zeit, als der Mergel noch abgebaut wurde, erinnern die **Gemeentegrot** und die **Fluweelengrot**. Heute werden die Grotten als Veranstaltungsort für Konzerte und für Weihnachtsmärkte genutzt. Die Fluweelengrot kann im Rahmen einer Führung besichtigt werden. Man sieht Wandmalereien, Inschriften, Skulpturen aus Mergelstein sowie eine in den Fels geschlagene Kapelle mit Schlafplatz, in der sich ein Pfarrer während des Zweiten Weltkrieges versteckt hielt.

Grotten: Daalhemerweg 27 | Führungen stdl. 11 – 16 Uhr | Eintritt: 15 € inkl. Burgruine und Grotte | www.kasteelvalkenburg.nl

VALKENBURG UND UMGEBUNG ERLEBEN

VISIT ZUID-LIMBURG EXPERIENCE VALKENBURG
Th. Dorrenplein 5
NL-6301 DV Valkenburg
Tel. 09 00/5 55 97 98
www.vvvzuidlimburg.nl
Mo. - Sa. 10 - 17 Uhr

CHATEAU ST. GERLACH €€€€
Gourmettempel in einem barocken Schloss, in dem auch ein schönes Hotel eingerichtet ist. Bei gutem Wetter können Sie auf der Terrasse speisen mit Blick auf den Park.
Joseph Corneli Allee 1
Tel. 0 43/6 08 88 88
www.oostwegelcollection.nl

THERMAE 2000 €€
Schönheitsfarm, Kurhotel und Freizeitvergnügen finden Sie in diesem schön gelegenen Komforthotel (60 Zi.).
Cauberg 25
Tel. 0 43/6 09 20 00
www.thermae.nl

Die dunkle Welt des Bergbaus

Steenkolen-mijn

Das **Schaubergwerk** Steenkolenmijn (Steinkohlenbergwerk) im Daalhemerweg bringt anhand von authentischen Gerätschaften die Technik des südlimburgischen Bergbaus anschaulich zur Darstellung. Zu der Ausstattung gehören u. a. Originalgeräte der Bergleute. Heute kann man hier feiern (bis zu 350 Personen), heiraten oder einfach eine Kleinigkeit essen und trinken.

Daalhemerweg 31 | Führungen April - Nov. tgl. 10 - 17 Uhr, Jan. bis März tgl. um 14 Uhr Führung, an den Wochenenden auch um 12, 13 und 15 Uhr | Eintritt: 13 € | www.steenkolenmijn.nl

Wie sahen römische Katakomben aus?

Romeinse Katakomben

In der Plenkertstraat können Sie eine **Nachbildung** der frühchristlichen, römischen Katakomben des 3./4. Jh.s. besuchen. Sie sehen u.a. Gräber gewöhnlicher römischer Bürger sowie prachtvoll ausgestaltete Grabkammern wohlhabener Römer.

Plenkertstraat 55 | Führungen tgl. 10.30, 12.30 und 14.30 Uhr | Eintritt: 16 € | www.romeinsekatakomben.nl

Rund um Valkenburg

Die Metamorphose einer ehemaligen Bergarbeiterstadt

Heerlen

Die Stadt Heerlen, nordöstlich von Valkenburg, entstand als römische Handelssiedlung Coriovallum an einer Kreuzung wichtiger Heerstraßen unter Kaiser Augustus. Im 19. Jh. entwickelte sich Heerlen zur tristen

Industrie- und Bergarbeiterstadt. Doch der Kohleabbau mit seinen Begleiterscheinungen gehört nun der Vergangenheit an – seither wird Heerlen zunehmend freundlicher. Zu den interessantesten Sehenswürdigkeiten gehören die 1940 entdeckten Überreste der **römischen Thermenanlagen** aus dem 1. Jh. n. Chr. in der Coriovallumstraat.
Die **St. Pancratiuskerk**, eine romanische Pfeilerbasilika, entstand zwischen dem 12. und 14. Jh. Über dem Chor erhebt sich der viereckige Schelmenturm aus dem 12. Jh., Rest der ehemaligen Festung Herle.
Thermenmuseum: Coriovallumstraat 9 | Di. – Fr. 10 – 17, Sa. u. So. 12 – 17 Uhr | Eintritt: 11,95 € | www.thermenmuseum.nl

Stattliches Ausflugsziel

Kasteel Hoensbroek

Nordwestlich von Heerlen liegt am Stadtrand von Hoensbroek inmitten einer idyllischen Landschaft das gleichnamige Kasteel – das größte **Schloss** zwischen Rhein und Maas –, das vor allem bei Familien mit Kindern ein beliebtes Ausflugsziel ist. Der älteste Teil des stattlichen, durch Wassergräben und Rundtürme bewehrten Baukomplexes stammt aus dem Jahr 1360. Von diesem ersten Gebäude blieb nach einem Brand nur ein runder Eckturm erhalten; 1643 entstand das Schloss in seiner heutigen Gestalt. Der Hauptbau ist um einen quadratischen Innenhof angelegt. Die dortigen 40 **Wohn- und Repräsentationsräume** sind möbliert und können besichtigt werden. Sie können auch einen 60 m hohen **Turm** erklimmen.
Klinkerstraat 118 | tgl. 10 – 17.30 Uhr | Eintritt: 14,50 € | www.kasteelhoensbroek.nl

Eine der wichtigsten religiösen Stätten des Landes

Kerkrade

Ebenso wie Heerlen war auch die benachbarte Stadt Kerkrade bis ca. 1960 vom Bergbau geprägt, seit 1742 die Augustinermönche der Abtei Rolduc hier die ersten Kohlezechen gegründet hatten.
Ihre 1104 gestiftete **Augustinerabtei Rolduc**, heute die größte Klosteranlage des Landes und UNESCO-Weltkulturerbe, lohnt einen Abstecher. Ab Mitte des 19. Jh.s wurde das Kloster als katholisches Priesterseminar genutzt; heute dienen die alten Räumlichkeiten als Kongresszentrum. Die mittelalterlichen Klostergebäude sind nicht erhalten, wohl aber die aus dem 12. Jh. stammende, romanische **Klosterkirche**. Der älteste Gebäudeteil der dreischiffigen Kreuzbasilika ist die Hallenkrypta in Kleeblattform. Nach mehreren Beschädigungen wurde das Kircheninnere ab 1853 von dem Architekten P. J. H. Cuypers restauriert. Im Mittelschiff befindet sich die Grabplatte des Herzogs Walram III. von Limburg († 1226), der unter Richard Löwenherz 1183 am 3. Kreuzzug teilnahm und einer der Vorfahren des Hauses Oranien ist. Im Kloster befinden sich auch eine **Brasserie** und ein **Hotel**, in dem Sie relativ günstig übernachten können.
Führungen jeden Mittwoch und Samstag um 15.30 Uhr und jeden Sonntag um 10.30 Uhr | 9,50 € | www.rolduc.com

VENLO

Provinz: Limburg | **Einwohnerzahl:** 103 300

»Venlo überrascht« – so lautet der Slogan der Stadt. Da könnte was dran sein. So sitzen Sie am Maasboulevard mit Blick auf die Jachten in der Sonne oder am Grasstrand beim Picknick. Außerdem ist Venlo als Shoppingparadies bekannt. In der Altstadt rund um das historische Rathaus reiht sich eine kleine Boutique an die andere: Schuhe, Stoffe, Geschenkartikel, Parfum, Käse, Spargel ... Der an der Grenze zu Deutschland gelegene Ort ist deshalb auch im Nachbarland beliebt.

Spargel-hauptstadt

Die an der Maas errichtete Stadt Venlo ist der kulturelle, administrative und wirtschaftliche Mittelpunkt des nördlichen Limburg. Als bedeutender Verkehrsknotenpunkt zwischen Rotterdam und dem Ruhrgebiet besitzt Venlo insbesondere seit dem Ende des Zweiten Weltkriegs günstige Standortbedingungen für Industriebetriebe und internationale Handelsniederlassungen, die die Produkte der umliegenden Erwerbsgartenbaugebiete vermarkten. Schließlich liegt in der direkten Umgebung das zweitgrößte Gartenbaugebiet des Landes, ja Venlo darf sich sogar die Spargelhauptstadt der Niederlande nennen.

VENLO ERLEBEN

TOERISTEN INFORMATIE VENLO

Klaasstraat 17
(Boekhandel Koops)
NL-5911 JN Venlo
Tel. 0 77 / 3 54 38 00
www.venloverwelkomt.nl
Mo. – Fr. 9.30 – 18, Sa. 9.30 – 17, So. 12 – 17 Uhr

VALUAS €€€€

Das familiengeführte Edelrestaurant bietet eine hervorragende französisch-italienische Küche, sehr hübsch gelegen an der Maas. Die umfangreiche Weinkarte des Valuas wurde bereits ausgezeichnet.
St. Urbanusweg 9
Tel. 0 77 / 3 54 11 41
www.valuas-hr.nl

BILDERBERG HOTEL DE BOVENSTE MOLEN €€€

Dieses Hotel (165 B.) mit einem Schwimmbad und guten Wandermöglichkeiten liegt in einem Waldgebiet am Stadtrand.
Bovenste Molenweg 12
Tel. 0 77 / 3 59 14 14
www.bilderberg.nl/venlo/hotel-de-bovenste-molen

Wohin in Venlo?

In Kupfer getauft

An der Grote Kerkstraat erhebt sich die 1944 stark beschädigte und gut restaurierte Sint-Martinuskerk von 1411. Im Inneren befinden sich ein beachtenswerter Taufkessel aus Kupfer aus 1621 von Herman Potgieter sowie eine in Holz geschnitzte Altarwand mit einer Darstellung der Kreuzigungsszene. In der Umgebung der Kirche stehen mehrere **sehenswerte Giebelhäuser** aus dem 16. und 18. Jahrhundert.

Sint-Martinuskerk

Malerisches Rathaus

Durch die Gasthuisstraat gelangt man zum nördlich der Martinuskerk gelegenen **Rathaus**, das nach Plänen von Willem van Bommel aus Emmerich von 1596 bis 1601 entstand. Bei Erneuerungsbauten 1888 kamen die Erkertürmchen an der Rückseite und die Fassade im Stil der Neorenaissance hinzu. Im mit Leder ausgeschlagenen Ratssaal befinden sich einige schöne Gemälde. Die Markthalle im Erdgeschoss beherbergt das Gemeindearchiv.

Stadhuis

Sinnliche Zeitkapseln

Das Limburgs Museum informiert in mehreren Themenausstellungen über die **Geschichte der Provinz Limburg**, über das Alltagsleben in den letzten Jahrhunderten, wie Esskultur, Kleidung und Dialekt. Jeder Saal ist dabei als eine Art Zeitkapsel anzusehen; ein Themenbeispiel ist »Vom Neandertaler zum Stadtmensch«. Viele Dinge können Sie anfassen. Texte (auch in deutscher Sprache) sind auf ein absolutes Minimum beschränkt, Inhalte werden stattdessen über sinnliche Erfahrungen (Ton, Film, Bilder, Gerüche) vermittelt.

Keulsepoort 5 | Di. – So. 11 – 17 Uhr | Eintritt: 16 € | www.limburgsmuseum.nl

Limburgs Museum

Rund um Venlo

Bäume und Pflanzen aus aller Welt

Direkt an der Maas, südöstlich von Venlo, liegt die Gemeinde Tegelen, in deren Ortsteil Steyl der **Botanische Garten** Jochum-Hof einen Besuch wert ist. Er wurde 1933 von einem Pater gegründet. Aus allen Teilen der Welt ließ er seine Missionare Samen in das Klosterdorf Steyl bringen. Neben Gewächshäusern mit tropischen und subtropischen Pflanzen bietet der Heimatgarten einen Querschnitt durch die nordlimburgische Flora, während der Tigliengarten die prähistorische Landschaft der Region zu rekonstruieren versucht. Sehr einladend ist auch das **Grand Café mit Sonnenterasse**.

Jochumhof: Maashoek 2B | Apr. – Sept. Di. – So 11 – 17, Okt. – März Do. – So. 11 – 17 Uhr | Eintritt: 3 € | www.jochumhof.nl

Jochum-Hof bei Tegelen

Gärten aus aller Welt

★ Kasteeltuinen Arcen

Ca. 10 km nördlich von Venlo liegt in einer malerischen Umgebung das als Sommerausflugsziel besuchte Dorf Arcen mit einem **Wasserschloss** von 1650. Seit 1988 sind die **Schlossgärten** Schauplatz einer fantastischen Blumen- und Pflanzenschau. Zu den Hauptattraktionen gehören das Rosarium mit rund 30 000 Rosen, der asiatische Wassergarten, die Flamingos, der italienische Garten und der mehrere Dutzend Meter lange Blumenpfad. In den Pavillons und dem Schlossinneren finden wechselnde Kunstausstellungen statt.

Lingsforterweg 26 | April – Okt. tgl. 10 – 18 Uhr | Eintritt: 19,95 € | www.kasteeltuinen.nl

Grenzübergreifender Park

Duits-Nederlandse Natuurpark

Zwischen den Städten Venlo und ▶ Roermond erstreckt sich südöstlich der Maas der grenzübergreifende **Deutsch-Niederländische Naturpark Maas-Schwalm-Nette**. Die flache Niederrheinlandschaft mit Flussauen, Mooren und landwirtschaftlich genutzten Flächen ist ein beliebtes Naherholungsgebiet für die Bewohner der Ballungsräume um Eindhoven bzw. Krefeld-Duisburg.

Prächtiger Blumenpfau im Schlossgarten von Arcen.

VLISSINGEN

Provinz: Zeeland | **Einwohnerzahl:** 45 180

Ein Kontrastprogramm zu all den beschaulichen, historischen Städtchen Zeelands bietet Vlissingen, das mit seinen Hochhäusern an der Küste ein bisschen an Dubai erinnern kann. Auch die schönen Strände halten Überraschendes bereit: Vom Liegestuhl, den Beachclubs und den Ferienhäusern auf dem Strand sehen Sie die Containerschiffe auf der Westerschelde vorbeiziehen.

Strände und Schiffe

Die bedeutende Hafenstadt Vlissingen liegt an der Südküste der ehemaligen Insel Walcheren, wo die hier über 4 km breite Westerschelde in die Nordsee mündet. Vlissingen ist neben IJmuiden der einzige größere Hafen unmittelbar an der Nordsee sowie Ausgangspunkt von Fähren nach Breskens in Zeeuws-Vlaanderen. Von dem 12 m tiefen Seehafen sind zwei Binnenhafenbecken durch Schleusen getrennt; sie werden durch den Kanal von Walcheren mit Middelburg verbunden. Vlissingen ist Geburtsort des Admirals Michiel Adriaenszoon de Ruyter (1607 – 1676) und des Dichters Jacobus Bellamy (1557 – 1586).

Wohin in Vlissingen?

Schiffsmodelle und archäologische Meeresfunde

Maritiem Muzeeum Zeeland

Am Nieuwendijk, am städtischen Hafenbecken, liegt das Maritiem Muzeeum Zeeland, das sich der **maritimen Vergangenheit Vlissingens** widmet und den berühmten Seehelden, den Admiral Michiel Adriaanszoon de Ruyter (1607 – 1676) ehrt. Kinder können sich mit Hilfe von Computerspielen über die Vergangenheit des Ortes informieren.

Nieuwendijk 11 | Di. – So. 10 – 17 Uhr | Eintritt: 15 € | www.muzeeum.nl

In Gedenken an einen Seehelden

Kasematten

An der Küste wachen die Kasematten. Auf dem sog. Kaiser-Bollwerk, das Kaiser Karl V. zur Verteidigung der Stadt von 1548 an errichten ließ und das 1811 von Napoleon verstärkt wurde, **ehrt ein Standbild den Admirals de Ruyter**. Es wurde von L. Royers in Erinnerung an den Seehelden geschaffen, der die Niederlande im dritten englisch-niederländischen Krieg vor dem Untergang bewahrte. Von hier haben Sie einen schönen Blick auf die Windmühle, den Gefängnisturm aus dem 16. Jh., den Stadtstrand, den Boulevard de Ruyter und das Meer.

Boulevard de Ruyter | Die Kasematten sind derzeit wegen Baufälligkeit nicht zu besichtigen.

VLISSINGEN ERLEBEN

VVV VLISSINGEN
Spuistraat 30
NL-4381 HS Vlissingen
Tel. 01 18 / 71 53 20
www.vvvzeeland.nl
Mo. 11 – 17.30,
Sa. 9.30 – 17.30 Uhr

DE DIGHTER €€
Fisch in vielen Variationen ist hier angesagt. Oder die Tapas-Auswahl für zwei Personen?
Bellamypark 30
Tel. 01 18 / 85 15 07
https://dedighter.com
Mi. und So. geschl.

HOTEL-RESTAURANT ARION €€–€€€
Vier-Sterne-Hotel am Strand mit modernen Zimmern. Zudem mit schöner Terrasse und kostenlosen Parkplätzen.
Boulevard Bankert 266
382 AC Vlissingen
Tel. 01 18 / 41 05 02
https://amadore-restaurant-arion.hotels-in-netherlands.com

Unter einem Dach

Reptielenzoo Iguana

Der im Stadtinneren gelegene Reptilienzoo Iguana ist Europas größter ganz überdachter Reptilienzoo. 600 Reptilien, Amphibien und Insekten aus der ganzen Welt sind zu bewundern.
Bellamypark 31–35 | Juni – Sept. Di. – Sa. 10 – 17, So. u. Mo. 13 – 17.30, Okt. – Mai tgl. 13 – 17.30 Uhr | Eintritt: 9,50 € | www.iguana.nl

★★ WADDENEILANDEN

A–E 12–22

Provinzen: Friesland

Die niederländischen Watteninseln Texel, Vlieland, Terschelling, Ameland und Schiermonnikoog bieten jedem etwas. Die Palette reicht von der kleinen, autofreien und zum Nationalpark erklärten Insel Schiermonnikoog bis zum großen Eiland Texel, das so vielseitig ist, dass es gar als »Holland in Klein« bezeichnet wird.

Westfriesische Inseln

Die bogenförmige Inselkette, die jenseits der niederländisch-deutschen Grenze ihre Fortsetzung in den Ostfriesischen Inseln findet, schirmt das Festland ab, von dem sie durch das Wattenmeer (Waddenzee) getrennt ist. Noch vor rund 2500 Jahren war das **Wattenmeer** ein ausgedehntes Moorgebiet, das durch einen von der Meeresbrandung aufgeworfenen Strandwall aus Sand und Treibgut vor den zerstörerischen Kräften der See geschützt war. Ein stetiger Anstieg des Meeresspiegels, hervorgerufen durch das Abschmelzen von Gletschermassen der letzten Eiszeit und durch ein Absinken des Landes, führte jedoch zur Überflutung weiter Teile des ehemaligen Torfmoors. Die verheerendsten Sturmfluten ereigneten sich im Mittelalter. Als Überreste des ehemaligen Strandwalls, der von der vordringenden Nordsee an zahlreichen Stellen durchbrochen wurde, blieb die heutige Inselkette zurück. Seewärts werden die Westfriesischen Inseln von jungen Dünen gesäumt, die durch Meeresströmungen und westliche Winde beständig nach Osten wandern. Durch Anpflanzungen von Strandhafer und den Bau von Buhnen hat man die Verlagerung der Sandmassen jedoch weitgehend unterbunden.

Vogel- und Strandparadiese

Strände

Neben Schafzucht, Fischfang und stellenweise vorhandenem Ackerbau ist wirtschaftlich vor allem der sommerliche Fremdenverkehr von Bedeutung. Die **hellen, kilometerlangen Sandstrände** gehören zu den schönsten der Niederlande. Eine weitere Attraktion bilden zahlreiche **Naturschutzgebiete**, in denen Tausende von Seevögeln nisten oder überwintern, so z. B. an der Nordküste von Texel (Schorren), auf Vlieland und Terschelling (Boschplaat).

★★ Texel

Flaniermeile für Gefiedertes

Vogelinsel

Die größte und bei Badeurlaubern beliebteste der Westfriesischen Inseln ist mit der Autofähre von ▶ Den Helder in 20 Min. zu erreichen. Die zur Provinz Noord-Holland gehörende Insel hat rund 14 000 Einwohner, ist 24 km lang und etwa 9 km breit. Gleichzeitig ist Texel (Aussprache: Tessel) auch die **älteste Watteninsel** – der Sandhügel in der Inselmitte wurde schon in neolithischer Zeit bewohnt. Um sich vor Überschwemmungen zu schützen, hat man nach der Flutkatastrophe von 1953 zur Nordsee hin Schutzwälle errichtet. Nicht von ungefähr hat Texel den Beinamen Vogelinsel. In den Reservaten De Slufter und De Muy brüten im Sommer mehr als 300 Vogelarten, darunter seltene Löffler, Enten- und Läuferarten, Austernfischer oder Wasserschnepfen. Ein Highlight für Vogelfreunde ist der **Vogel-Boulevard**, der sich am Wattenmeerdeich entlangzieht und der mehrere Seen miteinander verbindet. Im Naturgebiet **De Hoge Berg** befindet sich die mit 15 m höchste Erhebung der Nordseeinsel.

Nicht nur im Sommer heiß begehrt

★★ Strände

Texel ist wegen seiner schönen Badestrände bei niederländischen und ebenso bei deutschen Badeurlaubern sehr beliebt. Nicht nur in der sommerlichen Hochsaison, sondern auch im Winter kommen Erholungsuchende auf die Insel. Die Badestrände in der Nähe der Touristenorte sind bewacht. Die besten Surfreviere finden Sie an der Westküste der Insel.

Zur Katamaran-Regatta oder lieber aufs Kulturfestival?

Den Burg

Der kleine Hauptort der Insel ist das hübsche Dorf Den Burg, dessen Zentrum **ringförmig aufgebaut** ist. Der Baubeginn der evangelischen Kirche wird ins 15. Jh. datiert. In dieser Zeit entstand die untere Hälfte des Turms, während die obere Hälfte erst in der Mitte des 16. Jh.s und die Turmspitze 1604 hinzukamen. In den Sommermonaten können Sie den Turm erklimmen. Die **Oudheidkamer** (Altertümermuseum), untergebracht in einem der ältesten Häuser der Insel, legt Zeugnis ab von der Lebensweise der Inselbewohner.

Zu den Highlights eines Strandurlaubs zählen Sonnenuntergänge. Auch auf Texel hat die Sonne ihre allabendlichen Bewunderer.

Den Burg veranstaltet jedes Jahr im Juni eine **Katamaran-Regatta,** die Ronde om Texel, die über die Grenzen Europas hinaus bekannt ist. Zur gleichen Zeit findet das **Kulturfestival** »Texel CultuurEiland« in den Inselorten statt – mit Kunstwerken am Strand, Jazz-Festival, Oper und Theatervorstellungen.

Oudheidkamer: Kogerstraat 1 | Apr. – Okt. Mo. – Do. 11 – 17, Fr. 11 – 14, Sa. 14 – 16 Uhr | Eintritt: 4,50 € | www.oudheidkamertexel.nl
Ronde om Texel: https://roundtexel.com
Texel CultuurEiland: www.texelcultuureiland.nl

Der Schatz im Wal

De Koog

Bei Badeurlaubern beliebt ist das Dorf De Koog, das als einziger Ort der Insel am Nordseestrand liegt und im Sommer oft überlaufen ist. Das **Ecomare** nahe De Koog war die erste Seehundauffangstation der Niederlande. Vor allem Heuler, Jungtiere, die ihre Mutter verloren haben, und kranke Tiere werden hier aufgezogen und wieder ausgesetzt. Neben einem Bassin mit Seehunden gibt es auch eine Vogel-

DIE WADDENEILANDEN ERLEBEN

VVV AMELAND
Bureweg 2
NL-9163 KE Nes Ameland
Tel. 05 19 / 54 65 46
www.vvvameland.nl
Mo. - Fr. 9 - 17, Sa. 10 - 15 Uhr

VVV SCHIERMONNIKOOG
Reeweg 5
NL-9166 PW Schiermonnikoog
Tel. 05 19 / 53 12 33
www.vvvschiermonnikoog.nl
Mo. - Sa. 9 - 17, So. 10 - 14 Uhr

VVV TERSCHELLING
Willem Barentszkade 19a
NL-8881 BC Terschelling West
Tel. 05 62 / 44 30 00
www.vvvterschelling.nl
Mo. - Fr. 9 - 17,
Sa. u. So. 10 - 16 Uhr

VVV TEXEL
Emmalaan 66
NL-1791 AV Den Burg
Tel. 02 22 / 31 47 41
www.texel.net
Mo. - Sa. 10 - 17 Uhr

VVV VLIELAND
Havenweg 10
NL-8899 BB Vlieland
Tel. 05 62 / 45 11 11
www.vlieland.net
Mo. - Fr. 09 - 17, Sa. 10 - 13 u. 15 - 17, So. 10 - 12 u. 15.30 - 17 Uhr

BEACHCLUB SUNSET €€€
»Ibiza an der Nordsee« – das trifft tatsächlich zu! Während des Sonnenuntergangs können Sie im Sommer auf Loungesofas Gin Tonic, Sushis und Austern genießen.
Oranjeweg 61
Hollum, Ameland
Tel. 05 19 / 5 54 2 80
www.thesunset.nl

EETCAFÉ ONDER DE PANNEN €€€
Niederländische Küche, vor allem viele Fischgerichte. Sommerterrasse.
Heereweg 22, Midsland
Terschelling
05 62 / 44 83 90
www.onderdepannen.eu

HET KOMPAS €€€€
Texels kleinstes Restaurant erinnert an einen englischen Pub. Es ist spezialisiert auf Lammgerichte und hat rund 1600 Whiskysorten im Angebot.
Herenstraat 7,
Den Hoorn, Texel
Tel. 02 22 / 31 93 60
www.whiskybarplaza.nl

WESTCORD HOTEL DE WADDEN €€€
Hotel-Restaurant mit hervorragenden Fischgerichten und Meeresfrüchten. Von WestCord gibt es auch Hotels auf Ameland und Terschelling.
Dorpsstraat 61,
Oost-Vlieland
Tel. 05 62 / 45 26 26
https://westcordhotels.nl

VAN HEECKEREN HOTEL €€
Im malerischen Nes befindet sich dieses Familienhotel (91 B.). Elegante Zimmer mit Balkon oder Terrasse.
Torenstr. 22
NL-9163 HE Nes, Ameland
Tel. 5 19 / 54 65 00
www.vanheeckerenhotel.nl

HOTEL VAN DER WERFF €€
Sehr hübsches Haus im früheren Posthaus mit ausgezeichnetem Restaurant.
Reeweg 2
NL-9166 PX Schiermonnikoog
Tel. 05 19 / 53 12 03
www.hotelvanderwerff.nl

HOTEL DE WAAL €€
In dem idyllischen Ort De Waal gelegenes, kleines und sympathisches Hotel. Der Eigentümer und »Strandräuber« Maarten Brugge nimmt Gäste auch gerne mit zur Strandgutsuche. Das Hotel hat er mit selbstgebauten Treibholzmöbeln eingerichtet (▶ S.12)
Hogereind 28
NL-1793 AH De Waal, Texel
Tel. 02 22 / 31 32 82
www.hoteldewaal.nl/de

---

station und ein Infozentrum über den Lebensraum Wattenmeer. Beleuchtet wird die Geschichte der Insel von ihrer Entstehung bis zu den Folgen des modernen Tourismus. Der Walsaal zeigt das Skelett eines Pottwals, der 2012 auf der Insel anspülte. In seinem Körper fand man einen großen Klumpen selbst produzierter Ambra, eine der teuersten Substanzen der Welt und in der Parfumindustrie sehr begehrt. Mit dem Verkauf der **Ambra** wurde der Walsaal im Ecomare finanziert.
Ruijslaan 92 | tgl. 9.30 – 17 Uhr | Eintritt: 15 € | www.ecomare.nl

Krimskrams aus dem Meer
In den Museen **Kaap Skil** und **Maritiem- en Juttersmuseum Flora** können Sie u.a. Gegenstände besichtigen, die an den Strand geschwemmt oder bei Tauchgängen aus gesunkenen Schiffen geborgen wurden. Zum Museum Kaap Skil gehört ein **Freiluftgelände** mit historischen Fischerhäuschen und eine Windmühle (s.a. S.12ff.). Interessant ist auch die interaktive Nachbildung der Reede von Texel.
Kaap Skil: Heemskerckstraat 9 | 1792 AA Oudeschild | Di. – So. 10 – 17 Uhr, Juli/Aug. auch Mo. | Eintritt: 11,50 € | www.kaapskil.nl
Maritiem- en Juttersmuseum Flora: Californiëweg 1c | 1796 PA De Koog | tgl. 10 – 17 Uhr | Eintritt: 8 €, Kinder 4 – 11 Jahre 6 € | www.juttersflora.nl

Am nördlichsten Punkt der Insel …
… erhebt sich unweit von De Cocksdorp ein knallroter **Leuchtturm**. Über eine Wendeltreppe geht es hoch zu einer Aussichtsplattform. In den Zwischenetagen informiert eine Ausstellung über seinen Bau. De Cocksdorp
Leuchtturm: Vuurtorenweg 184 | März – Okt. tgl. 10 bis 17 Uhr, weitere Öffnungszeiten auf der Website | Eintritt: 5,75 € | www.vuurtorentexel.nl

Beliebtestes Fotomotiv der Insel …
… ist – neben dem Leuchtturm – die niederländisch-reformierte Kirche in Den Hoorn aus dem Jahr 1500 mit einem schlanken, weißen Turm, der heute noch als Bake den Schiffen zur Orientierung dient. Den Hoorn

KUNST IST EINE INSEL

Jeden Juni gibt es für Kunstfans, Festivalgänger und Frischluftfanatiker einen Sehnsuchtsort: die Watteninsel Terschelling. Zehn Tage lang verwandelt sich das Eiland während des Oerol-Festivals in eine einzige Bühne und Ausstellungsfläche. Theater im Dünenwald, Landart im Watt, Kunstwerke in den Bäumen, Riesenskulpturen im Sand. Welch ein Zauber weht dann durch diese kleine Inselwelt! (▶ www.oerol.nl)

Vlieland

»Sahara des Nordens«

Autofreie Insel

Nordöstlich von Texel breitet sich die 12 km x 2 km große, zu Friesland gehörende Insel Vlieland aus. Sie erreichen sie mit der Fähre von ▶ Harlingen in 1,5 Stunden, mit dem Schnellboot in 45 Minuten. Die Schaluppe »Vriendschap« transportiert Fußgänger und Radler aus Texel. Autos sind für Besucher nicht zugelassen (nur die Inselbewohner besitzen eine Sondererlaubnis für ihre Fahrzeuge). Wie auf den anderen Westfriesischen Inseln ist Radfahren neben Wandern und Reiten die geeignetste Fortbewegungsart. Auf Vlieland nisten zahlreiche Vögel, und es gibt sogar einen 300 ha großen Nadel- und Laubwald. Die Insel mit ihrem **breiten Strand** ist bei Badeurlaubern, aber auch bei Sportfischern und Windsurfern beliebt. Der **Vliehors-Expres**, ein geländegängiger Lastwagen, fährt Besucher durch die »Sahara des Nordens«. Im Drenkelingenhuisje ist versammelt, was die

»Jutter« so am Strand finden (▶ S.12ff.), und beim eintägigen »Jutterarrangement« mit Mittagessen, Abschlusslikör und Strandsouvenir erfährt man noch mehr über die Strandsammler.

Vliehors-Expres: Abfahrt beim Badhhuys | ab 25 € | Termine: www.vliehors-expres.nl

Einzige Siedlung der Insel

Oost-Vlieland

Seit West-Vlieland im 18. Jh. im Meer versank, ist das von Laub- und Nadelwäldern umgebene Oost-Vlieland die einzige Siedlung der Insel. Sehenswert in der einschiffigen Saalkirche von 1605 sind die Kanzel, die Orgel aus dem 18. Jh., Grabmäler und einer der fünf Messingleuchter, die Admiral de Ruyter der Kirche schenkte. Er besaß ebenso wie Admiral Tromp ein Haus auf der Insel, in dem heute das **heimatgeschichtliche Museum** seinen Platz hat.

Tromp's Huys: Dorpsstraat 99 | Di. – Do., Sa. 14 – 17, Fr. 10 – 13 Uhr | Eintritt: 6 € | www.trompshuys.nl

Terschelling

Zweitgrößte der Westfriesischen Inseln

Unter Naturschutz

Von Harlingen erreicht man mit der Autofähre – im Sommer ist die Reservierung für Fahrzeuge unerlässlich – in 2 Stunden Terschelling (für Fußgänger gibt es den mit einer Überfahrt von nur einer Dreiviertelstunde schnelleren, aber auch teureren »sneldienst«). Die Insel ist mit einer Gesamtfläche von 10 000 ha die zweitgrößte der Westfriesischen Inseln. Knapp 5000 Menschen leben auf der zur Provinz Friesland gehörenden, 28 km langen und durchschnittlich 4 km breiten Insel.

Die **herrlichen Sandstrände** entlang der Nordküste, die stellenweise 500 m breit sind, die guten Surfreviere im Süden und die größtenteils unter Naturschutz stehende Landschaft – etwa 80 % der Inselfläche ist Naturlandschaft, davon 400 ha Waldgebiet – machen Terschelling zu einem gefragten Reiseziel. Die beliebtesten Ferienorte an der Küste sind **Formerum aan Zee**, **Midsland aan Zee** und **West aan Zee**. Mit seinen Restaurants, Kneipen, Bars und Diskotheken ist **Midsland** das touristische Inselzentrum.

Insel der Cranberries

Naturschutzgebiete

Im Westen erstreckt sich das Sandgebiet **Noordwaarder** und im Nordosten das bekanntere, bewaldete Naturreservat **De Boschplaat**. Die Entstehung von De Boschplaat wurde erst durch die Eindeichung der Insel möglich. Die Insel lockt eine vielfältige Vogelschar an, die auf ihrer Reise zu den Brutplätzen im Norden oder zur Überwinterung nach Süden hier Halt machen. Eine Kuriosität sind die für diese Region untypischen Cranberries, die erstmals nach dem Sinken eines amerikanischen Handelsschiffs im 19. Jh. hier gewachsen sein sollen. Sie gedeihen in großen Feldern in den Dünen und werden zu **Marmelade, Saft, Tee, Likör, Wein und Cranberry-Senf** verarbeitet.

Auf den Spuren von Kapitän Rob und Hund Skip

West-Terschelling

Der wichtigste Ort, West-Terschelling, besitzt einen Fährhafen. Hier und in dem nordöstlich gelegenen Midsland stehen die Commandeurshuizen (Kapitänshäuser), in denen Kapitäne der Walfischflotte lebten. In West-Terschelling erhebt sich der älteste **Leuchtturm** der Niederlande, Brandaris von 1594. Die Lichtsignale des 54 m hohen Turms sind bis zu einer Entfernung von 40 km sichtbar. Vor der Einführung der elektrischen Scheinwerfer im Jahr 1920 erfüllte eine große Feuerflamme diese Funktion (▶ Baedeker Wissen S. 238). Auf dem nahe gelegenen Friedhof sind unzählige Seeleute begraben. Wer in West-Terschelling auch mal auf die Fußwege achtet, findet immer wieder Bodenplatten mit dem Konterfei von Kapitän Rob und Hund Skip. Auf der Insel schöpfte der Illustrator Pieter Kuhn Abenteuerideen für die Protagonisten seiner in den Niederlanden sehr populären Comicserie der 1950er-Jahre.

Gefangen in Schnee und Eis

Museum 't Behouden Huys

Das Gemeindemuseum 't Behouden Huys ist nach der Hütte benannt, in welcher der Seefahrer und Entdeckungsreisende **Willem Barents** den Winter 1596/1597 verbrachte. Barents wurde um 1555 auf Terschelling geboren. Er entdeckte 1594 auf der Suche nach der Nordostpassage, den nördlichen Weg nach Asien, die Westküste von Nowaja Semlja, einer Inselgruppe im russischen Nordpolarmeer, und auf seiner dritten Fahrt im Jahr 1596 Spitzbergen und die Bäreninsel. Als sein Schiff im Eis stecken zu bleiben drohte, überwinterte er auf Nowaja Semlja in einer Hütte, die er sich aus Holzbestandteilen seines Schiffes zusammenbastelte. Die Rückreise im folgenden Frühling überlebte der Entdecker, nach dem die Barentssee benannt ist, jedoch nicht. Das Haus wurde erst 1871 gefunden; Logbücher, Geräte etc. daraus sind im Rijksmuseum in ▶ Amsterdam ausgestellt .

Commandeurstraat 30 | Apr. - Okt. Mo. - Fr. 11 - 17, Sa., So. 13 - 17, Nov. - März Mi., Sa., So. 13 - 17 Uhr | Eintritt: 7,50 € | www.behouden-huys.nl

Ameland

Wattendiamant

Naturraum

Die Tourismusindustrie bedient sich des Begriffs »Wattendiamant«, um die Ursprünglichkeit der Westfriesischen Insel Ameland zu beschreiben. Die bei deutschen Gästen besonders beliebte Insel ziert sich mit diesem Prädikat zu Recht: Der Ostteil der fast 6000 ha großen Insel steht unter **Naturschutz**. Neben großen Kolonien von Silber- und Sturmmöwen finden Sie hier Feldeulen und Weihen, eine Habichtart, die oft feuchte Landschaften bewohnt. Einzigartig für die westfriesischen Inseln sind Rehe. Ameland ist für Autos zwar zugänglich (Platzreservierung auf der Fähre!); da die größte Entfernung zwischen den vier Dörfern Hollum, Ballum, Nes und Buren jedoch nur 20 km beträgt, ist **Radfahren** die beste Art der Fortbewegung. Der 27 km lange **Sandstrand** ist hervorragend für Badeurlaub und Wanderungen geeignet.

Abhängig unabhängig

Geschichte

Ameland war Herrschaftsgebiet friesischer Häuplinge, denen 1405 die Unabhängigkeit garantiert wurde. Mächtigste Famile waren die Cammingha, die über 200 Jahre lang regierten und sich auch aus dem Unabhängigkeitskrieg der Niederlande heraushielten. Ihre Erben verkauften die Insel 1704 an die Oranier. Seit 1801 gehört Ameland zur Provinz Friesland, mit der es ab 1878 durch einen Damm verbunden war.

Amelands Hauptort

Nes

In Nes legt die Fähre von und nach Holwerd an. Da Ameland ein Zentrum des Walfangs war, finden Sie in Nes und den anderen Dörfern die sogenannten Commandeurshuizen aus dem 18. Jh.; hier wohnten die Kapitäne der Flotte. Das malerische Dorf wird geprägt vom Kirchturm (1664) mit einem für Friesland typischen Satteldach. Die Kirche stammt aus dem 13. Jahrhundert. Das **Natuurcentrum Ameland** am Ortsrand Richtung Strand (Strandweg 38) bietet Einblick in die vielfältige Natur der Insel.

Den Nobeltje nicht vergessen

Ballum

Der frei stehende Turm von Ballum gehörte wohl zur Kapelle eines um 1829 abgerissenen Schlosses der Freiherren von Ameland. Viele Ameland-Besucher decken sich in Ballum mit dem bekannten Insel-Likör namens Nobeltje ein.

10 Pferde und ein Rettungsboot

Hollum

Hollum ist das westlichste Dorf der Insel und besitzt die ältesten Häuser des Eilands (beginnend ab 1516). Bei der Eroberung der Insel durch die Wassergeusen wurde die Kirche zerstört, 1678 jedoch wieder aufgebaut. Auf dem Friedhof befinden sich einige Grabmäler der Kommandanten der Walfangflotte und einiger abgestürzter englischer Piloten des Zweiten Weltkriegs.

Im **Maritiem Centrum Abraham Fock**, das über das Ameländer Rettungswesen informiert, steht das ausgediente Rettungsboot »Abraham Fock«, das von zehn Pferden ins Meer gezogen werden muss-

te und nun bei Vorführungen wieder zu Wasser gelassen wird – ein besonderes Erlebnis.
Das **Cultuur-Historisch Museum Sorgdrager** (Herenweg 1) befindet sich in einem der Commandeurshuizen, 't Sorgdragershûske (1751). Die ursprüngliche Einrichtung, Trachten und andere Exponate veranschaulichen das Leben und Arbeiten auf der Insel.

Halten Sie Ausschau nach der Kunstmaand-Fahne

»Kunstmaand«

Jeden November verwandelt sich die Insel für einen vollen Monat in eine einzige **Kunstgalerie**. Künstler aus vielen Ländern bringen ihre Gemälde, Skulpturen und Installationen zu einem bestimmten Thema auf die Insel und stellen sie in Hotels, Kirchen, Gemeindehäusern und im Freien auf. Die Kunstmaand-Fahne signalisiert, wo etwas zu sehen ist. Das Aufsuchen der Exponate ähnelt einer Schnitzeljagd, die die meisten Gäste mit dem Fahrrad absolvieren.
Zeiten und Preise aller Ameländer Museen:
https://amelandermusea.nl

Schiermonnikoog

Die idyllischte Insel

Insel der Zisterzienser

Mit Schiermonnikoog (friesisch: Skiermuontseach) ist die östlichste der zu Friesland gehörenden Westfriesischen Inseln – und zugleich die idyllischste. Ihre bis zu 2 km breiten Strände gehören zu den breitesten Europas. Der Inselname geht zurück auf die ersten Bewohner: Den **Zisterzienser-Mönchen** mit ihren schieren (grauen) Mönchskutten gehörte nämlich diese Insel (oog). Um 1580 kam Schiermonnikoog als Domäne zu Friesland, wurde im Jahr 1638 als Herrschaft verkauft und befand sich von 1892 bis 1945 im Besitz der deutschen Grafen von Bernstorff-Wehningen. Im Jahr 1945 ging die Insel in den Besitz des niederländischen Staates über. Sie erreichen die Insel auf einer dreiviertelstündigen Überfahrt mit der Fähre ab Lauwersoog. Autos werden nur mit ausdrücklicher Genehmigung auf der Insel zugelassen.

Nationalpark mit den breitesten Sandstränden des Landes

Naturraum

Schiermonnikoog hat eine Länge von 4 km und eine Breite von 16 km (Gesamtfläche 4000 ha). Seit 1988 hat die Insel den Status eines **Nationalparks**: Die großen Gebiete Kobbeduinen und Kapenglob stehen unter besonderem Naturschutz. Die Insel besteht zum Großteil aus Dünen und Salzwiesen.
Die Insel mit den breitesten Sandstränden der Niederlande lockt jährlich um die 300 000 Urlauber an. Neben Sonnenbaden gehören auch Wandern, Radfahren und Reiten durch die urwüchsige Landschaft zu den beliebtesten Freizeitaktivitäten.

Schnell die »fietsen« abgeschlossen und los geht's durch die Oosterduinen von Schiermonnikoog.

Das einzige und denkmalgeschützte Dorf der Insel Schiermonnikoog lädt zur Kaffeepause ein, bevor man sich mit dem Rad zur Inselrundfahrt aufmacht. Es entstand um 1760, nachdem eine frühere Ansiedlung durch das Vordringen des Meeres ausgelöscht worden war. Der 1854 erbaute Leuchtturm ist heute Wasserturm. An die als Zentrum des Walfangs erinnert ein Tor aus Walkieferknochen, das zu Ehren des Seefahrers und Entdeckungsreisenden Willem Barent aufgestellt wurde.

Schiermonnikoog

WIJK BIJ DUURSTEDE

Provinz: Utrecht | **Einwohnerzahl:** 24 000

Ein Kaffee auf der Terrasse zwischen alten Burgmauern, ein außergewöhnlicher Einkaufsbummel in der Mühle und danach ein Fischbrötchen am Havenweg – Wijk ist gemütlich-klein und lockt mit verträumten Ecken.

Das Städtchen liegt dort, wo der Kromme Rijn in den Rhein mündet und der Rhein wenig später den Namen Lek erhält. Das alte Dorestad war zunächst römisches Kastell, dann friesisch-fränkischer Handelsplatz. Dank der Lage an den großen Flüssen wurde die Stadt ein wichtiger Hafen, den die Normannen im 9. Jh. vollständig verwüsteten. Im 13. Jh. entstand in unmittelbarer Nachbarschaft eine neue Siedlung:

WIJK BIJ DUURSTEDE ERLEBEN

VVV WIJK BIJ DUURSTEDE
Achterstraat 4
NL-3961 BH Wijk bij Duurstede
Tel. 03 43 / 57 59 95
www.vvvkrommerijnstreek.nl
Di. - Sa. 10 - 16 Uhr

LA SICILIANA €€
Wen es kulinarisch in den Süden zieht, der findet hier ein beliebtes und typisches italienisches Restaurant.
Peperstraat 19
Tel. 03 43 / 57 60 51
www.lasiciliana.nl

Wijk (= Stadtviertel) bij Dorestad. Als sich um 1450 die Utrechter Bischöfe hier niederließen, kam Wohlstand in das Städtchen, der jedoch ein Ende fand, als der Bischof 1528 die weltliche Macht verlor.

Wohin in Wijk bij Duurstede?

Schauplatz rauschender Feste

Kasteel Duurstede

Das imposante **Kastell** ist das älteste noch erhaltene Bauwerk der Stadt. Bereits von den Römern errichtet und von den Karolingern zu einer wichtigen Festung ausgebaut, blieb die Burg bis zur Ankunft der Utrechter Bischöfe eine einfache Wehranlage. Durch die Bischöfe David und Philipp von Burgund (beide Söhne Philipps des Guten) wurde die Festung zu einem prachtvollen Schloss nach französischem Vorbild erweitert. Hier fanden von 1459 bis 1524 rauschende Feste statt, auf denen bedeutende Persönlichkeiten wie Erasmus von Rotterdam (▶ Interessante Menschen) gern gesehene Gäste waren. Anfang des 18. Jh.s verfiel das Schloss. Abgesehen von einigen Resten der Außenmauer blieben nur der **viereckige Donjon** und ein **runder Eckturm** aus dem 15. Jh. mit einem Durchmesser von 15 m erhalten.
Heute beherbergen die historischen Gemäuer ein **Bistro mit einer romantischen Terrasse**. Das Schloss wird gerne für Hochzeiten und Veranstaltungen genutzt.

Nicht die, für die sie gehalten wird

Molen Rijn en Lek

Neben Mauerresten steht an der Südseite der Stadt der Rijnmolenpoort, auf dem 1659 die **Getreidemühle** Rijn en Lek errichtet wurde. Allem Anschein zum Trotz ist sie jedoch nicht die von Jacob van Ruysdael durch sein Gemälde »Mühle bei Wijk bij Duurstede« (1670 angefertigt und zu sehen im Rijksmuseum in ▶ Amsterdam) berühmt gewordene Mühle. Die stand nämlich noch etwa 200 m weiter westlich.

Mühle und Mühlenladen: Mi. u. So. 12.30 – 17 Uhr | www.molenrijnenlek.nl

Grote Kerk

Unvollendet imposant
Der Markt, Mittelpunkt der Altstadt, wird von der imposanten Grote Kerk aus dem 15. Jahrhundert, einer nicht vollendeten Kreuzbasilika, überragt. Ihre Größe ist wohl auf die Bischöfe von Utrecht, die auf der Burg wohnten, zurückzuführen. Der wuchtige Turm ist üppig in Balustraden, Strebepfeilern und tiefen Nischen gegliedert.

Rund um Wijk bij Duurstede

Culemborg

Die Stadt, die der König in seinem Titel trägt
Westlich von Wijk bij Duurstede liegt das Städtchen Culemborg am Ufer des Lek. Es steht heute z. T. unter Denkmalschutz, so etwa die **Grote Kerk** (St. Barbarakerk), das **Rathaus** und das **St.-Elisabeth-Waisenhaus**. Einen Teil der Stadtbefestigung wandelte man in der ersten Hälfte des 19. Jh.s. in ein Parkareal um. In Culemborg wurde 1619 Jan van Riebeeck geboren, der 1652 in Südafrika die Kapkolonie gründete.
Culemborg war einmal eine Grafschaft, und seit 1798 hat das niederländische Königshaus das Recht auf den Titel des Grafen von Culemborg. König Willem-Alexander ist also auch Graf von Culemborg.

★ WILLEMSTAD

Provinz: Noord-Brabant | **Einwohnerzahl:** 3200

Aus der Luft betrachtet schmiegt sich die Festungsstadt wie ein Stern ans Wasser. Die gezackten Umrisse von Bäumen gesäumt, die Bastionen von Gräben umgeben, die kleinen Straßen streng quadratisch angelegt. Diese Stadt wusste sich zu verteidigen, heute hingegen ist Willemstad einladend, gastfreundlich, liebenswert. Kurzum: eines der schönsten Städtchen des Landes.

Kleines Festungsstädtchen

Unweit der Stelle, an der sich das Hollands Diep in zwei die Insel Goeree Overflakkee umschließende Arme teilt, liegt das Festungsstädtchen Willemstad. Wilhelm der Schweiger gab 1583 den Auftrag, eine sternförmige Festung – die am besten erhaltene Festung der Niederlande – mit regelmäßigem Straßenraster zu errichten.

WILLEMSTAD ERLEBEN

RESTAURANT EETCAFE DE ROSMOLEN €€€

In dem denkmalgeschützten Gebäude werden gute französisch-holländisch-burgundische Gerichte angeboten. An warmen Tagen sitzen Sie auf einer schönen Terrasse.
Voorstraat 65
Tel. 01 68 / 47 24 66
www.rosmolen.nl

HET WAPEN VAN WILLEMSTAD €€

Das Hotel (20 B.) ist in einem Fährhaus direkt am Hafenbecken untergebracht, im Restaurant wird französische Küche serviert.
Benedenkade 12
NL-4797 AV Willemstad Nb
Tel. 01 68 / 47 34 50
www.wapenvanwillemstad.nl

So entstanden unter dem Baumeister Adriaen Anthonisz sieben Bastionen und zwei Stadttore. Nach der Ermordung seines Vaters **Wilhelm I. von Oranien** benannte der Statthalter Maurits den Ort Willemstad. Hübsch ist es am Hafenbecken, wo es abends sehr gesellig zugeht.

Wohin in Willemstad?

Die erste Kirche eigens für Protestanten

Koepelkerk

Das von 1596 bis 1607 errichtete, achteckige Kirchengebäude war eines der ersten Gotteshäuser der Niederlande, das für den **protestantischen Gottesdienst** erbaut wurde. Hervorzuheben sind die Kanzel, die aus einer Kirche aus Hoogvliet stammt, und das Chorgestühl von 1670 aus einer Kirche in Graft.

Jagdhaus, Rathaus und eine Windmühle

Stadtgeschichtliche Monumente

Das **Mauritshuis**, 1623 als Jagdhaus für den Statthalter Maurits erbaut, beherbergt heute Veranstaltungsräume.
Das ehemalige **Raadhuis** von 1587 wurde 1620 grundlegend erneuert. Nördlich davon ist das **Arsenaal** aus dem Jahr 1793 ein weiteres stadtgeschichtlich bedeutendes Monument wie auch die **d'Orangemolen** von 1743, eine altholländische, private Windmühle, die nicht besichtigt werden kann.

Eines der Deltawerke

Volkeraksluizen

Etwa 3 km westlich von Willemstad können Sie den **Schleusenkomplex** Volkeraksluizen, einen Teil des Deltaplans (▶ Baedeker Wissen, S.418) besichtigen. Der Volkerakdam trennt die Gewässer Hollands Diep, Haringvliet und Volkerak voneinander.

★★ ZAANSTAD

Provinz: Noord-Holland | **Einwohnerzahl:** 159 800

Zar Peter der Große war sich nicht zu fein: Er drechselte, schmiedete und schleppte schwere Balken, als er 1697 das Handwerken in Zaandam erlernte, das damals Zentrum des niederländischen Schiffbaus war. Wie es zu Lehrzeiten des russischen Herrschers in Holland aussah, das können Sie sich im Wohn- und Handwerkerviertel Zaanse Schans ansehen.

Die Orte in der Umgebung des Flusses Zaan, wenige Kilometer nördlich von Amsterdam, sind zur Gemeinde Zaanstad Region (**Zaanstreek**) zusammengefasst. Dazu gehören Zaandam, Koog aan den Zaan, Westzaan, Krommenie, Graft-De Rijp, Purmerend und Broek in Waterland. Die Region gilt als ältestes Industriegebiet Europas. Bereits im 17. Jh. drehten sich Hunderte Windmühlen zum Mahlen von Farben, Kakao, Senf und Perückenpuder und zum Sägen von Holzplanken für den Schiffbau.

Vorreiter der Industrialisierung

Wohin in Zaanstad und Umgebung?

Mühlen, Kirchen und ein russischer Zar

Zaandam

In Zaandam lernte **Zar Peter der Große** von Russland 1697 vier Monate lang unerkannt unter dem Namen Peter Michailow das Handwerk des Zimmermanns und Schiffbauers. Den Besuch des Zaren verarbeitete Albert Lortzing in seiner Oper »Zar und Zimmermann«. An jene Zeit erinnern das **Czaar-Peterhuisje** (Zar-Peter-Haus) und das im Jahr 1911 von Zar Nikolaus II. der Stadt geschenkte Zar-Peter-Denkmal auf dem Damm.

Sehenswert sind neben der Oud-Katholieke Kerk von 1695 (Papenpad 12) die alte Sägemühle **Held Josua** hinter dem Bahnhof und die **De Ooievaar**, eine Wassermühle von 1640 an der Südseite der Juliabrücke. Nahe den Schleusen stehen die Accijnshuisjes aus dem 18. Jh., wo die Zöllner ein- und auslaufende Schiffe kontrollierten.

Czaar Peterhuisje: Krimp 23 | Di. – Do. 10 – 17 Uhr | Eintritt: 6 € | www.zaansmuseum.nl

Ein Stückchen Bilderbuch-Holland

★★ Zaanse Schans

Etwas außerhalb von Zaandam liegt die Zaanse Schans: die Rekonstruktion eines Zaanland-Ortes aus dem 18./19. Jh.s. Die Gründung dieses Ortes 1949 geht auf eine private Initiative zurück. Die Stiftung Zaanse Schans bemühte sich, alte Gebäude, die der industriellen Ausdehnung im Wege standen, vor dem Abriss zu bewahren. Charakte-

OBEN: Wie das Zaanland des 18./19. Jh.s aussah, zeigt die Zaanse Schans.

UNTEN: Nostalgisch shoppen können Sie im dortigen Kolonialwarengeschäft.

ZAANSTAD ERLEBEN

ZAANSTORE
Stadhuisplein 96
1506 MZ Zaandam
Tel. 0 75 / 7 72 82 52
www.zaans.nl

D'SWARTE WALVIS €€€€
In dem Herrenhaus in schöner Lage am Fluss und mit einer Terrasse direkt am Wasser werden empfehlenswerte traditionelle holländische Gerichte, vor allem hervorragende Fischgerichte und Meeresfrüchte, serviert.
Kalverringdijk 15
(Zaanse Schans)
1509 BT Zaandam
Tel. 0 75 / 6 16 56 29
www.dewalvis.nl

INNTEL HOTELS AMSTERDAM ZAANDAM €€
Verkehrsgünstig gelegenes modernes Mittelklassehotel (151 B.) gegenüber dem Bahnhof von Zaandam. Das hohe Gebäude hat eine kuriose Fassade aus gestapelten Holzhäuschen, innen ist es sehr geschmackvoll eingerichtet.
Provincialeweg 102
NL-1506 MD Zaandam
Tel. 0 75 / 6 31 17 11
www.inntelhotelsamsterdamzaandam.nl

ristische **Holzhäuser und Mühlen** wurden abgetragen und hier wieder aufgebaut. Dass dieses Wohn- und Handwerkerviertel dem Besucher ein so lebensnahes Bild der Vergangenheit vermittelt, liegt nicht zuletzt daran, dass fast alle der mit größter Sorgfalt restaurierten Häuser bewohnt sind.

Zu Beginn des 18. Jh.s standen in dieser Gegend ca. 500 der für das Land so typischen Mühlen. Die Hälfte von ihnen mahlte neben Mehl vor allem Senf, Öl, Kakao, Gewürze und Tabak. Die übrigen 250 waren Sägemühlen, denn im 17. Jh. hatte das Holz verarbeitende Gewerbe dieses Landstrichs große Bedeutung. Von den wenigen noch erhaltenen Beispielen sind in Zaanse Schans eine Öl-, eine Farben-, eine Senf- und eine Sägemühle zu besichtigen, außerdem eine Käserei, eine alte Bäckerei und ein alter Kolonialwarenladen, eine Holzschuhmacherei und eine Zinngießerei sowie das Uhrenmuseum **Zaanse Tijd** mit einer Sammlung alter holländischer Uhren. Bei einer **Bootsfahrt** auf der Zaan bilden die alten Häuser und Windmühlen eine reizvolle Kulisse.

Auf dem Parkplatz von Zaanse Schans ist das **Zaans Museum** zu finden. Es beleuchtet die Geschichte der Region Zaanstreek, einer der ältesten Industrieregionen Europas.

Zaans Museum: Schansend 7 | tgl. 10 – 17 Uhr | Eintritt: 14,50 € | www.zaansmuseum.nl

Uhrenmuseum: Kalverringdijk 3 | Eintritt: 11 € | https://mnuurwerk.nl

Kleine Mühlen mit großer Vergangenheit

Koog aan de Zaan

Das **Molenmuseum** des Vereins De Zaanse Molen in Koog aan de Zaan vermittelt seinen Besuchern Wissenswertes über Mühlen des 17. und 18. Jh.s anhand von maßstabgerechten Modellen, Dokumenten sowie ein Panorama aus 1800 mit den Mühlen an der Zaan.

Museumlaan 18 | März – Sept. tgl. 10 – 17, Okt. – Feb. tgl. 12 – 17 Uhr | Eintritt: 11 € | https://zaanschemolen.nl

Eines der schönsten Dörfer der Niederlande

Broek in Waterland

In dem malerischen Dorf Broek in Waterland gruppieren sich denkmalgeschützte, bunte **Holzhäuser** des 18. Jh.s um einen Teich. In dem hellblauen Holzhaus »Het Beroemde Huis« (das berühmte Haus, De Erven 10-14) fand man unter einer dicken Farbschicht Wandmalereien aus dem 17. Jh., die sorgfältig restauriert wurden.

Nur Gruppenführungen | www.hetberoemdehuis.com

ZALTBOMMEL

Provinz: Gelderland | **Einwohnerzahl:** 30 330

Dieses Festungsstädtchen ist märchenhaft. Nicht nur wegen seiner hübschen Altbauten und der stattlichen Kirche, sondern auch wegen der Gespenster, die in den Regenrinnen der Häuser wohnen. Geister? Es sind Skulpturen des Künstlers Joris Baudoin, die an rund 30 Häusern in Zaltbommel an der Fassade hängen, sitzen, liegen und Aufschluss über ihre Bewohner geben. Auch Karl Marx schaut aus der Regenrinne …

Kleiner Ort, große Besucher

Das im 13. Jh. befestigte Städtchen Zaltbommel liegt nördlich von 's-Hertogenbosch am linken Ufer der Waal, die den Hauptarm des Rheindeltas bildet und hier schon vom Wechsel der Gezeiten geprägt ist. Schon die Römer unterhielten an dieser Stelle einen Truppenstützpunkt. Bekannt wurde der Ort durch seinen schwungvollen Handel mit Grut, einer Mischung aus wildem Rosmarin und anderen Würzpflanzen für die Bierbrauerei. Das zum Teil altertümliche Ortsbild erinnert an die Zeit, als Zaltbommel Mitglied der Hanse war. Der Ort hatte bedeutende Männer zu Gast. **Karl Marx** verbrachte in Zaltbommel mehrere Monate, um am »Kapital« zu arbeiten. Auch die **Gebrüder Philips**, die Gründer des gleichnamigen Eindhovener Konzerns wohnten hier einige Zeit. Und **Franz Liszt** lernte in dem alten Festungsstädtchen die Tochter des Glöckners, Suzanne Leenhoff, kennen und lockte die begabte Pianistin

ZALTBOMMEL ERLEBEN

TOURIST INFO BOMMELERWAARD
Markt 3
NL-5301 AL Zaltbommel
04 18 / 64 87 74
https://beleefzaltbommel.nl
Di. – Sa. 10 – 16, So. 11 – 15 Uhr

BOMMELS BAKHUYS
Mittagessen, Kaffee und Kuchen oder Abendessen – das Restaurant bietet viele hausgemachte Speisen aus frischen Produkten der Region an.
Gamerschestraat 55
04 18 / 64 16 19
http://bommelsbakhuys.nl
Do. nachm. bis Mi. nachm. geöffnet

nach Paris, wo diese dem Maler **Edouard Manet** begegnete, den sie schließlich in Zaltbommel heiratete.

Wohin in Zaltbommel?

Hübsche Ausblicke, interessante Einblicke

Stadtbild

Der Ort wird von nahezu unbeschädigten **Festungsanlagen** umgeben; von den einst fünf Stadttoren ist aber leider nur der aus dem 14. Jh. stammende Waterpoort erhalten. Am Marktplatz und in den Seitenstraßen finden Sie hübsche Wohnhäuser des 16. und 17. Jahrhunderts. Das Rathaus mit einem hölzernen Glockentürmchen geht auf das Jahr 1724 zurück; die klassizistische Waage entstand 1797. Erwähnenswert ist auch der Gasthuistoren, der Turm der ehemaligen Spitalskapelle aus dem 15. Jahrhundert.

Das 1478 gebaute **Huis van Maarten van Rossum** (1478 – 1555) in der Nonnenstraat ist das Geburtshaus des gleichnamigen Befehlshabers der gelderschen Armee. Heute beherbergt es ein **Museum** u. a. mit einer Sammlung von Drucken, Zeichnungen, Gemälden und Mobiliar. Im Museumscafé können Sie eine Kaffeepause einlegen und sich Ausstellungen lokaler Künstler anschauen.

Maarten van Rossumhuis: Nonnenstraat 5 | Di. – So. 13 – 17 Uhr | Eintritt: 7,50 € | www.stadskasteelzaltbommel.nl

Wahrzeichen der Stadt

Grote Kerk

Die Grote Kerk (St. Maartenskerk) wurde 1304 erbaut. Ältester Baubestand ist der Chor mit seinen großen Fenstern. Aus dem 15. Jh. stammen das dreischiffige Langhaus und der **viergeschossige Turm,** das Wahrzeichen der Stadt. Von den Wandmalereien ist eine Abbildung des Christophorus von 1540 hervorzuheben.

Kerkplein 1 | Di. – Fr. u. So. 13 – 16.30, Sa. 11 – 16.30 Uhr. Am Wochenende kann auch der Kirchturm bestiegen werden.

ZANDVOORT

Provinz: Noord-Holland | **Einwohnerzahl:** 17 550

Die Badewanne der Amsterdamer. An warmen Sommertagen tummeln sich Abertausende Sonnenhungriger am 15 km langen Sandstrand und machen Zandvoort – nach Scheveningen – zum beliebtesten Seebad der Niederlande. Zu Recht, denn die Beachclubs gehören zu den angesagtesten des Landes. Wer seine Ruhe will, findet sie in der rund 3 600 ha großen Dünenlandschaft.

Seebad

Die Entwicklung zum Seebad setzte im 19. Jh. ein. **Sisi**, Kaiserin von Österreich, suchte den Ort gern auf. Es gab sogar eine direkte Zugverbindung nach Berlin.

Düsen durch die Dünen

Circuit Zandvoort

Bekannt ist Zandvoort auch für seine Auto- und Motorradrennen. Nach dem Zweiten Weltkrieg hat man in den Dünen nordöstlich des Ortes einen **4,3 km langen Rundkurs** angelegt. Der Circuit Zandvoort ist als echte »Old School«-Strecke bekannt – mit schnellen und anspruchsvollen Kurven. Heute finden hier wieder Formel-1-Rennen statt.

www.circuitzandvoort.nl

Glück im Spiel?

Casino

Zandvoort bietet auch andere Attraktionen wie das Casino, in dem man sein Glück versuchen kann – mit Blick aufs Meer. Regelmäßig treten auch Live-Bands auf.

ZANDVOORT ERLEBEN

www.visitzandvoort.nl

DE ZEEROVER €€
Strandlokal mit großer Terrasse, die Spezialität sind Pannenkoeken.
Strandweg 1
Tel. 0 23 / 5 73 87 40
https://dezeerover.nl

BOULEVARD 5 €€€
Direkt an der Strandpromenade gelegenes, stilvoll eingerichtetes Haus mit neun modern eingerichteten Luxus-Ferienwohnungen.
Boulevard Paulus Loot 5
NL-2042 AD Zandvoort
Tel. 0 23 / 5 71 26 13
www.boulevard5.nl

BAEDEKER ÜBERRASCHENDES

6X TYPISCH

Dafür fährt man in die Niederlande.

1.

GUT GESTRANDET

Über 300 Kilometer Nordseeküste locken mit endlosen Stränden und weitläufigen Dünenlandschaften. Und das Beste ist: Überall laden Beachbars zu kühlen Drinks und heißen Snacks ein wie in **Zandvoort**. (▶**S.396**)

2.

LAND DER KUNST

Eins für Van Gogh und eins für Frans Hals, eins voller Strandgut und eins mit Drehorgeln – in den Niederlanden gibt es an (fast) jeder Ecke ein **Museum**. (▶ **S.90, 230, 361**)

3.

VENEDIG DES NORDENS

165 Grachten, 80 Brücken und 2500 Hausboote – **Amsterdam** möchte mit der italienischen Schwester gerne mithalten. (▶ **S.58**)

4.

BLUMEN-PARADIES

Der **Keukenhof** mit seinen 7 Millionen Blumen ist nicht nur die größte Blumenschau des Erdballs, sondern auch der meistfotografierte Ort der Welt. (▶ **S.115**)

5.

ESSEN AUS DER WAND

Hat der Holländer Hunger, muss es schnell gehen. Kein Problem mit **FEBO**. Münzen in den Geldschlitz, Klappe auf und raus kommt die »kroket«. (▶ **S.473**)

6.

KANN DENN LIEBE SÜNDE SEIN?

Wo sonst als im **Amsterdamer Rotlichtviertel**? Das erste Kondomgeschäft der Welt, die 1987 eröffnete Condomerie in der Warmoesstraat 141. (▶ **S.73**)

★ ZIERIKZEE

Provinz: Zeeland | **Einwohnerzahl:** 12.015

Zierikzee verzaubert! Eine Windmühle hier, ein Hafen dort. Windschnittige Jachten neben historischen Seglern. Miesmuscheln im Restaurant und Fischbrötchen am Kai. Nicht zu vergessen das schöne Stadttor am südlichen Hafen, zu dem eine romantische, weiße Zugbrücke führt.

Zauberhaft

Zierikzee, Hauptort der Insel Schouwen-Duiveland steht mit seiner mittelalterlichen, von einem Grachtenring eingefassten Altstadt und 600 Altbauten seit den 1960er-Jahren unter Denkmalschutz. Anziehungspunkte sind neben den Häfen und der idyllischen Altstadt die von Dünen gesäumten breiten Sandstrände im westlichen Teil der Insel, die über Brücken und Dämme mit dem Festland verbunden ist. Rund um die Orte Renesse, Nieuw-Haamstede und Burgh-Haamstede gibt es für Surfer, Segler und Badeurlauber ideale Bedingungen.

Wohin in Zierikzee?

Hier hausten Adelige, Gefangene, Stadtväter ...

Stadhuis

Das 1554 von Bloemmaert errichtete Rathaus mit einem hölzernen Glockenturm beherbergt heute das **Stadhuismuseum**, das über die städtische Geschichte informiert. Gezeigt werden historische Funde und Karten, Schiffsmodelle sowie Gegenstände aus fernen Ländern. Auf der anderen Straßenseite steht das Tempeliershuis (15. Jh.). Am Havenplein folgt der alte Vismarkt von 1616.

Stadhuismuseum: Meelstraat 6 | Di. – Sa. 11 – 17 Uhr, So. 13 – 17 Uhr, Juli und Aug. auch Mo. | Eintritt: 9,50 € | www.stadhuismuseum.nl

Bereits aus größerer Entfernung ...

Sint-Lievensmonstertoren

... kann man die Spitze des 60 m hohen Sint Lievensmonstertoren erkennen. Das Bauwerk, das 1454 von den Baumeistern Keldermans begonnen wurde, sollte ursprünglich 206 m hoch werden, blieb jedoch, da das Geld ausging, unvollendet.

Kerkplein 2 | Ostern – Ende Okt. Di. – So. 10 – 17 Uhr, weitere Öffnungszeiten auf der Website | Eintritt: 3 €

Kunsthistorische Kleinode Zierikzees ...

Stadttore

... sind seine drei alten Stadttore, Reste der einstigen Befestigungsanlagen: Besonders hübsch ist die Fassade des am Hafeneingang gelegenen **Noordhavenpoort** (1559) von Bloemmaert. Der **Zuidha-**

ZIERIKZEE ERLEBEN

www.zeeland.com

❶ DE BEUZE €€

Beliebtes Restaurant, in dem es unter anderem sehr gute Muschelgerichte gibt. An warmen Tagen im Sommer können Sie auf der Terrasse sitzen.
Havenplein 7
Tel. 01 11 / 41 71 94
www.debeuze.nl

❷ BRASSERIE MARITIME €€€

Gepflegtes Fischrestaurant am Jachthafen. Spezialität des Hauses ist der Oosterschelde-Krebs, aber auch Fleischliebhaber kommen hier auf ihre Kosten.
Nieuwe Haven 21
Tel. 01 11 / 41 21 56
www.brasseriemaritime.nl

❶ PENSION KLAAS VAAK €

Gemütliche Bed-&-Breakfast-Pension (15 Zi.) in denkmalgeschütztem Haus. Frühstück im Garten, in dem auch die Früchte für die selbstgemachten Marmeladen und Säfte wachsen.
Nieuwe Bogerdstraat 24
Tel. 01 11 / 41 42 04
www.pensionklaasvaak.nl

venpoort, ein quadratischer Torturm mit erkerartigen kleinen Ecktürmen aus dem 14. Jh., sicherte auch die Hafeneinfahrt. Im Norden der Stadt steht der zweitürmige **Nobelpoort** des 14. Jh.s, das älteste Tor der Stadt. Rund um den Oude Haven und den angrenzenden Havenpark gibt es eine stattliche Anzahl Cafés und Restaurants mit Terrassen.

Die Kulisse einer alten Hafenstadt

Museumhaven

Noordhavenpoort und Zuidhavenpoort liegen am Eingang zum **Oude Haven**, wo historische Schiffe zu sehen sind. Weiter südöstlich, nur einen Steinwurf entfernt, werden in der **Stads- & Commerciewerf** Schiffsoldtimer restauriert.

April – Mitte Sept. Di. – Sa. 13 – 16 Uhr | Eintritt frei | https://museumhavenzeeland.nl

Rund um Zierikzee

Inselrundfahrt

Brouwershaven

Von Zierikzee aus lohnt eine Rundfahrt mit dem eigenen Auto über die Insel Schouwen-Duiveland. Zunächst geht die Fahrt zu dem 14 km nördlich gelegenen, alten Ort Brouwershaven mit einer schönen **Hallenkirche** aus dem 13. bis 15. Jahrhundert und dem idyllischen **Hafen** inmitten der Stadt. Sehenswert sind auch das Renaissance-**Stadhuis** von 1599 sowie ein Standbild des Volksdichters Jacob Cats (1577 – 1660) am Hafen. Von ihm stammt die älteste bekannte Beschreibung eines Fallbeils ...

Schöne Sandstrände

Renesse

Etwa 13 km weiter westlich folgt Renesse mit dem **Schloss Moermond** (1513), dessen Turm im 17. Jh. im Renaissancestil gebaut wurde. Die Ortschaft mit den wunderschönen **Sandstränden** erfreut sich vor allem bei Jugendlichen großer Beliebtheit. Um die zunehmende Verkehrsbelastung im Ort zu verringern, wurde das Transferium eingerichtet, ein großer kostenloser Parkplatz vor den Toren der Stadt, von dem aus gratis Linien- oder Shuttlebusse in den Ort und zum Strand fahren.

Naturparadies zwischen Wald und Strand

Burgh-Haamstede, Westenschouwen

Von Renesse führt eine Straße südwestlich über Burgh-Haamstede, das wie Renesse noch die frühmittelalterliche Ringbauweise um die Kirche verkörpert und von mehreren Bungalowparks umgeben ist, zum ca. 10 km entfernten, am Meer gelegenen Ort Westenschouwen. Mit dem angrenzenden Dünen- und Waldgebiet namens **Boswachterij Westerschouwen** lädt er zu Spaziergängen zwischen Strand und Bäumen ein. Von hier aus haben Sie einen schö-

Einer der Anziehungspunkte in Zierikzee ist der Zuidhavenpoort.

nen Blick auf das Meer, über die Insel Schouwen-Duiveland und zur Insel Noord-Beveland.

Museum im Deich

Das Museum in Ouwerkerk, 10 km südöstlich von Zierikzee, erinnert an die **Sturmflut 1953** und dokumentiert den Wiederaufbau. Bei der Flutkatastrophe wurde hier das letzte Loch im Deich mit vier Betoncaissons gedichtet. In den Caissons befindet sich nun das Museum. Am Ausgang von Caisson 4 steht ein Denkmal für die 1836 Opfer der Sturmflut.

Watersnoodmuseum

Weg van de Buitenlandse Pers 5, Ouwerkerk | April – Okt. tgl. 10 bis 17 Uhr, Nov. – März Mo. geschlossen | Eintritt: 13,50 € | www.watersnoodmuseum.nl

ZUTPHEN

Provinz: Gelderland | **Einwohnerzahl:** 48 500

Spitze, runde oder achteckige Türme. Türme, von denen das Glockenspiel erklingt und solche, in denen ein Pfarrer oder auch ein Straßenmusikant wohnten ... Zutphen trägt nicht umsonst den Beinamen »Stadt der Türme«. Neben einer denkmalgeschützten Altstadt bietet Zutphen noch in anderer Hinsicht Herausragendes: Die Stadt ist Zentrum der niederländischen Anthroposophen.

Stadt der Türme

Die alte Hansestadt Zutphen ist eine der am besten erhaltenen alten Städte der Niederlande. Weit über 400 Bauten stehen unter Denkmalschutz. Die an der Mündung der Berkel in die IJssel und am Anfang des Twentekanals gelegene Stadt Zutphen (sprich Süttfen, abgeleitet von Zuid Veen: Süd-Moor) war einst Hauptstadt der gleichnamigen Grafschaft, die ab 1127 zu Geldern gehörte. Zutphen erhielt 1190 Stadtrechte und trat Ende des 14. Jh.s der Hanse bei. 1572 wurde es von den Spaniern eingenommen, aber schon 19 Jahre später von Prinz Maurits van Nassau zurückerobert. Zutphen ist kulturelles und administratives Zentrum der Landschaften Veluwe und Achterhoek.

ZUTPHEN ERLEBEN

VVV ZUTPHEN
Houtmarkt 75
7201 KL Zutphen
Tel. 05 75 / 84 45 38
www.inzutphen.nl
Di. – Sa. 10 – 17, Mo. 11 – 17 Uhr

FLETCHER RESORT HOTEL ZUTPHEN €
Komfortables Hotel (140 B.) mit großem Sport- und Freizeitangebot (u. a. 11 Tennisplätze), Tagungsräumen, einem stimmungsvollen Restaurant, einer Hotelbar und einer schönen Gartenterrasse.
De Stoven 37
NL-7206 AZ Zutphen
Tel. 05 75 / 52 55 55
https://www.fletcher.nl

HAMPSHIRE HOTEL ’S GRAVENHOF ZUTPHEN €€
Das Hotel ist in einem Gebäude aus dem 17. Jh. untergebracht und bietet komfortabel eingerichtete Zimmer. Die Gerichte des Restaurants können Sie bei warmem Wetter auch auf der Terrasse genießen.
’s Gravenhof 6
NL-7201 DN Zutphen
Tel. 05 75 / 59 68 69
www.hampshire-hotels.com

Wohin in Zutphen?

Hier wurde Wein umgeschlagen – und getrunken

Wijnhuis

Am lang gestreckten Groenmarkt, dem Hauptplatz der Stadt, erinnern heute noch alte Giebelhäuser an die geschichtsträchtige Vergangenheit. Am Ostende des Platzes erhebt sich das Wijnhuis aus dem 17. Jh., das als **Umschlagplatz** der Weingroßhändler diente. Im Erdgeschoss befand sich die Stadtwaage. Später wurde das Wijnhuis eine Art Börse aller Kaufleute, die sich hier häufig zu einem Umtrunk oder zu Festlichkeiten trafen. Der schlanke **Wijnhuistoren** ist nach dem Kirchturm der Walburgskerk der zweithöchste Turm der Stadt.

Nördlich vom Groenmarkt ...

Broederenklooster

... liegt das ehemalige Dominikaner- oder Broederenklooster (**Predigtherrenkloster**) aus dem 14. Jahrhundert. Die dreischiffige gotische Basilika mit hohem Kreuzgewölbe hat keinen Turm, sondern wie bei den Dominikanern üblich, nur ein Glockengestühl. Mit dem Ausbreiten der Reformation im 16. Jh. wurde auch das Ende des Klosters eingeläutet.

Mittelalterliche trifft moderne Kunst

Stedelijk Museum, Museum Henriette Polak

Im Hof van Heeckeren, einem ehemaligen Stadtpalais aus dem 17. Jh., sind heute zwei Museen untergebracht: das Stedelijk Museum (**Städtisches Museum**) mit archäologischen Funden, mittelalterlicher Kunst, Trachten, Silberschmiedekunst und Uhren sowie das Museum Henriette Polak mit moderner Malerei und Bildhauerei mit Werken von Künstlern wie Wim Oepts und Kees Verwey.

's Gravenhof 4 | Di. - So. 11 - 17 Uhr | Eintritt: je 10 €, Kombi 17,50 € | www.museazutphen.nl

Auf Nummer Sicher

★ Grote Kerk (Walburgiskerk)

Südlich vom Groenmarkt folgt der 's-Gravenhof genannte Platz mit der Grote Kerk (Walburgiskerk), deren erster Baubestand auf das 11. Jh. zurückgeht. Benannt wurde die Kirche mit dem wuchtigen Turm nach der heiligen **Walburga aus Canterbury**, die als Äbtissin eines Nonnenklosters bei Heidenheim starb. Die Kirche, die zum UNESCO-Weltkulturerbe gehört, hat eines der interessantesten Kircheninterieurs der Niederlande mit ausdrucksstarken Wand- und Gewölbemalereien des 15. und 16. Jh.s, einer beeindruckenden Orgel und einem Kronleuchter im Chor. Der von 1563 stammende Kapitelsaal der Kirche birgt eine bedeutende **Bibliothek**, die Librije, mit 400 z.T. sehr wertvollen Handschriften und Inkunabeln, die mit Ketten an Pulten befestigt sind.

Kirche und Bibliothek Di. - Sa. 11 - 17, im Winter bis 15 Uhr| Eintritt: 6 € Kirche, 12 € Führung durch die Bibliothek | https://walburgiskerk.nl

Vom Gericht über Fleischhalle zum Kulturzentrum

Stadhuis, Burgersaal

Nördlich gegenüber der Kirche steht das Rathaus aus dem 18. Jh.; dahinter erhebt sich der gotische Burgerzaal (Bürgersaal) aus dem 15. Jh., der ursprünglich Gerichtssaal, später Fleischhalle war. Heute wird er für Veranstaltungen genutzt.

Trompetenkonzerte im Salztor

Drogenapstoren

Östlich von der Kirche gelangen Sie zum Drogenapstoren aus dem Jahr 1446, einem achteckigen Stadttor mit zwei schlanken Seitentürmchen und einem spitzen Schieferhelm. Zusammen mit den meterdicken Wällen und Bollwerken gehört es zu den ältesten Festungsanlagen der Stadt. Erhalten sind die Ruinen des **Berkelpoort** von 1312, eines Wassertors, und des **Nieuwstadspoort** von 1536. Das einstige Salztor ist nach dem **Stadttrompeter Thomas Drogenap** benannt, der allabendlich vom Turm herab seine Mitbürger mit einem Ständchen erfreute, bevor die Stadttore verriegelt wurden. Neben dem Turm liegt der Salzmarkt mit Backsteinhäusern aus dem 16. und 17. Jh.

Rund um Zutphen

Kleinste Stadt des Landes

Bronkhorst

Etwa 10 km südlich liegt im Stromgebiet der IJssel der malerische Ort Bronkhorst mit einigen **alten Häusern und schmalen Straßen**. Bronkhorst gehört zu den kleinsten Städtchen der Niederlande. Es bekam 1482 Stadtrecht, ist jedoch niemals gewachsen. Sehenswert sind die Kirche von 1460, das Hoge Huys, ein Bauernhof mit hohem Wohnhaus aus dem 17. Jh., und die Stadtpumpe.

★ ZWOLLE

Provinz: Overijssel | **Einwohnerzahl:** 132 450

Diese Stadt macht Spaß! Sie ist ein abwechslungsreicher Mix aus historischen Gebäuden und verrückten, modernen Architekturelementen. Sie lockt mit regionalen Köstlichkeiten wie »Blaufingerkeksen« sowie dem Restaurant De Librije, bekrönt mit drei Michelin-Sternen. Die Touristinfo befindet sich unter der Kirchenorgel, und den besten Ausblick bekommen Sie von einem Turm namens »Pfefferbüchse«. Stürzen Sie sich ins Vergnügen!

Die Stadsgracht von Zwolle folgt dem Verlauf der alten Stadtbefestigung.

ZWOLLE ERLEBEN

ZWOLLE TOURIST INFO

Waanders in de Broeren
Achter de Broeren 1 (unter der Orgel in der Broerenkerk)
8011 VA Zwolle
Tel. 0 38 / 4 21 53 92
www.visitzwolle.com
So. u. Mo. 13 – 18,
Di. – Sa. 10 – 18 Uhr

❶ DE LIBRIJE €€€€

Erstklassiges Restaurant, das mit diversen kulinarischen Höhepunkten aufwartet. Es ist eines der drei niederländischen Restaurants mit drei Michelin-Sternen. Am besten Monate vorher reservieren! Sie können auch in einem der schicken Zimmer wohnen.

De Librije
Mercure Hotel Zwolle

Hanze Hotel
Bilderberg Grand Hotel Wientjes

Spinhuisplein 1
0 38 / 8 53 00 00
www.librije.com

❷ MERCURE HOTEL ZWOLLE €€€
Gemütliches Hotel-Restaurant, in dem durchweg leckere internationale Gerichte angeboten werden.
Hertsenbergweg 1
0 38 / 4 21 60 31
www.mercure-hotel-zwolle.nl

❶ HANZE HOTEL €€
Gepflegtes Hotel mit 11 Zimmern in der Altstadt von Zwolle. Auf den Hungrigen warten ein Steakhouse und eine Tapasbar. Wer mit der »fiets« die Stadt erkunden möchte, kann hier auch Fahrräder leihen.
Rodetorenplein 10–11
8011 MJ Zwolle
Tel. 0 38 / 4 21 81 82
www.hotelzwolle.com

❷ BILDERBERG GRAND HOTEL WIENTJES €€
Das Komfort-Hotel (102 B.) in Bahnhofsnähe ist die erste Adresse in der einstigen Hansestadt. Es gibt ein Grand Café und ein recht stilvolles Restaurant.
Stationsweg 7
8011 CZ Zwolle
Tel. 0 38 / 4 25 42 54
www.bilderberg.nl

Zwolle, die Hauptstadt der Provinz Overijssel, wurde 1040 erstmals urkundlich erwähnt; 1348 trat die Stadt der Hanse bei, 1572 fiel sie an Wilhelm von Oranien und wurde 1579 Mitglied der Utrechter Union. Heute ist Zwolle wirtschaftliches und kulturelles Zentrum der Region.

Blaufinger und Pfefferfüchse

Wohin in Zwolle?

Zwolles größte Kirche

Grote Kerk (St. Michaëlskerk)

Auf dem Grote Markt erhebt sich die Grote Kerk (St. Michaëlskerk) aus dem 15. Jh., die größte Kirche der Stadt. In dem schönen Inneren befindet sich eine reich geschnitzte **Kanzel** von 1622. Unter der Orgel, einem berühmten Instrument von **Arp Schnitger** aus dem frühen 18. Jh., liegt der Eingang zum achteckigen **Konsistorium** aus dem Jahr 1690. Das über dem Kamin hängende Gemälde stellt die fünf damaligen Pastoren und den Küster dar. Im Chor befindet sich das Grabmal des in Zwolle geborenen Malers Gerard ter Borch (Terborch; um 1617 – 1681). Das Kirchengebäude wird als **»Academiehuis«** genutzt. Es lädt zum Studieren, Lesen, Arbeiten und Kaffeetrinken ein. Zudem kann man hier nach Secondhand-Büchern stöbern.
www.academiehuis.nl

Schöne Ein- und Ausblicke

Umgebung der Grote Kerk

An der Nordseite der Kirche wurde 1614 die malerische **Hauptwache** im Stil der Renaissance angebaut. Hinter der Kirche, Ecke Sassenstraat, erhebt sich das **Stadhuis** aus dem 15. Jh. mit dem prächtigen Schepenzaal (Schöffensaal, jetzt Trausaal) von 1448. Am Ende der Sassenstraat steht der 1408 erbaute, fünftürmige **Sassenpoort** (Sachsentor), der einen hübschen Ausblick auf das Burgtor van Roijensingel bietet. Östlich vom Grote Markt zweigt die Diezerstraat ab, die Hauptgeschäftsstraße.

Schöne Aussichten von der Pfefferbüchse

Onze Lieve Vrouwekerk

Westlich vom Grote Markt erstreckt sich der Ossenmarkt mit der Liebfrauenkirche aus dem 15. Jahrhundert, deren Turm »Peperbus« (Pfefferbüchse) genannt wird und einen schönen Rundblick gewährt.

Blaue Pferde unter dem Ufodach

★ Museum de Fundatie

In den Räumen des neoklassizistischen Justizpalastes am Blijmarkt ist das Museum de Fundatie zuhause. Das Gebäude besitzt einen ellipsenförmigen Aufbau, der einem Ufo ähnelt und mit blau-weißen Fliesen verkleidet ist. Hier werden **moderne und zeitgenössische Werke** gezeigt, u.a. Joseph Mallord William Turner, Antonio Canova, Edgar Degas, Vincent van Gogh, Franz Marc, Francis Picabia und Piet Mondrian. Das Museum macht immer wieder durch gelungene Sonderausstellungen deutscher Künstler auf sich aufmerksam. Zum Mutterhaus gehört auch ein Museum mit Skulpturengarten im **Kasteel het Nijenhuis** nahe Heino.

De fundatie: Blijmarkt 20 | Di. - So 11 - 17 Uhr | Eintritt: 15 € | www.museumdefundatie.nl

Rund um Zwolle

Stadtbefestigung aus importiertem Stein

Hasselt

Nördlich von Zwolle liegt die **Hansestadt** Hasselt. Sie erhielt 1252 Stadtrechte und wurde vor allem als Verladeplatz für Bentheimer Stein bekannt. Der **Vispoort** (Fischtor) aus Bentheimer Stein ist Teil der ehemaligen Stadtbefestigung und bietet Zugang zum Kai. Die **Stephanuskerk**, eine spätgotische Hallenkirche, wurde von 1380 bis 1466 gebaut. Ihr Turm erhielt 1725 einen Turmaufsatz. Das spätgotische Rathaus mit den rot-weißen Luken und einem Treppengiebel entstand im Jahr 1500. Sehenswert ist der **schöne Ratssaal** mit einer Sammlung von Gemälden und Waffen.

Windmühlen, Märchen und Weihnachtsgeschichten

Hattem

Die südlich von Zwolle gelegene Stadt Hattem wurde um 1400 mit einer Stadtbefestigung versehen. Erhalten sind davon nur die **Windmühle De Fortuin** von 1852 und der **Dijkpoort**.
In der Kerkhofstraat befindet sich das **Nederlands Bakkerijmuseum** (Bäckereimuseum). In seiner historischen Schenke können Sie

eine Kaffeepause einlegen und frisch gebackenen Kuchen genießen, im Museumsshop gibt es Backwaren und Souvenirs.
Gleich zwei **Kunstmuseen** gibt es in der Achterstraat 46 – 48: Das Voerman Stadsmuseum zeigt Werke von Jan Voerman (1857 – 1951) sowie Historisches, das Anton Pieck Museum Zeichnungen und Gemälde und Anton Pieck (1895 bis 1987), der sich als Illustrator von Märchen und Weihnachtsgeschichten einen Namen machte.
Bakkerijmuseum: Kerkhofstraat 13 | Di. – Sa. 10 – 17, im Winter bis 16 Uhr | Eintritt: 10 € | www.bakkerijmuseum.nl
Voerman Museum: Di. – Sa. 10 – 17, So. 13 – 17 Uhr | Eintritt: 10 € | www.voermanmuseumhattem.nl
Anton Pieck Museum: Zeiten s. zuvor | Eintritt: 10 € | www.antonpieckmuseum.nl

Eine der größten Skulpturensammlung des Landes

Kasteel het Nijenhuis

Eine weitere Niederlassung des Museums de Fundatie in Zwolle ist Kasteel het Nijenhuis, rund 15 km südlich von Zwolle, zu dem ein 4,5 ha großer Park gehört. Aus der Skulpturensammlung des Museums werden rund 80 Werke des 20. und 21. Jh.s gezeigt, u.a. von Karel Appel, Fritz Koenig und Ossip Zadkine sowie meterhohe Skulpturen von David Bade und Caspar Berger. Vor allem bei schönem Wetter ein lohnenswerter Ausflug.
’t Nijenhuis 10, Heino/Wijhe | Di. – So 11 – 17 Uhr | Eintritt: 15 € | www.museumdefundatie.nl

H
HINTER-GRUND

Direkt, erstaunlich, fundiert

Unsere Hintergrundinformationen beantworten (fast) alle Ihre Fragen zu den Niederlanden.

Der Käsemarkt in Alkmaar ist eine große Attraktion – da dürfen die »Käsemädchen« nicht fehlen. ►

BEEMSTER

DAS LAND UND SEINE MENSCHEN

Zu wenigen Ländern fallen einem so viele Stereotype ein wie zu den Niederlanden: Tulpen, Windmühlen, Grachten, Fahrräder, Holzschuhe und, nicht zu vergessen, Frau Antje. Doch das kleine flache Königreich hat weit mehr zu bieten als diese Klischees.

Ein Bild von einem Land

Kunst und Multikulti

Vielerorts ist spürbar, dass die Niederlande vor nicht allzu langer Zeit eine Welthandelsmacht waren mit vielen Kolonien, die dem Land Reichtum bescherten. Vor allem die Künste florierten. Was wären die Niederlande ohne ihre »alten Meister« Rembrandt, Frans Hals, Jan Vermeer und ohne ihre neuzeitlichen Künstler Vincent van Gogh und Piet Mondrian? Die Begegnung der einstigen **Seefahrernation** mit anderen Ländern und Kulturen hat auch in der heutigen Gesellschaft Spuren hinterlassen: Zahlreiche Immigranten aus ehemaligen Kolonien geben dem Land seinen multikulturellen Touch.

Kleines Land, große Anziehungspunkte

Sehr groß sind die Niederlande nicht. Von Nord nach Süd sind es 300 km, und von Ost nach West lediglich 180 km. Doch wer genügend Zeit und Neugier mitbringt, wird feststellen, dass keine Region der anderen gleicht. Als Höhepunkt jeder Rundfahrt durch die ausgedehnten Blumenfelder zwischen Haarlem und Leiden gilt im Frühling der Keukenhof mit der wohl größten Freilandblumenschau überhaupt. Käsemärkte, Kunst- und Antiquitätenmessen, Jazzfestivals und Freizeitparks locken im Sommer Gäste aus aller Welt an. Beeindruckend sind die malerisch von Grachten umschlossenen Altstadtkerne von Delft, Gouda oder Middelburg und das »nordische Venedig« Amsterdam. Einen Besuch verdienen die traditionsreichen Universitätsstädte Leiden und Utrecht oder der Regierungssitz Den Haag mit dem bekannten Nordseebad Scheveningen vor der Haustüre. In weltberühmten Museen können Kunstwerke von unschätzbarem Wert bewundert werden. Die weiten Wasserflächen sind das Ziel für Freunde des Surfens und des Segelns, während das flache Marschenland ein wahres Paradies für Radfahrer ist.
Eine **hervorragende Infrastruktur** erleichtert das Kennenlernen der pulsierenden Großstädte im Ballungsraum Randstad, der idyllischen Landschaften mit ihren Kanälen und Windmühlen, der naturgeschützten Inseln in der Nordsee mit ihren Vogelschutzgebieten und natürlich der rund 350 km langen Küste, die zu 70 % aus Sandstrand und Dünen besteht.

Grachten sind typisch für viele Orte in den Niederlanden, erst recht in der Hauptstadt Amsterdam.

Leben mit dem Wasser

Der Besucher wird auch staunen über die Leistung einer Nation, die dem Meer Land abgerungen hat, über das **»Wohnen auf dem Meeresgrund«**. Kein anderes Volk der Welt hat seinen Naturraum so stark gestaltet wie die Niederländer. Weite Teile der Landesfläche wurden der Nordsee im Lauf der Jahrhunderte durch Eindeichungen entrissen. Sie liegen unterhalb des Meeresspiegels und machen dem anschaulichen Landesnamen »Niedere Lande« alle Ehre. Zum Staatsgebiet gehören neben dem Festland auch ausgedehnte Wasserflächen, so das Wattenmeer, die Gewässer in der Provinz Zeeland und die ehemalige Zuiderzee, die jetzt das IJsselmeer bildet. Das Meer und die schiffbaren Flüsse gaben die Grundlage für die wirtschaftliche Entwicklung des Landes. Die tief ins Land reichenden, für Seeschiffe befahrbaren Flussmündungen von Rhein, Maas und Schelde erschließen auch die küstenferneren Wirtschaftszentren, während natürliche und künstliche Wasserstraßen die Verbindung mit dem europäischen Binnenland herstellen. Zugleich ist das Wasser aber auch eine ständige Gefahr für den Menschen, denn an den Küsten erstreckt sich hinter dem Dünensaum ein breiter Streifen flachen, weithin unter dem Meeresspiegel gelegenen Landes, und zwar von Friesland (Fryslân) bis nach Zeeland: Dies sind die sog. Marschen oder das Polderland. Vom Binnenland zuströmende Flüsse und ein stürmisches, von Gezeiten bewegtes Meer bedrohen hier seit der ersten Besiedlung um 1000 v. Chr. alles menschliche Leben. Unablässig stehen die Bewohner im Kampf mit den Fluten. Zeiten mühsamer Landgewinnung wurden immer wieder durch zerstörende Überschwemmungskatastrophen unterbrochen. Daran hat sich auch im Zeitalter moderner Technik nicht viel geändert, wie die verheerenden Deichbrüche 1953 gezeigt haben. Letztlich gingen die Bewohner der Marschen aber doch siegreich aus dem Kampf hervor, und damit haben die Niederländer eines der eindrucksvollsten Beispiele menschlicher Behauptung gegenüber den Naturgewalten des Meeres geliefert.

Landschaften

Geografische Gliederung

Das Landschaftsbild wird von zwei großen Landschaftsformen geprägt: dem zur Küste hin gelegenen **Tiefland** und dem **Hügelland**, das sich gen Osten des Landes erstreckt.
Zum Tiefland zählt mehr als die Hälfte der Niederlande, nämlich all jene Gebiete, die ohne den Schutz von Deichen regelmäßig vom Meer oder von Flüssen überschwemmt wären. Die Grenze (etwa 3 m ü. d. M.) verläuft zwischen Bergen op Zoom im Südwesten und Winschoten im Nordosten über Amersfoort, Harderwijk, Zwolle und Groningen. Lediglich die Dünen, Teile von Texel, das Gaasterland in Südfriesland sowie die ehemaligen Inseln Wieringen und Urk erheben sich ein wenig höher. Ein Viertel der Landesfläche liegt unter Normalnull, der niedrigste bewohnte Punkt ist **Nieuwekerk a/d IJssel** in Südholland: Der Ort liegt 6,78 m unter dem Meeresspiegel.
Im höher gelegenen Hügelland wechseln sich Weide- und Waldgebiete ab. Der **Vaalser Berg** am Dreiländereck von Belgien, den Niederlanden und Deutschland ist mit 323 m Höhe **der höchste Gipfel des Königreichs** und im Winter das vermutlich kleinste Skigebiet der Welt.

Landschaftsformen

Die Niederlande weisen eine klare Gliederung der Landschaften vom Meer in Richtung Binnenland auf: Küstendünen sind im friesischen Inselbereich durch das Watt von der Innenküste getrennt. Zum Land hin schließen sich zunächst See- und Flussmarschen an – auf Niederländisch das Polderland –, dann die Geest mit Sandgebieten sowie Hoch- und Tiefmooren. Es folgen lössbedeckte Böden und der angrenzende Mittelgebirgsraum im limburgischen Süden.
Dünen sind schnell wechselnde Gebilde und gehören zu den geologisch jüngsten Erscheinungen des Landes. Ihr Werdegang begann vor weniger als 10 000 Jahren nach dem Ende der letzten Eiszeit und ist bis heute nicht abgeschlossen. So kann man in den Niederlanden zwischen ’s-Gravenzande und Haarlem ältere Dünen aus bräunlichem,

verwittertem Sand erkennen, die spitzwinklig zur heutigen Küste verlaufen. Auf ihnen breiten sich die Tulpenfelder zwischen Leiden und Haarlem aus. Die jungen, schneeweißen Dünenfelder erreichen eine Breite von 5,5 km und Höhen von mehr als 50 m. Zu sehen sind sie in Zoutelande in Zeeland. Sie schützen das Hinterland vor Sturmfluten, dienen als Süßwasserreservoir und bieten Lebensraum für Vögel und Pflanzen – und stehen deshalb unter Naturschutz. Auf den Dünen an der Küste Hollands befinden sich ehemalige Fischerdörfer, die längst zu berühmten Seebädern gewachsen sind, u. a. Zandvoort und Scheveningen. An der Innenseite entstanden größere Orte wie Den Haag, einst Jagdsitz der Grafen von Holland und späterer Regierungssitz.
Die **Marschen** bestehen aus Meeresschlick, der sich im Stillwasser der Flut niedergeschlagen hat. Besonders die Marsch der jungen Polder ist ergiebiger Ackerboden; die älteren Marschen sind in den Niederlanden weithin von Niedermooren bedeckt und dienen als Weideland.
Das geologisch ältere und etwas höhere Land ist die aus kargen Kieseln und Sanden bestehende **Geest**. Sie entstand in der Eiszeit als riesiger Schwemmfächer des Rheins und der Maas und ist ein sehr alter Siedlungsraum. Hier finden sich die Steingräber der vorgeschichtlichen Megalithkultur, die ältesten Dörfer und einstmals bedeutende Verbindungsstraßen ins Binnenland.

Pflanzen und Tiere

Flora

Es fällt schwer zu glauben, dass ein heute so waldarmes Land wie die Niederlande noch im Mittelalter mit dichten Wäldern bedeckt war. So leitet sich auch der Name Holland eigentlich von **Houteland** (Holzland) ab. Auf den Sandböden der Geest wuchsen ursprünglich ausgedehnte Birken-Eichen-Mischwälder, die im Lauf der Zeit durch Kultivierungsmaßnahmen zu ausgedehnten Heiden degradiert und in den letzten Jahrzehnten mit Kiefern aufgeforstet wurden. Der ursprüngliche Waldbestand beträgt nur noch 3450 km².
Besonders interessante Pflanzengemeinschaften besitzen die **Watt-, Dünen- und Poldergebiete** entlang der Nordseeküste sowie die wenigen heute noch erhaltenen Moorgebiete. Typische Strandpflanzen sind die meist dickblättrigen und anspruchslosen Halophyten (Salzpflanzen). Eine besondere Fähigkeit macht sie fit fürs Überleben am Meer: Sie können auf Böden mit unterschiedlichem Salzgehalt gedeihen. Bekannteste Vertreter dieser Gattung sind die Salzaster und der Queller, der als Pionierpflanze nicht nur neu gewonnenes Polderland, sondern auch noch vom Meer überflutete Küstenstreifen besiedelt – und heute auch zunehmend die Küche bereichert. Mit fortschreitender Aussüßung der Marschenböden werden die Halophyten von Süßgräsern zurückgedrängt. Im Endstadium schließlich breiten sich

NEUES LAND

Kaum eine andere Nation hat eine annähernd große Erfahrung mit Landgewinnungsprojekten wie die Niederlande. Etwa ein Fünftel des Landes wurden seit dem Mittelalter dem Meer, Sümpfen und Moorgebieten abgetrotzt.

▶ **Flächennutzung im IJsselmeer**
Die ehemalige Meeresbucht wurde durch Dämme vom offenen Meer abgetrennt. Es entstand der heutige Süßwassersee IJsselmeer. Teile dieses Sees wurden trockengelegt und werden heute größtenteils landwirtschaftlich genutzt; es enstanden aber auch Wälder und Siedlungen.

▶ **Wie funktioniert die Landgewinnung?**
Bei der künstlichen Beschleunigung des natürlichen Verlandungsprozesses an Küsten wird der Rückfluss von Sand und kleinen Tier- und Pflanzenresten nach der Flut verhindert. Dadurch lagern sich die Schwebeteilchen auf dem Meeresboden ab.

▶ **Anstieg Meeresspiegel**
Schon bei einem Anstieg der Meere um nur einen Meter lägen große Teile der Nordseeküste unterhalb des Meeresspiegels. Ein Viertel der Niederlande liegt heute bereits darunter. Deiche und Dünen müssen kontinuierlich erhöht werden.

▶ Auswirkungen des Klimawandels

Salzwasser
Im Sommer wird salziges Meerwasser stärker in das Mündungsgebiet von Rhein und Maas gelangen, was auch negative Auswirkungen auf die Landwirtschaft und die Trinkwassergewinnung hat.

Erhöhte Niederschläge
Flüsse führen mehr Wasser, was die Überschwemmungsgefahr in den Mündungsgebieten erhöht. Zusätzliche Deiche und Pumpanlagen sind nötig.

Prognostizierter Wasseranstieg im Winter (bis zu):

Rhein **+10%** Maas **+20%**

Trockene Sommer
Moorgebiete können noch stärker absinken. Dadurch entweichen die im Boden gespeicherten Treibhausgase CO_2 und N_2O.

Küstenschutz
Der Küstenschutz wird kostspielig bleiben, denn Deiche und Dünen müssen verstärkt werden.

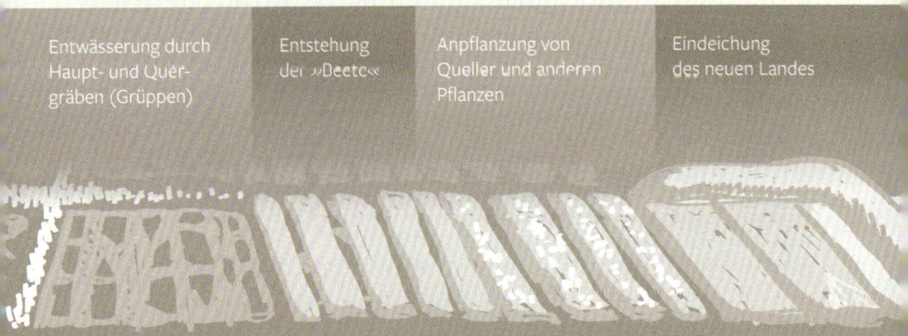

BAEDEKER WISSEN

KAMPF GEGEN DAS WASSER: DIE FLUTKATASTROPHE VON 1953

Am 1. Februar 1953 hatte ein schwerer Orkan die Nordsee schon stundenlang aufgewühlt. Am Abend schlugen schließlich meterhohe Wellen gegen den 355 Jahre alten Deich vor dem holländischen Fischerdorf Colijnsplaat in der Provinz Zeeland.

Bei einer Überprüfung nach Einbruch der Dunkelheit hatte der mit Feldsteinen und Ziegeln verstärkte Deich noch einen sicheren Eindruck gemacht. Vorsichtshalber ordnete der Deichgraf an, Sandsäcke aufzustapeln und Holz- und Stahlträger für eine eventuelle Verstärkung herbeizuholen. Kurz nach Mitternacht riss der Klang der Kirchenglocken die Dorfbewohner aus dem Schlaf. »Zuerst war uns nicht klar, was passierte«, berichtete ein Dorfbewohner später. »Wir begannen den Hausrat in einem überfluteten Haus zu retten.« Doch dann schrie ein Wachposten am Deich: »Er bricht!«

Kampf den Fluten

Ein Eckpfeiler der Zusatzbefestigung war aus seiner Verankerung gerissen worden, und schon bei der nächsten großen Welle drohte der Deich zu brechen. Etliche Männer stürzten herbei, um mit ihrem Körpergewicht den Pfeiler zu stützen und das Dorf und tausende Hektar wertvollen Ackerlandes vor den eiskalten Fluten zu schützen. Ächzend stemmten sich die Leiber der Gewalt der Wogen entgegen. Zwei Stunden, so lange bis Balken zur Verstärkung herangeschafft waren, leisteten 40 Männer als ein lebender Schild dem zerstörerischsten Nordseesturm seit 500 Jahren Widerstand.

Deichbruch

Andernorts ging es in dieser Nacht nicht so glimpflich ab. Hunderte von Deichabschnitten brachen. Teilweise stieg das eindringende Wasser binnen 15 Minuten um fünf Meter. Viele Menschen ertranken buchstäblich in ihren Betten. 2450 Personen mussten von Helikoptern aus Baumkronen, von Dächern und Strommasten gerettet werden. Für über **1800 Niederländer** kam jede Hilfe zu spät. Am Ende ließ die Flut fast 200 000 ha überschwemmtes Land und 46 300 beschädigte Häuser zurück. Eine beeindruckende Dokumentation dieser Flutkatastrophe liefert das Watersnoodmuseum im zeeländischen Ouwekerk (▶ S. 401).

Bedrohung Wasser

So wie die Lagunenstadt Venedig sind auch die Niederlande in zweifacher Weise vom Wasser bedroht. Zum einen sinkt das Land als Folge nacheiszeitlicher Ausgleichsbewegung der Erdkruste langsam ab, zum anderen führt der weltweite Anstieg der Meere zu stetig steigenden Wasserständen. Heute liegt über ein Viertel der Niederlande **bis zu 6,78 m unter dem Meeresspiegel**. Schon für die ersten Siedler, die sich im flachen Mündungsdelta von Rhein, Maas und Schelde um das Jahr 450 v. Chr. niederließen, war der Hoch-

Die Flutkatastrophe von 1953 gilt als die schwerste Nordsee-Sturmflut des 20. Jh.s. Betroffen waren die Niederlande, Großbritannien, Flandern und Deutschland.

wasserschutz unverzichtbar. Zunächst häufte man große Erdhügel an, die so genannten Warften oder Wurten, auf denen die Siedlungen vor Hochwasser sicher waren. Ab dem 11. Jh. entstanden entlang der Flussarme und zwischen den Wurten erste Deiche, in deren Schutz sich kleine Orte entwickelten.

Es waren wahrscheinlich christliche Kreuzritter, die aus Arabien die Windmühle einführten. Schnell wurde das windgetriebene Flügelrad zum Wahrzeichen des Landes. Mit seiner Hilfe ließen sich **die ausgedehnten Sumpfgebiete trockenlegen**, die man zunächst mit einem Ringdeich umschloss und später leer pumpte. Die trockengefallenen Flächen bezeichnete man als Polder. Zwischen 1450 und 1550 konnten auf diese Weise 750 km² fruchtbaren Ackerlandes hinzugewonnen werden.

Im 17. Jh. erlebte das Einpoldern durch den Ingenieur **Jan Adriaanszoon Leeghwater** einen rasanten Aufschwung. Ein von ihm entwickeltes System von Windmühlen steigerte die Pumpkapazität erheblich. Unter Leeghwaters Leitung wurde mit Hilfe von 40 Mühlen der rund 70 km² große Beemster-Polder trockengelegt, was bis zu diesem Zeitpunkt das größte Landgewinnungsprojekt der Niederländer war. 200 Jahre später ermöglichten leistungsfähige Dampfpumpen die Trockenlegung von noch größeren Flächen.

Lelys Plan

Ende des 19. Jh.s sollte ein großer Sieg der Nordsee wieder wettgemacht werden. In einer Serie schwerer Sturmfluten hatte sich das Meer seit dem 13. Jh. einen Weg durch das Land gebahnt und einen Meeresarm, die Zuiderzee, gebildet. Steigende Bevölkerungszahlen und der dadurch ausgelöste Drang nach Ackerland führten zu Überlegungen, die verloren gegangenen Flächen durch Abdämmung einer 3900 km² großen Wasserfläche zurückzugewinnen. Der 1881 von dem aus Amsterdam stammenden Ingenieur **Cornelius Lely** (1854 – 1929) entwickelte Plan, einen 35 km langen Abschlussdamm von Wieringen durch das bis zu 30 m tiefe, offene Meer zur friesischen Nordküste zu bauen, scheiterte zunächst an technischen Bedenken. Erst als Lely 1913 zum Minister für Wasserbau ernannt wurde, konnte er seine Pläne verwirklichen. Nach vielen technischen Problemen und Verzögerungen, die neben den starken Gezeitenströmen durch den Bau von drei Schleusen und 25 Fluttoren auf offener See bedingt waren, konnte der Damm nach 23-jähriger Bauzeit vollendet werden. Am 28. Mai 1932 wurde die letzte Lücke geschlossen. Unmittelbar danach begann die **Aussüßung des Binnenmeers**, das nach dem einmündenden Fluss IJssel seitdem IJsselmeer genannt wird.
In den folgenden Jahrzehnten wurde die Wasserfläche durch Einpolderungen ständig verkleinert. 1950 fiel als Erster der Wieringermeer-Polder trocken. Es folgten der Noordoostpolder, Ostflevoland und als vorletzte der fünf projektierten Flächen 1968 Südflevoland. Damit hatte sich die Fläche der Niederlande seit 1932 um fast 5 % vergrößert. Die Pläne für den Bau des letzten und größten Polders, des 600 km² großen Markerwaad, wurden 1991 aus Umweltschutzgründen endgültig ad acta gelegt. Fertiggestellt wurde nur der nordöstliche Deich zwischen Lelystad und Enkhuizen, der heute eine wichtige Verkehrsader ist. Inzwischen hatten die Niederländer die Vorteile des 1200 km² großen IJsselmeeres als Süßwasserreservoir sowie als Erholungs- und Ruheraum für Mensch und Natur schätzen gelernt. Der große Abschlussdeich (**Afsluitdijk**) hatte die Küstenlinie um 320 km verkürzt, und viele der ursprünglichen Seedeiche brauchten nicht mehr unterhalten zu werden. Aber was noch wichtiger war: Der neue Damm überstand die Sturmflut von 1953 recht unbeschadet.

Zeeland in Not

Schwer traf die Flut dagegen die **Provinz Zeeland** im Mündungsdelta von Rhein, Maas und Schelde. Schon kurz nach den dramatischen Ereignissen

Über den Oosterscheldedam führt der Rijksweg 57 (N 57).

fasste man den Entschluss, die hochwassergefährdeten Mündungsarme durch vier Sperrdämme vom Meer abzuriegeln. Ein ergänzendes System von Deichen, Wehren und Schleusen sollte den Süßwasserabfluss aus dem Hinterland gewährleisten. Die Ziele des so genannten Deltaprojekts waren: Verbesserung des Küstenschutzes, Schaffung günstiger Verkehrswege, Reduzierung der Versalzungsgefahr landwirtschaftlicher Flächen, Trinkwassergewinnung sowie die Ausweisung von Erholungsgebieten.

Nach der Fertigstellung des Haringvliet-Damms (1971) und des Brouwersdamms (1972) sollte auch der längste, der 8 km lange **Oosterscheldedam**, als geschlossenes Bauwerk ausgeführt werden. Damit drohte das ökologisch wertvolle Salz- und Brackwassermilieu der Flussmündungen verloren zu gehen. Anhaltende Proteste von Umweltschützern und der Widerstand der um ihre wirtschaftliche Existenz fürchtenden Fischer, Austern- und Muschelzüchter im Deltagebiet führten im Jahr 1974 schließlich zu einer kostspieligen Kompromisslösung. Der Damm wurde durch ein dreiteiliges Sturmflutwehr mit 62 verschließbaren Öffnungen ergänzt. Vorteil: Nur bei Sturmflut (durchschnittlich zweimal pro Jahr) muss das Wehr geschlossen werden, sodass der Einfluss der Gezeiten weiterhin gewährleistet ist und die wertvolle Salz- und Brackwasserzone erhalten bleibt. Allerdings verschlangen die Bauarbeiten mit 2,5 Mrd. € etwa das Dreifache der geplanten Summe (▶ Baedeker Wissen, S. 314).

Küstenmanagement

Delta- und Zuiderzeeprojekt sind seit dem Jahr 2000 abgeschlossen, und auch alle Flussgebiete und Niederungen wurden wirksam vor Hochwasser geschützt. Gut 8000 km² Land konnten die Niederländer dem Meer bisher abringen. Aber trotzdem ist die Nordsee für 60 % der Bevölkerung in den niedrig gelegenen Küstenprovinzen eine Bedrohung geblieben. Grund ist der weltweite Meeresspiegelanstieg, der auch in Zukunft permanente Anstrengungen für den Küstenschutz erforderlich macht.

Allerdings gehören große und kostspielige Bauvorhaben der Vergangenheit an. Kleinere, mit der Natur in Einklang stehende Projekte sind an ihre Stelle getreten. Der »harte« Küstenschutz durch Dämme und Deiche wird von »weichen«, umweltverträglicheren Methoden wie Sandaufspülungen oder der Förderung eines natürlichen Dünenaufbaues abgelöst. **Integrales Küstenmanagement** ist das Zauberwort der Zukunft. Darunter versteht man eine umfassende und sorgfältige Planung aller Projekte, die den Küstenraum betreffen, mit dem Ziel, einen Ausgleich zwischen wirtschaftlichen Erfordernissen und den Belangen des Naturschutzes zu schaffen. Ein weiterer Vorteil: Das Bauen mit und durch die Natur ist weitaus billiger als die Errichtung von künstlichen Bauten. Insbesondere dieser Aspekt macht das Konzept auch für die vielen hochwassergefährdeten Länder der Welt interessant, die nicht zu den reichsten Nationen zählen.

Unter dem Schlagwort **»Ruimte voor de Rivier«** (Platz für den Fluss) nimmt man sich der Bedrohung durch die Flüsse an. An über 30 Stellen in den Niederlanden werden Überschwemmungsgebiete ausgewiesen, die bei Hochwasser das Flusswasser auffangen sollen.

neben dem Ackerland satte Fettwiesen im Bereich der alten Marschen aus. In den Dünen, die zum Schutz gegen Erosion mit Strandhafer, Strandweizen und Legföhren bepflanzt wurden, kommt neben Halophyten als Charakterpflanze das Sandveilchen vor.

Ein interessantes Biotop stellen die **Hochmoore** dar, die jedoch heute weitgehend trockengelegt und kultiviert worden sind. Ein Hochmoor entsteht unabhängig vom Grundwasserspiegel durch das andauernde Weiterwachsen der Torfmoose. Sie können infolge ihrer schwammähnlichen Beschaffenheit das Niederschlagswasser über das Niveau ihrer Umgebung emporheben. Die unteren Teile der Moose sterben ab und werden mit der Zeit zu Torf. Kennzeichnende Begleitpflanzen dieses Biotops sind Wollgras, Sauergräser, Krähenbeere und Sumpfporst. Charakteristische Baumarten sind Erlen, Kiefern und Birken.

Anders als die Hochmoore werden **Niedermoore** (im Südosten von Friesland und im Nordwesten von Overijssel) durch den Grundwasserspiegel ernährt. Sie sind deshalb wesentlich nährstoffreicher, und entsprechend unterscheidet sich der Pflanzenbestand: Typisch sind Schilfrohr, Rohrkolben, Binsen, Sauergräser, Stauden und Moose.

Fauna

Im Bereich des Wattenmeers kann man mit Glück **Seehunde** beobachten. Ihr Bestand war durch die fortschreitende Meeresverschmutzung dramatisch zurückgegangen, konnte sich aber in den 1990er-Jahren stabilisieren und hat inzwischen Rekordhöhe erreicht. Bei Ebbe ruhen die Seehunde sich in kleinen Gruppen auf Sandbänken aus, reagieren jedoch äußerst sensibel auf Störungen. Die schwimm- und tauchfreudigen Jäger mit den hellen Schnurrbarthaaren suchen unter Wasser neben Garnelen hauptsächlich Küstenfische.

Typisch Niederlande: flaches Land, weiter Horizont

Das Wattenmeer ist ebenso ein wahres Paradies für **Wasservögel**. Zu den charakteristischen Vögeln gehören zahlreiche Möwenarten. Am weitesten verbreitet ist die bis zu 60 cm große Silbermöwe mit gelbem Schnabel, weißer Unterseite und grauem Rücken. Sehr häufig sieht man auch die noch größere Mantelmöwe, einen waghalsigen Räuber, der am liebsten junge Eiderenten, aber auch andere Seevögel jagt. Man erkennt die Mantelmöwe an ihrer weißen Unterseite und dem schwarzen Rücken.

Die Westfriesischen Inseln sind das größte mitteleuropäische Brutgebiet der **Brandseeschwalbe**. Beim Fischen fliegt sie mit gesenktem Kopf über das Wasser und lässt sich, wenn sie eine Beute erspäht, plötzlich fallen. Auf Texel brüten zahlreiche Löffler, stattliche Stelzvögel, die außer an zwei anderen Stellen in den Niederlanden im sonstigen Mitteleuropa nur noch in Österreich und Ungarn zu finden sind. Von dem im ganzen Land häufig vorkommenden Reiher kann man den fliegenden Löffler durch den gestreckten Hals und bei geringerer Distanz durch den löffelförmigen Schnabel unterscheiden. Zu den auffallendsten Strandvögeln zählt der bis zu 43 cm hohe Austernfischer. Mit seinem messerscharfen roten Schnabel kann er Muscheln aufbrechen. Häufige Gäste der Inseln sind verschiedene Arten von Gänsen (Kurzschnabelgans, Nonnengans, Ringelgans) und Enten (Eiderente, Eisente) sowie der gelbfüßige Sandregenpfeifer und der etwas gedrungenere Seeregenpfeifer. Schließlich ist noch der Alpenstrandläufer zu erwähnen, ein kleiner Wattvogel, der am Wattenmeer in großen Schwärmen vorkommt. Im Winter ist seine Oberseite graubraun gestreift, die Unterseite wird weiß mit grauer Brust. Im Sommer trägt der Vogel ein kastanienbraunes Gefieder, das oben schwarz gestreift ist.

Der **Fischbestand** in den Binnengewässern ist durch zunehmende Wasserverschmutzung stark geschwunden. Fast ausgestorben ist der Lachs, der als Salm einstmals zu den Delikatessen aus Rhein und Maas gehörte. Weit verbreitet ist jedoch nach wie vor der **Flusskrebs**. Im Wattenmeer findet man neben Aalen und Muscheln wieder viele Flusskrebse. Dabei handelt es sich um die eingesetzte nordamerikanische Art Orconectes limosus und nicht um den früher hier heimischen Flusskrebs. Die Oosterschelde in Zeeland ist der Lebensraum von Hummer, Auster und Miesmuschel.

Die Fläche der Niederlande ist äußerst intensiv genutztes Kulturgebiet. Die natürliche Vegetation und Tierwelt gehen stetig zurück und sind heute nur noch reliktartig erhalten. Ein 1990 erschienenes **Naturschutzprogramm** soll der vernachlässigten Natur wieder auf die Sprünge helfen. Geplant wurde eine Vernetzung von geschützten Biotopen, die das Überleben von Pflanzen und Tieren nachhaltig sichern soll. Spezielle Artenschutzprogramme bestehen für Mauerpflanzen, Tagfalter, den Fischotter, das Birk- und Rebhuhn und den Löffler. Arten wie der Dachs, dessen Bestand einst

Lage:
Westeuropa
Sprache:
Niederländisch, Friesisch
(Provinz Friesland
im Norden des Landes)

Fläche: **41 528 km²**
im Vergleich
Niedersachsen:
47 613 km²
Höchster Punkt
323 m ü.d.M. (Vaalserberg, Limburg)
Niedrigster Punkt
– 6,78 m ü.d.M. (Nieuwekerk
aan den IJssel, Südholland)

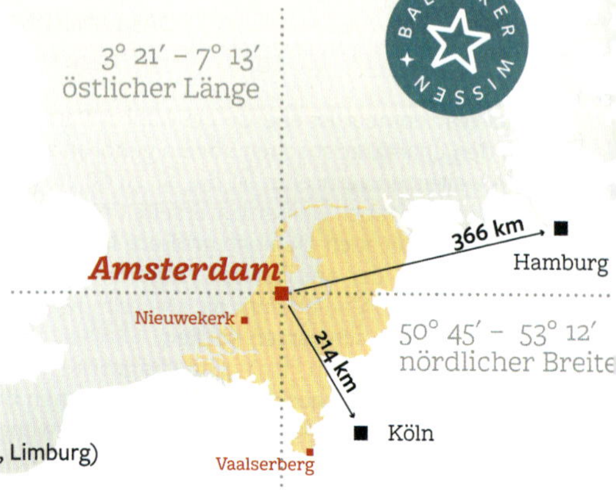

Einwohner: **17,89 Mio.** (2023)

Bevölkerungsdichte:
529 Einwohner/km²

▶ Staat

Hauptstadt: **Amsterdam**
Regierungssitz: **Den Haag**
Staatsform:
Konstitutionelle Monarchie

▶ Religion

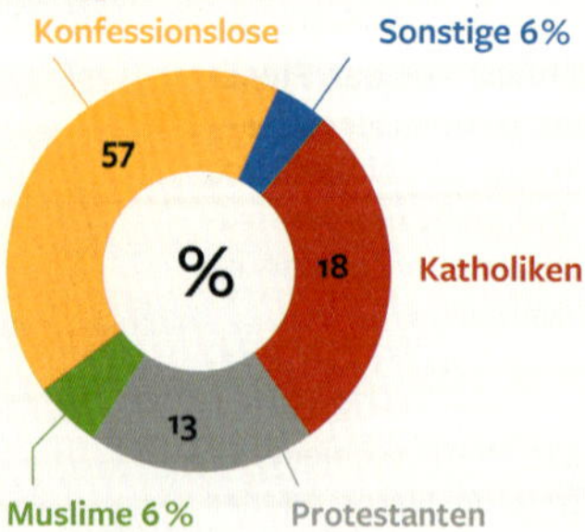

▶ Bevölkerung

76% Niederländer; Minderheiten von Türken, Marokkanern und Exilanten aus den ehemaligen Kolonien sowie aus westlichen Staaten wie Deutschland

▶ Flagge

Die niederländische Trikolore geht zurück auf die Prinsenvlag (Orange-Weiß-Blau), den Farben der Oranier im Unabhängigkeitskrieg.

▶ Wappen

Das Wappen zeigt einen goldenen Löwen mit sieben Pfeilen in der linken Pranke. Sie stehen für die Republik der Sieben Vereinigten Niederlande.
Darunter der Wahlspruch »Je maintiendrai« (»Ich werde bestehen«).

▶ Amtssprachen

Niederländisch,
Westfriesisch

Wirtschaft

BIP (2023):
1092 Mrd. US-$

Arbeitslosenquote (2023):
3,5 %

Wichtigste Industriezweige:
Elektronik, Chemie, Nahrungsmittel

Export:
Deutschland **24 %**
Belgien **12 %**
Frankreich **8 %**

Import:
Deutschland **17 %**
Belgien **10 %**

Internationale Flughäfen:
Amsterdam, Rotterdam, Maastricht, Groningen, Eindhoven

Wichtigste Seehäfen:
Rotterdam, Amsterdam

Klimastation Amsterdam

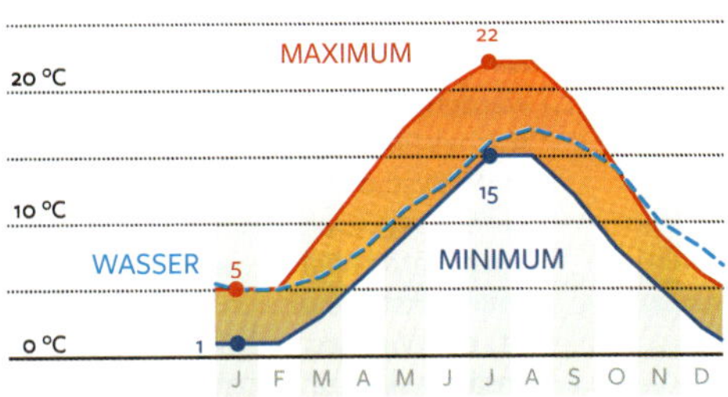

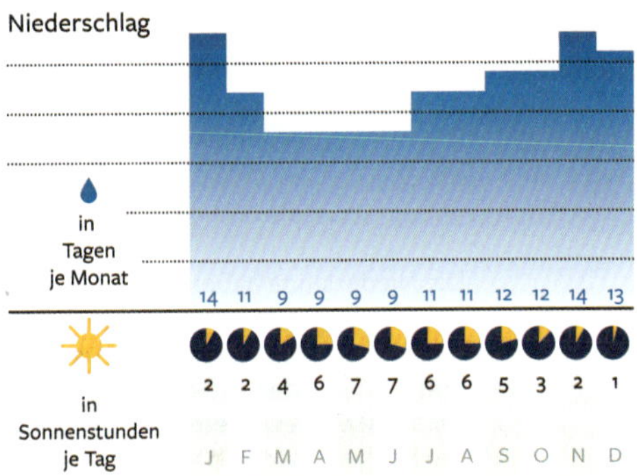

Radfahrnation Niederlande

In den Niederlanden gibt es rund 37 000 km ausgewiesene Radwege.

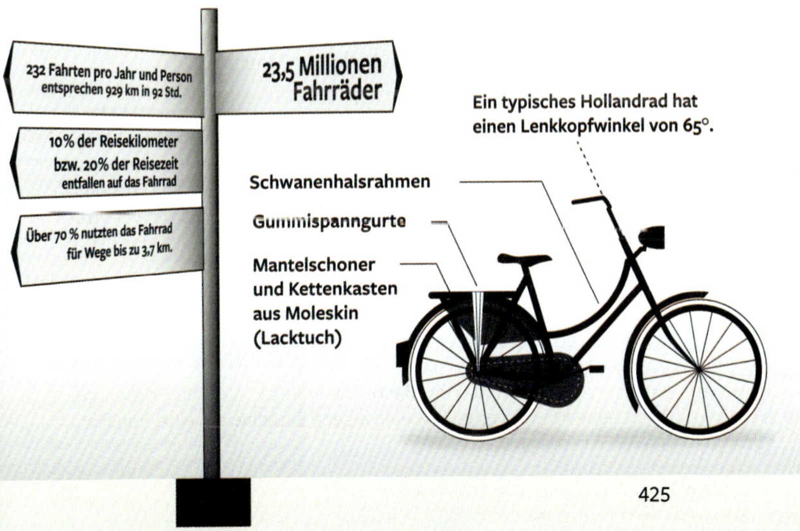

stark zurückging, erholen sich bereits leicht. Mit Flächenstilllegungsprogrammen der EU gibt es Versuche, einstmals agrarisch genutztes Land verwildern zu lassen. In den neu geschaffenen Lebensräumen werden z.B. robuste Rinderarten und Wildpferde ausgewildert. Ein solches Projekt wurde bereits in Oostvardersplassen zwischen Almere und Lelystad auf Flevoland realisiert. Die Bewachsung der Dünen wird durch sog. »grote grazers« (dt. Große Grasfresser, z.B. Rinder, Schafe oder Pferde) kurzgehalten. Eine weitere Initiative ist die Reduzierung von Stickstoffemissionen, welche die Artenvielfalt zerstören. Geplant ist, den Viehbestand der Bauern, die nahe von Naturschutzgebieten ansässig sind, zu reduzieren bzw. sie zum Umsiedeln zu bewegen.

Staat und Gesellschaft

Viele Menschen auf kleinstem Raum

Auf dem Gebiet der heutigen Niederlande vermischten sich zwischen dem 1. Jh. v. Chr. und dem 5. Jh. n. Chr. germanische Volksstämme: die Sachsen im Osten, im Süden die Franken und im Norden eine Volksgruppe, die bis heute ihre Identität erhalten hat – die Friesen.

Die Niederlande haben fast 18 Mio. Einwohner, das entspricht einer Bevölkerungsdichte von 529 Einwohner pro Quadratkilometer. Der kleine Staat ist somit – sieht man von den Stadtstaaten San Marino und Monaco, der Vatikanstadt und Malta ab – **das mit Abstand am dichtesten besiedelte Land Europas**.
Die höchsten Werte (teilweise über 3000 Einw./km²) erreicht die im Westen des Landes gelegene **Randstad Holland**. Dieser größte Ballungsraum der Niederlande umfasst nur ein Fünftel des Staatsgebiets, hier lebt jedoch fast jeder zweite Niederländer. Zur Randstad Holland gehören als wichtigste Städte Amsterdam, Haarlem, Leiden, Den Haag, Delft, Rotterdam, Dordrecht und Utrecht. Nur ganze elf von 100 Niederländern leben in ländlichen Gemeinden.

Zuwanderer

Als die niederländischen Kolonien Indonesien und Surinam 1949 bzw. 1975 in die Selbstständigkeit entlassen wurden, bekamen Angehörige der dortigen Volksgruppen die Möglichkeit, sich in den Niederlanden niederzulassen und die niederländische Staatsbürgerschaft anzunehmen. Sie haben heute den **Integrationsprozess** weitgehend vollzogen. Einwanderer von den Niederländischen Antillen bilden eine dritte Volksgruppe aus ehemals überseeischen Besitzungen.
Die Zahl der Zuwanderer hat in den vergangenen Jahrzehnten stetig zugenommen. Den größten Anteil dieser Gruppe stellen mittlerweile Türken, Marokkaner und Deutsche.

Sprachen

Amtssprache ist **Niederländisch**. Das von ca. 400 000 Friesen gesprochene **Westfriesisch** ist eine eigene Sprache, die einst von Flan-

PROVINZEN

dern bis zur Wesermündung verbreitet war. Sie hat seit 1993 den offiziellen Status einer zweiten Landessprache und ist in der zweisprachigen Provinz Fryslân (Friesland) u. a. Unterrichtssprache.

Christliche Religion

Etwas über die Hälfte der Niederländer ist konfessionslos, damit gehört das Land in Europa zu den am wenigstenn religiösen Staaten . Früher waren die **Protestanten** (Calvinisten) die größte religiöse

Gruppierung im Land, heute sind es die **Katholiken**, die man vor allem in den südlichen Provinzen Noord-Brabant und Limburg vorfindet und die 20 % der Bevölkerung ausmachen. Neben der Protestantischen Kirche, zu der ca. 15 % der Bevölkerung zählen, gibt es noch verschiedene reformierte Freikirchen wie die Mennoniten.

Bildungswesen

Die **Freiheit des Bildungswesens** ist seit dem Jahr 1848 in der niederländischen Verfassung verankert. Anders als in der Mehrheit der europäischen Länder, verzichtet der niederländische Staat auf das Bildungsmonopol: Staatliche und private Schulen sind vor dem Gesetz vollkommen gleich, und so werden auch Einrichtungen privater und konfessioneller Schulträger zu 100 % staatlich finanziert. Mehr als zwei Drittel der Schüler entscheiden sich für konfessionelle oder Reformschulen wie Montessori- oder Waldorfschulen.
In den Niederlanden gibt es rund 40 Fachhochschulen und rund 20 **Universitäten**. Die älteste und berühmteste ist die 1575 von Wilhelm von Oranien gegründete Universität von Leiden. Die Niederländer kennen keine Semester, gerechnet wird in Studienjahren. Alle Studierenden bezahlen jährlich anfallende Studiengebühren. Einrichtungen der **Erwachsenenbildung** kommt eine beachtliche soziale Bedeutung zu. Ihre Angebote werden von jedem dritten Niederländer genutzt. In Offenen Schulen besteht die Möglichkeit, eine Ausbildung nachzuholen. Volkshochschulen gibt es in zahlreichen Gemeinden.

Konstitutionelle Monarchie

Die Niederlande sind eine konstitutionelle Monarchie mit gleichberechtigter männlicher und weiblicher Erbfolge. Im Jahr 2013 übernahm Willem-Alexander van Oranien-Nassau den Thron von seiner Mutter Beatrix. Seine Frau Máxima ist seither Königin und Beatrix wieder Prinzessin. Amsterdam ist **Hauptstadt**, Den Haag **Regierungssitz**.

Regierung

Der **König** und die **Minister** bilden zusammen die Regierung. Hierbei hat der König formale Ernennungsrechte und Repräsentationspflichten, das Kabinett entscheidet jedoch über die Politik, kann Gesetzesvorschläge einbringen und ist der direkt gewählten zweiten Kammer des Parlaments Rechenschaft schuldig. Der **Staatsrat** steht der Regierung beratend zur Seite und fungiert als höchstes Verwaltungsgericht der Niederlande. Seine Mitglieder, meist angesehene Persönlichkeiten aus Wissenschaft und Industrie, sind auf Lebenszeit ernannt.
Das niederländische Parlament, der **Staten-Generaal**, besteht aus zwei Kammern. Die 75 Mitglieder der **ersten Kammer**, ähnlich dem deutschen Bundesrat, werden indirekt durch die Vertreter der zwölf Provinzen gewählt. Sie haben bei der Gesetzgebung lediglich ein Vetorecht. Die **zweite Kammer**, bestehend aus 150 Mitgliedern, wird direkt vom Volk gewählt und kontrolliert die Regierung.

Außerdem kann sie Gesetzesvorschläge einbringen und den Haushalt mitbestimmen. Ihre Bedeutung ist dem deutschen Bundestag vergleichbar. Beide Kammern werden für eine Legislaturperiode von vier Jahren gewählt.
Der Ausgang der **Wahl im November 2023** sorgte für eine Überraschung: Der Rechtspopulist Geert Wilders gewann mit seiner Partei PVV (Partij voor de Vrijheid) 23,5 % der Stimmen, gefolgt von einem Bündnis Grün-Links/Sozialdemokraten (15,8 %) und der – mit der FDP vergleichbaren – VVD (15,3 %), der auch der frühere Ministerpräsident Mark Rutte angehört. Die PVV gilt als EU-kritisch und islamfeindlich.

Wahlsystem

Gewählt wird nach reinem Verhältniswahlrecht. Anders als in Deutschland mit der Fünf-Prozent-Hürde gibt es bei den Wahlen zur Zweiten Kammer nur eine niedrige Sperrklausel: Eine Partei muss **0,67 % der Stimmen** erreichen, um einen der 150 Parlamentssitze zu erhalten. Die Folge ist eine Zersplitterung der Parteienlandschaft, die nach jeder Wahl für Monate das ganze Land lahmlegt, da Koalitionen nur schwer zu bilden sind. Niederländische Wahlen sind nicht kandidatenorientiert, sondern eine ausschließliche Parteienkonkurrenz. Frauen dürfen übrigens seit 1919 in den Niederlanden wählen.

Parteien

Das Parteiensystem der Niederlande lässt sich nicht so leicht mit der deutschen Parteienlandschaft vergleichen. Früher waren die Sozialdemokraten, Liberalen und Christdemokraten weiter links anzusiedeln als in Deutschland, heute sind sie weiter rechts. Der Grund ist nicht zuletzt in dem Rechtspopulisten Geert Wilders zu suchen. Damit er nicht mehr Wähler auf seine Seite zieht, rückten alle anderen Parteien ein Stück nach rechts.

Poldermodell

Seit 1982 bis heute wird die niederländische Arbeitsmarktpolitik vom sog. Poldermodell bestimmt, das auf Kompromissbereitschaft beruht. Festgelegt wurde es im **Akkoord van Wassenaar**, der nicht mehr als eine A-4-Seite umfasste und großen Einfluss auf die Wirtschaft hatte. In diesem Abkommen wurde zwischen Vertretern der Gewerkschaft, der Arbeitgeber und der Regierung unterzeichnet und besagt, dass sich die Gewerkschaften in ihren Lohnforderungen mäßigen, die Arbeitgeber sich für Arbeitszeitverkürzung einsetzen und der Staat sich nicht mehr in Lohnverhandlungen einmischen wird.

Verwaltungsgliederung

Das Land ist in **zwölf Provinzen** eingeteilt. Hinzu kommen in der Karibik Aruba, Curaçao und Sint Maarten als autonome Landesteile im Königreich sowie Bonaire, Sint Eustatius und Saba als »besondere Gemeinden« der Niederlande.

Wirtschaft

Industrie- und Dienstleistungsstaat

Tulpen, Käse und Tomaten – das mit tatkräftiger Hilfe der heimischen Werbewirtschaft verbreitete Klischee eines beschaulichen Agrarlandes entspricht nicht der Realität. In Wahrheit sind die Niederlande ein exportorientierter Industrie- und Dienstleistungsstaat – im Jahr 2022 standen sie an vierter Stelle der größten Exportnationen der Welt. Exportiert werden v.a. Maschinen und Zubehör, raffinierte Erdölprodukte, Computer und Arzneimittel.

Landwirtschaft

Obwohl nur 2% der Niederländer im Agrarsektor arbeiten, wird mehr als die Hälfte der Gesamtfläche des Landes landwirtschaftlich genutzt. Damit belegen die Niederlande **Platz zwei** als Agrarexporteur. Exportschlager sind Tomaten, Gurken und Paprika. Darüber hinaus sind die Niederlande als **Blumenland** berühmt. Die riesigen Tulpenfelder zwischen Haarlem und Sassenheim locken im April und Mai unzählige Kurzurlauber an. Zu den meistverkauften Blumen zählen Rosen, Chrysanthemen, Nelken und Tulpen (▶Baedeker Wissen, S. 46,114).

Industrie

Über Jahrhunderte hinweg waren die Niederlande eine Nation der Händler und Seefahrer. Die Industrialisierung begann spät, zu Beginn des 20. Jh.s, und erhielt erst nach dem Zweiten Weltkrieg ihre entscheidenden Entwicklungsimpulse.
Die Rohstoffversorgung der niederländischen Industrie muss fast gänzlich durch Importe sichergestellt werden, denn nennenswerte inländische Bodenschätze sind, abgesehen von Erdgas und Salz, kaum vorhanden. Deshalb entwickelte sich während des Industrialisierungsprozesses keine Schwerindustrie, wie in Deutschland oder Belgien. Vielmehr entstanden exportorientierte, arbeitsintensive **Veredelungsindustrien**, die Halbwaren und hochwertige Fertigprodukte herstellen. Weltkonzerne wie Royal Dutch Shell, Philips, DSM, Akzo Nobel und Unilever haben bzw. hatten ihren Sitz in den Niederlanden.

Dienstleistung

Tragende Säulen der Dienstleistung sind Telekommunikations- und Computerdienste, Transport und Finanzdienstleistung. Viele der auf dem Seeweg angelieferten und für das europäische Hinterland bestimmten Waren passieren Rotterdam, Europas bedeutendsten Hafen. Und mit dem Flughafen Schiphol bei Amsterdam verfügen die Niederlande über eines der wichtigsten europäischen Drehkreuze.

Energieversorgung

Die Energieversorgung des Landes war durch die Entdeckung ausgedehnter Erdgasvorkommen in der Provinz Groningen und im Nordseeschelf lange Zeit gesichert. Zusätzlich können die Niederländer ein Fünftel ihres Bedarfs an Erdöl aus eigenen Quellen beziehen. Das bislang einzige Atomkraftwerk Borssele bei Vlissingen in der Provinz Zeeland sollte schon längst abgeschaltet werden, jedoch verlängerte die Regierung Balkenende die Laufzeit bis 2034. Im Jahr 2022 wurde beschlossen, zwei neue Reaktoren bis 2035 zu errichten. Bei der Energieversorgung spielen Wind und Sonne eine zunehmende Rolle. Im Jahr 2022 deckten alternative Energien 15 % des Bedarfs. Da die Provinz Groningen in den letzten Jahren immer wieder von Erdbeben erschüttert wurde, hat man die Erdgasproduktion stark gedrosselt und im Oktober 2023 komplett eingestellt. Bis ins Jahr 2050 möchten die Niederländer vom Erdgas unabhängig sein. Man setzt vor allem auf Windenergie - und errichtet große Windparks in der Nordsee. Diese sollen bis 2030 rund 75 % des gesamten Strombedarfs der Niederlande decken können.

Tourismus

Nach dem Zweiten Weltkrieg haben sich die Niederlande zu einem bedeutenden Urlaubsland entwickelt. Die größte Besuchergruppe ausländischer Touristen stellen Deutsche, die Nation mit der größten Steigerungsrate ist China. Schwerpunkte sind die Westfriesischen Inseln, Zeeland und die Seebäder an der Küste sowie historische Städte wie Amsterdam, Delft und Haarlem. Vor allem Amsterdam mit rund 13 Mio. Tagesbesuchern und 7,4 Mio. Übernachtungsgästen jährlich, ist bei Touristen außerordentlich beliebt. Da die Stadt diese Touristenströme kaum bewältigen kann, wurden Marketingaktivitäten für Amsterdam als Reiseziel eine Zeitlang komplett gestoppt. Man versucht nun, Touristen auch für andere Städte wie Den Haag und Utrecht zu begeistern.

GESCHICHTE

Die Geschichte der modernen Niederlande begann mit der Abwendung von Spanien 1579/1581. Kurz darauf stieg das Land zu einer kolonialen Weltmacht auf, erlebte die Nation ein Goldenes Zeitalter. Ab 1815 wahrten die Niederländer strikte Neutralität in den europäischen Konflikten. Im Zweiten Weltkrieg wurde sie jedoch missachtet.

Frühgeschichte und Antike

Vor- und Frühgeschichte

Die ältesten Spuren menschlicher Besiedlung auf dem Gebiet der heutigen Niederlande finden sich im Osten des Landes und sind etwa 30 000 Jahre alt. Die zahlreichen **Hünengräber** in der heutigen Provinz Drenthe zeugen von einer Megalithkultur aus der Bronzezeit. Die zur Küste hin gelegenen Marschen konnten wegen der regelmäßigen Überschwemmungen kaum besiedelt werden. Erst seit etwa 1500 v. Chr. drangen die Germanen in diese Gebiete vor. Sie bauten ihre

EPOCHEN

FRÜHGESCHICHTE UND ANTIKE

vor 30 000 Jahren	Älteste Spuren menschlicher Besiedlung
1500 v. Chr.	Germanen dringen ein.
12 v. Chr.	Teil der römischen Provinz Germania Inferior
69 – 70 n. Chr.	Aufstand der Bataver

FRANKENREICH UND MITTELALTER

8. Jh.	Karl der Große erobert die gesamten Niederlande.
9. Jh.	Teil des Ostfränkischen Reiches
ab 11 Jh.	Entstehung staatenähnlicher Gebilde

BURGUNDER UND HABSBURGER

14. Jh.	Entstehung des Burgunderreiches
1477	Die Niederlande kommen zu Habsburg.
1556	Die niederländischen Provinzen fallen an Spanien.

STAATSBILDUNG

1581	Unabhängigkeitserklärung
1600	Vertreibung der Spanier
16. Jh.	Die Niederlande steigen zur Seemacht auf.

GOLDENES ZEITALTER

1648	Anerkennung der niederländischen Unabhängigkeit
1689	Wilhelm III. wird König von England.
17./18. Jh.	Vier Kriege mit England
1795 – 1813	Die Niederlande stehen unter französischem Einfluss.

KÖNIGREICH

1830	Belgien erklärt sich für unabhängig.
1914 – 1918	Neutralität im Ersten Weltkrieg
1940 – 1945	Deutsche Truppen besetzen das Land.

SEIT 1945

2001	Als erster Staat der Welt ermöglichen die Niederlande gleichgeschlechtliche Ehen.
2002	Der Rechtspopulist Pim Fortuyn wird erschossen.
2004	Ermordung des Filmemachers Theo van Gogh
2009	Attentatsversuch auf die Königsfamilie in Apeldoorn
2013	Nach drei Generationen an Königinnen besteigt Willem-Alexander den Thron.
2023	Geert Wilders PVV gewinnt überraschend die Parlamentswahlen.

Wohnstätten auf Warften, künstlich aufgeworfenen Erdhügeln, die einen gewissen Schutz vor den immer wiederkehrenden Fluten darstellten. Im ersten vorchristlichen Jahrhundert gehörten die nördlichen Küstenlandschaften zum Siedlungsgebiet der Friesen: Im Rheindelta saßen die germanischen Bataver, die östlichen Gebiete wurden von den Sachsen bewohnt.

Römische Herrschaft

Zwischen 58 und 51 v. Chr. eroberte **Julius Caesar** Gallien, in dessen nördlichem Teil die keltischen Belgen wohnten. 50 Jahre später konnten die Römer im Zuge der Germanenkriege die Bataver und die Friesen unterwerfen, 12 v. Chr. wurde die Region Teil der römischen Provinz Germania Inferior. Doch Widerstand regte sich: Von 69 bis 71 n. Chr. fand ein großer Aufstand der **Bataver** unter Claudius Civilis statt. Dennoch gelang es den Römern, ihre Herrschaft in der Region weitere 350 Jahre aufrechtzuerhalten.

Frankenreich und Mittelalter

Fränkische Herrschaft

Die salischen Franken besetzten im 4. Jh. n. Chr. das Gebiet zwischen Maas, Schelde und Niederrhein. Unter ihrer Herrschaft erlangte das Christentum erste Bedeutung; im Jahr 382 wurde Maastricht Bischofssitz. Unter der **Merowingerdynastie** (5. – 8. Jh.) konnten die Friesen eine gewisse Eigenständigkeit bewahren; erst der Karolingerkönig und spätere Kaiser **Karl der Große** unterwarf die Friesen in mehreren Kriegen vollständig. Nach Karls Tod 814 wurde das riesige Karolingerreich mehrfach geteilt. Im Vertrag von Mersen 870 fielen die heutigen Niederlande an das Ostfränkische Königreich, aus dem sich das Heilige Römische Reich Deutscher Nation entwickelte.

Grafschaften und Herzogtümer vom 10. bis 14. Jh.

Nach dem Zerfall des Karolingerreichs festigten sich zahlreiche Einzelherrschaften, u. a. die Fürstentümer Brabant, Geldern, Holland, Zeeland und Limburg sowie das Bistum Utrecht. Für die Gesamtheit dieser Gebiete kam im 11. Jh. erstmals der **Name Niederlande** auf; der bis 1830 auch das heutige Belgien umfasste.

Burgunder und Habsburger

Dynastie der Burgunder

Durch die Heirat der flandrischen Erbtochter Margarete von Male mit Philipp dem Kühnen von Burgund wurden im Jahr 1369 die Gebiete vereinigt, die den Grundstein des Burgundischen Reichs bilden sollten. Die Burgundischen Herzöge gehörten zu den reichsten Fürsten Europas, da sie mit Flandern und Brabant über die stärksten europäischen Wirtschaftszentren verfügten. An ihrem Hof entfaltete sich eine Spätblüte ritterlicher Kultur. Mit dem Erwerb weiterer Her-

zogtümer entstand in der Folge unter Philipp dem Guten ein mächtiger Staat, dessen nördlichen Teil die Niederlande bildeten. Finanzwesen und Justiz wurden gegen den Widerstand der Stände zentralisiert, doch rief der Herzog – als Zugeständnis an die Regionen – regelmäßig eine Gesamtvertretung der niederländischen Gebiete zusammen, die **ab 1478 Generalstände** hieß. Der Reichtum der Region gründete sich auf die großen, heute in Belgien liegenden Handelszentren Brügge und Antwerpen. Doch nicht nur Tuche aus Flandern und Brabant bildeten den Reichtum der Niederlande. Ein weiteres Standbein des Wohlstands war der Seehandel und – als Folge dessen – der Schiffsbau in den Küstenstädten, wo Leder aus Südeuropa, Pelze und Wachs aus dem Osten sowie Gewürze aus Asien und Gold und Elfenbein aus Afrika umgeschlagen wurden. Aus dem Geist eines selbstsicheren Bürgertums bildeten sich dann die Künste, allen voran die realistische flämische Malerei aus. Auch Bildhauerkunst, Handschriften, Tapisserien sowie Musik und Gesangskunst erlebten eine historische Blüte.
Karl der Kühne (1467 – 1477) scheiterte nach vielen Kriegen in seinem Bestreben, zwischen Frankreich und dem Heiligen Römischen Reich ein unabhängiges Königreich Burgund zu etablieren. Der Schwerpunkt des Burgundischen Reichs lag nun nur noch in den Niederlanden.

Spanisch-Habsburgisches Reich

Durch die Heirat der Tochter Karls mit Maximilian von Habsburg 1477 fielen die Niederlande an die Habsburger Dynastie, die in den südlichen Niederlanden (das heutige Belgien) bis 1794 regieren sollte. In der Folge entstand daraus das Spanisch-Habsburgische Weltreich, »in dem die Sonne nicht untergeht«. Karl V., seit 1520 römisch-deutscher König, erbte 1516 Spanien. Ihm gelang es, die bislang oppositionellen nördlichen Provinzen der Niederlande seinem Reich einzuverleiben und damit die 17 Provinzen erstmals – aber nur für kurze Zeit – in einem Staatswesen zu vereinigen. Nach 1520 drangen Luthers Lehren ins Land, doch wurde nach 1563 der **Calvinismus** zum herrschenden Bekenntnis in den Nordprovinzen. Karl V. bekämpfte die neue Lehre streng, seit 1522 verbreiteten Inquisitionsgerichte Angst und Schrecken. Nach der Abdankung Karls V. und nach dem Zusammenbruch des habsburgischen Riesenreiches kamen die Niederlande 1556 an Spanien, das Karls Sohn Philipp II. regierte.

Staatsbildung

Freiheitskampf

Philipp II. (1556 – 1598), die beherrschende Gestalt der **Gegenreformation**, wollte seine absolute Herrschaft auch in den freiheitlichen Niederlanden durchsetzen. Er schickte spanische Truppen ins Land, setzte sich über die Rechte der Stände und des Adels hinweg und suchte mit fanatischer Unduldsamkeit den Protestantismus aus-

Eine Welle der Grausamkeit überzog unter dem spanischen Herzog Alba das Land.

zurotten. 1566 forderte daher der Adel unter der Führung von **Wilhelm von Oranien** (▶ Interessante Menschen), Egmont und Hoorn das Ende der Ketzerverfolgung und eine neue Regelung der Religionsfrage. Das Volk aber rottete sich zusammen und verwüstete im **Bildersturm** zahlreiche katholische Kirchen, in denen Gottesdienste nun eingestellt wurden.
Margarete von Parma, Tochter Karls V. und Statthalterin der Niederlande, tolerierte die protestantische Predigt in den Kirchen, doch ihr

Halbbruder Philipp II. entsandte unter dem »eisernen« **Herzog von Alba** neue, bestens ausgerüstete Truppen zur Unterwerfung des Aufruhrs. Alba ließ Tausende von Niederländern hinrichten. In Scharen flohen die Calvinisten ins Ausland, auch Wilhelm von Oranien ging ins Exil; die Grafen Egmont und Hoorn hingegen, die im Land blieben, wurden 1568 auf Geheiß Albas in Brüssel enthauptet. Im deutschen Exil sammelte Wilhelm I. von Oranien währenddessen Truppen, fiel im Jahr 1568 in die Niederlande ein, wurde bald auch Oberhaupt der Aufständischen, musste aber, da ihm die verängstigte Bevölkerung die Unterstützung versagte, nach Frankreich fliehen. Dies war der Beginn eines achtzigjährigen Unabhängigkeitskampfes, auch Spanisch-Niederländischer Krieg genannt.
Erst bei seiner Rückkehr vier Jahre später unterstützte ihn das niederländische Volk. In der Zwischenzeit hatten nur die piratenhaften **Wassergeusen**, deren Name vom französischen Wort »gueux« für Bettler stammt, mit ihrer Flotte mehrere Küstenstädte eingenommen, spanische Schiffe erfolgreich gekapert und damit Alba schweren Schaden zugefügt.

Entstehung der Republik

1579 schlossen die sieben protestantischen Nordprovinzen Friesland, Gelderland, Groningen, Holland, Overijssel, Utrecht und Zeeland ein Schutzbündnis, die **Utrechter Union**. Die in diesem Zusammenschluss festgelegten Vereinbarungen galten bis zum Jahr 1795 als erste Verfassung der niederländischen Republik. Die katholischen, wallonischen und flämischen Südprovinzen schlossen sich dieser Union nicht an, sondern gelobten als Union von Arras den Spaniern Treue. Damit war die Trennung zwischen beiden Landesteilen vollzogen, und die Territorialgrenze des heutigen Belgiens und der Niederlande weitgehend vorgegeben.

Unabhängigkeit

Im Jahr 1581 erklärten die Nordprovinzen als Republik der Vereinigten Niederlande ihre Unabhängigkeit vom spanischen »Tyrannen und Rechtsbrecher« und waren somit der erste Staat im neuzeitlichen Europa, der seine Existenz einer Revolte verdankte. Die Proklamation einer Republik war ursprünglich nicht beabsichtigt, als Oberhaupt der autonomen Niederlande wäre den Generalstaaten ein Monarch aus England oder Frankreich lieber gewesen; doch sowohl die englische Königin als auch der französische König lehnten ab, sie wollten Philipp II. nicht zu sehr provozieren.
1584 wurde Wilhelm von Oranien, die zentrale Figur im Widerstand gegen Spanien, in Delft ermordet. Sein Sohn, **Prinz Moritz von Oranien** (1585 – 1625), eroberte zahlreiche Städte und vertrieb die Spanier 1600 durch seinen Sieg bei Nieuwpoort an der belgischen Küste gänzlich aus den Nordprovinzen. Nur ganz im Süden war den Aufständischen kein Glück beschert. Dort nahmen die Spanier um 1604 nach dreijähriger Belagerung die Festung Oostende, den letzten

Stützpunkt der Holländer in den Südprovinzen, ein. Damit war die Teilung der Niederlande in einen Nord- und einen Südteil bis auf eine kurze Unterbrechung zwischen den Jahren 1792 und 1830 endgültig besiegelt.
Gegensätze zwischen der Provinz Holland und den übrigen Provinzen, zwischen den republikanischen Anhängern der Generalstände und den Statthaltern aus dem Hause Oranien verursachten innere Zwistigkeiten. Die Oranier waren an einer Fortführung des Krieges mit Spanien interessiert, da ihre Dienste in Friedenszeiten nicht benötigt wurden, während die Landesvertretungen unter Hinweis auf die hohen Kosten der Kriegsführung auf einen Frieden mit Spanien hin arbeiteten. Erst nachdem die beiden Krieg führenden Parteien erschöpft waren, einigte man sich 1609 auf einen zwölfjährigen Waffenstillstand. In dieser Zeit begann der Dreißigjährige Krieg, an dessen Ende (1648) Spanien endgültig die Unabhängigkeit der Niederlande anerkennen musste.

Seefahrt und Handel

Durch Überfälle auf spanisch-portugiesische Handelsniederlassungen in Übersee entstand Ende des 16. Jh.s das niederländische Kolonialreich. Stützpunkte in Südafrika, Indien und Südostasien ließen den Überseehandel zum bedeutendsten Wirtschaftszweig anwachsen. Selbst Spanien war auf den Handel mit den Niederlanden angewiesen und finanzierte damit den Krieg gegen sich selbst. Wirtschaft und Seehandel entwickelten sich zu voller Blüte; **Amsterdam** wurde zum einflussreichsten Handelsplatz Europas.
Die **Entdeckungsreisen** gingen in alle Gegenden der Welt: 1596 landete Houtman auf Java; Willem Barents entdeckte Spitzbergen; Hudson fuhr 1609 nach Nordamerika; 1613 entstand die erste niederländische Niederlassung in Surinam; 1616 entdeckte Schouten das Kap Hoorn; 1619 erbauten die Niederländer auf Java die Hafenstadt Batavia – das heutige Jakarta.
Die großen **Handelskompanien** sicherten dem Mutterland Reichtum, Landbesitz und Macht: 1602 wurde die **Ostindische Kompanie** für Schifffahrt und Handel östlich des Kaps der Guten Hoffnung gegründet, 1621 die **Westindische Kompanie** für den Handel mit Amerika und Afrika.

Goldenes Zeitalter

Freier Geist in freier Republik

Nach dem Westfälischen Frieden von 1648, der der Republik der Vereinigten Niederlande die Anerkennung ihrer Unabhängigkeit, ihrer Eroberungen Nordbrabant, Limburg und ihrer kolonialen Erwerbungen brachte, stieg das neue Land zu einer führenden Handelsnation und zu einer der stärksten Seemächte der Welt auf. Die Niederlande wurden führend in der Entwicklung moderner Agrartechniken, der

Naturwissenschaften und ihrer praktischen Anwendung, im Schiffsbau, in der Überseeschifffahrt und im Gewürzhandel aus Indonesien. Die wesentliche Voraussetzung für das »Goldene Zeitalter« Hollands war die **Toleranz**. Während in anderen europäischen Ländern der Absolutismus herrschte und Ketzer und Andersdenkende mit aller Schärfe verfolgt wurden, fanden Besucher des Landes und Flüchtlinge in der kleinen Nation hinter den Deichen Rechte und Freiheiten, darunter die Pressefreiheit, wie sie damals in anderen Ländern unvorstellbar waren und den Untertanen noch lange verwehrt bleiben sollten. Schnell hatten die Niederländer erkannt, dass sich nur mit Religionsfreiheit gute Geschäfte machen ließen, denn man musste auch mit Muslimen, Hindus und Menschen anderer Religionen Handel treiben. Und was für den Handel in fernen Ländern galt, sollte auch im eigenen Land Geltung haben. Schließlich waren es sephardische Juden, die mit ihren Talenten und Kenntnissen, mit ihren finanziellen Aktivitäten und ihrer Juwelenindustrie zum Reichtum der Stadt Amsterdam beitrugen. Doch nicht nur verfolgte religiöse Minderheiten fanden in den Niederlanden Aufnahme. Auch Denker und Wissenschaftler, die man in ihren Heimatländern wegen »ketzerischer Thesen« verfolgte, wurden bereitwillig aufgenommen. Von diesem Zustrom profitierten die **Universitäten**, die bald die besten Gelehrten der westlichen Welt vereinigten, und das wiederum zog Studenten an, die aus ganz Europa in die Niederlande strömten. Einen besonderen Ruf genoss dabei die Universität von Leiden, die um 1640 als die berühmteste Hochschule Europas galt.

Diorama der niederländischen Kolonialflotte im Museum Kaap Skil auf Texel.

Wachsendes Kolonialreich

Auch außerhalb des Landes machten die Niederlande von sich reden. Um die Mitte des 17. Jh.s erweiterten sie ihre überseeischen Gebiete: Zwischen 1624 und 1654 besetzten sie den Nordosten Brasiliens, 1625 gründeten sie auf Manhattan eine niederländische Niederlassung, die ein Jahr später den Namen **Nieuw Amsterdam** (das heutige New York) erhielt. Die Karibikinsel Curaçao konnte 1634 erobert werden. In Südostasien wurde 1641 Malakka kolonisiert. 1642 entdeckte der Niederländer Abel Tasman die Insel Tasmanien sowie Neuseeland. Das Netz der niederländischen Kolonien erstreckte sich seit den 1650er-Jahren in Asien bis nach Ceylon, dem heutigen Sri Lanka, und bis zum Kap der Guten Hoffnung – die niederländische **Kapkolonie** wurde durch die Einwanderung von Bauern (niederländisch: Buren) zur wichtigsten Siedlungskolonie. Auch der Handel mit Sklaven gestaltete sich lukrativ: Es war ein holländischer Frachter, der die ersten afrikanischen Sklaven zur britischen Kolonie Virginia brachte. Viele der Kolonialgebiete gingen jedoch später, während der französischen Besatzungszeit, an England verloren. Die restlichen Kolonien errangen nach dem Zweiten Weltkrieg ihre Autonomie.

Kriege mit England

Im europäischen Mächtesystem stiegen die Niederlande durch das Machtvakuum des frühen 17. Jh.s zur Großmacht auf. In der zweiten Jahrhunderthälfte musste diese Position dann gegen England und Frankreich verteidigt werden. England provozierte den ersten Englisch-Niederländischen Krieg (1652 – 1654), indem es Warenimporte nur auf englischen Schiffen und nur direkt aus dem Herkunftsland zuließ und so der niederländischen Handelskonkurrenz einen empfindlichen Stoß versetzte. Zwei weitere Kriege gegen England folgten aus ähnlichem Anlass. In dieser Zeit errang England seine Vorherrschaft auf den Weltmeeren und annektierte darüber hinaus die niederländischen Besitzungen in Nordamerika, u. a. 1664 das von dem despotischen Gouverneur Peter Stuyvesant verwaltete Neu-Amsterdam, das die Engländer sofort in New York umbenannten. Zu einem Ausgleich mit England kam es gegen Ende des 17. Jh.s., als Wilhelm III. von Oranien, Statthalter der Niederlande (1672 – 1702), im Jahr 1688 die englische Prinzessin Maria heiratete. Nachdem er auf Einladung oppositioneller englischer Parlamentarier »für die protestantische Religion und ein freies Parlament« seinen Schwiegervater Jakob II. gestürzt hatte, wurden ihm und seiner Frau 1689 sogar zum Dank die Königskrone von England angeboten.

Niedergang der Macht

Während England und Preußen ihre Macht ausweiteten, verlor die Niederländische Republik im 18. Jh. ihre zentrale Rolle. Die wirtschaftliche und kulturelle Blüte des 17. Jh.s wurde nicht mehr erreicht. Mit dem Eintritt der Niederlande in den nordamerikanischen Unabhängigkeitskrieg 1780 kam es zum vierten Krieg gegen England. Er kostete die Niederlande einen Großteil der Flotte, sodass von nun an Holland keine führende Seemacht mehr war. Wie die südlichen Niederlande (Belgien) wurden auch die nördlichen Niederlande im Ersten Koalitionskrieg (1792–1794) von der Revolutionsarmee erobert und schließlich ins französische Reich eingegliedert. 1795 folgten die Absetzung des Herrscherhauses Oranien, die Ausrufung der Revolution auf dem Amsterdamer Dam und die Vereinigung beider Länder (Niederlande und Belgien) in der **Batavischen Republik**. Nach dem Code Napoleon wurde ein einheitliches Verwaltungs- und Rechtssystem eingeführt, die Gleichberechtigung von Juden und Katholiken angeordnet, die Schulpflicht eingeführt und Standesunterschiede per Dekret aufgehoben. Währenddessen besetzte England die niederländischen Kolonien im Jahr 1802. Zwischen 1806 und 1810 errichtete Napoleon das Königreich Holland, über das sein Bruder Luis Bonaparte herrschte. Von 1810 bis 1813 wurde Holland dem französischen Kaiserreich einverleibt.

Königreich

Wilhelm I.

1813 revoltierten die Niederländer erfolgreich gegen die französische Herrschaft. Protagonist der Erhebung war Wilhelm V. von Oranien, der 1815, nach der Niederlage Napoleons, als Wilhelm I. den Titel »König der Niederlande« annahm. Der **Wiener Kongress** erkannte das Königreich an, in dem die nördlichen und südlichen Niederlande erstmals wieder seit 1579 vereinigt wurden. Doch der Versuch scheiterte: Belgien erklärte sich 1830 für unabhängig und wählte Prinz Leopold von Sachsen-Coburg zum König. Erst 1839 wurde die Unabhängigkeit anerkannt. 1867 schließlich endete auch die Personalunion mit Luxemburg, das autonom wurde.

Konstitutionelle Monarchie

Unter König Wilhelm II. (1840–1849) begann eine neue Ära der Niederlande, die 1848 zur konstitutionellen Monarchie und der in den Hauptaussagen bis heute maßgeblichen Verfassung führen sollte. Die folgenden Jahrzehnte waren durch den Ausbau des liberalen Nationalstaats geprägt. Die **Parteien** konstituierten sich, zunächst die liberale und konfessionelle sowie die sozialistische Partei, Anfang des 20. Jh.s auch die Kommunistische Partei. Die ersten Sozialgesetze wurden auf Druck sozialistischer und konfessioneller **Gewerkschaften** erlassen.

Erst 1862 – dreißig Jahre nach England – entschloss sich Den Haag zur Abschaffung der Sklaverei. 1870 wurde die Todesstrafe abgeschafft. In dieser politisch ruhigen Periode konnte sich das Land auf den **Ausbau der Verkehrswege** und – im europäischen Vergleich verspätet – die **Industrialisierung** konzentrieren. Bereits im Jahr 1839 war die Eisenbahnlinie Haarlem–Amsterdam eröffnet worden, jetzt wurde das Netz weiter ausgebaut. Durch Einpolderung des Haarlemmermeers 1840 bis 1853 konnten 183 km² Neuland gewonnen werden. Weitere Landgewinnungsprojekte wurden in Angriff genommen. Die Häfen Rotterdam und Amsterdam erlebten einen enormen Aufschwung.

Weibliche Erbfolge und Neutralität

Nach dem Tod Wilhelms III. im Jahr 1890 war dank einer Gesetzesänderung nun auch die weibliche Erbfolge möglich, und **Königin Wilhelmina** wurde neues Staatsoberhaupt (1890 – 1948). Wenngleich das Land im imperialen Großmächtespiel nicht mitmischen konnte, blieb es immer noch – hinter England und Frankreich – drittgrößte Kolonialmacht. Trotz dieser Stellung wahrten die Niederlande seit 1815 in den europäischen Konflikten stets strenge Neutralität; 1899 und 1907 fanden in Den Haag große Friedenskongresse statt, aus denen die Haager Landkriegsordnung hervorging.

Erster und Zweiter Weltkrieg

Im Ersten Weltkrieg blieben die Niederlande neutral, was auch das Deutsche Kaiserreich achtete. So fand, nachdem der Krieg verloren war, der deutsche **Kaiser Wilhelm II**. in Holland Asyl, wo er bis zu seinem Tod 1941 lebte. Im Mai 1940 allerdings besetzten **deutsche Truppen** unter Missachtung der niederländischen Neutralität das Land. Die königliche Familie und die Regierung flohen nach England. Von den 140 000 Juden, die in den Niederlanden lebten, wurden über 100 000 ermordet. 1941 gab es in Amsterdam einen Massenstreik gegen die Judendeportation – den einzigen im besetzten Europa. Am 5. Mai 1945 kapitulierten die deutschen Truppen in den Niederlanden.

Seit 1945

Ende des Kolonialreichs

Im Jahr 1948 trat **Königin Juliana** die Nachfolge ihrer Mutter Wilhelmina an. Ein Jahr später musste das Mutterland auf Druck der Großmächte Indonesien endgültig in die Unabhängigkeit entlassen. Aus dem bisherigen Kolonialgebiet Niederländisch-Indien (Java, Sumatra, Borneo, Celebes, Molukken) entstand 1949 die selbstständige Republik Indonesien mit der Hauptstadt Jakarta (früher Batavia), der 1963 nach einem kurzen Krieg auch West-Neuguinea (West-Irian) angegliedert wurde. 1954 erhielten Niederländisch-Guyana und die Niederländischen Antillen die Autonomie, blieben aber weiterhin Teil des Königreichs der Niederlande. Erst 1975 wurde Niederländisch-Guyana zur selbstständigen Republik Surinam erklärt.

Wirtschaftsaufschwung

In den 1950er- und 1960er-Jahren gelang den Niederlanden ein Wirtschaftsaufschwung. Mit Belgien und Luxemburg schloss sich das Land zur Zollunion Benelux zusammen. 1949 folgte der Eintritt in die **NATO**. 1957 waren die Niederlande Mitgründer der **EWG**.

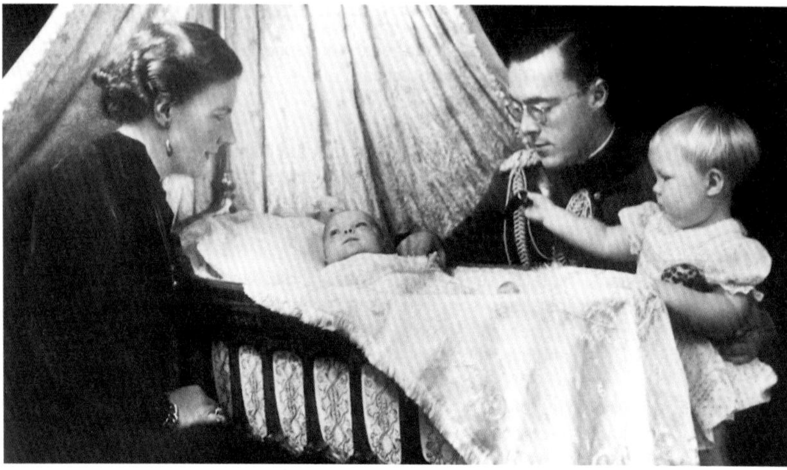

Willem-Alexanders Großeltern: Juliana und Prinz Bernhard mit Irene und Beatrix (rechts).

Königliche Familie

In den letzten Jahrzehnten sorgte das Königshaus mehrmals für Schlagzeilen. Kronprinzessin Beatrix (geb. 1938) heiratete 1966 den Deutschen **Claus von Amsberg**. Teile der Bevölkerung lehnten ihn aufgrund seiner deutschen Abstammung ab. Einen Skandal erlebte das Königshaus durch die Verstrickung von **Prinz Bernhard**, dem Gatten Königin Julianas, in die Lockheed-Affäre 1976. Im Februar 2012 wurde Willem-Alexanders Bruder **Johan Friso** während eines Skiurlaubs in Österreich von einer Lawine verschüttet und starb nach 18 Monaten im Koma im August 2013. 2002 heiratete der Thronfolger Prinz **Willem-Alexander** die Argentinierin Máxima Zorrequieta, deren Vater Staatssekretär in der Videla-Diktatur war, während derer tausende Regimegegner gefoltert und ermordet wurden. Seine Anwesenheit bei der Hochzeit seiner Tochter war daher unerwünscht. Ihre Töchter Amalia, Alexia und Ariane kamen 2003, 2005 und 2007 zur Welt. 2013 übernahm Willem-Alexander den Thron. Am 27. April 2014 wurde erstmals der Koningsdag anstatt eines Koninginnedags gefeiert. In den letzten Jahren mehrt sich jedoch Kritik am niederländischen Königshaus. Zum einen würde die Königsfamilie den niederländischen Steuerzahler zu viel Geld kosten, zum anderen übertraten die Royals mehrmals die im Land geltenden Coronaregeln.

Gleichgeschlechtliche Ehe

2001 beschloss das Parlament die Rechtmäßigkeit der gleichgeschlechtlichen Ehe. Damit war es das erste Land der Welt, das über den Status der gleichgeschlechtlichen Partnerschaft hinausging.

Im April 2002 trat die gesamte Regierung unter Premier Wim Kok zurück. Die Regierung zog damit die Konsequenz aus der umstrittenen Rolle niederländischer Blauhelmsoldaten bei dem **Massaker im bosnischen Srebrenica** im Juli 1995, als 7500 muslimische Männer von bosnisch-serbischen Truppen ermordet wurden. Laut Untersuchungsbericht waren die niederländischen UN-Soldaten untätig geblieben, als Serben die Enklave Srebrenica eingenommen hatten. Skandal um Blauhelme

Im beginnenden 21. Jh. erschütterten politische Attentate das Königreich. 2002 wurde der Rechtspopulist **Pim Fortuyn** in Hilversum erschossen. Erhebliche Beachtung weit über die Niederlande hinaus fand auch die Ermordung des kritischen Filmemachers **Theo van Gogh** im November 2004 durch einen Islamisten mit niederländischem Pass. Am 30. April 2009, am traditionellen Königinnentag, entging die königliche Familie während der Parade in **Apeldoorn** nur knapp einem Mordanschlag, bei dem fünf Menschen starben. Im Juli 2021 wurde der investigative Journalist **Peter R. de Vries** in Amsterdam auf offener Straße angeschossen. Er erlag neun Tage später seinen Verletzungen. De Vries war Vertrauensperson des Kronzeugen im bislang größten Prozess gegen die organisierte Kriminalität in den Niederlanden. Attentate

Im November 2023 gewann überraschend die Partei des Rechtspopulisten Geert Wilders, PVV (Partij voor de Vrijheid), die Parlamentswahlen im Land. Ob Wilders jedoch auch neuer Ministerpräsident werden wird, stand bei Redaktionsschluss noch nicht fest. Aktuelle Politik

KUNSTGESCHICHTE

Rembrandt, Vermeer, Frans Hals – zahlreiche niederländische Künstler haben sich in der Malerei einen großen Namen gemacht, nicht umsonst bezeichnet man das 17. Jh. als »Goldenes Zeitalter der Niederlande«. Auch in der Architektur sind Meisterwerke wie die Amsterdamer Westerkerk zu entdecken.

Frühe und karolingische Kunst

Die Niederlande sind altes Siedlungsgebiet und seit prähistorischer Zeit bewohnt. Die ältesten Funde sind 6000 Jahre alt; aus dem dritten und zweiten vorchristlichen Jahrtausend stammen die **Hünengräber** in Drenthe. Aus der Bronzezeit sind Grabhügel erhalten. Auch aus der Eisenzeit gibt es Funde. Aus der Epoche der römischen Herr- Vor- und Frühgeschichte/ Antike schaft zeugen beispielsweise die Überreste eines Heiligtums in der limburgischen Stadt Maastricht im Süden der Niederlande.

Karolingische Kunst

Nach dem Niedergang des Weströmischen Reichs besetzten die salischen Franken das Land; ab etwa 480 n. Chr. gehörten die Niederlande dem **Frankenreich** an; spätestens seit dem 6. Jh. ist es als christianisiert zu betrachten. Unter den Karolingern (751 – 814) festigte sich das Frankenreich, was sich in der Errichtung von Pfalzen und Klöstern manifestierte; in Nijmegen blieben die 799 von Papst Leo III. geweihte Pfalzkapelle (St. Nicolaaskapel) im Valkhof, nach dem Vorbild der Kapelle Karls des Großen in Aachen erbaut, und eine vermutlich von 1155 stammende Chorapsis erhalten.

Romanik

Maasländische Kunst

Unter den Karolingern überwog zunächst deutscher, rheinländischer Einfluss, der v. a. im Maastal spürbar ist. Hier entstanden im 12. Jh. berühmte Goldschmiede- und Erzgießerwerkstätten, deren Produkte im ganzen christlichen Abendland Verbreitung fanden. Eine erwähnenswerte Arbeit ist der Reliquienschrein des Godfried van Hoei in der Liebfrauenkirche im belgischen Huy sowie der Notschrein in der Servatiusbasilika in Maastricht.

Kirchenbau

Bedeutendstes Beispiel des monumentalen romanischen Kirchenbaus ist die Servatiusbasilika in **Maastricht**. Sie ist die wohl älteste Kirche der Niederlande – ihr Bau wurde im 6. Jh. begonnen – mit vermutlich karolingischer Westbauvorhalle. Die Kirche weist Querschiff und Chor vom Beginn des 11. Jh.s auf, während Südportal und Nordkreuzgang der Gotik entstammen. Die Liebfrauenkirche in Maastricht, im 11. Jh. auf römischem Unterbau errichtet, orientierte sich an den rheinischen Einflüssen: mächtiger, wie eine Festung angelegter Westbau mit gewaltiger Fassadenwand, nahezu ohne Durchbrüche, ohne Fenster und Tore. Ein anderes Beispiel ist die St. Amelberga-Kirche in Susteren.
Im 12. Jh. lockerte sich der romanische Baustil auf. Beispiele sind die Abteikirche Rolduc in Kerkrade und die Liebfrauen- oder Münsterkirche in Roermond. Auch in nördlichen Provinzen kann man den romanischen Kirchenbau antreffen: St. Pieterskerk in Utrecht, St. Lebuinuskerk in Deventer und St. Plechelmus Basiliek in Oldenzaal. Seit Mitte des 12. Jh.s ist dieser Baustil auch in Groningen und Friesland verbreitet.

Gotik

Kirchenbau

Die Gotik neigte in den Niederlanden anfänglich zu einer Beschränkung der Formen und fand erst im 13. Jh. zu einer üppigen Gestaltung, der sog. **Brabanter Gotik**. Hervorragendstes Beispiel ist die katholische St.-Jans-Kathedrale in 's-Hertogenbosch. Sie wurde auf romanischen Fundamenten von 1280 bis 1412 erbaut, die spätgotische Erneuerung erfolgte im 15./16. Jahrhundert. Die Kirche zeichnet sich aus durch ein reiches Strebewerk an der Außenseite des Chors, einen Glockenturm und ein sehr sehenswertes Chorgestühl von 1480. Ferner ist noch die dreischiffige Grote Kerk von Breda aus dem 15./16. Jh. mit einem 97 m hohen Glockenturm erwähnenswert.

Im Norden gibt es nur wenige Kirchen mit steinernen Gewölben. Vorherrschend sind flache Holzdecken oder Holzgewölbe im Hauptschiff. Eine Ausnahme bildet die Grote Kerk in Dordrecht. Der an Stelle einer romanischen Kirche des 10. Jh.s im Jahr 1254 errichtete Dom von Utrecht ist nur teilweise erhalten; ein Sturm zerstörte 1674 das fünfschiffige Langhaus. Der seit der Katastrophe frei stehende, 112 m hohe Turm aus dem 14. Jh. von Jan uit Henegouwen weist eine charakteristische zweistufige Form auf, die oft imitiert wurde. Die gewaltige Bovenkerk (St. Nikolai) in Kampen wurde unter Rutger von Köln ab 1369 errichtet. Altertümlich wirkt die 1339 begonnene St. Pieterskerk in Leiden. Andere Beispiele sind die St. Laurenskerk in Alkmaar, die St. Pancras- oder Hooglandse Kerk in Leiden, die St. Bavokerk in Haarlem, die St. Janskerk in Gouda und die Nieuwe Kerk in Amsterdam. Des Weiteren zu erwähnen wäre die 1294 geweihte ehemalige Dominikanerkirche in Maastricht, die heute als Buchhandlung genutzt wird.

Profanbauten

Der gotische Stil ist auch in Profanbauten sichtbar: Stadttore, Tuchhallen, Zunfthallen, Rat- und Bürgerhäuser. Am bekanntesten sind die Rathäuser von Gouda, Middelburg und Haarlem. Bemerkenswert sind ferner das Schloss Oudaen und das Paushuize in Utrecht, die Abtei in Middelburg (heute Sitz der Provinzverwaltung) sowie die Stadttore von Amersfoort, Kampen und Delft.

Plastik

Abgesehen von den hervorragenden Erzgussarbeiten des Maastals, sind kaum bildnerische Kunstwerke aus dem Mittelalter erhalten geblieben. Erwähnenswerte Architekturplastik findet sich in der Liebfrauenkirche und der Servatiusbasilika von Maastricht. Auch das Amsterdamer Rijksmuseum verfügt über interessante Exemplare. Nur wenige Altarstücke aus romanischer und gotischer Zeit haben den Bildersturm überstanden. Nennenswert sind hier die St. Janskathedraal in 's-Hertogenbosch und die Munsterkerk in Roermond. Weitere Beispiele sind im Utrechter Museum Catharijneconvent zu sehen.

Malerei

Bedeutendster Maler des ausgehenden Mittelalters ist **Hieronymus Bosch** (1450 bis 1516), der radikal mit der seinerzeit herrschenden Tradition brach und sich weder in Technik noch Stil an eine bisher bekannte Schule anschloss. Er entfaltete eine spezifische Eigenart in von Figuren wimmelnden, überaus genau gemalten Allegorien von fast hemmungsloser Fantasie, die scharfen Realismus mit oft pervertiert anmutender, faszinierender Groteske und bösartiger Satire verband. Die meist religiösen Darstellungen sind kaum deutbar; sie zeigen im Ganzen einen traumhaften, ja albtraumhaften Charakter, wobei Details durchaus liebenswürdig verspielt erscheinen können. Zu seinen bedeutendsten Werke (keines davon ist leider in den Niederlanden zu sehen) gehören »Das Jüngste Gericht«, »Der Heuwagen« und »Der Garten der Lüste«.

Renaissance

Architektur

Die Renaissance setzte sich in den Niederlanden nur langsam durch. Noch Ende des 15. Jh.s wurde z. B. in Haarlem die gotische St. Bavokerk gebaut. Beispiele der Renaissance-Baukunst sind das Stadhuis in Leiden (um 1560 – 1627), die Fleischhalle in Haarlem, eines der hervorragendsten Beispiele niederländischer Renaissance, die von **Hendrick de Keyser** (1565 – 1621) errichtete Zuiderkerk in Amsterdam (1603 – 1611) und das frei stehende Rathaus von Delft (1618), ferner das Rathaus von Den Haag, die Waage in Hoorn und die Westerkerk in Amsterdam. Einige bemerkenswerte Bauten in Friesland stammen aus dieser Zeit, wie etwa die Rathäuser von Bolsward und Franeker, die Kanselarij in Leeuwarden und das Wassertor von Sneek.

Fayencekunst

Im späteren 16. Jh. gelangte die Fayencekunst von Italien in die Niederlande. Sie gewann nur allmählich an Bedeutung und erreichte ihre Blütezeit erst im 17. Jahrhundert. Besonders berühmt ist die Delfter Ware mit ihrer starken weißen Zinnglasur und ihrer häufig kobaltblauen Bemalung mit Motiven, die vielfach japanischen oder chinesischen Vorbildern folgen, aber auch mit heimischen Genreszenen. Haupterzeugnisse aus Delft sind Vasen, Fliesen, Kacheln und Prunkteller.

Malerei

Zu den Romanisten zählt Jan van Scorel (1495 – 1562), der in Rom Verwalter der päpstlichen Antikensammlung des Belvedere wurde und danach nach Utrecht und Haarlem ging. Die Hauptleistung von Lucas van Leyden (1494 – 1533) liegt auf dem Gebiet des Kupferstechens (»Ecce Homo«); nicht ganz so originelle Leistungen schuf er als Maler, wobei er unter dem Einfluss Albrecht Dürers stand. Als Manieristen zu nennen wären Carel van Mander (1548 – 1606), der auch als Kunsthistoriograph arbeitete und Cornelis Cornelisz (1562 – 1638), auch Cornelis van Haarlem genannt, dessen »Bethlehemitischer Kindermord« für die Entwicklung des Gruppenbildes wichtig wurde.

Klassizismus und Barock

Architektur

Die **klassizistische Architektur** der Niederlande orientiert sich an den Bauwerken des italienischen Architekten Andrea Palladio und gibt sich strenger als diejenige von Flandern. Sie ist von der Persönlichkeit des Jacob van Campen (1595 – 1657) geprägt. Er baute 1648 das einstige Rathaus (heute Königlicher Palast) in Amsterdam, die Nieuwe Kerk in Haarlem und das Mauritshuis in Den Haag. Pieter Post (1608 – 1669) errichtete den Königlichen Palast Huis ten Bosch in Den Haag, jetzt Wohnsitz der königlichen Familie, und das Rathaus von Maastricht. Daneben wären noch Philips Vingboons (1607 – 1687) sowie die Architektenfamilie Husly zu nennen. Aus dieser Zeit stammen auch viele **Grachtenhäuser** in Amsterdam wie etwa das Trippenhuis am Kloveniersburgwal. Bei Apeldoorn bauten Marot und Roman das Jagdschloss Het Loo für Prinz Willem III., das später Königlicher Palast wurde. Diese Bautradition dauerte auch im 18. Jh. an, der französisch-klassizistische Einfluss wurde allerdings zunehmend barockisiert.

Plastik

Auf dem Gebiet der Plastik, wo der **Einfluss des italienischen Barocks** stark wirksam wurde, trat Hendrick de Keyser, der für seine kühnen Turmbauten bekannt ist, auch als Bildhauer hervor. Von ihm stammt das eindrucksvolle Denkmal Wilhelms I. des Schweigers in Delft (1608 bis 1619). Ein anderes Beispiel ist das Grabmal für Engelbert II. van Nassau in der Grote Kerk in Breda. Die Tradition der repräsentativen Marmorgrabmäler hielt sich bis ins 18. Jahrhundert. Viele Kirchen erhielten in dieser Zeit holzgeschnitzte Kanzeln, Chorschranken und Chorgestühle. Bedeutende Bildhauer, die in den Niederlanden wirkten, sind ferner die Belgier Artus Quellinus (Königlicher Palast in Amsterdam) und Rombout Verhulst.

Malerei

Im 17. Jh., während des **Goldenen Zeitalters**, war die niederländische Malerei, wie schon einmal im 15. Jh., nördlich der Alpen führend. Die beiden großen Repräsentanten, Rubens im katholischen Süden und Rembrandt im protestantischen Norden, verkörpern die Eigenart der nun getrennten flämischen und holländischen Kunst.
Zu den vielen Künstlern im nördlichen Landesteil der alten Niederlande zählt um die Wende vom 16. zum 17. Jh. **Frans Hals** (1580 bis 1666), ein Schüler Carel van Manders. Er behandelte Themen des bürgerlichen Alltags; in Gruppenbildern erfasste er die Wirklichkeit des Augenblicks und erreichte mit seinen hastig wirkenden Pinselstrichen geradezu impressionistisch anmutende Lösungen. Ihm ist in Haarlem ein eigenes Museum gewidmet.
Die überragende künstlerische Persönlichkeit des holländischen Barocks ist jedoch der Maler und Grafiker **Rembrandt Harmenszoon van Rijn** (1609 – 1669; ▶ Interessante Menschen), der zuerst in Leiden, dann in Amsterdam arbeitete. In seinen Landschaftsradierungen

Das »Regentinnenbild« von Frans Hals ist heute im Frans Hals Museum in Haarlem zu finden.

knüpfte er an das Werk von Hercules Seghers (1589 - 1645) an. Rembrandts Bildinhalte umfassen alle Stoffgebiete der Zeit, vor allem malte er Porträts und biblische Szenen, bei denen der Innenraum durch Hell-Dunkel-Gegensätze dramatisiert ist und der Ausdruck der Gesichter die seelischen Konflikte widerspiegelt. Sein ganzes Leben lang schuf er auch Selbstbildnisse. Viele Zeichnungen und weit über 300 Radierungen sind bekannt. Rembrandt führte das Korporationsbild zu einem Höhepunkt, diese typische Erscheinungsform holländischen Bürgerstolzes, auch Doelenstück (Schützenstück) genannt, das von Bartholomeus van der Helst (1613 - 1670) und von Frans Hals so meisterhaft entwickelt wurde. Seine Nachtwache ist im Amsterdamer Rijksmuseum zu sehen.

Der dritte niederländische Meister des 17. Jh.s ist Johannes Vermeer, genannt **Jan Vermeer van Delft** (1632 - 1675), der ein, verglichen mit Rembrandt, schmales Werk von 37 Bildern hinterlassen hat. Er ist der geniale Maler des realistischen Innenraums, des behaglich-sauberen Bürgerhauses, mit nur wenigen Figuren, meist in häuslicher Beschäftigung dargestellt, etwa als »Briefleserin«, »Spitzenklöpplerin« oder »Milchgießerin«. Vermeer van Delft ist ein hervorragender Techniker, dessen meist kleinformatige Bilder ein beeindruckendes Spiel mit Licht und Schatten aufweisen. Berühmt sind auch seine beiden einzigen Landschaften, eine Ansicht von Delft und eine Delfter Straße.

Weitere Maler sind Pieter de Hooch (1629 - 1684), Jan Steen (1626 - 1679), ein treffsicherer Schilderer der menschlichen Komödie und Meister des holländischen Genrebildes, Adriaen van Ostade

(1610 – 1685), gleichfalls ein Meister des Genrebildes und der Radierung, Gerard ter Borch (1617 – 1681), ein Genremaler, der seine Bilder vor allem im vornehmen Bürgermilieu ansiedelt, sowie Jacob van Ruisdael (1628 – 1682), der weite, von schweren Wolken überlagerte Flachlandschaften malte und die Landschaftsmaler der deutschen Romantik auch durch seine Radierungen beeinflusste. Gegen Ende des 17. Jh.s begann der Strom reicher künstlerischer Begabungen zu versiegen. Zu den herausragenden Künstlern im 18. Jh. zählt Jan van Huysum (1682 – 1749) mit seinen farbintensiven Blumenstücken.

18. und 19. Jahrhundert

Architektur

Wie im übrigen Europa dominierte der Historismus, die gleichzeitige Imitation mehrerer historischer Kunststile. Zu erwähnen ist vor allem der Architekt **P. J. H. Cuypers** (1827 – 1921), der an der Wende zwischen Historismus und modernem Bauen steht. Er entwarf den Hauptbahnhof und das Rijksmuseum in Amsterdam.

Malerei

In der Malerei traten erst im 19. Jh. wieder bedeutendere Künstlerpersönlichkeiten auf, so Jozef Israëls (1824 – 1911), der der französischen Schule von Barbizon nahestand, der Impressionist Johan Barthold Jongkind (1819 – 1891) und die Angehörigen der **Haager Schule**, die Naturschilderungen und Genreszenen mit klassizistischen Anklängen an das 17. Jh. verbanden.

Von der Wende zum 20. Jh. bis heute

Architektur

Das Schaffen des Architekten **Hendrik Petrus Berlage** (1856 – 1934) verkörpert den Beginn der modernen Baukunst. Musterbeispiele seines Stils sind die ehemalige Amsterdamer Börse (Koopmansbeurs; 1898 – 1903) und das Jagdschloss St. Hubertus in der ▶ Hoge Veluwe. Er begründete die **Amsterdamer Schule**, eine Architektengruppe, die im ersten und zweiten Jahrzehnt des 20. Jh.s Bauten schuf, die weitgehende Parallelen zum deutschen Expressionismus aufweisen. Bedeutendes Beispiel der plastischen und formenreichen Amsterdamer Schule ist das Schifffahrtshaus in Amsterdam (Scheepvaarthuis; errichtet 1912 – 1916 und 1926 – 1928) an der Prins Hendrikkade. Architekt war **Johann Melchior van der Mey** (1878 – 1949), dem **Michel de Klerk** (1884 – 1923) und **Piet Kramer** (1881 – 1961) assistierten. Ihren Höhepunkt erreichte die Amsterdamer Schule in den 1920er-Jahren, als ganze Stadtviertel nach den Vorstellungen dieser Architekten entstanden. Ihnen ging es darum, Wohnviertel für Arbeiter zu schaffen, in denen menschenwürdiges Leben möglich sein sollte (z. B. in der Hembrugstraat und in Amsterdam-Zuid).

Neben der expressiven Amsterdamer Schule bestimmte die als **De Stijl** bezeichnete geometrisch-rationale Bauweise die niederländische Architektur des frühen zwanzigsten Jahrhunderts. Stahl, Beton und Glas waren die bevorzugten Baumaterialien für diese funktionale Architektur. Die Form des Bauwerks sollte den Erfordernissen der einzelnen Räume entsprechen. Zu den dem Kubismus nahe stehenden Architekten zählen J. J. P. Oud (1890 – 1963), Gerrit Rietveld (1888 – 1964) und T. van Doesburg (1883 – 1931). Während im übrigen Land zahlreiche bedeutende Bauten der De-Stijl-Bewegung entstanden, bevorzugte man in der niederländischen Hauptstadt vielfach die Architekten der Amsterdamer Schule. De Stijl hat das **Bauhaus** und die europäische Architektur nachhaltig beeinflusst. Dem westeuropäischen **Funktionalismus** ist u. a. J. J. P. Oud zuzurechnen. Zu erwähnen wäre auch Dudok (1884 – 1974), der massive Backsteinbauten bevorzugte und unter dem Einfluss des US-amerikanischen Architekten Frank Lloyd Wright stand. Nach dem Zweiten Weltkrieg war die **Delfter Schule** maßgeblich am Wiederaufbau beteiligt. Beim Wiederaufbau des kriegszerstörten Rotterdam machten sich die Architekten Bakema und van den Broek, die einen neuen Funktionalismus entwickeln, einen Namen. Die große Zahl moderner Bauten führte jedoch bald zu der Entwicklung einer gewissen Routine-Ästhetik mit nur wenigen bedeutenden Gestalten. Das Team-X, Aldo van Eyck und der Forum-Kreis versuchen, neue Lösungen im Städtebau zu finden.
Den Haag, das schon immer als kompletteste Sammlung aller Architekturrichtungen galt, verblüffte Ende des vergangenen Jahrhunderts mit **futuristischen Bauprojekten** in der Innenstadt. Die Architekten Michael Graves, Sjoerd Soeters und Cesar Pelli entwarfen mehrere schon von Weitem sichtbare Bürotürme, Ministerien und Wohnhäuser, die niemand in den angeblich so beschaulichen Niederlanden vermutet. Auch Groningen schmückt sich mit Aufsehen erregenden Kreationen von Toparchitekten wie Philippe Starck, Alessandro Mendini, John Heiduk und Daniel Libeskind. Ein Sonderfall ist Almere, eine Stadt der architektonischen Experimente in Formen und Farben, zu Lande und im Wasser, von keiner alten Bausubstanz erdrückt, weil sie erst 1968 aus der leergeschöpften Zuiderzee geboren wurde. Die kunstvoll kreierten Stadtteile widmen sich speziellen Themen wie Regenbogenfarben oder präsentieren sich als kleine Inselreiche mit schwimmenden Bungalows. Almere ist die am schnellsten wachsende Stadt der Niederlande. In den letzten Jahrzehnten macht vermehrt Rotterdam mit spektakulären Bauten wie der Markthal und dem von Rem Koolhaas entworfenen Gebäudekomplex »De Rotterdam« an der Maas auf sich aufmerksam.
Knappen Raum optimal nutzen und Baumaterialien innovativ einsetzen in Verbindung mit einem ästhetischen Anspruch sind die Leitsätze vieler zeitgenössischer niederländischer Architekten. Architektonische Beispiele hierfür entdeckt man im ganzen Land, am

konzentriertesten auf Amsterdams alten Hafeninseln und – halbinseln Java-, KNSM-Eiland, Sporenburg und Borneo, wo in den letzten Jahrzehnten neue Stadtteile entstanden sind (▶ Amsterdam).

Malerei

Um die vorletzte Jahrhundertwende vollzog sich der endgültige Bruch mit der Tradition, am eindrucksvollsten im Werk des Holländers **Vincent van Gogh** (▶ Interessante Menschen), der, als Prediger in der Borinage-Bergbauregion von der »Armeleutemalerei« ausgehend, zu einem der frühesten Vertreter des Expressionismus wurde. Charakteristika seines Schaffens sind der gleichsam flackernde Pinselstrich und die leuchtenden, dicht aufgespachtelten Farben. Seine Kunstwerke, viele davon im Amsterdamer Van Gogh-Museum zu sehen, gehören heute zu den teuersten der Welt.
Eine der bestimmenden Persönlichkeiten der modernen Malerei ist **Piet Mondriaan** (auch: Mondrian; 1872 – 1944), in Paris mit dem Kubismus bekannt geworden und Wegbereiter der abstrakten Malerei in den Niederlanden durch den von ihm kreierten Neo-Plastizismus. Er ist neben van Doesburg Mitbegründer der ab 1917 erscheinenden Zeitschrift »De Stijl«. Er arbeitete vornehmlich in den Primärfarben, und seine ästhetischen Prinzipien beeinflussten Malerei, Architektur, Plastik und Design gleichermaßen. Im Jahr 1940 emigrierte er nach New York, wo er die Entwicklung der nordamerikanischen Malerei nach dem Zweiten Weltkrieg stark beeinflusste. Die weltweit größte Mondrian-Sammlung besitzt das Gemeentemuseum in Den Haag.

Weitere Künstler und Kunstströmungen des 20. Jh.s

Der erst heute in seiner Bedeutung anerkannte Grafiker und Maler Hendrik Nicolaas Werkman (1882 – 1945) wurde kurz vor Ende des Zweiten Weltkriegs von der deutschen Gestapo erschossen. Ein ebenfalls als Grafiker arbeitender, interessanter Künstler ist Maurits Cornelius Escher (1898 – 1972), der in seinen manieristisch anmutenden Arbeiten abstrakte Skulpturen, illusionistische Effekte und vorweggenommene Op Art verbindet. Seine Werke sind im Den Haager Museum Escher in Het Paleis zu bestaunen.
Der Niederländer **Karel Appel** (▶ Interessante Menschen) und andere Künstler gründeten 1948 in Paris die internationale Künstlergruppe **CoBrA**, wobei CO für Kopenhagen, BR für Brüssel und A für Amsterdam steht. Die CoBrA-Gruppe verband die unruhigen informellen Malweisen der Nachkriegszeit mit Elementen aus der Volkskunst, Primitivkunst und Art Brut. Der Gruppe ist ein Museum in Amstelveen gewidmet.

Grachtenhäuser

Typisch Niederlande

Grachten bestimmen das Stadtbild vieler niederländischer Städte, Amsterdam haben sie die Bezeichnung »Das nordische Venedig« eingebracht. Zunächst als Entwässerungs- und Verteidigungsgräben angelegt, spielten die Grachten sehr bald als Verkehrswege für den Warentransport von und zu den Handelshäusern eine wichtige Rolle. Daneben dienten die nur 2 m tiefen Kanäle als Kanalisationssystem, weshalb das Amsterdam des 16. Jahrhunderts an warmen Sommertagen bis zum Himmel stank.

Geschlossene Bebauungsform

Entlang der Grachten zeigt sich eine geschlossene Bebauungsform; Platz war auf dem schwer bebaubaren Marschboden kostbar. Dies galt es auch bei dem Bau der Häuser, die auf Pfählen errichtet wurden, zu berücksichtigen. So sind die Grachtenhäuser hoch und sehr schmal, dahinter verstecken sich zauberhafte Gärten, denn die Grundstücke durften laut einer Verordnung nur bis zur Hälfte bebaut werden.

In solchen Speicherhäusern lagerten die Güter, ehe sie auf Schiffe der Vereinigten Ostindischen Compagnie verladen wurden.

Giebelformen

Daneben lassen die kunstvoll gestalteten Giebel jedes Haus anders erscheinen. Zwar unterscheidet man nur **sechs Giebelhauptformen** (Treppen-, Schnabel-, Hals-, Glocken-, Leisten- und klassizistischer Giebel), doch sind diese in immer neuen Variationen einfallsreich verziert. Der vergleichsweise schmucklose Schnabelgiebel wurde hauptsächlich für einfache Lagerhäuser verwendet. Ende des 16., Anfang des 17. Jahrhunderts schmückte man Gebäude vorwiegend mit Treppengiebeln. Der Halsgiebel, manchmal auch Flaschengiebel genannt, bildet den Übergang zum Glockengiebel, der Mitte des 17. Jahrhunderts die beliebteste Giebelform wurde. Klassizistische Giebelvariationen kamen um 1770 auf. Vielfach wurde nun der Mittelteil des Giebels reich verziert oder ein flacher Fassadenabschluss (Leistengiebel) gewählt.
Die meisten Giebel und Fassaden weisen eine leichte Neigung nach vorn auf. Das Überhängen der Giebel war zum Zeitpunkt des Baus der Grachtenhäuser Vorschrift. Grund hierfür war weniger ein ästhetischer Gesichtspunkt als die Tatsache, dass Einrichtungsgegenstände und Lasten so besser hinauftransportiert werden konnten. Dies geschah, da die schmalen und steilen Treppen dafür völlig ungeeignet waren, mit Hilfe eines **Aufzugbalkens** im Dachfirst.

BRAUCHTUM

Die Niederländer lieben es »gesellig«, und viele Festivitäten begeht man in großer Gesellschaft. Das beginnt am Jahresanfang, wenn zehntausende Unverfrorener am Neujahrstag in die eiskalte Nordsee hüpfen. Weiter geht es mit dem Königstag am 27. April, wenn sich das ganze Land in Orange kleidet und vor allem Amsterdam vor Feierlustigen fast aus den Nähten platzt. Im Sommer folgt ein Festival auf das andere, und Mitte November wird vielerorts der Sinterklaas von zahlreichen Kindern begrüßt, wenn der heilige Mann mit seinem Dampfboot in die niederländischen Hafenstädte einfährt.

Trachten

Mit wenigen Ausnahmen sind Trachten in den Niederlanden ein Thema fürs Heimatmuseum. Urk, die ehemalige Fischerinsel, trägt die Tracht vereinzelt noch im Alltag. Die Damen in Spakenburg am IJsselmeer tragen einen »Kraplap«, einen fast den ganzen Oberkörper verhüllenden steifen Kragen aus mehreren Schichten Stoff. In den Sommermonaten engagieren einige Fischerstädtchen und die Käsestadt Alkmar Trachtenfrauen als Fotomotive. Die für den deutschen Käsemarkt geschaf-

IM SCHATTEN DER VERGANGENHEIT

BAEDEKER WISSEN

Die Niederländer genießen im Ausland den Ruf eines »Volkes der Maler« – doch eigentlich sind sie eine Nation der Schreiber, Verleger und Leser, und die niederländischen Zeitschriften, Zeitungen und Bücher gehören zu den auflagenstärksten Europas.

Bis vor etwa 25 Jahren führte die niederländische Literatur ein Schattendasein. Dies änderte sich 1991 schlagartig. Damals wurde **Cees Nootebooms** »Die folgende Geschichte« im Literarischen Quartett vorgestellt, und im gleichen Jahr erhielt der Autor für seine »Berliner Notizen« den »Preis zum 3. Oktober 1989«. Mit den Gedanken des ausländischen Beobachters zu Mauerfall und Wiedervereinigung und zur Befindlichkeit von »Ossis« und »Wessis« ist das Buch ein wertvolles Zeitdokument zur deutschen Geschichte. Der Erfolg in Deutschland brachte für Nooteboom auch erst den endgültigen Durchbruch in seiner Heimat.

Der in den Niederlanden bekannteste Autor war vielmehr **Harry Mulisch**. Dessen Werke wurden in Deutschland schon in den 1960er-Jahren verlegt, so richtig entdeckt wurde er hierzulande jedoch auch erst in der Nachfolge Nootebooms. Beide verbindet eine Fantastik, wenn auch ganz unterschiedlicher Art: Nooteboom überlagert Alltag und Einbildung unaufdringlich in der Form eines traum- oder märchenhaften Schwebezustands, Mulisch dagegen fabuliert spektakulär mit dramatischer Geste: »Die Entdeckung des Himmels« bewegt sich ganz unbescheiden im Kontext großer Menschheitsfragen.

Spiegel der Gesellschaft

Doch bei aller Fantastik: Der Wirklichkeitssinn – den man auch der niederländischen Malerei nachsagt – kommt nicht zu kurz. Immer wieder spielt Zeitgeschehen in die Erzählungen herein. Bei Mulischs »Bericht an de rattenkoning« ist es die Provo-Bewegung von 1966 (vergleichbar den deutschen 1968er-Jahren) und bei A. F. Th. van der Heijdens »Der Anwalt der Hähne« die Hausbesetzerszene. Oder es ist – als leuchtend roter Faden in der gesamten neueren niederländischen Literatur – immer wieder der Zweite Weltkrieg und dessen Folgen bezüglich eigener Identität.

So beschäftigt sich Willem Frederik Hermans in »Die Dunkelkammer von Damokles« mit Kollaboration und Widerstand, und Leon de Winters Werk (z. B. »Super Tex« oder »Leo Kaplan«) kreist immer wieder um jüdische Kultur und Identität. Tessa de Loos Roman »Zwillinge« bewegte bei seinem Erscheinen im Jahr 1993 die Gemüter. Er untersucht sehr vorsichtig die Klischees einer »Täter- und Opfernation«, ein Thema mit Zündstoff, das noch in den Niederlanden der 1990er-Jahre die immer noch äußerst sensiblen Empfindlichkeiten niederländisch-deutscher Beziehungen offenbarte.

Einer Anklage wegen Gotteslästerung musste sich der zum Katholizismus konvertierte, homosexuelle Autor **Gerard Reve** (1923–2006) Mitte der

Harry Mulisch (1927 – 2010)

1960er-Jahre im Aufsehen erregenden »Eselsprozess« stellen. In einer Zeitschrift hatte er die gläubige Öffentlichkeit provoziert, indem er sich als Ausdruck seiner Liebe zu Gott vorstellte, Christus in Form eines Esels von hinten zu ... Nach einer Reihe von Gerichtsverhandlungen erreichte Reve, sich selbst verteidigend, einen auf persönlicher Gotteserfahrung des Einzelnen begründeten Freispruch. Mit dem in den Medien sehr beachteten Eselsprozess waren literarisch alle **thematischen Tabus gefallen**. Zurück blieb eine wirre Welt mit unklaren Grenzen.

Niederländer lesen

Schon 1969 erhielt Reve den P. C. Hooftprijs, einen der wichtigsten der nahezu 100 niederländischen Literaturpreise. Auch sonst wird Literatur stark gefördert. Das Literaturmuseum in Den Haag, die Festivals »Poetry international« (Rotterdam) und »De nacht van de Poëzie« (Utrecht) sind etablierte Institutionen, und die Buchwoche ist ein fester Bestandteil des Jahres. Der Lesenachwuchs wird bereits in den Schulen herangezogen: Neben der Pflichtlektüre sorgen an weiterführenden Schulen hunderte Wahlpflichtbücher in Niederländisch, Deutsch und Englisch dafür, dass mancher deutsche Autor in den Niederlanden möglicherweise häufiger gelesen wird als hierzulande. Kurzum, die niederländischen Verleger haben allen Grund zur Freude, denn: Niederländer lesen. Noch einen Grund zur Freude gab es 2016, als die Niederlande und Flandern **Gastland der Frankfurter Buchmesse** waren und im Zuge dessen viele niederländisch schreibende Autoren wie Arnon Grunberg, Connie Palmen, Herman Koch, Dimitri Verhulst und Tommy Wieringa einem breiteren Publikum bekannt wurden.

Am Geburtstag des Königs steigt eine Riesenparty in Orange.

fene Frau Antje ist allerdings eine Kunstfigur, deren Tracht es zu keiner Zeit gegeben hat.

Blumenfeste Beliebt sind in den Niederlanden Blumenfeste und -korsos, z. B. im April im **Bollenstreek**. Wo es Blumen so günstig und frisch zu kaufen gibt, fehlt ein jahreszeitlicher Strauß in fast keiner Wohnung. Der Blumenstrauß ist bei Einladungen ein passendes Gastgeschenk.

Prinsjesdag Als einen besonders festlichen Anlass empfinden die Niederländer die **Parlamentseröffnung** in Den Haag jedes Jahr am dritten Dienstag im September. An diesem Prinsjesdag fährt der König in einer eskortierten Prachtkutsche zum Parlamentsgebäude; die Damenwelt schmückt sich an diesem Tag mit den ausgefallensten Hutkreationen.

Koningsdag Der **königliche Geburtstag**, der seit Willem-Alexanders Thronbesteigung immer am 27. April gefeiert wird, sorgt für Volksfeststimmung im ganzen Land. Besonders viel geboten wird in der jeweiligen niederländischen Stadt, die vom König und seiner Familie höchstpersönlich besucht wird. Land und Leute sind in Orange geschmückt, der Farbe des Königshauses von Oranien-Nassau (▶ Baedeker Wissen, S. 486).

Nikolaus und Weihnachten

Ganz anders als in Deutschland ist traditionell Nikolaus (Sinterklaas) das große Fest im Dezember. Die Schaufenster sind entsprechend geschmückt, und der heilige Nikolaus kommt mit seinen Gefährten, den Zwarte Pieten (Schwarzen Peter), Mitte November aus Spanien feierlich per Schiff in Holland an – wobei der Zwarte Piet seit Längerem schon eine umstrittene Figur ist, dessen Darstellung als rassistisch kritisiert wird. Daher haben die Pieten inzwischen keine schwarze Gesichtsfarbe mehr, sondern nur noch leichte schwarze Streifen im Gesicht, die beim Hindurchrutschen durch den Kamin entstanden sein sollen. Am 5. Dezember findet mit den Sinterklaas-Geschenken und einem selbstgeschriebenen Gedicht der **»pakjesavond«** (Päckchenabend) im Kreise der Familie statt, das eigentliche Weihnachtsfest hat eine geringere Bedeutung. Ein festlich geschmückter Weihnachtsbaum fehlt dennoch in keiner niederländischen Familie.

Wohnkultur

Eine berühmte Eigenheit niederländischer Lebensart und Wohnkultur ist der Umstand, dass an den Fenstern der Häuser meist **keine Gardinen oder Vorhänge** angebracht sind und somit dem Vorübergehenden ungeniert Einblick in die Innenräume gewährt wird. Das mag aus guter alter calvinistischer Tradition geboren sein: Durch den Verzicht auf Verhüllendes wird augenfällig demonstriert, dass man nichts zu verbergen hat. Dennoch gilt es als ungehörig, in diese offenen Fenster hineinzugucken.

INTERESSANTE MENSCHEN

»Kindlich-naiv«: Karel Appel

1921–2006
Maler

Appel wurde 1921 in Amsterdam geboren und studierte an der dortigen Akademie der Schönen Künste. 1950 ließ er sich in Paris nieder und schloss sich der experimentellen Schule an. Er gehörte zu den Gründern der **CoBrA-Gruppe**, deren Name sich aus den Anfangsbuchstaben der Wohnorte ihrer Mitglieder zusammensetzt (Copenhagen, Brüssel und Amsterdam). Zu dieser Gruppe zählten heute weltbekannte Künstler wie Corneille, Constant, Alechinsky, Asger Jorn und Lucebert. Appel nahm an vielen Ausstellungen teil und erhielt internationale Auszeichnungen (1954 den UNESCO-Preis, 1960 den Guggenheimpreis). Seine Maltechnik des reliefartig dicken Farbauftrags in leuchtenden Grundfarben erinnert an die naive Malerei und die expressionistische Kunst. Auf Begeisterung stieß sie nicht immer. Als der Künstler den Auftrag bekam, die Kantinenwände des Amsterdamer Rathauses zu verschönern, weigerten sich die Beamten nach Vollendung des Werkes dort zu essen, das Werk sei ihnen zu barbarisch. Zehn Jahre lang wurde es daraufhin von einer Tapete bedeckt. Viele seiner Arbeiten hängen im Stedelijk Museum in Amsterdam und im CoBrA-Museum in Amstelveen.

Das Genie mit dem Ball: Johan Cruyff

1947 – 2016
Fußballer

»Fußballer von der Straße sind wichtiger als studierte Trainer.« Dieses Zitat stammt von Europas Jahrhundertspieler Johan Cruyff, der selbst ein Junge von der Straße war. Als Sohn eines Gemüsehändlers wuchs er im Amsterdamer Osten, unweit des Stadions von **Ajax Amsterdam**, auf. Im Alter von zwölf Jahren trat er in die Jugendabteilung von Ajax ein, mit 13 brach er die Schule ab, mit 17 spielte er in der ersten Liga. Der Rest seines Lebens ist Geschichte. 1973 wechselte er zum FC Barcelona und bei der Fußball-Weltmeisterschaft in Deutschland 1974 überzeugte er durch sein Offensivspiel; nicht zuletzt seinem Können war zu verdanken, dass die holländische Nationalmannschaft, die »Elftal«, Vize-Weltmeister wurde. Es folgten zahllose Meistertitel und ein Weltpokal, Auszeichnungen zum Europa-Fußballer des Jahres und sogar zum **Fußballer des Jahrhunderts** im Jahr 1999. Ähnlich erfolgreich arbeitete er als Trainer für Ajax Amsterdam und den FC Barcelona.

Der große Humanist: Erasmus von Rotterdam

1469–1536
Gelehrter und Schriftsteller

Desiderius Erasmus wurde in Rotterdam geboren. Er war das zweite Kind aus der illegitimen Verbindung eines Priesters mit einer Arzttochter. Mit 14 Jahren verlor Erasmus seine Eltern und studierte in Deventer und 's-Hertogenbosch. 1487 trat er ins Augustinerkloster von Steyn ein. 1492 ließ er sich zum Priester weihen, studierte in Paris, dann in England und Italien, wo er zum Doktor der Theologie promovierte. Bereits 1500 verfasste er die Sprichwörtersammlung »Adagia« und 1511 die berühmte Satire »Lob der Torheit«, eine ironische Lobrede auf die Engstirnigkeit der Scholastik und die kirchlichen Missstände. Durch seine Kritik an der Kirche und der scholastischen Theologie war der Humanist **Wegbereiter der Reformation**, blieb aber stets auf Distanz zu dieser Bewegung. Erasmus wollte das Christentum mit der Antike in einer Synthese vereinen, er suchte das »reine Evangelium« zu erfassen. Seine

Für Johan Cruyff war Fußball eine »totale« Angelegenheit.

Streitschrift »Vom freien Willen« beendete 1524 die Verbindung von Humanismus und Reformation und führte zum endgültigen Bruch mit Luther. Erasmus starb 1536 in Basel, seinem Zufluchtsort im Alter.

Hoffnung und Verrat: Anne Frank

1929–1945
Deutsch-jüdische Autorin

Durch »Das Tagebuch der Anne Frank« wurde das Schicksal des jüdischen Mädchens im Dritten Reich in der ganzen Welt bekannt. Die deutsch-jüdische Familie Frank flüchtete 1933 vor den Nationalsozialisten aus ihrer Heimat Frankfurt/Main nach Amsterdam. Während der deutschen Besatzung musste sie in einem Hinterhausversteck untertauchen (▶ Baedeker Wissen, S. 86). Über ihre Erlebnisse in dieser Zeit (12. Juni 1942 bis 1. August 1944) führte Anne **Tagebuch**, bis sie und ihre Familie entdeckt und nach Deutschland in das Konzentrationslager Bergen-Belsen verschleppt wurden. Hier starben Anne und ihre Schwester; Annes Mutter kam in Auschwitz um. Nur ihr Vater überlebte. Nach der Befreiung Amsterdams wurde das Tagebuch im Versteck der Familie gefunden und publiziert.

Van Goghs »Selbstporträt mit Strohhut« (1887)

Zu Lebzeiten verkannt: Vincent van Gogh

1853 – 1890
Maler

Vincent van Gogh wurde als Sohn eines Pfarrers in Zundert bei Breda geboren. Er arbeitete zunächst als Kunsthandelsgehilfe in Den Haag und ging dann als Hilfslehrer nach England. Wie sein Vater wollte er Prediger werden, tat sich aber mit der Ausbildung schwer und wandte sich etwas Neuem zu – er wurde Laienmissionar im belgischen Kohlerevier Borinage. Hier begann er zu zeichnen und löste sich von seinen radikal-religiösen Vorstellungen. Es folgte ein Kunststudium in Antwerpen, doch auch das brach er ab. Nachdem er kurze Zeit in Nuenen bei den Eltern gewohnt hatte, wo sein erstes wichtiges Gemälde, »Die Kartoffelesser«, entstand, ging er schließlich nach Paris, zu seinem Bruder Theo, einem erfolgreichen Kunsthändler, der ihn zeitlebens finanziell unterstützte. Hier kam er mit den Impressionisten zusammen, war außerdem mit Gauguin und Toulouse-Lautrec befreundet. Diese Einflüsse veränderten seine Malweise drastisch – seine Palette hellte merklich auf. 1888 brach van Gogh in die Provence auf, wo seine bekanntesten Bilder entstanden, darunter die »Sonnenblumen«, die mit den wenig später gemalten »Schwertlilien« heute zu den **teuersten Bildern der**

Welt zählen. Sein Versuch, mit Gauguin zusammen eine Künstlerkolonie zu gründen, endete in einer Katastrophe: Van Gogh verstümmelte sein Ohr und brach psychisch zusammen. Den Rest seines Lebens verbrachte er in verschiedenen Heilanstalten, gab die Malerei jedoch nicht auf. Seine letzte Station war Auvers-sur-Oise, wo er sich nach einem weiteren Zusammenbruch das Leben nahm. Zu Lebzeiten hat van Gogh nur ein einziges Bild verkauft und lebte in quälender Armut. Erst im Lauf des 20. Jh.s wurde er als vielleicht einflussreichster Maler der Moderne weltberühmt. In Amsterdam befindet sich ein ihm gewidmetes Museum mit der weltweit größten Sammlung seiner Werke.

Der Bierkönig: Alfred Heineken

1923–2002
Bierbrauer

Für Alfred Heineken, der mit 19 Jahren, 1942, in den väterlichen Bierbrauereibetrieb in Amsterdam eingestiegen war, ist neben strenger Qualitätskontrolle der Hauserzeugnisse Werbung immer Grundvoraussetzung für wirtschaftlichen Erfolg gewesen. Wenn Königin Beatrix und ihr Gemahl zu Gast auf seiner Jacht waren, durfte ein Fotoreporter nie fehlen. Und wäre der Umsatz der Heineken Holding im ersten Halbjahr 1983 nicht um satte 17 % gestiegen, hätte sich »König Freddie« den Vorwurf gefallen lassen müssen, seine **Entführung** am 9. November desselben Jahres, die nach der Zahlung eines Lösegeldes von rund 15 Mio. € drei Wochen später endete, sei ein Werbegag gewesen. Heineken war ein erfolgreicher Unternehmer, der auf aggressive Werbung setzte: »Menschen trinken kein Bier, sondern Marketing« war ein Motto des autoritären, oft rücksichtslos agierenden Biermagnaten, der nie Probleme hatte, mit Militärdiktaturen zu kooperieren. An der von seinem Konzern gesponserten, britischen Jugendfernsehserie »Hotel Babylon« bemängelte er, dass »zu viele Neger« zu sehen seien und »zu wenig Bier«. Heute stammen zwei von drei in den Niederlanden getrunkenen Biere aus der Amsterdamer Brauerei; die Marke ist weltweit (z. T. unter anderem Namen) in mehr als 170 Ländern präsent.

Zwischen Phantasie und Wirklichkeit: Harry Mulisch

▸ Baedeker Wissen, S. 454

1927 – 2010
Schriftsteller

Glühlampen und noch mehr: Gerard Philips

1858–1942
Unternehmensgründer

Der Maschinenbauingenieur Gerard Leonard Frederik Philips aus **Eindhoven** begann seine Laufbahn als Vertreter deutscher Elektrizitätswerke. 1891 gründete er mit seinem Bruder Anton Frederik einen Elektrobetrieb, der seit 1912 »Philips Gloeilampenfabrieken« heißt

HEILIGE AUDREY

»Ihre Karriere lässt sich in zwei Abschnitte unterteilen. Im ersten Teil hat sie so viel Ruhm eingeheimst, wie sie erhoffen konnte, und im zweiten Teil hat sie alles, was ihr geschenkt wurde, mit vollen Händen zurückgegeben« (Leslie Caron). In ihren letzten Lebensjahren engagierte sich der in Brüssel geborene Hollywoodstar Audrey Hepburn für Hunger leidende Kinder in den ärmsten Regionen der Welt. Mitverantwortlich hierfür waren die eigenen Kindheitserlebnisse in Amsterdam.

Das **»zarteste Elfenwesen der Leinwand«**, wie die Schauspielerin Audrey Hepburn (1929 – 1993) einmal genannt wurde, bezauberte die Menschen mit ihrer Anmut, ihrer Bescheidenheit, ihren leuchtenden Rehaugen und ihrem unschuldig-kindlichen Körper. Und dabei entsprach sie eigentlich gar nicht dem Schönheitsideal der Zeit – sie war das fragile Gegenbild der kurvenreichen Sexgöttinen Hollywoods. »Dieses Mädchen wird den Busen noch völlig aus der Mode bringen«, orakelte spitzzüngig Regisseur Billy Wilder.

Filmstar

Sie hatte keinen Schauspielunterricht genossen und erhielt schon für ihre erste Filmrolle im Streifen »Ein Herz und eine Krone« (1953) den heiß begehrten Oscar. Ihr größter Erfolg wurde »Frühstück bei Tiffany« (1961), und das Publikum liebte sie auch im Musical »My Fair Lady«, obwohl zu ihrem eigenen Kummer in den Gesangsparts ihre zarte Stimme synchronisiert worden war.

Sonderbotschafterin

Im fortgeschrittenen Alter trat Audrey Hepburn immer seltener in Filmen auf. Stattdessen betätigte sie sich bis zu ihrem Tod in ihrer Wahlheimat Schweiz als UNICEF-Sonderbotschafterin für Hunger leidende Kinder in den ärmsten Regionen der Welt. »Ich glaube, die Menschen haben überhaupt keine Ahnung, wie entsetzlich qualvoll es ist, an Hunger zu sterben«, sagte die »heilige Audrey«, wie sie hin und wieder genannt wurde, in einem Aufruf, sich mehr gegen den Hunger in Afrika einzusetzen. Sie wusste, wovon sie sprach. 1939 zog siemit ihrer Mutter, der niederländischen Baroness Ella van Heemstra, zu ihrem Großvater nach **Arnhem**. Während der deutschen Besatzungszeit musste sie sich dort u. a. von Tulpenzwiebeln ernähren.

Das Konterfei Audrey Hepburns schmückt eine kanadische Briefmarke.

und zunächst vorrangig Glühlampen produzierte. Heute sind die Philips-Werke einer der größten europäischen Elektrokonzerne. Das Spektrum der Unternehmensbereiche reicht von Beleuchtungsartikeln bis hin zu Fernsehgeräten, elektronischen Bauelementen, Unterhaltungselektronik und Haushaltsgeräten.

Zwischen Licht und Schatten: Rembrandt van Rijn

1606–1669
Maler

Der **berühmteste aller niederländischen Maler**, Rembrandt van Rijn, zog – nach einer produktiven Schaffensperiode in Leiden – im Jahr 1632 nach Amsterdam. Bald wurde er der begehrteste Porträtist des Landes; fast zwei Drittel seiner Auftragsbildnisse entstanden in dieser Zeit. Die Repräsentationswünsche seiner Auftraggeber erfüllte er, ohne auf Charakterdeutung zu verzichten. Neben seinen eindrucksvollen Porträts, seinen Gruppenbildnissen und Selbstporträts stehen gleichrangig Bilder aus dem biblischen Themenkreis, später auch Landschaften. Als Rembrandt es zunehmend ablehnte, seine künstlerischen Intentionen den Repräsentationswünschen seiner Auftraggeber unterzuordnen, gingen die Aufträge deutlich zurück.
Nach dem Tod seiner Frau im Jahr 1642 kam Rembrandt in persönliche und finanzielle Schwierigkeiten. Im Jahr 1656 wurden sein Haus und Besitz versteigert. Sein Sohn Titus und seine Lebensgefährtin Hendrickje Stoffels betrieben ab 1660 einen Kunsthandel für Rembrandt, doch blieb dieser bis zu seinem Tod schuldenbelastet.
Rembrandt hinterließ mehrere hundert Gemälde, Radierungen und Zeichnungen. Seine bekanntesten Werke sind die **»Nachtwache«** (1642), die »Anatomie des Dr. Tulp« (1632), die »Staalmeesters« (1661/1662) und die »Judenbraut« (1665). Einige dieser Gemälde sind im Rijksmuseum in Amsterdam ausgestellt. Sein bekanntestes Selbstporträt hängt im Mauritshuis (Den Haag), während fast alle Radierungen und viele Zeichnungen im Rembrandthuis in Amsterdam zu besichtigen sind.

Mutiger Bibelkritiker: Baruch de Spinoza

1632–1677
Philosoph

Baruch de Spinoza, Sohn spanischer Juden, die in die Niederlande geflohen waren, wurde in Amsterdam geboren. Der Einfluss des niederländischen Denkers auf die Philosophie des Abendlandes, auch auf die deutschen Philosophen Fichte und Hegel, ist beträchtlich. Spinoza war Rationalist und leitete seine metaphysischen Anschauungen mittels mathematischer Beweisführung aus Definitionen und Axiomen ab. Dies stand im Gegensatz zu seiner biblisch-talmudischen Ausbildung in der jüdischen Gemeinde Amsterdams, die ihn 1656 mit dem Bannfluch belegte. Verhasst in seiner Gemeinde war er auch, weil er die Propheten des Alten Testaments als anmaßende Mitregierer abgekanzelt, Jesus Christus als den vollendetsten Menschen auf Erden bezeichnet und die Vereinigung der Menschheit in seinem Namen für wünschenswert gehalten hatte. Um nicht seine Unabhängigkeit zu verlieren, lehnte er 1673 das Angebot einer Professur in Heidelberg ab. Sein bekanntestes Werk, die »Ethik, nach geometrischer Methode dargestellt« (1677) schließt mit dem Satz: »Alles Erhabene ist ebenso schwierig zu erreichen wie selten.«

»Meister der Provokation«: Paul Verhoeven

*1938
Filmemacher

Wer kennt sie nicht, die Szene aus »Basic Instinct«, in der Sharon Stone einen Blick zwischen ihre Beine gewährte und die Bild-Zeitung daraufhin »den schweinischsten Film aller Zeiten« ausgemacht haben will. Der Erfolg Verhoevens begann in den Niederlanden, wo er 1973 die Novelle von Jan Wolkers, »Türkische Früchte«, über eine leidenschaftliche Liebesbeziehung verfilmte. Erotik und Gewalt sind Verhoevens Erfolgskomponenten, so auch im Film »Elle« (2016) mit Isabelle Huppert, der den Golden Globe Award gewann. Weitere Erfolge waren die Hollywood-Filme »RoboCop« (1987) und »Total Recall« (1990), bei denen er Regie führte. Nach seinen Hollywood-Jahren kehrte Verhoeven 2005 wieder nach Europa zurück, wo er 2006 »Black Book« in den Niederlanden verfilmte und u.a. ein Buch über Jesus schrieb. 2021 kam »Benedetta« in die Kinos mit Virginie Efira als italienische Nonne Benedetta Carlini, die eine leidenschaftliche Beziehung mit einer Mitschwester führt und erwischt wird.

Vater des Vaterlandes: Wilhelm I. von Oranien

1533–1584
Statthalter der Niederlande

»Wilhelmus von Nassauen bin ich von deutschem Blut«, beginnt, übersetzt, die erste Strophe der niederländischen Nationalhymne. Prinz Wilhelm I. von Oranien, genannt der Schweiger und die zentrale Figur im Widerstand gegen Spanien, wurde in Deutschland geboren: als ältester Sohn des Grafen Wilhelm I. von Nassau-Dillenburg und der Juliana von Stolberg-Wernigerode 1533 in **Dillenburg im Westerwald**. Als 1544 die Nassauer das Fürstentum Oranien um die Stadt Orange (im Südosten des heutigen Frankreichs) erbten, gelangte der protestantische Sprössling auf die neu gewonnenen Besitzungen. Auf Anweisung von Karls V. Schwester Maria, der habsburgischen Generalstatthalterin in den Niederlanden, erhielt er am Brüsseler Hof eine katholische Erziehung. Ab 1544 war er **regierender Prinz von Oranien**.
Von 1561 an nahm Wilhelm I. mit den Grafen Egmont und Hoorn am Widerstand gegen die Inquisition des spanischen Königs Philipp II. teil

und hatte während der ersten Hälfte des Unabhängigkeitskrieges eine führende Rolle inne. Er initiierte die Petition des Adelsbundes an die spanische Regierung. Nach einigen Misserfolgen – die Eroberung Brabants scheiterte – wurde sein Bestreben, die Unabhängigkeit und Glaubensfreiheit der Niederländer zu erringen, mit der Vereinigung der nördlichen niederländischen Provinzen im Jahr 1579 belohnt. Doch der Hass zwischen dem spanischen Habsburger und dem Oranier schwelte weiter. Wilhelm verfasste ein Traktat über den Widerstand gegen die Tyrannei, Philipp II. erklärte seinen Gegenspieler für vogelfrei und ließ ihn ächten. Das hatte Folgen: 1584 wurde Wilhelm I. i in Delft von dem Katholiken Balthasar Gerards erschossen.

Der Erfinder des Reiseführers: Karl Baedeker

1801 – 1859
Verleger

Als Buchhändler kam Karl Baedeker viel herum, und überall ärgerte er sich über die »Lohnbedienten«, die die Neuankömmlinge gegen Trinkgeld in den erstbesten Gasthof schleppten. Nur: Wie sollte man sonst wissen, wo man übernachten könnte und was es anzuschauen gäbe? In seiner Buchhandlung hatte er Fahrpläne, Reiseberichte und gelehrte Abhandlungen über Kunstsammlungen. Aber wollte man das mit sich herumschleppen? Wie wäre es, wenn man all das zusammenfasste?
Gedacht, getan: Zwar hatte er sein erstes Reisebuch, die 1832 erschienene »Rheinreise«, noch nicht einmal selbst geschrieben. Aber er entwickelte es von Auflage zu Auflage weiter. Mit der Einteilung in »Allgemein Wissenswertes«, »Praktisches« und »Beschreibung der Merk-(Sehens-)würdigkeiten« fand er die klassische Gliederung des Reiseführers, die bis heute ihre Gültigkeit hat. Bald waren immer mehr Menschen unterwegs mit seinen **»Handbüchlein für Reisende, die sich selbst leicht und schnell zurechtfinden wollen«**. Die Reisenden hatten sich befreit, und sie verdanken es bis heute Karl Baedeker. Die Niederlande beschreibt er erstmals im 1839 erschienenen Band »Holland«.

»

Scheuern und Schrubben (schoonmaken) wird von den holländischen Hausfrauen mit wahrer Leidenschaft betrieben. Es geschieht wenigstens einmal wöchentlich, gewöhnlich Samstags. Alle Hausgeräthe, so wie das ganze Haus werden von Innen und Aussen mit Wolltüchern, Bürsten, Besen oder Wasser gefegt, Zimmer und Flur, Thüren und Fenster, selbst die Strassen vor dem Hause. [...] Kein Thier wird eifriger verfolgt als die Spinne. Anderes Ungeziefer ist ebenfalls selten in Holland.

«

Baedeker's Belgien und Holland, 13. Auflage 1875

E

ERLEBEN & GENIESSEN

Überraschend, stimulierend, bereichernd

Mit unseren Ideen erleben und genießen Sie die Niederlande.

In Amsterdam müssen Sie nach kleinen, verspielten Cafés nicht lange suchen. ►

Latei
brocante
&
espresso
Olijfolie en Aardewerk
&
ROCK'N ROLL

BEWEGEN UND ENTSPANNEN

Klar, im Sommer fährt man auch zum Baden in die Niederlande. Doch den ganzen Tag auf dem Handtuch herumliegen und den Möwen beim Muschelpicken zuzusehen, ist auch irgendwie langweilig. Wie wär's also mit einem Strandspaziergang? Bei 300 Kilometer Küste gibt es viel zu erwandern – und dank der vielen Beachbars auch immer wieder die Möglichkeit für ein »kopje koffie« zwischendurch. Und dann wäre noch das Fahrrad, das zu den Niederlanden dazugehört wie die Tulpen zum Frühling. Treten Sie also in die Pedale, trotzen Sie dem Wind und toben Sie sich auf 37 000 Kilometern Radwegen aus.

Inselstrände Der Strand ist breit, der Sand hell und fein. Das Wasser fällt flach ab, stellenweise kann man noch 200 m vom Ufer im Wasser stehen. Die Strände der Insel **Texel** gehören zu den schönsten an der niederländischen Nordseeküste. Alle 500 bis 1000 m findet man nummerierte Strandzugänge, Palen genannt, ausgestattet oft mit Strandcafés, Toiletten und teils auch mit Shops. Empfehlenswert ist Paal 17, denn dort steht ein hippes Strandrestaurant mit guter Küche. Für viel Abwechslung sorgen die Gezeiten. Bei Ebbe bilden sich Priele, die sich sehr schnell erwärmen und in denen kleine Kinder baden oder Krebse und Krabben sammeln können. Wer sich hingegen in die Fluten stürzen möchte, sollte wissen, dass Luftmatratzen nicht erlaubt sind. Die Leute vom Rettungsdienst, die mit ihrem orangefarbenen Boot an der Küste patrouillieren, achten sehr gewissenhaft darauf, dass man sich an dieses Verbot hält. Das Baden hier hat nur einen Nachteil: Selbst im Hochsommer wird das Wasser kaum 20 °C warm. Den breitesten Strand der Niederlande und zugleich Europas findet man auf der kleinsten niederländischen Wattenmeerinsel, auf **Schiermonnikoog**. Von den Dünen aus erkennt man die Brandung bei Ebbe nur als schmalen weißen Streifen in der Ferne. Und das Weiß des Sandes an diesem flachen, ausgedehnten Badestrand schmerzt fast in den Augen! Übrigens wird der Strand an der Westseite ständig breiter. Die Meeresströmung spült auf Schiermonnikoog Sand von der benachbarten Insel Ameland an. Dort ist man weniger erfreut über diese Nachbarschaftshilfe und versucht, die Küste mit Sandaufspülungen vor weiterer Zerstörung zu retten.

Küste Auch die Küste zwischen **Den Helder** (südlich von Texel) und **Hoek van Holland** (bei Rotterdam) wird auf einer Länge von 140 km durchgehend als Badestrand genutzt. Nur der 5 km lange Deich

OBEN: Das flache Land ist ideal für ausgedehnte Radtouren.
UNTEN: Am Strand von Zandvoort bereiten sich Katamaran-Segler auf ihre Fahrt vor.

LYRISCHE SPUREN IM SAND

Am Strand entlang bringt der gelbe Laster namens Vliehors-Expres seine Fahrgäste – mit Live-Akkordeonmusik untermalt – zu Vlielands entlegenem Inselwesten. Dort liegt die »Sahara des Nordens«, eine Sandwüste mit einem hölzernen Rettungshäuschen für Schiffbrüchige. Ein Blick zurück zeigt Überraschendes: Während seiner Fahrt schreibt der Laster mit seinen Spezialreifen Gedichte in den Sand. (▶ S. 382)

»Pettemer Zeewering« bei Petten, nordöstlich von Alkmaar, unterbricht das Badevergnügen. Die Badeorte **Scheveningen** und **Zandvoort** werden jeden Sommer vor allem von Einheimischen und Touristen gestürmt. Und auch in **Bloemendaal aan Zee**, nördlich von Zandvoort, scheint sich dann ganz Amsterdam aufzuhalten. Sehr kinderfreundlich sind die weißen Strände der Badeorte **Katwijk** und **Noordwijk**, südwestlich von Leiden.

Zandmotor

An der Küste von Süd-Holland versucht man derweil, sich **gegen die Hochwassergefährdung** abzusichern. Zandmotor heißt das Projekt, das bei dem kleinen Küstenort Monster (der Name leitet sich wohl von lat. »monasterium«, Kloster, ab) im Jahr 2011 begonnen wurde. Dabei hat man monatelang mit Baggerschiffen über 20 Mio. Kubikmeter Sand aus dem Meer auf einer Fläche von rund 20 Fußballfeldern aufgeschüttet. Wind und Wasser sollen diesen Sand nun in den nächsten 20 Jahren an der südholländischen Küste gleichmäßig verteilen. Die Strände werden so ausgedehnter und schützen die Küste vor Sturmfluten und Erosion. In der neu entstandenen **Lagune** fühlen sich vor allem Kitesurfer wohl.

Zeeland

Zeeland bietet 70 km flach abfallende Sandstrände. Sie gelten als die schönsten und saubersten Strände der Niederlande. **Domburg**, der älteste Badeort in der Provinz Zeeland, bietet seinen Gästen einen breiten Sandstrand und ein riesiges Dünengebiet. Der Strand von **Cadzand**, an der belgischen Grenze, lockt mit einer anderen Attraktion: Mit etwas Entdeckerglück kann man hier Haifischzähne sammeln, die bis zu 15 Mio. Jahre alt sind. Sie stammen aus der Tertiär-Zeit, als weite Teile der Niederlande noch unter Wasser lagen. Bei Cadzand lagern die uralten Erdschichten direkt unter der Oberfläche, weshalb die Fossilien leichter zutage treten.

IJsselmeer

Ideale Bedingungen für Segler und Surfer bietet das IJsselmeer, ein **Süßwassermeer ohne Gezeiten**, mit kleinen, flach abfallenden Sandstränden und weniger Brandung als an den Nordseestränden. Schöne Strände findet man bei Lemmer, Workum, Stavoren, Urk, Enkhuizen und Medemblik.

Ordnung am Strand

Blaue Flagge

An vielen Stränden weht die Blaue Flagge der Stiftung Umwelterziehung Europa, die sich insbesondere für die **Verbesserung der Wasser- und Strandqualität** einsetzt. Sie wird an Gemeinden verliehen, die nachweisen können, dass sie bestimmte Anforderungen an die Wasser- und Strandqualität erfüllen, die Häfen u. a. frei von Lärm oder Geruchsbelästigungen sind, die sanitären Einrichtungen über eine zentrale Kläranlage entsorgt werden und Rettungsschwimmer über das Strandgeschehen wachen.

Strandregeln

Übernachten am Strand – außer in den Strandhäuschen (▶ S. 495) – ist nicht gestattet, da nachts und in den frühen Morgenstunden Reinigungsarbeiten durchgeführt werden. Das Parken von Autos am Strand ist ebenso verboten. Von Mai bis Oktober dürfen Hunde in der Zeit von Sonnenaufgang bis Sonnenuntergang nicht frei am Strand herumlaufen, und in dieser Zeit darf man an den meisten Stränden auch keine Drachen steigen lassen. Lagerfeuer am Strand und in den Dünen ist an allen niederländischen Stränden verboten. Zur eigenen Sicherheit sollte man auch unbedingt die örtlichen Strand- und Badevorschriften beachten, etwa die Flaggen, die das Baden im Meer bei Gefahr verbieten. Da die holländische Küste von einem Brandungsstreifen gesäumt wird, können Schwimmer in bedrohliche unsichtbare Saugströmungen geraten. Gefährliche

Strandabschnitte werden in der Sommersaison besonders bewacht (Rettungsbrigaden/Polizei).

FKK Einige abgelegene Küstenabschnitte sind für FKK-Anhänger reserviert (Niederländische Föderation der Naturistenvereine NFN).
www.nfn.nl

Wassersport

Surfen Surfen hat u.a. in Scheveningen eine Hochburg. Auch **Kite- und Windsurfen** erfreuen sich großer Beliebtheit. Schöne Surfreviere bieten Hindeloopen, Makkum und Workum am IJsselmeer und an der Nordsee Noordwijk, Katwijk, Zandvoort, Egmond aan Zee und Bergen aan Zee sowie Zeeland u.a. bei Grevelingen und an der gesamten Küste der Halbinsel Walcheren. Zu den **besten Surfspots Europas** gehört der **Brouwersdam** in Zeeland, der Wassersportmöglichkeiten, sowohl auf der Nordsee, als auch auf dem angrenzenden See Grevelingen bietet.
www.brouwersdam.nl

Wasserskilauf Wasserskilauf ist z. T. nur mit besonderer Genehmigung gestattet. Vom Ufer aus darf nicht gestartet werden; innerhalb einer Uferzone von 100 m ist die Geschwindigkeit auf 6 km/h begrenzt. Eine Übersicht über alle Wasserski- und Wakeboardanlagen ist hier zu finden:
http://waterskinederland.nl

Segeln Segler finden in den Niederlanden – nicht nur wegen der Windverhältnisse – **ideale Bedingungen**. Alles steht zur Verfügung: vom kleinen Anlegesteg bis hin zum großen Jachthafen. Segel- (Kajütsegel-) und Motorboote sowie Surfbretter kann man in den Niederlanden bei zahlreichen Charterfirmen und z. T. bei VVV-Büros mieten.

Sporttauchen Für Sporttaucher bietet sich die **Region Zeeland** als ideales Ziel an. Vor allem das Grevelingenmeer und die Oosterschelde sind beliebt – das klare Wasser erlaubt einen ungetrübten Blick in die faszinierende Unterwasserwelt.

Radfahren

37 000 km Radwege Das weit verzweigte **Radwegenetz** (Fahrrad = fiets) in den Niederlanden umfasst rund 37 000 km. Die meisten Strecken dürften auch weniger geübten Radlern kaum Schwierigkeiten bereiten, da das Gelände durchweg flach ist. Erschwerend kann lediglich der Wind

sein, weshalb man am besten die Radtour mit Gegenwind beginnt und sich auf dem Rückweg vom Wind »tragen« lässt. Oder man steigt gleich aufs **E-Bike** um, das auch von den meisten Fahrradvermietern angeboten wird. Auf den autofreien Westfriesischen Inseln Schiermonnikoog und Vlieland ist Radfahren geradezu »Pflicht«. Die Radwege sind in gutem Zustand und bestens ausgeschildert und führen durch eine durchweg abwechslungsreiche Landschaft. Fahrradwege sind durch ein rundes **blaues Schild** gekennzeichnet, das Rad- und Mofafahrer verpflichtet, diese Wege auch zu benutzen.

Knotenpunkte

6000 Knotenpunkte mit jeweils eigenem Namen, Kreuzungen oder Abzweigungen für Radfahrer, gibt es landesweit. An jedem Knotenpunkt (»knooppunt«) steht eine Informationstafel mit einer Umgebungskarte, die Streckenabschnitte, weitere Knotenpunkte und die Entfernung zwischen den einzelnen Knotenpunkten aufzeigt. In der Regel folgen die Routen verkehrsberuhigten Straßen und sind so konzipiert, dass man sich anhand der Knotenpunkte eine Tour nach eigenen Bedürfnissen zusammenstellen kann. Dabei hilft auch:
https://www.fietsknoop.nl/planner | https://www.fietseropuit.nl

ESSEN UND TRINKEN

Die bodenständige niederländische Küche gilt als einfach, deftig und üppig. Doch in den letzten Jahren hat sich einiges getan. Man holte sich Anregungen in den Küchen anderer Länder, vor allem in Indonesien und Frankreich. Tatsächlich zählen die Niederlande kulinarisch nun zu den aufstrebenden Genussländern, 125 Restaurants haben zumindest einen Michelinstern. Ein weiteres Highlight: die vielen ausländischen Lokale, allen voran chinesische und türkische. Und nicht mehr wegzudenken aus dem Straßenbild sind die Fastfood-Automaten, vor allem die von FEBO.

Essen aus der Mauer

Insbesondere in den Ausgehvierteln der größeren Städte ist das gelbe Logo mit den roten Buchstaben von Hollands unbestrittenem Fastfood-König zu finden: FEBO. Rund 70 dieser Schnellimbisse, die u.a. Hamburger, Pommes Frites und Kroketten verkaufen, gibt es im ganzen Land. Charakteristisch für die Fastfood-Lokale sind die **Münzautomaten**, aus denen man Gerichte ziehen kann. »Eten uit de muur – Essen aus der Mauer«, nennt man das in den Niederlanden. Begonnen hat alles 1941 im Karperweg von Amsterdam. Dort gründete J.I. de Borst die Konditorei **»Maison FEBO«**, deren Name er aus den beiden Anfangsbuchstaben der Ferdinand Bolstraat bildete, in der er sein Handwerk erlernt hatte. Einige Jahre später bot er neben Backwaren auch selbstgemachte Salate und Kroketten an. Das Geschäft mit dem Imbissverkauf lief so gut, dass er beschloss, die Bäckerei zu schließen und den Kunden Snacks aus dem Automaten anzubieten. Die Münzautomaten wurden ein Erfolgsschlager. Schon in den 1950er- und 1960er-Jahren konnte man fast in jedem Schnellimbiss des Landes »aus der Mauer essen«. Mittlerweile stehen auch an den meisten großen Tankstellen in den Niederlanden Snack-Automaten.

Automaten-spezialität

Einer der größten Renner der Münzautomaten wurde die **»kroket«** (Krokette), ein u.a. mit Käse, Fisch oder Fleisch gefüllter Snack. Als bekannteste Krokette gilt die »Vleeskroket« (Fleischkrokette), gefüllt mit Fleisch und Béchamelsoße. Die »Kaaskroket« (Käsekrokette) allerdings dürfte manchen Käsefreund enttäuschen, da sie mehr Käsearomen als Käse enthält. Die **Krokette** erfreut sich im Nachbarland seit 100 Jahren großer Beliebtheit, ist aber keine niederländische Erfindung. 1909 brachte der Bäcker Kwekkeboom aus Amsterdam Rindfleischkroketten auf den Markt, nachdem er während eines Urlaubs französische Kroketten kennen gelernt hatte. Ein Jahr später sah man in Amsterdam Fahrräder mit einer Werbetafel, auf der zu lesen stand: »Der wahre Feinschmecker bevorzugt die Kwekkeboom-Krokette.« Kurz darauf setzte der Siegeszug dieses Schnellimbisses durch das ganze Land ein. Zu den größten Krokettenherstellern von heute zählt natürlich die Fastfood-Kette FEBO.

Von Matjes und Dropjes

Matjes

»Erfunden« wurde der Matjes vor über 600 Jahren. Seither zählt dieser **Hering** zu den beliebtesten Gerichten in den Niederlanden. Wer es zünftig machen will, verzehrt Matjes nicht etwa mit Messer und Gabel, sondern packt den Hering am Schwanz, zieht ihn durch Zwiebelstücke (uitjes), hebt ihn über den Kopf und lässt ihn in den Mund hinabgleiten. In den Niederlanden gilt der Matjes (maatjesharing) als eine Art Nationalheiligtum. Und das verdanken die Niederländer einem Zufall. 1395 erfand der belgische Fischer Willem Beukelzoon den »Kehlschnitt«: Noch an Bord schnitt er jeden einzelnen Hering unterhalb des Maules zwischen den Kiemenbogen auf und entnahm die Eingeweide. Wohl eher versehentlich blieb die Bauchspeicheldrüse im ausgenommenen Tier zurück. Dann legte Beukelzoon den Hering in ein Eichenholzfass mit Salzlake, um den Fisch zu konservieren. Was der Fischer nicht wusste – die Bauchspeicheldrüse enthält proteolytische Enzyme, die zusammen mit dem Salz den Hering noch besser reifen lassen. Der Matjes mit seinem butterzarten, marzipanfarbigen Fleisch und dem mild-sahnigen Geschmack war geboren.

Das kulinarische Nationalheiligtum: Matjes

Die **Saison** für Matjesheringe beginnt Ende Mai und endet Anfang Juli – dann ist der Fisch laichfähig, sein Fleisch besonders zart und fettreich (bis zu 20 % Fett). Wichtigster Heimathafen der niederländischen Heringsflotte ist der Bade- und Fischerort Scheveningen, wo am **Vlaggetjesdag** (Fähnchentag) ein beliebtes Volksfest stattfindet. Dabei wird das erste Fässchen mit dem »Nieuwe Haring« versteigert. 2023 wurden 159 500 € (!) für das Fischtönnchen gezahlt. Das Geld fließt immer einem guten Zweck zu.

Pannenkoeken

Eine besondere Spezialität der niederländischen Küche sind die **Pfannkuchen**, die sich ihrer beeindruckenden Größe und ihrer goldgelben Knusprigkeit rühmen können. Ein »pannenkoek« ist dicker und größer als eine Crêpe; echte Pannenkoeken müssen so groß sein, dass sie weit über den Tellerrand hängen. Die niederländischen Pfannkuchen erfreuen sich größter Beliebtheit bei Kindern wie Erwachsenen, und fast überall findet man ein »pannenkoekenhuis«, ein Pfannkuchenhaus, in dem fast ausschließlich Pfannkuchen auf den Tisch kommen. Pannenkoeken können süß oder pikant zubereitet werden. Mehl, Milch und Eier – das sind die Grundzutaten für die Pfannkuchen, die dann je nach Geschmack belegt werden. Zahllose Varianten werden angeboten: ganz klassisch mit Zucker, Zimt oder

TYPISCHE GERICHTE

Die traditionellen Gerichte sind deftig, aber auch nahrhaft, bedingt durch die oft schwere Arbeit, die früher auf dem Land getan werden musste. Bereichert wird die Küche von Fisch, Muscheln und Austern.

Erwtensoep: Die holländische Wintersuppe schlechthin! Zubereitet wird sie aus Erbsen, Sellerie, Kartoffeln und Speck- oder Wurstwüfeln. Sie ist meist so dick, dass der Löffel stecken bleibt. Dazu reicht man in einigen Regionen des Landes Roggenbrood, eine Art Pumpernickel, das mit Butter oder Senf bestrichen und mit Speck belegt wird.

Frikandel met patat: Die würzigen Frikandellen bestehen aus gehacktem Schweine-, Rind- oder Geflügelfleisch. Sie werden frittiert serviert, mit verschiedenen Soßen oder einer Portion Pommes frites (patat). Niederländer lieben ihre patat bzw. friet und essen sie auch gern allein, dann immer garniert mit Ketchup, Mayo oder Erdnusssoße (pindasaus).

Stamppot: Auch der Eintopf aus gestampften Kartoffeln, Gemüse und evtl. Fleisch oder Wurst ist ein Wintergericht. Der Legende nach soll er eine spanische Erfindung sein. 1574 belagerten Spanier die Stadt Leiden, bis am 3. Oktober Geusen die Feinde wieder vertrieben. Im Lager der geflüchteten Spanier entdeckte man einen Topf mit Hutspot, eine Stamppot-Variante mit Möhren. Und das schmeckte den Niederländern vorzüglich!

Mosselen: Die meisten niederländischen Miesmuscheln stammen aus dem Fischerort Yerseke (Provinz Zeeland), wo Muschelzüchter 90 Mio. kg Schalentiere verarbeiten, die von Juli bis April hauptsächlich im Meeresdelta von Zeeland und im Wattenmeer vor den Friesischen Inseln geerntet werden. Leckere Gerichte sind gegrillte Jakobsmuscheln und Muscheln in Weinsauce.

Oesters: Neben den Muscheln werden in Yerseke Jahr für Jahr über 25 Mio. Austern verarbeitet, die in der Oosterschelde und im benachbarten Grevelingenmeer heranwachsen, wo sie durch den Oosterschelde-Damm geschützt sind. Als Besucher kann man die Schalentiere am Hafen sowie in den Muschel- und Austernbetrieben kaufen. Oder man isst in einem Restaurant in Yerseke oder Umgebung Delikatessen wie gratinierte Austern.

Vla: Die dem Pudding ähnliche, aber flüssigere Nachspeise ist das niederländische Nationaldessert. Es gibt ihn fertig zubereitet u.a. in Bechern, Eimern, Flaschen oder Tetrapaks. Am begehrtesten sind die traditionellen Sorten Vanille und Schokolade. Großer Beliebtheit erfreuen sich auch die Geschmacksrichtungen Karamell, Erdbeer oder Pfirsich. In einem »dubbelvla« sind Vanille und Schokolade zusammen in einer Verpackung, bleiben aber beim Öffnen getrennt.

ALLES KÄSE

Der Henker versteht keinen Spaß. Ihm entgeht nicht, wenn einer unpünktlich erscheint, flucht oder die ihm auferlegten Befehle nicht sofort ausführt. Ohne Gnade schreibt er dessen Namen ans Schandbrett und gibt ihn damit der Öffentlichkeit preis. Und wehe, es wagt einer zu trinken, zu rauchen, ins Café zu gehen oder sogar von Passanten Trinkgelder anzunehmen.

Im malerischen nordholländischen Städtchen **Alkmaar** waltet immer noch der Henker seines Amtes, wie vor fast 400 Jahren, nämlich dann, wenn an jedem Freitag von April bis September auf dem Waagplein der Käsemarkt stattfindet. Zwar verrichtet der gewählte »Henker« sein Amt unblutig, aber mit dem gebotenen traditionellen Ernst. Das eigentliche Marktgeschehen beginnt mit dem Glockenspiel vom Turm der Käsewaage um 10 Uhr. Dann erscheinen die Händler und potenziellen Käufer. Mit feierlichen Mienen schreiten sie über den Waagplein, auf dem sich um die 50 Tonnen Goudalaibe und Edamerkugeln, mit Lastwagen aus den umliegenden Käsefabriken herangeschafft, in Reih und Glied stapeln. Hier und da wird mit dem Käsebohrer eine längliche Probe entnommen und mit Nase, Gaumen und Fingern begutachtet. Der Käsehandel läuft dann streng nach überliefertem Zeremoniell ab: Wenn sich Käsebauer und Käsehändler nach lautstarkem Feilschen endlich handelseinig sind, besiegelt man das Geschäft mit einem kräftigen Handschlag. Nun kommt die eigentliche Attraktion des Käsemarkts von Alkmaar: **die Käseträger**. In weiße Anzüge gekleidet und nur durch ihre rot-, grün-, gelb- und blaulackierten Strohhüte zu unterscheiden, den Zeichen ihrer Zugehörigkeit zu einer bestimmten Käsezunft, schleppen sie den verkauften Käse auf hölzernen Schlitten zur Waage. Während sich die Zuschauer am Waagplein an diesem Spektakel ergötzen, kommen die Träger mächtig ins Schwitzen: Immerhin werden auf jeder Käsetrage rund 80 Edamerkugeln oder die entsprechende Menge Gouda aufgeschichtet, was jeweils einem Gewicht von 160 kg entspricht. Und Fehler dürfen sie sich dabei nicht erlauben – das eingangs erwähnte, von 1751 stammende Reglement gilt ausschließlich ihnen.

Alte Tradition

Das **farbenprächtige Spektakel** auf dem Waagplein in Alkmaar ist natürlich mehr ein folkloristisches Ereignis für Touristen als ein Markt mit wirtschaftlicher Bedeutung. Es soll auch daran erinnern, dass die Niederlande auf eine jahrhundertelange Käsetradition zurückblicken können und Alkmaar einst mit zu den größten Käsehandelszentren des Landes zählte. Das Recht, einen Käsemarkt abzuhalten, erhielt der Ort im Jahr 1365. 30 Jahre später bekam auch **Gouda** seinen Käsemarkt, der als einziger neben Alkmaar bis heute abgehalten wird – ohne Käseträger, aber dafür werden die Laibe mit Pferdefuhrwerken transportiert.

Etwas Geschichte

In den Marsch- und Geestgebieten unweit der Nordseeküste fand man auf Warften, künstlich aufgeschütteten Erdhügeln, die den aus Jütland einge-

wanderten Friesen als Flucht- oder Wohnhügel dienten Gefäße. Diese lassen den Schluss zu, dass in den Niederlanden schon ab dem 2. Jh. v. Chr. Käse hergestellt wurde. Der erste sichere Beleg für eine holländische Käsewirtschaft stammt **aus der Zeit Karls des Großen** (768 – 814). Der Kaiser war bekannt als großer Käseliebhaber. Besonders der friesische Käse hatte es ihm angetan, weshalb er die Friesen zu seinen Hoflieferanten ernannte.
Schon früh wurde holländischer Käse in andere Länder exportiert. Das erste Zeugnis datiert von 1184 und informiert über eine Lieferung nach Frankreich. Zuweilen musste das Milchprodukt auch als Zahlungsmittel herhalten: In Koblenz bezahlten holländische Rheinschiffer um 1100 den Zoll mit Käse. Seit dem Hochmittelalter gewann die niederländische Käsewirtschaft immer mehr an Bedeutung. Das Land besaß ja auch günstige klimatische und geografische Voraussetzungen: fette Weidegebiete, gutes Vieh und viele Wasserstraßen mit zahlreichen Binnen- und Seehäfen. Außerdem hatte man sich darauf spezialisiert, feste und lange haltbare Käsesorten herzustellen.

Im Käsehimmel von Gouda.

Zentren

In Friesland und Nordholland entwickelten sich bald einige Städte zu Handelszentren für Käse und Butter. 1266 erhielt **Haarlem** als erste niederländische Stadt das Recht, einen Käsemarkt abzuhalten. Amsterdam folgte 1270, Leiden 1303, Oudewater 1326, Alkmaar 1365 und Gouda 1395.
Gegen Ende des 19. Jh.s erreichte die industrielle Revolution auch die niederländische Milchwirtschaft. Ausschlaggebend war vor allem die Erfindung der Zentrifuge, mit der sich die Milch schneller entrahmen ließ. Das hatte für die traditionelle Käsewirtschaft gravierende Folgen: Die Herstellung verlagerte sich vom Bauernhof, wo Käse und Butter in Handarbeit produziert wurden, in die Molkerei, in der effizienter gearbeitet und eine konstantere Qualität erzeugt werden konnte. Heute gibt es fast nur noch moderne Großbetriebe, die meist auf die Herstellung eines einzigen Produkts spezialisiert sind. Doch man kann auch noch handgefertigten holländischen Käse genießen: den **»boerenkaas«** (Bauernkäse). Der Unterschied zwischen Bauernkäse und Fabrikkäse besteht darin, dass bei Ersterem rohe, unbehandelte Milch verwendet wird, während im Käsewerk die Milch pasteurisiert und auf einen bestimmten Fettgehalt je nach Käsesorte gebracht wirdl. Der Bauerngouda hat einen wesentlich herzhafteren, vollwürzigen Geschmack und gilt daher unter Käseliebhabern als Delikatesse.

Heineken-Bier wird in Zoeterwoude gebraut und weltweit gezapft.

Sirup – auf jedem Tisch eines Pfannkuchenhauses stehen Sirup und Puderzucker, um selbst nachzuwürzen – bzw. mit Äpfeln oder anderem Obst, oder je nach Vorlieben mit Gemüse, Speck, Schinken, Käse, Pilzen oder Ingwer. Der Fantasie sind kaum Grenzen gesetzt. Da gerade der Nachwuchs gerne Pannenkoeken isst, bieten etliche Pfannkuchen-Restaurants spezielle Kinder-Pfannkuchen an. Erwachsene hingegen bestellen sich, schon wegen der immensen Größe, häufig auch einen Pfannkuchen zu zweit. Je nach Restaurant liegen die Preise für Pannenkoeken um die 10 €.

Poffertjes und Wafels

Für Süßschnäbel bieten viele Lokale münzgroße und relativ dicke Poffertjes an. Wichtig ist, dass sie nicht völlig durchgebacken werden – so bewahren sie einen weichen Kern. Poffertjes werden aus einer Mischung aus Buchweizen- und Weizenmehl zubereitet und in einer speziellen gusseisernen Pfanne mit 15 tiefen Mulden gebacken. Man kann sie mit flüssiger Butter beträufeln und mit Puderzucker bestreuen, wodurch sie deutlich süßer als normale Pfannkuchen schmecken. Gern werden sie auch mit Sirup, Likör, Schlagsahne oder Vanilleeis serviert.
Ein ernstzunehmender Konkurrent für die Poffertjes sind die **Wafels met slagroom** (Waffeln mit Schlagsahne), die gerne mit Fruchtmus oder Eis verzehrt werden. Wer es weniger mächtig wünscht, kann

zum Kaffee oder Tee auch **Speculaas** (Spekulatius) bestellen, der nicht nur zur Weihnachtszeit, sondern das ganze Jahr über gegessen wird.

Dropjes

Nicht nur in puncto Snack-Automaten und Kroketten sind die Niederländer Weltmeister – sie vertilgen auch weltweit die größte Menge an **Lakritze**. Rund 32 000 Tonnen »dropjes« naschen die Niederländer pro Jahr. Die beliebte Leckerei wird aus dem eingedickten Saft der Süßholzwurzel produziert, die im Mittelmeerraum und in Westasien wächst; weiterverarbeitet wird der Saft unter Zugabe von Wasser, Zucker, Stärke, Mehl, Glukosesirup sowie geruchs- und geschmacksgebenden Zutaten wie Salmiak, Anis und Eukalyptus. Süßwarengeschäfte präsentieren ihre Dropjes in großen Gläsern, verkauft werden die Bonbons meist in spitz zulaufenden, oft durchsichtigen Tüten. Nirgendwo auf der Welt gibt es so viele unterschiedliche Sorten der mal salzigen, mal süßen Drops. Dumm nur, dass nun Wissenschaftler herausgefunden haben wollen, dass das begehrte rabenschwarze, zähe Genussmittel die Produktion des Hormons Testosteron bremsen und so Impotenz auslösen kann. Inzwischen behaupten schon einige, die Dropjes seien für die vielen künstlichen Befruchtungen im Land verantwortlich.

Lokale

Cafés und Kneipen

Die **Cafés** und **Eetcafés** in den Niederlanden haben nichts mit den deutschen Kaffeehäusern gemein, sondern eher mit den hiesigen Kneipen. Dem deutschen Café entspricht in den Niederlanden der **tearoom** oder das **koffiehuis**. Beliebtestes Lokal an der Straßenecke und typisch für die Niederlande ist das gemütliche **bruin café**, eine Mischung zwischen englischem Pub, Kneipe und Café, so genannt wegen des schummrigen Interieurs. Voll im Trend, vor allem in Amsterdam, liegen die **Grand Cafés** mit ihrer modernen oder nostalgischen Kaffeehaus-Atmosphäre und zumeist einer großen Auswahl an Speisen. Wer einen Jenever, eine andere Spirituose oder einen Likör verkosten möchte, sollte hingegen ein **proeflokaal**, eine Probierstube, aufsuchen.

Mahlzeiten

Frühstück

Zum **Ontbijt**, dem Frühstück, gehört nicht nur der Kaffee (»kopje koffie») mit Milch, sondern auch das typische niederländische Brot oder Brötchen. Weich muss es sein, Brot mit harter Rinde wird als deutsches Brot bezeichnet und eher abgelehnt. Der Belag entspricht dem deutschen Frühstücksangebot: Er reicht vom traditio-

AUF EIN GLÄSCHEN ...

Bier und Jenever sind bekanntermaßen die Nationalgetränke der Niederlande. Mittlerweile werden aber auch einige richtig gute Weine produziert.

Das beliebteste alkoholische Getränk in den Niederlanden ist das **»biertje«**, das wie das Kölsch in kleinen Gläsern serviert wird. Spitzenreiter sind das Pilsener Heineken, das etwas vollmundigere Amstel und zunehmend belgische Biere. Die meisten Niederländer trinken ihr Bier zur **borreluur**, zur Borrelstunde nach der Arbeit. Dann trifft man sich mit Freunden oder Kollegen in einer Stammkneipe zum »borrel«, einem kleinen Umtrunk und plaudert entspannt.
Ein kleines Glas Bier heißt »vaasje« oder »fluitje« (mit 20 cl noch kleiner). Man sollte immer ein kleines Bier bestellen, große Bierkrüge wurden nur eingeführt, um Engländer, Schotten und Iren zufriedenzustellen. Niederländer legen übrigens Wert darauf, dass das Bier mit einer Schaumkrone gezapft wird, die etwa zwei Finger breit sein sollte. Ragt der Schaum aber über den Glasrand hinaus, wird er direkt nach dem Zapfen mit einem Abstreifer beseitigt.

Leckerer Schnaps

Jenever bzw. Genever, ein mit dem Gin verwandter Getreidebranntwein, ist ein niederländisches Nationalgetränk. Bereits im 15. Jh. wurde in den Niederlanden »Korenwijn« bzw. »Korenbrandewijn« (Kornbrand) aus Gerste, Mais, Roggen oder Weizen erzeugt. Wann damit begonnen wurde, den Kornbrand mit »jeneverbes« (Wacholderbeeren) zu aromatisieren, ist nicht bekannt. Es heißt, der in Hanau geborene und in den Niederlanden praktizierende Arzt, Anatom und Naturwissenschaftler **Francisclus Sylvius** (1614 – 1672; eigentlich Franz de le Boë, auch Franciscus de le Boë Sylvius), der viele medizinische Tinkturen kreierte, habe um das Jahr 1650 einen Verdauungskorn mit Wacholderaroma komponiert, den er »genièvre« (franz. für Wacholder) nannte. Beim Volk jedenfalls erfreute sich das Getränk umgehend äußerster Beliebtheit und hieß bald Jenever bzw. Genever. Auch Engländer ließen sich von dem Trank begeistern und brachten den Schnaps auf die Britische Insel, wo man ihn in »Gin« umtaufte.
Bei der Herstellung von Jenever wird aus Gerste, Mais und Roggen durch Mälzen, Gären und dreifacher Destillation zunächst ein »moutwijn« (Malzwein) gewonnen. Beim dritten Brennen erfolgt das Aromatisieren mit Wacholder. Je nach Anteil des Malzweinsl, nicht etwa nach der Reife, unterscheidet man den gelben, traditionellen **Oude Jenever** vom klaren bzw. weißen **Jonge Jenever**. Der Oude Jenever hat mindestens 15 % Malzwein, der Jonge Jenever höchstens 15 %.; beide enthalten mindestens 35 % Alkohol. Der Alte Jenever schmeckt leicht süßlich und nach Wacholder; der farblose Junge Jenever entspricht einem Klaren. Wacholderbeeren sind nicht die einzigen Ingredienzen, es gibt auch Rezepturen mit Anis, Kümmel, Koriander und anderen Gewürzen sowie mit Früchten, etwa Zitrone, Apfel, Johannisbeeren, Holunderbeeren, Birnen.

In der Restaurant-Bar Proeflokaal A. van Wees in Amsterdam, einer ehemaligen Brennerei, lassen sich viele edle Tropfen, vor allem Jeneversorten, in gemütlicher Atmosphäre probieren.

Edle Tropfen

Rund 200 Sonnenstunden im Jahr, ein lehmiger Meeresboden, der durch die Muschelschalen viel Kalk abgibt: Johan van der Velde, Landwirt und Kartoffelbauer aus Dreischor (Provinz Zeeland) wagte den Schritt. Da sich der Kartoffelanbau nicht mehr rentierte, baute er ab 2001 auf seinem 14 Hektar großen Land Reben an – fünf Meter unter dem Meeresspiegel. Die Rechnung ging auf. Mittlerweile produziert der Winzer etwa 100 000 Flaschen pro Jahr: Grauburgunder (Pinot Gris), Rivaner und Auxerrois. Eine Flasche seiner Weißweine kostet um die 15 €, Absatzprobleme hat er aber keine. Seine Kunden sind vorwiegend Einheimische sowie die niederländische Fluggesellschaft KLM, die den **Wein aus Dreischor** in ihrer Business Class ausschenkt.
Urkundlich wird Weinbau in den Niederlanden zum ersten Mal im Jahr 968 erwähnt; hier ist von einigen Weinbergen bei Maastricht die Rede. Auch heute befinden sich die meisten Weingüter in den Provinzen **Limburg und Gelderland**. Bekanntester Weinberg ist **Apostelhoeve** bei Maastricht, das größte Weingut des Landes ist mit 28 Hektar **St. Martinus**, ebenfalls in Limburg gelegen. Angebaut wird Wein aber auch in Noord-Brabant, Noord-Holland, Overijssel, Drenthe und eben Zeeland; sogar auf der Insel Texel in der nördlichen Provinz Groningen gibt es ein Weingut. Jährlich werden in den Niederlanden fast 10.000 Hektoliter Weiß- und Rotwein produziert. Dazu gehören so gängige Sorten wie Chardonnay und Pinot Blanc, aber auch Neuzüchtungen wie Rondo, Regent und Johanniter. Mit Billigweinen aus Ländern wie Chile und Südafrika können die Niederlande nicht konkurrieren, zu hoch ist noch der Kostenaufwand für den Anbau. So wird der niederländische Wein noch lange ein Nischenprodukt bleiben. Dennoch ist man hierzulande sehr stolz auf die eigenen edlen Tropfen.

nellen Käse bis hin zur Marmelade (»jam»). Typisch niederländisch wiederum ist eine Art runder Zwieback mit Butter und Schokoladenstreuseln. Zwieback mit blauen oder rosa Zuckerkügelchen wird zur Geburt eines Kindes gereicht.

Mittagessen

Zu Mittag nimmt man nur einen kleinen Lunch zu sich, ein belegtes Brötchen, eine Fleischkrokette aus dem Wandautomaten (»Essen aus der Mauer«, ▶ S. 473) oder eine Suppe. Viele Restaurants öffnen deshalb auch erst abends.

Nachmittagstee

Nachmittags und nach dem Abendessen gibt es Tee oder Kaffee – mit »koekje«, einem Keks. Heißgeliebt ist der »appeltaart« (Apfelkuchen).

Abendessen

Das Abendessen ist die **Hauptmahlzeit**. Traditionelle Gerichte werden meist mit Kartoffeln zubereitet, am liebsten in Form von Kartoffelbrei, mit jeglicher Art von Gemüse von Möhren bis Endivie vermengt. Ein Stück Fleisch samt Soße dazu, fertig ist das Nationalgericht: Stamppot. Aber auch Einflüsse aus fremden Ländern haben Einzug gehalten. Die internationalen, vor allem asiatischen Angebote in den Supermärkten finden reißenden Absatz.

Öffnungszeiten und Etikette

In den meisten Restaurants ist die Küche von 18 bis 22 Uhr geöffnet. Freie Platzwahl ist nicht üblich, der Gast wird an seinen Tisch geleitet. Die Preise in den Restaurants, Gaststätten und Imbissstuben schließen Bedienung und Mehrwertsteuer ein, doch 5–10 % Trinkgeld sind üblich. Auch wenn man sich zu mehreren trifft, kann separat abgerechnet werden, allerdings wird das nicht gerne gesehen.

FEIERN

Wenn die Niederländer feiern, tun sie es gerne mit einem Umzug oder einer Parade. Die Monarchie bietet dazu einige Anlässe, wie Konings- und Prinsjesdag. Und das Volk feiert begeistert mit!

Prinsjesdag

Der Prinsjesdag wird am dritten Dienstag im September in Den Haag begangen. Der Umzug startet im Paleis Noordeinde, Ziel ist der Binnenhof, wo König Willem-Alexander im Ridderzaal (Rittersaal) seine **jährliche Thronrede** hält. Hauptattraktion sind vier Kutschen: zwei Zweispänner, in denen der Kammerdiener des Königs, der Zeremonienmeister, der »Grootmeester« des Hofes und der »Grootmeester« des Königs sitzen, im nachfolgenden Vierspänner Prinz Constantijn (der jüngste Bruder des Königs) und seine Frau Prinzessin Laurentien und zum Schluss die von acht Pferden gezogene **Gläserne Kut-**

sche König Willem-Alexander und Königin Máxima. Die traditionell eingesetzte **Goldene Kutsche** steht nach ihrer Restaurierung nun im Amsterdam Museum, da die Malereien auf den Seiten (»Huldigung der Kolonien«) inzwischen als rassistisch gewertet werden. Begleitet wird der Tross von Lakaien, Musikkapellen und anderen Teilnehmern in historischen Uniformen. Zigtausende Zuschauer säumen den Weg, und jede Minute werden am Rand des nicht weit entfernten Malieveldes Salutschüsse abgefeuert. Geschrieben wird die halbstündige Thronrede übrigens nicht vom König selbst, sondern traditionell vom amtierenden Regierungschef. In der Rede gibt die Regierung ihre Politik für das kommende Jahr bekannt. Nach dem Verlesen der Thronrede fährt der König mit seinem Gefolge zurück zum Paleis Noordeinde, wo sich die königliche Familie auf dem Balkon des Palastes noch einmal der Öffentlichkeit zeigt und vom Publikum bejubeln lässt.

Oranje ist Trumpf

Auffällig sind an solchen Festtagen auch die Outfits: Bei der Parade und vor dem Palast erscheinen viele Schaulustige in »oranje«, und zahlreiche Zuschauerinnen, die es der Königin gleichtun wollen, sind am Prinsjesdag besonders herausgeputzt. Dabei darf vor allem ein möglichst ausgefallener Hut nicht fehlen. Daher sprechen die Niederländer auch von der **»Hoedjesparade«**, der Hütchenparade. Und so gehört zum Prinsjesdag auch eine nette Gepflogenheit: Vor-

VERANSTALTUNGSKALENDER

GESETZLICHE FEIERTAGE
Neujahr (1. Januar), Karfreitag, Ostermontag, Königstag (27. April), Befreiungstag (5. Mai), Christi Himmelfahrt, Pfingstmontag, Weihnachten (25., 26. Dez.)

JANUAR

SCHEVENINGEN
Nieuwjaarsduik: An jedem Neujahrstag starten hartgesottene Schwimmer mit orangefarbenen Wollmützen am Scheveninger Pier zum Lauf über den Strand in die Nordsee.

FEBRUAR

SÜDLICHE PROVINZEN
Karneval: Farbenfrohe Umzüge und Feste, die vor allem in den Städten s'Hertogenbosch und Maastricht stattfinden.

DEN HAAG
In Chinatown wird das chinesische Neujahrsfest gefeiert.

ROTTERDAM
Internationale Messe für zeitgenössische Kunst: Art Rotterdam.

MÄRZ

LELYSTAD
Hiswa: Größte Wassersportmesse der Niederlande. In der Mitte der Ausstellung befindet sich ein Bootssteg mit einer Vielzahl großer Segel- und Motorjachten.

KONINGSDAG

Der Königstag am 27. April ist der Nationalfeiertag der Niederlande. Er wird im ganzen Land mit Umzügen, Konzerten und Märkten gefeiert. Und die königliche Familie gibt sich in einer Gemeinde die Ehre.

Ein Tag ganz in Orange, der Farbe des Königshauses von Oranien. Orangefarbene Hüte, Perücken, Blusen, Federboas, Bikinis, Schirme, Röcke, Hosen, Socken, Hemden, Plastikkronen – an diesem Tag trägt fast jeder Niederländer **mindestens ein Kleidungsstück in Orange**. Auch die Flaggen an den Kirchtürmen und Häusern sowie der »Oranje-Bitter«, ein Likör, sind in Orange. Und es wird landesweit ausgiebig gefeiert – mit Paraden, Volksfesten, Musikveranstaltungen. In den meisten großen Städten beginnen die Feiern schon am Vorabend, am 26. April, der Volksmund spricht auch von der »Koningsnacht«, Königsnacht. Dann geht es in vielen Kneipen hoch her – bis tief in die Nacht.

Am Königstag darf sich jeder Niederländer als Händler betätigen, das heißt auf dem **Vrijmarkt**, einer Art Flohmarkt, einen Klapptisch aufbauen und verkaufen, was er will. Die Einnahmen dieses Tages muss er nicht versteuern. Für viele Erwachsene und Kinder ist der Vrijmarkt allein schon ein Fest. Antiquitäten, Buchraritäten, ausgefallene Kleidungsstücke oder altes Spielzeug – hier wird man immer fündig. In Utrecht beginnt der Vrijmarkt bereits am 26. April um 18 Uhr. Schnäppchenjäger sollten sich zeitig auf den Weg nach Amsterdam-Zuid machen; der Vrijmarkt bei der Apollolaan und Beethovenstraat fängt schon um 6 Uhr morgens an. Der Amsterdamer Vondelpark ist am Koningsdag für die Kinder reserviert, die hier musizieren, Theaterstücke aufführen und Spielsachen verkaufen. Und auch auf den Grachten herrscht Rummel: Jeder kann ein Boot mieten und durch die Grachten tuckern.

Geburtstag des Königs

Im Jahr 1889 wurde der Tag zum ersten Mal gefeiert, und zwar am 31. August, am Geburtstag von Prinzessin Wilhelmina. Mit dem **»Prinzessinnentag«**, wie er zunächst noch hieß, wollte die damalige Regierung die nationale Einheit bekräftigen. Nach dem Tod von König Wilhelm 1890 wurde der 31. August in Koninginnedag umbenannt. Als 1949 Prinzessin Juliana auf den Thron kam, verlegte man den Königinnentag auf den 30. April, ihren Geburtstag. Die ab dem 30. April 1980 amtierende Königin Beatrix I. ordnete in ihrer Thronrede an, den 30. April zum Gedenken an ihre Mutter Juliana als Koninginnedag beizubehalten; außerdem sei ja an ihrem eigenen Geburtstag, am 31. Januar, das Wetter meist nicht besonders einladend. Als Willem-Alexander 2013 den Thron bestieg, musste der Tag nur wenig verschoben werden, denn sein Geburtstag ist der 27. April.

Königlicher Auftritt

Seit 1981 besucht die königliche Familie an ihrem Festtag **jedes Jahr eine Gemeinde**, immer in einer anderen Provinz. Früher waren es gleich zwei Gemeinden pro Jahr – das wurde für manch ein Mitglied der Familie schon mal zur harten Prüfung. Beim Besuch

Am Königstag zeigt sich das ganze Land in Orange.

der beiden Städtchen Rhenen und Veenendaal in der Provinz Utrecht 2012 etwa musste der damalige Kronprinz Willem-Alexander zuerst zum Kloschüssel-Weitwurf antreten, dann folgten Seifenkistenrennen und Tauziehen, wobei ihn seine Frau Máxima tatkräftig unterstützte. Heute besucht die Königsfamilie nur noch eine Gemeinde, während eines Defilees zeigt sich die Königsfamilie »dem Volk«, und danach findet ein Konzert statt.

Attentat 2009

Ein tragisches Ende nahm 2009 der Besuch in **Apeldoorn**. Als die Königsfamilie im offenen Bus durch die Stadt fuhr, raste nur 15 m entfernt ein 38-jähriger Niederländer mit seinem Kleinwagen mit hoher Geschwindigkeit in die Zuschauermenge. Dabei tötete er sieben Menschen und verletzte neun weitere Personen, bevor sein Auto gegen ein Denkmal prallte und abrupt zum Stehen kam. Der schwer verletzte Fahrer gab bei einer Vernehmung zu, Ziel seines Anschlags sei eigentlich die Königsfamilie gewesen. Er habe mit seinem Auto in den Bus fahren wollen, habe aber vorher die Kontrolle über sein Fahrzeug verloren. Kurz nach dem Attentat verstarb der Täter in einem Krankenhaus. An diesem Tag wurden landesweit die Feiern abgesagt.

Nur ein Getränk!

Natürlich fließt am 27. April auch reichlich Alkohol. Um zu vermeiden, dass zu viele Betrunkene das Festbild stören, darf man nur noch ein alkoholisches Getränk in der Hand halten. Übrigens wird im **»Museum Buren en Oranje«** in der alten Festungsstadt Buren, 11 km südlich von Wijk bij Duursstede, das ganze Jahr über Koningsdag gefeiert (www.museumburenenoranje.nl).

MAASTRICHT

The European Fine Art Fair (TEFAF): Diese internationale Antiquitätenmesse ist die wichtigste auf der Welt auf dem Gebiet der Malerei von holländischen und flämischen Meistern des 17. Jahrhunderts; aber auch zeitgenössische Kunst, Silber, Schmuck, Möbel, Bücher, Manuskripte und Textilien werden verkauft.

APRIL

NOORDWIJK – HAARLEM

Blumenkorso Bollenstreek: Prächtig geschmückte Blumenwagen fahren am Samstag ab 9.30 Uhr von Noordwijk nach Haarlem (abwechselnd umgekehrt).

LISSE

Die Tulpenblüte lockt Blumenliebhaber in den Bollenstreek und zum Keukenhof, wo die weltweit größte Blumenschau stattfindet. (▶ S. 113, S. 115)

LANDESWEIT

27. April: Koningsdag (Königstag): Anlässlich dieses nationalen Feiertags werden die Städte mit Nationalflaggen geschmückt und es gibt im ganzen Land große Stadtfeste. Besonders ins Zeug legt sich die – jährlich wechselnde – Gemeinde, die an diesem Tag von Seiner Majestät samt der königlichen Familie besucht wird. Gut zu wissen: Fällt der Königstag auf einen Sonntag, dann wird am Samstag gefeiert. (▶ Baedeker Wissen, S. 486)

MAI

IM GANZEN LAND/AMSTERDAM

Befreiungstag: Am 5. Mai wird mit Festivals und Popkonzerten das Ende des Zweiten Weltkrieges in den Niederlanden gefeiert. Am Vorabend wird der Nationale Totengedenktag (Nationale Dodenherdenking) mit zwei Schweigeminuten auf dem Dam in Amsterdam begangen.

BREDA

Breda Jazz Festival: Das älteste und größte Gratis-Jazzfestival der Niederlande.

JUNI

SCHEVENINGEN

Vlaggetjesdag: Buntes Fischereifest im Hafen von Scheveningen. Die Schiffe sind mit Hunderten farbiger Flaggen verziert. Das erste Matjesfass der Saison wird für einen guten Zweck versteigert.

AMSTERDAM

Holland-Festival: Neue Wege der Bühnenkunst. Einen Monat lang treten die renommiertesten Künstler der Welt auf. Für die Besucher gibt es Oper, Theater, Musik, Tanz und Film.
Tag der offenen Gärten: Am dritten Juni-Wochenende öffnen Amsterdamer Grachtengärten ihre – sonst verschlossenen – Tore.

ASSEN

TT Assen: Internationales Motorrad-Straßenrennen um den Grand Prix der Niederlande.

INSEL TERSCHELLING

Oerol: Zehn Tage lang ist die Insel eine einzige große Bühne für Theater, Kunst und Musik.

JULI

ROTTERDAM, DEN HAAG, UTRECHT UND AMSTERDAM

Parade: Umherziehendes Kultur-Festival, das für jeweils eine Woche in Rotterdam, Den Haag, Utrecht und Amsterdam die Zelte aufbaut.

AMSTERDAM

Julidans: Internationales Festival für modernen Tanz.

Beim Maastrichter Karneval sind die »wilden Frauen« los.

Gay Pride: Heteros, Schwule, Lesben und Transgender feiern während der Canal Pride auf 80 Booten eine schrill-bunte Party.

ROTTERDAM

North Sea Jazz: Rund 1000 Jazzmusiker, von Stars bis zu Newcomern, bieten auf 13 Bühnen gleichzeitig rund acht Stunden täglich Livemusik.

LEIDEN

Werfpop: Das älteste und größte Open-Air-Festival der Stadt.

AUGUST

AMSTERDAM

Grachtenfestival: Klassisches Konzert in den Grachten.

MEDEMBLIK

Regatta: Die internationale Elite der Segler- und Windsurfer (mehrere hundert Teilnehmer) kämpft in zehn Bootsklassen um den Sieg.

MAASTRICHT

'T Preuvenemint: Kulinarisches Festival auf dem Vrijthof.

GRONINGEN

Noorderzon: Elftägiges Festival rund um die Themen Theater, Musik, Literatur, Fotografie und Tanz.

SNEEK

Sneekweek: Eine Woche Wettsegeln mit den unterschiedlichsten Bootstypen. Gleichzeitig gibt es zudem verschiedene Veranstaltungen an Land.

SEPTEMBER

ROTTERDAM

Welthafentage: Verschiedene Veranstaltungen bieten hier Einblick in das Geschehen im Hafen, unter anderem Bus- und Bootstouren, Schiffsbesichtigungen, Exkursionen zu Hafenbetrieben, Bootsparade sowie spektakuläre Showeinlagen auf dem Wasser erwarten die lokalen und internationalen Gäste.

LANDESWEIT

Zum »Open Monumentendag« öffnen über 3500 Denkmäler (Türme, Mühlen, Herrenhäuser), die sonst geschlossen sind.

DEN HAAG
Prinsjesdag: Offizielle Eröffnung der neuen Parlamentsperiode, zu der der König samt Hofstaat in der Gläsernen Kutsche vorfährt. (► S. 484)

ZUNDERT UND LICHTENVOORDE
Blumencorsos: Blumengeschmückte Prunkwagen sorgen für ein farbenfrohes Schauspiel.

OKTOBER

LEIDEN
Leidens Ontzet: Am 3. Oktober feiert die Stadt während eines großen Festes die Befreiung von den Spaniern.

ZEELAND
Küstenmarathon: Einer der schönsten, aber auch schwersten Marathons der Niederlande.

NOVEMBER

EINDHOVEN
Glow: Rund 30 Lichtkunstwerke erhellen die Stadt.

WINSCHOTEN
Adrillenmarkt: Mit gut hundert Ständen ist er der größte Markt in der Provinz Groningen.

MAASTRICHT
Jumping Indoor (JIM): Internationales Hallenreitturnier.

LANDESWEIT
In vielen Städten mit Wasser wird Mitte November die Ankunft von Sinterklaas mit dem Schiff aus Spanien gefeiert.

DEZEMBER

DEVENTER
Mitte Dezember erwecken während des Dickens-Festijn über 950 verkleidete Personen die Bücher des englischen Autors zum Leben.

LANDESWEIT
Sinterklaas am 5.12. ist vergleichbar mit dem deutschen Nikolaus. Es findet am Abend im Kreis der Familie der »pakjesavond« statt – mit Geschenken in kreativ gebastelten Verpackungen und selbst geschriebenen Gedichten.

GOUDA
Gouda bei Kerzenlicht: Mitte Dezember werden das gotische Stadthaus und die Häuser rund um den Markt weihnachtlich beleuchtet. Der Bürgermeister der Satdt trägt öffentlich das Weihnachtsevangelium vor. Weihnachtslieder werden zusammen gesungen.

LANDESWEIT
Die Tradition der Weihnachtsmärkte hat auch in den Niederlanden Einzug gehalten. Besonders schön sind sie vor der Kulisse von Schlössern, wie zum Beispiel dem Schloss in Zeist (Slot Zeist), und besonders ausgefallen, weil unterirdisch, in der Gemeindegrotte im Städtchen Valkenburg. (► S. 369)

MAASTRICHT
Während Magisch Maastricht verwandelt sich der Vrijthof in einen großen, weihnachtlichen Vergnügungspark mit Riesenrad und Eislauffläche. (► S. 295)

---

her gibt es immer ein großes Rätselraten darüber, welchen Hut die Königin denn tragen wird. Die liebgewonnene Tradition hat sogar den Thronwechsel überlebt, denn wie ihre Schwiegermutter mag auch Königin Máxima extravagante Hüte.

SHOPPEN

Natürlich gibt es auch in den Niederlanden Filialen der großen Ladenketten. Dennoch stößt man in den Gassen der Altstädte auf erstaunlich viele kleine und hübsche Läden, die Kleider, Kissen, Kerzen, Käse und ähnliche Dinge anbieten, die man vielleicht nicht unbedingt braucht, aber gerne haben möchte.

Märkte

Der **Wochenmarkt** blickt in vielen niederländischen Städten auf eine jahrhundertealte Tradition zurück. Die Delfter feiern seit dem 12. Jh. ihren Markttag am Donnerstag, in Gouda ist es der Samstag. Auf diesen Märkten findet man die besten Angebote an frischen Schnittblumen, Obst, Gemüse, verschiedenen Käsesorten, frischem Fisch und jeglicher Art von Hering sowie sonstigen landwirtschaftlichen Produkten aus der Region; Schnäppchenjäger werden an den Ständen für Bekleidung und Schuhe fündig. Der »Haagse Markt« in Den Haag ist Europas größter Markt unter freiem Himmel, an vier Tagen in der Woche werden einheimisches Gemüse und Obst, aber auch orientalische Spezialitäten, Kleidung, Werkzeug etc. verkauft. Amsterdam verfügt über einige große Märkte; der Albert Cuypmarkt im Stadtviertel De Pijp ist der berühmteste, gefolgt vom Trödelmarkt auf dem Waterlooplein. Ein einmaliges Erlebnis sind die **Käsemärkte** von Alkmaar, Edam und Gouda oder der **Pferdemarkt** von Zuidlaren, 18 km nordöstlich von Assen. Deventer gilt in den Niederlanden schon seit Jahrhunderten als Zentrum der Buchdruckkunst; sein einmal im Jahr stattfindender **Büchermarkt** ist der größte in Europa. Eine große Auswahl antiquarischer Bücher findet man auch in der Oudemanhuispoort in Amsterdam nahe der Universität, und auf dem freitäglichen Büchermarkt auf dem Spui treffen sich Autoren und Leser.
www.hollandsemarkten.nl

Einkaufsstraßen

Zu den schönsten **Einkaufsstraßen** im Land zählen De 9 Straatjes und die Haarlemmerstraat in Amsterdam, die Oudegracht in Utrecht, die Nieuwe Oosterstraat und Kleine Kerkstraat in Leeuwarden, die Zwanestraat-Kromme Elleboog und die Folkingestraat in Groningen, Noordeinde in Den Haag sowie die Hinthamerstraat in ´s-Hertogenbosch.

Kaufhäuser

Das attraktivste Warenhaus der Niederlande ist **Bijenkorf** mit Niederlassungen am Dam in Amsterdam, am Coolsingel in Rotterdam und in anderen großen Städten des Landes. **De Passage** in Den Haag, im Jahr 1885 nach dem Vorbild der Pariser Einkaufspassagen erbaut, hat sich immer noch den Charme des ausgehenden 19. Jh.s bewahrt. Sehr großer Beliebtheit im Land erfreut sich auch die Warenhauskette **Hema** (Hollandse Eenheids-prijzen Maatschappij Amsterdam, dt. Holländische Einheitspreis-Gesellschaft Amsterdam), die in den Niederlanden 530 Filialen betreibt und seit 2002 mit 10 Niederlassungen auch in Deutschland vertreten ist. Dort gibt es von Babykleidung über Schreibwaren bis zu Kosmetik alles zu bezahlbaren Preisen und in einem frischen, modernen Design.

Öffnungszeiten

Die meisten Geschäfte sind Dienstag bis Freitag von 9 bis 18 Uhr geöffnet, samstags schließen sie im Allgemeinen um 17 Uhr, viele öffnen montags erst um 13 Uhr. Vielerorts gibt es einen langen Donnerstag oder Freitag, an dem Geschäfte bis 21 Uhr offen bleiben. In den Großstädten öffnen die meisten Läden auch sonntags.

Souvenirs

Typisch niederländisch

Handgeschnitzte Holzschuhe, sog. Klompen, Käse, Tulpenzwiebeln und Delfter Keramik sind die gängigen Mitbringsel, daneben bietet jede Provinz ihr eigenes Kunsthandwerk: bemalte Bauernmöbel in Hindeloopen, Silberwaren in Schoonhoven, Diamanten in Amsterdam, Glasblasarbeiten in Leerdam. Hübsche Souvenirs sind ferner kunstvoll geformte Wachskerzen, lange Tonpfeifen und Kristallwaren.

Antiquitäten

Die Niederlande sind das Land für Liebhaber von Kunst und Antiquitäten (antiquiteiten oder antiek). Allein in Amsterdam tummeln sich über 200 Antiquitätenläden. Aber auch in kleineren Orten, wie den Festungsstädtchen Naarden und Heusden, kommen Antiquitätensammler auf ihre Kosten. Mit seinen vielen Buchantiquariaten und Galerien ist die **Bücherstadt Bredevoort** ein Muss für Bücher- und Kunstfreunde. Da das Städtchen nicht weit von der deutsch-niederländischen Grenze liegt, ist das Angebot an deutschsprachigen Büchern recht groß. Und dank der zahlreichen Galerien ist auch Ootmarsum in Overijssel ein beliebtes Reiseziel von Kunstliebhabern. Neben Möbeln, Glas, Porzellan, Schmuck, Gold- und Silberwaren sowie schönen alten Stichen und Büchern werden in vielen Orten u. a. auch erlesene Jugendstilartikel, persische Miniaturen, nautische Instrumente oder alte Puppen bzw. altes Spielzeug angeboten.

Regionale Produkte

Neben dem bekannten Käse aus Gouda oder Edam gibt es auch den Gewürzkäse mit Kreuzkümmel aus Groningen, Wurst aus Friesland, Lammfleisch aus Texel und Marmelade aus Limburg. Daneben findet man im Land immer mehr kleine Brauereien und sogar Weingüter mit Bieren bzw. Weinen von beachtlicher Qualität. Zeeland, Limburg, Twente und Achterhoek sind aufstrebende Weinregionen. Mit acht Weinbergen kann sich Groesbeek bei Nijmegen stolz das größte Weindorf der Niederlande nennen (▶ Baedeker Wissen,

BAEDEKER ÜBERRASCHENDES

6x ERSTAUNLICHES

Überraschen Sie Ihre Reisebegleitung: Hätten Sie das gewusst?

1. LIEBESBEWEIS

Wussten Sie, dass König **Willem-Alexander** auf den Thron verzichten wollte, hätte das niederländische Parlament seiner Ehe mit Máxima nicht zugestimmt? Da ihr Vater der argentinischen Videla-Diktatur angehörte, war die Hochzeit umstritten. (▶ **S.148**)

2. TULPENFIEBER

Auf dem Höhepunkt der Tulpenmanie im 16. Jahrhundert war eine **Tulpenzwiebel** der seltenen, geflammten Sorte »Semper Augustus« so viel wert wie ein Grachtenhaus. (▶ **S.114**)

3. STRANDREKORD

Die Strände der Watteninsel **Schiermonnikoog** zählen zu den größten Europas. Zum Baden muss man kilometerweit über den menschenleeren Strand laufen. (▶ **S.386**)

4. BLÜTENWUNDER

Die berühmteste Blume der Niederlande, die Victoria-Wasserlilie im **Amsterdamer** Hortus Botanicus, blüht nur zwei Nächte im Jahr: in der ersten Nacht weiß, dann rosa. (▶ **S.92**)

5. HOLZTRETER

Die typischen Holzschuhe, auch **klompen** genannt, stammen gar nicht aus den Niederlanden, sondern aus Südfrankreich.

6. WOHNZIMMER-REMBRANDT

Mir nichts, dir nichts schlendert man durch das Wohnzimmer des alten Herrn Bredius in **Den Haag** und stößt auf einen echten Rembrandt: ein bezauberndes Jesus-Porträt. (▶ **S.146**)

S. 482), mit einem Weinfest Ende September. Leckerbissen, die man unbedingt probieren sollte, sind auch **Haagsche Hopjes** (Bonbons mit sahnigem Kaffee- und Karamell-Geschmack) aus Den Haag, **Zwolse Balletjes** (süße Drops) aus Zwolle, vlaai (Obstkuchen) aus Limburg, roomboterbabbelaars (Karamellbonbons) aus Zeeland, mosterd (Senf) aus Zaandam oder Doesburg, ontbijtkoek (Frühstückskuchen) und kruidkoek (Gewürzkuchen) aus Deventer oder Friesland. Die Friesen sind allgemein für ihre süßen Leckereien bekannt, darunter oranjekoek (friesisches Gebäck) sowie dúmkes und drabbelkoek (zwei Keksarten). Stroopwafels (Waffeln mit einer Sirupfüllung aus Karamell) aus Gouda sind im ganzen Land auf den Märkten zu erhalten und werden oft vor Ort gebacken. Als Gastgeschenk für Freunde im Ausland kaufen Niederländer gern **speculaas** (Spekulatius), in dekorativen Formen und nach tausend Gewürzen duftend, sowie drop (Lakritze), hagelslag (Schokoladenstreusel) oder pindakaas (Erdnussbutter), weil diese Produkte anderswo oft kaum erhältlich sind. Als Mitbringsel eignet sich auch ein Fläschchen Berenburg (Kräuterbitter) oder Jenever (Wacholderschnaps) sowie Nobeltje, ein Rumlikör von der Insel Ameland. Und auf Terschelling gibt es die herrlichsten Leckereien mit Cranberry: Marmelade, Tee, Likör und Gebäck.

ÜBERNACHTEN

Übernachten im Strandhäuschen mit Meerblick oder im ehemaligen Gefängnis hinter Gittern, Ferien in der Windmühle oder auf dem Hausboot – in den Niederlanden bettet man sich gerne an ungewöhnlichen Orten.

Ausgefallene Unterkünfte

Morgens mit der Brandung aufwachen, den ganzen Tag direkt vor dem Haus am Strand verbringen und abends vom Bett aus den Sonnenuntergang über dem Meer betrachten, bevor man wieder einschläft. Eine Woche oder ein Wochenende in einem Häuschen auf dem Nollestrand von Vlissingen ist ein Erlebnis! Alle 32 **Strandhäuschen** sind komplett eingerichtet und bieten jeweils Platz für sechs Personen. In Vlissingen und auch in anderen Orten in Zeeland gibt es noch weitere ähnliche Unterkünfte. Und auch weiter nördlich werden immer mehr Strandhäuschen angeboten. Direkt am Wasser stehen die **Sonnenhäuser** (sinnehúskes), stilvoll eingerichtete Unterkünfte in der Friesenstadt IJlst; zum Haus gehört jeweils auch ein leicht zu manövrierendes, fast lautloses Elektroboot. Besonderer Clou und für Kinder ein Riesenspaß ist HotTug, die mit Holz beheizte, schwimmende Badetonne. Voll im Trend sind auch die **Heuhaufen-**

hütten (hooiberghutten), komfortable Einrichtungen, die Wanderhütten ähneln und mit Übernachtungsmöglichkeiten für vier bis fünf Personen von Bauern vermietet werden. Vor den Häuschen stehen meist Picknicktische, von denen aus man einen herrlichen Blick über die Felder oder, je nach Lage, auf das Meer hat. In den 1970er-Jahren sind viele Amsterdamer aus purer Wohnraumnot aufs Wasser ausgewichen; so manch einer von ihnen ist dort geblieben. Rund 2500 **Hausboote** ankern heute in den Grachten von Amsterdam; auf vielen kann man auch seinen Urlaub verbringen. Die Hausboote locken mit unterschiedlichen Angeboten: Man kann ein ganzes Boot für sich allein beziehen oder zur Untermiete in einem Zimmer oder Studio wohnen. Wer hingegen Luxus in alten Gemäuern sucht, könnte bei Erfgoed Logies fündig werden. Diese Organisation vermietet Ferienhäuser sowie Bed & Breakfast-Zimmer und -Suiten, die in **historischen Gebäuden**, zuweilen sogar in Schlössern, untergebracht sind. Wie am Nordpol fühlt man sich in den **Iglus** bei Alphen (Noord-Brabant), frei stehenden Kuppeln aus Kunststoff mit Küche und Bad – und, anders als bei der Originalversion, auch mit Heizung.

Hotels

Niederländische Hotels sind in fünf Kategorien unterteilt; Hotels der Luxusklasse glänzen mit 5 Sternen. Das Angebot an Übernachtungsmöglichkeiten ist breit gefächert und reicht vom klassischen Hotel Spaander in Volendam, wo die Eigentümer im Lauf eines

Schlafen direkt am Meer in den bunten Strandhäuschen von Vlissingen

URIGE HOTELS

Ein Hotel hat nur ein Zimmer. Ein anderes Hotel bietet Schlafstätten an, in denen früher Wein gelagert wurde. Im Leuchtturm übernachtet man in luftiger Höhe, in der Windmühle auf dem einstigen Dachboden.

Einzimmer-Hotel

Es nennt sich tatsächlich Grand Hotel. Dabei hängt im Schlüsselkasten an der Rezeption mit Platz für 40 Schlüssel nur ein einsamer Schlüssel. Das **Grand Hotel De Kromme Raake** in Eenrum in der Provinz Groningen verfügt überhaupt nur über ein Zimmer. Vorteil dieses Hotels: kein Geräusch aus dem Nebenzimmer, kein Gedränge am Frühstücksbüffet, und beim Auschecken ist keine Warteschlange an der Rezeption zu befürchten. Unmittelbar rechts neben der Rezeption liegt das Doppelzimmer mit einer separaten Schlafkammer, in der neben dem gemütlichen King-Size-Bett noch ein Fernseher Platz findet. Dazu kommt ein hübsches schwarz-weiß gefliestes Marmorbad mit Wanne und zwei Waschbecken. Das von zwei Künstlern im Art-déco-Stil umgebaute Haus, ein ehemaliges Lebensmittelgeschäft, wurde 1989 als Hotel eröffnet. Inzwischen steht es längst im Guinness-Buch der Rekorde als kleinstes Hotel der Welt. Vor allem Verliebte und frisch Verheiratete schätzen die Behaglichkeit, den Komfort und das hervorragende Frühstück. Viele berühmte Persönlichkeiten sind hier, rund 20 km nördlich von Groningen, schon abgestiegen. Achtung: frühzeitig buchen! Wer dieses gemütliche Zimmer mieten will (was lange im Voraus geschehen sollte) kann zwischen vier Angeboten wählen. Baisc: Übernachtung für zwei Personen; Luxe: Übernachtung für zwei Personen inkl. Groninger Frühstück für 150 €; Grand Luxe: Übernachtung für zwei Personen inkl. Champagnerfrühstück für 175 €; Grand Luxe Speciale: Überraschungsmenü mit vier Gängen am Abend und Übernachtung für zwei Personen inkl. Champagnerfrühstück für 275 €.

Weinfass

Im **Hotel-Restaurant De Vrouwe van Stavoren** kann man ganz normale Zimmer mieten, die einen herrlichen Blick auf das Hafenbecken bieten. Doch wer will das schon, wenn man das Wohnen in einem der vier Weinfässer ausprobieren kann? Die stammen aus der Schweiz und dienten einst zur Lagerung von 14 500 Litern Wein. Die zwei Betten stehen mitten im Weinfass, das mit und ohne Sitzecke angeboten wird. In der Sitzecke hinter dem Weinfass befinden sich Fernseher, Radio und Telefon. Die Übernachtung mit Sitzecke kostet um die 190 €.

Leuchtturm

Drei Stockwerke stehen den Gästen im **einzigen Leuchtturm-Hotel der Niederlande** zur Verfügung. Im ersten befindet sich das Badezimmer, im zweiten der Wohnbereich und im dritten, wo unter der Kupferkuppel einst die Lampe für die Schiffe brannte, eine gemütliche Sitzecke. Hier geht es zudem auf eine gesicherte Plattform hinaus. Schöne Ausblicke gewähren auch die ersten beiden Etagen: der runde Dusch-

Das hat schon seine Ordnung: Im Schlüsselkasten vom Hotel De Kromme Raake hängt nur ein Schlüssel.

bereich (Zähneputzen mit Blick aufs Meer!) und das Schlafzimmer, wo man dank der Rundumverglasung vom Bett aus die herrliche Aussicht genießen kann. Gebaut wurde der 22 m hohe Harlinger Leuchtturm zwischen 1920 und 1922, bis 1998 war er in Betrieb. Eine Nacht für zwei Personen kostet stolze 348 €, am Wochenende 379 €, doch die Anfrage ist groß. Die Wartezeit für eine Buchung beträgt bis zu zwei Jahren. Als Alternative wird eine Übernachtung im schwenkbaren Hafenkran oder im Rettungsboot angeboten.

Windmühle

»Molen Hunsingo« ist eine Kornmühle von 1855 im malerischen Dorf Onderdendam nördlich von Groningen. Beide Dachböden (die einstigen Getreide- und Mahlböden) sind zu komfortablen Apartments umgebaut. Sowohl von den Wohnzimmern als auch vom Gerüst der Mühle hat man einen schönen Ausblick u.a. auf den Kanal direkt vor dem Mühleneingang. Eine Nacht für zwei Personen kostet 115 €.

GRAND HOTEL DE KROMME RAAKE
Molenstrat 5, NL-9967 Eenrum
Tel. 05 95 / 49 16 00
www.hoteldekrommeraake.nl

DE VROUWE VAN STAVOREN
Havenweg 1, NL-8715 Stavoren
Tel. 05 14 / 68 12 02
www.hotel-vrouwevanstavoren.nl

VUURTOREN VAN HARLINGEN
Havenweg 1, NL-8861 Harlingen
Tel. 05 17 / 41 44 10
www.vuurtoren-harlingen.nl

MOLEN HUNSINGO
Uiterdijk 4, NL-9959 Onderdendam
Tel. 0 50 / 2 04 17 32
www.restaurantdemolenaar.nl

NÜTZLICHE ADRESSEN

BED & BREAKFAST
www.bedandbreakfast.nl

STAYOKAY HOSTELS
www.stayokay.com

WANDERHÜTTEN
www.trekkershutten.nl

CAMPING
www.nederland-camping.nl
www.natuurkampeerterreinen.nl

CAMPING AUF DEM BAUERNHOF
www.vekabo.de
www.svr.nl

FERIENPARKS
www.urlaubholland.de/ferienparks

AUSGEFALLENE UNTERKÜNFTE

HEUHAUFENHÜTTEN
www.hooiberghutten.nl

SONNENHÄUSER
Am Wasser mit Boot vor der Tür
www.werfijlst.nl

HAUSBOOTE
... in Amsterdam
www.bookahouseboat.com

HISTORISCHE GEBÄUDE
www.erfgoedlogies.nl/de

STRANDHÄUSCHEN
www.slaapstrandhuisje.nl
www.strandhuisjes.info

IM HAFENKRAN
... in Harlingen:
www.havenkraan.nl/de
... in Amsterdam:
http://faralda.com

IM RETTUNGSBOOT
... in Harlingen:
https://www.reddingsboot.nl/de/

IM GEFÄNGNIS
... in Leeuwarden:
in https://alibihostel.nl
... in Roermond
www.hetarresthuis.nl/de

Jahrhunderts eine einzigartige Gemäldesammlung angelegt haben, bis zur ehemaligen Zentrale der Schifffahrtslinie Holland-Amerika, heute das sehenswerte Hotel New York in Rotterdam. Manche Einrichtungen werden immer raffinierter. So bietet das Hotel Klein-Zwitserland in Slenaken (Zuid-Limburg) neben Sauna und Dampfbad auch ein Schwimmbad im dritten Stock mit Blick auf das wunderschöne Gulpdal. Achtung: In einigen Städten, so in Amsterdam, muss man mit einer zusätzlichen Steuer von ca. 7–10 % pro Übernachtung rechnen!

Bed & Breakfast Wer die Niederländer näher kennen lernen möchte, sollte sich für ein Privatzimmer bzw. Bed & Breakfast entscheiden. Ca. 4000 Adressen für Übernachtung und Frühstück gibt es in allen zwölf Provinzen, auch schon mal in einem Gartenhaus oder in einem umgebauten

Stall. Alle Kategorien sind vertreten: von schlicht bis luxuriös. Die Klassifizierung mit dem Tulpen-Symbol macht die Wahl einfacher.

Stayokay Hostels

Bei den 20 Stayokay Hostels handelt es sich um **ehemalige Jugendherbergen** mit neuem Outfit. Sie stehen jedem offen; Einzelreisende, Familien oder Gruppen sind gleichermaßen willkommen. Viele Hostels sind in besonderen Gebäuden untergebracht. In Bunnik, Heemskerk und Domburg schlafen die Gäste jeweils in einem Schloss, in Rotterdam kann man in den berühmten Kubushäusern übernachten.

Camping

Zu Recht gelten die Niederländer als passionierte Camper. Dementsprechend groß ist das Angebot an Campingplätzen, von denen viele auch einfache Wanderhütten (»trekkershutten«) als Unterkunft anbieten. Als neuer Urlaubstrend gilt Glamping, Luxuscamping in fertig aufgestellten Mietzelten für Familien und Ferienhäuschen, die jeweils über recht komfortable Einrichtungen verfügen.
Beliebt ist auch das Campen in der freien Natur oder auf einem Bauernhof. Wer Stille und Natur mag und abends gern am Lagerfeuer sitzt, kann zwischen 140 Naturcampingplätzen wählen. Vor allem Wanderer und Radfahrer schätzen diese Plätze, die im ganzen Land zu finden sind. Wer kein Zelt dabeihat, übernachtet in einer Wanderhütte. Beim Camping auf dem Bauernhof darf man, wenn man Lust hat, dem Bauern bei der Arbeit helfen.
Wildes Zelten ist verboten, auch das Übernachten in Wohnmobilen außerhalb der Campingplätze ist nicht gestattet.

Ferienparks

Große Ferienhaus- und Bungalowparks wie Centerparcs oder Roompot haben neben oft mehr als 100 Bungalows auch Spaßbäder, einen Supermarkt, Restaurants und viel Entertainment im Angebot. In kleineren Parks geht es familiärer zu.

P

PRAKTISCHE INFOS

Wichtig, hilfreich, präzise

Unsere Praktischen Infos helfen in allen Situationen in den Niederlanden weiter.

Rotterdams Hauptbahnhof Rotterdam Centraal ist auch ein architektonisches Highlight. ►

STATION
M
Rotterdam Centraal

KURZ & BÜNDIG

ELEKTRIZITÄT
220 Volt/50 Hz; Adapter sind nicht notwendig.

GELD

WÄHRUNG
Die Niederlande gehören zur Eurozone; Wechselkurs für den Schweizer Franken: 1 € = 0,95 CHF, 1 CHF = 1,05 €.

BANKEN & GELDAUTOMATEN
In allen größeren Orten gibt es Geldautomaten (ndl. **pinautomaat**), an denen man mit den gängigen Bank- und Kreditkarten Geld abheben kann.

BARGELDLOSES ZAHLEN
ist weit verbreitet, z.B. mit Visa, MasterCard und Maestro. Manche Geschäfte, auch Busse, nehmen gar kein Bargeld mehr an.

SPERRNOTRUF
Bank- und Kreditkarten, Handys und Krankenkassenkarten
Tel. 116 116 (aus dem Ausland mit Vorwahl +49)
www.sperr-notruf.de

NOTRUFE

ALLGEMEINER NOTRUF
Tel. 112 (gebührenfrei)

PANNENHILFE
ANWB (niederländischer Automobilclub)
Tel. 08 82 69 28 88

ACE-NOTRUFZENTRALE STUTTGART
Tel. +49 7 11 5 30 34 35 36

ADAC-NOTRUFZENTRALE
Tel. +49 89 22 22 22

ADAC-AMBULANZSERVICE
Medikamentenempfehlungen bei leichten Beschwerden sowie in ernsten Fällen Veranlassung eines Rücktransports.
Tel. +49 89 76 76 76

VORWAHLNUMMERN

IN DIE NIEDERLANDE
00 31

AUS DEN NIEDERLANDEN
nach Deutschland
00 49
in die Schweiz
00 41
nach Österreich
00 43

WAS KOSTET WIE VIEL?
1 l Superbenzin: rund 2 €
Einfaches Essen:
Hauptgericht: ab 15 €
0,25 l Bier: ab 2,90 €
Kaffee: ab 2,50 €

Preise für Restaurants: ▶ S. 4
Preise für Hotels: ▶ S. 4

ZEIT

MITTELEUROPÄISCHE ZEIT (MEZ)

SOMMERZEIT
Ende März bis Ende Okt.
MEZ + 1 Std.

ANREISE · REISEPLANUNG

Anreisemöglichkeiten

Mit dem Bus

Von vielen deutschen Großstädten gibt es regelmäßige Fernbusverbindungen, Wochenendfahrten oder längere Arrangements.

Mit der Bahn

Gute Verbindungen bestehen u. a. mit dem ICE International. Mit dem **Sparpreis Europa** der Deutschen Bahn kostet eine einfache Fahrt von Köln oder Düsseldorf nach Amsterdam ab 19,90 €, von Frankfurt am Main und Berlin nach Amsterdam ab 37,90 €.

Mit dem Auto

Über die Autobahnen sind die Niederlande gut zu erreichen: der Süden über die A 4 (Köln – Aachen) nach Maastricht – Eindhoven bzw. Maastricht – Antwerpen (Belgien) Richtung Zeeland sowie über die A 52 (Mönchengladbach – Roermond) und A 61 (Mönchengladbach – Venlo), die Landesmitte über die A 57 (über Krefeld und Moers) nach Nijmegen und über die A 3 (ab Oberhausen) nach Arnhem, der Norden über die A 30 (ab Osnabrück) nach Apeldoorn sowie über die A 28 (ab Oldenburg), A 31 und A 280 nach Groningen.

Mit dem Flugzeug

Internationales Drehkreuz ist der Flughafen **Amsterdam-Schiphol**. Von Innsbruck, Salzburg und Wien wird auch nach Eindhoven und nach Rotterdam-The Hague geflogen.

Ein- und Ausreisebestimmungen

Personalpapiere

Bürger aus der EU und der Schweiz müssen einen gültigen Personalausweis oder Reisepass mitführen. Kinder benötigen ein eigenes Reisedokument – je nach Alter einen Kinderreisepass, Reisepass oder Personalausweis.

Fahrzeugpapiere

Nationaler Führerschein und Kraftfahrzeugschein sind mitzuführen; die Mitnahme der Internationalen Grünen Versicherungskarte ist empfehlenswert.

Haustiere

Im vorgeschriebenen EU-Heimtierpass müssen die Kennzeichnung des Tieres durch Mikrochip und eine gültige Tollwutimpfung eingetragen sein. Die Impfung muss mindestens 28 Tage zurückliegen, darf aber nicht länger als zwölf Monate vor der Einreise erfolgt sein.

Zollbestimmungen

EU-Binnenmarkt Innerhalb der Europäischen Union ist der Warenverkehr für private Zwecke weitgehend zollfrei. Es gelten lediglich noch gewisse obere Richtmengen: 800 Zigaretten, 400 Zigarillos, 200 Zigarren, 1 kg Rauchtabak; 10 l Spirituosen, 90 l Wein (davon max. 60 l Schaumwein) und 110 l Bier.

Schweizer Staatsbürger Für Schweizer gelten wesentlich geringere Freimengen, beispielsweise 200 Zigaretten oder 50 Zigarren oder 250 g Schnitttabak, 2 l alkoholische Getränke bis 22% Alkoholgehalt oder 1 l alkoholische Getränke mit mehr als 22 % Alkoholgehalt. Souvenirs sind bis zu einem Wert von 300 CHF zollfrei.

NÜTZLICHE ADRESSEN

BAHN

DEUTSCHE BAHN
www.bahn.de

BUS

FLIXBUS
www.flixbus.de

Über den Afsluitdijk führen die Autobahn A7 sowie ein Rad- und Gehweg.

Krankenversicherung

Wer vermeiden möchte, dass er die Arztkosten vor Ort vorstrecken muss, lässt sich vor der Reise bei seiner Krankenkasse die **Europäische Krankenversicherungskarte** ausstellen. Damit kann man sich in den Niederlanden unmittelbar an einen praktischen Vertragsarzt (Huisarts) wenden. Allein dieser entscheidet, ob die Behandlung von einem Facharzt fortgesetzt wird.

Gesetzliche Krankenkassen

Die Kosten für einen Rücktransport übernehmen die gesetzlichen Krankenkassen generell nicht, nicht selten empfiehlt sich für diesen Fall der Abschluss einer privaten Auslandskrankenversicherung.

Private Reisekrankenversicherung

AUSKUNFT

NÜTZLICHE ADRESSEN

NIEDERLÄNDISCHES BÜRO FÜR TOURISMUS & CONVENTION (NBTC)

Auf der Website gibt es umfassende Informationen zu Reisen in die Niederlande.
Postfach 27 05 80
D-50511 Köln
www.holland.com

INTERNET

Onlinebuchung niederländischer Hotels in deutscher Sprache:
www.booking.com
www.hotels.nl/de

Praktisch für Camper und Segler: Die Website des Königlich Niederländischen Meteorologischen Instituts informiert über das Wetter – auf Niederländisch und Englisch:
www.knmi.nl

Seite zu den Unterschieden zwischen deutscher und niederländischer Sprache und Kultur:
www.buurtaal.de

DIPLOMATISCHE VERTRETUNGEN

IN DEN NIEDERLANDEN

Deutsche Botschaft
Groot Hertoginnelaan 18 - 20
NL-2517 EG Den Haag
Tel. 0 70 / 3 42 06 00
www.niederlande.diplo.de

Österreichische Botschaft
Van Alkemadelaan 342
NL-2597 AS Den Haag
Tel. 0 70 / 3 24 54 70
www.bmeia.gv.at/oeb-den-haag

Schweizer Botschaft
Lange Voorhout 42
NL-2514 EE Den Haag
Tel. 0 70 / 3 64 28 31
www.eda.admin.ch/denhaag

IN DEUTSCHLAND

Niederländische Botschaft
Klosterstr. 50 D-10179 Berlin
Tel. 0 30 / 20 95 60
www.netherlandsworldwide.nl

IN ÖSTERREICH
Niederländische Botschaft
Opernring 5 – 7
A-1010 Wien
Tel. 01 / 58 93 90
www.netherlandsworldwide.nl

IN DER SCHWEIZ
Niederländische Botschaft
Seftigenstrasse 7, CH-3007 Bern
Tel. 0 31 / 3 50 87 00
www.netherlandsworldwide.nl

VVV VVVs (Vereniging voor Vreemdelingenverkeer; Niederländischer Fremdenverkehrsverein) im ganzen Land betreuen (noch) Reisende und Auskunftsuchende. Da sich jedoch immer mehr Urlauber über das Internet informieren, schrumpft die Zahl der VVV-Läden seit einiger Zeit und diese werden von kommunalen oder privaten Büros ersetzt (▶ Reiseziele von A bis Z).

DROGEN

Coffeeshops Besitz von Rauschgift ist in den Niederlanden **verboten**, der Erwerb von kleinen Mengen (max. 5 g pro Person und Tag) weicher Drogen wie Marihuana und Haschisch in Coffeeshops wird aber toleriert. Seit 2013 muss man in den Provinzen Limburg, Gelderland und Noord-Brabant allerdings nachweisbar Einwohner der Niederlande sein, um Zugang zu Coffeeshops zu haben. Damit wurde ein Cannabis-Tourismus aus Deutschland in den grenznahen Regionen unterbunden. In allen anderen Provinzen ist der Zugang frei für jeden über 18 Jahre.

ETIKETTE

Toleranz Die Niederländer gelten als ein tolerantes Volk, über kleine Verrücktheiten oder unkonventionelles Auftreten wundert man sich kaum. Die persönliche Freiheit zählt viel, so toleriert man auch die Schrullen der anderen. Diese Toleranz ist Folge des demokratischen Selbstverständnisses der Gesellschaft. Weit mehr als die Deutschen identifizieren sich die Niederländer mit ihrem Land. Gleiches gilt für die Arbeit: Gemeinschaftlich diskutiert man, dann werden Kompromisse gesucht und kollektive Entscheidungen getroffen, an deren Umsetzung jeder aktiv mitwirkt. **Pünktlichkeit** wird nicht nur bei den Deutschen groß geschrieben, auch bei den Niederländern. Seine Mitmen-

schen zu achten gilt als Grundprinzip. Überhaupt gilt das Gesagte: Es zählt weniger die rhetorische Gewandtheit, als die Qualität der Argumente. Kein Wunder, dass klassische deutsche Statussymbole eher als Angeberei aufgefasst werden: Ob Fahrrad oder Limousine, Markenprodukt oder Imitat, Titel oder nicht – das ist den Niederländern ziemlich egal.
Zuwanderer aus den ehemaligen Kolonien und Arbeitsmigranten machen **Amsterdam** zu einer **Multikulti-**Metropole. Doch was in der kulturellen und kulinarischen Szene der Innenstadt noch als Bereicherung empfunden wird, stellt in der Satellitenstadt Bijlmermeer ein massives Sozialproblem dar. Vor allem dieses Ausländerghetto zeigt, dass auch der tolerante niederländische Staat noch kein Allheilmittel gegen mangelnde Integration, Ausländerfeindlichkeit und Gewalt gefunden hat.

Prostitution

Schönheiten mit Reizwäsche in beleuchteten Schaufenstern ziehen in manchen Straßen Amsterdams nach wie vor Touristen magisch an. In einer alten Handels- und Hafenstadt wie Amsterdam hat aber auch dieses Gewerbe nicht nur Tradition, sondern auch Regeln. **Prostitution** ist in den Niederlanden schon lange legalisiert, die Frauen haben sich gewerkschaftlich organisiert, und ein eigener Sicherheitsdienst überwacht die Ordnung in dem Viertel. Diesen Sicherheitsdienst lernen fröhlich lärmende Touristengruppen relativ schnell kennen, wenn sie beispielsweise versuchen, sich gegenseitig vor einer dieser Amsterdamer »Sehenswürdigkeiten« abzulichten.

Orange

Ein Traum in Orange – das ist Amsterdam am Koningsdag oder an anderen nationalen Feiertagen. Dazu zählen natürlich auch wichtige Spiele der Fußball-Nationalmannschaft. Häuser, Schaufenster, Gaststätten und Autos werden orange geschmückt. Doch auch die Niederländer selbst dekorieren sich, von orangefarbenen Schuhen und Strümpfen bis hin zu Hut oder Perücke. Auch wenn es für Außenstehende eher nach Karneval aussieht – die Niederländer bekennen sich mit freudigem Ernst zu **Oranje** – zu ihrem Land, ihrem König und ihrer Demokratie.

Fußball ist ebenfalls eine ernste Sache. Vor allem bei Spielen zwischen den Niederlanden und Deutschland kochen die nationalen Fußballseelen über: Mit allen Mitteln werden Vorurteile tradiert und die alte Fußballfeindschaft am Leben erhalten. Ein Meilenstein dieser Gegnerschaft war das Endspiel der Weltmeisterschaft 1974, als Deutschland – unverdient aus niederländischer Sicht – den Titel holte. 1988 revanchierten sich die Niederländer mit dem Gewinn der Europameisterschaft in Deutschland. Doch schon bei der WM 1990 kam es mit der Spuckattacke von »Lama« Rijkaard gegen Völler zu einer erneuten Eskalation. Länderspiele zwischen beiden Ländern sind und bleiben hochgradig emotionsgeladen. Solch eine klassische Gegnerschaft hat auch etwas Schönes: Man kann ganze Abende darüber diskutieren.

GESUNDHEIT

Apotheken

Die Apotheken sind Mo. – Fr. 9 – 18 Uhr geöffnet, bei Bereitschaftsdienst auch abends, nachts und am Wochenende. In den Apotheken selbst sowie in der Regel auch bei den einzelnen VVV-Auskunftsbüros (▶ Auskunft) ist ein Informationsblatt über den Apothekennotdienst erhältlich. An der Tür jeder geschlossenen Apotheke findet man die Adresse der nächsten geöffneten Apotheke. Auf der Website www.apotheek.nl kann man unter dem Menüpunkt »Vind een apotheek« eine Apotheke in der Nähe suchen.

Krankenversicherung

▶ Anreise · Reiseplanung

LESETIPPS

Geschichte und Gesellschaft

Mike Dash: Tulpenwahn. List 2001. Kostbarkeiten, für die Millionenbeträge geboten wurden: Das Buch zeichnet den Erfolgszug der Tulpen im 17. Jh. nach und erklärt, was es mit dieser Hysterie wirklich auf sich hatte, die für viele »Tulpenanleger« zum Desaster wurde.

Christoph Driessen: Rembrandt und die Frauen, Pustet 2011. Rembrandt war zwar ein großartiger und berühmter Maler, aber wohl auch ein egozentrischer Mann, der selbst vor Verleumdungen nicht zurückschreckte. Der Autor berichtet sehr kurzweilig über das teilweise recht schwierige Verhältnis Rembrandts zu seinen drei Frauen.

Ulrike Grafberger: Holland für die Hosentasche, Fischer-TB 2016. Warum wirft König Willem-Alexander mit Kloschüsseln? Wie wurde Königin Máxima zur Ehestifterin? Warum gehen die Holländer an Ostern Möbel kaufen? Die Autorin schreibt über die liebenswerten Eigenarten unseres Nachbarlandes.

Romane

Tracy Chevalier: Das Mädchen mit dem Perlenohrring. List 2007. Bezaubernder Roman um die geheimnisvolle Unbekannte, die der Maler Johannes Vermeer auf die Leinwand bannte.

Jaap Robben: Kontur einer Liebe, Dumont 2023. Der Roman spielt in den Sechzigerjahren in den Niederlanden in einem streng katholischen Milieu. Dort wird die unverheiratete Frida schwanger. Sie verliert das Kind und wird zum Schweigen verdonnert. Als sie mit über achtzig Jahren in ein Altersheim zieht, kehren die Erinnerungen zurück.

Guinevere Glasfurd: Worte in meiner Hand, List 2015. Amsterdam in den 1630er-Jahren: Die Magd Helena Jans van der Storm wird René Descartes Lebensgefährtin und spürt bald die Standesunterschiede. Eine Liebesgeschichte vor dem Hintergrund des Goldenen Zeitalters.

Maarten´t Haart: Die Netzflickerin. Piper 2010. Im Mittelpunkt des Geschehens steht ein Apotheker und dessen Liebe zur Netz-flickerin Hillegonda während der deutschen Besatzungszeit. Heimlich versorgt er sie mit Medikamenten für Widerstandskämpfer. 50 Jahre später wird ihn diese Liebe wieder einholen, denn er wird zu Unrecht beschuldigt, Widerstandskämpfer an die Deutschen verraten zu haben.

Tessa de Loo: Die Zwillinge. btb 1997. Die Geschichte von Zwillingsschwestern, die das Schicksal früh trennt: Eine wächst in Deutschland auf, die andere bei holländischen Pflegeeltern. Ihre Begegnung lange nach dem Ende des Zweiten Weltkriegs wird zur Begegnung zweier Kulturen und gerät zur Auseinandersetzung der Täter- mit der Opferseite.

Deborah Moggach: Tulpenfieber, Insel Verlag 2016. Im Jahr 1636 befindet sich die Stadt Amsterdam im Tulpenfieber – und im Liebesrausch, zumindest was die Beziehung zwischen einem jungen Maler und der Frau eines wohlhabenden Kaufmanns betrifft. Das Buch wurde erfolgreich mit Alicia Vikander und Christoph Waltz verfilmt.

Marcel Möring: Der nächtige Ort. Luchterhand 2009. Der Jude Jakob Noah erinnert sich an seinen Überlebenskampf im Zweiten Weltkrieg.

Bildbände

DuMont Bildatlas Nr. 179 Niederlande – Unterwegs im Tulpenland: Mairdumont, Ostfildern 2021. Stimmungsvolle Bilderreise durch die Niederlande mit Special-Themen wie »Eine Majestät zum Anfassen« und Best-Ofs von Märkten, Museen und Unterkünften.

DuMont Bildatlas Nr. 156 Amsterdam – Giebel und Grachten: Mairdumont, Ostfildern 2023. Architektur, Grachten, Kunst und Kultur, Unterhaltung, Shopping, Erholung und Ausflüge – dieser Bildatlas macht Lust auf Amsterdam.

PREISE · VERGÜNSTIGUNGEN

Spartipps

Viele Städte bieten Karten an, mit denen man zahlreiche Ermäßigungen erhält, wie die »I amsterdam City Card« (▶ S. 62) oder die »Rotterdam Welcome Card« (▶ S. 332). Parken in großen Städten ist teuer. Hier sollte man die preiswerten P&R-Parkplätze am Stadtrand nutzen und mit öffentlichen Verkehrsmitteln ins Zentrum fahren (www.parkerenindestad.nl). Auf keinen Fall sollte man das Auto im Halteverbot parken oder nach Ablauf der Parkzeit zum Auto kommen. Die **Bußgelder** sind extrem hoch und belaufen sich auf beispielsweise 95 € fürs Falschparken.

Museen

Die Museumskarte (Museumkaart) ist ein Kalenderjahr gültig und berechtigt zum kostenlosen Eintritt in über 400 Museen (Erwachsene: 75 €; unter 18 Jahren 39 €). Die Karte kann in vielen Museen bezogen werden oder online in deutscher Sprache unter:
www.museum.nl/de/jahreskarte-museen-niederlande

REISEZEIT

Klima

Gemäßigtes Seeklima

Das Klima der Niederlande ist stark vom ausgleichenden Einfluss des Meeres geprägt. Hier sorgen Ausläufer des Golfstroms für ein gemäßigt ozeanisches Seeklima. Kein Punkt im Land ist weiter als 150 km von der Küste entfernt, das bedeutet **milde Winter**, angenehme Sommer und **geringe Temperaturschwankungen**. Mit Regen muss man zu jeder Jahreszeit rechnen.

Küstengebiet

Der Küstensaum mit dem Dünengürtel und den Westfriesischen Inseln ist gegenüber dem Küstenhinterland klimatisch deutlich bevorzugt. Vor allem im Frühsommer ist hier die **Sonnenscheindauer** größer und die Bewölkung geringer als nur wenige Kilometer weiter landeinwärts. Der Grund dafür: Wenn feuchtigkeitsbeladene Luftmassen von der Nordsee her mit den westlichen Winden das Festland erreichen, werden sie über der relativ rauen Landoberfläche abgebremst, stauen sich und steigen auf. Die Feuchtigkeit kondensiert, und es bilden sich Wolken. Der Wind treibt sie ins Küstenhinterland, wo sie den Himmel verhängen und oft für Regen sorgen, während es am Strand sonnig oder nur gering bewölkt ist.

Binnenland

Von der Küste landeinwärts wird der ozeanische Klimaeinfluss schwächer: Die Temperaturschwankungen zwischen Tag und Nacht sowie zwischen Sommer und Winter nehmen zu. Insbesondere im Sommer ist es tagsüber im Binnenland deutlich wärmer als an der Küste, dafür nimmt die jährliche Sonnenscheindauer ab: Die Bewohner Amsterdams werden im Jahr mit durchschnittlich 1549 sonnigen Std. verwöhnt, den Utrechtern lacht die Sonne schon 60 Stunden weniger, und weitere 100 km östlich müssen die Menschen auf zusätzliche ca. 150 sonnige Std. verzichten. Von Nord nach Süd nimmt die Sonnenscheindauer etwas zu, die Niederschläge werden seltener.

Wind und Temperaturen

Der in Küstennähe **fast immer frische Wind** prägt die flache Landschaft vielfältig. Vornehmlich von Westen wehend, treibt er die Wolken schnell voran, und alte und neue Windmühlen zeugen von menschlichen Bemühungen, sich dieses kraftvolle Element dienstbar zu machen. Die durchnittlichen Temperaturen betragen in den Niederlanden jeweils im Januar 3,6 °C und im Juli 18,2 °C.

Niederschläge

»Nederland is een regenachtig land« ist ein geflügeltes Wort unter den Einheimischen und bedeutet für den Reisenden: Es kann, wie in allen küstennahen Nordseegebieten, eigentlich **jederzeit regnen**. Die Niederschlagsmengen sind über das Jahr gesehen nicht höher als in den meisten Gebieten Deutschlands, jedoch kann aus den unter dem Meeresspiegel gelegenen Landesteilen der Regen nicht auf natürliche Art und Weise ablaufen, und so muss ein Niederschlagsüberschuss von jährlich 300 mm durch Pumpen entfernt werden.

Jahreszeiten

Frühling

Während vor allem die großen Städte mit ihrem vielfältigen kulturellen Angebot zu jeder Jahreszeit einen Besuch lohnen, empfiehlt sich für eine Fahrt in ländliche Gebiete insbesondere der Frühling, wenn Parks und Blumenfelder in voller Blüte stehen.

Sommer

Die Seebäder an der langen niederländischen Küste oder auf den Inseln haben ihre Hauptsaison von Juni/Juli bis Ende August. Da zu dieser Zeit mit überfüllten Hotels zu rechnen ist, wird empfohlen, alle Unterkünfte frühzeitig zu buchen.

Herbst

Auch der Herbst, ab Ende August, kann sehr schön sein, wenn die Landschaft in jenes Licht getaucht wird, welches einst den klassischen holländischen Malern die Anregung für ihre Bilder lieferte. In den Küstengebieten fällt in der Regel im Herbst der meiste Regen.

Winter

Die Winter sind relativ mild. Während dieser Jahreszeit kann man auf den über 20 Kunsteisbahnen (in strengeren Wintern auch auf zugefrorenen Kanälen, Flüssen, Seen) gut Eis laufen oder Eishockey spielen.

SPRACHE

Ein bisschen Niederländisch!

Als ausländischer Tourist kommt man zwar in den Niederlanden mit Englisch oder Deutsch gut zurecht, doch sehen es die Niederländer sehr gern, wenn man zumindest den Versuch unternimmt, sich in Niederländisch zu verständigen. Viele Niederländer empfinden es als arrogant, wenn man sie in Deutsch anspricht. Vielfach hilft schon eine Grußformel in Niederländisch und die kleine höfliche Frage: »Spreekt U een beetje duits?« (Sprechen Sie ein bisschen Deutsch? Lautschrift: Spreekt Ü een beetje döits?) als Einleitung eines Gesprächs – eine Geste, die helfen kann, das Vorurteil von den »selbstherrlichen« Deutschen abzubauen. Als Türöffner wirken auch (in Lautschrift!) »Chuie morche« bis 12 Uhr, »Chuie middach« bis zum Dunkelwerden und dann »Chuie avond« sowie »bedankt« und »alstüblieft«, wenn man um etwas bittet.

KLEINER SPRACHFÜHRER NIEDERLÄNDISCH

AUSSPRACHE

ei in Leidsestraat	**wie »ei« in weinen**
eu in Keukenhof	**wie »ö« in lösen**
g in Begijnhof	**wie »ch« in lachen (aber ng in Singel wie »ng« in singen)**
ie in Muziektheater	**wie »ie« in Bier**
ieu in Nieuwmarkt	**wie »ju« in Jupiter**
ij in Rijksmuseum	**wie »ei« in weinen**
n am Wortende	**wird meist nicht ausgesprochen**
oe in Bloemenmarkt	**wie »u« in Blumen**
ou in Oudewater	**wie »au« in Haus**
sch in Schiphol	**etwa wie »s'ch« in Häuschen**
sj in meisje (dt. Mädchen)	**wie »sch« in Schule**
ui in Trippenhuis	**etwa wie »öi«**
u in Universiteit	**wie ü in »üben«**
v in Vondelpark	**fast wie »f« in fahren**
z in Zuiderkerk	**wie »s« in Häuser (stimmhaft)**

AUF EINEN BLICK

Ja. / Nee.	**Ja. / Nein.**
Misschien.	**Vielleicht.**
Dank u wel.	**Vielen Dank!**
(Sie) Alstublieft. (Du) Alsjeblieft.	**Bitte.**
Sorry.	**Entschuldigung!**
Wat zegt u?	**Wie bitte?**
Ik begrijp u / je niet	**Ich verstehe Sie / dich nicht.**
Ik spreek alleen maar 'n beetje ...	**Ich spreche nur wenig ...**
Kunt u mij alstublieft helpen?	**Können Sie mir bitte helfen?**
Ik wil ... / Ik zou graag ...	**Ich möchte ...**
Hoe duur is het? / Hoeveel kost het?	**Wie viel kostet es?**
Hoe laat is het?	**Wie spät ist es?**

KENNENLERNEN

Goedemorgen!	**Guten Morgen!**
Dag! / Goedendag! Goedemiddag!	**Guten Tag!**
Goedenavond!	**Guten Abend!**
Hallo! Dag!	**Hallo! Grüß dich!**
Mijn naam is ...	**Mein Name ist ...**
Hoe heet u?	**Wie heißen Sie?**
Hoe gaat het met u / jou?	**Wie geht es Ihnen / dir?**
Dank u wel. En met u / jou?	**Danke. Und Ihnen / dir?**
Tot ziens!	**Auf Wiedersehen!**

UNTERWEGS

links / rechts	**links / rechts**
rechtdoor	**geradeaus**
dichtbij / ver	**nah / weit**
Waar is ...?	**Wo ist bitte...?**
... het centraal station	**... der Hauptbahnhof**
... de metro	**... die U-Bahn**
Ik wil graag ... huren.	**Ich möchte ... mieten.**
... een wagen	**... einen Wagen**
... een fiets	**... ein Fahrrad**

PANNE

Ik heb pech.	**Ich habe eine Panne.**
Waar is hier in de buurt een garage?	**Wo ist hier in der Nähe eine Werkstatt?**

TANKSTELLE

Waar is het dichtstbijzijnde pompstation?	**Wo ist bitte die nächste Tankstelle?**
Ik wil graag ... liter ...	**Ich möchte ... Liter ...**
... super / diesel	**... Super / Diesel**
... loodvrij	**... bleifrei**
Vol, alstublieft.	**Voll tanken, bitte.**

UNFALL

Help!	**Hilfe!**
Belt u direct ...	**Rufen Sie bitte schnell ...**
... een ambulance	**... einen Krankenwagen**
... de politie	**... die Polizei.**
Geeft U mij alstublieft uw naam en uw adres.	**Geben Sie mir bitte Ihren Namen und Ihre Anschrift.**

ESSEN / UNTERHALTUNG

Waar is hier ...	**Wo gibt es hier ...**
... een goed restaurant?	**... ein gutes Restaurant?**
... een gezellige kroeg?	**... eine gemütliche Kneipe?**
Wilt u (voor ons) voor vanavond een tafel voor 4 personen reserveren?	**Reservieren Sie uns für heute Abend ... einen Tisch für 4 Personen.**
Proost!	**Auf Ihr Wohl!**
De rekening, alstublieft.	**Die Rechnung, bitte.**

EINKAUFEN

Waar vind ik ...?	**Wo finde ich ... ?**
... een apotheek	**... eine Apotheke**
... een warenhuis	**... ein Kaufhaus**
... een supermarkt	**... ein Lebensmittelgeschäft**

ÜBERNACHTUNG

Kunt u mij ... aanbevelen?	**Können Sie mir ... empfehlen?**
... een goed hotel / ... een pension	**... ein gutes Hotel /... eine Pension**
Heeft u nog een kamer vrij?	**Haben Sie noch ein Zimmer frei?**
een eenpersoonskamer	**ein Einzelzimmer**
een tweepersoonskamer	**ein Doppelzimmer**
Hoeveel kost een kamer met ...	**Was kostet ein Zimmer mit ...**
... ontbijt?	**... Frühstück?**

ARZT

Kunt u mij een goede doktor/ arts aanbevelen?	**Können Sie mir einen guten Arzt empfehlen?**
Ik heb hier pijn.	**Ich habe hier Schmerzen.**

BANK

Waar is hier alstublieft....	**Wo ist hier bitte ...**
... een bank?	**... eine Bank?**
... een pinautomaat?	**... eine Geldautomat?**

ZAHLEN

0	**nul**
1	**één**
2	**twee**

3	**drie**
4	**vier**
5	**vijf**
6	**zes**
7	**zeven**
8	**acht**
9	**negen**
10	**tien**
11	**elf**
12	**twaalf**
13	**dertien**
14	**veertien**
15	**vijftien**
16	**zestien**
17	**zeventien**
18	**achttien**
19	**negentien**
20	**twintig**
21	**één-en-twintig**
30	**dertig**
40	**veertich**
50	**vijftig**
60	**zestig**
70	**zeventig**
80	**tachtig**
90	**negentig**
100	**honderd**
200	**tweehonderd**
1000	**duizend**
10 000	**tienduizend**
1/2	**een half**
1/4	**een vierde, een kwart**

ONTBIJT	FRÜHSTÜCK
zachtgekookt ei	**weich gekochtes Ei**
roerei	**Rühreier**
eieren met spek	**Eier mit Speck**
omelet	**Omelett**
brood / broodje / toast	**Brot / Brötchen / Toast**
boter	**Butter**
kaas	**Käse**
worst	**Wurst**
ham	**Schinken**
honing	**Honig**
jam	**Marmelade**

SOEPEN	SUPPEN
bouillon	**Fleischbrühe**
groentesoep	**Gemüsesuppe**

kippensoep	**Hühnersuppe**
tomatensoep	**Tomatensuppe**
uiensoep	**Zwiebelsuppe**

VLEESGERECHTEN	FLEISCHGERICHTE
biefstuk	**Beefsteak**
blinde vinken	**Kalbfleischrouladen**
kalfszwezerik	**Kalbsbries**
lever	**Leber**
varkenshaas	**Schweinelende**

VIS EN SCHAALDIEREN	FISCH UND SCHALENTIERE
paling	**Aal**
forel	**Forelle**
garnalen	**Krabben**
haring	**Hering**
inktvis	**Tintenfisch**
kabeljauw	**Kabeljau**
kreeft	**Krebs**
makreel	**Makrele**
mosselen	**Muscheln**
schelvis	**Schellfisch**
schol	**Scholle**
tarbot	**Steinbutt**
tonijn	**Thunfisch**
zalm	**Lachs**
zeekreft	**Hummer**
zeetong	**Seezunge**

GEVOGELTE EN WILD	GEFLÜGEL UND WILD
eend	**Ente**
gans	**Gans**
kalkoen	**Truthahn**
kip	**Huhn**
konijn	**Kaninchen**

BIJGERECHTEN	BEILAGEN
aardappelen	**Kartoffeln**
gebakken / gekookte aardappelen	**Brat- / Salzkartoffeln**
gemengde sla	**Gemischter Salat**
friet / patat	**Pommes frites**
rijst	**Reis**

GROENTEN	GEMÜSE
asperges	**Spargel**
bonen	**Bohnen**

doperwten	**junge Erbsen**
koolraap	**Kohlrabi**
prei	**Porree**
spruitjes	**Rosenkohl**
witlof	**Chicorée**
pasteitje	**Pastete, gefüllt mit Fleisch oder Gemüse**
salade	**Salat**

STAMPPOT	EINTOPFGERICHTE
boerenkool met worst	**Grünkohl mit Wurst**
erwtensoep met worst	**Erbsensuppe mit Wurst**
hutspot	**gestampfte Kartoffeln mit Möhren, dazu geräucherte Wurst**
jachtschotel	**Wildklein mit Äpfeln und Kartoffelpüree**

NAGERECHTEN	NACHSPEISEN
ijs	**Eis**
ijskoffie	**Eiskaffee**
ijstaart	**Eistorte**
roomijs	**Sahneeis**
slagroom	**Schlagsahne**
citroenmousse	**Zitronenmousse**
compote	**Kompott**
flensjes	**Crêpes**
fruitsalade	**Obstsalat**
gember met room	**Ingwer mit Sahne**
pannenkoek	**Pfannkuchen**
poffertjes	**kleinere, etwas dickere Pfannkuchen**

ALCOHOLISCHE DRANKEN	ALKOHOLISCHE GETRÄNKE
bier	**Bier**
flessenbier	**Flaschenbier**
tapbier	**Fassbier**
bittertje	**Genever mit Angostura**
brandewijn	**Weinbrand, Cognac**
jenever	**Genever**
champagne	**Sekt, Champagner**
likeur	**Likör**
wijn	**Wein**
droge wijn	**trockener Wein**
zoete wijn	**lieblicher Wein**
rode wijn	**Rotwein**
witte wijn	**Weißwein**
een glasje ...	**ein Glas ...**
een (halve) fles ...	**eine (halbe) Flasche**

FRISDRANKEN	ALKOHOLFREIE GETRÄNKE
chocolademelk	**Schokoladenmilch**
koffie	**Kaffee**
koffie met melk	**Kaffee mit Milch**
koffie zonder cafeïne	**koffeinfreier Kaffee**
thee	**Tee**
theezakje	**Teebeutel**
limonade	**Limonade**
melk	**Milch**
karnemelk	**Buttermilch**
spa rood	**Mineralwasser mit Kohlensäure**
spa blauw	**Mineralwasser ohne Kohlensäure**
appelsap	**Apfelsaft**
sinaasappelsap	**Orangensaft**
tomatensap	**Tomatensaft**
vruchtensap	**Fruchtsaft**

TELEKOMMUNIKATION · POST

Telefon

Mobiltelefon

Mobiltelefone (ndl. mobieltje) wählen sich automatisch in das jeweilige niederländische Partnernetz ein. Man kann auch vor Ort eine Prepaid-SIM-Karte kaufen. Diese sind u.a. in Supermärkten, Postämtern erhältlich.

Auslandsgespräche

Für Auslandsgespräche wählen Sie die internationale Zugangsnummer 00. Sobald ein Freizeichen ertönt, hintereinander die Landesvorwahl, dann die Ortsnetzkennzahl (ohne 0) und schließlich die Teilnehmernummer wählen.

Post

Öffnungszeiten

Die niederländischen Postämter (PostNL) sind in der Regel zu den folgenden Zeiten geöffnet: Mo. – Fr. 9 – 17 Uhr; größere oft auch Sa. 9 – 12 Uhr. In den kleineren Orten sind sie von 12.30 bis 13.30 Uhr geschlossen. Einige Postämter in größeren Städten schließen am langen Donnerstag oder Freitag später. Inzwischen sind auch zunehmend Postannahmestellen in Bücher- und Zeitschriftengeschäften zu finden.

Die niederländischen Briefkästen sind rot und mit zwei Einwurfschlitzen versehen: Der rechte Schlitz ist für innerörtliche Sendungen und der linke für Destinationen außerhalb des Ortes oder Landes bestimmt. Briefkästen

VERKEHR

Straßenverkehr

Straßennetz

Das Straßennetz in den dicht besiedelten Niederlanden ist modern ausgebaut und ausgesprochen **engmaschig**. Nahezu alle wichtigen niederländischen Großstädte sind durch **Autobahnen** miteinander verbunden.

Fahrvorschriften

Parken an gelben Bordkanten ist verboten; an blauen Bordkanten muss eine Parkscheibe benutzt werden. Für Parkverstöße oder Geschwindigkeitsüberschreitungen werden **höhere Geldbußen als in Deutschland** erhoben. Es wird häufig eine Parkkralle angebracht. Übernachten im Pkw ist auf öffentlichen Parkplätzen nicht gestattet, für Wohnmobile muss die Polizei oder die Gemeindeverwaltung um Genehmigung gebeten werden. Kinder unter 12 Jahren gehören auf die Rücksitze. Die Höchstgrenze für den Blutalkoholgehalt beträgt 0,5 Promille. Ein Warndreieck ist mitzuführen. Das Tragen der Sicherheitsgurte ist obligatorisch. Das Telefonieren im Auto mit dem Mobiltelefon ohne Freisprecheinrichtung ist während der Fahrt nicht erlaubt.

Höchstgeschwindigkeiten

Innerorts in der Regel 50 km/h, auf Landstraßen 80 km/h, auf Kraftfahrstraßen (blaues Schild mit weißem Auto oder grüner Streifen in der Mitte der Fahrbahn) 100 km/h (Pkws mit Anhänger 80 km/h), auf Autobahnen – tagsüber von 6 bis 19 Uhr 100 km/h, von 19 bis 6 Uhr 130 bzw. 120 km/h – gemäß Beschilderung; in verkehrsberuhigten Zonen (ausgeschildert mit weißem Haus auf blauem Grund) nur Schritttempo.

Brücken

Besondere Beachtung sollte der Autofahrer den vielen Klappbrücken widmen. Über die Kanäle und Grachten führen häufig »Buckelbrücken«, die besonders für Wohnmobile und Caravangespanne die Gefahr eines Aufsetzens bringen. Für die Benutzung einiger Brücken und Tunnel (z. B. Kiltunnel und Westerscheldetunnel in Zeeland) muss eine Tunnelgebühr entrichtet werden.

Flugverkehr

Flughafen Schiphol

Rund 17 km südwestlich der Stadt, in der Nähe der Autobahn E 19 (Amsterdam – Den Haag), liegt Amsterdams Flughafen Schiphol. Daneben gibt es noch die Flughäfen von Eindhoven, Maastricht, Groningen und Rotterdam-The Hague. Inlandsflugverkehr spielt so gut wie keine Rolle.

Bahn-und Nahverkehr

Zugverbindungen

Die Niederlande haben ein etwa 3000 km umfassendes Schienennetz. Betreiberin ist die Staatliche Niederländische Bahngesellschaft (Nederlandse Spoorwegen). Wichtiger Bahnknotenpunkt der Niederlande mit Verbindungen in alle Richtungen ist Utrecht. Direktverbindungen zwischen den großen Städten der Niederlande bestehen mit Intercity-Zügen. Die Tickets müssen am Automaten oder am Schalter erworben werden. In den meisten Bahnhöfen gibt es Zugänge, die sich ausschließlich mit einer gültigen Fahrkarte öffnen lassen.

Fahrrad im Zug

An mehr als 300 Bahnhöfen in den Niederlanden kann man Fahrräder im Zug mitnehmen. Das Rad braucht eine eigene Fahrkarte und wird ohne Gepäck im Fahrradwagen (blauer Aufkleber mit Fahrrad oberhalb der Tür) abgestellt. Mit Ausnahme der Monate Juli/August werden Fahrräder an Wochentagen jedoch im Berufsverkehr zwischen 9 und 16.30 Uhr sowie nach 18 Uhr nicht befördert, wochenends gibt es keine Einschränkung.

OV.taxi

Von über 300 Bahnhöfen können Bahnreisende mit dem OV.taxi zu jeder gewünschten Adresse in der betreffenden Stadt fahren. Reservierung telefonisch (Tel. 09 00 / 6 79 82 94) und online (https://ov.taxi). Der Fahrpreis hängt von der Entfernung ab und beginnt bei 10,10 €.

OV-chipkaart

Um die **öffentlichen Verkehrsmittel** nutzen zu können, braucht man eine Bank- bzw. Kreditkarte oder eine OV-chipkaart, die es in verschiedenen Ausführungen gibt. Für Touristen eignet sich am besten eine Fahrkarte für den einmaligen Gebrauch, erhältlich u.a. an allen Fahrkartenautomaten. An Bahnhöfen, Metrostationen, in Bussen und Trams gibt es Scanner (Kartenlesegeräte), an denen mit der Karte eingecheckt und beim Aussteigen ausgecheckt werden muss.
Mit einer Tageskarte der Staatsbahn (**Dagretour**) kann man auch öffentlliche Verkehrsmittel benutzen; es ist dann also keine OV-chipkaart nötig.
www.ov-chipkaart.nl

NÜTZLICHE ADRESSEN

BAHNAUSKUNFT
www.ns.nl

FLUGHAFEN

SCHIPHOL AMSTERDAM AIRPORT
www.schiphol.nl

FÄHREN
nach Texel:
www.teso.nl

nach Vlieland und Terschelling:
www.rederij-doeksen.nl

nach Ameland und Schiermonnikoog:
www.wpd.nl

Fährverkehr

Fähren zu den Westfriesischen Inseln

Die wichtigsten Fährverbindungen innerhalb der Niederlande sind die auf die Westfriesischen Inseln. Von Den Helder fahren Fährboote (halb-)stündlich die Insel Texel an (Dauer der Fahrt: 20 Min.). Von Harlingen verkehren Fähren nach Terschelling und Vlieland (Schnellfähre: je 45 Min., reguläre Fähre: 1,5 bzw. 2 Std.). Das Fährboot von Holwerd nach Ameland braucht 50 Min., ebenso das von Lauwersoog nach Schiermonnikoog. Auf die autofreien Inseln Schiermonnikoog und Vlieland werden keine Autos transportiert.

Inselhüpfen

In den Sommermonaten kann man von einer Insel zur nächsten übersetzen: das sog. Eilandhoppen (Inselhüpfen). Auf den meisten Fähren kann das Fahrrad mitgenommen werden. Informationen zum Inselhüpfen erhält man im Fremdenverkehrsbüro vor Ort.

REGISTER

A

B

C

D

E

F

G

H

I

J

K

L

M

N

O

BILDNACHWEIS

Adobe Stock/araraadt S. 154/155
Adobe Stock/dudlajzov S. 298
Adobe Stock_dennisvdwater S. 364
Adobe Stock_DutchScenery S. 108
Adobe Stock/Robert de Jong S. 161
Adobe Stock/naj S. 20/21
Adobe Stock/pillerss S. 360
Adobe istock/schaef S. 251
Adobe Stock/TOF S. 470
Adobe Stock/valbunny S. 493
AKG S. 442, 455
AWL Images/Cahir Davitt S. 282
Maarten Brugge/Hotel De Waal & VVV Texel S. 15 o.
Ernst van Deursen/Sarah van Sonsbeeck/Oude Kerk (2017) S. 72
Flip van Doorn S. 476 o., 476 Mitte, 476 u., 477 u., 495, 497
DuMont Bildarchiv/Kiedrowski S. 16/17, 29, 40, 43, 45, 59 o., 59 u., 74, 76/77, 99, 104, 112, 114, 145, 167, 182, 186 o., 186 u., 199, 220, 241, 256, 267, 289, 293, 304/305, 318, 378/379, 392 o., 411, 452, 460, 467, 487, 501
DuMont Bildarchiv/Kluyver S. 346, 392 u.
Dumont Bildarchiv/Linkel S. 82, 88 o., 88 u., 91, 96, 225, 231, 413
DuMont Bildarchiv/Arthur Selbach S. 52, 119, 128, 208, 221, 255 o., 263, 295, 325, 358, 369, 404, 422, 438, 469 u., 477 Mitte, 479
Efteling S. 353
fotolia/egonzitter S. 125
Frans-Hals-Museum S. 232, 448
Grafberger, Ulrike S. 135, 401
Haafke S. 387
Header S. 47, 477, 483, 489
Hug S. 504
Iris van den Broek/Rotterdam Make It Happen S. 19, 334, 338
Juttersmuseum Flora & VVV Texel S. 15 u.
Kliem S. 243
laif/Franz Bischof S. 397
laif/ Jan-Peter Boening S. 275
laif/Flip Franssen/Hollandse Hoogte S. 18, 186
laif/ Eva Häberle S.7
laif/Hollandse Hoogte S. 382, 459
laif/Miguel Gonzales S.11 o./u., 287
laif/Steinhilber S. 146
laif/Wesley de Wit/HH S.149
laif/Xinhua/eyevine S. 213
mauritius/Alamy U7
mauritius images/PAINTING/Alamy S. 255 u.
Museum Voorlinden/Leandro Ehrlich S. 153
picture alliance/AP Photo/Peter Dejong S. 8/9
picture alliance/imageBROKER/ H.-D. Falkenstein S. 435
Guido Pijper/Rotterdam Make It Happen S. 330/331
René Pop/Marteen Brugge S. 12/13
Royal Delft S. 24/25, 27
Shutterstock
Albert Beukhof S. 23; Ale_Koziura S. 66; Bernd Juergens S. 477 o.; Bert e Boer S. 81; bonchan S. 475, Brita Seifert S. 374; CatalinT S. 173, Everett Collection S. 273; 365 Focus Photography S. 280; Gert-Jan van Vliet S. 316; INTREEGUE Photography S. 203; www.hollandfoto.net S. 420; Maarten Zeehandelaar S. 139; Olga Popowa S. 462;Photostravellers S. 47; Rudmer Zwerver S. 456; Ruud Morijn S. 169 o.; timsimages.uk S. 489; Todamo S. 483; Vershinin89 S. 480
Wikimedia Commons (Datei: Watersnoodramp_1953.jpg) S. 419
Titelbild: Hans-Peter Merten/ getty-images

VERZEICHNIS DER KARTEN UND GRAFIKEN

ATMOSFAIR

Reisen verbindet Menschen und Kulturen. Doch wer reist, erzeugt auch CO2. Der Flugverkehr trägt in erheblichem Maße zur globalen Erwärmung bei. Wer das Klima schützen will, sollte sich nach Möglichkeit für die schonendere Reiseform entscheiden (wie z.B. die Bahn). Gibt es keine Alternative zum Fliegen, kann man mit atmosfair klimafördernde Projekte unterstützen.
atmosfair ist eine gemeinnützige Klimaschutzorganisation unter der Schirmherrschaft von Klaus Töpfer. Flugpassagiere spenden einen kilometerabhängigen Betrag und finanzieren damit Projekte in Entwicklungsländern, die den Ausstoß von

nachdenken • klimabewusst reisen
atmosfair

Klimagasen verringern helfen. Dazu berechnet man mit dem Emissionsrechner auf **www.atmosfair.de** wieviel CO2 der Flug produziert und was es kostet, eine vergleichbare Menge Klimagase einzusparen (z.B. Berlin – London – Berlin ca. 10 €). atmosfair garantiert die sorgfältige Verwendung Ihres Beitrags. Alle Informationen dazu auf www.atmosfair.de. Auch MairDumont fliegt mit atmosfair.

IMPRESSUM

Ausstattung:
139 Abbildungen, 53 Karten und Grafiken, eine große Reisekarte

Text:
Ulrike Grafberger, Birgit Borowski, Achim Bourmer

Bearbeitung:
Baedeker-Redaktion (Katja Schmelzer)

Kartografie:
Franz Huber, München
Klaus-Peter Lawall, Unterensingen, KOMPASS-Karten GmbH, A-6020 Innsbruck; MAIRDUMONT, D-73751 Ostfildern (Reisekarte)

3D-Illustrationen:
jangled nerves, Stuttgart

Infografiken:
Golden Section Graphics GmbH, Berlin

Gestalterisches Konzept:
RUPA GbR, München

17., aktualisierte Auflage 2024

Printed in China

Trotz aller Sorgfalt von Redaktion und Autoren zeigt die Erfahrung, dass Fehler und Änderungen nach Drucklegung nicht ausgeschlossen werden können. Dafür kann der Verlag leider keine Haftung übernehmen. Infolge der Corona-Pandemie kann es darüber hinaus zu kurzfristigen Geschäftsschließungen und anderen Änderungen vor Ort gekommen sein.
Kritik, Berichtigungen und Verbesserungsvorschläge sind jederzeit willkommen. Schreiben Sie uns, mailen Sie oder rufen Sie an:

Baedeker-Redaktion
Postfach 3162, D-73751 Ostfildern
Tel. 0711 4502-262, www.baedeker.com
baedeker@mairdumont.com

MIX
Papier aus verantwortungsvollen Quellen
FSC® C124385

BAEDEKER VERLAGSPROGRAMM

Viele Baedeker-Titel sind auch als E-Book erhältlich.

A
Ägypten
Algarve
Allgäu
Amsterdam
Andalusien
Australien

B
Bali
Baltikum
Barcelona
Belgien
Berlin · Potsdam
Bodensee
Böhmen
Bretagne
Brüssel
Budapest
Burgund

C
China

D
Dänemark
Deutsche Nordseeküste
Deutschland
Dresden
Dubai · VAE

E
Elba
Elsass · Vogesen
England

F
Finnland
Florenz
Florida
Frankreich
Fuerteventura

G
Gardasee
Golf von Neapel
Gomera
Gran Canaria
Griechenland

H
Hamburg
Harz
Hongkong · Macao

I
Irland
Island
Israel · Palästina

BAEDEKER
B
BRETAGNE

BAEDEKER
J
JAPAN

Istanbul
Istrien · Kvarner Bucht
Italien

J
Japan

K
Kalifornien
Kanada · Osten
Kanada · Westen
Kanalinseln
Kapstadt · Garden Route
Kopenhagen
Korfu · Ionische Inseln
Korsika
Kreta
Kroatische Adriaküste · Dalmatien
Kuba

L
La Palma
Lanzarote
Lissabon
London

M
Madeira
Madrid
Mallorca
Malta · Gozo · Comino
Marrokko
Mecklenburg-Vorpommern
Menorca
Mexiko
München

N
Namibia
Neuseeland
New York
Niederlande
Norwegen

O
Oberbayern
Österreich

P
Paris
Polen
Polnische Ostseeküste · Danzing · Masuren
Portugal
Prag
Provence · Côte d'Azur

R
Rhodos
Rom
Rügen · Hiddensee
Rumänien

S
Sachsen
Salzburger Land
Sankt Petersburg
Sardinien
Schottland
Schwarzwald
Schweden
Schweiz
Sizilien
Skandinavien
Slowenien
Spanien
Sri Lanka
Südafrika
Südengland
Südschweden · Stockholm
Südtirol
Sylt

T
Teneriffa
Thailand
Thüringen
Toskana

U
USA · Nordosten
USA · Südwesten
USA · Westküste
Usedom

V
Venedig
Vietnam

W
Wien

Z
Zypern

Meine persönlichen Notizen

Meine persönlichen Notizen

Meine persönlichen Notizen

Meine persönlichen Notizen

50 km
© BAEDEKER
Waddenzee
Terschelling
Vlieland
Texel
NP Duinen van Texel
Den Burg
Harlingen
A7
Afsluitdijk
Den Helder
N9
Wieringerwerf
Schagen
Medemblik
IJsselmeer
N242
Bergen aan Zee
Heerhugowaard
Enkhuizen
Alkmaar
Hoorn
A9
N247
Heemskerk
A7
Edam
Noordzee
Zaanstad
Haarlem
Zandvoort
A10
A6
Heemstede
A9
Amsterdam
Keukenhof
A1
Huizen
Bollenstreek
A4
Amstelveen
Weesp
A27
A44
Aalsmeer
Katwijk aan Zee
Leiden
Alphen a/d Rijn
Hilversum
Den Haag ('s-Gravenhage)
A2
Utrecht
Woerden
A4
A12
Doorn
Gouda
A12
Delft
A20
Schoonhoven
Veenendaal
Wijk bij Duurstede
Voorne
Brielle
Rotterdam
A27
Lek
Hellevoetsluis
A15
Kinderdijk
Leerdam
Putten
N57
A16
A15
Dordrecht
Gorinchem
Overflakkee
Zaltbommel
Schouwen
A29
NP de Biesbosch
Duiveland
N59
A27
A2
Oosterscheldedam
Zierikzee
Willemstad
Oosterhout
N256
N.P. d. L. e. Drunense Duinen
's-Hertogenbosch
Domburg
A4
A17
Breda
Walcheren
Oosterschelde
Bergen op Zoom
N65
Middelburg
A58
Goes
A58
A16
Tilburg
Vlissingen
Roosendaal
A58
Beveland
Eindhoven
Knokke-Heist
Westerschelde
Oostburg
A4
N12
Terneuzen
A1
N1
Oostende
N31
N49
Brasschaat
Turnhout
Middelkerke
Hulst
A67
R2
A12
A21
N69
A18
Brugge
N49
A11
Antwerpen
Nieuwpoort
Torhout
A10
N44
N9
R4
A14
Mol
N71
Lommel
Lokeren
Lier
A13
Diksmuide
A17
Gent
A1
Albert Kanaal
Schelde
N715
Roeselare
Mechelen
Leie
Aarschot
Poperinge
Waregem
A14
BELGIË
Aalst
N60
A19
A2
Bailleul
Kortrijk
Oudenaarde
A10
R0
Hasselt
A3
N8
N8
Tourcoing
N80
A25
Ronse
Geraardsbergen
Brussel Bruxelles
Tienen
Lille
Roubaix
BELGIQUE
Halle
St. Truiden
FRANCE
A17
Tournai
A8
A7
A202
A4
A3
N7
Ath
N6